DIOGO TELLES AKASHI

CÓDIGO DE DEFESA DO
CONSUMIDOR

ANOTADO

**Lei nº 8.078, de 11 de setembro de 1990,
e Legislação correlata**

Índice alfabético-remissivo por assunto
completo, organizado por **Marcos Lúcio Móro Freitas**

1ª Edição | 2013 | São Paulo-SP

Coleção
Legislação
Brasileira
Anotada

© Diogo Telles Akashi
© Letras Jurídicas Editora Ltda. EPP

Capa, projeto gráfico e diagramação
Rita Motta - www.editoratribo.blogspot.com
Imagem da capa: stock.xchng

Revisão
Diogo Telles Akashi

Editor
Cláudio P. Freire

1ª Edição - 2013 - São Paulo – SP

Reservados a propriedade literária desta publicação
e todos os direitos para Língua Portuguesa pela
LETRAS JURÍDICAS Editora Ltda – EPP

Tradução e reprodução proibidas, total ou parcialmente,
conforme a Lei nº 9.610, de 19 de fevereiro de 1998.

LETRAS JURÍDICAS
Rua Senador Feijó, 72 - 3º Andar - Sala 32 - Centro
CEP 01006-000 – São Paulo – SP
Telefone/Fax (11) 3107-6501 – Celular (11) 9352-5354
Site: www.letrasjuridicas.com.br
E-mail: vendas@letrasjuridicas.com.br

Impressão no Brasil

Dedico este livro à minha querida esposa Vanessa, pelo apoio e incentivo constantes, sem os quais eu não conseguiria concretizar esta obra.

Conselho Editorial Letras Jurídicas

AGOSTINHO DOS SANTOS GIRALDES
CARLOS FERNANDO MATHIAS DE SOUZA
CINTIA DE FARIA PIMENTEL MARQUES
DIOGO TELLES AKASHI
EDUARDO HENRIQUE DE OLIVEIRA YOSHIKAWA
EDUARDO SALLES PIMENTA
ELIZABETE GORAIEB
FLÁVIO TARTUCCE
GUILHERME EDUARDO NOVARETTI
GUILHERME JOSÉ PURVIN DE FIGUEIREDO
ILDEU DE SOUZA CAMPOS
JOSE CARLOS MAGDALENA
JULYVER MODESTO DE ARAUJO
LAFAYETTE POZZOLI
LUIZ FERNANDO GAMA PELLEGRINI
MARIA CLARA OSUNA DIAZ FALAVIGNA
MARIA HELENA MARQUES BRACEIRO DANELUZZI
MARISTELA BASSO
MIRIAN GONÇALVES DILGUERIAN
NELTON AGUINALDO MORAES DOS SANTOS
NOBERTO OYA
OLGA INÊS TESSARI
PAULO RUBENS ATALLA
SÍRIO JWVER BELMENI

AGRADECIMENTOS

Agradeço ao Prof. Dr. Rizzatto Nunes, pelas insignes lições de Direito e pela honra de me brindar com seu generoso prefácio.

Agradeço ao Dr. Lúcio Freitas, pela gentil colaboração quanto ao excepcional índice alfabético-remissivo elaborado para compor esta obra.

Agradeço ao meu amigo e editor Cláudio P. Freire, pela confiança e crença na minha aptidão para as letras jurídicas.

Agradeço, por fim, ao Dr. Percival Maricato, pela oportunidade de aprender as melhores práticas da advocacia contemporânea.

APRESENTAÇÃO

Em vigor desde 11 de março de 1991, após uma vacatio legis de 180 dias, o Código de Defesa do Consumidor, que completa 20 anos, foi um marco no ordenamento jurídico brasileiro, tornando-se modelo para a América Latina.

Até então, a variedade de normas que se prestavam a tutelar os consumidores tornava vaga e difusa a proteção dos seus direitos, o que prejudicava sobremaneira o seu conhecimento e a interpretação sistemática de seus princípios e regras.

Com o advento do Código, porém, o consumidor passou a ter amparo legal metódico e unificado, e o respaldo de órgãos públicos e entidades associativas para se defender. Além disso, o CDC, após estes didáticos 20 anos de aplicação e divulgação, fez com que os cidadãos ficassem mais conscientes de seus direitos e o fornecedor mais diligente com relação aos seus deveres.

Para cumprir este mister, o CDC previu uma série de direitos básicos aos consumidores e deveres e responsabilidades aos fornecedores, além da participação de diversos órgãos públicos e entidades privadas para a fiscalização do seu cumprimento, de modo a realizar os objetivos da Política Nacional das Relações de Consumo.

Quis o Código que o esforço fosse nacional, integrando os mais diversos segmentos envolvidos na defesa do consumidor no Brasil, conjugando os esforços das diversas unidades da Federação e da sociedade civil para a implementação efetiva dos direitos do consumidor e respeito da pessoa humana na relação de consumo.

Imbuídos desta consciência, desejamos que a presente obra seja um útil instrumento de pesquisa e informação, a se somar a tantos outros que, nestes últimos 20 anos, vêm contribuindo para divulgar e promover o respeito aos direitos dos consumidores no Brasil.

O Autor.

PREFÁCIO

Recebi o presente livro por indicação de meu querido amigo e ilustre advogado, jurista e humanista, Doutor Percival Maricato. Foi com satisfação que, ao examiná-lo, pude perceber a profundidade da pesquisa empreendida por seu autor. Com trajetória de vida impecável, o Doutor Diogo traz a lume um trabalho fundamental de pesquisa para todos os estudiosos e operadores do direito.

O Código de Defesa do Consumidor (CDC), como se sabe, é o Código da cidadania brasileira. Na sociedade capitalista contemporânea o exercício da cidadania se confunde com os atos de aquisição e locação de produtos e serviços. Quem pensa que a proteção ao consumidor está apenas relacionada às pequenas questões de varejo está bastante enganado. A compra de móveis, de automóveis, de eletroeletrônicos e demais bens duráveis; a participação nas diversões públicas em espetáculos, cinemas, teatros, shows e a aquisição de outros bens culturais tais como livros, filmes em DVDs e CDs; os empréstimos e financiamentos obtidos em instituições financeiras; as viagens de negócios e de turismo nacionais e internacionais; a matrícula em escolas particulares em todos os níveis; a prestação dos vários serviços privados existentes; a entrega e recebimentos de serviços públicos essenciais como os de distribuição de água e esgoto, de energia elétrica e de gás; os serviços de telefonia; os transportes públicos; a aquisição da tão sonhada casa própria e um interminável etc.; tudo isso é regulado pela Lei 8.078/90.

Por isso, digo que o CDC é o microssistema normativo mais importante editado após a edição da Constituição Federal de 1988 e que ajudou em muito a fortalecer o mercado de consumo nacional. Ele não é contra nenhuma empresa, nenhum empresário; ele apenas regra as relações jurídicas de consumo e, claro, protege o vulnerável, que é o consumidor (em qualquer lugar do planeta), em função do modo de produção estabelecido.

Como um microssistema, o CDC estabelece um diálogo com os demais comandos normativos existentes e o conhecimento não só das regras consumeristas como do relacionamento delas com as demais normas jurídicas é fundamental para a compreensão das garantias, das obrigações e dos direitos vigentes em matéria de relações jurídicas de consumo.

Disso decorre a importância da presente obra, que muito me honra prefaciar. A exaustiva pesquisa feita pelo Doutor Diogo traz a todos nós, detalhadamente, as centenas de conexões das normas estabelecidas no Código de Defesa do Consumidor com as demais existentes no sistema jurídico nacional. Trata-se de um trabalho de fôlego, completo e que, certamente, será de muita utilidade para os operadores do direito.

Luiz Antônio Rizzatto Nunes
Desembargador do Tribunal de Justiça de São Paulo
Mestre e Doutor em Filosofia do Direito pela PUC/SP
Livre-Docente em Direito do Consumidor pela PUC/SP

"Enquanto as leis forem necessárias, os homens não estarão capacitados para a liberdade" (Pitágoras).

SUMÁRIO

TÍTULO I - DOS DIREITOS DO CONSUMIDOR (arts. 1º a 60) 21
    Capítulo I - Disposições gerais (arts. 1º a 3º) 21
    Capítulo II - Da política nacional de relações de consumo
    (arts. 4º e 5º) 29
    Capítulo III - Dos direitos básicos do consumidor (arts. 6º e 7º) 39
    Capítulo IV - Da qualidade de produtos e serviços, da prevenção
    e da reparação dos danos (arts. 8º a 28) 53
        Seção I - Da Proteção à saúde e segurança (arts. 8º a 11) 53
        Seção II - Da responsabilidade pelo fato do produto e do serviço
        (arts. 12 a 17) 62
        Seção III - Da responsabilidade por vício do produto e do serviço
        (arts. 18 a 25) 75
        Seção IV - Da decadência e da prescrição (arts. 26 e 27) 98
        Seção V - Da desconsideração da personalidade jurídica (art. 28) 102
    Capítulo V - Das práticas comerciais (arts. 29 a 45) 106
        Seção I - Das disposições gerais (art. 29) 106
        Seção II - Da oferta (arts. 30 a 35) 107
        Seção III - Da publicidade (arts. 36 a 38) 117
        Seção IV - Das práticas abusivas (arts. 39 a 41) 122
        Seção V - Da cobrança de dívidas (art. 42) 130
        Seção VI - Dos bancos de dados e cadastros de consumidores
        (arts. 43 a 45) 134
    Capítulo VI - Da proteção contratual (arts.46 a 54) 140
        Seção I - Disposições gerais (arts. 46 a 50) 140
        Seção II - Das cláusulas abusivas (arts. 51 a 53) 150
        Seção III - Dos contratos de adesão (art. 54) 164
    Capítulo VII - Das sanções administrativas (arts. 55 a 60) 169

TÍTULO II - DAS INFRAÇÕES PENAIS (arts. 61 a 80) 189

TÍTULO III - DA DEFESA DO CONSUMIDOR EM JUÍZO
(arts. 81 a 104) 223
    Capítulo I - Disposições gerais (arts. 81 a 90) 223
    Capítulo II - Das ações coletivas para a defesa de interesses
    individuais homogêneos (arts. 91 a 100) 248
    Capítulo III - Das ações de responsabilidade do fornecedor de
    produtos e serviços (arts. 101 e 102) 270
    Capítulo IV - Da coisa julgada (arts. 103 e 104) 277

TÍTULO IV - DO SISTEMA NACIONAL DE DEFESA DO
CONSUMIDOR (arts. 105 e 106) 283

TÍTULO V - DA CONVENÇÃO COLETIVA DE CONSUMO
(arts. 107 e 108) 297

TÍTULO VI - DISPOSIÇÕES FINAIS (arts. 109 a 119) 301

LEGISLAÇÃO CORRELATA 313

ÍNDICE ALFABÉTICO-REMISSIVO POR ASSUNTO 413

BIBLIOGRAFIA 559

QUEM SOMOS EDITORA LETRAS JURÍDICAS 560

LEI Nº 8.078, DE 11 DE SETEMBRO DE 1990

> Dispõe sobre a proteção do consumidor e dá outras providências.

O PRESIDENTE DA REPÚBLICA:

Faço saber que o Congresso Nacional decreta e eu sanciono a seguinte lei[1]:

- ❧ Art. 24, V e VIII, CF (Competência legislativa):
  Art. 24. Compete à União, aos Estados e ao Distrito Federal legislar concorrentemente sobre:
  ....
  V - produção e consumo;
  ....
  VIII - responsabilidade por dano ao meio ambiente, ao consumidor, a bens e direitos de valor artístico, estético, histórico, turístico e paisagístico;
- ❧ Art. 84, IV, da CF (Competência do Presidente da República para sancionar as leis):
  Art. 84. Compete privativamente ao Presidente da República:
  ....
  IV - sancionar, promulgar e fazer publicar as leis, bem como expedir decretos e regulamentos para sua fiel execução;
- ❧ Art. 48, ADCT (Prazo para elaboração do Código de Defesa do Consumidor):

---

1 Publicada no Diário Oficial da União de 12.9.1990 (Suplemento) e retificada no Diário Oficial da União de 10.1.2007.

Art. 48. O Congresso Nacional, dentro de cento e vinte dias da promulgação da Constituição, elaborará código de defesa do consumidor.

- Art. 118, CDC (Vacatio legis):
Art. 118. Este código entrará em vigor dentro de cento e oitenta dias a contar de sua publicação.
- Jurisprudência selecionada:
STF: RE 590015 AgR/RJ; 2ª T., j. 28.4.2009; ADI 2832/PR, Pleno, j. 7.5.2008; ADI 855/PR, Pleno, 6.3.2008; ADI 3533/DF, Pleno, 2.8.2006; ADI 1007/PE, Pleno, j. 31.8.2005; RE 433515 AgR/RS, 1ª T., j. 30.8.2005; ADI 2396 MC/MS, Pleno, j. 26.9.2001; ADI 3668/DF, Pleno, j. 17.9.2007; ADI 2359/ES, Pleno, j. 27.9.2006; RE 397094/DF, 1ª T., j. 29.6.2006; ADI 3645/PR, Pleno, j. 31.5.2006; ADI 2656 / SP, Pleno, j. 8.5.2003. STJ: RMS 20277/MS, 1ª T., j. 17.9.2007; RMS 17112/SC, 1ª T., j. 29.10.2008; REsp 618960/MS,2ª T., j. 23.9.2008; AgRg no RMS 15687 RJ, 2ª T., j. 19.11.2007.

TÍTULO I
DOS DIREITOS DO CONSUMIDOR

CAPÍTULO I
Disposições Gerais

Art. 1º O presente código estabelece normas de proteção e defesa do consumidor, de ordem pública e interesse social, nos termos dos arts. 5º, inciso XXXII, 170, inciso V, da Constituição Federal e art. 48 de suas Disposições Transitórias.

> Art. 5º, XXXII, CF (Dever do Estado de promover a Defesa do Consumidor):
> Art. 5º ....
> ....
> XXXII - o Estado promoverá, na forma da lei, a defesa do consumidor;
> Art. 170, V, CF (Defesa do consumidor como princípio da ordem econômica):
> Art. 170. A ordem econômica, fundada na valorização do trabalho humano e na livre iniciativa, tem por fim assegurar a todos existência digna, conforme os ditames da justiça social, observados os seguintes princípios:
> ....
> V - defesa do consumidor;
> Art. 173, § 3º, CF (Regulamentação legal das relações entre empresas públicas e sociedade):
> Art. 173. Ressalvados os casos previstos nesta Constituição, a exploração direta de atividade econômica pelo Estado só será permitida quando necessária aos imperativos da segurança nacional ou a relevante interesse coletivo, conforme definidos em lei.
> ....
> § 3º - A lei regulamentará as relações da empresa pública com o Estado e a sociedade.

- Art. 175, parágrafo único, II, III e IV, CF (Direitos dos usuários de serviços públicos):
Art. 175. Incumbe ao Poder Público, na forma da lei, diretamente ou sob regime de concessão ou permissão, sempre através de licitação, a prestação de serviços públicos.
Parágrafo único. A lei disporá sobre:
....
II - os direitos dos usuários;
III - política tarifária;
IV - a obrigação de manter serviço adequado.
- Art. 48, ADCT (Prazo para elaboração do Código de Defesa do Consumidor):
Art. 48. O Congresso Nacional, dentro de cento e vinte dias da promulgação da Constituição, elaborará código de defesa do consumidor.
- Lei nº 1.521/1951 (Dispõe sobre os crimes contra a Economia Popular).
- Lei nº 8.884/1994 (Transforma o Conselho Administrativo de Defesa Econômica - CADE em Autarquia e dispõe sobre a prevenção e a repressão às infrações contra a ordem econômica).
- Lei nº 8.987/1995 (Dispõe sobre o regime de concessão e permissão da prestação de serviços públicos previsto no art. 175 da Constituição Federal).
- Lei nº 10.671/2003 (Institui o Estatuto de Defesa do Torcedor).
- Resolução BACEN nº 2878/2001 (Institui o Código de Defesa do Cliente de Produtos Bancários).
- Resolução ONU nº 39/248, de 1985 (Dispõe sobre a proteção do consumidor no âmbito da ONU).
- Resoluções MERCOSUL/GMC nº 126/1994 e 126/1996 (Programa de Trabalho da Comissão de Defesa do Consumidor no âmbito do MERCOSUL).
- Jurisprudência selecionada:
STF: AReg no AI 517743/RJ, 1ª T., j. 31.5.2005. STJ: REsp 181580/SP, 3ª T., j. 9.12.2003; CC 21540/MS, 2ª S., j. 27.5.1998; REsp 476649/SP, 3ª T., j. 20.11.2003; REsp 37478-2/RS, 4ª T., DJ 4.4.1994; REsp 251024/SP, j. 27.11.2000; REsp 242643/SC, j. 19.10.2000; EREsp 176890/MG, j. 22.9.1999; REsp 691738/SC, j. 12.5.2005; REsp 503043/RJ, j. 2.9.2003; REsp 105215/DF, j. 24.6.1997; REsp 279273/SP, j. 4.12.2003, RDC 54/219; REsp 177965/PR, j. 18.5.1999; REsp 292942/MG, j. 3.4.2001. TRF1ªR: AI 1997.01.00.055913-7/PI, 4ª T., j. 4.3.1998, RT 757/346. TAMG: Ap 168636-2, 4ª Câm. Civ., j. 28.9.1994. TAPR: AI 0234003-0, 4ª Câm. Civ., j. 13.82003, RDC 54/283. TJPR: Ap 23024, 1ª Câm. Civ., j. 11.3.2003. TJRS: AI 599374303, 9ª Câm. Civ., j. 25.8.1999; Ap 197278518, 21ª Câm., j. 17.6.1998; AI 70008657140, 10ª Câm. Civ., j. 3.5.2004; Ap 70001965011, j. 16.10.2003. TJSP: Ap 085852-4/4, 3ª Câm., j. 10.8.1999,

RT 770/236; Ap 275091-2/3, 4ª Câm. Dir. Priv., j. 8.5.1997, RDPriv. 1/236.
Repositório: RT 707/146; RT 712/240; RT 715/277.

Art. 2º Consumidor é toda pessoa física ou jurídica que adquire ou utiliza produto ou serviço como destinatário final.
Parágrafo único. Equipara-se a consumidor a coletividade de pessoas, ainda que indetermináveis, que haja intervindo nas relações de consumo.

- Arts. 17 e 29, CDC (Consumidores por equiparação às vítimas do dano):
Art. 17. Para os efeitos desta Seção, equiparam-se aos consumidores todas as vítimas do evento.

Art. 29. Para os fins deste Capítulo e do seguinte, equiparam-se aos consumidores todas as pessoas determináveis ou não, expostas às práticas nele previstas.
- Art. 81, CDC (Defesa dos interesses e direitos coletivos):
Art. 81. A defesa dos interesses e direitos dos consumidores e das vítimas poderá ser exercida em juízo individualmente, ou a título coletivo.
Parágrafo único. A defesa coletiva será exercida quando se tratar de:
I - interesses ou direitos difusos, assim entendidos, para efeitos deste código, os transindividuais, de natureza indivisível, de que sejam titulares pessoas indeterminadas e ligadas por circunstâncias de fato;
II - interesses ou direitos coletivos, assim entendidos, para efeitos deste código, os transindividuais, de natureza indivisível de que seja titular grupo, categoria ou classe de pessoas ligadas entre si ou com a parte contrária por uma relação jurídica base;
III - interesses ou direitos individuais homogêneos, assim entendidos os decorrentes de origem comum.
- Art. 82, caput, CDC (Legitimados para a defesa dos interesses e direitos coletivos):
Art. 82. Para os fins do art. 81, parágrafo único, são legitimados concorrentemente:
I - o Ministério Público,
II - a União, os Estados, os Municípios e o Distrito Federal;
III - as entidades e órgãos da Administração Pública, direta ou indireta, ainda que sem personalidade jurídica, especificamente destinados à defesa dos interesses e direitos protegidos por este código;
IV - as associações legalmente constituídas há pelo menos um ano e que incluam entre seus fins institucionais a defesa dos interesses e direitos protegidos por este código, dispensada a autorização assemblear.
- Art. 91, CDC (Ação coletiva no interesse das vítimas do dano):
Art. 91. Os legitimados de que trata o art. 82 poderão propor, em nome próprio e no interesse das vítimas ou seus sucessores, ação civil coletiva de responsabilidade

pelos danos individualmente sofridos, de acordo com o disposto nos artigos seguintes.

◊ Art. 1º, CC (Capacidade civil das pessoas naturais):
Art. 1º Toda pessoa é capaz de direitos e deveres na ordem civil.

◊ Art. 2º, CC (Início da personalidade civil e direitos do nascituro):
Art. 2º A personalidade civil da pessoa começa do nascimento com vida; mas a lei põe a salvo, desde a concepção, os direitos do nascituro.

◊ Art. 40, CC (Classificação das pessoas jurídicas):
Art. 40. As pessoas jurídicas são de direito público, interno ou externo, e de direito privado.

◊ Art. 41, caput, CC (Espécies de pessoas jurídicas de direito público interno):
Art. 41. São pessoas jurídicas de direito público interno:
I - a União;
II - os Estados, o Distrito Federal e os Territórios;
III - os Municípios;
IV - as autarquias, inclusive as associações públicas;
V - as demais entidades de caráter público criadas por lei.

◊ Art. 42, CC (Espécies de pessoas jurídicas de direito público externo):
Art. 42. São pessoas jurídicas de direito público externo os Estados estrangeiros e todas as pessoas que forem regidas pelo direito internacional público.

◊ Art. 44, caput, CC (Espécies de pessoas jurídicas de direito privado):
Art. 44. São pessoas jurídicas de direito privado:
I - as associações;
II - as sociedades;
III - as fundações.
IV - as organizações religiosas;
V - os partidos políticos.

◊ Art. 45, caput, CC (Início da personalidade das pessoas jurídicas de direito privado):
Art. 45. Começa a existência legal das pessoas jurídicas de direito privado com a inscrição do ato constitutivo no respectivo registro, precedida, quando necessário, de autorização ou aprovação do Poder Executivo, averbando-se no registro todas as alterações por que passar o ato constitutivo.

◊ SÚMULA Nº 643 DO SUPREMO TRIBUNAL FEDERAL:
O Ministério Público tem legitimidade para promover ação civil pública cujo fundamento seja a ilegalidade de reajuste de mensalidades escolares.

◊ Jurisprudência selecionada:
STF: RE 185360-3/SP, 2ª T., j. 17.11.1997, RT 752/116; SEC 5847-1/Reino Unido, Plenária, j. 1.12.1999. STJ: REsp 218505/MG, 4ª T., j. 16.9.1999; REsp 488274/MG, j. 22.5.2003; Ag no AI 296516/SP, j. 7.12.2000; REsp

213825/RS, 4ª T., j. 22.8.2000; REsp 264126/RS, 4ª T., j. 8.5.2001; CC 32270/SP, j. 10.10.2001; REsp 541867/BA, 2ª S., j. 10.11.2004; REsp 304678/SP, 4ª T., j. 5.4.2001; REsp 157841/SP, 1ª T., j. 12.3.1998; REsp 635807/CE, 3ª T., j. 5.5.2005; REsp 142042/RS, 4ª T., j. 11.11.1997; REsp 208793/MT, 3ª T., j. 18.11.1999; CC 31227/MG, 2ª S., j. 25.4.2001; REsp 257699/SP, j. 5.12.2000; REsp 286441/RS, 3ª T., j. 7.5.2002; REsp 187502/SP, j. 18.2.1999, RSTJ 119/496; REsp 266625/GO, 5ª T., j. 26.9.2000; REsp 545814/SP, 3ª T., j. 6.11.2003; REsp 488274/MG, 3ª T., j. 22.5.2003; CC 41056/SP, 2ª S., j. 23.6.2004; REsp 661145/ES, 4ª T., j. 22.5.2005; REsp 660026/RJ, 4ª T., j. 3.5.2005; REsp 476428/SC, 3ª T., j. 19.4.2005. TJBA: AI 52235-6, 1ª Câm., j. 18.8.1999, RT 770/324. TAMG: Ap 0288088-4, j. 14.9.1999; AI 0276419-8, j. 28.4.1999; AI 172292-9, 4ª Câm. Civ., j. 23.5.1994, RJM 115/162. TJES: Ap 11979001184, 1ª Câm., j. 17.3.1998, RT 755/347. 1ºTACivSP: AI 861763-0, 12ª Câm., j. 8.6.1999, RT 772/264. 2ºTACivSP: AI 589594-00/0, 1ª Câm., j. 13.9.1999, RT 771/288. TJRS: AI 70001660059, 11ª Câm., j. 4.4.2001; Ap 198035321, 21ª Câm., j. 2.9.1998, RDPriv 2/298; AI 59046245, j. 30.6.1994; Ap 598002079, 6ª Câm., j. 3.6.1998; Ap 70002291235, j. 4.4.2001; Ap 70003833977, j. 20.05.2004; Ap 70001965011, j. 16.10.2003; Ap 70002453447, 6ª Câm. Civ., j. 3.3.2004; Ap 7007733587, 9ª Câm. Civ. 31.3.2004. TJRJ: EI 2001.005-483, 17ª Câm. Civ., j. 17.4.2001; Ap 16673/2002, 17ª Câm. Civ., j. 4.8.2002; Ap 200300111632, 11ª Câm. Civ., j. 18.8.2003. Repositório: IOB 3/11001; IOB 3/10958.

Art. 3º Fornecedor é toda pessoa física ou jurídica, pública ou privada, nacional ou estrangeira, bem como os entes despersonalizados, que desenvolvem atividade de produção, montagem, criação, construção, transformação, importação, exportação, distribuição ou comercialização de produtos ou prestação de serviços.

§ 1º Produto é qualquer bem, móvel ou imóvel, material ou imaterial.

§ 2º Serviço é qualquer atividade fornecida no mercado de consumo, mediante remuneração, inclusive as de natureza bancária, financeira, de crédito e securitária, salvo as decorrentes das relações de caráter trabalhista.

❧ Art. 192, CF (Regulação do Sistema Financeiro Nacional):
Art. 192. O sistema financeiro nacional, estruturado de forma a promover o desenvolvimento equilibrado do País e a servir aos interesses da coletividade, em todas as partes que o compõem, abrangendo as cooperativas de crédito, será regulado por leis complementares que disporão, inclusive, sobre a participação do capital estrangeiro nas instituições que o integram.

- Art. 230, § 2º, CF (Gratuidade dos transportes coletivos aos idosos):
Art. 230. ....
....

§ 2º - Aos maiores de sessenta e cinco anos é garantida a gratuidade dos transportes coletivos urbanos.
- Art. 1º, CC (Capacidade civil das pessoas naturais):
Art. 1º Toda pessoa é capaz de direitos e deveres na ordem civil.
- Art. 2º, CC (Início da personalidade civil e direitos do nascituro):
Art. 2º A personalidade civil da pessoa começa do nascimento com vida; mas a lei põe a salvo, desde a concepção, os direitos do nascituro.
- Art. 40, CC (Classificação das pessoas jurídicas):
Art. 40. As pessoas jurídicas são de direito público, interno ou externo, e de direito privado.
- Art. 41, caput, CC (Espécies de pessoas jurídicas de direito público interno):
Art. 41. São pessoas jurídicas de direito público interno:
I - a União;
II - os Estados, o Distrito Federal e os Territórios;
III - os Municípios;
IV - as autarquias, inclusive as associações públicas;
V - as demais entidades de caráter público criadas por lei.
- Art. 42, CC (Espécies de pessoas jurídicas de direito público externo):
Art. 42. São pessoas jurídicas de direito público externo os Estados estrangeiros e todas as pessoas que forem regidas pelo direito internacional público.
- Art. 44, caput, CC (Espécies de pessoas jurídicas de direito privado):
Art. 44. São pessoas jurídicas de direito privado:
I - as associações;
II - as sociedades;
III - as fundações.
IV - as organizações religiosas;
V - os partidos políticos.
- Art. 45, caput, CC (Início da personalidade das pessoas jurídicas de direito privado):
Art. 45. Começa a existência legal das pessoas jurídicas de direito privado com a inscrição do ato constitutivo no respectivo registro, precedida, quando necessário, de autorização ou aprovação do Poder Executivo, averbando-se no registro todas as alterações por que passar o ato constitutivo.
- Art. 79, CC (Conceito de bens imóveis):
Art. 79. São bens imóveis o solo e tudo quanto se lhe incorporar natural ou artificialmente.
- Art. 80, CC (Bens imóveis para efeitos legais):
Art. 80. Consideram-se imóveis para os efeitos legais:

I - os direitos reais sobre imóveis e as ações que os asseguram;
II - o direito à sucessão aberta.

- Art. 81, CC (Bens imóveis provisoriamente destacados):
Art. 81. Não perdem o caráter de imóveis:
I - as edificações que, separadas do solo, mas conservando a sua unidade, forem removidas para outro local;
II - os materiais provisoriamente separados de um prédio, para nele se reempregarem.

- Art. 82, CC (Conceito de bens móveis):
Art. 82. São móveis os bens suscetíveis de movimento próprio, ou de remoção por força alheia, sem alteração da substância ou da destinação econômico-social.

- Art. 83, CC (Bens móveis para efeitos legais):
Art. 83. Consideram-se móveis para os efeitos legais:
I - as energias que tenham valor econômico;
II - os direitos reais sobre objetos móveis e as ações correspondentes;
III - os direitos pessoais de caráter patrimonial e respectivas ações.

- Art. 84, CC (Bens móveis destinados à construção):
Art. 84. Os materiais destinados a alguma construção, enquanto não forem empregados, conservam sua qualidade de móveis; readquirem essa qualidade os provenientes da demolição de algum prédio.

- Art. 593, CC (Aplicação subsidiária do Código Civil à prestação de serviços):
Art. 593. A prestação de serviço, que não estiver sujeita às leis trabalhistas ou a lei especial, reger-se-á pelas disposições deste Capítulo.

- Art. 594, CC (Liberdade de contratação de serviços de natureza civil):
Art. 594. Toda a espécie de serviço ou trabalho lícito, material ou imaterial, pode ser contratada mediante retribuição.

- Art. 3º, Lei nº 10.671/2003 (Conceito de fornecedor no Estatuto de Defesa do Torcedor):
Art. 3º Para todos os efeitos legais, equiparam-se a fornecedor, nos termos da Lei nº 8.078, de 11 de setembro de 1990, a entidade responsável pela organização da competição, bem como a entidade de prática desportiva detentora do mando de jogo.

- Art. 3º, caput, CLT (Conceito de empregado):
Art. 3º Considera-se empregado toda pessoa física que prestar serviços de natureza não eventual a empregador, sob a dependência deste e mediante salário.

- Art. 4º, caput, CLT (Serviço na relação de emprego):
Art. 4º Considera-se como de serviço efetivo o período em que o empregado esteja à disposição do empregador, aguardando ou executando ordens, salvo disposição especial expressamente consignada.

- Lei nº 4.595/1964 (Dispõe sobre a Política e as Instituições Monetárias, Bancárias e Creditícias, Cria o Conselho Monetário Nacional e dá outras providências).
- Resolução BACEN nº 2878/2001 (Institui o Código de Defesa do Cliente de Produtos Bancários).
- SÚMULA Nº 297 DO SUPERIOR TRIBUNAL DE JUSTIÇA:
O Código de Defesa do Consumidor é aplicável às instituições financeiras.
- SÚMULA Nº 321 DO SUPERIOR TRIBUNAL DE JUSTIÇA:
O Código de Defesa do Consumidor é aplicável à relação jurídica entre a entidade de previdência privada e seus participantes.
- Jurisprudência selecionada:
STF: ADIn 2591-1/DF, Pleno, j. 7.6.2006. STJ: REsp 532377/RJ, 4ª T., j. 21.8.2003; REsp 106888/PR, 2ª S., 28.3.2001, RSTJ 161/226; AReg no Ag 372333/RS, 3ª T., j. 19.11.2001; REsp 213825/RS, 4ª T., j. 22.8.2000; AReg no Ag 80671/RS, 4ª T., j. 16.4.1996; REsp 263029/RS, 3ª T., j. 29.5.2001; REsp 467883/RJ, 3ª T., j. 17.6.2003; REsp 436135/SP, 4ª T., j. 17.6.2003; REsp 138059/MG, j. 11.6.2001; REsp 83746/MG, j. 11.3.1996; REsp 291384/RJ, j. 15.5.2001; REsp 267530/SP, j. 14.12.2000; REsp 579774/RS, 4ª T., j. 25.4.1995; REsp 450453/RS, 2ª S., j. 25.6.2003; REsp 231208/PE, 4ª T., j. 7.12.2000; REsp 160288/SP, 4ª T., j. 10.4.2001; REsp 476649/SP, 3ª T., j. 20.11.2003; REsp 572210/RS, 1ª T., j. 6.5.2004; REsp 562565/RS, j. 21.10.2004; REsp 142799/RS, 3ª T., j. 6.10.1998; REsp 287828/SP, 4ª T., j. 17.5.2001; REsp 239504/SP, 3ª T., j. 3.10.2000; REsp 190860/MG, 3ª T., j. 9.11.2000; REsp 139283/RS, 4ª T., j. 6.8.1998; REsp 334829/DF, 3ª T., j. 4.12.2002; REsp 436815/DF, 3ª T., j. 17.9.2002; REsp 364168/SE, 3ª T., j. 20.4.2004; REsp 63981/SP, j. 11.4.2000; REsp 113012/MG, j. 18.3.1997; REsp 306155/MG, 3ª T., j. 19.11.2001; REsp 196031/MG, 3ª T., j. 24.4.2001; REsp 238676/RJ, j. 8.2.2000. TJRS: Ap 594147803, 6ª Câm. Civ., j. 6.6.1995; Ap 598555803, 6ª Câm. Civ., j. 29.3.2000; Ap 70000441865, 9ª Câm., j. 25.10.2000; EI 599212396, 10º G. Câm. Civ., j. 28.5.1999. 1ºTACivSP: EI 739295-8-02, j. 11.11.1998; EI 773041-8/01, 12ª Câm., j. 23.2.1999, RT 768/238; Ap 858941-9, j. 2.8.1999. 2ºTACivSP: Ap 538272-00/4, 3ª Câm., j. 16.3.1999, BolAASP 2123/4; AI 601057-00/4, 10ª Câm., j. 24.11.1999, RT 776/278; AI 606407-00/5, 5ª Câm., j. 14.12.1999, RT 775/297. TJSP: AI 281523-1/1-00, 8ª Câm. Civ., j. 7.2.1996. TARS: Ap 196182760, 9ª Câm., j. 19.11.1996; Ap 194251542, j. 23.3.1995. TAMG: Ap 249115-8, 4ª Câm., j. 11.2.1998; Ap 437991, j. 23.11.2004. Repositório: RT 795/235; JTJ 167/168; RJEsp 10/56.

CAPÍTULO II
Da Política Nacional de Relações de Consumo

Art. 4º A Política Nacional das Relações de Consumo tem por objetivo o atendimento das necessidades dos consumidores, o respeito à sua dignidade, saúde e segurança, a proteção de seus interesses econômicos, a melhoria da sua qualidade de vida, bem como a transparência e harmonia das relações de consumo, atendidos os seguintes princípios:

I - reconhecimento da vulnerabilidade do consumidor no mercado de consumo;

II - ação governamental no sentido de proteger efetivamente o consumidor:
a) por iniciativa direta;
b) por incentivos à criação e desenvolvimento de associações representativas;
c) pela presença do Estado no mercado de consumo;
d) pela garantia dos produtos e serviços com padrões adequados de qualidade, segurança, durabilidade e desempenho.

III - harmonização dos interesses dos participantes das relações de consumo e compatibilização da proteção do consumidor com a necessidade de desenvolvimento econômico e tecnológico, de modo a viabilizar os princípios nos quais se funda a ordem econômica (art. 170, da Constituição Federal), sempre com base na boa-fé e equilíbrio nas relações entre consumidores e fornecedores;

IV - educação e informação de fornecedores e consumidores, quanto aos seus direitos e deveres, com vistas à melhoria do mercado de consumo;

V - incentivo à criação pelos fornecedores de meios eficientes de controle de qualidade e segurança de produtos e serviços, assim como de mecanismos alternativos de solução de conflitos de consumo;

VI - coibição e repressão eficientes de todos os abusos praticados no mercado de consumo, inclusive a concorrência desleal e utilização indevida de inventos e criações industriais das marcas e nomes comerciais e signos distintivos, que possam causar prejuízos aos consumidores;

VII - racionalização e melhoria dos serviços públicos;

VIII - estudo constante das modificações do mercado de consumo.

> Redação do caput dada pela Lei nº 9.008/1995. O texto alterado tinha o seguinte teor:
> Art. 4º A Política Nacional de Relações de Consumo tem por objetivo o atendimento das necessidades dos consumidores, o respeito a sua dignidade, saúde e segurança, a proteção de seus interesses econômicos, a melhoria da sua qualidade de vida, bem como a transferência e harmonia das relações de consumo, atendidos os seguintes princípios:

> Art. 5º, caput, CF (Direitos e Garantias Fundamentais):
> Art. 5º Todos são iguais perante a lei, sem distinção de qualquer natureza, garantindo-se aos brasileiros e aos estrangeiros residentes no País a inviolabilidade do direito à vida, à liberdade, à igualdade, à segurança e à propriedade, nos termos seguintes:

> Art. 5º, XXIX, CF (Direito Fundamental à Proteção da Propriedade Industrial):
> Art. 5º ....
> ....
> XXIX - a lei assegurará aos autores de inventos industriais privilégio temporário para sua utilização, bem como proteção às criações industriais, à propriedade das marcas, aos nomes de empresas e a outros signos distintivos, tendo em vista o interesse social e o desenvolvimento tecnológico e econômico do País;

> Art. 5º, XXXII, CF (Dever do Estado de promover a Defesa do Consumidor):
> Art. 5º ....
> ....
> XXXII - o Estado promoverá, na forma da lei, a defesa do consumidor;

> Art. 150, § 5º, CF (Dever de esclarecimento do consumidor acerca dos impostos):
> *Art. 150.* ....
> ....
> § 5º - A lei determinará medidas para que os consumidores sejam esclarecidos acerca dos impostos que incidam sobre mercadorias e serviços.

> Art. 170, CF (Princípios Gerais da Atividade Econômica):
> Art. 170. A ordem econômica, fundada na valorização do trabalho humano e na livre iniciativa, tem por fim assegurar a todos existência digna, conforme os ditames da justiça social, observados os seguintes princípios:

I - soberania nacional;
II - propriedade privada;
III - função social da propriedade;
IV - livre concorrência;
V - defesa do consumidor;
VI - defesa do meio ambiente, inclusive mediante tratamento diferenciado conforme o impacto ambiental dos produtos e serviços e de seus processos de elaboração e prestação;
VII - redução das desigualdades regionais e sociais;
VIII - busca do pleno emprego;
IX - tratamento favorecido para as empresas de pequeno porte constituídas sob as leis brasileiras e que tenham sua sede e administração no País.
Parágrafo único. É assegurado a todos o livre exercício de qualquer atividade econômica, independentemente de autorização de órgãos públicos, salvo nos casos previstos em lei.

- Art. 8º, caput, CDC (Proteção à saúde e segurança do consumidor):
Art. 8º Os produtos e serviços colocados no mercado de consumo não acarretarão riscos à saúde ou segurança dos consumidores, exceto os considerados normais e previsíveis em decorrência de sua natureza e fruição, obrigando-se os fornecedores, em qualquer hipótese, a dar as informações necessárias e adequadas a seu respeito.

- Art. 22, CDC (Prestação de serviços públicos adequados):
Art. 22. Os órgãos públicos, por si ou suas empresas, concessionárias, permissionárias ou sob qualquer outra forma de empreendimento, são obrigados a fornecer serviços adequados, eficientes, seguros e, quanto aos essenciais, contínuos.
Parágrafo único. Nos casos de descumprimento, total ou parcial, das obrigações referidas neste artigo, serão as pessoas jurídicas compelidas a cumpri-las e a reparar os danos causados, na forma prevista neste código.

- Art. 47, CDC (Interpretação de cláusulas contratuais em favor do consumidor):
Art. 47. As cláusulas contratuais serão interpretadas de maneira mais favorável ao consumidor.

- Art. 51, IV, CDC (Nulidade de cláusulas incompatíveis com a boa-fé):
Art. 51. São nulas de pleno direito, entre outras, as cláusulas contratuais relativas ao fornecimento de produtos e serviços que:
....
IV - estabeleçam obrigações consideradas iníquas, abusivas, que coloquem o consumidor em desvantagem exagerada, ou sejam incompatíveis com a boa-fé ou a eqüidade;

- Arts. 105 e 106, CDC (Sistema Nacional de Defesa do Consumidor):
Art. 105. Integram o Sistema Nacional de Defesa do Consumidor (SNDC), os órgãos federais, estaduais, do Distrito Federal e municipais e as entidades privadas de defesa do consumidor.

Art. 106. O Departamento Nacional de Defesa do Consumidor, da Secretaria Nacional de Direito Econômico (MJ), ou órgão federal que venha substituí-lo, é organismo de coordenação da política do Sistema Nacional de Defesa do Consumidor, cabendo-lhe:

I - planejar, elaborar, propor, coordenar e executar a política nacional de proteção ao consumidor;

II - receber, analisar, avaliar e encaminhar consultas, denúncias ou sugestões apresentadas por entidades representativas ou pessoas jurídicas de direito público ou privado;

III - prestar aos consumidores orientação permanente sobre seus direitos e garantias;

IV - informar, conscientizar e motivar o consumidor através dos diferentes meios de comunicação;

V - solicitar à polícia judiciária a instauração de inquérito policial para a apreciação de delito contra os consumidores, nos termos da legislação vigente;

VI - representar ao Ministério Público competente para fins de adoção de medidas processuais no âmbito de suas atribuições;

VII - levar ao conhecimento dos órgãos competentes as infrações de ordem administrativa que violarem os interesses difusos, coletivos, ou individuais dos consumidores;

VIII - solicitar o concurso de órgãos e entidades da União, Estados, do Distrito Federal e Municípios, bem como auxiliar a fiscalização de preços, abastecimento, quantidade e segurança de bens e serviços;

IX - incentivar, inclusive com recursos financeiros e outros programas especiais, a formação de entidades de defesa do consumidor pela população e pelos órgãos públicos estaduais e municipais;

....

XIII - desenvolver outras atividades compatíveis com suas finalidades.

Parágrafo único. Para a consecução de seus objetivos, o Departamento Nacional de Defesa do Consumidor poderá solicitar o concurso de órgãos e entidades de notória especialização técnico-científica.

- Art. 113, CC (Boa-fé como vetor de interpretação dos negócios jurídicos):
  Art. 113. Os negócios jurídicos devem ser interpretados conforme a boa-fé e os usos do lugar de sua celebração.
- Art. 422, CC (Dever de probidade e boa-fé entre os contratantes):
  Art. 422. Os contratantes são obrigados a guardar, assim na conclusão do contrato, como em sua execução, os princípios de probidade e boa-fé.
- Art. 6º, Lei nº 8.987/1995 (Serviços Públicos Adequados):
  Art. 6º Toda concessão ou permissão pressupõe a prestação de serviço adequado ao pleno atendimento dos usuários, conforme estabelecido nesta Lei, nas normas pertinentes e no respectivo contrato.

§ 1º Serviço adequado é o que satisfaz as condições de regularidade, continuidade, eficiência, segurança, atualidade, generalidade, cortesia na sua prestação e modicidade das tarifas.

§ 2º A atualidade compreende a modernidade das técnicas, do equipamento e das instalações e a sua conservação, bem como a melhoria e expansão do serviço.

§ 3º Não se caracteriza como descontinuidade do serviço a sua interrupção em situação de emergência ou após prévio aviso, quando:

I - motivada por razões de ordem técnica ou de segurança das instalações; e,
II - por inadimplemento do usuário, considerado o interesse da coletividade.

- Lei nº 8.884/1994 (Transforma o Conselho Administrativo de Defesa Econômica - CADE em Autarquia e dispõe sobre a prevenção e a repressão às infrações contra a ordem econômica).
- Lei nº 9.099/1995 (Dispõe sobre os Juizados Especiais Cíveis e Criminais).
- Lei nº 9.279/1996 (Regula direitos e obrigações relativos à Propriedade Industrial).
- Lei nº 9.307/1996 (Dispõe sobre a Arbitragem).
- Decreto Federal nº 2.181/1997 (Dispõe sobre a organização do Sistema Nacional de Defesa do Consumidor - SNDC, estabelece as normas gerais de aplicação das sanções administrativas previstas na Lei nº 8.078, de 11 de setembro de 1990, revoga o Decreto nº 861/1993, e dá outras providências).
- Portaria MJ/SDE nº 03/2001 (Divulga elenco de cláusulas consideradas abusivas para efeito de multas do Sistema Nacional de Defesa do Consumidor - SNDC).
- Jurisprudência selecionada:

STF: <u>ADIn 319-4/DF</u>, Pleno, j. 30.4.1993. STJ: <u>REsp 264181/SP</u>, 4ª T., j. 13.9.2000; <u>Ag AI 184616/RJ</u>, j. 23.3.2001; <u>REsp 157841/SP</u>, j. 12.3.1998; <u>Ag AI 296516/SP</u>, j. 7.12.2000; <u>REsp 303.240/SP</u>, j. 2.8.2001; <u>REsp 138583/SC</u>, 3ª T., j. 6.8.1998; <u>REsp 250523/SP</u>, 4ª T., j. 19.10.2000; <u>REsp 438700/RJ</u>, j. 15.4.2003; <u>REsp 53729-0/MA</u>, 4ª T., j. 19.9.1995; <u>REsp 572210/RS</u>, 1ª T., j. 6.5.2004; <u>REsp 489037/PR</u>, 4ª T., j. 17.6.2003; <u>REsp 156012/SP</u>, 4ª T., j. 22.2.2000; <u>REsp 264562/SE</u>, j. 12.6.2001; <u>REsp 51813/RO</u>, j. 28.4.1997; <u>REsp 156002/MG</u>, 4ª T., j. 21.5.1998; <u>REsp 235.410/SP</u>, 4ª T., j. 14.12.1999; <u>REsp 60809/SP</u>, j. 29.6.1999. TJRS: <u>AI 599052214</u>, 19ª Câm., j. 24.8.1999; <u>MS 70000027425</u>, 2ª Câm., j. 6.10.1999; <u>Ap 198.007.072</u>, 21ª Câm., j. 9.6.1998, RDPriv 2/295; <u>EI 70001576024</u>, 10º Gr., j. 22.12.2000; <u>Ap 70001562370</u>, 20ª Câm., j. 11.10.2000; <u>Ap 7003720398</u>, 6ª Câm., j. 4.12.2002; <u>Ap 70007711930</u>, 20ª Câm., j. 30.12.2003; <u>AI 598023299</u>; 5ª Câm., j. 26.3.1998. TJPI: <u>Ap 98.001646-0</u>, 1ª Câm., j. 3.8.199, RT 770/352. TJPR: <u>Ap 110547-3</u>, 2ª Câm., j. 17.10.2001. TJRJ: <u>Ap 16.654/99</u>, 2ª Câm., j. 2.12.1999, RDC 34/281. TAMG: <u>Ap 314706-2</u>, 1ª Câm., j. 20.2.2001. TARS: <u>Ap 194045472</u>, 9ª Câm., j. 26.04.1994. Repositório: JTACivSP 147/62.

Art. 5º Para a execução da Política Nacional das Relações de Consumo, contará o poder público com os seguintes instrumentos, entre outros:

I - manutenção de assistência jurídica, integral e gratuita para o consumidor carente;

II - instituição de Promotorias de Justiça de Defesa do Consumidor, no âmbito do Ministério Público;

III - criação de delegacias de polícia especializadas no atendimento de consumidores vítimas de infrações penais de consumo;

IV - criação de Juizados Especiais de Pequenas Causas e Varas Especializadas para a solução de litígios de consumo;

V - concessão de estímulos à criação e desenvolvimento das Associações de Defesa do Consumidor.

§ 1º (Vetado).

§ 2º (Vetado).

∞ Os §§ 1º e 2º vetados tinham a seguinte redação (Mensagem nº 664/1990):

§ 1º - Os Estados, Distrito Federal e Municípios manterão órgãos de atendimento gratuito para orientação dos consumidores.[2]

§ 2º - A União, os Estados, o Distrito Federal e os Municípios poderão fiscalizar preços e autuar os infratores, observado seu prévio tabelamento pela autoridade competente.[3]

∞ Art. 5º, LXXIV, CF (Direito à Assistência Jurídica Gratuita):

Art. 5º ....

....

LXXIV - o Estado prestará assistência jurídica integral e gratuita aos que comprovarem insuficiência de recursos;

∞ Art. 5º, XVII, XVIII, XIX, XX, XXI, LXX, "b", CF (Direito de Associação):

Art. 5º ....

....

XVII - é plena a liberdade de associação para fins lícitos, vedada a de caráter paramilitar;

XVIII - a criação de associações e, na forma da lei, a de cooperativas independem

---

2   Justificativa do veto: Esta disposição contraria o princípio federativo, uma vez que impõe aos Estados, ao Distrito Federal e aos Municípios a obrigação de manter determinados serviços gratuitos.

3   Justificativa do veto: Cabe à lei que estabelecer o tabelamento, à vista de excepcional interesse público, indicar a autoridade competente para fiscalizá-lo. A cláusula prevista no § 2º outorga atribuição genérica, incompatível com a segurança jurídica dos administrados, pois enseja a possibilidade de ser o mesmo fato objeto de fiscalizações simultâneas pelos diferentes órgãos.

de autorização, sendo vedada a interferência estatal em seu funcionamento;
XIX - as associações só poderão ser compulsoriamente dissolvidas ou ter suas atividades suspensas por decisão judicial, exigindo-se, no primeiro caso, o trânsito em julgado;
XX - ninguém poderá ser compelido a associar-se ou a permanecer associado;
XXI - as entidades associativas, quando expressamente autorizadas, têm legitimidade para representar seus filiados judicial ou extrajudicialmente;

....

LXX - o mandado de segurança coletivo pode ser impetrado por:

....

b) organização sindical, entidade de classe ou associação legalmente constituída e em funcionamento há pelo menos um ano, em defesa dos interesses de seus membros ou associados;

- Art. 5º, XXXII, CF (Dever do Estado de promover a Defesa do Consumidor):
  Art. 5º ....
  ....
  XXXII - o Estado promoverá, na forma da lei, a defesa do consumidor;
- Art. 98, I, CF (Instituição dos Juizados Especiais):
  Art. 98. A União, no Distrito Federal e nos Territórios, e os Estados criarão:
  I - juizados especiais, providos por juízes togados, ou togados e leigos, competentes para a conciliação, o julgamento e a execução de causas cíveis de menor complexidade e infrações penais de menor potencial ofensivo, mediante os procedimentos oral e sumariíssimo, permitidos, nas hipóteses previstas em lei, a transação e o julgamento de recursos por turmas de juízes de primeiro grau;
- Arts. 127, caput, e 129, III, CF (Incumbência e funções institucionais do Ministério Público):
  Art. 127. O Ministério Público é instituição permanente, essencial à função jurisdicional do Estado, incumbindo-lhe a defesa da ordem jurídica, do regime democrático e dos interesses sociais e individuais indisponíveis.

  ....

  Art. 129. São funções institucionais do Ministério Público:

  ....

  III - promover o inquérito civil e a ação civil pública, para a proteção do patrimônio público e social, do meio ambiente e de outros interesses difusos e coletivos;
- Art. 134, caput, CF (Instituição das Defensorias Públicas):
  Art. 134. A Defensoria Pública é instituição essencial à função jurisdicional do Estado, incumbindo-lhe a orientação jurídica e a defesa, em todos os graus, dos necessitados, na forma do art. 5º, LXXIV.
- Art. 51, § 4º, CDC (Propositura pelo Ministério Público de Ação Declaratória de Nulidade de Cláusula Contratual):
  Art. 51. ....
  ....

§4º É facultado a qualquer consumidor ou entidade que o represente requerer ao Ministério Público que ajuíze a competente ação para ser declarada a nulidade de cláusula contratual que contrarie o disposto neste código ou de qualquer forma não assegure o justo equilíbrio entre direitos e obrigações das partes.

- Art. 80, CDC (Processo Penal de Crimes contra as Relações de Consumo):

  Art. 80. No processo penal atinente aos crimes previstos neste código, bem como a outros crimes e contravenções que envolvam relações de consumo, poderão intervir, como assistentes do Ministério Público, os legitimados indicados no art. 82, inciso III e IV, aos quais também é facultado propor ação penal subsidiária, se a denúncia não for oferecida no prazo legal.

- Art. 81, CDC (Defesa dos interesses e direitos coletivos):

  Art. 81. A defesa dos interesses e direitos dos consumidores e das vítimas poderá ser exercida em juízo individualmente, ou a título coletivo.

  Parágrafo único. A defesa coletiva será exercida quando se tratar de:

  I - interesses ou direitos difusos, assim entendidos, para efeitos deste código, os transindividuais, de natureza indivisível, de que sejam titulares pessoas indeterminadas e ligadas por circunstâncias de fato;

  II - interesses ou direitos coletivos, assim entendidos, para efeitos deste código, os transindividuais, de natureza indivisível de que seja titular grupo, categoria ou classe de pessoas ligadas entre si ou com a parte contrária por uma relação jurídica base;

  III - interesses ou direitos individuais homogêneos, assim entendidos os decorrentes de origem comum.

- Art. 82, caput, CDC (Legitimados para a defesa dos interesses e direitos coletivos):

  Art. 82. Para os fins do art. 81, parágrafo único, são legitimados concorrentemente:

  I - o Ministério Público,

  II - a União, os Estados, os Municípios e o Distrito Federal;

  III - as entidades e órgãos da Administração Pública, direta ou indireta, ainda que sem personalidade jurídica, especificamente destinados à defesa dos interesses e direitos protegidos por este código;

  IV - as associações legalmente constituídas há pelo menos um ano e que incluam entre seus fins institucionais a defesa dos interesses e direitos protegidos por este código, dispensada a autorização assemblear.

- Art. 92, CDC (Ministério Público como fiscal da lei em Ações Coletivas de Consumo):

  Art. 92. O Ministério Público, se não ajuizar a ação, atuará sempre como fiscal da lei.

- Art. 106, VI, CDC (Representação do Departamento Nacional de Defesa do Consumidor ao Ministério Público):

Art. 106. O Departamento Nacional de Defesa do Consumidor, da Secretaria Nacional de Direito Econômico (MJ), ou órgão federal que venha substituí-lo, é organismo de coordenação da política do Sistema Nacional de Defesa do Consumidor, cabendo-lhe:

....

VI - representar ao Ministério Público competente para fins de adoção de medidas processuais no âmbito de suas atribuições;

∞ Art. 53, CC (Definição de Associações Civis):
Art. 53. Constituem-se as associações pela união de pessoas que se organizem para fins não econômicos.
Parágrafo único. Não há, entre os associados, direitos e obrigações recíprocos.

∞ Lei nº 7.347/1985 (Lei da Ação Civil Pública):
Art. 1º Regem-se pelas disposições desta Lei, sem prejuízo da ação popular, as ações de responsabilidade por danos morais e patrimoniais causados:

....

II - ao consumidor;

....

V - por infração da ordem econômica e da economia popular;

....

Art. 5º Têm legitimidade para propor a ação principal e a ação cautelar:
I - o Ministério Público;
II - a Defensoria Pública;

....

V - a associação que, concomitantemente:
a) esteja constituída há pelo menos 1 (um) ano nos termos da lei civil;
b) inclua, entre suas finalidades institucionais, a proteção ao meio ambiente, ao consumidor, à ordem econômica, à livre concorrência ou ao patrimônio artístico, estético, histórico, turístico e paisagístico.

∞ Lei Complementar nº 80/1994 (Organiza a Defensoria Pública da União, do Distrito Federal e dos Territórios e prescreve normas gerais para sua organização nos Estados):
Art. 4º São funções institucionais da Defensoria Pública, dentre outras:

....

VIII – exercer a defesa dos direitos e interesses individuais, difusos, coletivos e individuais homogêneos e dos direitos do consumidor, na forma do inciso LXXIV do art. 5º da Constituição Federal;

∞ Lei nº 8.625/1993 (Lei Orgânica Nacional do Ministério Público):
Art. 25. Além das funções previstas nas Constituições Federal e Estadual, na Lei Orgânica e em outras leis, incumbe, ainda, ao Ministério Público:

....

IV - promover o inquérito civil e a ação civil pública, na forma da lei:
a) para a proteção, prevenção e reparação dos danos causados ao meio ambiente, ao consumidor, aos bens e direitos de valor artístico, estético, histórico,

turístico e paisagístico, e a outros interesses difusos, coletivos e individuais indisponíveis e homogêneos;

....

VII - deliberar sobre a participação em organismos estatais de defesa do meio ambiente, neste compreendido o do trabalho, do consumidor, de política penal e penitenciária e outros afetos à sua área de atuação;

❧ Art. 32, I, Lei Complementar Estadual nº 762/1994-SP (Criação das Varas de Relações de Consumo, ainda não implantadas, na Comarca de São Paulo/SP):
Artigo 32 - São criadas, na Comarca de São Paulo, classificadas em entrância especial, as seguintes Varas:
I - 5 (cinco) Varas de Relações de Consumo e Demandas Coletivas, com competência para as ações disciplinadas pelas Leis nº 7.347, de 24 de julho de 1985, 7.853, de 24 de outubro de 1989, 8.078, de 11 de setembro de 1990, e assemelhadas, assim distribuídas:
a) 1 (uma) no Foro Central;
b) 1 (uma) no Foro Regional I - Santana;
c) 1 (uma) no Foro Regional II - Santo Amaro;
d) 1 (uma) no Foro Regional IV - Lapa; e
e) 1 (uma) no Foro Regional VI - Penha de Franca;

❧ Art. 1º, Lei nº 9.099/1995 (Lei dos Juizados Especiais Cíveis e Criminais):
Art. 1º Os Juizados Especiais Cíveis e Criminais, órgãos da Justiça Ordinária, serão criados pela União, no Distrito Federal e nos Territórios, e pelos Estados, para conciliação, processo, julgamento e execução, nas causas de sua competência.

❧ Lei nº 1.060/1950 (Estabelece normas para a concessão de assistência judiciária aos necessitados).

❧ SÚMULA Nº 643 DO SUPREMO TRIBUNAL FEDERAL:
O Ministério Público tem legitimidade para promover ação civil pública cujo fundamento seja a ilegalidade de reajuste de mensalidades escolares.

❧ Jurisprudência selecionada:
STJ: REsp 209259/DF, 5ª T., j. 7.12.2000; REsp 175645/RS, 5ª T., j. 7.12.2000; REsp 334829/DF, 3ª T., j. 4.2.2002, RDC 46/359; Edcl REsp 156598/SP, 4ª T., j. 30.4.1998, RT 758/170; REsp 140097, 4ªT., j. 4.5.2000; REsp 681872/RS, 3ª T., j. 19.4.2005; REsp 243386/SP, j. 16.3.2000; REsp 472038/PR, 5ª T., j. 16.12.2003; REsp 105215/DF, j. 24.6.1997. TJRS: Ap 598427227, j. 8.4.1999.

CAPÍTULO III
Dos Direitos Básicos do Consumidor

Art. 6º São direitos básicos do consumidor:
I - a proteção da vida, saúde e segurança contra os riscos provocados por práticas no fornecimento de produtos e serviços considerados perigosos ou nocivos;
II - a educação e divulgação sobre o consumo adequado dos produtos e serviços, asseguradas a liberdade de escolha e a igualdade nas contratações;
III - a informação adequada e clara sobre os diferentes produtos e serviços, com especificação correta de quantidade, características, composição, qualidade e preço, bem como sobre os riscos que apresentem;
IV - a proteção contra a publicidade enganosa e abusiva, métodos comerciais coercitivos ou desleais, bem como contra práticas e cláusulas abusivas ou impostas no fornecimento de produtos e serviços;
V - a modificação das cláusulas contratuais que estabeleçam prestações desproporcionais ou sua revisão em razão de fatos supervenientes que as tornem excessivamente onerosas;
VI - a efetiva prevenção e reparação de danos patrimoniais e morais, individuais, coletivos e difusos;
VII - o acesso aos órgãos judiciários e administrativos com vistas à prevenção ou reparação de danos patrimoniais e morais, individuais, coletivos ou difusos, assegurada a proteção jurídica, administrativa e técnica aos necessitados;
VIII - a facilitação da defesa de seus direitos, inclusive com a inversão do ônus da prova, a seu favor, no processo civil, quando, a critério do juiz, for verossímil a alegação ou quando for ele hipossuficiente, segundo as regras ordinárias de experiências;
IX - (Vetado);
X - a adequada e eficaz prestação dos serviços públicos em geral.

- O inciso IX vetado tinha a seguinte redação (Mensagem nº 664/1990):
  IX - a participação e consulta na formulação das políticas que os afetam diretamente, e a representação de seus interesses por intermédio das entidades públicas ou privadas de defesa do consumidor; [4]
- Art. 5º, caput, CF (Direitos e Garantias Fundamentais):
  Art. 5º Todos são iguais perante a lei, sem distinção de qualquer natureza, garantindo-se aos brasileiros e aos estrangeiros residentes no País a inviolabilidade do direito à vida, à liberdade, à igualdade, à segurança e à propriedade, nos termos seguintes:
- Art. 5º, XXXII, CF (Dever do Estado de promover a Defesa do Consumidor):
  Art. 5º ....
  ....
  XXXII - o Estado promoverá, na forma da lei, a defesa do consumidor;
- Art. 5º, V e X, CF (Direito Fundamental à Reparação de Danos):
  Art. 5º ....

  V - é assegurado o direito de resposta, proporcional ao agravo, além da indenização por dano material, moral ou à imagem;

  X - são invioláveis a intimidade, a vida privada, a honra e a imagem das pessoas, assegurado o direito a indenização pelo dano material ou moral decorrente de sua violação;
- Art. 5º, IV e XIV, CF (Liberdade de Manifestação de Pensamento e de Informação):
  Art. 5º ....
  ....
  IV - é livre a manifestação do pensamento, sendo vedado o anonimato;
  ....
  XIV - é assegurado a todos o acesso à informação e resguardado o sigilo da fonte, quando necessário ao exercício profissional;
- Art. 37, § 3º, I, CF (Direito à qualidade dos serviços públicos e ao atendimento das reclamações dos usuários):
  Art. 37. ....
  ....
  § 3º A lei disciplinará as formas de participação do usuário na administração pública direta e indireta, regulando especialmente:

---

4 Justificativa do veto: O dispositivo contraria o princípio da democracia representativa ao assegurar, de forma ampla, o direito de participação na formulação das políticas que afetam diretamente o consumidor. O exercício do poder pelo povo faz-se por intermédio de representantes legitimamente eleitos, excetuadas as situações previstas expressamente na Constituição (C.F. arte 14, I). Acentue-se que o próprio exercício da iniciativa popular no processo legislativo está submetido a condições estritas (CF., arte 61, § 2º).

I - as reclamações relativas à prestação dos serviços públicos em geral, asseguradas a manutenção de serviços de atendimento ao usuário e a avaliação periódica, externa e interna, da qualidade dos serviços;
- Art. 37, § 6º, CF (Direito à Reparação de Danos causados por prestadoras de serviços públicos):
Art. 37. ....

....
§ 6º - As pessoas jurídicas de direito público e as de direito privado prestadoras de serviços públicos responderão pelos danos que seus agentes, nessa qualidade, causarem a terceiros, assegurado o direito de regresso contra o responsável nos casos de dolo ou culpa.
- Art. 150, § 5º, CF (Dever de esclarecimento do consumidor acerca dos impostos):
Art. 150. ....

....
§ 5º - A lei determinará medidas para que os consumidores sejam esclarecidos acerca dos impostos que incidam sobre mercadorias e serviços.
- Art. 220, § 4º, CF (Restrição à propaganda de tabaco, bebidas alcoólicas, agrotóxicos, medicamentos e terapias):
Art. 220. ....

....
§ 4º - A propaganda comercial de tabaco, bebidas alcoólicas, agrotóxicos, medicamentos e terapias estará sujeita a restrições legais, nos termos do inciso II do parágrafo anterior, e conterá, sempre que necessário, advertência sobre os malefícios decorrentes de seu uso.
- Art. 4º, III, CDC (Boa-fé como princípio da Política Nacional das Relações de Consumo):
Art. 4º A Política Nacional das Relações de Consumo tem por objetivo o atendimento das necessidades dos consumidores, o respeito à sua dignidade, saúde e segurança, a proteção de seus interesses econômicos, a melhoria da sua qualidade de vida, bem como a transparência e harmonia das relações de consumo, atendidos os seguintes princípios:

....
III - harmonização dos interesses dos participantes das relações de consumo e compatibilização da proteção do consumidor com a necessidade de desenvolvimento econômico e tecnológico, de modo a viabilizar os princípios nos quais se funda a ordem econômica (art. 170, da Constituição Federal), sempre com base na boa-fé e equilíbrio nas relações entre consumidores e fornecedores;
- Art. 8º, caput, CDC (Proteção à saúde e segurança do consumidor):
Art. 8º Os produtos e serviços colocados no mercado de consumo não acarretarão riscos à saúde ou segurança dos consumidores, exceto os considerados normais e previsíveis em decorrência de sua natureza e fruição, obrigando-se

os fornecedores, em qualquer hipótese, a dar as informações necessárias e adequadas a seu respeito.

- Arts. 17 e 29, CDC (Consumidores por equiparação às vítimas do dano):
Art. 17. Para os efeitos desta Seção, equiparam-se aos consumidores todas as vítimas do evento.

....

Art. 29. Para os fins deste Capítulo e do seguinte, equiparam-se aos consumidores todas as pessoas determináveis ou não, expostas às práticas nele previstas.
- Art. 22, CDC (Prestação de serviços públicos adequados):
Art. 22. Os órgãos públicos, por si ou suas empresas, concessionárias, permissionárias ou sob qualquer outra forma de empreendimento, são obrigados a fornecer serviços adequados, eficientes, seguros e, quanto aos essenciais, contínuos.
Parágrafo único. Nos casos de descumprimento, total ou parcial, das obrigações referidas neste artigo, serão as pessoas jurídicas compelidas a cumpri-las e a reparar os danos causados, na forma prevista neste código.
- Arts. 25, caput, e 51, I, CDC (Vedação à cláusula de "não-indenizar"):
Art. 25. É vedada a estipulação contratual de cláusula que impossibilite, exonere ou atenue a obrigação de indenizar prevista nesta e nas seções anteriores.

....

Art. 51. São nulas de pleno direito, entre outras, as cláusulas contratuais relativas ao fornecimento de produtos e serviços que:
I - impossibilitem, exonerem ou atenuem a responsabilidade do fornecedor por vícios de qualquer natureza dos produtos e serviços ou impliquem renúncia ou disposição de direitos. Nas relações de consumo entre o fornecedor e o consumidor pessoa jurídica, a indenização poderá ser limitada, em situações justificáveis;
- Art. 28, caput, CDC (Desconsideração da Personalidade Jurídica):
Art. 28. O juiz poderá desconsiderar a personalidade jurídica da sociedade quando, em detrimento do consumidor, houver abuso de direito, excesso de poder, infração da lei, fato ou ato ilícito ou violação dos estatutos ou contrato social. A desconsideração também será efetivada quando houver falência, estado de insolvência, encerramento ou inatividade da pessoa jurídica provocados por má administração.
- Art. 31, caput, CDC (Informações sobre a oferta de produtos e serviços):
Art. 31. A oferta e apresentação de produtos ou serviços devem assegurar informações corretas, claras, precisas, ostensivas e em língua portuguesa sobre suas características, qualidades, quantidade, composição, preço, garantia, prazos de validade e origem, entre outros dados, bem como sobre os riscos que apresentam à saúde e segurança dos consumidores.
- Art. 38, CDC (Ônus da prova da comunicação publicitária):
Art. 38. O ônus da prova da veracidade e correção da informação ou comunicação publicitária cabe a quem as patrocina.
- Art. 47, CDC (Interpretação de cláusulas contratuais em favor do consumidor):

Art. 47. As cláusulas contratuais serão interpretadas de maneira mais favorável ao consumidor.

સ Art. 51, IV e § 1º, CDC (Nulidade de cláusulas abusivas ou incompatíveis com a boa-fé):

Art. 51. São nulas de pleno direito, entre outras, as cláusulas contratuais relativas ao fornecimento de produtos e serviços que:

....

IV - estabeleçam obrigações consideradas iníquas, abusivas, que coloquem o consumidor em desvantagem exagerada, ou sejam incompatíveis com a boa-fé ou a eqüidade;

....

§ 1º Presume-se exagerada, entre outros casos, a vontade que:

I - ofende os princípios fundamentais do sistema jurídico a que pertence;

II - restringe direitos ou obrigações fundamentais inerentes à natureza do contrato, de tal modo a ameaçar seu objeto ou equilíbrio contratual;

III - se mostra excessivamente onerosa para o consumidor, considerando-se a natureza e conteúdo do contrato, o interesse das partes e outras circunstâncias peculiares ao caso.

સ Art. 51, VI, CDC (Nulidade da inversão do ônus da prova em prejuízo do consumidor):

Art. 51. São nulas de pleno direito, entre outras, as cláusulas contratuais relativas ao fornecimento de produtos e serviços que:

....

VI - estabeleçam inversão do ônus da prova em prejuízo do consumidor;

સ Art. 51, § 4º, CDC (Propositura pelo Ministério Público de Ação Declaratória de Nulidade de Cláusula Contratual):

Art. 51. ....

....

§ 4º É facultado a qualquer consumidor ou entidade que o represente requerer ao Ministério Público que ajuíze a competente ação para ser declarada a nulidade de cláusula contratual que contrarie o disposto neste código ou de qualquer forma não assegure o justo equilíbrio entre direitos e obrigações das partes.

સ Art. 52, CDC (Dever de informação no fornecimento de produtos ou serviços que envolva outorga de crédito ou concessão de financiamento):

Art. 52. No fornecimento de produtos ou serviços que envolva outorga de crédito ou concessão de financiamento ao consumidor, o fornecedor deverá, entre outros requisitos, informá-lo prévia e adequadamente sobre:

I - preço do produto ou serviço em moeda corrente nacional;

II - montante dos juros de mora e da taxa efetiva anual de juros;

III - acréscimos legalmente previstos;

IV - número e periodicidade das prestações;

V - soma total a pagar, com e sem financiamento.

- Art. 55, § 1º, CDC (Fiscalização no interesse da adequada informação ao consumidor):
  Art. 55. A União, os Estados e o Distrito Federal, em caráter concorrente e nas suas respectivas áreas de atuação administrativa, baixarão normas relativas à produção, industrialização, distribuição e consumo de produtos e serviços.
  § 1º A União, os Estados, o Distrito Federal e os Municípios fiscalizarão e controlarão a produção, industrialização, distribuição, a publicidade de produtos e serviços e o mercado de consumo, no interesse da preservação da vida, da saúde, da segurança, da informação e do bem-estar do consumidor, baixando as normas que se fizerem necessárias.
- Art. 83, CDC (Ampla tutela jurisdicional ao consumidor):
  Art. 83. Para a defesa dos direitos e interesses protegidos por este código são admissíveis todas as espécies de ações capazes de propiciar sua adequada e efetiva tutela.
- Art. 113, CC (Boa-fé como vetor de interpretação dos negócios jurídicos):
  Art. 113. Os negócios jurídicos devem ser interpretados conforme a boa-fé e os usos do lugar de sua celebração.
- Arts. 186, 187 e 927, caput, CC (Responsabilidade civil por ato ilícito):
  Art. 186. Aquele que, por ação ou omissão voluntária, negligência ou imprudência, violar direito e causar dano a outrem, ainda que exclusivamente moral, comete ato ilícito.
  Art. 187. Também comete ato ilícito o titular de um direito que, ao exercê-lo, excede manifestamente os limites impostos pelo seu fim econômico ou social, pela boa-fé ou pelos bons costumes.
  ....
  Art. 927. Aquele que, por ato ilícito (arts. 186 e 187), causar dano a outrem, fica obrigado a repará-lo.
- Art. 393, CC (Fortuito e força maior como excludentes da responsabilidade civil):
  Art. 393. O devedor não responde pelos prejuízos resultantes de caso fortuito ou força maior, se expressamente não se houver por eles responsabilizado.
  Parágrafo único. O caso fortuito ou de força maior verifica-se no fato necessário, cujos efeitos não era possível evitar ou impedir.
- Arts. 317, 478 e 480, CC (Onerosidade Excessiva):
  Art. 317. Quando, por motivos imprevisíveis, sobrevier desproporção manifesta entre o valor da prestação devida e o do momento de sua execução, poderá o juiz corrigi-lo, a pedido da parte, de modo que assegure, quanto possível, o valor real da prestação.
  ....
  Art. 478. Nos contratos de execução continuada ou diferida, se a prestação de uma das partes se tornar excessivamente onerosa, com extrema vantagem para

a outra, em virtude de acontecimentos extraordinários e imprevisíveis, poderá o devedor pedir a resolução do contrato. Os efeitos da sentença que a decretar retroagirão à data da citação.

....

Art. 480. Se no contrato as obrigações couberem a apenas uma das partes, poderá ela pleitear que a sua prestação seja reduzida, ou alterado o modo de executá-la, a fim de evitar a onerosidade excessiva.

ca Arts. 421 e 422, CC (Princípios Contratuais da Liberdade, Probidade e Boa-fé):
Art. 421. A liberdade de contratar será exercida em razão e nos limites da função social do contrato.
Art. 422. Os contratantes são obrigados a guardar, assim na conclusão do contrato, como em sua execução, os princípios de probidade e boa-fé.

ca Art. 927, parágrafo único, CC (Responsabilidade civil objetiva):
Art. 927. ....
Parágrafo único. Haverá obrigação de reparar o dano, independentemente de culpa, nos casos especificados em lei, ou quando a atividade normalmente desenvolvida pelo autor do dano implicar, por sua natureza, risco para os direitos de outrem.

ca Art. 931 CC (Responsabilidade civil objetiva por danos causados pelos produtos postos em circulação):
Art. 931. Ressalvados outros casos previstos em lei especial, os empresários individuais e as empresas respondem independentemente de culpa pelos danos causados pelos produtos postos em circulação.

ca Arts. 131 e 335, CPC (Livre Convencimento Racional do Juiz):
Art. 131. O juiz apreciará livremente a prova, atendendo aos fatos e circunstâncias constantes dos autos, ainda que não alegados pelas partes; mas deverá indicar, na sentença, os motivos que lhe formaram o convencimento.

....

Art. 335. Em falta de normas jurídicas particulares, o juiz aplicará as regras de experiência comum subministradas pela observação do que ordinariamente acontece e ainda as regras da experiência técnica, ressalvado, quanto a esta, o exame pericial.

ca Arts. 332 e 333, CPC (Meios e ônus da prova no processo civil):
Art. 332. Todos os meios legais, bem como os moralmente legítimos, ainda que não especificados neste Código, são hábeis para provar a verdade dos fatos, em que se funda a ação ou a defesa.
Art. 333. O ônus da prova incumbe:
I - ao autor, quanto ao fato constitutivo do seu direito;
II - ao réu, quanto à existência de fato impeditivo, modificativo ou extintivo do direito do autor.
Parágrafo único. É nula a convenção que distribui de maneira diversa o ônus da prova quando:

I - recair sobre direito indisponível da parte;
II - tornar excessivamente difícil a uma parte o exercício do direito.
- Art. 275, CP (Crime de inculcar a existência de substância não contida ou contida em quantidade menor que a mencionada):
Art. 275 - Inculcar, em invólucro ou recipiente de produtos alimentícios, terapêuticos ou medicinais, a existência de substância que não se encontra em seu conteúdo ou que nele existe em quantidade menor que a mencionada:
Pena - reclusão, de 1 (um) a 5 (cinco) anos, e multa.
- Art. 5º, Lei nº 4.680/1965 (Conceito legal de propaganda):
Art. 5º Compreende-se por propaganda qualquer forma remunerada de difusão de idéias, mercadorias ou serviços, por parte de um anunciante identificado.
- Art. 1º, II e V, Lei nº 7.347/1985 - LACP (Ação Civil Pública para Responsabilidade por Danos ao Consumidor e à Economia Popular):
Art. 1º Regem-se pelas disposições desta Lei, sem prejuízo da ação popular, as ações de responsabilidade por danos morais e patrimoniais causados:

....

II - ao consumidor;

....

V - por infração da ordem econômica e da economia popular;

....

- Art. 40, Lei nº 11.105/2005 (Informação sobre organismos geneticamente modificados nos alimentos):
Art. 40. Os alimentos e ingredientes alimentares destinados ao consumo humano ou animal que contenham ou sejam produzidos a partir de OGM ou derivados deverão conter informação nesse sentido em seus rótulos, conforme regulamento.
- SÚMULA Nº 37 DO SUPERIOR TRIBUNAL DE JUSTIÇA:
São cumuláveis as indenizações por dano material e dano moral oriundos do mesmo fato.
- SÚMULA Nº 130 DO SUPERIOR TRIBUNAL DE JUSTIÇA:
A empresa responde, perante o cliente, pela reparação de dano ou furto de veículo ocorridos em seu estacionamento.
- SÚMULA Nº 281 DO SUPERIOR TRIBUNAL DE JUSTIÇA:
A indenização por dano moral não está sujeita à tarifação prevista na Lei de Imprensa.
- Portaria MJ/DPDC nº 789/2001 (Regula a comunicação, no âmbito do Departamento de Proteção e Defesa do Consumidor - DPDC, relativa à periculosidade de produtos e serviços já introduzidos no mercado de consumo, prevista no art. 10, § 1º, da Lei 8.078/90).
- Resolução ONU nº 39/248, de 1985 (Dispõe sobre a proteção do consumidor no âmbito da ONU).

※ Jurisprudência selecionada:
STJ: REsp 435155/MG, 3ª T., j. 11.2.2003; REsp 71264/SP, 3ª T., j. 10.3.1997; REsp 58736/MG, 3ª T., j. 13.12.1995; REsp 237964/SP, j. 16.12.1999; REsp 196031/MG, 3ª T., j. 24.4.2001; REsp 330261/SC, 3ª T., j. 6.12.2001; REsp 302653/MG, 4ª T., j. 4.8.2001; REsp 557030/RJ, 3ª T., j. 16.12.2004; REsp 602680/BA, 4ª T., j. 21.10.2004; REsp 235385/SP, 4ª T., j. 11.12.2001; REsp 417835/AL, 4ª T., j. 11.6.2002; REsp 119267/SP, 4ª T., j. 4.11.1999; REsp 257036/RJ, 4ª T., j. 12.9.2000; REsp 299501/MG, j. 11.9.2001; REsp 472594/SP, 2ª S., j. 12.2.2003, RDC 50/245; REsp 327250/MG, 3ª T., j. 8.4.2002; REsp 376877/RS, 3ª T., j. 6.5.2002; REsp 412579/RS, 3ª T., j. 11.6.2002; REsp 361694/RS, 3ª T., j. 26.2.2002; REsp 109331/SP, 4ª T., j. 24.2.1997; REsp 572210/RS, 1ª T., j. 6.5.2004; REsp 327679/SP, 4ª T., j. 4.12.2001; REsp 209527/RJ, j. 15.12.2000; REsp 156240/SP, 4ª T., j. 23.11.2000; REsp 158051/RJ, 4ª T., j. 22.9.1998; REsp 263133/RJ, j. 19.9.2000; REsp 399723/TO, 4ª T., j. 25.6.2002; REsp 457312/SP, 4ª T., j. 19.11.2002; REsp 97181/MT, 4ª T., j. 7.12.2000; REsp 128122/SP, 4ª T., j. 18.11.1999; REsp 265121/RJ, 4ª T., j. 4.4.2002, RDC 45/322; REsp 156628/SP, 3ª T., j. 19.5.1998; REsp 264083/RS, 4ª T., j. 29.5.2001; MS 5986/DF, j. 13.10.1999; MS 5943/DF, j. 29.2.2000. TRF4ªR: AI 2002.04.01.045911/SC, 4ª T., j. 6.8.2003. TJSP: Ap 30331-4/0, 1ª Câm. Priv., j. 5.5.1998, BAASP 2077/747; AI 108602-4/0, 6ª Câm., j. 18.3.1999. 1ºTACivSP: Ap 775115-1, 3ª Câm., j. 18.5.1999, RT 770/269; Ap 772447-6, 11ª Câm., j. 25.5.1998, RT 758/245. 2ºTACivSP: AI 576071-0/6, 5ª Câm., j. 26.5.1999, BAASP 2123/1119-j; AI 569097-00/9, 1ª Câm., j. 16.3.1999, BAASP 2123/4-supl; AI 569634-00/3, 5ª Câm., j. 28.4.1999; Ap 548520-00/8, 10ª Câm., j. 10.3.1999, BAASP 2123/5-supl.; EDcl 1653999-1/7, 10ª Câm., j. 22.10.2003; AI 569237-00/2, 4ª Câm., j. 13.4.1999, RT 768/270; Ap 632213-00/0, 5ª Câm., j. 24.4.2002; Ap 556971-00/5, 2ª Câm., j. 29.11.1999, RT 775/283. TJRS: Ap 70002247971, 12ª Câm., j. 01.11.2001; AI 70005950704, j. 24.6.2003; Ap 599480191, 1ª Câm. Férias, j. 5.4.2000; AI 198027047, 16ª Câm., j. 24.6.1998, RT 758/343; AI 70003545977, 6ª Câm., j. 6.3.2002; Ap 70001377498, 14ª Câm., j. 19.10.2000; Ap 70002232775, 18ª Câm., j. 15.3.2001; Ap 70001439975, 11ª Câm., j. 27.9.2000; Ap 70005728662, j. 27.5.2003; AI 70003545977, 6ª Câm., j. 6.3.2002. TJRJ: Ap 16654/99, 2ª Câm., j. 2.12.1999, RDC 34/281; Ap 18191/99, 9ª Câm. j. 15.2.2000; Ap 16673/2002, 17ª Câm., j. 4.8.2002; Ap 70001965094, 10ª Câm., j. 30.8.2001; Ap 70002197762, j. 8.3.2001. TJPR: Ap 110547-3, 2ª Câm. j. 17.10.2001. Repositório: RDPriv 10/172; RT 760/109; RT 706/67; JTJ 151/161; RJDTACrimSP 22/118; RJEsp-DF 2/113; RT 740/205; RT 706/67; RT 785/179; JTJ 182/89; JTJ 169/138; JTARS 90/281; RT 795/252; JTJ 164/105; RJEsp 10/31; RT 769/274.

Art. 7º Os direitos previstos neste código não excluem outros decorrentes de tratados ou convenções internacionais de que o Brasil seja signatário, da legislação interna ordinária, de regulamentos expedidos pelas autoridades administrativas competentes, bem como dos que derivem dos princípios gerais do direito, analogia, costumes e eqüidade.

Parágrafo único. Tendo mais de um autor a ofensa, todos responderão solidariamente pela reparação dos danos previstos nas normas de consumo.

- Art. 5º, §§ 2º e 3º, CF (Direitos e Garantias Fundamentais decorrentes de regime e princípios internos e tratados internacionais):
  Art. 5º ....
  ....
  § 2º - Os direitos e garantias expressos nesta Constituição não excluem outros decorrentes do regime e dos princípios por ela adotados, ou dos tratados internacionais em que a República Federativa do Brasil seja parte.
  § 3º Os tratados e convenções internacionais sobre direitos humanos que forem aprovados, em cada Casa do Congresso Nacional, em dois turnos, por três quintos dos votos dos respectivos membros, serão equivalentes às emendas constitucionais.
- Art. 25, § 2º, CF (Vedação à regulamentação dos serviços de gás canalizado por medida provisória):
  Art. 25. ....
  ....
  § 2º - Cabe aos Estados explorar diretamente, ou mediante concessão, os serviços locais de gás canalizado, na forma da lei, vedada a edição de medida provisória para a sua regulamentação.
- Arts. 49, I, e 84, VIII, CF (Competência para celebrar e resolver tratados e acordos internacionais):
  Art. 49. É da competência exclusiva do Congresso Nacional:
  I - resolver definitivamente sobre tratados, acordos ou atos internacionais que acarretem encargos ou compromissos gravosos ao patrimônio nacional;
  ....
  Art. 84. Compete privativamente ao Presidente da República:
  ....
  VIII - celebrar tratados, convenções e atos internacionais, sujeitos a referendo do Congresso Nacional;
- Arts. 49, V, e 84, IV, CF (Competência para expedir e sustar regulamentos):
  Art. 49. É da competência exclusiva do Congresso Nacional:
  ....

V - sustar os atos normativos do Poder Executivo que exorbitem do poder regulamentar ou dos limites de delegação legislativa;

....

Art. 84. Compete privativamente ao Presidente da República:

....

IV - sancionar, promulgar e fazer publicar as leis, bem como expedir decretos e regulamentos para sua fiel execução;

☞ Art. 87, parágrafo único, II, CF (Competência dos Ministros de Estado para expedir instruções à execução de regulamentos):
Art. 87. ....
Parágrafo único. Compete ao Ministro de Estado, além de outras atribuições estabelecidas nesta Constituição e na lei:

....

II - expedir instruções para a execução das leis, decretos e regulamentos;

☞ Art. 173, § 3º, CF (Regulamentação legal das relações entre empresas públicas e sociedade):
Art. 173. Ressalvados os casos previstos nesta Constituição, a exploração direta de atividade econômica pelo Estado só será permitida quando necessária aos imperativos da segurança nacional ou a relevante interesse coletivo, conforme definidos em lei.

....

§ 3º - A lei regulamentará as relações da empresa pública com o Estado e a sociedade.

☞ Art. 178, caput, CF (Acordos para ordenação do transporte internacional):
Art. 178. A lei disporá sobre a ordenação dos transportes aéreo, aquático e terrestre, devendo, quanto à ordenação do transporte internacional, observar os acordos firmados pela União, atendido o princípio da reciprocidade.

☞ Art. 197, CF (Dever do Poder Público de regulamentar as ações e serviços de saúde):
Art. 197. São de relevância pública as ações e serviços de saúde, cabendo ao Poder Público dispor, nos termos da lei, sobre sua regulamentação, fiscalização e controle, devendo sua execução ser feita diretamente ou através de terceiros e, também, por pessoa física ou jurídica de direito privado.

☞ Arts. 13, parágrafo único, e 88, CDC (Direito de Regresso e vedação à denunciação da lide):
Art. 13. ....
Parágrafo único. Aquele que efetivar o pagamento ao prejudicado poderá exercer o direito de regresso contra os demais responsáveis, segundo sua participação na causação do evento danoso.

....

Art. 88. Na hipótese do art. 13, parágrafo único deste código, a ação de regresso poderá ser ajuizada em processo autônomo, facultada a possibilidade de prosseguir-se nos mesmos autos, vedada a denunciação da lide.

- Arts. 18, caput, e 19, caput, CDC (Responsabilidade solidária por vícios do produto):

Art. 18. Os fornecedores de produtos de consumo duráveis ou não duráveis respondem solidariamente pelos vícios de qualidade ou quantidade que os tornem impróprios ou inadequados ao consumo a que se destinam ou lhes diminuam o valor, assim como por aqueles decorrentes da disparidade, com a indicações constantes do recipiente, da embalagem, rotulagem ou mensagem publicitária, respeitadas as variações decorrentes de sua natureza, podendo o consumidor exigir a substituição das partes viciadas.

....

Art. 19. Os fornecedores respondem solidariamente pelos vícios de quantidade do produto sempre que, respeitadas as variações decorrentes de sua natureza, seu conteúdo líquido for inferior às indicações constantes do recipiente, da embalagem, rotulagem ou de mensagem publicitária, podendo o consumidor exigir, alternativamente e à sua escolha:

- Art. 25, §§ 1º e 2º, CDC (Solidariedade por dano ao consumidor):

Art. 25. ....

§ 1º Havendo mais de um responsável pela causação do dano, todos responderão solidariamente pela reparação prevista nesta e nas seções anteriores.

§ 2º Sendo o dano causado por componente ou peça incorporada ao produto ou serviço, são responsáveis solidários seu fabricante, construtor ou importador e o que realizou a incorporação.

- Art. 28, § 3º, CDC (Solidariedade das sociedades consorciadas):

Art. 28. ....

....

§ 3º As sociedades consorciadas são solidariamente responsáveis pelas obrigações decorrentes deste código.

- Art. 34, CDC (Responsabilidade solidária por atos de prepostos e autônomos):

Art. 34. O fornecedor do produto ou serviço é solidariamente responsável pelos atos de seus prepostos ou representantes autônomos.

- Art. 55, caput, CDC (Competência para baixar normas administrativas de consumo):

Art. 55. A União, os Estados e o Distrito Federal, em caráter concorrente e nas suas respectivas áreas de atuação administrativa, baixarão normas relativas à produção, industrialização, distribuição e consumo de produtos e serviços.

- Art. 90, CDC (Aplicação das normas do CPC e da Lei da Ação Civil Pública às ações de consumo):

Art. 90. Aplicam-se às ações previstas neste título as normas do Código de Processo Civil e da Lei nº 7.347, de 24 de julho de 1985, inclusive no que respeita ao inquérito civil, naquilo que não contrariar suas disposições.

- Arts. 264, 265, 275 e 942, CC (Solidariedade civil):
  Art. 264. Há solidariedade, quando na mesma obrigação concorre mais de um credor, ou mais de um devedor, cada um com direito, ou obrigado, à dívida toda.
  Art. 265. A solidariedade não se presume; resulta da lei ou da vontade das partes.
  ....
  Art. 275. O credor tem direito a exigir e receber de um ou de alguns dos devedores, parcial ou totalmente, a dívida comum; se o pagamento tiver sido parcial, todos os demais devedores continuam obrigados solidariamente pelo resto. Parágrafo único. Não importará renúncia da solidariedade a propositura de ação pelo credor contra um ou alguns dos devedores.
  ....
  Art. 942. Os bens do responsável pela ofensa ou violação do direito de outrem ficam sujeitos à reparação do dano causado; e, se a ofensa tiver mais de um autor, todos responderão solidariamente pela reparação.
  Parágrafo único. São solidariamente responsáveis com os autores os co-autores e as pessoas designadas no art. 932.
- Art. 4º, Decreto-Lei nº 4.657/42 – Lei de Introdução ao Código Civil (Aplicação de analogia, costumes e princípios gerais de direito):
  Art. 4º Quando a lei for omissa, o juiz decidirá o caso de acordo com a analogia, os costumes e os princípios gerais de direito.
- Lei nº 9.656/1998 (Dispõe sobre os planos de saúde).
- Resolução ONU nº 39/248, de 1985 (Dispõe sobre a proteção do consumidor no âmbito da ONU).
- Decreto Federal nº 678/1992: Convenção Americana sobre Direitos Humanos de 1969 – Pacto de San José da Costa Rica (Dispõe sobre a proibição da prisão por dívidas).
- Decreto Federal nº 2.181/1997 (Dispõe sobre a organização do Sistema Nacional de Defesa do Consumidor - SNDC, estabelece as normas gerais de aplicação das sanções administrativas previstas na Lei nº 8.078, de 11 de setembro de 1990, revoga o Decreto nº 861/1993, e dá outras providências).
- Portaria MJ/DPDC nº 789/2001 (Regula a comunicação, no âmbito do Departamento de Proteção e Defesa do Consumidor - DPDC, relativa à periculosidade de produtos e serviços já introduzidos no mercado de consumo, prevista no art. 10, § 1º, da Lei 8.078/90).
- Portaria MJ/SDE nº 03/2001 (Divulga elenco de cláusulas consideradas abusivas para efeito de multas do Sistema Nacional de Defesa do Consumidor - SNDC).
- Jurisprudência selecionada:
  STF: RE 172720, DJ 21.2.1997. STJ: REsp 200390/SP, 5ª T., j. 24.10.2000; REsp 243386/SP, j. 16.3.2000; REsp 260892/MG, j. 17.5.2001; RHC

7913/SP, 6ª T., DJ 10.5.1999; EDcl em REsp 149518/GO, j. 5.5.1999; REsp 199016/RJ, 4ª T., j. 4.3.1999; REsp 173526/SP, DJ 27.8.2001; REsp 293292/SP, 3ª T., j. 20.8.2001; REsp 328309/RJ, 4ª T., j. 8.10.2002, RDC 49/216; REsp 16646/RJ, 1ª T., j. 4.12.2003. TJRJ: Ap 1434/97, 6ª Câm., j. 7.7.1998, RDPriv 2/276. TJRS: Ap 70001043876, 5ª Câm., j. 14.12.2000.

CAPÍTULO IV
Da Qualidade de Produtos e Serviços, da Prevenção e da Reparação dos Danos

SEÇÃO I
Da Proteção à Saúde e Segurança

Art. 8º Os produtos e serviços colocados no mercado de consumo não acarretarão riscos à saúde ou segurança dos consumidores, exceto os considerados normais e previsíveis em decorrência de sua natureza e fruição, obrigando-se os fornecedores, em qualquer hipótese, a dar as informações necessárias e adequadas a seu respeito.

Parágrafo único. Em se tratando de produto industrial, ao fabricante cabe prestar as informações a que se refere este artigo, através de impressos apropriados que devam acompanhar o produto.

- Art. 5º, caput, CF (Direito Fundamental à Vida e à Segurança):
  Art. 5º Todos são iguais perante a lei, sem distinção de qualquer natureza, garantindo-se aos brasileiros e aos estrangeiros residentes no País a inviolabilidade do direito à vida, à liberdade, à igualdade, à segurança e à propriedade, nos termos seguintes:
- Art. 5º, XIV, CF (Direito Fundamental à Informação):
  Art. 5º ....
  ....
  XIV - é assegurado a todos o acesso à informação e resguardado o sigilo da fonte, quando necessário ao exercício profissional;
- Art. 4º, caput, CDC (Saúde e segurança como objetivos da Política Nacional das Relações de Consumo):
  Art. 4º A Política Nacional das Relações de Consumo tem por objetivo o atendimento das necessidades dos consumidores, o respeito à sua dignidade, saúde e segurança, a proteção de seus interesses econômicos, a melhoria da sua qualidade de vida, bem como a transparência e harmonia das relações de consumo, atendidos os seguintes princípios:
- Arts. 6º, I e III, e 31, CDC (Direitos à proteção e à informação contra os riscos de produtos e serviços):

Art. 6º São direitos básicos do consumidor:

I - a proteção da vida, saúde e segurança contra os riscos provocados por práticas no fornecimento de produtos e serviços considerados perigosos ou nocivos;

....

III - a informação adequada e clara sobre os diferentes produtos e serviços, com especificação correta de quantidade, características, composição, qualidade e preço, bem como sobre os riscos que apresentem;

....

Art. 31. A oferta e apresentação de produtos ou serviços devem assegurar informações corretas, claras, precisas, ostensivas e em língua portuguesa sobre suas características, qualidades, quantidade, composição, preço, garantia, prazos de validade e origem, entre outros dados, bem como sobre os riscos que apresentam à saúde e segurança dos consumidores.

- Art. 18, § 6º, II, CDC (Produtos impróprios ao uso e consumo por perigo à saúde ou segurança):

Art. 18. ....

....

§ 6º São impróprios ao uso e consumo:

....

II - os produtos deteriorados, alterados, adulterados, avariados, falsificados, corrompidos, fraudados, nocivos à vida ou à saúde, perigosos ou, ainda, aqueles em desacordo com as normas regulamentares de fabricação, distribuição ou apresentação;

- Art. 37, § 2º, CDC (Publicidade abusiva por perigo à saúde ou segurança):

Art. 37. ....

....

§ 2º É abusiva, dentre outras a publicidade discriminatória de qualquer natureza, a que incite à violência, explore o medo ou a superstição, se aproveite da deficiência de julgamento e experiência da criança, desrespeita valores ambientais, ou que seja capaz de induzir o consumidor a se comportar de forma prejudicial ou perigosa à sua saúde ou segurança.

- Art. 55, § 1º, CDC (Fiscalização do mercado de consumo para preservação da saúde e segurança):

Art. 55. ....

§ 1º A União, os Estados, o Distrito Federal e os Municípios fiscalizarão e controlarão a produção, industrialização, distribuição, a publicidade de produtos e serviços e o mercado de consumo, no interesse da preservação da vida, da saúde, da segurança, da informação e do bem-estar do consumidor, baixando as normas que se fizerem necessárias.

- Arts. 63 e § 1º, 64 e parágrafo único, e 68, CDC (Crimes de perigo à saúde ou segurança do consumidor):

Art. 63. Omitir dizeres ou sinais ostensivos sobre a nocividade ou periculosidade de produtos, nas embalagens, nos invólucros, recipientes ou publicidade:
Pena - Detenção de seis meses a dois anos e multa.
§ 1º Incorrerá nas mesmas penas quem deixar de alertar, mediante recomendações escritas ostensivas, sobre a periculosidade do serviço a ser prestado.

....

Art. 64. Deixar de comunicar à autoridade competente e aos consumidores a nocividade ou periculosidade de produtos cujo conhecimento seja posterior à sua colocação no mercado:
Pena - Detenção de seis meses a dois anos e multa.
Parágrafo único. Incorrerá nas mesmas penas quem deixar de retirar do mercado, imediatamente quando determinado pela autoridade competente, os produtos nocivos ou perigosos, na forma deste artigo.

....

Art. 68. Fazer ou promover publicidade que sabe ou deveria saber ser capaz de induzir o consumidor a se comportar de forma prejudicial ou perigosa a sua saúde ou segurança:
Pena - Detenção de seis meses a dois anos e multa:

- Art. 102, CDC (Legitimidade para propor ação judicial visando proibir produto perigoso à saúde pública e à incolumidade pessoal):
Art. 102. Os legitimados a agir na forma deste código poderão propor ação visando compelir o Poder Público competente a proibir, em todo o território nacional, a produção, divulgação distribuição ou venda, ou a determinar a alteração na composição, estrutura, fórmula ou acondicionamento de produto, cujo uso ou consumo regular se revele nocivo ou perigoso à saúde pública e à incolumidade pessoal.
- Lei nº 6.360/1076 (Dispõe sobre a Vigilância Sanitária a que ficam sujeitos os Medicamentos, as Drogas, os Insumos Farmacêuticos e Correlatos, Cosméticos, Saneantes e Outros Produtos).
- Lei nº 9.782/1999 (Define o Sistema Nacional de Vigilância Sanitária, cria a Agência Nacional de Vigilância Sanitária).
- Lei nº 9.832/1999 (Proíbe o uso industrial de embalagens metálicas soldadas com liga de chumbo e estanho para acondicionamento de gêneros alimentícios, exceto para produtos secos ou desidratados).
- Lei nº 11.105/2005 (Estabelece normas de segurança e mecanismos de fiscalização de atividades que envolvam organismos geneticamente modificados – OGM e seus derivados).
- Portaria MJ/DPDC nº 789/2001 (Regula a comunicação, no âmbito do Departamento de Proteção e Defesa do Consumidor - DPDC, relativa à periculosidade de produtos e serviços já introduzidos no mercado de consumo, prevista no art. 10, § 1º, da Lei 8.078/90).

ca Jurisprudência selecionada:
STJ: REsp 286176/SP, 3ª T., j. 18.10.2001; REsp 291384/RJ, 4ª T., j. 15.5.2001. TARS: Ap Crim. 296030083, 2ª Câm. Crim., j. 17.10.1996. TJRS: Ap Crim. 70003386778, 4ª Câm. Crim., j. 28.2.2002; Ap 70007778640, 9ª Câm., j. 24.3.2004.

Art. 9º O fornecedor de produtos e serviços potencialmente nocivos ou perigosos à saúde ou segurança deverá informar, de maneira ostensiva e adequada, a respeito da sua nocividade ou periculosidade, sem prejuízo da adoção de outras medidas cabíveis em cada caso concreto.

ca Art. 5º, caput, CF (Direito Fundamental à Vida e à Segurança):
Art. 5º Todos são iguais perante a lei, sem distinção de qualquer natureza, garantindo-se aos brasileiros e aos estrangeiros residentes no País a inviolabilidade do direito à vida, à liberdade, à igualdade, à segurança e à propriedade, nos termos seguintes:

ca Art. 5º, XIV, CF (Direito Fundamental à Informação):
Art. 5º ....
....
XIV - é assegurado a todos o acesso à informação e resguardado o sigilo da fonte, quando necessário ao exercício profissional;

ca Art. 220, § 4º, CF (Restrição à propaganda de tabaco, bebidas alcoólicas, agrotóxicos, medicamentos e terapias):
Art. 220. ....
....
§ 4º - A propaganda comercial de tabaco, bebidas alcoólicas, agrotóxicos, medicamentos e terapias estará sujeita a restrições legais, nos termos do inciso II do parágrafo anterior, e conterá, sempre que necessário, advertência sobre os malefícios decorrentes de seu uso.

ca Art. 4º, caput, CDC (Saúde e segurança como objetivos da Política Nacional das Relações de Consumo):
Art. 4º A Política Nacional das Relações de Consumo tem por objetivo o atendimento das necessidades dos consumidores, o respeito à sua dignidade, saúde e segurança, a proteção de seus interesses econômicos, a melhoria da sua qualidade de vida, bem como a transparência e harmonia das relações de consumo, atendidos os seguintes princípios:

ca Arts. 6º, I e III, e 31, CDC (Direitos à proteção e à informação contra os riscos de produtos e serviços):
Art. 6º São direitos básicos do consumidor:
I - a proteção da vida, saúde e segurança contra os riscos provocados por práticas no fornecimento de produtos e serviços considerados perigosos ou nocivos;
....

III - a informação adequada e clara sobre os diferentes produtos e serviços, com especificação correta de quantidade, características, composição, qualidade e preço, bem como sobre os riscos que apresentem;

....

Art. 31. A oferta e apresentação de produtos ou serviços devem assegurar informações corretas, claras, precisas, ostensivas e em língua portuguesa sobre suas características, qualidades, quantidade, composição, preço, garantia, prazos de validade e origem, entre outros dados, bem como sobre os riscos que apresentam à saúde e segurança dos consumidores.

- Art. 18, § 6º, II, CDC (Produtos impróprios ao uso e consumo por perigo à saúde ou segurança):
Art. 18. ....

....

§ 6º São impróprios ao uso e consumo:

....

II - os produtos deteriorados, alterados, adulterados, avariados, falsificados, corrompidos, fraudados, nocivos à vida ou à saúde, perigosos ou, ainda, aqueles em desacordo com as normas regulamentares de fabricação, distribuição ou apresentação;

- Art. 37, § 2º, CDC (Publicidade abusiva por perigo à saúde ou segurança):
Art. 37. ....

....

§ 2º É abusiva, dentre outras a publicidade discriminatória de qualquer natureza, a que incite à violência, explore o medo ou a superstição, se aproveite da deficiência de julgamento e experiência da criança, desrespeita valores ambientais, ou que seja capaz de induzir o consumidor a se comportar de forma prejudicial ou perigosa à sua saúde ou segurança.

- Art. 55, § 1º, CDC (Fiscalização do mercado de consumo para preservação da saúde e segurança):
Art. 55. ....

§ 1º A União, os Estados, o Distrito Federal e os Municípios fiscalizarão e controlarão a produção, industrialização, distribuição, a publicidade de produtos e serviços e o mercado de consumo, no interesse da preservação da vida, da saúde, da segurança, da informação e do bem-estar do consumidor, baixando as normas que se fizerem necessárias.

- Arts. 63 e § 1º, 64 e parágrafo único, e 68, CDC (Crimes de perigo à saúde ou segurança do consumidor):
Art. 63. Omitir dizeres ou sinais ostensivos sobre a nocividade ou periculosidade de produtos, nas embalagens, nos invólucros, recipientes ou publicidade:
Pena - Detenção de seis meses a dois anos e multa.
§ 1º Incorrerá nas mesmas penas quem deixar de alertar, mediante recomendações escritas ostensivas, sobre a periculosidade do serviço a ser prestado.

....

Art. 64. Deixar de comunicar à autoridade competente e aos consumidores a nocividade ou periculosidade de produtos cujo conhecimento seja posterior à sua colocação no mercado:
Pena - Detenção de seis meses a dois anos e multa.
Parágrafo único. Incorrerá nas mesmas penas quem deixar de retirar do mercado, imediatamente quando determinado pela autoridade competente, os produtos nocivos ou perigosos, na forma deste artigo.

....

Art. 68. Fazer ou promover publicidade que sabe ou deveria saber ser capaz de induzir o consumidor a se comportar de forma prejudicial ou perigosa a sua saúde ou segurança:
Pena - Detenção de seis meses a dois anos e multa:

- Art. 102, CDC (Legitimidade para propor ação judicial visando proibir produto perigoso à saúde pública e à incolumidade pessoal):
  Art. 102. Os legitimados a agir na forma deste código poderão propor ação visando compelir o Poder Público competente a proibir, em todo o território nacional, a produção, divulgação distribuição ou venda, ou a determinar a alteração na composição, estrutura, fórmula ou acondicionamento de produto, cujo uso ou consumo regular se revele nocivo ou perigoso à saúde pública e à incolumidade pessoal.
- Lei nº 6.360/1076 (Dispõe sobre a Vigilância Sanitária a que ficam sujeitos os Medicamentos, as Drogas, os Insumos Farmacêuticos e Correlatos, Cosméticos, Saneantes e Outros Produtos).
- Lei nº 9.782/1999 (Define o Sistema Nacional de Vigilância Sanitária, cria a Agência Nacional de Vigilância Sanitária).
- Lei nº 9.832/1999 (Proíbe o uso industrial de embalagens metálicas soldadas com liga de chumbo e estanho para acondicionamento de gêneros alimentícios, exceto para produtos secos ou desidratados).
- Lei nº 11.105/2005 (Estabelece normas de segurança e mecanismos de fiscalização de atividades que envolvam organismos geneticamente modificados – OGM e seus derivados).
- Portaria MJ/DPDC nº 789/2001 (Regula a comunicação, no âmbito do Departamento de Proteção e Defesa do Consumidor - DPDC, relativa à periculosidade de produtos e serviços já introduzidos no mercado de consumo, prevista no art. 10, § 1º, da Lei 8.078/90).
- Jurisprudência selecionada:
  STJ: REsp 237964/SP, 4ª T., j. 16.12.1999; REsp 227364, j. 24.4.2001. TJRS: Ap 595124314, 5ª Câm., j. 28.9.1995; Ap 70000228684, 9ª Câm., j. 1.12.1999; Ap 599007002, 2ª Câm. de férias, j. 11.5.1999; AI 70002372852, 6ª Câm., j. 30.5.2001; Ap 70004163192, 20ª Câm., j. 23.10.2002.

Art. 10. O fornecedor não poderá colocar no mercado de consumo produto ou serviço que sabe ou deveria saber apresentar alto grau de nocividade ou periculosidade à saúde ou segurança.

§ 1º O fornecedor de produtos e serviços que, posteriormente à sua introdução no mercado de consumo, tiver conhecimento da periculosidade que apresentem, deverá comunicar o fato imediatamente às autoridades competentes e aos consumidores, mediante anúncios publicitários.

§ 2º Os anúncios publicitários a que se refere o parágrafo anterior serão veiculados na imprensa, rádio e televisão, às expensas do fornecedor do produto ou serviço.

§ 3º Sempre que tiverem conhecimento de periculosidade de produtos ou serviços à saúde ou segurança dos consumidores, a União, os Estados, o Distrito Federal e os Municípios deverão informá-los a respeito.

- Art. 5º, caput, CF (Direito Fundamental à Vida e à Segurança):
    Art. 5º Todos são iguais perante a lei, sem distinção de qualquer natureza, garantindo-se aos brasileiros e aos estrangeiros residentes no País a inviolabilidade do direito à vida, à liberdade, à igualdade, à segurança e à propriedade, nos termos seguintes:
- Art. 5º, XIV, CF (Direito Fundamental à Informação):
    Art. 5º ....
    ....
    XIV - é assegurado a todos o acesso à informação e resguardado o sigilo da fonte, quando necessário ao exercício profissional;
- Art. 220, § 4º, CF (Restrição à propaganda de tabaco, bebidas alcoólicas, agrotóxicos, medicamentos e terapias):
    Art. 220. ....
    ....
    § 4º - A propaganda comercial de tabaco, bebidas alcoólicas, agrotóxicos, medicamentos e terapias estará sujeita a restrições legais, nos termos do inciso II do parágrafo anterior, e conterá, sempre que necessário, advertência sobre os malefícios decorrentes de seu uso.
- Art. 4º, caput, CDC (Saúde e segurança como objetivos da Política Nacional das Relações de Consumo):
    Art. 4º A Política Nacional das Relações de Consumo tem por objetivo o atendimento das necessidades dos consumidores, o respeito à sua dignidade, saúde e segurança, a proteção de seus interesses econômicos, a melhoria da sua qualidade de vida, bem como a transparência e harmonia das relações de consumo, atendidos os seguintes princípios:

- Arts. 6º, I e III, e 31, CDC (Direitos à proteção e à informação contra os riscos de produtos e serviços):
Art. 6º São direitos básicos do consumidor:
I - a proteção da vida, saúde e segurança contra os riscos provocados por práticas no fornecimento de produtos e serviços considerados perigosos ou nocivos;
....
III - a informação adequada e clara sobre os diferentes produtos e serviços, com especificação correta de quantidade, características, composição, qualidade e preço, bem como sobre os riscos que apresentem;
....
Art. 31. A oferta e apresentação de produtos ou serviços devem assegurar informações corretas, claras, precisas, ostensivas e em língua portuguesa sobre suas características, qualidades, quantidade, composição, preço, garantia, prazos de validade e origem, entre outros dados, bem como sobre os riscos que apresentam à saúde e segurança dos consumidores.
- Art. 18, § 6º, II, CDC (Produtos impróprios ao uso e consumo por perigo à saúde ou segurança):
Art. 18. ....
....
§ 6º São impróprios ao uso e consumo:
....
II - os produtos deteriorados, alterados, adulterados, avariados, falsificados, corrompidos, fraudados, nocivos à vida ou à saúde, perigosos ou, ainda, aqueles em desacordo com as normas regulamentares de fabricação, distribuição ou apresentação;
- Art. 37, § 2º, CDC (Publicidade abusiva por perigo à saúde ou segurança):
Art. 37. ....
....
§ 2º É abusiva, dentre outras a publicidade discriminatória de qualquer natureza, a que incite à violência, explore o medo ou a superstição, se aproveite da deficiência de julgamento e experiência da criança, desrespeita valores ambientais, ou que seja capaz de induzir o consumidor a se comportar de forma prejudicial ou perigosa à sua saúde ou segurança.
- Art. 55, § 1º, CDC (Fiscalização do mercado de consumo para preservação da saúde e segurança):
Art. 55. ....
§ 1º A União, os Estados, o Distrito Federal e os Municípios fiscalizarão e controlarão a produção, industrialização, distribuição, a publicidade de produtos e serviços e o mercado de consumo, no interesse da preservação da vida, da saúde, da segurança, da informação e do bem-estar do consumidor, baixando as normas que se fizerem necessárias.

- Art. 60, caput e § 1º, CDC (Imposição de contrapropaganda no caso de publicidade enganosa ou abusiva):
  Art. 60. A imposição de contrapropaganda será cominada quando o fornecedor incorrer na prática de publicidade enganosa ou abusiva, nos termos do art. 36 e seus parágrafos, sempre às expensas do infrator.
  § 1º A contrapropaganda será divulgada pelo responsável da mesma forma, freqüência e dimensão e, preferencialmente no mesmo veículo, local, espaço e horário, de forma capaz de desfazer o malefício da publicidade enganosa ou abusiva.
- Arts. 63 e § 1º, 64 e parágrafo único, e 68, CDC (Crimes de perigo à saúde ou segurança do consumidor):
  Art. 63. Omitir dizeres ou sinais ostensivos sobre a nocividade ou periculosidade de produtos, nas embalagens, nos invólucros, recipientes ou publicidade:
  Pena - Detenção de seis meses a dois anos e multa.
  § 1º Incorrerá nas mesmas penas quem deixar de alertar, mediante recomendações escritas ostensivas, sobre a periculosidade do serviço a ser prestado.

  ....

  Art. 64. Deixar de comunicar à autoridade competente e aos consumidores a nocividade ou periculosidade de produtos cujo conhecimento seja posterior à sua colocação no mercado:
  Pena - Detenção de seis meses a dois anos e multa.
  Parágrafo único. Incorrerá nas mesmas penas quem deixar de retirar do mercado, imediatamente quando determinado pela autoridade competente, os produtos nocivos ou perigosos, na forma deste artigo.

  ....

  Art. 68. Fazer ou promover publicidade que sabe ou deveria saber ser capaz de induzir o consumidor a se comportar de forma prejudicial ou perigosa a sua saúde ou segurança:
  Pena - Detenção de seis meses a dois anos e multa:
- Art. 102, CDC (Legitimidade para propor ação judicial visando proibir produto perigoso à saúde pública e à incolumidade pessoal):
  Art. 102. Os legitimados a agir na forma deste código poderão propor ação visando compelir o Poder Público competente a proibir, em todo o território nacional, a produção, divulgação distribuição ou venda, ou a determinar a alteração na composição, estrutura, fórmula ou acondicionamento de produto, cujo uso ou consumo regular se revele nocivo ou perigoso à saúde pública e à incolumidade pessoal.
- Lei nº 6.360/1076 (Dispõe sobre a Vigilância Sanitária a que ficam sujeitos os Medicamentos, as Drogas, os Insumos Farmacêuticos e Correlatos, Cosméticos, Saneantes e Outros Produtos).
- Lei nº 9.782/1999 (Define o Sistema Nacional de Vigilância Sanitária, cria a Agência Nacional de Vigilância Sanitária).
- Lei nº 9.832/1999 (Proíbe o uso industrial de embalagens metálicas soldadas com liga de chumbo e estanho para acondicionamento de gêneros alimentícios, exceto para produtos secos ou desidratados).

- Lei nº 11.105/2005 (Estabelece normas de segurança e mecanismos de fiscalização de atividades que envolvam organismos geneticamente modificados – OGM e seus derivados).
- Portaria MJ/DPDC nº 789/2001 (Regula a comunicação, no âmbito do Departamento de Proteção e Defesa do Consumidor - DPDC, relativa à periculosidade de produtos e serviços já introduzidos no mercado de consumo, prevista no art. 10, § 1º, da Lei 8.078/90).
- Jurisprudência selecionada:
TJRS: Ap 595124314, 5ª Câm., j. 28.9.1995; Ap 598531549, 5ª Câm., j. 12.8.1999; Ap 70000228684, 9ª Câm., j. 1.12.1999; Ap 70006549745, 10ª Câm., j. 27.5.2004.

Art. 11. (Vetado).

- O art. 11 vetado tinha a seguinte redação (Mensagem nº 664/1990):
Art. 11. O produto ou serviço que, mesmo adequadamente utilizado ou fruído, apresenta alto grau de nocividade ou periculosidade será retirado imediatamente do mercado pelo fornecedor, sempre às suas expensas, sem prejuízo da responsabilidade pela reparação de eventuais danos.[5]

SEÇÃO II
Da Responsabilidade pelo Fato do Produto e do Serviço

Art. 12. O fabricante, o produtor, o construtor, nacional ou estrangeiro, e o importador respondem, independentemente da existência de culpa, pela reparação dos danos causados aos consumidores por defeitos decorrentes de projeto, fabricação, construção, montagem, fórmulas, manipulação, apresentação ou acondicionamento de seus produtos, bem como por informações insuficientes ou inadequadas sobre sua utilização e riscos.

§ 1º O produto é defeituoso quando não oferece a segurança que dele legitimamente se espera, levando-se em consideração as circunstâncias relevantes, entre as quais:

I - sua apresentação;

II - o uso e os riscos que razoavelmente dele se esperam;

---

5 Justificativa do veto: O dispositivo é contrário ao interesse público, pois, ao determinar a retirada do mercado de produtos e serviços que apresentem "alto grau de nocividade ou periculosidade", mesmo quando "adequadamente utilizados", impossibilita a produção e o comércio de bens indispensáveis à vida moderna (e.g. materiais radioativos, produtos químicos e outros). Cabe, quanto a tais produtos e serviços, a adoção de cuidados especiais, a serem disciplinados em legislação específica.

III - a época em que foi colocado em circulação.

§ 2º O produto não é considerado defeituoso pelo fato de outro de melhor qualidade ter sido colocado no mercado.

§ 3º O fabricante, o construtor, o produtor ou importador só não será responsabilizado quando provar:

I - que não colocou o produto no mercado;

II - que, embora haja colocado o produto no mercado, o defeito inexiste;

III - a culpa exclusiva do consumidor ou de terceiro.

> Art. 3º, § 1º, CDC (Conceito legal de produto):
> Art. 3º ....
> § 1º Produto é qualquer bem, móvel ou imóvel, material ou imaterial.

> Arts. 6º, I e III, e 31, CDC (Direitos à proteção e à informação contra os riscos de produtos e serviços):
> Art. 6º São direitos básicos do consumidor:
> I - a proteção da vida, saúde e segurança contra os riscos provocados por práticas no fornecimento de produtos e serviços considerados perigosos ou nocivos;
> ....
> III - a informação adequada e clara sobre os diferentes produtos e serviços, com especificação correta de quantidade, características, composição, qualidade e preço, bem como sobre os riscos que apresentem;
> ....
> Art. 31. A oferta e apresentação de produtos ou serviços deve assegurar informações corretas, claras, precisas, ostensivas e em língua portuguesa sobre suas características, qualidades, quantidade, composição, preço, garantia, prazos de validade e origem, entre outros dados, bem como sobre os riscos que apresentam à saúde e segurança dos consumidores.

> Art. 6º, VI, CDC (Direito básico à efetiva reparação de danos):
> Art. 6º São direitos básicos do consumidor:
> ....
> VI - a efetiva prevenção e reparação de danos patrimoniais e morais, individuais, coletivos e difusos;

> Art. 18, § 6º, CDC (Produtos impróprios ao uso e consumo):
> Art. 18. ....
> ....
> § 6º São impróprios ao uso e consumo:
> I - os produtos cujos prazos de validade estejam vencidos;
> II - os produtos deteriorados, alterados, adulterados, avariados, falsificados, corrompidos, fraudados, nocivos à vida ou à saúde, perigosos ou, ainda, aqueles em desacordo com as normas regulamentares de fabricação, distribuição ou apresentação;

III - os produtos que, por qualquer motivo, se revelem inadequados ao fim a que se destinam.

- Arts. 7º, parágrafo único, e 25, §§ 1º e 2º, CDC (Solidariedade para reparação de danos ao consumidor):

Art. 7º ....
Parágrafo único. Tendo mais de um autor a ofensa, todos responderão solidariamente pela reparação dos danos previstos nas normas de consumo.

....

Art. 25. ....
§ 1º Havendo mais de um responsável pela causação do dano, todos responderão solidariamente pela reparação prevista nesta e nas seções anteriores.
§ 2º Sendo o dano causado por componente ou peça incorporada ao produto ou serviço, são responsáveis solidários seu fabricante, construtor ou importador e o que realizou a incorporação.

- Arts. 25, caput, e 51, I, CDC (Vedação à cláusula de "não-indenizar"):

Art. 25. É vedada a estipulação contratual de cláusula que impossibilite, exonere ou atenue a obrigação de indenizar prevista nesta e nas seções anteriores.

....

Art. 51. São nulas de pleno direito, entre outras, as cláusulas contratuais relativas ao fornecimento de produtos e serviços que:
I - impossibilitem, exonerem ou atenuem a responsabilidade do fornecedor por vícios de qualquer natureza dos produtos e serviços ou impliquem renúncia ou disposição de direitos. Nas relações de consumo entre o fornecedor e o consumidor pessoa jurídica, a indenização poderá ser limitada, em situações justificáveis;

- Art. 28, § 3º, CDC (Solidariedade das sociedades consorciadas):

Art. 28. ....

....
§ 3º As sociedades consorciadas são solidariamente responsáveis pelas obrigações decorrentes deste código.

- Art. 34, CDC (Responsabilidade solidária por atos de prepostos e autônomos):

Art. 34. O fornecedor do produto ou serviço é solidariamente responsável pelos atos de seus prepostos ou representantes autônomos.

- Arts. 264, 265, 275 e 942, CC (Solidariedade civil):

Art. 264. Há solidariedade, quando na mesma obrigação concorre mais de um credor, ou mais de um devedor, cada um com direito, ou obrigado, à dívida toda.
Art. 265. A solidariedade não se presume; resulta da lei ou da vontade das partes.

....

Art. 275. O credor tem direito a exigir e receber de um ou de alguns dos devedores, parcial ou totalmente, a dívida comum; se o pagamento tiver sido parcial, todos os demais devedores continuam obrigados solidariamente pelo resto.

Parágrafo único. Não importará renúncia da solidariedade a propositura de ação pelo credor contra um ou alguns dos devedores.

....

Art. 942. Os bens do responsável pela ofensa ou violação do direito de outrem ficam sujeitos à reparação do dano causado; e, se a ofensa tiver mais de um autor, todos responderão solidariamente pela reparação.

Parágrafo único. São solidariamente responsáveis com os autores os co-autores e as pessoas designadas no art. 932.

෴ Art. 393, CC (Fortuito e força maior como excludentes da responsabilidade civil):

Art. 393. O devedor não responde pelos prejuízos resultantes de caso fortuito ou força maior, se expressamente não se houver por eles responsabilizado.

Parágrafo único. O caso fortuito ou de força maior verifica-se no fato necessário, cujos efeitos não era possível evitar ou impedir.

෴ Art. 927, parágrafo único, CC (Responsabilidade civil objetiva):

Art. 927. ....

Parágrafo único. Haverá obrigação de reparar o dano, independentemente de culpa, nos casos especificados em lei, ou quando a atividade normalmente desenvolvida pelo autor do dano implicar, por sua natureza, risco para os direitos de outrem.

෴ Art. 931, CC (Responsabilidade civil objetiva por produtos postos em circulação):

Art. 931. Ressalvados outros casos previstos em lei especial, os empresários individuais e as empresas respondem independentemente de culpa pelos danos causados pelos produtos postos em circulação.

෴ Art. 945, CC (Culpa concorrente da vítima):

Art. 945. Se a vítima tiver concorrido culposamente para o evento danoso, a sua indenização será fixada tendo-se em conta a gravidade de sua culpa em confronto com a do autor do dano.

෴ Art. 7º, IX, Lei nº 8.137/1990 (Crime contra as relações de consumo):

Art. 7º Constitui crime contra as relações de consumo:

....

IX - vender, ter em depósito para vender ou expor à venda ou, de qualquer forma, entregar matéria-prima ou mercadoria, em condições impróprias ao consumo; Pena - detenção, de 2 (dois) a 5 (cinco) anos, ou multa.

Parágrafo único. Nas hipóteses dos incisos II, III e IX pune-se a modalidade culposa, reduzindo-se a pena e a detenção de 1/3 (um terço) ou a de multa à quinta parte.

෴ Jurisprudência selecionada:

STJ: REsp 485742/RO, 4ª T., j. 16.12.2003; REsp 237964/SP, 4ª T., j. 16.12.1999. TJSP: Ap 215043-1/2, 2ª Câm., j. 7.3.1995, RDPriv 3/251; Ap 215043-1/2, 2ª Câm., j. 7.3.1995, RDPriv 3/251. 1º TACivSP: Ap

797760-0, j. 24.5.2000. TJRS: Ap 598081123, 6ª Câm., j. 10.2.1999; Ap 70002240265, 10ª Câm., j. 4.10.2001; Ap 70005902952, 10ª Câm., j. 29.5.2003; Ap 70001843465, 6ª Câm., j. 20.3.2002; Ap 70000144626, 9ª Câm., j. 29.10.2003, RDC 49/237; Ap 70007090798, 9ª Câm., j. 19.11.2003, RDC 50/266; Ap 59819395, 1ª Câm., j. 4.2.1999; AI 70001515964, 5ª Câm., j. 19.10.2000; Ap 599007002, 2ª Câm. de férias, j. 11.5.1999; Ap 595124314, 5ª Câm., j. 28.9.1995; Ap 70003081957, 6ª Câm., j. 28.11.2001. TJRJ: Ap 18191/99, 9ª Câm., j. 15.2.2000; Ap 58/98, 10ª Câm., j. 23.3.1999, RDPriv 3/296. Repositório: JTACivSP 139/90; RT 235/225; RDC 51/355.

Art. 13. O comerciante é igualmente responsável, nos termos do artigo anterior, quando:
I - o fabricante, o construtor, o produtor ou o importador não puderem ser identificados;
II - o produto for fornecido sem identificação clara do seu fabricante, produtor, construtor ou importador;
III - não conservar adequadamente os produtos perecíveis.
Parágrafo único. Aquele que efetivar o pagamento ao prejudicado poderá exercer o direito de regresso contra os demais responsáveis, segundo sua participação na causação do evento danoso.

ca Art. 6º, VI, CDC (Direito básico à efetiva reparação de danos):
Art. 6º São direitos básicos do consumidor:
....
VI - a efetiva prevenção e reparação de danos patrimoniais e morais, individuais, coletivos e difusos;

ca Arts. 7º, parágrafo único, e 25, §§ 1º e 2º, CDC (Solidariedade para reparação de danos ao consumidor):
Art. 7º ....
Parágrafo único. Tendo mais de um autor a ofensa, todos responderão solidariamente pela reparação dos danos previstos nas normas de consumo.

....
Art. 25. ....
§ 1º Havendo mais de um responsável pela causação do dano, todos responderão solidariamente pela reparação prevista nesta e nas seções anteriores.
§ 2º Sendo o dano causado por componente ou peça incorporada ao produto ou serviço, são responsáveis solidários seu fabricante, construtor ou importador e o que realizou a incorporação.

ca Art. 28, § 3º, CDC (Solidariedade das sociedades consorciadas):
Art. 28. ....
....

§3º As sociedades consorciadas são solidariamente responsáveis pelas obrigações decorrentes deste código.

- Art. 34, CDC (Responsabilidade solidária por atos de prepostos e autônomos):
Art. 34. O fornecedor do produto ou serviço é solidariamente responsável pelos atos de seus prepostos ou representantes autônomos.

- Art. 88, CDC (Formas de exercício do direito de regresso e vedação à denunciação da lide):
Art. 88. Na hipótese do art. 13, parágrafo único deste código, a ação de regresso poderá ser ajuizada em processo autônomo, facultada a possibilidade de prosseguir-se nos mesmos autos, vedada a denunciação da lide.

- Arts. 264, 265, 275 e 942, CC (Solidariedade civil):
Art. 264. Há solidariedade, quando na mesma obrigação concorre mais de um credor, ou mais de um devedor, cada um com direito, ou obrigado, à dívida toda.
Art. 265. A solidariedade não se presume; resulta da lei ou da vontade das partes.

....

Art. 275. O credor tem direito a exigir e receber de um ou de alguns dos devedores, parcial ou totalmente, a dívida comum; se o pagamento tiver sido parcial, todos os demais devedores continuam obrigados solidariamente pelo resto.
Parágrafo único. Não importará renúncia da solidariedade a propositura de ação pelo credor contra um ou alguns dos devedores.

....

Art. 942. Os bens do responsável pela ofensa ou violação do direito de outrem ficam sujeitos à reparação do dano causado; e, se a ofensa tiver mais de um autor, todos responderão solidariamente pela reparação.
Parágrafo único. São solidariamente responsáveis com os autores os co-autores e as pessoas designadas no art. 932.

- Art. 393, CC (Fortuito e força maior como excludentes da responsabilidade civil):
Art. 393. O devedor não responde pelos prejuízos resultantes de caso fortuito ou força maior, se expressamente não se houver por eles responsabilizado.
Parágrafo único. O caso fortuito ou de força maior verifica-se no fato necessário, cujos efeitos não era possível evitar ou impedir.

- Art. 927, parágrafo único, CC (Responsabilidade civil objetiva):
Art. 927. ....
Parágrafo único. Haverá obrigação de reparar o dano, independentemente de culpa, nos casos especificados em lei, ou quando a atividade normalmente desenvolvida pelo autor do dano implicar, por sua natureza, risco para os direitos de outrem.

- Art. 931, CC (Responsabilidade civil objetiva por danos causados pelos produtos postos em circulação):

Art. 931. Ressalvados outros casos previstos em lei especial, os empresários individuais e as empresas respondem independentemente de culpa pelos danos causados pelos produtos postos em circulação.

☞ Art. 934, CC (Direito de regresso no Código Civil):
Art. 934. Aquele que ressarcir o dano causado por outrem pode reaver o que houver pago daquele por quem pagou, salvo se o causador do dano for descendente seu, absoluta ou relativamente incapaz.

☞ Jurisprudência selecionada:
TJRS: AI 70000510024, 9ª Câm., j. 22.3.2000; Ap 598081123, 6ª Câm., j. 10.2.1999; AI 70002372852, 6ª Câm., j. 30.5.2001; AI 596009365, j. 29.2.1996; AI 595133307, j. 5.10.1996; Ap 597160340, 5ª Câm., j. 25.9.1997; Ap 598173094, 6ª Câm., j. 10.11.1999; Ap 596147819, 8ª Câm., j. 7.11.1996.

Art. 14. O fornecedor de serviços responde, independentemente da existência de culpa, pela reparação dos danos causados aos consumidores por defeitos relativos à prestação dos serviços, bem como por informações insuficientes ou inadequadas sobre sua fruição e riscos.

§ 1º O serviço é defeituoso quando não fornece a segurança que o consumidor dele pode esperar, levando-se em consideração as circunstâncias relevantes, entre as quais:
I - o modo de seu fornecimento;
II - o resultado e os riscos que razoavelmente dele se esperam;
III - a época em que foi fornecido.
§ 2º O serviço não é considerado defeituoso pela adoção de novas técnicas.
§ 3º O fornecedor de serviços só não será responsabilizado quando provar:
I - que, tendo prestado o serviço, o defeito inexiste;
II - a culpa exclusiva do consumidor ou de terceiro.
§ 4º A responsabilidade pessoal dos profissionais liberais será apurada mediante a verificação de culpa.

☞ Art. 3º, § 2º, CDC (Conceito legal de serviço):
Art. 3º ....
....
§ 2º Serviço é qualquer atividade fornecida no mercado de consumo, mediante remuneração, inclusive as de natureza bancária, financeira, de crédito e securitária, salvo as decorrentes das relações de caráter trabalhista.

☞ Arts. 6º, I e III, e 31, CDC (Direitos à proteção e à informação contra os riscos de produtos e serviços):

Art. 6º São direitos básicos do consumidor:
I - a proteção da vida, saúde e segurança contra os riscos provocados por práticas no fornecimento de produtos e serviços considerados perigosos ou nocivos;

....

III - a informação adequada e clara sobre os diferentes produtos e serviços, com especificação correta de quantidade, características, composição, qualidade e preço, bem como sobre os riscos que apresentem;

....

Art. 31. A oferta e apresentação de produtos ou serviços devem assegurar informações corretas, claras, precisas, ostensivas e em língua portuguesa sobre suas características, qualidades, quantidade, composição, preço, garantia, prazos de validade e origem, entre outros dados, bem como sobre os riscos que apresentam à saúde e segurança dos consumidores.

- Art. 6º, VI, CDC (Direito básico à efetiva reparação de danos):
Art. 6º São direitos básicos do consumidor:

....

VI - a efetiva prevenção e reparação de danos patrimoniais e morais, individuais, coletivos e difusos;

- Art. 6º, VIII, CDC (Ônus da prova):
Art. 6º São direitos básicos do consumidor:

....

VIII - a facilitação da defesa de seus direitos, inclusive com a inversão do ônus da prova, a seu favor, no processo civil, quando, a critério do juiz, for verossímil a alegação ou quando for ele hipossuficiente, segundo as regras ordinárias de experiências;

- Arts. 7º, parágrafo único, e 25, §§ 1º e 2º, CDC (Solidariedade para reparação de danos ao consumidor):
Art. 7º ....
Parágrafo único. Tendo mais de um autor a ofensa, todos responderão solidariamente pela reparação dos danos previstos nas normas de consumo.

....

Art. 25. ....
§ 1º Havendo mais de um responsável pela causação do dano, todos responderão solidariamente pela reparação prevista nesta e nas seções anteriores.
§ 2º Sendo o dano causado por componente ou peça incorporada ao produto ou serviço, são responsáveis solidários seu fabricante, construtor ou importador e o que realizou a incorporação.

- Art. 22, CDC (Prestação de serviços públicos adequados):
Art. 22. Os órgãos públicos, por si ou suas empresas, concessionárias, permissionárias ou sob qualquer outra forma de empreendimento, são obrigados a fornecer serviços adequados, eficientes, seguros e, quanto aos essenciais, contínuos.

Parágrafo único. Nos casos de descumprimento, total ou parcial, das obrigações referidas neste artigo, serão as pessoas jurídicas compelidas a cumpri-las e a reparar os danos causados, na forma prevista neste código.

- Arts. 25, caput, e 51, I, CDC (Vedação à cláusula de "não-indenizar"):
Art. 25. É vedada a estipulação contratual de cláusula que impossibilite, exonere ou atenue a obrigação de indenizar prevista nesta e nas seções anteriores.

....

Art. 51. São nulas de pleno direito, entre outras, as cláusulas contratuais relativas ao fornecimento de produtos e serviços que:
I - impossibilitem, exonerem ou atenuem a responsabilidade do fornecedor por vícios de qualquer natureza dos produtos e serviços ou impliquem renúncia ou disposição de direitos. Nas relações de consumo entre o fornecedor e o consumidor pessoa jurídica, a indenização poderá ser limitada, em situações justificáveis;

- Art. 28, § 3º, CDC (Solidariedade das sociedades consorciadas):
Art. 28. ....

....

§ 3º As sociedades consorciadas são solidariamente responsáveis pelas obrigações decorrentes deste código.

- Art. 34, CDC (Responsabilidade solidária por atos de prepostos e autônomos):
Art. 34. O fornecedor do produto ou serviço é solidariamente responsável pelos atos de seus prepostos ou representantes autônomos.

- Arts. 264, 265, 275 e 942, CC (Solidariedade civil):
Art. 264. Há solidariedade, quando na mesma obrigação concorre mais de um credor, ou mais de um devedor, cada um com direito, ou obrigado, à dívida toda.
Art. 265. A solidariedade não se presume; resulta da lei ou da vontade das partes.

....

Art. 275. O credor tem direito a exigir e receber de um ou de alguns dos devedores, parcial ou totalmente, a dívida comum; se o pagamento tiver sido parcial, todos os demais devedores continuam obrigados solidariamente pelo resto.
Parágrafo único. Não importará renúncia da solidariedade a propositura de ação pelo credor contra um ou alguns dos devedores.

....

Art. 942. Os bens do responsável pela ofensa ou violação do direito de outrem ficam sujeitos à reparação do dano causado; e, se a ofensa tiver mais de um autor, todos responderão solidariamente pela reparação.
Parágrafo único. São solidariamente responsáveis com os autores os co-autores e as pessoas designadas no art. 932.

- Art. 393, CC (Fortuito e força maior como excludentes da responsabilidade civil):
Art. 393. O devedor não responde pelos prejuízos resultantes de caso fortuito ou força maior, se expressamente não se houver por eles responsabilizado.

Parágrafo único. O caso fortuito ou de força maior verifica-se no fato necessário, cujos efeitos não era possível evitar ou impedir.

- Art. 593, CC (Aplicação subsidiária do Código Civil à prestação de serviços):
Art. 593. A prestação de serviço, que não estiver sujeita às leis trabalhistas ou a lei especial, reger-se-á pelas disposições deste Capítulo.

- Art. 732, CC (Prevalência da aplicação do Código Civil aos contratos de transporte):
Art. 732. Aos contratos de transporte, em geral, são aplicáveis, quando couber, desde que não contrariem as disposições deste Código, os preceitos constantes da legislação especial e de tratados e convenções internacionais.

- Art. 927, parágrafo único, CC (Responsabilidade civil objetiva):
Art. 927. ....
Parágrafo único. Haverá obrigação de reparar o dano, independentemente de culpa, nos casos especificados em lei, ou quando a atividade normalmente desenvolvida pelo autor do dano implicar, por sua natureza, risco para os direitos de outrem.

- Art. 931, CC (Responsabilidade civil objetiva por danos causados pelos produtos postos em circulação):
Art. 931. Ressalvados outros casos previstos em lei especial, os empresários individuais e as empresas respondem independentemente de culpa pelos danos causados pelos produtos postos em circulação.

- Art. 945, CC (Culpa concorrente da vítima):
Art. 945. Se a vítima tiver concorrido culposamente para o evento danoso, a sua indenização será fixada tendo-se em conta a gravidade de sua culpa em confronto com a do autor do dano.

- Arts. 257, caput, 260, 262, 268, caput, e 287 Lei nº 7.565/1986 – Código Brasileiro de Aeronáutica (Responsabilidade do Transportador Aéreo):
Art. 257. A responsabilidade do transportador, em relação a cada passageiro e tripulante, limita-se, no caso de morte ou lesão, ao valor correspondente, na data do pagamento, a 3.500 (três mil e quinhentas) Obrigações do Tesouro Nacional - OTN, e, no caso de atraso do transporte, a 150 (cento e cinqüenta) Obrigações do Tesouro Nacional - OTN.

....
Art. 260. A responsabilidade do transportador por dano, conseqüente da destruição, perda ou avaria da bagagem despachada ou conservada em mãos do passageiro, ocorrida durante a execução do contrato de transporte aéreo, limita-se ao valor correspondente a 150 (cento e cinqüenta) Obrigações do Tesouro Nacional - OTN, por ocasião do pagamento, em relação a cada passageiro.

....
Art. 262. No caso de atraso, perda, destruição ou avaria de carga, ocorrida durante a execução do contrato do transporte aéreo, a responsabilidade do

transportador limita-se ao valor correspondente a 3 (três) Obrigações do Tesouro Nacional - OTN por quilo, salvo declaração especial de valor feita pelo expedidor e mediante o pagamento de taxa suplementar, se for o caso (artigos 239, 241 e 244).

Art. 268. O explorador responde pelos danos a terceiros na superfície, causados, diretamente, por aeronave em vôo, ou manobra, assim como por pessoa ou coisa dela caída ou projetada.

Art. 287. Para efeito de limite de responsabilidade civil no transporte aéreo internacional, as quantias estabelecidas nas Convenções Internacionais de que o Brasil faça parte serão convertidas em moeda nacional, na forma de regulamento expedido pelo Poder Executivo.

- Art. 6º, Lei nº 8.987/1995 (Serviços Públicos Adequados):
Art. 6º Toda concessão ou permissão pressupõe a prestação de serviço adequado ao pleno atendimento dos usuários, conforme estabelecido nesta Lei, nas normas pertinentes e no respectivo contrato.
§ 1º Serviço adequado é o que satisfaz as condições de regularidade, continuidade, eficiência, segurança, atualidade, generalidade, cortesia na sua prestação e modicidade das tarifas.
§ 2º A atualidade compreende a modernidade das técnicas, do equipamento e das instalações e a sua conservação, bem como a melhoria e expansão do serviço.
§ 3º Não se caracteriza como descontinuidade do serviço a sua interrupção em situação de emergência ou após prévio aviso, quando:
I - motivada por razões de ordem técnica ou de segurança das instalações; e,
II - por inadimplemento do usuário, considerado o interesse da coletividade.

- Arts. 332 e 333, CPC (Meios e ônus da prova no processo civil):
Art. 332. Todos os meios legais, bem como os moralmente legítimos, ainda que não especificados neste Código, são hábeis para provar a verdade dos fatos, em que se funda a ação ou a defesa.
Art. 333. O ônus da prova incumbe:
I - ao autor, quanto ao fato constitutivo do seu direito;
II - ao réu, quanto à existência de fato impeditivo, modificativo ou extintivo do direito do autor.
Parágrafo único. É nula a convenção que distribui de maneira diversa o ônus da prova quando:
I - recair sobre direito indisponível da parte;
II - tornar excessivamente difícil a uma parte o exercício do direito.

- Decreto nº 2.681/1912 (Regula a responsabilidade civil das estradas de ferro).

- SÚMULA Nº 130 DO SUPERIOR TRIBUNAL DE JUSTIÇA:
A empresa responde, perante o cliente, pela reparação de dano ou furto de veículo ocorridos em seu estacionamento.

- SÚMULA Nº 161 DO SUPREMO TRIBUNAL FEDERAL:
  Em contrato de transporte, é inoperante a cláusula de não indenizar.
- SÚMULA Nº 187 DO SUPREMO TRIBUNAL FEDERAL:
  A responsabilidade contratual do transportador, pelo acidente com o passageiro, não é elidida por culpa de terceiro, contra o qual tem ação regressiva.
- Jurisprudência selecionada:
  STJ: REsp 287849/SP, 4ª T., j. 17.4.2001; AgRgAg 198380-9, 2ª T., j. 27.4.1998; REsp 170449/SP, 3ª T., j. 23.8.1999; REsp 169000/RJ, 3ª T., j. 4.4.2000; REsp 488087/RJ, 3ª T., j. 18.9.2003; REsp 158535/PB, 3ª T., j. 4.4.2000; REsp 20991, 3ª T., j. 25.8.1992; REsp 401592/DF, 4ª T., j. 16.5.2002; REsp 413783/SP, 3ª T., j. 5.3.2004; REsp 291384/RJ, 4ª T., j. 15.5.2001; REsp 480357/SP, 4ª T., j. 18.2.2003; REsp 555.007/RJ, 3ª T., j. 2.12.2003; REsp 227364, j. 24.4.2001; REsp 480498/MG, 4ª T., j. 9.12.2003; REsp 286176/SP, 3ª T., j. 18.10.2001; REsp 302653/MG, j. 4.9.2001; REsp 285401/SP, j. 19.4.2001; REsp 273250/CE, j. 7.12.2000; Ag Reg em Ag 277191/RJ, j. 15.5.2000; REsp 557030/RJ, 3ª T., j. 16.12.2004; REsp 235385/SP, 4ª T., j. 11.12.2001; REsp 417835/AL, 4ª T., j. 11.6.2002; REsp 164155/RJ, 3ª T., j. 2.3.1999; REsp 293292/SP, 3ª T., j. 20.8.2001; REsp 457312/SP, 4ª T., j. 19.11.2002; REsp 347978/RJ, j. 18.4.2002; REsp 138059/MG, j. 13.3.2001; REsp 122505/SP, 3ª T., j. 4,6,1998; REsp 164084/SP, 4ª T., j. 17.2.2000; REsp 328309/RJ, 4ª T., j. 8.10.2002, RDC 49/216; REsp 171988/RS, 3ª T., j. 24.5.1999, RT 770/210; REsp 540048/RS, j. 2.12.2003; REsp 81101/PR, 3ª T., j. 13.4.1999; REsp 53104/RJ, j. 4.3.1997; REsp 467878/RJ, 3ª T., j. 5.12.2002; REsp 401592/DF, 4ª T., j. 16.5.2002; REsp 594962/RJ, 4ª T., j. 9.9.2004; REsp 511558/MS, 4ª T., j. 13.4.2004. TJSP: Ap 28560-4/4-00, 2ª Câm., j. 3.6.1997, RT 745/223; EI 29781-4/6-01, 2ª Câm., j. 4.11.1997, BolAASP 2051/539; Ap 259620-1/8, 4ª Câm., j. 20.6.1996; Ap 28560-4/4, 2ª Câm., j. 3.6.1997, BolAASP 2028/356-j; Ap 70286-4/6, 6ª Câm., j. 29.4.1999, RT 771/212. TJRS: Ap 70000119768, 9ª Câm., j. 6.10.1999; Ap 70000269357, 6ª Câm., j. 25.10.2000; Ap 599428976, 2ª Câm. de férias, j. 17.11.1999; Ap 596141583, j. 7.11.1996; Ap 599015906, 1ª Câm. de férias, j. 4.3.1999; Ap 70005317268, j. 3.12.2003; Ap 70001965094, 10ª Câm., j. 30.8.2001; EI 596234443, 3º Gr. de Câm., j. 7.3.1997; Ap 70005785118, 2ª Câm., j. 27.5.2003; Ap 595160250, 3ª Câm., j. 7.12.1995; Ap 70003505542, j. 17.10.2002; Ap 70001348275, j. 27.8.2003; Ap 70002292993, 6ª Câm., j. 27.6.2001; Ap 70002015618, 10ª Câm., j. 4.10.2001; Ap 70004518759, j. 11.4.2003; Ap 70002399590, 10ª Câm., j. 6.12.2001; Ap 70004918009, 6ª Câm., j. 19.3.2003. TJMG: Ap 506.336-9, 17ª Câm., j. 19.5.2005. TJGO: Ap 45.788-5/188, 2ª Câm., j. 17.11.1998. TAMG: Ap 463.544-5, j. 4.11.2004; Ap 291380-8, 6ª Câm., j. 25.11.1999. TAPR: Ap 0153234-5, 2ª Câm., j. 14.3.2001; Ap 71634-1,

6ª Câm., j. 23.6.1999; Ap 0153234-5, 2ª Câm., j. 14.3.2001. TJRJ: Ap 13442/98, 2ª Câm., j. 23.2.1999, RT 770/360; Ap 1248/98, 14ª Câm., j. 26.5.1998; Ap. 14667/1999, 7ª Câm., DJ 10.2.2000; Ap 11323/98, 2ª Câm., j. 15.12.1998, RT 768/353; Ap 1528/97, 2ª Câm., j. 29.4.1997, RT 770/347; Ap 18398/2002, 10ª Câm., j. 7.3.2002; Ap 8505/97, 8ª Câm., j. 28.3.2000; Ap 01617/2001, 7ª Câm., j. 16.4.2001; AI 5587/02, 10ª Câm., j. 25.6.2002. 1º TACivSP: EI 739295-8-02, j. 11.11.1998; Ap 692022-3, 11ª Câm. de férias, j. 2.2.1998, Bol AASP 2076/154-e; Ap 694867-0, 11ª Câm., j. 16.2.1998, RT 755/269. 2º TACivSP: AI 606407-00/5, 5ª Câm., j. 14.12.1999, RT 775/297. Repositório: RJEsp-DF 2/113; RT 790/219; RT 803/177; RJTJSP 139/105; RT 740/205; RDC 45/357.

Art. 15. (Vetado).

☞ O art. 15 vetado tinha a seguinte redação (Mensagem nº 664/1990):
Art. 15 - Quando a utilização do produto ou a prestação do serviço causar dano irreparável ao consumidor, a indenização corresponderá ao valor integral dos bens danificados. [6]

Art. 16. (Vetado).

☞ O art. 16 vetado tinha a seguinte redação (Mensagem nº 664/1990):
Art. 16 - Se comprovada a alta periculosidade do produto ou do serviço que provocou o dano, ou grave imprudência, negligência ou imperícia do fornecedor, será devida multa civil de até um milhão de vezes o Bônus do Tesouro Nacional - BTN, ou índice equivalente que venha substituí-lo, na ação proposta por qualquer dos legitimados à defesa do consumidor em juízo, a critério do juiz, de acordo com a gravidade e proporção do dano, bem como a situação econômica do responsável. [7]

Art. 17. Para os efeitos desta Seção, equiparam-se aos consumidores todas as vítimas do evento.

☞ Arts. 2º e 29, CDC (Consumidores por equiparação):
Art. 2º Consumidor é toda pessoa física ou jurídica que adquire ou utiliza produto ou serviço como destinatário final.

---

6 Justificativa do veto: A redação equivocada do dispositivo redunda em reduzir a amplitude da eventual indenização devida ao consumidor, uma vez que a restringe ao valor dos bens danificados, desconsiderando os danos pessoais.

7 Justificativa do veto: O art. 12 e outras normas já dispõem de modo cabal sobre a reparação do dano sofrido pelo consumidor. Os dispositivos ora vetados criam a figura da "multa civil", sempre de valor expressivo, sem que sejam definidas a sua destinação e finalidade.

Parágrafo único. Equipara-se a consumidor a coletividade de pessoas, ainda que indetermináveis, que haja intervindo nas relações de consumo.

....

Art. 29. Para os fins deste Capítulo e do seguinte, equiparam-se aos consumidores todas as pessoas determináveis ou não, expostas às práticas nele previstas.

௸ Art. 91, CDC (Ação coletiva no interesse das vítimas do dano):
Art. 91. Os legitimados de que trata o art. 82 poderão propor, em nome próprio e no interesse das vítimas ou seus sucessores, ação civil coletiva de responsabilidade pelos danos individualmente sofridos, de acordo com o disposto nos artigos seguintes.

௸ Jurisprudência selecionada:
STJ: REsp 279.273/SP, 3ª T., j. 4.12.2003, RDC 54/219-266; REsp 437649/SP, j. 6.2.2003; REsp 181580/SP, 3ª T., j. 9.12.2003; REsp 207926/PR, 4ª T., j. 1.6.1999. TJSP: Ap 0820304/1, 8ª Câm., j. 2.8.1999. TJRJ: AI 5587/02, 10ª Câm., j. 25.6.2002; Ap 15076/98, 7ª Câm., j. 8.4.1999; Ap 18191/99, 9ª Câm., j. 15.2.2000. Repositório: RT 691/170.

SEÇÃO III
Da Responsabilidade por Vício do Produto e do Serviço

Art. 18. Os fornecedores de produtos de consumo duráveis ou não duráveis respondem solidariamente pelos vícios de qualidade ou quantidade que os tornem impróprios ou inadequados ao consumo a que se destinam ou lhes diminuam o valor, assim como por aqueles decorrentes da disparidade, com a indicações constantes do recipiente, da embalagem, rotulagem ou mensagem publicitária, respeitadas as variações decorrentes de sua natureza, podendo o consumidor exigir a substituição das partes viciadas.

§ 1º Não sendo o vício sanado no prazo máximo de trinta dias, pode o consumidor exigir, alternativamente e à sua escolha:

I - a substituição do produto por outro da mesma espécie, em perfeitas condições de uso;

II - a restituição imediata da quantia paga, monetariamente atualizada, sem prejuízo de eventuais perdas e danos;

III - o abatimento proporcional do preço.

§ 2º Poderão as partes convencionar a redução ou ampliação do prazo previsto no parágrafo anterior, não podendo ser inferior a sete nem superior a cento e oitenta dias. Nos contratos de adesão, a cláusula de prazo deverá ser convencionada em separado, por meio de manifestação expressa do consumidor.

§ 3º O consumidor poderá fazer uso imediato das alternativas do § 1º deste artigo sempre que, em razão da extensão do vício, a substituição das partes viciadas puder comprometer a qualidade ou características do produto, diminuir-lhe o valor ou se tratar de produto essencial.

§ 4º Tendo o consumidor optado pela alternativa do inciso I do § 1º deste artigo, e não sendo possível a substituição do bem, poderá haver substituição por outro de espécie, marca ou modelo diversos, mediante complementação ou restituição de eventual diferença de preço, sem prejuízo do disposto nos incisos II e III do § 1º deste artigo.

§ 5º No caso de fornecimento de produtos in natura, será responsável perante o consumidor o fornecedor imediato, exceto quando identificado claramente seu produtor.

§ 6º São impróprios ao uso e consumo:

I - os produtos cujos prazos de validade estejam vencidos;

II - os produtos deteriorados, alterados, adulterados, avariados, falsificados, corrompidos, fraudados, nocivos à vida ou à saúde, perigosos ou, ainda, aqueles em desacordo com as normas regulamentares de fabricação, distribuição ou apresentação;

III - os produtos que, por qualquer motivo, se revelem inadequados ao fim a que se destinam.

    ✎ Art. 3º, § 1º, CDC (Conceito legal de produto):
    Art. 3º ....
    § 1º Produto é qualquer bem, móvel ou imóvel, material ou imaterial.

    ✎ Arts. 6º, I e III, e 31, CDC (Direitos à proteção e à informação contra os riscos de produtos e serviços):
    Art. 6º São direitos básicos do consumidor:
    I - a proteção da vida, saúde e segurança contra os riscos provocados por práticas no fornecimento de produtos e serviços considerados perigosos ou nocivos;
    ....
    III - a informação adequada e clara sobre os diferentes produtos e serviços, com especificação correta de quantidade, características, composição, qualidade e preço, bem como sobre os riscos que apresentem;
    ....
    Art. 31. A oferta e apresentação de produtos ou serviços devem assegurar informações corretas, claras, precisas, ostensivas e em língua portuguesa sobre suas características, qualidades, quantidade, composição, preço, garantia, prazos de

validade e origem, entre outros dados, bem como sobre os riscos que apresentam à saúde e segurança dos consumidores.

☙ Art. 6º, VI, CDC (Direito básico à efetiva reparação de danos):
Art. 6º São direitos básicos do consumidor:

....

VI - a efetiva prevenção e reparação de danos patrimoniais e morais, individuais, coletivos e difusos;

☙ Arts. 7º, parágrafo único, e 25, §§ 1º e 2º, CDC (Solidariedade para reparação de danos ao consumidor):
Art. 7º ....
Parágrafo único. Tendo mais de um autor a ofensa, todos responderão solidariamente pela reparação dos danos previstos nas normas de consumo.

....

Art. 25. ....
§ 1º Havendo mais de um responsável pela causação do dano, todos responderão solidariamente pela reparação prevista nesta e nas seções anteriores.
§ 2º Sendo o dano causado por componente ou peça incorporada ao produto ou serviço, são responsáveis solidários seu fabricante, construtor ou importador e o que realizou a incorporação.

☙ Arts. 13, parágrafo único, e 88, CDC (Direito de Regresso e vedação à denunciação da lide):
Art. 13. ....
Parágrafo único. Aquele que efetivar o pagamento ao prejudicado poderá exercer o direito de regresso contra os demais responsáveis, segundo sua participação na causação do evento danoso.

....

Art. 88. Na hipótese do art. 13, parágrafo único deste código, a ação de regresso poderá ser ajuizada em processo autônomo, facultada a possibilidade de prosseguir-se nos mesmos autos, vedada a denunciação da lide.

☙ Arts. 25, caput, e 51, I, CDC (Vedação à cláusula de "não-indenizar"):
Art. 25. É vedada a estipulação contratual de cláusula que impossibilite, exonere ou atenue a obrigação de indenizar prevista nesta e nas seções anteriores.

....

Art. 51. São nulas de pleno direito, entre outras, as cláusulas contratuais relativas ao fornecimento de produtos e serviços que:
I - impossibilitem, exonerem ou atenuem a responsabilidade do fornecedor por vícios de qualquer natureza dos produtos e serviços ou impliquem renúncia ou disposição de direitos. Nas relações de consumo entre o fornecedor e o consumidor pessoa jurídica, a indenização poderá ser limitada, em situações justificáveis;

☙ Art. 28, § 3º, CDC (Solidariedade das sociedades consorciadas):
Art. 28. ....
....

§ 3º As sociedades consorciadas são solidariamente responsáveis pelas obrigações decorrentes deste código.

- Art. 34, CDC (Responsabilidade solidária por atos de prepostos e autônomos):
Art. 34. O fornecedor do produto ou serviço é solidariamente responsável pelos atos de seus prepostos ou representantes autônomos.
- Art. 54, § 4º, CDC (Destaque de cláusulas limitativas nos contratos de adesão):
Art. 54. Contrato de adesão é aquele cujas cláusulas tenham sido aprovadas pela autoridade competente ou estabelecidas unilateralmente pelo fornecedor de produtos ou serviços, sem que o consumidor possa discutir ou modificar substancialmente seu conteúdo.

....

§ 4º As cláusulas que implicarem limitação de direito do consumidor deverão ser redigidas com destaque, permitindo sua imediata e fácil compreensão.
- Art. 84, caput, CDC (Tutela específica da obrigação de fazer):
Art. 84. Na ação que tenha por objeto o cumprimento da obrigação de fazer ou não fazer, o juiz concederá a tutela específica da obrigação ou determinará providências que assegurem o resultado prático equivalente ao do adimplemento.
- Arts. 264, 265, 275 e 942, CC (Solidariedade civil):
Art. 264. Há solidariedade, quando na mesma obrigação concorre mais de um credor, ou mais de um devedor, cada um com direito, ou obrigado, à dívida toda.
Art. 265. A solidariedade não se presume; resulta da lei ou da vontade das partes.

....

Art. 275. O credor tem direito a exigir e receber de um ou de alguns dos devedores, parcial ou totalmente, a dívida comum; se o pagamento tiver sido parcial, todos os demais devedores continuam obrigados solidariamente pelo resto.
Parágrafo único. Não importará renúncia da solidariedade a propositura de ação pelo credor contra um ou alguns dos devedores.

....

Art. 942. Os bens do responsável pela ofensa ou violação do direito de outrem ficam sujeitos à reparação do dano causado; e, se a ofensa tiver mais de um autor, todos responderão solidariamente pela reparação.
Parágrafo único. São solidariamente responsáveis com os autores os co-autores e as pessoas designadas no art. 932.
- Art. 393, CC (Fortuito e força maior como excludentes da responsabilidade civil):
Art. 393. O devedor não responde pelos prejuízos resultantes de caso fortuito ou força maior, se expressamente não se houver por eles responsabilizado.
Parágrafo único. O caso fortuito ou de força maior verifica-se no fato necessário, cujos efeitos não era possível evitar ou impedir.

- Arts. 441 e 442, CC (Vícios redibitórios civis):
  Art. 441. A coisa recebida em virtude de contrato comutativo pode ser enjeitada por vícios ou defeitos ocultos, que a tornem imprópria ao uso a que é destinada, ou lhe diminuam o valor.
  Parágrafo único. É aplicável a disposição deste artigo às doações onerosas.
  Art. 442. Em vez de rejeitar a coisa, redibindo o contrato (art. 441), pode o adquirente reclamar abatimento no preço.
- Art. 927, parágrafo único, CC (Responsabilidade civil objetiva):
  Art. 927. ....
  Parágrafo único. Haverá obrigação de reparar o dano, independentemente de culpa, nos casos especificados em lei, ou quando a atividade normalmente desenvolvida pelo autor do dano implicar, por sua natureza, risco para os direitos de outrem.
- Art. 945, CC (Culpa concorrente da vítima):
  Art. 945. Se a vítima tiver concorrido culposamente para o evento danoso, a sua indenização será fixada tendo-se em conta a gravidade de sua culpa em confronto com a do autor do dano.
- Art. 275, CP (Crime de inculcar a existência de substância não contida ou contida em quantidade menor que a mencionada):
  Art. 275 - Inculcar, em invólucro ou recipiente de produtos alimentícios, terapêuticos ou medicinais, a existência de substância que não se encontra em seu conteúdo ou que nele existe em quantidade menor que a mencionada:
  Pena - reclusão, de 1 (um) a 5 (cinco) anos, e multa.
- Art. 7º, IX, Lei nº 8.137/1990 (Crime contra as relações de consumo):
  Art. 7º Constitui crime contra as relações de consumo:
  ....
  IX - vender, ter em depósito para vender ou expor à venda ou, de qualquer forma, entregar matéria-prima ou mercadoria, em condições impróprias ao consumo;
  Pena - detenção, de 2 (dois) a 5 (cinco) anos, ou multa.
  Parágrafo único. Nas hipóteses dos incisos II, III e IX pune-se a modalidade culposa, reduzindo-se a pena e a detenção de 1/3 (um terço) ou a de multa à quinta parte.
- Jurisprudência selecionada:
  STJ: REsp 109294/RS, 4ª T., j. 18.2.1997; REsp 63981/SP, 4ª T., j. 11.4.2000; REsp 472038/PR, 5ª T., j. 16.12.2003; REsp 185836/SP, 4ª T., j. 23.11.1998; REsp 195659/SP, 3ª T., j. 27.4.2000; REsp 142042/RS, 4ª T., j. 11.11.1997; REsp 554876/RJ, 3ª T., j. 17.2.2004; REsp 713284/RJ, 3ª T., j. 3.5.2005; Ag. Rg. 196922/MG, 3ª T., j. 20.8.2001; REsp 63981/SP, 4ª T., j. 11.4.2000. TJRJ: Ap crim. 62863/98, 6ª Câm., Crim., j. 5.5.1998; BolIBCCrim 69/281; Ap 9740/2001, 17ª Câm., j. 5.9.2001, RT 801/343; Ap crim. 70003386778, 4ª Câm. Crim., j. 28.2.2002. TACrimRJ: Ap 51441, 4ª Câm., j. 10.8.1994. TJMT: Ap 22125, 3ª Câm., j.

17.3.1999, RT 768/326. TAMG: Ap 270249-2, 6ª Câm., j. 11.2.1999, RT 769/390; Ap 440815-1, j. 22.2.2005; Ap 297423-2, j. 24.3.2000. TJRS: Ap 70000269357, 6ª Câm., j. 25.10.2000; Ap 70001577154, 11ª Câm., j. 22.11.2000; Ap 70001051929, 10ª Câm., j. 21.9.2000; Ap 70001051929, 10ª Câm., j. 21.9.2000; Ap 70000497024, 14ª Câm., j. 21.12.2000; Ap 597067024, 5ª Câm., j. 7.8.1997; Ap 599107083, 18ª Câm., j. 30.3.2000. TJSC: Ap 97010120-1, 4ª Câm., j. 21.12.1998. Repositório: RT 694/170; RJDTACrimSP 18/171.

Art. 19. Os fornecedores respondem solidariamente pelos vícios de quantidade do produto sempre que, respeitadas as variações decorrentes de sua natureza, seu conteúdo líquido for inferior às indicações constantes do recipiente, da embalagem, rotulagem ou de mensagem publicitária, podendo o consumidor exigir, alternativamente e à sua escolha:
I - o abatimento proporcional do preço;
II - complementação do peso ou medida;
III - a substituição do produto por outro da mesma espécie, marca ou modelo, sem os aludidos vícios;
IV - a restituição imediata da quantia paga, monetariamente atualizada, sem prejuízo de eventuais perdas e danos.
§ 1º Aplica-se a este artigo o disposto no § 4º do artigo anterior.
§ 2º O fornecedor imediato será responsável quando fizer a pesagem ou a medição e o instrumento utilizado não estiver aferido segundo os padrões oficiais.

- Art. 3º, § 1º, CDC (Conceito legal de produto):
    Art. 3º ....
    § 1º Produto é qualquer bem, móvel ou imóvel, material ou imaterial.
- Art. 6º, VI, CDC (Direito básico à efetiva reparação de danos):
    Art. 6º São direitos básicos do consumidor:
    ....
    VI - a efetiva prevenção e reparação de danos patrimoniais e morais, individuais, coletivos e difusos;
- Arts. 7º, parágrafo único, e 25, §§ 1º e 2º, CDC (Solidariedade para reparação de danos ao consumidor):
    Art. 7º ....
    Parágrafo único. Tendo mais de um autor a ofensa, todos responderão solidariamente pela reparação dos danos previstos nas normas de consumo.
    ....
    Art. 25. ....

§ 1º Havendo mais de um responsável pela causação do dano, todos responderão solidariamente pela reparação prevista nesta e nas seções anteriores.

§ 2º Sendo o dano causado por componente ou peça incorporada ao produto ou serviço, são responsáveis solidários seu fabricante, construtor ou importador e o que realizou a incorporação.

- Arts. 13, parágrafo único, e 88, CDC (Direito de Regresso e vedação à denunciação da lide):

   Art. 13. ....

   Parágrafo único. Aquele que efetivar o pagamento ao prejudicado poderá exercer o direito de regresso contra os demais responsáveis, segundo sua participação na causação do evento danoso.

   ....

   Art. 88. Na hipótese do art. 13, parágrafo único deste código, a ação de regresso poderá ser ajuizada em processo autônomo, facultada a possibilidade de prosseguir-se nos mesmos autos, vedada a denunciação da lide.

- Arts. 25, caput, e 51, I, CDC (Vedação à cláusula de "não-indenizar"):

   Art. 25. É vedada a estipulação contratual de cláusula que impossibilite, exonere ou atenue a obrigação de indenizar prevista nesta e nas seções anteriores.

   ....

   Art. 51. São nulas de pleno direito, entre outras, as cláusulas contratuais relativas ao fornecimento de produtos e serviços que:

   I - impossibilitem, exonerem ou atenuem a responsabilidade do fornecedor por vícios de qualquer natureza dos produtos e serviços ou impliquem renúncia ou disposição de direitos. Nas relações de consumo entre o fornecedor e o consumidor pessoa jurídica, a indenização poderá ser limitada, em situações justificáveis;

- Art. 28, § 3º, CDC (Solidariedade das sociedades consorciadas):

   Art. 28. ....

   ....

   § 3º As sociedades consorciadas são solidariamente responsáveis pelas obrigações decorrentes deste código.

- Art. 30, CDC (Vinculação do fornecedor à publicidade):

   Art. 30. Toda informação ou publicidade, suficientemente precisa, veiculada por qualquer forma ou meio de comunicação com relação a produtos e serviços oferecidos ou apresentados, obriga o fornecedor que a fizer veicular ou dela se utilizar e integra o contrato que vier a ser celebrado.

- Art. 34, CDC (Responsabilidade solidária por atos de prepostos e autônomos):

   Art. 34. O fornecedor do produto ou serviço é solidariamente responsável pelos atos de seus prepostos ou representantes autônomos.

- Art. 37, §§ 1º e 3º, CDC (Publicidade enganosa):

   Art. 37. É proibida toda publicidade enganosa ou abusiva.

§ 1º É enganosa qualquer modalidade de informação ou comunicação de caráter publicitário, inteira ou parcialmente falsa, ou, por qualquer outro modo, mesmo por omissão, capaz de induzir em erro o consumidor a respeito da natureza, características, qualidade, quantidade, propriedades, origem, preço e quaisquer outros dados sobre produtos e serviços.

....

§ 3º Para os efeitos deste código, a publicidade é enganosa por omissão quando deixar de informar sobre dado essencial do produto ou serviço.

- Art. 48, CDC (Vinculação do fornecedor às declarações de vontade):
Art. 48. As declarações de vontade constantes de escritos particulares, recibos e pré-contratos relativos às relações de consumo vinculam o fornecedor, ensejando inclusive execução específica, nos termos do art. 84 e parágrafos.

- Art. 84, caput, CDC (Tutela específica da obrigação de fazer):
Art. 84. Na ação que tenha por objeto o cumprimento da obrigação de fazer ou não fazer, o juiz concederá a tutela específica da obrigação ou determinará providências que assegurem o resultado prático equivalente ao do adimplemento.

- Arts. 264, 265, 275 e 942, CC (Solidariedade civil):
Art. 264. Há solidariedade, quando na mesma obrigação concorre mais de um credor, ou mais de um devedor, cada um com direito, ou obrigado, à dívida toda.
Art. 265. A solidariedade não se presume; resulta da lei ou da vontade das partes.

....

Art. 275. O credor tem direito a exigir e receber de um ou de alguns dos devedores, parcial ou totalmente, a dívida comum; se o pagamento tiver sido parcial, todos os demais devedores continuam obrigados solidariamente pelo resto.
Parágrafo único. Não importará renúncia da solidariedade a propositura de ação pelo credor contra um ou alguns dos devedores.

....

Art. 942. Os bens do responsável pela ofensa ou violação do direito de outrem ficam sujeitos à reparação do dano causado; e, se a ofensa tiver mais de um autor, todos responderão solidariamente pela reparação.
Parágrafo único. São solidariamente responsáveis com os autores os co-autores e as pessoas designadas no art. 932.

- Art. 393, CC (Fortuito e força maior como excludentes da responsabilidade civil):
Art. 393. O devedor não responde pelos prejuízos resultantes de caso fortuito ou força maior, se expressamente não se houver por eles responsabilizado.
Parágrafo único. O caso fortuito ou de força maior verifica-se no fato necessário, cujos efeitos não era possível evitar ou impedir.

- Arts. 441 e 442, CC (Vícios redibitórios civis):
Art. 441. A coisa recebida em virtude de contrato comutativo pode ser enjeitada por vícios ou defeitos ocultos, que a tornem imprópria ao uso a que é destinada, ou lhe diminuam o valor.

Parágrafo único. É aplicável a disposição deste artigo às doações onerosas.
Art. 442. Em vez de rejeitar a coisa, redibindo o contrato (art. 441), pode o adquirente reclamar abatimento no preço.

- Art. 927, parágrafo único, CC (Responsabilidade civil objetiva):
Art. 927. ....
Parágrafo único. Haverá obrigação de reparar o dano, independentemente de culpa, nos casos especificados em lei, ou quando a atividade normalmente desenvolvida pelo autor do dano implicar, por sua natureza, risco para os direitos de outrem.

- Art. 945, CC (Culpa concorrente da vítima):
Art. 945. Se a vítima tiver concorrido culposamente para o evento danoso, a sua indenização será fixada tendo-se em conta a gravidade de sua culpa em confronto com a do autor do dano.

- Art. 275, CP (Crime de inculcar a existência de substância não contida ou contida em quantidade menor que a mencionada):
Art. 275 - Inculcar, em invólucro ou recipiente de produtos alimentícios, terapêuticos ou medicinais, a existência de substância que não se encontra em seu conteúdo ou que nele existe em quantidade menor que a mencionada:
Pena - reclusão, de 1 (um) a 5 (cinco) anos, e multa.

- Jurisprudência selecionada:
TJRS: Ap 59807986, 8ª Câm., j. 18.5.2000. 1º TACivSP: Ap 812848-7, j. 9.2.1999, RT 767/260. Repositório: IOB 3/9589.

Art. 20. O fornecedor de serviços responde pelos vícios de qualidade que os tornem impróprios ao consumo ou lhes diminuam o valor, assim como por aqueles decorrentes da disparidade com as indicações constantes da oferta ou mensagem publicitária, podendo o consumidor exigir, alternativamente e à sua escolha:
I - a reexecução dos serviços, sem custo adicional e quando cabível;
II - a restituição imediata da quantia paga, monetariamente atualizada, sem prejuízo de eventuais perdas e danos;
III - o abatimento proporcional do preço.
§ 1º A reexecução dos serviços poderá ser confiada a terceiros devidamente capacitados, por conta e risco do fornecedor.
§ 2º São impróprios os serviços que se mostrem inadequados para os fins que razoavelmente deles se esperam, bem como aqueles que não atendam as normas regulamentares de prestabilidade.

- Art. 3º, § 2º, CDC (Conceito legal de serviço):
Art. 3º ....
....

§ 2º Serviço é qualquer atividade fornecida no mercado de consumo, mediante remuneração, inclusive as de natureza bancária, financeira, de crédito e securitária, salvo as decorrentes das relações de caráter trabalhista.

⊗ Art. 6º, VI, CDC (Direito básico à efetiva reparação de danos):
Art. 6º São direitos básicos do consumidor:

....

VI - a efetiva prevenção e reparação de danos patrimoniais e morais, individuais, coletivos e difusos;

⊗ Arts. 7º, parágrafo único, e 25, §§ 1º e 2º, CDC (Solidariedade para reparação de danos ao consumidor):
Art. 7º ....
Parágrafo único. Tendo mais de um autor a ofensa, todos responderão solidariamente pela reparação dos danos previstos nas normas de consumo.

....

Art. 25. ....
§ 1º Havendo mais de um responsável pela causação do dano, todos responderão solidariamente pela reparação prevista nesta e nas seções anteriores.
§ 2º Sendo o dano causado por componente ou peça incorporada ao produto ou serviço, são responsáveis solidários seu fabricante, construtor ou importador e o que realizou a incorporação.

⊗ Arts. 25, caput, e 51, I, CDC (Vedação à cláusula de "não-indenizar"):
Art. 25. É vedada a estipulação contratual de cláusula que impossibilite, exonere ou atenue a obrigação de indenizar prevista nesta e nas seções anteriores.

....

Art. 51. São nulas de pleno direito, entre outras, as cláusulas contratuais relativas ao fornecimento de produtos e serviços que:
I - impossibilitem, exonerem ou atenuem a responsabilidade do fornecedor por vícios de qualquer natureza dos produtos e serviços ou impliquem renúncia ou disposição de direitos. Nas relações de consumo entre o fornecedor e o consumidor pessoa jurídica, a indenização poderá ser limitada, em situações justificáveis;

⊗ Art. 28, § 3º, CDC (Solidariedade das sociedades consorciadas):
Art. 28. ....

....

§ 3º As sociedades consorciadas são solidariamente responsáveis pelas obrigações decorrentes deste código.

⊗ Art. 30, CDC (Vinculação do fornecedor à publicidade):
Art. 30. Toda informação ou publicidade, suficientemente precisa, veiculada por qualquer forma ou meio de comunicação com relação a produtos e serviços oferecidos ou apresentados, obriga o fornecedor que a fizer veicular ou dela se utilizar e integra o contrato que vier a ser celebrado.

⊗ Art. 34, CDC (Responsabilidade solidária por atos de prepostos e autônomos):
Art. 34. O fornecedor do produto ou serviço é solidariamente responsável pelos atos de seus prepostos ou representantes autônomos.

◊ Art. 37, §§ 1º e 3º, CDC (Publicidade enganosa):
Art. 37. É proibida toda publicidade enganosa ou abusiva.
§ 1º É enganosa qualquer modalidade de informação ou comunicação de caráter publicitário, inteira ou parcialmente falsa, ou, por qualquer outro modo, mesmo por omissão, capaz de induzir em erro o consumidor a respeito da natureza, características, qualidade, quantidade, propriedades, origem, preço e quaisquer outros dados sobre produtos e serviços.

....

§ 3º Para os efeitos deste código, a publicidade é enganosa por omissão quando deixar de informar sobre dado essencial do produto ou serviço.

◊ Art. 48, CDC (Vinculação do fornecedor às declarações de vontade):
Art. 48. As declarações de vontade constantes de escritos particulares, recibos e pré-contratos relativos às relações de consumo vinculam o fornecedor, ensejando inclusive execução específica, nos termos do art. 84 e parágrafos.

◊ Art. 84, caput, CDC (Tutela específica da obrigação de fazer):
Art. 84. Na ação que tenha por objeto o cumprimento da obrigação de fazer ou não fazer, o juiz concederá a tutela específica da obrigação ou determinará providências que assegurem o resultado prático equivalente ao do adimplemento.

◊ Arts. 264, 265, 275 e 942, CC (Solidariedade civil):
Art. 264. Há solidariedade, quando na mesma obrigação concorre mais de um credor, ou mais de um devedor, cada um com direito, ou obrigado, à dívida toda.
Art. 265. A solidariedade não se presume; resulta da lei ou da vontade das partes.

....

Art. 275. O credor tem direito a exigir e receber de um ou de alguns dos devedores, parcial ou totalmente, a dívida comum; se o pagamento tiver sido parcial, todos os demais devedores continuam obrigados solidariamente pelo resto. Parágrafo único. Não importará renúncia da solidariedade a propositura de ação pelo credor contra um ou alguns dos devedores.

....

Art. 942. Os bens do responsável pela ofensa ou violação do direito de outrem ficam sujeitos à reparação do dano causado; e, se a ofensa tiver mais de um autor, todos responderão solidariamente pela reparação.
Parágrafo único. São solidariamente responsáveis com os autores os co-autores e as pessoas designadas no art. 932.

◊ Art. 393, CC (Fortuito e força maior como excludentes da responsabilidade civil):
Art. 393. O devedor não responde pelos prejuízos resultantes de caso fortuito ou força maior, se expressamente não se houver por eles responsabilizado.
Parágrafo único. O caso fortuito ou de força maior verifica-se no fato necessário, cujos efeitos não era possível evitar ou impedir.

◊ Arts. 441 e 442, CC (Vícios redibitórios civis):

Art. 441. A coisa recebida em virtude de contrato comutativo pode ser enjeitada por vícios ou defeitos ocultos, que a tornem imprópria ao uso a que é destinada, ou lhe diminuam o valor.
Parágrafo único. É aplicável a disposição deste artigo às doações onerosas.
Art. 442. Em vez de rejeitar a coisa, redibindo o contrato (art. 441), pode o adquirente reclamar abatimento no preço.

- Art. 927, parágrafo único, CC (Responsabilidade civil objetiva):
  Art. 927. ....
  Parágrafo único. Haverá obrigação de reparar o dano, independentemente de culpa, nos casos especificados em lei, ou quando a atividade normalmente desenvolvida pelo autor do dano implicar, por sua natureza, risco para os direitos de outrem.

- Art. 945, CC (Culpa concorrente da vítima):
  Art. 945. Se a vítima tiver concorrido culposamente para o evento danoso, a sua indenização será fixada tendo-se em conta a gravidade de sua culpa em confronto com a do autor do dano.

- Art. 275, CP (Crime de inculcar a existência de substância não contida ou contida em quantidade menor que a mencionada):
  Art. 275 - Inculcar, em invólucro ou recipiente de produtos alimentícios, terapêuticos ou medicinais, a existência de substância que não se encontra em seu conteúdo ou que nele existe em quantidade menor que a mencionada:
  Pena - reclusão, de 1 (um) a 5 (cinco) anos, e multa.

- SÚMULA N° 161 DO SUPREMO TRIBUNAL FEDERAL:
  Em contrato de transporte, é inoperante a cláusula de não indenizar.

- SÚMULA N° 187 DO SUPREMO TRIBUNAL FEDERAL:
  A responsabilidade contratual do transportador, pelo acidente com o passageiro, não é elidida por culpa de terceiro, contra o qual tem ação regressiva.

- Jurisprudência selecionada:
  STJ: REsp 299611/MA, 4ª T., j. 7.2.2002; REsp 196031/MG, 3ª T., j. 24.4.2001; REsp 286177/SP, 3ª T., j. 8.5.2001; REsp 229814/SP, 4ª T., j. 15.4.2004; REsp 475261/MT, 4ª T., j. 20.5.2003; REsp 175568/RS, 4ª T., j. 18.2.1999; REsp 287849/SP, 4ª T., j. 17.4.2001; REsp 434717/RJ, 4ª T., j. 10.9.2002; REsp 575486/RJ, 4ª T., j. 3.2.2004. TJRS: Ap 59807986, 8ª Câm., j. 18.5.2000; Ap 599428976, 2ª Câm., j. 17.11.1999; AI 70000527887, j. 27.1.2000; Ap 70000857821, 9ª Câm., j. 26.9.2001; Ap 598198828, 6ª Câm., j. 16.12.1998; Ap 70000486860, 6ª Câm., j. 25.4.2001; Ap 195177415, 3ª Câm., j. 30.4.1996; Ap 70003005865, 6ª Câm., j. 10.10.2001; Ap 70006078000, j. 17.11.2004; Ap 70000276345, 2ª Câm., j. 31.10.2001; Ap 70000490128, 12ª Câm., j. 14.9.2000. TJSP: Ap 1968-4/9, 7ª Câm., j. 6.8.1997, RT 746/218. 1° TACivSP: Ap 755263-6, 11ª Câm., j. 23.11.1998, RT 765/224. Repositório: RJEsp 10/89.

Art. 21. No fornecimento de serviços que tenham por objetivo a reparação de qualquer produto considerar-se-á implícita a obrigação do fornecedor de empregar componentes de reposição originais adequados e novos, ou que mantenham as especificações técnicas do fabricante, salvo, quanto a estes últimos, autorização em contrário do consumidor.

- Art. 3º, § 2º, CDC (Conceito legal de serviço):
Art. 3º ....
....
§ 2º Serviço é qualquer atividade fornecida no mercado de consumo, mediante remuneração, inclusive as de natureza bancária, financeira, de crédito e securitária, salvo as decorrentes das relações de caráter trabalhista.
- Art. 32, CDC (Obrigação de manter a oferta de componentes e peças enquanto forem produzidas ou importado o produto):
Art. 32. Os fabricantes e importadores deverão assegurar a oferta de componentes e peças de reposição enquanto não cessar a fabricação ou importação do produto.
Parágrafo único. Cessadas a produção ou importação, a oferta deverá ser mantida por período razoável de tempo, na forma da lei.
- Art. 39, I, CDC (Proibição da "venda casada" e da imposição de limites quantitativos):
Art. 39. É vedado ao fornecedor de produtos ou serviços, dentre outras práticas abusivas:
I - condicionar o fornecimento de produto ou de serviço ao fornecimento de outro produto ou serviço, bem como, sem justa causa, a limites quantitativos;
- Arts., 39, VI, e 40, caput, CDC (Obrigação de orçar previamente todos os materiais e equipamentos a serem empregados no serviço):
Art. 39. É vedado ao fornecedor de produtos ou serviços, dentre outras práticas abusivas:
....
VI - executar serviços sem a prévia elaboração de orçamento e autorização expressa do consumidor, ressalvadas as decorrentes de práticas anteriores entre as partes;
Art. 40. O fornecedor de serviço será obrigado a entregar ao consumidor orçamento prévio discriminando o valor da mão-de-obra, dos materiais e equipamentos a serem empregados, as condições de pagamento, bem como as datas de início e término dos serviços.
- Art. 70, CDC (Crime de emprego de componente usado na reparação de produtos):
Art. 70. Empregar na reparação de produtos, peça ou componentes de reposição usados, sem autorização do consumidor:
Pena Detenção de três meses a um ano e multa.

- Art. 84, caput, CDC (Tutela específica da obrigação de fazer):
  Art. 84. Na ação que tenha por objeto o cumprimento da obrigação de fazer ou não fazer, o juiz concederá a tutela específica da obrigação ou determinará providências que assegurem o resultado prático equivalente ao do adimplemento.
- Jurisprudência selecionada:
  STJ: REsp 218470, 4ª T., j. 27.3.2001. TJRS: Ap 70004230173, 9ª Câm., j. 26.6.2002; Ap 596147819, 8ª Câm., j. 7.11.1996; Ap 596141819, j. 30.5.1997; Ap 196060099, 5ª Câm., j. 26.9.1996. 1º TACivSP: Ap 1015451, 7ª Câm., j. 27.11.2001. Repositório: IOB 3/10697.

Art. 22. Os órgãos públicos, por si ou suas empresas, concessionárias, permissionárias ou sob qualquer outra forma de empreendimento, são obrigados a fornecer serviços adequados, eficientes, seguros e, quanto aos essenciais, contínuos.

Parágrafo único. Nos casos de descumprimento, total ou parcial, das obrigações referidas neste artigo, serão as pessoas jurídicas compelidas a cumpri-las e a reparar os danos causados, na forma prevista neste código.

- Art. 37, § 3º, I, CF (Direito à qualidade dos serviços públicos e ao atendimento das reclamações dos usuários):
  Art. 37. ....
  ....
  § 3º A lei disciplinará as formas de participação do usuário na administração pública direta e indireta, regulando especialmente:
  I - as reclamações relativas à prestação dos serviços públicos em geral, asseguradas a manutenção de serviços de atendimento ao usuário e a avaliação periódica, externa e interna, da qualidade dos serviços;
- Art. 37, § 6º, CF (Direito à Reparação de Danos causados por prestadoras de serviços públicos):
  Art. 37. ....
  ....
  § 6º - As pessoas jurídicas de direito público e as de direito privado prestadoras de serviços públicos responderão pelos danos que seus agentes, nessa qualidade, causarem a terceiros, assegurado o direito de regresso contra o responsável nos casos de dolo ou culpa.
- Art. 173, § 3º, CF (Regulamentação legal das relações entre empresas públicas e sociedade):
  Art. 173. Ressalvados os casos previstos nesta Constituição, a exploração direta de atividade econômica pelo Estado só será permitida quando necessária aos imperativos da segurança nacional ou a relevante interesse coletivo, conforme definidos em lei.

....
§ 3º - A lei regulamentará as relações da empresa pública com o Estado e a sociedade.
- Art. 175, parágrafo único, II, III e IV, CF (Direitos dos usuários de serviços públicos):
Art. 175. Incumbe ao Poder Público, na forma da lei, diretamente ou sob regime de concessão ou permissão, sempre através de licitação, a prestação de serviços públicos.
Parágrafo único. A lei disporá sobre:
....
II - os direitos dos usuários;
III - política tarifária;
IV - a obrigação de manter serviço adequado.
- Art. 230, § 2º, CF (Gratuidade dos transportes coletivos aos idosos):
Art. 230. ....
....
§ 2º - Aos maiores de sessenta e cinco anos é garantida a gratuidade dos transportes coletivos urbanos.
- Art. 27, EC nº 19/1998 (Elaboração da Lei de Defesa do Usuário de Serviços Públicos):
Art. 27. O Congresso Nacional, dentro de cento e vinte dias da promulgação desta Emenda, elaborará lei de defesa do usuário de serviços públicos.
- Art. 3º, caput, CDC (Pessoa jurídica pública como fornecedora de serviço de consumo):
Art. 3º Fornecedor é toda pessoa física ou jurídica, pública ou privada, nacional ou estrangeira, bem como os entes despersonalizados, que desenvolvem atividade de produção, montagem, criação, construção, transformação, importação, exportação, distribuição ou comercialização de produtos ou prestação de serviços.
- Art. 3º, § 2º, CDC (Conceito legal de serviço):
Art. 3º ....
....
§ 2º Serviço é qualquer atividade fornecida no mercado de consumo, mediante remuneração, inclusive as de natureza bancária, financeira, de crédito e securitária, salvo as decorrentes das relações de caráter trabalhista.
- Art. 4º, VII, CDC (Racionalização e melhoria dos serviços públicos como princípio da Política Nacional das Relações de Consumo):
Art. 4º ....
....
VII - racionalização e melhoria dos serviços públicos;
- Art. 6º, VI, CDC (Direito básico à efetiva reparação de danos):
Art. 6º São direitos básicos do consumidor:
....
VI - a efetiva prevenção e reparação de danos patrimoniais e morais, individuais, coletivos e difusos;

- Art. 6º, X, CDC (Direito básico à adequada e eficaz prestação dos serviços públicos):
Art. 6º São direitos básicos do consumidor:
....
X - a adequada e eficaz prestação dos serviços públicos em geral.
- Art. 42, caput, CDC (Vedação a constrangimento ou ameaça na cobrança de dívidas):
Art. 42. Na cobrança de débitos, o consumidor inadimplente não será exposto a ridículo, nem será submetido a qualquer tipo de constrangimento ou ameaça.
- Art. 43, § 4º, CDC (Serviços de proteção ao crédito como entidades de caráter público):
Art. 43. ....
....
§ 4º Os bancos de dados e cadastros relativos a consumidores, os serviços de proteção ao crédito e congêneres são considerados entidades de caráter público.
- Art. 59, § 1º, CDC (Cassação da concessão por violação à obrigação legal ou contratual):
Art. 59. ....
§ 1º A pena de cassação da concessão será aplicada à concessionária de serviço público, quando violar obrigação legal ou contratual.
- Art. 6º, Lei nº 8.987/1995 (Serviços Públicos Adequados):
Art. 6º Toda concessão ou permissão pressupõe a prestação de serviço adequado ao pleno atendimento dos usuários, conforme estabelecido nesta Lei, nas normas pertinentes e no respectivo contrato.
§ 1º Serviço adequado é o que satisfaz as condições de regularidade, continuidade, eficiência, segurança, atualidade, generalidade, cortesia na sua prestação e modicidade das tarifas.
§ 2º A atualidade compreende a modernidade das técnicas, do equipamento e das instalações e a sua conservação, bem como a melhoria e expansão do serviço.
§ 3º Não se caracteriza como descontinuidade do serviço a sua interrupção em situação de emergência ou após prévio aviso, quando:
I - motivada por razões de ordem técnica ou de segurança das instalações; e,
II - por inadimplemento do usuário, considerado o interesse da coletividade.
- Lei Estadual-RS nº 11.075/1998 (Código Estadual de Qualidade nos Serviços Públicos).
- Lei Estadual-SP nº 10.294/1999 (Lei de Proteção e Defesa do Usuário de Serviços Públicos).
- Lei Estadual-GO nº 14.249/2002 (Indicadores de Desempenho relativos à Qualidade dos Serviços Públicos no Estado de Goiás).
- Lei Estadual-PE nº 12.452/2003 (Lei de Proteção e Defesa do Usuário dos Serviços Públicos Prestados pelo Estado).
- Lei do Município de São Paulo/SP nº 14.029/2005 (Normas de Proteção e Defesa do Usuário dos Serviços Públicos Prestados pelo Município).

◌ Jurisprudência selecionada:
STF: ADC 9-6/DF, Pleno, j. 13.12.2001. STJ: RMS 8915/MA, 1ª T., j. 12.5.1998; REsp 442814/RS, 1ª T., j. 3.9.2002; REsp 430812/MG, 1ª T., j. 6.8.2002; REsp 353796/MA, 1ª T., j. 11.12.2001; REsp 363943/MG, 1ª S., j. 10.12.2003; REsp 419252/RJ, 4ª T., j. 5.9.2002; AgRg em REsp 298017/MG, 1ª T., j. 3.4.2001; REsp 265177/RJ, j. 16.11.2000; REsp 223778/RJ, j. 7.12.1999; Ag em AI 248297/SE, j. 15.8.2000; REsp 209652/ES, j. 19.10.1999; REsp 201112/SC, 1ª T., j. 20.4.1999; REsp 122812/ES, j. 5.12.2000; REsp 263229/SP, j. 14.11.2000. TJRS: AI 70003236957, 13ª Câm., j. 21.3.2002; EI 70000271338, 1º Gr. de Câm., j. 17.3.2000; AI 599126760, 19ª Câm., j. 17.9.1999; Ap 70003566817, 19ª Câm., j. 19.11.2002; AI 70005378633, 5ª Câm., j. 12.12.2002. TAMG: Ap 254187-7, 3ª Câm., DJ 23.9.1998. Repositório: BolAASP 2164/289-e; RDC 30/135.

Art. 23. A ignorância do fornecedor sobre os vícios de qualidade por inadequação dos produtos e serviços não o exime de responsabilidade.

◌ Art. 3º, §§ 1º e 2º, CDC (Conceito legal de produto e serviço):
Art. 3º ....
§ 1º Produto é qualquer bem, móvel ou imóvel, material ou imaterial.
§ 2º Serviço é qualquer atividade fornecida no mercado de consumo, mediante remuneração, inclusive as de natureza bancária, financeira, de crédito e securitária, salvo as decorrentes das relações de caráter trabalhista.
◌ Art. 4º, I, CDC (Reconhecimento da vulnerabilidade do consumidor):
Art. 4º A Política Nacional das Relações de Consumo tem por objetivo o atendimento das necessidades dos consumidores, o respeito à sua dignidade, saúde e segurança, a proteção de seus interesses econômicos, a melhoria da sua qualidade de vida, bem como a transparência e harmonia das relações de consumo, atendidos os seguintes princípios:
I - reconhecimento da vulnerabilidade do consumidor no mercado de consumo;
◌ Art. 6º, VI, CDC (Direito básico à efetiva reparação de danos):
Art. 6º São direitos básicos do consumidor:
....
VI - a efetiva prevenção e reparação de danos patrimoniais e morais, individuais, coletivos e difusos;
◌ Art. 6º, VIII, CDC (Ônus da prova):
Art. 6º São direitos básicos do consumidor:
....
VIII - a facilitação da defesa de seus direitos, inclusive com a inversão do ônus da prova, a seu favor, no processo civil, quando, a critério do juiz, for verossímil a alegação ou quando for ele hipossuficiente, segundo as regras ordinárias de experiências;

- Arts. 7º, parágrafo único, e 25, §§ 1º e 2º, CDC (Solidariedade para reparação de danos ao consumidor):
Art. 7º ....
Parágrafo único. Tendo mais de um autor a ofensa, todos responderão solidariamente pela reparação dos danos previstos nas normas de consumo.

....

Art. 25. ....
§ 1º Havendo mais de um responsável pela causação do dano, todos responderão solidariamente pela reparação prevista nesta e nas seções anteriores.
§ 2º Sendo o dano causado por componente ou peça incorporada ao produto ou serviço, são responsáveis solidários seu fabricante, construtor ou importador e o que realizou a incorporação.

- Arts. 13, parágrafo único, e 88, CDC (Direito de Regresso e vedação à denunciação da lide):
Art. 13. ....
Parágrafo único. Aquele que efetivar o pagamento ao prejudicado poderá exercer o direito de regresso contra os demais responsáveis, segundo sua participação na causação do evento danoso.

....

Art. 88. Na hipótese do art. 13, parágrafo único deste código, a ação de regresso poderá ser ajuizada em processo autônomo, facultada a possibilidade de prosseguir-se nos mesmos autos, vedada a denunciação da lide.

- Art. 18, § 6º, CDC (Produtos impróprios ao uso e consumo):
Art. 18. ....

....

§ 6º São impróprios ao uso e consumo:
I - os produtos cujos prazos de validade estejam vencidos;
II - os produtos deteriorados, alterados, adulterados, avariados, falsificados, corrompidos, fraudados, nocivos à vida ou à saúde, perigosos ou, ainda, aqueles em desacordo com as normas regulamentares de fabricação, distribuição ou apresentação;
III - os produtos que, por qualquer motivo, se revelem inadequados ao fim a que se destinam.

- Arts. 25, caput, e 51, I, CDC (Vedação à cláusula de "não-indenizar"):
Art. 25. É vedada a estipulação contratual de cláusula que impossibilite, exonere ou atenue a obrigação de indenizar prevista nesta e nas seções anteriores.

....

Art. 51. São nulas de pleno direito, entre outras, as cláusulas contratuais relativas ao fornecimento de produtos e serviços que:
I - impossibilitem, exonerem ou atenuem a responsabilidade do fornecedor por vícios de qualquer natureza dos produtos e serviços ou impliquem renúncia ou disposição de direitos. Nas relações de consumo entre o fornecedor e o consumidor pessoa jurídica, a indenização poderá ser limitada, em situações justificáveis;

- Art. 28, § 3º, CDC (Solidariedade das sociedades consorciadas):
Art. 28. ....
....
§ 3º As sociedades consorciadas são solidariamente responsáveis pelas obrigações decorrentes deste código.
- Art. 34, CDC (Responsabilidade solidária por atos de prepostos e autônomos):
Art. 34. O fornecedor do produto ou serviço é solidariamente responsável pelos atos de seus prepostos ou representantes autônomos.
- Arts. 264, 265, 275 e 942, CC (Solidariedade civil):
Art. 264. Há solidariedade, quando na mesma obrigação concorre mais de um credor, ou mais de um devedor, cada um com direito, ou obrigado, à dívida toda.
Art. 265. A solidariedade não se presume; resulta da lei ou da vontade das partes.
....
Art. 275. O credor tem direito a exigir e receber de um ou de alguns dos devedores, parcial ou totalmente, a dívida comum; se o pagamento tiver sido parcial, todos os demais devedores continuam obrigados solidariamente pelo resto.
Parágrafo único. Não importará renúncia da solidariedade a propositura de ação pelo credor contra um ou alguns dos devedores.
....
Art. 942. Os bens do responsável pela ofensa ou violação do direito de outrem ficam sujeitos à reparação do dano causado; e, se a ofensa tiver mais de um autor, todos responderão solidariamente pela reparação.
Parágrafo único. São solidariamente responsáveis com os autores os co-autores e as pessoas designadas no art. 932.
- Art. 393, CC (Fortuito e força maior como excludentes da responsabilidade civil):
Art. 393. O devedor não responde pelos prejuízos resultantes de caso fortuito ou força maior, se expressamente não se houver por eles responsabilizado.
Parágrafo único. O caso fortuito ou de força maior verifica-se no fato necessário, cujos efeitos não era possível evitar ou impedir.
- Art. 927, parágrafo único, CC (Responsabilidade civil objetiva):
Art. 927. ....
Parágrafo único. Haverá obrigação de reparar o dano, independentemente de culpa, nos casos especificados em lei, ou quando a atividade normalmente desenvolvida pelo autor do dano implicar, por sua natureza, risco para os direitos de outrem.
- Art. 945, CC (Culpa concorrente da vítima):
Art. 945. Se a vítima tiver concorrido culposamente para o evento danoso, a sua indenização será fixada tendo-se em conta a gravidade de sua culpa em confronto com a do autor do dano.
- Jurisprudência selecionada:
TJRS: Ap 599494358, 2ª Câm., j. 21.12.1999; Ap 196028740, 8ª Câm., j. 23.4.1996; Ap 599007002, 2ª Câm., j. 11.5.1999; Ap 597064633, j. 12.6.1997. Repositório: RJTJRS 164/270; RT 768/407.

Art. 24. A garantia legal de adequação do produto ou serviço independe de termo expresso, vedada a exoneração contratual do fornecedor.

- Art. 3º, §§ 1º e 2º, CDC (Conceito legal de produto e serviço):
  Art. 3º ....
  § 1º Produto é qualquer bem, móvel ou imóvel, material ou imaterial.
  § 2º Serviço é qualquer atividade fornecida no mercado de consumo, mediante remuneração, inclusive as de natureza bancária, financeira, de crédito e securitária, salvo as decorrentes das relações de caráter trabalhista.
- Arts. 25, caput, e 51, I, CDC (Vedação à cláusula de "não-indenizar"):
  Art. 25. É vedada a estipulação contratual de cláusula que impossibilite, exonere ou atenue a obrigação de indenizar prevista nesta e nas seções anteriores.
  ....
  Art. 51. São nulas de pleno direito, entre outras, as cláusulas contratuais relativas ao fornecimento de produtos e serviços que:
  I - impossibilitem, exonerem ou atenuem a responsabilidade do fornecedor por vícios de qualquer natureza dos produtos e serviços ou impliquem renúncia ou disposição de direitos. Nas relações de consumo entre o fornecedor e o consumidor pessoa jurídica, a indenização poderá ser limitada, em situações justificáveis;
- Art. 31, caput, CDC (Informações sobre garantia na oferta):
  Art. 31. A oferta e apresentação de produtos ou serviços deve assegurar informações corretas, claras, precisas, ostensivas e em língua portuguesa sobre suas características, qualidades, quantidade, composição, preço, garantia, prazos de validade e origem, entre outros dados, bem como sobre os riscos que apresentam à saúde e segurança dos consumidores.
- Art. 50, CDC (Complementaridade da garantia contratual à legal):
  Art. 50. A garantia contratual é complementar à legal e será conferida mediante termo escrito.
  Parágrafo único. O termo de garantia ou equivalente deve ser padronizado e esclarecer, de maneira adequada em que consiste a mesma garantia, bem como a forma, o prazo e o lugar em que pode ser exercitada e os ônus a cargo do consumidor, devendo ser-lhe entregue, devidamente preenchido pelo fornecedor, no ato do fornecimento, acompanhado de manual de instrução, de instalação e uso do produto em linguagem didática, com ilustrações.
- Art. 66, CDC (Crime de falsear, enganar ou omitir informação sobre garantia):
  Art. 66. Fazer afirmação falsa ou enganosa, ou omitir informação relevante sobre a natureza, característica, qualidade, quantidade, segurança, desempenho, durabilidade, preço ou garantia de produtos ou serviços:
  Pena - Detenção de três meses a um ano e multa.

- Art. 74, CDC (Crime de omissão de entrega de garantia adequadamente preenchida):
  Art. 74. Deixar de entregar ao consumidor o termo de garantia adequadamente preenchido e com especificação clara de seu conteúdo;
  Pena Detenção de um a seis meses ou multa.
- Art. 107, caput, CDC (Regulação de garantia por Convenção de Consumo):
  Art. 107. As entidades civis de consumidores e as associações de fornecedores ou sindicatos de categoria econômica podem regular, por convenção escrita, relações de consumo que tenham por objeto estabelecer condições relativas ao preço, à qualidade, à quantidade, à garantia e características de produtos e serviços, bem como à reclamação e composição do conflito de consumo.
- Art. 393, CC (Fortuito e força maior como excludentes da responsabilidade civil):
  Art. 393. O devedor não responde pelos prejuízos resultantes de caso fortuito ou força maior, se expressamente não se houver por eles responsabilizado.
  Parágrafo único. O caso fortuito ou de força maior verifica-se no fato necessário, cujos efeitos não era possível evitar ou impedir.
- Jurisprudência selecionada:
  TJSP: Ap 047328-4/5, 3ª Câm., j. 30.6.1998, RT 758/203. TJRS: Ap 70002393593, j. 5.12.2001; Ap 70002393593, 16ª Câm., j. 5.12.2001. TJRJ: Ap 2071/95, 3ª Câm., j. 3.9.1996, RDC 29/121. Repositório: JTA-CivSP 145/109.

Art. 25. É vedada a estipulação contratual de cláusula que impossibilite, exonere ou atenue a obrigação de indenizar prevista nesta e nas seções anteriores.

§ 1º Havendo mais de um responsável pela causação do dano, todos responderão solidariamente pela reparação prevista nesta e nas seções anteriores.

§ 2º Sendo o dano causado por componente ou peça incorporada ao produto ou serviço, são responsáveis solidários seu fabricante, construtor ou importador e o que realizou a incorporação.

- Art. 6º, VI, CDC (Direito básico à efetiva reparação de danos):
  Art. 6º São direitos básicos do consumidor:
  ....
  VI - a efetiva prevenção e reparação de danos patrimoniais e morais, individuais, coletivos e difusos;
- Art. 7º, parágrafo único, CDC (Solidariedade para reparação de danos ao consumidor):

Art. 7º ....
Parágrafo único. Tendo mais de um autor a ofensa, todos responderão solidariamente pela reparação dos danos previstos nas normas de consumo.

ca Arts. 13, parágrafo único, e 88, CDC (Direito de Regresso e vedação à denunciação da lide):
Art. 13. ....
Parágrafo único. Aquele que efetivar o pagamento ao prejudicado poderá exercer o direito de regresso contra os demais responsáveis, segundo sua participação na causação do evento danoso.
....
Art. 88. Na hipótese do art. 13, parágrafo único deste código, a ação de regresso poderá ser ajuizada em processo autônomo, facultada a possibilidade de prosseguir-se nos mesmos autos, vedada a denunciação da lide.

ca Art. 51, I, CDC (Vedação à cláusula de "não-indenizar"):
Art. 51. São nulas de pleno direito, entre outras, as cláusulas contratuais relativas ao fornecimento de produtos e serviços que:
I - impossibilitem, exonerem ou atenuem a responsabilidade do fornecedor por vícios de qualquer natureza dos produtos e serviços ou impliquem renúncia ou disposição de direitos. Nas relações de consumo entre o fornecedor e o consumidor pessoa jurídica, a indenização poderá ser limitada, em situações justificáveis;

ca Art. 28, § 3º, CDC (Solidariedade das sociedades consorciadas):
Art. 28. ....
....
§ 3º As sociedades consorciadas são solidariamente responsáveis pelas obrigações decorrentes deste código.

ca Art. 32, CDC (Obrigação de manter a oferta de componentes e peças enquanto forem produzidas ou importado o produto):
Art. 32. Os fabricantes e importadores deverão assegurar a oferta de componentes e peças de reposição enquanto não cessar a fabricação ou importação do produto.
Parágrafo único. Cessadas a produção ou importação, a oferta deverá ser mantida por período razoável de tempo, na forma da lei.

ca Art. 34, CDC (Responsabilidade solidária por atos de prepostos e autônomos):
Art. 34. O fornecedor do produto ou serviço é solidariamente responsável pelos atos de seus prepostos ou representantes autônomos.

ca Art. 47, CDC (Interpretação de cláusulas contratuais em favor do consumidor):
Art. 47. As cláusulas contratuais serão interpretadas de maneira mais favorável ao consumidor.

- Art. 70, CDC (Crime de emprego de componente usado na reparação de produtos):
Art. 70. Empregar na reparação de produtos, peça ou componentes de reposição usados, sem autorização do consumidor:
Pena Detenção de três meses a um ano e multa.
- Art. 166, VI, CC (Nulidade de negócio jurídico que objetiva fraudar lei imperativa):
Art. 166. É nulo o negócio jurídico quando:
....
VI - tiver por objetivo fraudar lei imperativa;
- Arts. 264, 265, 275 e 942, CC (Solidariedade civil):
Art. 264. Há solidariedade, quando na mesma obrigação concorre mais de um credor, ou mais de um devedor, cada um com direito, ou obrigado, à dívida toda.
Art. 265. A solidariedade não se presume; resulta da lei ou da vontade das partes.
....
Art. 275. O credor tem direito a exigir e receber de um ou de alguns dos devedores, parcial ou totalmente, a dívida comum; se o pagamento tiver sido parcial, todos os demais devedores continuam obrigados solidariamente pelo resto.
Parágrafo único. Não importará renúncia da solidariedade a propositura de ação pelo credor contra um ou alguns dos devedores.
....
Art. 942. Os bens do responsável pela ofensa ou violação do direito de outrem ficam sujeitos à reparação do dano causado; e, se a ofensa tiver mais de um autor, todos responderão solidariamente pela reparação.
Parágrafo único. São solidariamente responsáveis com os autores os co-autores e as pessoas designadas no art. 932.
- Art. 393, CC (Fortuito e força maior como excludentes da responsabilidade civil):
Art. 393. O devedor não responde pelos prejuízos resultantes de caso fortuito ou força maior, se expressamente não se houver por eles responsabilizado.
Parágrafo único. O caso fortuito ou de força maior verifica-se no fato necessário, cujos efeitos não era possível evitar ou impedir.
- Art. 734, CC (Nulidade de cláusula de "não-indenizar" em contrato de transporte):
Art. 734. O transportador responde pelos danos causados às pessoas transportadas e suas bagagens, salvo motivo de força maior, sendo nula qualquer cláusula excludente da responsabilidade.
- Art. 927, parágrafo único, CC (Responsabilidade civil objetiva):
Art. 927. ....
Parágrafo único. Haverá obrigação de reparar o dano, independentemente de culpa, nos casos especificados em lei, ou quando a atividade normalmente

desenvolvida pelo autor do dano implicar, por sua natureza, risco para os direitos de outrem.

๛ Art. 931, CC (Responsabilidade civil objetiva por danos causados pelos produtos postos em circulação):
Art. 931. Ressalvados outros casos previstos em lei especial, os empresários individuais e as empresas respondem independentemente de culpa pelos danos causados pelos produtos postos em circulação.

๛ Art. 945, CC (Culpa concorrente da vítima):
Art. 945. Se a vítima tiver concorrido culposamente para o evento danoso, a sua indenização será fixada tendo-se em conta a gravidade de sua culpa em confronto com a do autor do dano.

๛ SÚMULA Nº 161 DO SUPREMO TRIBUNAL FEDERAL:
Em contrato de transporte, é inoperante a cláusula de não indenizar.

๛ Jurisprudência selecionada:
STJ: REsp 158728/RJ, 3ª T., j. 16.3.1999. TJRS: El 591017603, 3º Gr. de Câm., j. 3.5.1991. TJRJ: Ap 2071/95, 3ª Câm., j. 3.9.1996, RDC 29/121.

SEÇÃO IV
Da Decadência e da Prescrição

Art. 26. O direito de reclamar pelos vícios aparentes ou de fácil constatação caduca em:

I - trinta dias, tratando-se de fornecimento de serviço e de produtos não duráveis;

II - noventa dias, tratando-se de fornecimento de serviço e de produtos duráveis.

§ 1º Inicia-se a contagem do prazo decadencial a partir da entrega efetiva do produto ou do término da execução dos serviços.

§ 2º Obstam a decadência:

I - a reclamação comprovadamente formulada pelo consumidor perante o fornecedor de produtos e serviços até a resposta negativa correspondente, que deve ser transmitida de forma inequívoca;

II - (Vetado).

III - a instauração de inquérito civil, até seu encerramento.

§ 3º Tratando-se de vício oculto, o prazo decadencial inicia-se no momento em que ficar evidenciado o defeito.

๛ O inciso II vetado tinha a seguinte redação (Mensagem nº 664/1990):

II - a reclamação formalizada perante os órgãos ou entidades com atribuições de defesa do consumidor, pelo prazo de noventa dias. [8]

୯୫ Art. 178, CC (Prazo de decadência para anulação de negócio jurídico):
Art. 178. É de quatro anos o prazo de decadência para pleitear-se a anulação do negócio jurídico, contado:
I - no caso de coação, do dia em que ela cessar;
II - no de erro, dolo, fraude contra credores, estado de perigo ou lesão, do dia em que se realizou o negócio jurídico;
III - no de atos de incapazes, do dia em que cessar a incapacidade.

୯୫ Arts. 207 a 211, CC (Disposições gerais sobre decadência civil):
Art. 207. Salvo disposição legal em contrário, não se aplicam à decadência as normas que impedem, suspendem ou interrompem a prescrição.
Art. 208. Aplica-se à decadência o disposto nos arts. 195 e 198, inciso I.
Art. 209. É nula a renúncia à decadência fixada em lei.
Art. 210. Deve o juiz, de ofício, conhecer da decadência, quando estabelecida por lei.
Art. 211. Se a decadência for convencional, a parte a quem aproveita pode alegá-la em qualquer grau de jurisdição, mas o juiz não pode suprir a alegação.

୯୫ Arts. 441 a 446, CC (Vícios redibitórios civis):
Art. 441. A coisa recebida em virtude de contrato comutativo pode ser enjeitada por vícios ou defeitos ocultos, que a tornem imprópria ao uso a que é destinada, ou lhe diminuam o valor.
Parágrafo único. É aplicável a disposição deste artigo às doações onerosas.
Art. 442. Em vez de rejeitar a coisa, redibindo o contrato (art. 441), pode o adquirente reclamar abatimento no preço.
Art. 443. Se o alienante conhecia o vício ou defeito da coisa, restituirá o que recebeu com perdas e danos; se o não conhecia, tão-somente restituirá o valor recebido, mais as despesas do contrato.
Art. 444. A responsabilidade do alienante subsiste ainda que a coisa pereça em poder do alienatário, se perecer por vício oculto, já existente ao tempo da tradição.
Art. 445. O adquirente decai do direito de obter a redibição ou abatimento no preço no prazo de trinta dias se a coisa for móvel, e de um ano se for imóvel, contado da entrega efetiva; se já estava na posse, o prazo conta-se da alienação, reduzido à metade.
§ 1º Quando o vício, por sua natureza, só puder ser conhecido mais tarde, o prazo contar-se-á do momento em que dele tiver ciência, até o prazo máximo de cento e oitenta dias, em se tratando de bens móveis; e de um ano, para os imóveis.

---

8   Justificativa do veto: O dispositivo ameaça a estabilidade das relações jurídicas, pois atribui a entidade privada função reservada, por sua própria natureza, aos agentes públicos (e.g. Cod. Civil, art. 172 e Cod. Proc. Civil, art. 219, § 1º).

§ 2º Tratando-se de venda de animais, os prazos de garantia por vícios ocultos serão os estabelecidos em lei especial, ou, na falta desta, pelos usos locais, aplicando-se o disposto no parágrafo antecedente se não houver regras disciplinando a matéria.

Art. 446. Não correrão os prazos do artigo antecedente na constância de cláusula de garantia; mas o adquirente deve denunciar o defeito ao alienante nos trinta dias seguintes ao seu descobrimento, sob pena de decadência.

෴ Art. 618, CC (Direito de reclamar por defeitos em construções):
Art. 618. Nos contratos de empreitada de edifícios ou outras construções consideráveis, o empreiteiro de materiais e execução responderá, durante o prazo irredutível de cinco anos, pela solidez e segurança do trabalho, assim em razão dos materiais, como do solo.
Parágrafo único. Decairá do direito assegurado neste artigo o dono da obra que não propuser a ação contra o empreiteiro, nos cento e oitenta dias seguintes ao aparecimento do vício ou defeito.

෴ SÚMULA Nº 106 DO SUPERIOR TRIBUNAL DE JUSTIÇA:
Proposta a ação no prazo fixado para o seu exercício, a demora na citação, por motivos inerentes ao mecanismo da Justiça, não justifica o acolhimento da argüição de prescrição ou decadência.

෴ Jurisprudência selecionada:
STJ: REsp 278893/DF, 3ª T., j. 13.8.2002; REsp 174112/RJ, 3ª T., j. 19.8.1999; REsp 114473, 4ª T., j. 24.3.1997; REsp 242192/MA, 4ª T., j. 2.3.2000; REsp 511558/MS, 4ª T., j. 13.4.2004; REsp 174122/RJ, 3ª T., j. 19.8.1999; REsp 278893/DF, 3ª T., j. 13.8.2002. TJRS: Ap 700006641484, 18ª Câm., j. 25.9.2003; Ap 599487733, 2ª Câm., j. 26.10.2000; Ap 700002393593, 16ª Câm., j. 5.12.2001; Ap 597067750, 9ª Câm., j. 11.9.2002; Ap 70002556660, 9ª Câm., j. 27.11.2002. TJSP: Ap 860144-8/SP, 4ª Câm., j. 2.9.1999, RDPriv 2/220. TJDF: Ap 45778/1997, 5ª T., j. 5.11.1998, RT 769/312. TJPR: Ap 23259, 2ª Câm., j. 3.9.2003. 1ºTACivSP: Ap 1015451-1, 7ª Câm., j. 27.11.2001; Ap 812848-7, j. 9.2.1999, RT 767/260. Repositório: RJEsp 3/73; RT 300/7; JTJ 165/55; RT 134/548; RF 116/499; RTJ 68/222.

Art. 27. Prescreve em cinco anos a pretensão à reparação pelos danos causados por fato do produto ou do serviço prevista na Seção II deste Capítulo, iniciando-se a contagem do prazo a partir do conhecimento do dano e de sua autoria.

Parágrafo único. (Vetado).

෴ O parágrafo único vetado tinha a seguinte redação (Mensagem nº 664/1990):

Parágrafo único - Interrompe-se o prazo de prescrição do direito de indenização pelo fato do produto ou serviço nas hipóteses previstas no § 1º do artigo anterior, sem prejuízo de outras disposições legais.⁹

- Art. 43, § 5º, CDC (Baixa nas informações de serviços de proteção ao crédito pela prescrição dos débitos):
Art. 43. ....
....
§ 5º Consumada a prescrição relativa à cobrança de débitos do consumidor, não serão fornecidas, pelos respectivos Sistemas de Proteção ao Crédito, quaisquer informações que possam impedir ou dificultar novo acesso ao crédito junto aos fornecedores.

- Arts. 189 a 196, CC (Disposições gerais sobre prescrição civil):
Art. 189. Violado o direito, nasce para o titular a pretensão, a qual se extingue, pela prescrição, nos prazos a que aludem os arts. 205 e 206.
Art. 190. A exceção prescreve no mesmo prazo em que a pretensão.
Art. 191. A renúncia da prescrição pode ser expressa ou tácita, e só valerá, sendo feita, sem prejuízo de terceiro, depois que a prescrição se consumar; tácita é a renúncia quando se presume de fatos do interessado, incompatíveis com a prescrição.
Art. 192. Os prazos de prescrição não podem ser alterados por acordo das partes.
Art. 193. A prescrição pode ser alegada em qualquer grau de jurisdição, pela parte a quem aproveita.
Art. 194. (Revogado pela Lei nº 11.280/2006).
Art. 195. Os relativamente incapazes e as pessoas jurídicas têm ação contra os seus assistentes ou representantes legais, que derem causa à prescrição, ou não a alegarem oportunamente.
Art. 196. A prescrição iniciada contra uma pessoa continua a correr contra o seu sucessor.

- Arts. 219, CPC (Interrupção da prescrição pela citação e pronunciamento de ofício):
Art. 219. A citação válida torna prevento o juízo, induz litispendência e faz litigiosa a coisa; e, ainda quando ordenada por juiz incompetente, constitui em mora o devedor e interrompe a prescrição.
§ 1º A interrupção da prescrição retroagirá à data da propositura da ação.
§ 2º Incumbe à parte promover a citação do réu nos 10 (dez) dias subseqüentes ao despacho que a ordenar, não ficando prejudicada pela demora imputável exclusivamente ao serviço judiciário.
§ 3º Não sendo citado o réu, o juiz prorrogará o prazo até o máximo de 90 (noventa) dias.

---

9 Justificativa do veto: Essa disposição padece de grave defeito de formulação, que impossibilita o seu entendimento, uma vez que o § 1º do art. 26 refere-se ao termo inicial dos prazos de decadência, nada dispondo sobre interrupção da prescrição.

§ 4º Não se efetuando a citação nos prazos mencionados nos parágrafos antecedentes, haver-se-á por não interrompida a prescrição.
§ 5º O juiz pronunciará, de ofício, a prescrição.

☞ SÚMULA Nº 39 DO SUPERIOR TRIBUNAL DE JUSTIÇA:
Prescreve em vinte anos a ação para haver indenização, por Responsabilidade civil, de sociedade de economia mista.

☞ SÚMULA Nº 106 DO SUPERIOR TRIBUNAL DE JUSTIÇA:
Proposta a ação no prazo fixado para o seu exercício, a demora na citação, por motivos inerentes ao mecanismo da Justiça, não justifica o acolhimento da argüição de prescrição ou decadência.

☞ SÚMULA Nº 194 DO SUPERIOR TRIBUNAL DE JUSTIÇA:
Prescreve em vinte anos a ação para obter, do construtor, indenização por defeitos da obra.

☞ SÚMULA Nº 150 DO SUPREMO TRIBUNAL FEDERAL:
Prescreve a execução no mesmo prazo de prescrição da ação.

☞ Jurisprudência selecionada:
STJ: REsp 280473/RJ, 4ª T., j. 6.3.2001, RT 800/236; REsp 226286/RJ, 3ª T., j. 29.3.2001. 2ºTACivSP: Ap 614346-0/9, 10ª Câm., j. 12.12.2001.

SEÇÃO V
Da Desconsideração da Personalidade Jurídica

Art. 28. O juiz poderá desconsiderar a personalidade jurídica da sociedade quando, em detrimento do consumidor, houver abuso de direito, excesso de poder, infração da lei, fato ou ato ilícito ou violação dos estatutos ou contrato social. A desconsideração também será efetivada quando houver falência, estado de insolvência, encerramento ou inatividade da pessoa jurídica provocados por má administração.

§ 1º (Vetado).

§ 2º As sociedades integrantes dos grupos societários e as sociedades controladas, são subsidiariamente responsáveis pelas obrigações decorrentes deste código.

§ 3º As sociedades consorciadas são solidariamente responsáveis pelas obrigações decorrentes deste código.

§ 4º As sociedades coligadas só responderão por culpa.

§ 5º Também poderá ser desconsiderada a pessoa jurídica sempre que sua personalidade for, de alguma forma, obstáculo ao ressarcimento de prejuízos causados aos consumidores.

- O art. § 1º vetado tinha a seguinte redação (Mensagem nº 664/1990):
  § 1º - A pedido da parte interessada, o juiz determinará que a efetivação da responsabilidade da pessoa jurídica recaia sobre o acionista controlador, o sócio majoritário, os sócios-gerentes, os administradores societários e, no caso de grupo societário, as sociedades que a integram.[10]
- Art. 6º, VI, CDC (Direito básico à efetiva reparação de danos):
  Art. 6º..
  ....
  VI - a efetiva prevenção e reparação de danos patrimoniais e morais, individuais, coletivos e difusos;
- Arts. 7º, parágrafo único, e 25, § 1º, CDC (Solidariedade para reparação de danos ao consumidor):
  Art. 7º..
  Parágrafo único. Tendo mais de um autor a ofensa, todos responderão solidariamente pela reparação dos danos previstos nas normas de consumo.
  Art. 25..
  § 1º Havendo mais de um responsável pela causação do dano, todos responderão solidariamente pela reparação prevista nesta e nas seções anteriores.
- Arts. 13, parágrafo único, e 88, CDC (Direito de Regresso e vedação à denunciação da lide):
  Art. 13..
  Parágrafo único. Aquele que efetivar o pagamento ao prejudicado poderá exercer o direito de regresso contra os demais responsáveis, segundo sua participação na causação do evento danoso.
  ....
  Art. 88. Na hipótese do art. 13, parágrafo único deste código, a ação de regresso poderá ser ajuizada em processo autônomo, facultada a possibilidade de prosseguir-se nos mesmos autos, vedada a denunciação da lide.
- Art. 34, CDC (Responsabilidade solidária por atos de prepostos e autônomos):
  Art. 34. O fornecedor do produto ou serviço é solidariamente responsável pelos atos de seus prepostos ou representantes autônomos.
- Art. 50, CC (Desconsideração da personalidade jurídica no Código Civil):
  Art. 50. Em caso de abuso da personalidade jurídica, caracterizado pelo desvio de finalidade, ou pela confusão patrimonial, pode o juiz decidir, a requerimento da parte, ou do Ministério Público quando lhe couber intervir no processo, que os efeitos de certas e determinadas relações de obrigações sejam estendidos aos bens particulares dos administradores ou sócios da pessoa jurídica.

---

10 Justificativa do veto: O caput do art. 28 já contém todos os elementos necessários à aplicação da desconsideração da personalidade jurídica, que constitui, conforme doutrina amplamente dominante no direito pátrio e alienígena, técnica excepcional de repressão a práticas abusivas.

- Arts. 264, 265, 275 e 942, CC (Solidariedade civil):
  Art. 264. Há solidariedade, quando na mesma obrigação concorre mais de um credor, ou mais de um devedor, cada um com direito, ou obrigado, à dívida toda.
  Art. 265. A solidariedade não se presume; resulta da lei ou da vontade das partes.

  ....
  Art. 275. O credor tem direito a exigir e receber de um ou de alguns dos devedores, parcial ou totalmente, a dívida comum; se o pagamento tiver sido parcial, todos os demais devedores continuam obrigados solidariamente pelo resto.
  Parágrafo único. Não importará renúncia da solidariedade a propositura de ação pelo credor contra um ou alguns dos devedores.

  ....
  Art. 942. Os bens do responsável pela ofensa ou violação do direito de outrem ficam sujeitos à reparação do dano causado; e, se a ofensa tiver mais de um autor, todos responderão solidariamente pela reparação.
  Parágrafo único. São solidariamente responsáveis com os autores os co-autores e as pessoas designadas no art. 932.
- Art. 985, CC (Aquisição da personalidade jurídica pela sociedade empresarial):
  Art. 985. A sociedade adquire personalidade jurídica com a inscrição, no registro próprio e na forma da lei, dos seus atos constitutivos (arts. 45 e 1.150).
- Art. 993, CC (Inexistência de personalidade jurídica da sociedade em conta de participação):
  Art. 993. O contrato social produz efeito somente entre os sócios, e a eventual inscrição de seu instrumento em qualquer registro não confere personalidade jurídica à sociedade.
- Arts. 1.097 a 1.101, CC (Sociedades coligadas e controladas no Código Civil):
  Art. 1.097. Consideram-se coligadas as sociedades que, em suas relações de capital, são controladas, filiadas, ou de simples participação, na forma dos artigos seguintes.
  Art. 1.098. É controlada:
  I - a sociedade de cujo capital outra sociedade possua a maioria dos votos nas deliberações dos quotistas ou da assembléia geral e o poder de eleger a maioria dos administradores;
  II - a sociedade cujo controle, referido no inciso antecedente, esteja em poder de outra, mediante ações ou quotas possuídas por sociedades ou sociedades por esta já controladas.
  Art. 1.099. Diz-se coligada ou filiada a sociedade de cujo capital outra sociedade participa com dez por cento ou mais, do capital da outra, sem controlá-la.
  Art. 1.100. É de simples participação a sociedade de cujo capital outra sociedade possua menos de dez por cento do capital com direito de voto.
  Art. 1.101. Salvo disposição especial de lei, a sociedade não pode participar de outra, que seja sua sócia, por montante superior, segundo o balanço, ao das próprias reservas, excluída a reserva legal.

Parágrafo único. Aprovado o balanço em que se verifique ter sido excedido esse limite, a sociedade não poderá exercer o direito de voto correspondente às ações ou quotas em excesso, as quais devem ser alienadas nos cento e oitenta dias seguintes àquela aprovação.

 ◦ Art. 243, Lei nº 6.404/76 – LSA (Sociedades coligadas e controladas na Lei das S/As):
Art. 243. O relatório anual da administração deve relacionar os investimentos da companhia em sociedades coligadas e controladas e mencionar as modificações ocorridas durante o exercício.

§ 1º São coligadas as sociedades nas quais a investidora tenha influência significativa.

§ 2º Considera-se controlada a sociedade na qual a controladora, diretamente ou através de outras controladas, é titular de direitos de sócio que lhe assegurem, de modo permanente, preponderância nas deliberações sociais e o poder de eleger a maioria dos administradores.

§ 3º A companhia aberta divulgará as informações adicionais, sobre coligadas e controladas, que forem exigidas pela Comissão de Valores Mobiliários.

§ 4º Considera-se que há influência significativa quando a investidora detém ou exerce o poder de participar nas decisões das políticas financeira ou operacional da investida, sem controlá-la.

§ 5º É presumida influência significativa quando a investidora for titular de 20% (vinte por cento) ou mais do capital votante da investida, sem controlá-la.

 ◦ Art. 278, Lei nº 6.404/76 – LSA (Sociedades consorciadas):
Art. 278. As companhias e quaisquer outras sociedades, sob o mesmo controle ou não, podem constituir consórcio para executar determinado empreendimento, observado o disposto neste Capítulo.

§ 1º O consórcio não tem personalidade jurídica e as consorciadas somente se obrigam nas condições previstas no respectivo contrato, respondendo cada uma por suas obrigações, sem presunção de solidariedade.

§ 2º A falência de uma consorciada não se estende às demais, subsistindo o consórcio com as outras contratantes; os créditos que porventura tiver a falida serão apurados e pagos na forma prevista no contrato de consórcio.

 ◦ Jurisprudência selecionada:
STJ: REsp 279273/SP, 3ª T., j. 4.12.2003; REsp 332763/SP, 3ª T., j. 30.4.2002; REsp 158051/RJ, 4ª T., j. 22.9.1998; REsp 63652/SP, 4ª T., j. 13.6.2000; REsp 252759/SP, 3ª T., j. 12.9.2000; REsp 279273/SP, 3ª T., j. 4.12.2003, RDC 54/219. TJSP: AI 110910-4/5, 3ª Câm., j. 10.8.1999, RT 770/243. TAMG: Ap 114409-4, 5ª Câm., j. 12.3.1992, RJTAMG 47. 1ºTACivSP: AI 1040007-2, 2ª Câm., j. 10.10.2001, RT 798/294. TJRJ: Ap 18191/99, 9ª Câm., j. 15.2.2000. Repositório: IOB 3/9589.

CAPÍTULO V
Das Práticas Comerciais

SEÇÃO I
Das Disposições Gerais

Art. 29. Para os fins deste Capítulo e do seguinte, equiparam-se aos consumidores todas as pessoas determináveis ou não, expostas às práticas nele previstas.

> Arts. 2º, parágrafo único, e 17, CDC (Consumidores por equiparação):
> Art. 2º ....
> Parágrafo único. Equipara-se a consumidor a coletividade de pessoas, ainda que indetermináveis, que haja intervindo nas relações de consumo.
> ....
> Art. 17. Para os efeitos desta Seção, equiparam-se aos consumidores todas as vítimas do evento.
>
> Art. 81, CDC (Defesa coletiva dos direitos dos consumidores):
> Art. 81. A defesa dos interesses e direitos dos consumidores e das vítimas poderá ser exercida em juízo individualmente, ou a título coletivo.
> Parágrafo único. A defesa coletiva será exercida quando se tratar de:
> I - interesses ou direitos difusos, assim entendidos, para efeitos deste código, os transindividuais, de natureza indivisível, de que sejam titulares pessoas indeterminadas e ligadas por circunstâncias de fato;
> II - interesses ou direitos coletivos, assim entendidos, para efeitos deste código, os transindividuais, de natureza indivisível de que seja titular grupo, categoria ou classe de pessoas ligadas entre si ou com a parte contrária por uma relação jurídica base;
> III - interesses ou direitos individuais homogêneos, assim entendidos os decorrentes de origem comum.
>
> Art. 91, CDC (Ação coletiva no interesse das vítimas do dano):
> Art. 91. Os legitimados de que trata o art. 82 poderão propor, em nome próprio e no interesse das vítimas ou seus sucessores, ação civil coletiva de responsabilidade pelos danos individualmente sofridos, de acordo com o disposto nos artigos seguintes.

† Jurisprudência selecionada:
STJ: REsp 245660/SE, 3ª T., j. 23.11.2000; REsp 476428/SC, 3ª T., j. 19.4.2005; REsp 436815/DF, 3ª T., j. 17.9.2002. TJPR: Ap 11511, 5ª Câm., j. 23.3.2004. TJRS: Ap 599492030, 1ª Câm., j. 26.9.2000.

SEÇÃO II
Da Oferta

Art. 30. Toda informação ou publicidade, suficientemente precisa, veiculada por qualquer forma ou meio de comunicação com relação a produtos e serviços oferecidos ou apresentados, obriga o fornecedor que a fizer veicular ou dela se utilizar e integra o contrato que vier a ser celebrado.

† Art. 6º, III, CDC (Direito básico à informação adequada):
Art. 6º São direitos básicos do consumidor:

....

III - a informação adequada e clara sobre os diferentes produtos e serviços, com especificação correta de quantidade, características, composição, qualidade e preço, bem como sobre os riscos que apresentem;

† Arts. 12, caput, e 14, caput, CDC (Responsabilidade do fornecedor por informações insuficientes ou inadequadas):
Art. 12. O fabricante, o produtor, o construtor, nacional ou estrangeiro, e o importador respondem, independentemente da existência de culpa, pela reparação dos danos causados aos consumidores por defeitos decorrentes de projeto, fabricação, construção, montagem, fórmulas, manipulação, apresentação ou acondicionamento de seus produtos, bem como por informações insuficientes ou inadequadas sobre sua utilização e riscos.

....

Art. 14. O fornecedor de serviços responde, independentemente da existência de culpa, pela reparação dos danos causados aos consumidores por defeitos relativos à prestação dos serviços, bem como por informações insuficientes ou inadequadas sobre sua fruição e riscos.

† Art. 38, CDC (Ônus da prova da veracidade e correção da publicidade):
Art. 38. O ônus da prova da veracidade e correção da informação ou comunicação publicitária cabe a quem as patrocina.

† Art. 46, CDC (Obrigação de dar prévio conhecimento do contrato ao consumidor):
Art. 46. Os contratos que regulam as relações de consumo não obrigarão os consumidores, senão lhes for dada a oportunidade de tomar conhecimento prévio

de seu conteúdo, ou seos respectivos instrumentos forem redigidos de modo a dificultar a compreensão de seu sentido e alcance.

- Art. 48, CDC (Vinculação do fornecedor às declarações de vontade):
Art. 48. As declarações de vontade constantes de escritos particulares, recibos e pré-contratos relativos às relações de consumo vinculam o fornecedor, ensejando inclusive execução específica, nos termos do art. 84 e parágrafos.

- Art. 54, §§ 3º e 4º, CDC (Obrigação de tornar legível e destacar cláusulas limitativas nos contratos de adesão):
Art. 54. ....

....

§ 3º Os contratos de adesão escritos serão redigidos em termos claros e com caracteres ostensivos e legíveis, cujo tamanho da fonte não será inferior ao corpo doze, de modo a facilitar sua compreensão pelo consumidor.

§ 4º As cláusulas que implicarem limitação de direito do consumidor deverão ser redigidas com destaque, permitindo sua imediata e fácil compreensão.

- Art. 84, caput, CDC (Tutela específica da obrigação de fazer):
Art. 84. Na ação que tenha por objeto o cumprimento da obrigação de fazer ou não fazer, o juiz concederá a tutela específica da obrigação ou determinará providências que assegurem o resultado prático equivalente ao do adimplemento.

- Art. 110, CC (Invalidade de reserva mental na manifestação de vontade):
Art. 110. A manifestação de vontade subsiste ainda que o seu autor haja feito a reserva mental de não querer o que manifestou, salvo se dela o destinatário tinha conhecimento.

- Art. 422, CC (Dever de probidade e boa-fé entre os contratantes):
Art. 422. Os contratantes são obrigados a guardar, assim na conclusão do contrato, como em sua execução, os princípios de probidade e boa-fé.

- Arts. 427 e 429, CC (Vinculação do proponente à proposta e à oferta):
Art. 427. A proposta de contrato obriga o proponente, se o contrário não resultar dos termos dela, da natureza do negócio, ou das circunstâncias do caso.

....

Art. 429. A oferta ao público equivale a proposta quando encerra os requisitos essenciais ao contrato, salvo se o contrário resultar das circunstâncias ou dos usos.

- Art. 5º, Lei nº 4.680/1965 (Conceito legal de propaganda):
Art. 5º Compreende-se por propaganda qualquer forma remunerada de difusão de idéias, mercadorias ou serviços, por parte de um anunciante identificado.

- Jurisprudência selecionada:
STJ: REsp 264562/SE, 3ª T., j. 12.6.2001; REsp 363939/MG, 3ª T., j. 4.6.2002, RDC 43/349; REsp 341405/DF, 3ª T., j. 3.9.2002; REsp 396943/RJ, 4ª T., j. 2.5.2002; REsp 64624/RS, 4ª T., j. 16.3.1999; REsp 119267/SP, 4ª T., j. 4.11.1999; REsp 540048/RS, j. 2.12.2003. TJRS: Ap 598435063, j. 22.12.1998; EI 599212396, 10º Gr. de Câm., j. 28.5.1999; Ap 70001658228, j. 12.4.2001; AI 598023299, 5ª Câm., j.

26.3.1998; Ap 70002435824, 17ª Câm., j. 14.8.2001; Ap 70004064218, j. 19.12.2002; AI 70001147586, j. 7.3.2001; Ap 599480191, 1ª Câm. de férias, j. 5.4.2000; AI 198027047, 16ª Câm.,, j. 24.6.1998, RT 758/343; Ap 70007096894, 16ª Câm., j. 22.10.2003. TAPR: Ap 2367171-7, 6ª Câm., j. 16.12.2003, RDC 54/272. TARS: Ap 596116764, j. 14.11.1996; EI 194193652, 3º Gr. de Câm., j. 28.4.1995. TJSC: Ap 97010120-1, 4ª Câm., j. 21.12.1998. TAMG: Ap 268552-3, 3ª Câm., j. 17.3.1999, RT 773/384. Repositório: JTJ 169/138.

Art. 31. A oferta e apresentação de produtos ou serviços devem assegurar informações corretas, claras, precisas, ostensivas e em língua portuguesa sobre suas características, qualidades, quantidade, composição, preço, garantia, prazos de validade e origem, entre outros dados, bem como sobre os riscos que apresentam à saúde e segurança dos consumidores.

Parágrafo único. As informações de que trata este artigo, nos produtos refrigerados oferecidos ao consumidor, serão gravadas de forma indelével.

ca Parágrafo único incluído pela Lei nº 11.989/2009.
ca Art. 22, XXIX, CF (Competência privativa União para legislar sobre propaganda):
Art. 22. Compete privativamente à União legislar sobre:
....
XXIX - propaganda comercial.
ca Art. 220, § 4º, CF (Restrição à propaganda de tabaco, bebidas alcoólicas, agrotóxicos, medicamentos e terapias):
Art. 220. ....
....
§ 4º - A propaganda comercial de tabaco, bebidas alcoólicas, agrotóxicos, medicamentos e terapias estará sujeita a restrições legais, nos termos do inciso II do parágrafo anterior, e conterá, sempre que necessário, advertência sobre os malefícios decorrentes de seu uso.
ca Art. 4º, III, CDC (Boa-fé como princípio da Política Nacional das Relações de Consumo):
Art. 4º A Política Nacional das Relações de Consumo tem por objetivo o atendimento das necessidades dos consumidores, o respeito à sua dignidade, saúde e segurança, a proteção de seus interesses econômicos, a melhoria da sua qualidade de vida, bem como a transparência e harmonia das relações de consumo, atendidos os seguintes princípios:
....

III - harmonização dos interesses dos participantes das relações de consumo e compatibilização da proteção do consumidor com a necessidade de desenvolvimento econômico e tecnológico, de modo a viabilizar os princípios nos quais se funda a ordem econômica (art. 170, da Constituição Federal), sempre com base na boa-fé e equilíbrio nas relações entre consumidores e fornecedores;

- Art. 6º, III, CDC (Direito básico à informação adequada):
Art. 6º São direitos básicos do consumidor:

....

III - a informação adequada e clara sobre os diferentes produtos e serviços, com especificação correta de quantidade, características, composição, qualidade e preço, bem como sobre os riscos que apresentem;

- Art. 9º, CDC (Dever do fornecedor de informar a respeito da nocividade ou periculosidade de produtos e serviços):
Art. 9º O fornecedor de produtos e serviços potencialmente nocivos ou perigosos à saúde ou segurança deverá informar, de maneira ostensiva e adequada, a respeito da sua nocividade ou periculosidade, sem prejuízo da adoção de outras medidas cabíveis em cada caso concreto.

- Art. 10, §§ 1º, 2º e 3º, CDC (Dever do fornecedor de informar a periculosidade de produtos e serviços, ainda que posteriormente à sua introdução no mercado):
Art. 10. ....
§ 1º O fornecedor de produtos e serviços que, posteriormente à sua introdução no mercado de consumo, tiver conhecimento da periculosidade que apresentem, deverá comunicar o fato imediatamente às autoridades competentes e aos consumidores, mediante anúncios publicitários.
§ 2º Os anúncios publicitários a que se refere o parágrafo anterior serão veiculados na imprensa, rádio e televisão, às expensas do fornecedor do produto ou serviço.
§ 3º Sempre que tiverem conhecimento de periculosidade de produtos ou serviços à saúde ou segurança dos consumidores, a União, os Estados, o Distrito Federal e os Municípios deverão informá-los a respeito.

- Arts. 12, caput, e 14, caput, CDC (Responsabilidade do fornecedor por informações insuficientes ou inadequadas):
Art. 12. O fabricante, o produtor, o construtor, nacional ou estrangeiro, e o importador respondem, independentemente da existência de culpa, pela reparação dos danos causados aos consumidores por defeitos decorrentes de projeto, fabricação, construção, montagem, fórmulas, manipulação, apresentação ou acondicionamento de seus produtos, bem como por informações insuficientes ou inadequadas sobre sua utilização e riscos.

....

Art. 14. O fornecedor de serviços responde, independentemente da existência de culpa, pela reparação dos danos causados aos consumidores por defeitos relativos à prestação dos serviços, bem como por informações insuficientes ou inadequadas sobre sua fruição e riscos.

- Art. 38, CDC (Ônus da prova da veracidade e correção da publicidade):
Art. 38. O ônus da prova da veracidade e correção da informação ou comunicação publicitária cabe a quem as patrocina.

- Art. 46, CDC (Obrigação de dar prévio conhecimento do contrato ao consumidor):
Art. 46. Os contratos que regulam as relações de consumo não obrigarão os consumidores, se não lhes for dada a oportunidade de tomar conhecimento prévio de seu conteúdo, ou se os respectivos instrumentos forem redigidos de modo a dificultar a compreensão de seu sentido e alcance.

- Art. 52, CDC (Dever de informação no fornecimento de produtos ou serviços que envolva outorga de crédito ou concessão de financiamento):
Art. 52. No fornecimento de produtos ou serviços que envolva outorga de crédito ou concessão de financiamento ao consumidor, o fornecedor deverá, entre outros requisitos, informá-lo prévia e adequadamente sobre:
I - preço do produto ou serviço em moeda corrente nacional;
II - montante dos juros de mora e da taxa efetiva anual de juros;
III - acréscimos legalmente previstos;
IV - número e periodicidade das prestações;
V - soma total a pagar, com e sem financiamento.

- Art. 54, §§ 3º e 4º, CDC (Obrigação de tornar legível e destacar cláusulas limitativas nos contratos de adesão):
Art. 54. ....
....
§ 3º Os contratos de adesão escritos serão redigidos em termos claros e com caracteres ostensivos e legíveis, cujo tamanho da fonte não será inferior ao corpo doze, de modo a facilitar sua compreensão pelo consumidor.
§ 4º As cláusulas que implicarem limitação de direito do consumidor deverão ser redigidas com destaque, permitindo sua imediata e fácil compreensão.

- Art. 66, CDC (Crime de falsear enganar ou omitir informação relevante):
Art. 66. Fazer afirmação falsa ou enganosa, ou omitir informação relevante sobre a natureza, característica, qualidade, quantidade, segurança, desempenho, durabilidade, preço ou garantia de produtos ou serviços:
Pena - Detenção de três meses a um ano e multa.

- Art. 18, CC (Necessidade de autorização para usar nome alheio propaganda):
Art. 18. Sem autorização, não se pode usar o nome alheio em propaganda comercial.

- Art. 224, CC (Dever de tradução de documentos em língua estrangeira para validade):
    Art. 224. Os documentos redigidos em língua estrangeira serão traduzidos para o português para ter efeitos legais no País.
- Art. 422, CC (Dever de probidade e boa-fé entre os contratantes):
    Art. 422. Os contratantes são obrigados a guardar, assim na conclusão do contrato, como em sua execução, os princípios de probidade e boa-fé.
- Art. 275, CP (Crime de inculcar a existência de substância não contida ou contida em quantidade menor que a mencionada):
    Art. 275 - Inculcar, em invólucro ou recipiente de produtos alimentícios, terapêuticos ou medicinais, a existência de substância que não se encontra em seu conteúdo ou que nele existe em quantidade menor que a mencionada:
    Pena - reclusão, de 1 (um) a 5 (cinco) anos, e multa.
- Art. 40, Lei nº 11.105/2005 (Informação sobre organismos geneticamente modificados nos alimentos):
    Art. 40. Os alimentos e ingredientes alimentares destinados ao consumo humano ou animal que contenham ou sejam produzidos a partir de OGM ou derivados deverão conter informação nesse sentido em seus rótulos, conforme regulamento.
- Lei nº 10.962/2004 (Dispõe sobre a oferta e as formas de afixação de preços de produtos e serviços para o consumidor).
- Lei nº 11.265/2006 (Regulamenta a comercialização de alimentos para lactentes e crianças de primeira infância e também a de produtos de puericultura correlatos).
- Portaria MJ/DPDC nº 789/2001 (Regula a comunicação, no âmbito do Departamento de Proteção e Defesa do Consumidor - DPDC, relativa à periculosidade de produtos e serviços já introduzidos no mercado de consumo, prevista no art. 10, § 1º, da Lei 8.078/90).
- Jurisprudência selecionada:
    STJ: MS 5986/DF, 1ª S., j. 13.10.1999; REsp 330261/SC, 3ª T., j. 6.12.2001; REsp 332331/SP, 3ª T., j. 26.11.2002; REsp 476428/SC, 3ª T., j. 19.4.2005; REsp 196031/MG, 3ª T., j. 24.4.2001; REsp 466726/SP, 3ª T., j. 21.11.2002; REsp 436827/SP, 3ª T., j. 1º.10.2002; REsp 332025/MG, j. 5.8.2002; REsp 64624/RS, 4ª T., j. 16.3.1999. TJRS: Ap 198001307, 17ª Câm., j. 18.8.1998; Ap 599402724, 1ª Câm. de férias, j. 29.12.1999; Ap 70002823276, j. 15.8.2002. TJRJ: Ap 200100109426, 17ª Câm., j. 11.7.2001. TJPR: Ap 104123-6, 1ª Câm., j. 9.10.2001.

Art. 32. Os fabricantes e importadores deverão assegurar a oferta de componentes e peças de reposição enquanto não cessar a fabricação ou importação do produto.

Parágrafo único. Cessadas a produção ou importação, a oferta deverá ser mantida por período razoável de tempo, na forma da lei.

- Art. 21, CDC (Dever de empregar peças e componentes de reposição originais adequados e novos):
  Art. 21. No fornecimento de serviços que tenham por objetivo a reparação de qualquer produto considerar-se-á implícita a obrigação do fornecedor de empregar componentes de reposição originais adequados e novos, ou que mantenham as especificações técnicas do fabricante, salvo, quanto a estes últimos, autorização em contrário do consumidor.
- Art. 70, CDC (Crime de emprego de componente usado na reparação de produtos):
  Art. 70. Empregar na reparação de produtos, peça ou componentes de reposição usados, sem autorização do consumidor:
  Pena Detenção de três meses a um ano e multa.
- Art. 84, caput, CDC (Tutela específica da obrigação de fazer):
  Art. 84. Na ação que tenha por objeto o cumprimento da obrigação de fazer ou não fazer, o juiz concederá a tutela específica da obrigação ou determinará providências que assegurem o resultado prático equivalente ao do adimplemento.
- Jurisprudência selecionada:
  STJ: REsp 63981/SP, j. 11.4.2000. TJRS: Ap 70004790044, 6ª Câm., j. 27.11.2002.

Art. 33. Em caso de oferta ou venda por telefone ou reembolso postal, deve constar o nome do fabricante e endereço na embalagem, publicidade e em todos os impressos utilizados na transação comercial.

Parágrafo único. É proibida a publicidade de bens e serviços por telefone, quando a chamada for onerosa ao consumidor que a origina.

- Parágrafo único incluído pela Lei nº 11.800/2008.
- Art. 49, CDC (Direito de arrependimento de contratação por telefone ou a domicílio):
  Art. 49. O consumidor pode desistir do contrato, no prazo de 7 dias a contar de sua assinatura ou do ato de recebimento do produto ou serviço, sempre que a contratação de fornecimento de produtos e serviços ocorrer fora do estabelecimento comercial, especialmente por telefone ou a domicílio.
  Parágrafo único. Se o consumidor exercitar o direito de arrependimento previsto neste artigo, os valores eventualmente pagos, a qualquer título, durante o prazo de reflexão, serão devolvidos, de imediato, monetariamente atualizados.
- Art. 225, CC (Prova de fatos por registros fonográficos):
  Art. 225. As reproduções fotográficas, cinematográficas, os registros fonográficos e, em geral, quaisquer outras reproduções mecânicas ou eletrônicas de fatos

ou de coisas fazem prova plena destes, se a parte, contra quem forem exibidos, não lhes impugnar a exatidão.
- ରେ Lei Estadual-SP n° 13.226/2008 (Institui no âmbito do Estado de São Paulo, o Cadastro para o Bloqueio do Recebimento de Ligações de Telemarketing).
- ରେ Decreto Federal n° 6.523/2008 (Fixa normas gerais sobre o Serviço de Atendimento ao Consumidor - SAC).
- ରେ Portaria MJ n° 2.014/2008 (Estabelece o tempo máximo para o contato direto com o atendente e o horário de funcionamento no Serviço de Atendimento ao Consumidor - SAC).
- ରେ Jurisprudência selecionada:
  TJPB: Ap 2001007604-0, 1° Câm., j. 6.6.2002. TJRS: Ap 70001918333, j. 8.5.2001; AI 70003736659, 10ª Câm., j. 9.5.2002. TARS: Ap 196115299, 9ª Câm., j. 10.9.1996; Ap 196233506, 9ª Câm., j. 17.12.1996.

Art. 34. O fornecedor do produto ou serviço é solidariamente responsável pelos atos de seus prepostos ou representantes autônomos.

- ରେ Art. 6°, VI, CDC (Direito básico à efetiva reparação de danos):
  Art. 6° São direitos básicos do consumidor:
  ....
  VI - a efetiva prevenção e reparação de danos patrimoniais e morais, individuais, coletivos e difusos;
- ରେ Arts. 7°, parágrafo único, e 25, §§ 1° e 2°, CDC (Solidariedade para reparação de danos ao consumidor):
  Art. 7° ....
  Parágrafo único. Tendo mais de um autor a ofensa, todos responderão solidariamente pela reparação dos danos previstos nas normas de consumo.
  ....
  Art. 25. ....
  § 1° Havendo mais de um responsável pela causação do dano, todos responderão solidariamente pela reparação prevista nesta e nas seções anteriores.
  § 2° Sendo o dano causado por componente ou peça incorporada ao produto ou serviço, são responsáveis solidários seu fabricante, construtor ou importador e o que realizou a incorporação.
- ରେ Arts. 13, parágrafo único, e 88, CDC (Direito de Regresso e vedação à denunciação da lide):
  Art. 13. ....
  Parágrafo único. Aquele que efetivar o pagamento ao prejudicado poderá exercer o direito de regresso contra os demais responsáveis, segundo sua participação na causação do evento danoso.
  ....

Art. 88. Na hipótese do art. 13, parágrafo único deste código, a ação de regresso poderá ser ajuizada em processo autônomo, facultada a possibilidade de prosseguir-se nos mesmos autos, vedada a denunciação da lide.
ଔ Arts. 25, caput, e 51, I, CDC (Vedação à cláusula de "não-indenizar"):
Art. 25. É vedada a estipulação contratual de cláusula que impossibilite, exonere ou atenue a obrigação de indenizar prevista nesta e nas seções anteriores.

....
Art. 51. São nulas de pleno direito, entre outras, as cláusulas contratuais relativas ao fornecimento de produtos e serviços que:
I - impossibilitem, exonerem ou atenuem a responsabilidade do fornecedor por vícios de qualquer natureza dos produtos e serviços ou impliquem renúncia ou disposição de direitos. Nas relações de consumo entre o fornecedor e o consumidor pessoa jurídica, a indenização poderá ser limitada, em situações justificáveis;
ଔ Art. 28, § 3º, CDC (Solidariedade das sociedades consorciadas):
Art. 28. ....

....
§ 3º As sociedades consorciadas são solidariamente responsáveis pelas obrigações decorrentes deste código.
ଔ Art. 34, CDC (Responsabilidade solidária por atos de prepostos e autônomos):
Art. 34. O fornecedor do produto ou serviço é solidariamente responsável pelos atos de seus prepostos ou representantes autônomos.
designadas no art. 932.
ଔ Arts. 264, 265, 275 e 942, CC (Solidariedade civil):
Art. 264. Há solidariedade, quando na mesma obrigação concorre mais de um credor, ou mais de um devedor, cada um com direito, ou obrigado, à dívida toda.
Art. 265. A solidariedade não se presume; resulta da lei ou da vontade das partes.

....
Art. 275. O credor tem direito a exigir e receber de um ou de alguns dos devedores, parcial ou totalmente, a dívida comum; se o pagamento tiver sido parcial, todos os demais devedores continuam obrigados solidariamente pelo resto.
Parágrafo único. Não importará renúncia da solidariedade a propositura de ação pelo credor contra um ou alguns dos devedores.

....
Art. 942. Os bens do responsável pela ofensa ou violação do direito de outrem ficam sujeitos à reparação do dano causado; e, se a ofensa tiver mais de um autor, todos responderão solidariamente pela reparação.
Parágrafo único. São solidariamente responsáveis com os autores os co-autores e as pessoas
ଔ Art. 393, CC (Fortuito e força maior como excludentes da responsabilidade civil):
Art. 393. O devedor não responde pelos prejuízos resultantes de caso fortuito ou força maior, se expressamente não se houver por eles responsabilizado.

Parágrafo único. O caso fortuito ou de força maior verifica-se no fato necessário, cujos efeitos não era possível evitar ou impedir.

- Art. 927, parágrafo único, CC (Responsabilidade civil objetiva):
Art. 927. ....
Parágrafo único. Haverá obrigação de reparar o dano, independentemente de culpa, nos casos especificados em lei, ou quando a atividade normalmente desenvolvida pelo autor do dano implicar, por sua natureza, risco para os direitos de outrem.

- Art. 931, CC (Responsabilidade civil objetiva por danos causados pelos produtos postos em circulação):
Art. 931. Ressalvados outros casos previstos em lei especial, os empresários individuais e as empresas respondem independentemente de culpa pelos danos causados pelos produtos postos em circulação.

- Art. 932, III, CC (Responsabilidade do empregador ou comitente por atos de seus empregados, serviçais e prepostos):
Art. 932. São também responsáveis pela reparação civil:
....
III - o empregador ou comitente, por seus empregados, serviçais e prepostos, no exercício do trabalho que lhes competir, ou em razão dele;

- Art. 945, CC (Culpa concorrente da vítima):
Art. 945. Se a vítima tiver concorrido culposamente para o evento danoso, a sua indenização será fixada tendo-se em conta a gravidade de sua culpa em confronto com a do autor do dano.

- Jurisprudência selecionada:
STJ: REsp 113012/MG, 4ª T., j. 18.3.1997; Ag no AI 35321/AM, 3ª T., j. 10.4.2001. TJRS: EI 599178050, 9º Gr. de Câm., j. 17.9.1999; Ap 70000913301, 5ª Câm., j. 9.11.2000; Ap 70010405553, j. 10.5.2005. TAMG: Ap 462817-9, j. 3.11.2004.

Art. 35. Se o fornecedor de produtos ou serviços recusar cumprimento à oferta, apresentação ou publicidade, o consumidor poderá, alternativamente e à sua livre escolha:

I - exigir o cumprimento forçado da obrigação, nos termos da oferta, apresentação ou publicidade;

II - aceitar outro produto ou prestação de serviço equivalente;

III - rescindir o contrato, com direito à restituição de quantia eventualmente antecipada, monetariamente atualizada, e a perdas e danos.

- Art. 38, CDC (Ônus da prova da veracidade e correção da publicidade):
Art. 38. O ônus da prova da veracidade e correção da informação ou comunicação publicitária cabe a quem as patrocina.

- Art. 46, CDC (Obrigação de dar prévio conhecimento do contrato ao consumidor):
  Art. 46. Os contratos que regulam as relações de consumo não obrigarão os consumidores, se não lhes for dada a oportunidade de tomar conhecimento prévio de seu conteúdo, ou se os respectivos instrumentos forem redigidos de modo a dificultar a compreensão de seu sentido e alcance.
- Art. 48, CDC (Vinculação do fornecedor às declarações de vontade):
  Art. 48. As declarações de vontade constantes de escritos particulares, recibos e pré-contratos relativos às relações de consumo vinculam o fornecedor, ensejando inclusive execução específica, nos termos do art. 84 e parágrafos.
- Art. 54, § 2º, CDC (Cláusula resolutória alternativa à escolha do consumidor nos contratos de adesão):
  Art. 54. ....
  ....
  § 2º Nos contratos de adesão admite-se cláusula resolutória, desde que a alternativa, cabendo a escolha ao consumidor, ressalvando-se o disposto no § 2º do artigo anterior.
- Art. 84, caput, CDC (Tutela específica da obrigação de fazer):
  Art. 84. Na ação que tenha por objeto o cumprimento da obrigação de fazer ou não fazer, o juiz concederá a tutela específica da obrigação ou determinará providências que assegurem o resultado prático equivalente ao do adimplemento.
- Art. 422, CC (Dever de probidade e boa-fé entre os contratantes):
  Art. 422. Os contratantes são obrigados a guardar, assim na conclusão do contrato, como em sua execução, os princípios de probidade e boa-fé.
- Arts. 427 e 429, CC (Vinculação do proponente à proposta e à oferta):
  Art. 427. A proposta de contrato obriga o proponente, se o contrário não resultar dos termos dela, da natureza do negócio, ou das circunstâncias do caso.
  ....
  Art. 429. A oferta ao público equivale a proposta quando encerra os requisitos essenciais ao contrato, salvo se o contrário resultar das circunstâncias ou dos usos.
- Jurisprudência selecionada:
  STJ: REsp 514432/SP, 3ª T., j. 20.11.2003; REsp 363939/MG, 3ª T., j. 4.6.2002; REsp 196031/MG, 3ª T., j. 24.4.2001. TJSC: Ap 97010120-1, 4ª Câm., j. 21.12.1998. TJRS: Ap 70007383490, 14ª Câm., j. 27.11.2003; Ap 599169224, 10ª Câm., j. 19.1.1999. TAPR: Ap 2367171-7, 6ª Câm., j. 16.12.2003, RDC 54/272.

SEÇÃO III
Da Publicidade

Art. 36. A publicidade deve ser veiculada de tal forma que o consumidor, fácil e imediatamente, a identifique como tal.

Parágrafo único. O fornecedor, na publicidade de seus produtos ou serviços, manterá, em seu poder, para informação dos legítimos interessados, os dados fáticos, técnicos e científicos que dão sustentação à mensagem.

- Art. 22, XXIX, CF (Competência privativa União para legislar sobre propaganda):
Art. 22. Compete privativamente à União legislar sobre:

....

XXIX - propaganda comercial.
- Art. 220, § 4º, CF (Restrição à propaganda de tabaco, bebidas alcoólicas, agrotóxicos, medicamentos e terapias):
Art. 220. ....

....

§ 4º - A propaganda comercial de tabaco, bebidas alcoólicas, agrotóxicos, medicamentos e terapias estará sujeita a restrições legais, nos termos do inciso II do parágrafo anterior, e conterá, sempre que necessário, advertência sobre os malefícios decorrentes de seu uso.
- Art. 6º, III, CDC (Direito básico à informação adequada):
Art. 6º São direitos básicos do consumidor:

....

III - a informação adequada e clara sobre os diferentes produtos e serviços, com especificação correta de quantidade, características, composição, qualidade e preço, bem como sobre os riscos que apresentem;
- Art. 30, CDC (Vinculação do fornecedor à publicidade):
Art. 30. Toda informação ou publicidade, suficientemente precisa, veiculada por qualquer forma ou meio de comunicação com relação a produtos e serviços oferecidos ou apresentados, obriga o fornecedor que a fizer veicular ou dela se utilizar e integra o contrato que vier a ser celebrado.
- Art. 48, CDC (Vinculação do fornecedor às declarações de vontade):
Art. 48. As declarações de vontade constantes de escritos particulares, recibos e pré-contratos relativos às relações de consumo vinculam o fornecedor, ensejando inclusive execução específica, nos termos do art. 84 e parágrafos.
- Art. 55, § 1º, CDC (Fiscalização da publicidade de produtos e serviços):
Art. 55. A União, os Estados e o Distrito Federal, em caráter concorrente e nas suas respectivas áreas de atuação administrativa, baixarão normas relativas à produção, industrialização, distribuição e consumo de produtos e serviços.
§ 1º A União, os Estados, o Distrito Federal e os Municípios fiscalizarão e controlarão a produção, industrialização, distribuição, a publicidade de produtos e serviços e o mercado de consumo, no interesse da preservação da vida, da saúde, da segurança, da informação e do bem-estar do consumidor, baixando as normas que se fizerem necessárias.

☞ Art. 63, CDC (Crime de omissão sobre a nocividade ou periculosidade na publicidade):
Art. 63. Omitir dizeres ou sinais ostensivos sobre a nocividade ou periculosidade de produtos, nas embalagens, nos invólucros, recipientes ou publicidade:
Pena - Detenção de seis meses a dois anos e multa.
☞ Art. 69, CDC (Crime de omissão sobre a organização dos dados que dão base à publicidade):
Art. 69. Deixar de organizar dados fáticos, técnicos e científicos que dão base à publicidade:
Pena Detenção de um a seis meses ou multa.
☞ Art. 18, CC (Necessidade de autorização para usar nome alheio propaganda):
Art. 18. Sem autorização, não se pode usar o nome alheio em propaganda comercial.
☞ Art. 5º, Lei nº 4.680/1965 (Conceito legal de propaganda):
Art. 5º Compreende-se por propaganda qualquer forma remunerada de difusão de idéias, mercadorias ou serviços, por parte de um anunciante identificado.
☞ Jurisprudência selecionada:
STJ: REsp 302174/RJ, 3ª T., j. 20.9.2001.

Art. 37. É proibida toda publicidade enganosa ou abusiva.
§ 1º É enganosa qualquer modalidade de informação ou comunicação de caráter publicitário, inteira ou parcialmente falsa, ou, por qualquer outro modo, mesmo por omissão, capaz de induzir em erro o consumidor a respeito da natureza, características, qualidade, quantidade, propriedades, origem, preço e quaisquer outros dados sobre produtos e serviços.
§ 2º É abusiva, dentre outras a publicidade discriminatória de qualquer natureza, a que incite à violência, explore o medo ou a superstição, se aproveite da deficiência de julgamento e experiência da criança, desrespeita valores ambientais, ou que seja capaz de induzir o consumidor a se comportar de forma prejudicial ou perigosa à sua saúde ou segurança.
§ 3º Para os efeitos deste código, a publicidade é enganosa por omissão quando deixar de informar sobre dado essencial do produto ou serviço.
§ 4º (Vetado).

☞ O § 4º vetado tinha a seguinte redação (Mensagem nº 664/1990):
§ 4º - Quando o fornecedor de produtos ou serviços se utilizar de publicidade enganosa ou abusiva, o consumidor poderá pleitear indenização por danos sofridos,

bem como a abstenção da prática do ato, sob pena de execução específica, para o caso de inadimplemento, sem prejuízo da sanção pecuniária cabível de contrapropaganda, que pode ser imposta administrativa ou judicialmente.[11]

- Art. 22, XXIX, CF (Competência privativa União para legislar sobre propaganda):
  Art. 22. Compete privativamente à União legislar sobre:
  ....
  XXIX - propaganda comercial.

- Art. 220, § 4º, CF (Restrição à propaganda de tabaco, bebidas alcoólicas, agrotóxicos, medicamentos e terapias):
  Art. 220. ....
  ....
  § 4º - A propaganda comercial de tabaco, bebidas alcoólicas, agrotóxicos, medicamentos e terapias estará sujeita a restrições legais, nos termos do inciso II do parágrafo anterior, e conterá, sempre que necessário, advertência sobre os malefícios decorrentes de seu uso.

- Art. 6º, IV, CDC (Direito básico à proteção contra a publicidade enganosa e abusiva):
  Art. 6º São direitos básicos do consumidor:
  ....
  IV - a proteção contra a publicidade enganosa e abusiva, métodos comerciais coercitivos ou desleais, bem como contra práticas e cláusulas abusivas ou impostas no fornecimento de produtos e serviços;

- Art. 60, caput e § 1º, CDC (Imposição de contrapropaganda no caso de publicidade enganosa ou abusiva):
  Art. 60. A imposição de contrapropaganda será cominada quando o fornecedor incorrer na prática de publicidade enganosa ou abusiva, nos termos do art. 36 e seus parágrafos, sempre às expensas do infrator.
  § 1º A contrapropaganda será divulgada pelo responsável da mesma forma, freqüência e dimensão e, preferencialmente no mesmo veículo, local, espaço e horário, de forma capaz de desfazer o malefício da publicidade enganosa ou abusiva.

- Art. 67, CDC (Crime de promoção de publicidade enganosa ou abusiva):
  Art. 67. Fazer ou promover publicidade que sabe ou deveria saber ser enganosa ou abusiva:
  Pena Detenção de três meses a um ano e multa.

- Art. 68, CDC (Crime de promoção de publicidade que induza comportamento perigoso):

---

[11] Justificativa do veto: A imposição de contra-propaganda, sem que se estabeleçam parâmetros legais precisos, pode dar ensejo a sérios abusos, que poderão redundar até mesmo na paralisação da atividade empresarial, como se vê, aliás, do disposto no § 3º do art. 60. Por outro lado, é inadmissível, na ordem federativa, atribuir a Ministro de Estado competência para apreciar em grau de recurso a legitimidade de atos de autoridade estadual ou municipal, tal como previsto no § 2º do art. 60.

Art. 68. Fazer ou promover publicidade que sabe ou deveria saber ser capaz de induzir o consumidor a se comportar de forma prejudicial ou perigosa a sua saúde ou segurança:
Pena - Detenção de seis meses a dois anos e multa:

- Art. 18, CC (Necessidade de autorização para usar nome alheio propaganda):
Art. 18. Sem autorização, não se pode usar o nome alheio em propaganda comercial.

- Art. 275, CP (Crime de inculcar a existência de substância não contida ou contida em quantidade menor que a mencionada):
Art. 275 - Inculcar, em invólucro ou recipiente de produtos alimentícios, terapêuticos ou medicinais, a existência de substância que não se encontra em seu conteúdo ou que nele existe em quantidade menor que a mencionada:
Pena - reclusão, de 1 (um) a 5 (cinco) anos, e multa.

- Art. 5º, Lei nº 4.680/1965 (Conceito legal de propaganda):
Art. 5º Compreende-se por propaganda qualquer forma remunerada de difusão de idéias, mercadorias ou serviços, por parte de um anunciante identificado.

- Portaria MJ/DPDC nº 789/2001 (Regula a comunicação, no âmbito do Departamento de Proteção e Defesa do Consumidor - DPDC, relativa à periculosidade de produtos e serviços já introduzidos no mercado de consumo, prevista no art. 10, § 1º, da Lei 8.078/90).

- Portaria MJ/DPDC nº 81/2002 (Estabelece regra para a informação aos consumidores sobre mudança de quantidade de produto comercializado na embalagem).

- Jurisprudência selecionada:
STJ: REsp 289346/MG, 3ª T., j. 22.54.2001; REsp 92395/RS, j. 5.2.1998. TJRJ: Ap 01562/2002, 9ª Câm., j. 2.7.2002; Ap 10329/99, 11ª Câm., j. 19.8.1999, RT 773/344; Ap 200100109426, 17ª Câm., j. 11.7.2001. TJRS: Ap 70001471523, 17ª Câm., j. 3.10.2000; Ap 596126037, 5ª Câm., j. 22.8.1996; Ap 70004834628, 5ª Câm., j. 3.10.2002; Ap 598435063, 19ª Câm., j. 22.12.1998; Ap 70001469220, 6ª Câm., j. 10.4.2002; Ap 70003821626, 1ª Câm., j. 5.11.2003; Ap 599025921, j. 15.6.1999. TAMG: Ap 2685523, 3ª Câm., j. 17.3.1999, RT 773/384.

Art. 38. O ônus da prova da veracidade e correção da informação ou comunicação publicitária cabe a quem as patrocina.

- Art. 4º, I, CDC (Reconhecimento da vulnerabilidade do consumidor):
Art. 4º A Política Nacional das Relações de Consumo tem por objetivo o atendimento das necessidades dos consumidores, o respeito à sua dignidade, saúde e segurança, a proteção de seus interesses econômicos, a melhoria da sua qualidade de vida, bem como a transparência e harmonia das relações de consumo, atendidos os seguintes princípios:

I - reconhecimento da vulnerabilidade do consumidor no mercado de consumo;
- Art. 6º, VIII, CDC (Ônus da prova):
Art. 6º São direitos básicos do consumidor:

....

VIII - a facilitação da defesa de seus direitos, inclusive com a inversão do ônus da prova, a seu favor, no processo civil, quando, a critério do juiz, for verossímil a alegação ou quando for ele hipossuficiente, segundo as regras ordinárias de experiências;
- Art. 51, VI, CDC (Nulidade da inversão do ônus da prova em prejuízo do consumidor):
Art. 51. São nulas de pleno direito, entre outras, as cláusulas contratuais relativas ao fornecimento de produtos e serviços que:

....

VI - estabeleçam inversão do ônus da prova em prejuízo do consumidor;
- Arts. 332 e 333, CPC (Meios e ônus da prova no processo civil):
Art. 332. Todos os meios legais, bem como os moralmente legítimos, ainda que não especificados neste Código, são hábeis para provar a verdade dos fatos, em que se funda a ação ou a defesa.
Art. 333. O ônus da prova incumbe:
I - ao autor, quanto ao fato constitutivo do seu direito;
II - ao réu, quanto à existência de fato impeditivo, modificativo ou extintivo do direito do autor.
Parágrafo único. É nula a convenção que distribui de maneira diversa o ônus da prova quando:
I - recair sobre direito indisponível da parte;
II - tornar excessivamente difícil a uma parte o exercício do direito.
- Jurisprudência selecionada:
TJSP: Ap 255461-2/6, 9ª Câm., j. 6.4.1995, BolAASP 1911/222. TRF1ªR: Ap 9401291004/BA, 3ª T., j. 14.10.1999, RT 778/428.

SEÇÃO IV
Das Práticas Abusivas

Art. 39. É vedado ao fornecedor de produtos ou serviços, dentre outras práticas abusivas:
I - condicionar o fornecimento de produto ou de serviço ao fornecimento de outro produto ou serviço, bem como, sem justa causa, a limites quantitativos;
II - recusar atendimento às demandas dos consumidores, na exata medida de suas disponibilidades de estoque, e, ainda, de conformidade com os usos e costumes;

III - enviar ou entregar ao consumidor, sem solicitação prévia, qualquer produto, ou fornecer qualquer serviço;

IV - prevalecer-se da fraqueza ou ignorância do consumidor, tendo em vista sua idade, saúde, conhecimento ou condição social, para impingir-lhe seus produtos ou serviços;

V - exigir do consumidor vantagem manifestamente excessiva;

VI - executar serviços sem a prévia elaboração de orçamento e autorização expressa do consumidor, ressalvadas as decorrentes de práticas anteriores entre as partes;

VII - repassar informação depreciativa, referente a ato praticado pelo consumidor no exercício de seus direitos;

VIII - colocar, no mercado de consumo, qualquer produto ou serviço em desacordo com as normas expedidas pelos órgãos oficiais competentes ou, se normas específicas não existirem, pela Associação Brasileira de Normas Técnicas ou outra entidade credenciada pelo Conselho Nacional de Metrologia, Normalização e Qualidade Industrial (Conmetro);

IX - recusar a venda de bens ou a prestação de serviços, diretamente a quem se disponha a adquiri-los mediante pronto pagamento, ressalvados os casos de intermediação regulados em leis especiais;

X - elevar sem justa causa o preço de produtos ou serviços.

XI - (...).

XII - deixar de estipular prazo para o cumprimento de sua obrigação ou deixar a fixação de seu termo inicial a seu exclusivo critério.

XIII - aplicar fórmula ou índice de reajuste diverso do legal ou contratualmente estabelecido.

Parágrafo único. Os serviços prestados e os produtos remetidos ou entregues ao consumidor, na hipótese prevista no inciso III, equiparam-se às amostras grátis, inexistindo obrigação de pagamento.

- Redação do caput dada pela Lei nº 8.884/1994. O texto alterado tinha o seguinte teor:
    Art. 39. É vedado ao fornecedor de produtos ou serviços:
- Redação do inciso IX dada pela Lei nº 8.884/1994. O texto alterado tinha o seguinte teor:
    IX - deixar de estipular prazo para o cumprimento de sua obrigação ou deixar a fixação de seu termo inicial a seu exclusivo critério;
- Inciso X incluído pela Lei nº 8.884/1994.
- Inciso XI incluído pela MPV nº 1.890-67/1999, transformado em inciso XIII quando da conversão na Lei nº 9.870/1999.

ca Inciso XII incluído pela Lei nº 9.008/1995.
ca Inciso XIII incluído pela Lei nº 9.870/1999.
ca Art. 4º, I, CDC (Reconhecimento da vulnerabilidade do consumidor):
Art. 4º A Política Nacional das Relações de Consumo tem por objetivo o atendimento das necessidades dos consumidores, o respeito à sua dignidade, saúde e segurança, a proteção de seus interesses econômicos, a melhoria da sua qualidade de vida, bem como a transparência e harmonia das relações de consumo, atendidos os seguintes princípios:
I - reconhecimento da vulnerabilidade do consumidor no mercado de consumo;
ca Art. 4º, III, CDC (Boa-fé como princípio da Política Nacional das Relações de Consumo):
Art. 4º A Política Nacional das Relações de Consumo tem por objetivo o atendimento das necessidades dos consumidores, o respeito à sua dignidade, saúde e segurança, a proteção de seus interesses econômicos, a melhoria da sua qualidade de vida, bem como a transparência e harmonia das relações de consumo, atendidos os seguintes princípios:

....

III - harmonização dos interesses dos participantes das relações de consumo e compatibilização da proteção do consumidor com a necessidade de desenvolvimento econômico e tecnológico, de modo a viabilizar os princípios nos quais se funda a ordem econômica (art. 170, da Constituição Federal), sempre com base na boa-fé e equilíbrio nas relações entre consumidores e fornecedores;
ca Art. 6º, IV, CDC (Direito básico à proteção contra práticas abusivas):
Art. 6º São direitos básicos do consumidor:

....

IV - a proteção contra a publicidade enganosa e abusiva, métodos comerciais coercitivos ou desleais, bem como contra práticas e cláusulas abusivas ou impostas no fornecimento de produtos e serviços;
ca Arts. 25, caput, e 51, I, CDC (Vedação à cláusula de "não-indenizar"):
Art. 25. É vedada a estipulação contratual de cláusula que impossibilite, exonere ou atenue a obrigação de indenizar prevista nesta e nas seções anteriores.

....

Art. 51. São nulas de pleno direito, entre outras, as cláusulas contratuais relativas ao fornecimento de produtos e serviços que:
I - impossibilitem, exonerem ou atenuem a responsabilidade do fornecedor por vícios de qualquer natureza dos produtos e serviços ou impliquem renúncia ou disposição de direitos. Nas relações de consumo entre o fornecedor e o consumidor pessoa jurídica, a indenização poderá ser limitada, em situações justificáveis;
ca Art. 51, IV, CDC (Nulidade de cláusulas incompatíveis com a boa-fé):
Art. 51. São nulas de pleno direito, entre outras, as cláusulas contratuais relativas ao fornecimento de produtos e serviços que:

....

IV - estabeleçam obrigações consideradas iníquas, abusivas, que coloquem o consumidor em desvantagem exagerada, ou sejam incompatíveis com a boa-fé ou a eqüidade;

- Art. 113, CC (Boa-fé como vetor de interpretação dos negócios jurídicos):
Art. 113. Os negócios jurídicos devem ser interpretados conforme a boa-fé e os usos do lugar de sua celebração.
- Art. 157, CC (Lesão civil):
Art. 157. Ocorre a lesão quando uma pessoa, sob premente necessidade, ou por inexperiência, se obriga a prestação manifestamente desproporcional ao valor da prestação oposta.
- Art. 422, CC (Dever de probidade e boa-fé entre os contratantes):
Art. 422. Os contratantes são obrigados a guardar, assim na conclusão do contrato, como em sua execução, os princípios de probidade e boa-fé.
- Art. 476, CC (Exceção do contrato não cumprido):
Art. 476. Nos contratos bilaterais, nenhum dos contratantes, antes de cumprida a sua obrigação, pode exigir o implemento da do outro.
- Art. 21, XII, XIII, XXIII, XXIV, e parágrafo único, Lei nº 8.884/94 (Infrações à ordem econômica com efeito direto contra o consumidor):
Art. 21. As seguintes condutas, além de outras, na medida em que configurem hipótese prevista no art. 20 e seus incisos, caracterizam infração da ordem econômica:

....

XII - discriminar adquirentes ou fornecedores de bens ou serviços por meio da fixação diferenciada de preços, ou de condições operacionais de venda ou prestação de serviços;
XIII - recusar a venda de bens ou a prestação de serviços, dentro das condições de pagamento normais aos usos e costumes comerciais;

....

XXIII - subordinar a venda de um bem à aquisição de outro ou à utilização de um serviço, ou subordinar a prestação de um serviço à utilização de outro ou à aquisição de um bem;
XXIV - impor preços excessivos, ou aumentar sem justa causa o preço de bem ou serviço.
Parágrafo único. Na caracterização da imposição de preços excessivos ou do aumento injustificado de preços, além de outras circunstâncias econômicas e mercadológicas relevantes, considerar-se-á:
I - o preço do produto ou serviço, ou sua elevação, não justificados pelo comportamento do custo dos respectivos insumos, ou pela introdução de melhorias de qualidade;
II - o preço de produto anteriormente produzido, quando se tratar de sucedâneo resultante de alterações não substanciais;

III - o preço de produtos e serviços similares, ou sua evolução, em mercados competitivos comparáveis;

IV - a existência de ajuste ou acordo, sob qualquer forma, que resulte em majoração do preço de bem ou serviço ou dos respectivos custos.

౹ Lei nº 5.966/1974 (Institui o Sistema Nacional de Metrologia, Normalização e Qualidade Industrial).

౹ Portaria MJ/SDE nº 07/2003 (Para efeitos de fiscalização pelos órgãos públicos de defesa do consumidor, particulariza hipótese prevista no elenco de práticas abusivas constante do art. 39 da Lei nº 8.078, de 11 de setembro de 1990).

౹ SÚMULA Nº 382 DO SUPERIOR TRIBUNAL DE JUSTIÇA:
A estipulação de juros remuneratórios superiores a 12% ao ano, por si só, não indica abusividade.

౹ Jurisprudência selecionada:
STJ: REsp 332869/RJ, 3ª T., j. 24.6.2002; REsp 436135/SP, 4ª T., j. 17.6.2003; REsp 258156/SP, 4ª T., j. 21.9.2000; REsp 265121/RJ, 4ª T., j. 4.4.2002, RDC 45/322; REsp 660282/RJ, 4ª T., j. 16.11.2004; REsp 556618/DF, 4ª T., j. 3.8.2004; REsp 467213/MT, 4ª T., j. 3.2.2004; AgRg no REsp 539791/RS, 4ª T., j. 20.11.2003; EDcl no REsp 640443/RS, 4ª T., j. 21.10.2004. TJRS: Ap 70001348564, 11ª Câm., j. 7.3.2001; Ap 70000966085, 10ª Câm., j. 20.12.2001; Ap 70004903480/RS, 10ª Câm., j. 2.10.2003; Ap 7000496711, 6ª Câm., j. 20.12.2000; Ap 70005251582, j. 14.8.2003; Ap 70004602314, 9ª Câm., j. 15.10.2003; AI 70003519782, 11ª Câm., j. 9.3.2002; Ap 70004911905, j. 26.3.2002; AI 70005950704, j. 24.6.2003; Ap 598054617, j. 4.2.1999. TAMG: Ap 263767-4, 4ª Câm., j. 10.3.1999, RT 769/388; Ap 2335935, 7ª Câm., j. 19.6.1997, RT 748/396. TJBA: AI 41157/2003, 4ª Câm., j. 18.6.2003, RDC 54/267. TJSP: AgRg 7750140, 4º Gr. Câm., j. 1.06.1999, RT 769/203. TJDF: EI 3941096/DF, 2ª Câm., j. 17.9.1997. Repositório: JTJ 170/72; RT 765/321.

Art. 40. O fornecedor de serviço será obrigado a entregar ao consumidor orçamento prévio discriminando o valor da mão-de-obra, dos materiais e equipamentos a serem empregados, as condições de pagamento, bem como as datas de início e término dos serviços.

§ 1º Salvo estipulação em contrário, o valor orçado terá validade pelo prazo de dez dias, contado de seu recebimento pelo consumidor.

§ 2º Uma vez aprovado pelo consumidor, o orçamento obriga os contraentes e somente pode ser alterado mediante livre negociação das partes.

§ 3º O consumidor não responde por quaisquer ônus ou acréscimos decorrentes da contratação de serviços de terceiros não previstos no orçamento prévio.

- Art. 3º, § 2º, CDC (Conceito legal de serviço):
  Art. 3º ....
  ....
  § 2º Serviço é qualquer atividade fornecida no mercado de consumo, mediante remuneração, inclusive as de natureza bancária, financeira, de crédito e securitária, salvo as decorrentes das relações de caráter trabalhista.
- Art. 6º, III, CDC (Direito básico à informação adequada):
  Art. 6º São direitos básicos do consumidor:
  ....
  III - a informação adequada e clara sobre os diferentes produtos e serviços, com especificação correta de quantidade, características, composição, qualidade e preço, bem como sobre os riscos que apresentem;
- Art. 31, caput, CDC (Dever de informar o preço na oferta ao consumidor):
  Art. 31. A oferta e apresentação de produtos ou serviços devem assegurar informações corretas, claras, precisas, ostensivas e em língua portuguesa sobre suas características, qualidades, quantidade, composição, preço, garantia, prazos de validade e origem, entre outros dados, bem como sobre os riscos que apresentam à saúde e segurança dos consumidores.
- Art. 46, CDC (Obrigação de dar prévio conhecimento do contrato ao consumidor):
  Art. 46. Os contratos que regulam as relações de consumo não obrigarão os consumidores, se não lhes for dada a oportunidade de tomar conhecimento prévio de seu conteúdo, ou se os respectivos instrumentos forem redigidos de modo a dificultar a compreensão de seu sentido e alcance.
- Art. 48, CDC (Vinculação do fornecedor às declarações de vontade):
  Art. 48. As declarações de vontade constantes de escritos particulares, recibos e pré-contratos relativos às relações de consumo vinculam o fornecedor, ensejando inclusive execução específica, nos termos do art. 84 e parágrafos.
- Art. 51, X e XIII, CDC (Nulidade das cláusulas que autorizam modificação unilateral por parte do fornecedor):
  Art. 51. São nulas de pleno direito, entre outras, as cláusulas contratuais relativas ao fornecimento de produtos e serviços que:
  ....
  X - permitam ao fornecedor, direta ou indiretamente, variação do preço de maneira unilateral
  ....
  XIII - autorizem o fornecedor a modificar unilateralmente o conteúdo ou a qualidade do contrato, após sua celebração;
- Art. 52, CDC (Dever de informação no fornecimento de produtos ou serviços que envolva outorga de crédito ou concessão de financiamento):

Art. 52. No fornecimento de produtos ou serviços que envolva outorga de crédito ou concessão de financiamento ao consumidor, o fornecedor deverá, entre outros requisitos, informá-lo prévia e adequadamente sobre:

I - preço do produto ou serviço em moeda corrente nacional;
II - montante dos juros de mora e da taxa efetiva anual de juros;
III - acréscimos legalmente previstos;
IV - número e periodicidade das prestações;
V - soma total a pagar, com e sem financiamento.

- Art. 422, CC (Dever de probidade e boa-fé entre os contratantes):
Art. 422. Os contratantes são obrigados a guardar, assim na conclusão do contrato, como em sua execução, os princípios de probidade e boa-fé.
- Arts. 427 e 429, CC (Vinculação do proponente à proposta e à oferta):
Art. 427. A proposta de contrato obriga o proponente, se o contrário não resultar dos termos dela, da natureza do negócio, ou das circunstâncias do caso.

....

Art. 429. A oferta ao público equivale a proposta quando encerra os requisitos essenciais ao contrato, salvo se o contrário resultar das circunstâncias ou dos usos.
- Jurisprudência selecionada:
TJPR: Ap 1000110-3, 6ª Câm., j. 20.12.2000. TJPB: Ap 2002003517-3, 1ª Câm., j. 21.10.2002. TARGS: Ap 192265304, 4ª Câm., j. 25.3.1993. TJDF: Ap 20000110685779, 4ª T., j. 17.12.2001.

Art. 41. No caso de fornecimento de produtos ou de serviços sujeitos ao regime de controle ou de tabelamento de preços, os fornecedores deverão respeitar os limites oficiais sob pena de não o fazendo, responderem pela restituição da quantia recebida em excesso, monetariamente atualizada, podendo o consumidor exigir à sua escolha, o desfazimento do negócio, sem prejuízo de outras sanções cabíveis.

- Art. 6º, VI, CDC (Direito básico à efetiva reparação de danos):
Art. 6º São direitos básicos do consumidor:

....

VI - a efetiva prevenção e reparação de danos patrimoniais e morais, individuais, coletivos e difusos;
- Arts. 25, caput, e 51, I, CDC (Vedação à cláusula de "não-indenizar"):
Art. 25. É vedada a estipulação contratual de cláusula que impossibilite, exonere ou atenue a obrigação de indenizar prevista nesta e nas seções anteriores.

....

Art. 51. São nulas de pleno direito, entre outras, as cláusulas contratuais relativas ao fornecimento de produtos e serviços que:

I - impossibilitem, exonerem ou atenuem a responsabilidade do fornecedor por vícios de qualquer natureza dos produtos e serviços ou impliquem renúncia ou disposição de direitos. Nas relações de consumo entre o fornecedor e o consumidor pessoa jurídica, a indenização poderá ser limitada, em situações justificáveis;

☙ Art. 34, CDC (Responsabilidade solidária por atos de prepostos e autônomos):

Art. 34. O fornecedor do produto ou serviço é solidariamente responsável pelos atos de seus prepostos ou representantes autônomos.

☙ Art. 51, XV, CDC (Nulidade de cláusulas que estejam em desacordo com o sistema de proteção ao consumidor):

Art. 51. São nulas de pleno direito, entre outras, as cláusulas contratuais relativas ao fornecimento de produtos e serviços que:

....

XV - estejam em desacordo com o sistema de proteção ao consumidor;

☙ Art. 393, CC (Fortuito e força maior como excludentes da responsabilidade civil):

Art. 393. O devedor não responde pelos prejuízos resultantes de caso fortuito ou força maior, se expressamente não se houver por eles responsabilizado.

Parágrafo único. O caso fortuito ou de força maior verifica-se no fato necessário, cujos efeitos não era possível evitar ou impedir.

☙ Art. 404, CC (Abrangência das perdas e danos):

Art. 404. As perdas e danos, nas obrigações de pagamento em dinheiro, serão pagas com atualização monetária segundo índices oficiais regularmente estabelecidos, abrangendo juros, custas e honorários de advogado, sem prejuízo da pena convencional.

☙ Arts. 884 a 886, CC (Enriquecimento sem causa):

Art. 884. Aquele que, sem justa causa, se enriquecer à custa de outrem, será obrigado a restituir o indevidamente auferido, feita a atualização dos valores monetários.

Parágrafo único. Se o enriquecimento tiver por objeto coisa determinada, quem a recebeu é obrigado a restituí-la, e, se a coisa não mais subsistir, a restituição se fará pelo valor do bem na época em que foi exigido.

Art. 885. A restituição é devida, não só quando não tenha havido causa que justifique o enriquecimento, mas também se esta deixou de existir.

Art. 886. Não caberá a restituição por enriquecimento, se a lei conferir ao lesado outros meios para se ressarcir do prejuízo sofrido.

☙ Art. 927, parágrafo único, CC (Responsabilidade civil objetiva):

Art. 927. ....

Parágrafo único. Haverá obrigação de reparar o dano, independentemente de culpa, nos casos especificados em lei, ou quando a atividade normalmente desenvolvida pelo autor do dano implicar, por sua natureza, risco para os direitos de outrem.

- Art. 931, CC (Responsabilidade civil objetiva por danos causados pelos produtos postos em circulação):
  Art. 931. Ressalvados outros casos previstos em lei especial, os empresários individuais e as empresas respondem independentemente de culpa pelos danos causados pelos produtos postos em circulação.
- Art. 945, CC (Culpa concorrente da vítima):
  Art. 945. Se a vítima tiver concorrido culposamente para o evento danoso, a sua indenização será fixada tendo-se em conta a gravidade de sua culpa em confronto com a do autor do dano.
- Art. 2º, VI, da Lei nº 1.521/1951 – LEP (Crime de venda de mercadorias ou serviços por preço superior ao tabelado):
  Art. 2º São crimes desta natureza:
  ....
  VI - transgredir tabelas oficiais de gêneros e mercadorias, ou de serviços essenciais, bem como expor à venda ou oferecer ao público ou vender tais gêneros, mercadorias ou serviços, por preço superior ao tabelado, assim como não manter afixadas, em lugar visível e de fácil leitura, as tabelas de preços aprovadas pelos órgãos competentes;
- Jurisprudência selecionada:
  STJ: REsp 170078/SP, 3ª T., j. 3.4.2001. TJRS: MS 594071797, 2ª Câm., j. 26.10.1994.

SEÇÃO V
Da Cobrança de Dívidas

Art. 42. Na cobrança de débitos, o consumidor inadimplente não será exposto a ridículo, nem será submetido a qualquer tipo de constrangimento ou ameaça.

Parágrafo único. O consumidor cobrado em quantia indevida tem direito à repetição do indébito, por valor igual ao dobro do que pagou em excesso, acrescido de correção monetária e juros legais, salvo hipótese de engano justificável.

- Art. 5º, X, CF (Direito à intimidade, à honra e à imagem):
  Art. 5º ....
  ....
  X - são invioláveis a intimidade, a vida privada, a honra e a imagem das pessoas, assegurado o direito a indenização pelo dano material ou moral decorrente de sua violação;
- Art. 5º, LIV, CF (Proibição da privação de bens sem o devido processo legal):

Art. 5º ....
....
LIV - ninguém será privado da liberdade ou de seus bens sem o devido processo legal;
☞ Art. 5º, LXVII, CF (Proibição da prisão por dívida):
Art. 5º ....
....
LXVII - não haverá prisão civil por dívida, salvo a do responsável pelo inadimplemento voluntário e inescusável de obrigação alimentícia e a do depositário infiel;
☞ Art. 4º, III, CDC (Boa-fé como princípio da Política Nacional das Relações de Consumo):
Art. 4º A Política Nacional das Relações de Consumo tem por objetivo o atendimento das necessidades dos consumidores, o respeito à sua dignidade, saúde e segurança, a proteção de seus interesses econômicos, a melhoria da sua qualidade de vida, bem como a transparência e harmonia das relações de consumo, atendidos os seguintes princípios:
....
III - harmonização dos interesses dos participantes das relações de consumo e compatibilização da proteção do consumidor com a necessidade de desenvolvimento econômico e tecnológico, de modo a viabilizar os princípios nos quais se funda a ordem econômica (art. 170, da Constituição Federal), sempre com base na boa-fé e equilíbrio nas relações entre consumidores e fornecedores;
☞ Art. 6º, IV, CDC (Direito básico à proteção contra métodos coercitivos ou desleais):
Art. 6º São direitos básicos do consumidor:
....
IV - a proteção contra a publicidade enganosa e abusiva, métodos comerciais coercitivos ou desleais, bem como contra práticas e cláusulas abusivas ou impostas no fornecimento de produtos e serviços;
☞ Art. 22, caput, CDC (Obrigação de continuidade dos serviços públicos essenciais):
Art. 22. Os órgãos públicos, por si ou suas empresas, concessionárias, permissionárias ou sob qualquer outra forma de empreendimento, são obrigados a fornecer serviços adequados, eficientes, seguros e, quanto aos essenciais, contínuos.
☞ Art. 71, CDC (Crime de coação na cobrança de dívidas):
Art. 71. Utilizar, na cobrança de dívidas, de ameaça, coação, constrangimento físico ou moral, afirmações falsas incorretas ou enganosas ou de qualquer outro procedimento que exponha o consumidor, injustificadamente, a ridículo ou interfira com seu trabalho, descanso ou lazer:
Pena Detenção de três meses a um ano e multa.
☞ Art. 422, CC (Dever de probidade e boa-fé entre os contratantes):
Art. 422. Os contratantes são obrigados a guardar, assim na conclusão do contrato, como em sua execução, os princípios de probidade e boa-fé.

- Art. 876, CC (Pagamento indevido):
Art. 876. Todo aquele que recebeu o que lhe não era devido fica obrigado a restituir; obrigação que incumbe àquele que recebe dívida condicional antes de cumprida a condição.
- Arts. 939 e 940, CC (Cobrança indevida):
Art. 939. O credor que demandar o devedor antes de vencida a dívida, fora dos casos em que a lei o permita, ficará obrigado a esperar o tempo que faltava para o vencimento, a descontar os juros correspondentes, embora estipulados, e a pagar as custas em dobro.
Art. 940. Aquele que demandar por dívida já paga, no todo ou em parte, sem ressalvar as quantias recebidas ou pedir mais do que for devido, ficará obrigado a pagar ao devedor, no primeiro caso, o dobro do que houver cobrado e, no segundo, o equivalente do que dele exigir, salvo se houver prescrição.
- Arts. 139, caput, 140, caput, CP (Crimes de difamação e injúria):
Art. 139 - Difamar alguém, imputando-lhe fato ofensivo à sua reputação:
Pena - detenção, de três meses a um ano, e multa.

....

Art. 140 - Injuriar alguém, ofendendo-lhe a dignidade ou o decoro:
Pena - detenção, de um a seis meses, ou multa.
- Art. 146, CP (Crime de constrangimento ilegal):
Art. 146 - Constranger alguém, mediante violência ou grave ameaça, ou depois de lhe haver reduzido, por qualquer outro meio, a capacidade de resistência, a não fazer o que a lei permite, ou a fazer o que ela não manda:
Pena - detenção, de três meses a um ano, ou multa.
- Art. 6º, § 3º, II, Lei nº 8.987/1995 (Autorização para descontinuidade do serviço público por inadimplemento):
Art. 6º ....

....

§ 3º Não se caracteriza como descontinuidade do serviço a sua interrupção em situação de emergência ou após prévio aviso, quando:

....

II - por inadimplemento do usuário, considerado o interesse da coletividade.
- Art. 91, I a IV, Resolução ANEEL nº 456/2000 (Suspensão do fornecimento de energia elétrica por atraso no pagamento):
Art. 91. A concessionária poderá suspender o fornecimento, após prévia comunicação formal ao consumidor, nas seguintes situações:
I - atraso no pagamento da fatura relativa a prestação do serviço público de energia elétrica;
II - atraso no pagamento de encargos e serviços vinculados ao fornecimento de energia elétrica, prestados mediante autorização do consumidor;
III - atraso no pagamento dos serviços cobráveis estabelecidos no art. 109;
IV - atraso no pagamento de prejuízos causados nas instalações da concessionária, cuja responsabilidade tenha sido imputada ao consumidor, desde que vinculados à prestação do serviço público de energia elétrica;

- Item 7 da Portaria MJ/SDE nº 3/2001 (Abusividade da cláusula que autorize a inscrição do consumidor em cadastros de inadimplentes em casos sub judice):
Divulgar o seguinte elenco de cláusulas, as quais, na forma do artigo 51 da Lei nº 8.078, de 11 de setembro de 1990, e do artigo 56 do Decreto nº 2.181, de 20 de março de 1997, com o objetivo de orientar o Sistema Nacional de Defesa do Consumidor, serão consideradas como abusivas, notadamente para fim de aplicação do disposto no inciso IV, do art. 22 do Decreto nº 2.181:

....

7. autorize o envio do nome do consumidor e/ou seus garantes a cadastros de consumidores (SPC, SERASA, etc.), enquanto houver discussão em juízo relativa à relação de consumo;

- Decreto Federal nº 678/1992: Convenção Americana sobre Direitos Humanos de 1969 – Pacto de San José da Costa Rica (Dispõe sobre a proibição da prisão por dívidas).
- SÚMULA Nº 199 DO SUPERIOR TRIBUNAL DE JUSTIÇA:
Na execução hipotecária de crédito vinculado ao Sistema Financeiro de Habitação, nos termos da Lei 5.741-71, a petição inicial deve ser instruída com, pelo menos, dois avisos de cobrança.
- SÚMULA Nº 356 DO SUPERIOR TRIBUNAL DE JUSTIÇA:
É legítima a cobrança da tarifa básica pelo uso dos serviços de telefonia fixa.
- SÚMULA Nº 407 DO SUPERIOR TRIBUNAL DE JUSTIÇA:
É legítima a cobrança da tarifa de água fixada de acordo com as categorias de usuários e as faixas de consumo.
- SÚMULA Nº 410 DO SUPERIOR TRIBUNAL DE JUSTIÇA:
A prévia intimação pessoal do devedor constitui condição necessária para a cobrança de multa pelo descumprimento de obrigação de fazer ou não fazer.
- SÚMULA Nº 159 DO SUPREMO TRIBUNAL FEDERAL:
Cobrança excessiva, mas de boa fé, não dá lugar às sanções do Art. 1.531 do Código Civil[12].
- SÚMULA Nº 387 DO SUPREMO TRIBUNAL FEDERAL:
A cambial emitida ou aceita com omissões, ou em branco, pode ser completada pelo credor de boa-fé antes da cobrança ou do protesto.
- Jurisprudência selecionada:
STJ: REsp 327679/SP, 4ª T., j. 4.12.2001; REsp 200827/SP, 3ª T., j. 26.8.2002; REsp 265133/RJ, j. 23.10.2000; REsp 468268/RS, 4ª T., j. 22.4.2003; REsp 331416/RS, 3ª T., j. 11.4.2003; HC 17794/SP, 6ª T., j. 13.11.2001; REsp 177828/SP, j. 1.9.1998, RSTJ 113/298; REsp 209410/MG, 4ª T., j. 9.11.1999; REsp 263229/SP, 1ª T., j. 14.11.2000; REsp 237538/SP, 4ª T., j. 30.6.2003, RDC 50/239; REsp 430812/MG, 1ª T.,

---

12 Refere-se ao Código Civil de 1916.

j. 6.8.2002; REsp 702214/CE, 4ª T., j. 1.3.2005; REsp 363943/MG, 1ª S., j. 10.12.2003; REsp 325620/RS, 4ª T., j. 5.2.2002. TJBA: AI 4115-7/2003, 4ª Câm., j. 18.6.2003, RDC 54/267. 1ºTACivSP: Ap 819921-9, 11ª Câm., j. 01.02.1999, RT 768/247; Ap 783839-1, 4ª Câm., j. 18.8.1999, RT 771/248. TJRS: Ap 599298254, 9ª Câm., j. 9.6.1999; Ap 70001056787, 5ª Câm., j. 14.12.2000; EI 70001865724, 8º Gr. Câm., j. 9.3.2001; Ap 70004064218, j. 19.12.2002; AI 599228004, 14ª Câm., j. 6.5.1999; Ap 70002529386, 14ª Câm., j. 13.9.2001; Ap 70004073375, 17ª Câm., j. 12.11.2002; Ap 70003804697, 2ª Câm., j. 2.10.2002; AI 70005632435, 1ª Câm., j. 19.12.2002; AI 70001709617, 6ª Câm., j. 29.11.2000; AI 599467503, 1ª Câm. de férias, j. 7.10.1999. TARGS: Ap 196062178, 5ª Câm., j. 10.10.1996. TJPR: Ap 11392, 6ª Câm., j. 12.12.2003. TJAC: Ap 98000688-0, j. 5.4.1999, RT 769/292. Repositório: RSTJ 117/228; JTJ 170/32.

Art. 42-A. Em todos os documentos de cobrança de débitos apresentados ao consumidor, deverão constar o nome, o endereço e o número de inscrição no Cadastro de Pessoas Físicas – CPF ou no Cadastro Nacional de Pessoa Jurídica – CNPJ do fornecedor do produto ou serviço correspondente.

☞ Artigo incluído pela Lei nº 12.039/2009.
☞ Art. 6º, III, CDC (Direito básico à informação adequada):
Art. 6º São direitos básicos do consumidor:
....
III - a informação adequada e clara sobre os diferentes produtos e serviços, com especificação correta de quantidade, características, composição, qualidade e preço, bem como sobre os riscos que apresentem;
☞ Art. 6º, VI, CDC (Direito básico à efetiva reparação de danos):
Art. 6º São direitos básicos do consumidor:
....
VI - a efetiva prevenção e reparação de danos patrimoniais e morais, individuais, coletivos e difusos;

SEÇÃO VI
Dos Bancos de Dados e Cadastros de Consumidores

Art. 43. O consumidor, sem prejuízo do disposto no art. 86, terá acesso às informações existentes em cadastros, fichas, registros e dados pessoais e de consumo arquivados sobre ele, bem como sobre as suas respectivas fontes.

§ 1º Os cadastros e dados de consumidores devem ser objetivos, claros, verdadeiros e em linguagem de fácil compreensão, não podendo conter informações negativas referentes a período superior a cinco anos.

§ 2º A abertura de cadastro, ficha, registro e dados pessoais e de consumo deverá ser comunicada por escrito ao consumidor, quando não solicitada por ele.

§ 3º O consumidor, sempre que encontrar inexatidão nos seus dados e cadastros, poderá exigir sua imediata correção, devendo o arquivista, no prazo de cinco dias úteis, comunicar a alteração aos eventuais destinatários das informações incorretas.

§ 4º Os bancos de dados e cadastros relativos a consumidores, os serviços de proteção ao crédito e congêneres são considerados entidades de caráter público.

§ 5º Consumada a prescrição relativa à cobrança de débitos do consumidor, não serão fornecidas, pelos respectivos Sistemas de Proteção ao Crédito, quaisquer informações que possam impedir ou dificultar novo acesso ao crédito junto aos fornecedores.

 ❧ Art. 5º, X, CF (Direito à privacidade):
  Art. 5º ....
  ....
  X - são invioláveis a intimidade, a vida privada, a honra e a imagem das pessoas, assegurado o direito a indenização pelo dano material ou moral decorrente de sua violação;

 ❧ Art. 5º, LXXII, CF (Habeas Data):
  Art. 5º ....
  ....
  LXXII - conceder-se-á "habeas-data":
  a) para assegurar o conhecimento de informações relativas à pessoa do impetrante, constantes de registros ou bancos de dados de entidades governamentais ou de caráter público;
  b) para a retificação de dados, quando não se prefira fazê-lo por processo sigiloso, judicial ou administrativo;

 ❧ Art. 6º, III, CDC (Direito básico à informação adequada):
  Art. 6º São direitos básicos do consumidor:
  ....
  III - a informação adequada e clara sobre os diferentes produtos e serviços, com especificação correta de quantidade, características, composição, qualidade e preço, bem como sobre os riscos que apresentem;

◊ Art. 14, caput, CDC (Responsabilidade do fornecedor de serviços):
Art. 14. O fornecedor de serviços responde, independentemente da existência de culpa, pela reparação dos danos causados aos consumidores por defeitos relativos à prestação dos serviços, bem como por informações insuficientes ou inadequadas sobre sua fruição e riscos.

◊ Art. 22, CDC (Prestação de serviços públicos adequados):
Art. 22. Os órgãos públicos, por si ou suas empresas, concessionárias, permissionárias ou sob qualquer outra forma de empreendimento, são obrigados a fornecer serviços adequados, eficientes, seguros e, quanto aos essenciais, contínuos.
Parágrafo único. Nos casos de descumprimento, total ou parcial, das obrigações referidas neste artigo, serão as pessoas jurídicas compelidas a cumpri-las e a reparar os danos causados, na forma prevista neste código.

◊ Art. 72, CDC (Crime de impedimento de acesso do consumidor a registros):
Art. 72. Impedir ou dificultar o acesso do consumidor às informações que sobre ele constem em cadastros, banco de dados, fichas e registros:
Pena Detenção de seis meses a um ano ou multa.

◊ Art. 73, CDC (Crime de omissão quanto à correção de registros do consumidor):
Art. 73. Deixar de corrigir imediatamente informação sobre consumidor constante de cadastro, banco de dados, fichas ou registros que sabe ou deveria saber ser inexata:
Pena Detenção de um a seis meses ou multa.

◊ Art. 86, CDC (Habeas Data para tutela dos direitos e interesses dos consumidores):
Art. 86. (Vetado).[13]

◊ Arts. 189 a 196, CC (Disposições gerais sobre prescrição civil):
Art. 189. Violado o direito, nasce para o titular a pretensão, a qual se extingue, pela prescrição, nos prazos a que aludem os arts. 205 e 206.
Art. 190. A exceção prescreve no mesmo prazo em que a pretensão.
Art. 191. A renúncia da prescrição pode ser expressa ou tácita, e só valerá, sendo feita, sem prejuízo de terceiro, depois que a prescrição se consumar; tácita é a renúncia quando se presume de fatos do interessado, incompatíveis com a prescrição.
Art. 192. Os prazos de prescrição não podem ser alterados por acordo das partes.

---

13 O art. 86 vetado tinha a seguinte redação: Art. 86 - Aplica-se o habeas data à tutela dos direitos e interesses dos consumidores. Justificativa do veto: As ações de mandado de segurança e de habeas data destinam-se, por sua natureza, à defesa de direitos subjetivos públicos e têm, portanto, por objetivo precípuo os atos de agentes do Poder Público. Por isso, a sua extensão ou aplicação a outras situações ou relações jurídicas é incompatível com sua índole constitucional. Os artigos vetados, assim, contrariam as disposições dos incisos LXXI e LXXII do art. 5º da Carta Magna.

Art. 193. A prescrição pode ser alegada em qualquer grau de jurisdição, pela parte a quem aproveita.

Art. 194. (Revogado pela Lei nº 11.280/2006).

Art. 195. Os relativamente incapazes e as pessoas jurídicas têm ação contra os seus assistentes ou representantes legais, que derem causa à prescrição, ou não a alegarem oportunamente.

Art. 196. A prescrição iniciada contra uma pessoa continua a correr contra o seu sucessor.

☞ Arts. 219, CPC (Interrupção da prescrição pela citação e pronunciamento de ofício):

Art. 219. A citação válida torna prevento o juízo, induz litispendência e faz litigiosa a coisa; e, ainda quando ordenada por juiz incompetente, constitui em mora o devedor e interrompe a prescrição.

§ 1º A interrupção da prescrição retroagirá à data da propositura da ação.

§ 2º Incumbe à parte promover a citação do réu nos 10 (dez) dias subseqüentes ao despacho que a ordenar, não ficando prejudicada pela demora imputável exclusivamente ao serviço judiciário.

§ 3º Não sendo citado o réu, o juiz prorrogará o prazo até o máximo de 90 (noventa) dias.

§ 4º Não se efetuando a citação nos prazos mencionados nos parágrafos antecedentes, haver-se-á por não interrompida a prescrição.

§ 5º O juiz pronunciará, de ofício, a prescrição.

☞ Item 7 da Portaria MJ/SDE nº 3/2001 (Abusividade da cláusula que autorize a inscrição do consumidor em cadastros de inadimplentes em casos sub judice):

Divulgar o seguinte elenco de cláusulas, as quais, na forma do artigo 51 da Lei nº 8.078, de 11 de setembro de 1990, e do artigo 56 do Decreto nº 2.181, de 20 de março de 1997, com o objetivo de orientar o Sistema Nacional de Defesa do Consumidor, serão consideradas como abusivas, notadamente para fim de aplicação do disposto no inciso IV, do art. 22 do Decreto nº 2.181:

....

7. autorize o envio do nome do consumidor e/ou seus garantes a cadastros de consumidores (SPC, SERASA, etc.), enquanto houver discussão em juízo relativa à relação de consumo;

☞ Lei nº 9.507/1997 (Regula o direito de acesso a informações e disciplina o rito processual do habeas data).

☞ Lei nº 11.111/2005 (Regulamenta a parte final do disposto no inciso XXXIII do caput do art. 5º da Constituição Federal).

☞ SÚMULA Nº 323 DO SUPERIOR TRIBUNAL DE JUSTIÇA:

A inscrição de inadimplente pode ser mantida nos serviços de proteção ao crédito por, no máximo, cinco anos.

☞ SÚMULA Nº 359 DO SUPERIOR TRIBUNAL DE JUSTIÇA:

Cabe ao órgão mantenedor do Cadastro de Proteção ao Crédito a notificação do devedor antes de proceder à inscrição.

- SÚMULA Nº 385 DO SUPERIOR TRIBUNAL DE JUSTIÇA:
  Da anotação irregular em cadastro de proteção ao crédito, não cabe indenização por dano moral, quando preexistente legítima inscrição, ressalvado o direito ao cancelamento.
- SÚMULA Nº 404 DO SUPERIOR TRIBUNAL DE JUSTIÇA:
  É dispensável o aviso de recebimento (AR) na carta de comunicação ao consumidor sobre a negativação de seu nome em bancos de dados e cadastros.
- Jurisprudência selecionada:
  STF: ADI 1790 MC/DF, Pleno, j. 23.4.1998; RHD 22/DF, Pleno, 19.9.1991. STJ: REsp 533625/RS, 4ª T., j. 19.8.2003; REsp 621836/PR, 4ª T., j. 7.12.2004; Ag 197526/RS, 3ªT., j. 20.10.1998; REsp 373219/RJ, j. 28.5.2002; REsp 285401/SP, j. 19.4.2001; REsp 165727/DF, j. 16.6.1998; REsp 292045/RJ, 3ª T., j. 27.8.2001; REsp 402958/DF, 3ª T., j. 30.8.2002. TJDF: Ap 2003011025721-6, j. 13.12.2004. TJMT: Ap 22362, 1ª Câm., j. 16.8.1999, RT 777/356. TJRS: Ap 70005132089, 9ª Câm., j. 11.4.2003; Ap 70000519900, j. 8.5.2001; Ap 596141853, j. 7.11.1996; Ap 70006014278, j. 7.4.2004; Ap 200400107870, 16ª Câm., j. 1.6.2004; Ap 70003905486, 14ª Câm., j. 19.12.2002; Ap 70007830342, 16ª Câm., j. 28.4.2004; Ap 599467347, j. 28.3.2000; AI 70002499101, j. 17.5.2001; Ap 70002772929, 16ª Câm., j. 8.8.2001; Ap 599315280, 15ª Câm., j. 25.8.1999; Ap 70005380233, 16ª Câm., j. 18.12.2002. TARS: Ap 595091364, 5ª Câm., j. 14.9.1995. 2º TACivSP: Ap 633118-0/0, 10ª Câm., j. 18.9.2002. Repositório: BolAASP 1762/372; TJRJ-DC 4/258; TJRS-DC 2/157.

Art. 44. Os órgãos públicos de defesa do consumidor manterão cadastros atualizados de reclamações fundamentadas contra fornecedores de produtos e serviços, devendo divulgá-lo pública e anualmente. A divulgação indicará se a reclamação foi atendida ou não pelo fornecedor.

§ 1º É facultado o acesso às informações lá constantes para orientação e consulta por qualquer interessado.

§ 2º Aplicam-se a este artigo, no que couber, as mesmas regras enunciadas no artigo anterior e as do parágrafo único do art. 22 deste código.

- Art. 5º, XXXII, CF (Dever do Estado de promover a Defesa do Consumidor):
  Art. 5º ....
  ....
  XXXII - o Estado promoverá, na forma da lei, a defesa do consumidor;
- Art. 4º, II, CDC (Ação governamental para efetiva proteção do consumidor):
  Art. 4º A Política Nacional das Relações de Consumo tem por objetivo o atendimento das necessidades dos consumidores, o respeito à sua dignidade, saúde

e segurança, a proteção de seus interesses econômicos, a melhoria da sua qualidade de vida, bem como a transparência e harmonia das relações de consumo, atendidos os seguintes princípios:

....

II - ação governamental no sentido de proteger efetivamente o consumidor:
- Art. 22, CDC (Prestação de serviços públicos adequados):
  Art. 22. Os órgãos públicos, por si ou suas empresas, concessionárias, permissionárias ou sob qualquer outra forma de empreendimento, são obrigados a fornecer serviços adequados, eficientes, seguros e, quanto aos essenciais, contínuos.
  Parágrafo único. Nos casos de descumprimento, total ou parcial, das obrigações referidas neste artigo, serão as pessoas jurídicas compelidas a cumpri-las e a reparar os danos causados, na forma prevista neste código.
- Art. 105, CDC (Sistema Nacional de Defesa do Consumidor):
  Art. 105. Integram o Sistema Nacional de Defesa do Consumidor (SNDC), os órgãos federais, estaduais, do Distrito Federal e municipais e as entidades privadas de defesa do consumidor.
- Art. 106, IX, CDC (Incentivo às entidades de defesa do consumidor):
  Art. 106. O Departamento Nacional de Defesa do Consumidor, da Secretaria Nacional de Direito Econômico (MJ), ou órgão federal que venha substituí-lo, é organismo de coordenação da política do Sistema Nacional de Defesa do Consumidor, cabendo-lhe:

....

  IX - incentivar, inclusive com recursos financeiros e outros programas especiais, a formação de entidades de defesa do consumidor pela população e pelos órgãos públicos estaduais e municipais;
- Decreto Federal nº 2.181/1997 (Dispõe sobre a organização do Sistema Nacional de Defesa do Consumidor - SNDC, estabelece as normas gerais de aplicação das sanções administrativas previstas na Lei nº 8.078, de 11 de setembro de 1990, revoga o Decreto nº 861/1993, e dá outras providências).
- Jurisprudência selecionada:
  Repositório: RT 750/295.

Art. 45. (Vetado).

- O art. 45 vetado tinha a seguinte redação (Mensagem nº 664/1990):
  Art. 45 - As infrações ao disposto neste Capítulo, além de perdas e danos, indenização por danos morais, perda dos juros e outras sanções cabíveis, ficam sujeitas à multa de natureza civil, proporcional à gravidade da infração e à condição econômica do infrator, cominada pelo juiz na ação proposta por qualquer dos legitimados à defesa do consumidor em juízo.[14]

---

14 Justificativa do veto: O art. 12 e outras normas já dispõem de modo cabal sobre a reparação do dano sofrido pelo consumidor. Os dispositivos ora vetados criam a figura da "multa civil", sempre de valor expressivo, sem que sejam definidas a sua destinação e finalidade.

CAPÍTULO VI
Da Proteção Contratual

SEÇÃO I
Disposições Gerais

Art. 46. Os contratos que regulam as relações de consumo não obrigarão os consumidores, se não lhes for dada a oportunidade de tomar conhecimento prévio de seu conteúdo, ou se os respectivos instrumentos forem redigidos de modo a dificultar a compreensão de seu sentido e alcance.

> Art. 4º, III, CDC (Boa-fé como princípio da Política Nacional das Relações de Consumo):
> Art. 4º A Política Nacional das Relações de Consumo tem por objetivo o atendimento das necessidades dos consumidores, o respeito à sua dignidade, saúde e segurança, a proteção de seus interesses econômicos, a melhoria da sua qualidade de vida, bem como a transparência e harmonia das relações de consumo, atendidos os seguintes princípios:
>
> ....
>
> III - harmonização dos interesses dos participantes das relações de consumo e compatibilização da proteção do consumidor com a necessidade de desenvolvimento econômico e tecnológico, de modo a viabilizar os princípios nos quais se funda a ordem econômica (art. 170, da Constituição Federal), sempre com base na boa-fé e equilíbrio nas relações entre consumidores e fornecedores;
>
> Art. 6º, III, CDC (Direito básico à informação adequada):
> Art. 6º São direitos básicos do consumidor:
>
> ....
>
> III - a informação adequada e clara sobre os diferentes produtos e serviços, com especificação correta de quantidade, características, composição, qualidade e preço, bem como sobre os riscos que apresentem;
>
> Art. 30, CDC (Vinculação do fornecedor à oferta):
> Art. 30. Toda informação ou publicidade, suficientemente precisa, veiculada por qualquer forma ou meio de comunicação com relação a produtos e serviços oferecidos ou apresentados, obriga o fornecedor que a fizer veicular ou dela se utilizar e integra o contrato que vier a ser celebrado.

- Art. 31 CDC (Dever de clareza da oferta):
Art. 31. A oferta e apresentação de produtos ou serviços devem assegurar informações corretas, claras, precisas, ostensivas e em língua portuguesa sobre suas características, qualidades, quantidade, composição, preço, garantia, prazos de validade e origem, entre outros dados, bem como sobre os riscos que apresentam à saúde e segurança dos consumidores.
Parágrafo único. As informações de que trata este artigo, nos produtos refrigerados oferecidos ao consumidor, serão gravadas de forma indelével.
- Art. 35, CDC (Recusa ao cumprimento da oferta):
Art. 35. Se o fornecedor de produtos ou serviços recusar cumprimento à oferta, apresentação ou publicidade, o consumidor poderá, alternativamente e à sua livre escolha:
I - exigir o cumprimento forçado da obrigação, nos termos da oferta, apresentação ou publicidade;
II - aceitar outro produto ou prestação de serviço equivalente;
III - rescindir o contrato, com direito à restituição de quantia eventualmente antecipada, monetariamente atualizada, e a perdas e danos.
- Art. 51, IV, CDC (Nulidade de cláusulas incompatíveis com a boa-fé):
Art. 51. São nulas de pleno direito, entre outras, as cláusulas contratuais relativas ao fornecimento de produtos e serviços que:
....
IV - estabeleçam obrigações consideradas iníquas, abusivas, que coloquem o consumidor em desvantagem exagerada, ou sejam incompatíveis com a boa-fé ou a eqüidade;
- Art. 52, CDC (Dever de informação no fornecimento de produtos ou serviços que envolva outorga de crédito ou concessão de financiamento):
Art. 52. No fornecimento de produtos ou serviços que envolva outorga de crédito ou concessão de financiamento ao consumidor, o fornecedor deverá, entre outros requisitos, informá-lo prévia e adequadamente sobre:
I - preço do produto ou serviço em moeda corrente nacional;
II - montante dos juros de mora e da taxa efetiva anual de juros;
III - acréscimos legalmente previstos;
IV - número e periodicidade das prestações;
V - soma total a pagar, com e sem financiamento.
- Art. 54, §§ 3º e 4º, CDC (Obrigação de tornar legível e destacar cláusulas limitativas nos contratos de adesão):
Art. 54. ....

....
§ 3º Os contratos de adesão escritos serão redigidos em termos claros e com caracteres ostensivos e legíveis, cujo tamanho da fonte não será inferior ao corpo doze, de modo a facilitar sua compreensão pelo consumidor.
§ 4º As cláusulas que implicarem limitação de direito do consumidor deverão ser redigidas com destaque, permitindo sua imediata e fácil compreensão.

- Art. 66, CDC (Crime de falsear enganar ou omitir informação relevante):
Art. 66. Fazer afirmação falsa ou enganosa, ou omitir informação relevante sobre a natureza, característica, qualidade, quantidade, segurança, desempenho, durabilidade, preço ou garantia de produtos ou serviços:
Pena - Detenção de três meses a um ano e multa.
- Art. 110, CC (Invalidade de reserva mental na manifestação de vontade):
Art. 110. A manifestação de vontade subsiste ainda que o seu autor haja feito a reserva mental de não querer o que manifestou, salvo se dela o destinatário tinha conhecimento.
- Art. 113, CC (Boa-fé como vetor de interpretação dos negócios jurídicos):
Art. 113. Os negócios jurídicos devem ser interpretados conforme a boa-fé e os usos do lugar de sua celebração.
- Art. 224, CC (Dever de tradução de documentos em língua estrangeira para validade):
Art. 224. Os documentos redigidos em língua estrangeira serão traduzidos para o português para ter efeitos legais no País.
- Art. 422, CC (Dever de probidade e boa-fé entre os contratantes):
Art. 422. Os contratantes são obrigados a guardar, assim na conclusão do contrato, como em sua execução, os princípios de probidade e boa-fé.
- Arts. 427 e 429, CC (Vinculação do proponente à proposta e à oferta):
Art. 427. A proposta de contrato obriga o proponente, se o contrário não resultar dos termos dela, da natureza do negócio, ou das circunstâncias do caso.

....

Art. 429. A oferta ao público equivale a proposta quando encerra os requisitos essenciais ao contrato, salvo se o contrário resultar das circunstâncias ou dos usos.
- Jurisprudência selecionada:
STJ: REsp 264562/SE, j. 12.6.2001. TARS: Ap 196182760, 9ª Câm., j. 19.11.1996. TJRS: Ap 70004388252, 6ª Câm., j. 4.9.2002; Ap 70001681774, 10ª Câm., j. 21.6.2001; Ap 70000828673, 17ª Câm., j. 14.5.2002; Ap 596115519, 6ª Câm., j. 10.12.1996; Ap 598427227, 5ª Câm., j. 8.4.1999; Ap 70001562370, j. 11.10.2000. 2ºTACivSP: Ap 495364-00/9, 12ª Câm., j. 4.9.1997, RT 750/311. 1ºTACivSP: Ap 760040-6, 4ª Câm. de férias, j. 29.1.1998, RT 754/298. TJSP: Ap 78917-4, 9ª Câm., j. 18.8.1999. TJBA: AI 35195-3, 2ª Câm., j. 27.6.1997. RT 748/336. TJRJ: Ap 200200129061, 3ª Câm., j. 17.6.2003. Ap 5389/98, 5ª Câm., j. 24.6.1998. TJMS: Ap 61153-8, 2ª T., j. 30.3.1999, RT 768/329. Repositório: RSTJ 94/191; JTJ 161/43.

Art. 47. As cláusulas contratuais serão interpretadas de maneira mais favorável ao consumidor.

- Art. 4º, I, CDC (Reconhecimento da vulnerabilidade do consumidor):
  Art. 4º A Política Nacional das Relações de Consumo tem por objetivo o atendimento das necessidades dos consumidores, o respeito à sua dignidade, saúde e segurança, a proteção de seus interesses econômicos, a melhoria da sua qualidade de vida, bem como a transparência e harmonia das relações de consumo, atendidos os seguintes princípios:
  I - reconhecimento da vulnerabilidade do consumidor no mercado de consumo;
- Art. 4º, III, CDC (Boa-fé como princípio da Política Nacional das Relações de Consumo):
  Art. 4º A Política Nacional das Relações de Consumo tem por objetivo o atendimento das necessidades dos consumidores, o respeito à sua dignidade, saúde e segurança, a proteção de seus interesses econômicos, a melhoria da sua qualidade de vida, bem como a transparência e harmonia das relações de consumo, atendidos os seguintes princípios:
  ....
  III - harmonização dos interesses dos participantes das relações de consumo e compatibilização da proteção do consumidor com a necessidade de desenvolvimento econômico e tecnológico, de modo a viabilizar os princípios nos quais se funda a ordem econômica (art. 170, da Constituição Federal), sempre com base na boa-fé e equilíbrio nas relações entre consumidores e fornecedores;
- Art. 6º, VIII, CDC (Ônus da prova):
  Art. 6º São direitos básicos do consumidor:
  ....
  VIII - a facilitação da defesa de seus direitos, inclusive com a inversão do ônus da prova, a seu favor, no processo civil, quando, a critério do juiz, for verossímil a alegação ou quando for ele hipossuficiente, segundo as regras ordinárias de experiências;
- Art. 38, CDC (Ônus da prova da veracidade e correção da publicidade):
  Art. 38. O ônus da prova da veracidade e correção da informação ou comunicação publicitária cabe a quem as patrocina.
- Art. 51, IV, CDC (Nulidade de cláusulas incompatíveis com a boa-fé e equidade):
  Art. 51. São nulas de pleno direito, entre outras, as cláusulas contratuais relativas ao fornecimento de produtos e serviços que:
  ....
  IV - estabeleçam obrigações consideradas iníquas, abusivas, que coloquem o consumidor em desvantagem exagerada, ou sejam incompatíveis com a boa-fé ou a eqüidade;
- Arts. 110 a 114, 423, 819 e 843, CC (Normas de interpretação no Código Civil):
  Art. 110. A manifestação de vontade subsiste ainda que o seu autor haja feito a reserva mental de não querer o que manifestou, salvo se dela o destinatário tinha conhecimento.

Art. 111. O silêncio importa anuência, quando as circunstâncias ou os usos o autorizarem, e não for necessária a declaração de vontade expressa.
Art. 112. Nas declarações de vontade se atenderá mais à intenção nelas consubstanciada do que ao sentido literal da linguagem.
Art. 113. Os negócios jurídicos devem ser interpretados conforme a boa-fé e os usos do lugar de sua celebração.
Art. 114. Os negócios jurídicos benéficos e a renúncia interpretam-se estritamente.

....
Art. 423. Quando houver no contrato de adesão cláusulas ambíguas ou contraditórias, dever-se-á adotar a interpretação mais favorável ao aderente.

....
Art. 819. A fiança dar-se-á por escrito, e não admite interpretação extensiva.

....
Art. 843. A transação interpreta-se restritivamente, e por ela não se transmitem, apenas se declaram ou reconhecem direitos.

೧೩ Art. 422, CC (Dever de probidade e boa-fé entre os contratantes):
Art. 422. Os contratantes são obrigados a guardar, assim na conclusão do contrato, como em sua execução, os princípios de probidade e boa-fé.

೧೩ SÚMULA Nº 5 DO SUPERIOR TRIBUNAL DE JUSTIÇA:
A simples interpretação de cláusula contratual não enseja recurso especial.

೧೩ SÚMULA Nº 181 DO SUPERIOR TRIBUNAL DE JUSTIÇA:
É admissível ação declaratória, visando a obter certeza quanto à exata interpretação de cláusula contratual.

೧೩ SÚMULA Nº 454 DO SUPREMO TRIBUNAL FEDERAL:
Simples interpretação de cláusulas contratuais não dá lugar a recurso extraordinário.

೧೩ Jurisprudência selecionada:
STJ: REsp 200019/SP, 3ª T., j. 17.5.2001; REsp 403189/DF, 4ª T., j. 26.5.2003; REsp 86085/SP, j. 22.4.1996, RDC 20/149; REsp 492777/RS, j. 5.6.2003; REsp 300215/MG, 4ª T., j. 29.5.2001; REsp 196302/SP, j. 18.2.1999; REsp 258805/MG, 4ª T., j. 21.9.2000; REsp 255065/RS, j. 5.4.2001; REsp 435241/SP, 4ª T., j. 1.4.2003, RDC 49/224; REsp 199016/RJ, 4ª T., j. 4.3.1999; EREsp 176890/MG, 2ª S., j. 22.9.1999; REsp 355771/RS, 1ª T., j. 18.11.2003; REsp 160307/SP, 3ª T., j. 16.3.1999; REsp 16560/SC, j. 12.5.1992; REsp 192387/RS, 4ª T., j. 2.5.2000. TJPR: Ap 23024, 1ª Câm., j. 11.3.2003; Ap 1569, 8ª Câm., j. 7.4.2003. TJSP: Ap 73617-4, 2ª Câm., j. 23.2.1999; AI 279785/6, j. 13.2.1996; Ap 115203-4/8-00, 4ª Câm., j. 22.2.2001. TJMS: Ap 61153-8, 2ª T., j. 30.3.1999, RT 768/329. TARGS: Ap 194041851, j. 13.4.1994. TJRS: Ap 599428364, 2ª Câm., j. 18.10.2000; Ap 70000515437, 21ª Câm., j. 6.9.2000; Ap 70002291235, 16ª Câm., j. 4.4.2001; Ap 70004018875, 16ª Câm., j.

10.12.2002; Ap 70005607692, 18ª Câm., j. 2.10.2003; AI 70005175666, 18ª Câm., j. 7.8.2003; EI 70006938971, 18ª Câm., j. 5.8.2004; EI 70003247293, 3º Gr Câm, j. 5.4.2002; Ap 70002247971, 12ª Câm., j. 1.11.2001; Ap 599334607, 19ª Câm., j. 23.11.1999; Ap 596094482, 5ª Câm., j. 24.10.1996, RJTJRS 180/394; Ap 598002079, 6ª Câm., j. 3.6.1998; Ap 197028053, 5ª Câm., j. 11.9.1997; Ap 599487733, 2ª Câm., j. 26.10.2000; Ap 70001589795, 6ª Câm., j. 10.4.2002; Ap 70001356658, 12ª Câm., j. 19.10.2000; Ap 70001909704, 10ª Câm., j. 29.3.2001. TJRJ: Ap 19492/2000, 7ª Câm., j. 6.3.2001. TAPR: Ap 2367171-7, 6ª Câm., j. 16.12.2003, RDC 54/272; Ap 146243-3, j. 16.2.2000; Ap 133187-5, 3ª Câm., DJ 8.12.2000; Ap 0132670-1, 3ª Câm., j. 12.5.1999. TJSC: Ap 03019119-4, 2ª Câm., j. 25.9.2003, RT 54/310. 2ºTACivSP: Ap 640466-0/0, j. 20.11.2002. Repositório: RJTJRS 166/387; JTJ 153/34.

Art. 48. As declarações de vontade constantes de escritos particulares, recibos e pré-contratos relativos às relações de consumo vinculam o fornecedor, ensejando inclusive execução específica, nos termos do art. 84 e parágrafos.

- Art. 30, CDC (Vinculação do fornecedor à oferta):
    Art. 30. Toda informação ou publicidade, suficientemente precisa, veiculada por qualquer forma ou meio de comunicação com relação a produtos e serviços oferecidos ou apresentados, obriga o fornecedor que a fizer veicular ou dela se utilizar e integra o contrato que vier a ser celebrado.
- Art. 35, CDC (Recusa ao cumprimento da oferta):
    Art. 35. Se o fornecedor de produtos ou serviços recusar cumprimento à oferta, apresentação ou publicidade, o consumidor poderá, alternativamente e à sua livre escolha:
    I - exigir o cumprimento forçado da obrigação, nos termos da oferta, apresentação ou publicidade;
    II - aceitar outro produto ou prestação de serviço equivalente;
    III - rescindir o contrato, com direito à restituição de quantia eventualmente antecipada, monetariamente atualizada, e a perdas e danos.
- Art. 51, IV, CDC (Nulidade de cláusulas incompatíveis com a boa-fé):
    Art. 51. São nulas de pleno direito, entre outras, as cláusulas contratuais relativas ao fornecimento de produtos e serviços que:
    ....
    IV - estabeleçam obrigações consideradas iníquas, abusivas, que coloquem o consumidor em desvantagem exagerada, ou sejam incompatíveis com a boa-fé ou a eqüidade;
- Art. 84, CDC (Tutela específica da obrigação de fazer):

Art. 84. Na ação que tenha por objeto o cumprimento da obrigação de fazer ou não fazer, o juiz concederá a tutela específica da obrigação ou determinará providências que assegurem o resultado prático equivalente ao do adimplemento.

§ 1º A conversão da obrigação em perdas e danos somente será admissível se por ela optar o autor ou se impossível a tutela específica ou a obtenção do resultado prático correspondente.

§ 2º A indenização por perdas e danos se fará sem prejuízo da multa (art. 287, do Código de Processo Civil).

§ 3º Sendo relevante o fundamento da demanda e havendo justificado receio de ineficácia do provimento final, é lícito ao juiz conceder a tutela liminarmente ou após justificação prévia, citado o réu.

§ 4º O juiz poderá, na hipótese do § 3º ou na sentença, impor multa diária ao réu, independentemente de pedido do autor, se for suficiente ou compatível com a obrigação, fixando prazo razoável para o cumprimento do preceito.

§ 5º Para a tutela específica ou para a obtenção do resultado prático equivalente, poderá o juiz determinar as medidas necessárias, tais como busca e apreensão, remoção de coisas e pessoas, desfazimento de obra, impedimento de atividade nociva, além de requisição de força policial.

ca Arts. 107 a 109, CC (Forma do negócio jurídico):

Art. 107. A validade da declaração de vontade não dependerá de forma especial, senão quando a lei expressamente a exigir.

Art. 108. Não dispondo a lei em contrário, a escritura pública é essencial à validade dos negócios jurídicos que visem à constituição, transferência, modificação ou renúncia de direitos reais sobre imóveis de valor superior a trinta vezes o maior salário mínimo vigente no País.

Art. 109. No negócio jurídico celebrado com a cláusula de não valer sem instrumento público, este é da substância do ato.

ca Arts. 110 a 114, 423, 819 e 843, CC (Normas de interpretação no Código Civil):

Art. 110. A manifestação de vontade subsiste ainda que o seu autor haja feito a reserva mental de não querer o que manifestou, salvo se dela o destinatário tinha conhecimento.

Art. 111. O silêncio importa anuência, quando as circunstâncias ou os usos o autorizarem, e não for necessária a declaração de vontade expressa.

Art. 112. Nas declarações de vontade se atenderá mais à intenção nelas consubstanciada do que ao sentido literal da linguagem.

Art. 113. Os negócios jurídicos devem ser interpretados conforme a boa-fé e os usos do lugar de sua celebração.

Art. 114. Os negócios jurídicos benéficos e a renúncia interpretam-se estritamente.

Art. 423. Quando houver no contrato de adesão cláusulas ambíguas ou contraditórias, dever-se-á adotar a interpretação mais favorável ao aderente.

Art. 819. A fiança dar-se-á por escrito, e não admite interpretação extensiva.

Art. 843. A transação interpreta-se restritivamente, e por ela não se transmitem, apenas se declaram ou reconhecem direitos.

    Art. 320, CC (Recibo de quitação das obrigações de pagar):
Art. 320. A quitação, que sempre poderá ser dada por instrumento particular, designará o valor e a espécie da dívida quitada, o nome do devedor, ou quem por este pagou, o tempo e o lugar do pagamento, com a assinatura do credor, ou do seu representante.
Parágrafo único. Ainda sem os requisitos estabelecidos neste artigo valerá a quitação, se de seus termos ou das circunstâncias resultar haver sido paga a dívida.

    Art. 422, CC (Dever de probidade e boa-fé entre os contratantes):
Art. 422. Os contratantes são obrigados a guardar, assim na conclusão do contrato, como em sua execução, os princípios de probidade e boa-fé.

    Arts. 427 e 429, CC (Vinculação do proponente à proposta e à oferta):
Art. 427. A proposta de contrato obriga o proponente, se o contrário não resultar dos termos dela, da natureza do negócio, ou das circunstâncias do caso.

Art. 429. A oferta ao público equivale a proposta quando encerra os requisitos essenciais ao contrato, salvo se o contrário resultar das circunstâncias ou dos usos.

    Art. 462, CC (Requisitos do contrato preliminar):
Art. 462. O contrato preliminar, exceto quanto à forma, deve conter todos os requisitos essenciais ao contrato a ser celebrado.

    Art. 472, CC (Forma do distrato):
Art. 472. O distrato faz-se pela mesma forma exigida para o contrato.

    Jurisprudência selecionada:
STJ: REsp 156771/RJ, 3ª T., j. 4.3.1999; REsp 247344/MG, 3ª T., j. 19.2.2001; REsp 514432/SP, 3ª T., j. 20.11.2003.

Art. 49. O consumidor pode desistir do contrato, no prazo de 7 dias a contar de sua assinatura ou do ato de recebimento do produto ou serviço, sempre que a contratação de fornecimento de produtos e serviços ocorrer fora do estabelecimento comercial, especialmente por telefone ou a domicílio.

Parágrafo único. Se o consumidor exercitar o direito de arrependimento previsto neste artigo, os valores eventualmente pagos, a qualquer título, durante o prazo de reflexão, serão devolvidos, de imediato, monetariamente atualizados.

    Art. 33, CDC (Informações na venda por telefone ou reembolso postal):
Art. 33. Em caso de oferta ou venda por telefone ou reembolso postal, deve constar o nome do fabricante e endereço na embalagem, publicidade e em todos os impressos utilizados na transação comercial.

Parágrafo único. É proibida a publicidade de bens e serviços por telefone, quando a chamada for onerosa ao consumidor que a origina.

☞ Art. 39, III e parágrafo único, CDC (Abusividade do envio de produto ao consumidor sem solicitação prévia):
Art. 39. É vedado ao fornecedor de produtos ou serviços, dentre outras práticas abusivas:

....

III - enviar ou entregar ao consumidor, sem solicitação prévia, qualquer produto, ou fornecer qualquer serviço;

....

Parágrafo único. Os serviços prestados e os produtos remetidos ou entregues ao consumidor, na hipótese prevista no inciso III, equiparam-se às amostras grátis, inexistindo obrigação de pagamento.

☞ Art. 51, II, CDC (Nulidade da cláusula de não-reembolso):
Art. 51. São nulas de pleno direito, entre outras, as cláusulas contratuais relativas ao fornecimento de produtos e serviços que:

....

II - subtraiam ao consumidor a opção de reembolso da quantia já paga, nos casos previstos neste código;

☞ Art. 132, caput e § 1º, CC (Contagem de prazo):
Art. 132. Salvo disposição legal ou convencional em contrário, computam-se os prazos, excluído o dia do começo, e incluído o do vencimento.
§ 1º Se o dia do vencimento cair em feriado, considerar-se-á prorrogado o prazo até o seguinte dia útil.

☞ Art. 1.142, CC (Definição legal de estabelecimento):
Art. 1.142. Considera-se estabelecimento todo complexo de bens organizado, para exercício da empresa, por empresário, ou por sociedade empresária.

☞ Jurisprudência selecionada:
STJ: REsp 57789-6/SP, 4ª T., j. 25.4.1995. TJRS: Ap 196182760, 9ª Câm., j. 19.11.1996; Ap 70000195578, 20ª Câm., j. 26.10.1999; Ap 599008299, j. 4.2.1999; Ap 70007096894, 16ª Câm., j. 22.10.2003. Repositório: RT 708/95.

Art. 50. A garantia contratual é complementar à legal e será conferida mediante termo escrito.

Parágrafo único. O termo de garantia ou equivalente deve ser padronizado e esclarecer, de maneira adequada em que consiste a mesma garantia, bem como a forma, o prazo e o lugar em que pode ser exercitada e os ônus a cargo do consumidor, devendo ser-lhe entregue, devidamente preenchido pelo fornecedor, no ato do fornecimento, acompanhado de manual de instrução, de instalação e uso do produto em linguagem didática, com ilustrações.

- Art. 24, CDC (Independência de termo expresso para a garantia legal):
Art. 24. A garantia legal de adequação do produto ou serviço independe de termo expresso, vedada a exoneração contratual do fornecedor.
- Arts. 25, caput, e 51, I, CDC (Vedação à cláusula de "não-indenizar"):
Art. 25. É vedada a estipulação contratual de cláusula que impossibilite, exonere ou atenue a obrigação de indenizar prevista nesta e nas seções anteriores.
....

Art. 51. São nulas de pleno direito, entre outras, as cláusulas contratuais relativas ao fornecimento de produtos e serviços que:
I - impossibilitem, exonerem ou atenuem a responsabilidade do fornecedor por vícios de qualquer natureza dos produtos e serviços ou impliquem renúncia ou disposição de direitos. Nas relações de consumo entre o fornecedor e o consumidor pessoa jurídica, a indenização poderá ser limitada, em situações justificáveis;
- Art. 26, CDC (Prazos da garantia legal):
Art. 26. O direito de reclamar pelos vícios aparentes ou de fácil constatação caduca em:
I - trinta dias, tratando-se de fornecimento de serviço e de produtos não duráveis;
II - noventa dias, tratando-se de fornecimento de serviço e de produtos duráveis.
§ 1º Inicia-se a contagem do prazo decadencial a partir da entrega efetiva do produto ou do término da execução dos serviços.
§ 2º Obstam a decadência:
I - a reclamação comprovadamente formulada pelo consumidor perante o fornecedor de produtos e serviços até a resposta negativa correspondente, que deve ser transmitida de forma inequívoca;
II - (Vetado).[15]
III - a instauração de inquérito civil, até seu encerramento.
§ 3º Tratando-se de vício oculto, o prazo decadencial inicia-se no momento em que ficar evidenciado o defeito.
- Art. 31, caput, CDC (Informações sobre garantia na oferta):
Art. 31. A oferta e apresentação de produtos ou serviços deve assegurar informações corretas, claras, precisas, ostensivas e em língua portuguesa sobre suas características, qualidades, quantidade, composição, preço, garantia, prazos de validade e origem, entre outros dados, bem como sobre os riscos que apresentam à saúde e segurança dos consumidores.
- Art. 66, CDC (Crime de falsear, enganar ou omitir informação sobre garantia):
Art. 66. Fazer afirmação falsa ou enganosa, ou omitir informação relevante sobre a natureza, característica, qualidade, quantidade, segurança, desempenho, durabilidade, preço ou garantia de produtos ou serviços:

---

15 O inciso II vetado tinha a seguinte redação (Mensagem nº 664/1990): II - a reclamação formalizada perante os órgãos ou entidades com atribuições de defesa do consumidor, pelo prazo de noventa dias. Justificativa do veto: O dispositivo ameaça a estabilidade das relações jurídicas, pois atribui a entidade privada função reservada, por sua própria natureza, aos agentes públicos (e.g. Cod. Civil, art. 172 e Cod. Proc. Civil, art. 219, § 1º).

Pena - Detenção de três meses a um ano e multa.
- Art. 74, CDC (Crime de omissão de entrega de garantia adequadamente preenchida):
Art. 74. Deixar de entregar ao consumidor o termo de garantia adequadamente preenchido e com especificação clara de seu conteúdo;
Pena Detenção de um a seis meses ou multa.
- Art. 107, caput, CDC (Regulação de garantia por Convenção de Consumo):
Art. 107. As entidades civis de consumidores e as associações de fornecedores ou sindicatos de categoria econômica podem regular, por convenção escrita, relações de consumo que tenham por objeto estabelecer condições relativas ao preço, à qualidade, à quantidade, à garantia e características de produtos e serviços, bem como à reclamação e composição do conflito de consumo.
- Jurisprudência selecionada:
STJ: REsp 225858/SP, j. 15.2.2001. TJRS: Ap 70011580883, 14ª Câm., j. 30.6.2005; Ap 70007694078, 10ª Câm., j. 7.10.2004. 2ºTACivSP: AI 589594-00/0, 1ª Câm., j. 13.9.1999, RT 771/288.

SEÇÃO II
Das Cláusulas Abusivas

Art. 51. São nulas de pleno direito, entre outras, as cláusulas contratuais relativas ao fornecimento de produtos e serviços que:

I - impossibilitem, exonerem ou atenuem a responsabilidade do fornecedor por vícios de qualquer natureza dos produtos e serviços ou impliquem renúncia ou disposição de direitos. Nas relações de consumo entre o fornecedor e o consumidor pessoa jurídica, a indenização poderá ser limitada, em situações justificáveis;

II - subtraiam ao consumidor a opção de reembolso da quantia já paga, nos casos previstos neste código;

III - transfiram responsabilidades a terceiros;

IV - estabeleçam obrigações consideradas iníquas, abusivas, que coloquem o consumidor em desvantagem exagerada, ou sejam incompatíveis com a boa-fé ou a eqüidade;

V - (Vetado).

VI - estabeleçam inversão do ônus da prova em prejuízo do consumidor;

VII - determinem a utilização compulsória de arbitragem;

VIII - imponham representante para concluir ou realizar outro negócio jurídico pelo consumidor;

IX - deixem ao fornecedor a opção de concluir ou não o contrato, embora obrigando o consumidor;

X - permitam ao fornecedor, direta ou indiretamente, variação do preço de maneira unilateral;
XI - autorizem o fornecedor a cancelar o contrato unilateralmente, sem que igual direito seja conferido ao consumidor;
XII - obriguem o consumidor a ressarcir os custos de cobrança de sua obrigação, sem que igual direito lhe seja conferido contra o fornecedor;
XIII - autorizem o fornecedor a modificar unilateralmente o conteúdo ou a qualidade do contrato, após sua celebração;
XIV - infrinjam ou possibilitem a violação de normas ambientais;
XV - estejam em desacordo com o sistema de proteção ao consumidor;
XVI - possibilitem a renúncia do direito de indenização por benfeitorias necessárias.
§ 1º Presume-se exagerada, entre outros casos, a vontade que:
I - ofende os princípios fundamentais do sistema jurídico a que pertence;
II - restringe direitos ou obrigações fundamentais inerentes à natureza do contrato, de tal modo a ameaçar seu objeto ou equilíbrio contratual;
III - se mostra excessivamente onerosa para o consumidor, considerando-se a natureza e conteúdo do contrato, o interesse das partes e outras circunstâncias peculiares ao caso.
§ 2º A nulidade de uma cláusula contratual abusiva não invalida o contrato, exceto quando de sua ausência, apesar dos esforços de integração, decorrer ônus excessivo a qualquer das partes.
§ 3º (Vetado).
§ 4º É facultado a qualquer consumidor ou entidade que o represente requerer ao Ministério Público que ajuíze a competente ação para ser declarada a nulidade de cláusula contratual que contrarie o disposto neste código ou de qualquer forma não assegure o justo equilíbrio entre direitos e obrigações das partes.

  O inciso V vetado tinha a seguinte redação (Mensagem nº 664/1990):
  V - Segundo as circunstâncias e, em particular, segundo a aparência global do contrato, venham, após sua conclusão, a surpreender o consumidor.[16]
  O § 3º vetado tinha a seguinte redação (Mensagem nº 664/1990):

---

16 Justificativa do veto: Reproduz, no essencial, o que já está explicitado no inciso IV. É, portanto, desnecessário.

§ 3º - O Ministério Público, mediante inquérito civil, pode efetuar o controle administrativo abstrato e preventivo das cláusulas contratuais gerais, cuja decisão terá caráter geral.[17]

☞ Arts. 127, caput, e 129, III e IX, CF (Incumbência e funções institucionais do Ministério Público):

Art. 127. O Ministério Público é instituição permanente, essencial à função jurisdicional do Estado, incumbindo-lhe a defesa da ordem jurídica, do regime democrático e dos interesses sociais e individuais indisponíveis.

....

Art. 129. São funções institucionais do Ministério Público:

....

III - promover o inquérito civil e a ação civil pública, para a proteção do patrimônio público e social, do meio ambiente e de outros interesses difusos e coletivos;

....

IX - exercer outras funções que lhe forem conferidas, desde que compatíveis com sua finalidade, sendo-lhe vedada a representação judicial e a consultoria jurídica de entidades públicas.

☞ Art. 4º, III, CDC (Boa-fé como princípio da Política Nacional das Relações de Consumo):

Art. 4º A Política Nacional das Relações de Consumo tem por objetivo o atendimento das necessidades dos consumidores, o respeito à sua dignidade, saúde e segurança, a proteção de seus interesses econômicos, a melhoria da sua qualidade de vida, bem como a transparência e harmonia das relações de consumo, atendidos os seguintes princípios:

....

III - harmonização dos interesses dos participantes das relações de consumo e compatibilização da proteção do consumidor com a necessidade de desenvolvimento econômico e tecnológico, de modo a viabilizar os princípios nos quais se funda a ordem econômica (art. 170, da Constituição Federal), sempre com base na boa-fé e equilíbrio nas relações entre consumidores e fornecedores;

☞ Art. 6º, IV e V, CDC (Direito básico à proteção contra cláusulas abusivas e à modificação de cláusulas desproporcionais ou excessivamente onerosas):

---

17 Justificativa do veto: Tais dispositivos transgridem o art. 128, § 5º, da Constituição Federal, que reserva à lei complementar a regulação inicial das atribuições e da organização do Ministério Público. O controle amplo e geral da legitimidade de atos jurídicos somente pode ser confiado ao Poder Judiciário (C.F, art. 5º, XXXV). Portanto, a outorga de competência ao Ministério Público para proceder ao controle abstrato de cláusulas contratuais desfigura o perfil que o Constituinte imprimiu a essa instituição (CF., arts 127 e 129). O controle abstrato de cláusulas contratuais está adequadamente disciplinado no art. 51, § 4º, do Projeto. Vetado o § 3º do art. 51, impõe-se, também, vetar o § 5º do art. 54. Por outro lado, somente pode haver litisconsórcio (art. 82, § 2º) se a todos e a cada um tocar qualidade que lhe autorize a condução autônoma do processo. O art. 128 da Constituição não admite o litisconsórcio constante do projeto.

Art. 6º São direitos básicos do consumidor:

....

IV - a proteção contra a publicidade enganosa e abusiva, métodos comerciais coercitivos ou desleais, bem como contra práticas e cláusulas abusivas ou impostas no fornecimento de produtos e serviços;

V - a modificação das cláusulas contratuais que estabeleçam prestações desproporcionais ou sua revisão em razão de fatos supervenientes que as tornem excessivamente onerosas;

- Art. 6º, VI, CDC (Direito básico à efetiva reparação de danos):
Art. 6º São direitos básicos do consumidor:

....

VI - a efetiva prevenção e reparação de danos patrimoniais e morais, individuais, coletivos e difusos;

- Art. 6º, VIII, CDC (Direito básico à inversão do ônus da prova nos casos de verossimilhança e hipossuficiência):
Art. 6º São direitos básicos do consumidor:

....

VIII - a facilitação da defesa de seus direitos, inclusive com a inversão do ônus da prova, a seu favor, no processo civil, quando, a critério do juiz, for verossímil a alegação ou quando for ele hipossuficiente, segundo as regras ordinárias de experiências;

- Art. 25, caput, CDC (Vedação à "cláusula de não-indenizar"):
Art. 25. É vedada a estipulação contratual de cláusula que impossibilite, exonere ou atenue a obrigação de indenizar prevista nesta e nas seções anteriores.

- Art. 39, I, V, XII e XIII, CDC (Práticas abusivas relacionadas à cláusulas contratuais):
Art. 39. É vedado ao fornecedor de produtos ou serviços, dentre outras práticas abusivas:

I - condicionar o fornecimento de produto ou de serviço ao fornecimento de outro produto ou serviço, bem como, sem justa causa, a limites quantitativos;

....

V - exigir do consumidor vantagem manifestamente excessiva;

....

XII - deixar de estipular prazo para o cumprimento de sua obrigação ou deixar a fixação de seu termo inicial a seu exclusivo critério.

XIII - aplicar fórmula ou índice de reajuste diverso do legal ou contratualmente estabelecido.

- Art. 47, CDC (Interpretação de cláusulas contratuais em favor do consumidor):
Art. 47. As cláusulas contratuais serão interpretadas de maneira mais favorável ao consumidor.

- Art. 54, § 2º, CDC (Admissibilidade de cláusula resolutória nos contratos de adesão):

Art. 54. ....
....
§ 2º Nos contratos de adesão admite-se cláusula resolutória, desde que a alternativa, cabendo a escolha ao consumidor, ressalvando-se o disposto no § 2º do artigo anterior.
Arts. 81, parágrafo único, III, e 82, I, CDC (Legitimidade do Ministério Público para defesa de direitos individuais homogêneos):
Art. 81. A defesa dos interesses e direitos dos consumidores e das vítimas poderá ser exercida em juízo individualmente, ou a título coletivo.
Parágrafo único. A defesa coletiva será exercida quando se tratar de:
....
III - interesses ou direitos individuais homogêneos, assim entendidos os decorrentes de origem comum.
Art. 82. Para os fins do art. 81, parágrafo único, são legitimados concorrentemente:
I - o Ministério Público,

- Art. 113, CC (Boa-fé como vetor de interpretação dos negócios jurídicos):
Art. 113. Os negócios jurídicos devem ser interpretados conforme a boa-fé e os usos do lugar de sua celebração.
- Art. 122, CC (Condições lícitas e defesas):
Art. 122. São lícitas, em geral, todas as condições não contrárias à lei, à ordem pública ou aos bons costumes; entre as condições defesas se incluem as que privarem de todo efeito o negócio jurídico, ou o sujeitarem ao puro arbítrio de uma das partes.
- Art. 156, caput, CC (Contratação em estado de perigo):
Art. 156. Configura-se o estado de perigo quando alguém, premido da necessidade de salvar-se, ou a pessoa de sua família, de grave dano conhecido pela outra parte, assume obrigação excessivamente onerosa.
- Art. 157, CC (Lesão civil):
Art. 157. Ocorre a lesão quando uma pessoa, sob premente necessidade, ou por inexperiência, se obriga a prestação manifestamente desproporcional ao valor da prestação oposta.
- Arts. 168 a 170, CC (Disciplina dos atos nulos no Código Civil):
Art. 168. As nulidades dos artigos antecedentes podem ser alegadas por qualquer interessado, ou pelo Ministério Público, quando lhe couber intervir.
Parágrafo único. As nulidades devem ser pronunciadas pelo juiz, quando conhecer do negócio jurídico ou dos seus efeitos e as encontrar provadas, não lhe sendo permitido supri-las, ainda que a requerimento das partes.
Art. 169. O negócio jurídico nulo não é suscetível de confirmação, nem convalesce pelo decurso do tempo.

Art. 170. Se, porém, o negócio jurídico nulo contiver os requisitos de outro, subsistirá este quando o fim a que visavam as partes permitir supor que o teriam querido, se houvessem previsto a nulidade.

ෆ Arts. 183 e 184, CC (Invalidade parcial ou do instrumento):
Art. 183. A invalidade do instrumento não induz a do negócio jurídico sempre que este puder provar-se por outro meio.
Art. 184. Respeitada a intenção das partes, a invalidade parcial de um negócio jurídico não o prejudicará na parte válida, se esta for separável; a invalidade da obrigação principal implica a das obrigações acessórias, mas a destas não induz a da obrigação principal.

ෆ Art. 187, CC (Ato ilícito por abuso de direito):
Art. 187. Também comete ato ilícito o titular de um direito que, ao exercê-lo, excede manifestamente os limites impostos pelo seu fim econômico ou social, pela boa-fé ou pelos bons costumes.

ෆ Arts. 317, 478 e 480, CC (Onerosidade Excessiva):
Art. 317. Quando, por motivos imprevisíveis, sobrevier desproporção manifesta entre o valor da prestação devida e o do momento de sua execução, poderá o juiz corrigi-lo, a pedido da parte, de modo que assegure, quanto possível, o valor real da prestação.

Art. 478. Nos contratos de execução continuada ou diferida, se a prestação de uma das partes se tornar excessivamente onerosa, com extrema vantagem para a outra, em virtude de acontecimentos extraordinários e imprevisíveis, poderá o devedor pedir a resolução do contrato. Os efeitos da sentença que a decretar retroagirão à data da citação.

Art. 480. Se no contrato as obrigações couberem a apenas uma das partes, poderá ela pleitear que a sua prestação seja reduzida, ou alterado o modo de executá-la, a fim de evitar a onerosidade excessiva.

ෆ Arts. 412 e 413, CC (Excessividade da cláusula penal):
Art. 412. O valor da cominação imposta na cláusula penal não pode exceder o da obrigação principal.
Art. 413. A penalidade deve ser reduzida eqüitativamente pelo juiz se a obrigação principal tiver sido cumprida em parte, ou se o montante da penalidade for manifestamente excessivo, tendo-se em vista a natureza e a finalidade do negócio.

ෆ Art. 421, CC (Função social do contrato como limite da liberdade de contratar):
Art. 421. A liberdade de contratar será exercida em razão e nos limites da função social do contrato.

ෆ Art. 422, CC (Dever de probidade e boa-fé entre os contratantes):
Art. 422. Os contratantes são obrigados a guardar, assim na conclusão do contrato, como em sua execução, os princípios de probidade e boa-fé.

- Art. 424, CC (Nulidade da cláusula de renúncia antecipada do aderente a direito nos contratos de adesão):
Art. 424. Nos contratos de adesão, são nulas as cláusulas que estipulem a renúncia antecipada do aderente a direito resultante da natureza do negócio.
- Art. 578, CC (Direito de retenção por benfeitorias necessárias na locação de coisas):
Art. 578. Salvo disposição em contrário, o locatário goza do direito de retenção, no caso de benfeitorias necessárias, ou no de benfeitorias úteis, se estas houverem sido feitas com expresso consentimento do locador.
- Art. 732, CC (Prevalência da aplicação do Código Civil aos contratos de transporte):
Art. 732. Aos contratos de transporte, em geral, são aplicáveis, quando couber, desde que não contrariem as disposições deste Código, os preceitos constantes da legislação especial e de tratados e convenções internacionais.
- Art. 1.219 (Direito de indenização e retenção por benfeitorias necessárias na posse de boa-fé):
Art. 1.219. O possuidor de boa-fé tem direito à indenização das benfeitorias necessárias e úteis, bem como, quanto às voluptuárias, se não lhe forem pagas, a levantá-las, quando o puder sem detrimento da coisa, e poderá exercer o direito de retenção pelo valor das benfeitorias necessárias e úteis.
- Art. 333, CPC (Ônus da prova no processo civil):
Art. 333. O ônus da prova incumbe:
I - ao autor, quanto ao fato constitutivo do seu direito;
II - ao réu, quanto à existência de fato impeditivo, modificativo ou extintivo do direito do autor.
Parágrafo único. É nula a convenção que distribui de maneira diversa o ônus da prova quando:
I - recair sobre direito indisponível da parte;
II - tornar excessivamente difícil a uma parte o exercício do direito.
- Art. 35, Lei nº 8.245/91 (Direito de indenização e retenção por benfeitorias necessárias na locação de imóveis):
Art. 35. Salvo expressa disposição contratual em contrário, as benfeitorias necessárias introduzidas pelo locatário, ainda que não autorizadas pelo locador, bem como as úteis, desde que autorizadas, serão indenizáveis e permitem o exercício do direito de retenção.
- Lei nº 9.307/1996 (Dispõe sobre a Arbitragem).
- Portaria MJ/SDE nº 03/2001 (Divulga elenco de cláusulas consideradas abusivas para efeito de multas do Sistema Nacional de Defesa do Consumidor - SNDC).
- Diretiva da União Européia nº 93-13/1993 (Cláusulas abusivas nos contratos celebrados com consumidores da União Européia).

- **SÚMULA Nº 5 DO SUPERIOR TRIBUNAL DE JUSTIÇA:**
  A simples interpretação de cláusula contratual não enseja recurso especial.
- **SÚMULA Nº 60 DO SUPERIOR TRIBUNAL DE JUSTIÇA:**
  É nula a obrigação cambial assumida por procurador do mutuário vinculado ao mutuante, no exclusivo interesse deste.
- **SÚMULA Nº 176 DO SUPERIOR TRIBUNAL DE JUSTIÇA:**
  É nula a cláusula contratual que sujeita o devedor à taxa de juros divulgada pela ANBID-CETIP.
- **SÚMULA Nº 181 DO SUPERIOR TRIBUNAL DE JUSTIÇA:**
  É admissível ação declaratória, visando a obter certeza quanto à exata interpretação de cláusula contratual.
- **SÚMULA Nº 286 DO SUPERIOR TRIBUNAL DE JUSTIÇA:**
  A renegociação de contrato bancário ou a confissão da dívida não impede a possibilidade de discussão sobre eventuais ilegalidades dos contratos anteriores.
- **SÚMULA Nº 287 DO SUPERIOR TRIBUNAL DE JUSTIÇA:**
  A Taxa Básica Financeira (TBF) não pode ser utilizada como indexador de correção monetária nos contratos bancários.
- **SÚMULA Nº 288 DO SUPERIOR TRIBUNAL DE JUSTIÇA:**
  A Taxa de Juros de Longo Prazo (TJLP) pode ser utilizada como indexador de correção monetária nos contratos bancários.
- **SÚMULA Nº 294 DO SUPERIOR TRIBUNAL DE JUSTIÇA:**
  Não é potestativa a cláusula contratual que prevê a comissão de permanência, calculada pela taxa média de mercado apurada pelo Banco Central do Brasil, limitada à taxa do contrato.
- **SÚMULA Nº 302 DO SUPERIOR TRIBUNAL DE JUSTIÇA:**
  É abusiva a cláusula contratual de plano de saúde que limita no tempo a internação hospitalar do segurado.
- **SÚMULA Nº 335 DO SUPERIOR TRIBUNAL DE JUSTIÇA:**
  Nos contratos de locação, é válida a cláusula de renúncia à indenização das benfeitorias e ao direito de retenção.
- **SÚMULA Nº 369 DO SUPERIOR TRIBUNAL DE JUSTIÇA:**
  No contrato de arrendamento mercantil (leasing), ainda que haja cláusula resolutiva expressa, é necessária a notificação prévia do arrendatário para constituí-lo em mora.
- **SÚMULA Nº 381 DO SUPERIOR TRIBUNAL DE JUSTIÇA:**
  Nos contratos bancários, é vedado ao julgador conhecer, de ofício, da abusividade das cláusulas.
- **SÚMULA Nº 382 DO SUPERIOR TRIBUNAL DE JUSTIÇA:**
  A estipulação de juros remuneratórios superiores a 12% ao ano, por si só, não indica abusividade.
- **SÚMULA Nº 121 DO SUPREMO TRIBUNAL FEDERAL:**
  É vedada a capitalização de juros, ainda que expressamente convencionada.

- SÚMULA Nº 161 DO SUPREMO TRIBUNAL FEDERAL:
Em contrato de transporte, é inoperante a cláusula de não indenizar.
- SÚMULA Nº 335 DO SUPREMO TRIBUNAL FEDERAL:
É válida a cláusula de eleição do foro para os processos oriundos do contrato.
- SÚMULA Nº 412 DO SUPREMO TRIBUNAL FEDERAL:
No compromisso de compra e venda com cláusula de arrependimento, a devolução do sinal, por quem o deu, ou a sua restituição em dobro, por quem o recebeu, exclui indenização maior a título de perdas e danos, salvo os juros moratórios e os encargos do processo.
- SÚMULA Nº 454 DO SUPREMO TRIBUNAL FEDERAL:
Simples interpretação de cláusulas contratuais não dá lugar a recurso extraordinário.
- Jurisprudência selecionada:
STJ: Ag 196602/RS, 3ª T., j. 20.10.1998; REsp 13421, 4ª T., j. 18.5.1992; REsp 200409/MG, 4ª T., j. 27.4.1999; REsp 167352/DF, 3ª T., j. 7.10.1999; REsp 514432/SP, 3ª T., j. 20.11.2003; REsp 90162/RS, 4ª T., j. 28.5.1996; REsp 293778/RS, 4ª T., j. 20.8.2001; REsp 469522/PR, 4ª T., j. 25.2.2003; AI em REsp 514394/RS, 3ª T., j. 12.8.2003; REsp 489720/MS, 4ª T., j. 17.6.2003; REsp 251007/RS, 4ª T., j. 3.8.2000; REsp 447336/SP, 3ª T., j. 11.4.2003; REsp 500011/PR, 4ª T., j. 21.10.2003; REsp 291637/RS, 4ª T., j. 5.6.2001; REsp 130434/RJ, 3ª T., j. 3.12.1999; REsp 450453/RS, 2ª T., j. 25.6.2003; REsp 18652/RS, 4ª T., j. 21.8.2003; REsp 401021/ES, 4ª T., j. 17.12.2002; REsp 473140/SP, 2ª S., j. 12.2.2003; REsp 437660/SP, 4ª T., j. 8.4.2003; REsp 403189/DF, 4ª T., j. 26.5.2003; REsp 158728/RJ, 3ª T., j. 16.3.1999; REsp 251024/SP, 2ª S., j. 27.9.2000; REsp 250523/SP, j. 19.10.2000; EDcl no REsp 620443/RS, 4ª T., j. 21.10.2004; REsp 401021/ES, 4ª T., j. 17.12.2002; REsp 473140/SP, 2ª S., j. 12.2.2003; REsp 437660/SP, 4ª T., j. 8.4.2003; REsp 403189/DF, 4ª T., j. 26.5.2003; REsp 158728/RJ, 3ª T., j. 16.3.1999; REsp 251024/SP, 2ª S., j. 27.9.2000; REsp 250523/SP, j. 19.10.2000; REsp 492777/RS, j. 5.6.2003; REsp 425136/RS, 3ª T., j. 11.2.2003; REsp 239504/SP, j. 3.10.2000; REsp 76362/MT, j. 11.12.1995; REsp 293722/SP, j. 26.3.2001; REsp 476775/MG, 4ª T., j. 20.5.2003; REsp 476775/MG, 4ª T., j. 20.5.2003; REsp 255065/RS, j. 5.4.2001; REsp 412651/MG, 3ª T., j. 25.6.2002; REsp 274264/RJ, 4ª T., j. 26.2.2002; REsp 296453/RS, 3ª T., j. 5.6.2001; REsp 572210/RS, 1ª T., j. 6.5.2004; REsp 190860/MG, 3ª T., j. 9.11.2000; REsp 274264/RJ, 4ª T., j. 26.2.2002; REsp 333302/SP, 4ª T., j. 16.4.2002; REsp 201195/SP, 4ª T., j. 7.12.2000. TJSP: Ap 200703-1/0, 6ª Câm., j. 4.8.1994; Ap 8629-4/3, 8ª Câm., j. 22.8.1997, RT 748/216. TARS: Ap 194045472, 9ª Câm., j. 26.4.1994. TJRS: Ap 70000691014, 14ª Câm., j. 11.5.2000; Ap 7008681553, 9ª Câm., j. 14.4.2004; Ap 70001327634, 12ª Câm, j. 20.2.2001; Ap 598422202, 14ª Câm., j. 9.12.1998; Ap 5984465235, 9ª Câm., j. 10.11.1999; Ap

70000342790, 5ª Câm., j. 30.3.2000; Ap 598427227, 5ª Câm., j. 8.4.1999; Ap 598290252, 18ª Câm., j. 5.3.1999; Ap 70002095891, 19ª Câm., j. 10.4.2001; Ap 700010522885, 14ª Câm., j. 19.10.2000; EI 70001819853, 10º Gr., j. 22.12.2000; Ap 70005092846, 20ª Câm., j. 16.10.2002; Ap 595069923, 5ª Câm., j. 1.8.1996; Ap 195134374, 7ª Câm., j. 20.12.1995; Ap 595069923, j. 1.8.1996; Ap 70001813468, 6ª Câm., j. 30.5.2001; Ap 598268019, 13ª Câm., j. 22.11.2001; Ap 70001052885, 14ª Câm., j. 19.10.2000; Ap 70002333458, 18ª Câm., j. 31.5.2001; AI 70003189255, 6ª Câm., j. 28.11.2001; Ap 70003832953, 2ª Câm., j. 26.3.2002; Ap 70003918638, 5ª Câm., j. 17.10.2002; Ap 70000580852, 15ª Câm., j. 11.10.2000. TARGS: Ap 194194866, 7ª Câm., j. 30.11.1994. TAPR: AI 0234003-0, 4ª Câm., j. 13.8.2003, RDC 54/283; Ap 133187-5, 3ª Câm., DJ 8.12.2000. TJPR: Ap 10627, 5ª Câm., j. 16.9.2003; Ap 11511, 5ª Câm., j. 23.3.2004. TJSC: Ap 3019119-4, 2ª Câm., j. 25.9.2003, RDC 54/310. TJGO: Ap 43967-8/188, 1ª Câm., RT 754/367. TAMG: Ap 266969-0, 1ª Câm., j. 1.12.1998, RT 773/381. TJDF: Ap 41774/96, 2ª T., j. 30.8.1998, RT 755/342. TJES: Ap 024950097188, 2ª Câm., j. 2.9.1997, RT 752/293. TJBA: AI 9444-9/2002, j. 26.6.2002. TJRJ: Ap 17282/00, 14ª T., j. 14.2.2001. 1ºTACivSP: Ap 738678-3, 11ª Câm., j. 20.11.1997, RT 753/256; Ap 126322-4, 10ª Câm., j. 26.10.1999; AI 857744-6, 4ª Câm., j. 5.5.1999, RT 770/279. 2ºTACivSP: EI 694678-2/8, 12ª Câm., j. 13.12.2001; Ap 566323-00/0, 5ª Câm., j. 23.2.2000, RT 777/306; Ap 495364-00/9, 12ª Câm., j. 4.9.1997, RT 750/311. Repositório: JSTJ 29/94; JSTJ 29/80; JSTJ 27/35; RT 726/239; JTJ 166/223; JTJ 170/196; RT 732/224; JTARS 92/273; JTARS 92/310; RTJE 134/204; BolAASP 1769/2-supl.; JTJ 184/39; RTJE 100/149; JTJ 161/43 RJEsp 10/53.

Art. 52. No fornecimento de produtos ou serviços que envolva outorga de crédito ou concessão de financiamento ao consumidor, o fornecedor deverá, entre outros requisitos, informá-lo prévia e adequadamente sobre:

I - preço do produto ou serviço em moeda corrente nacional;

II - montante dos juros de mora e da taxa efetiva anual de juros;

III - acréscimos legalmente previstos;

IV - número e periodicidade das prestações;

V - soma total a pagar, com e sem financiamento.

§ 1º As multas de mora decorrentes do inadimplemento de obrigações no seu termo não poderão ser superiores a dois por cento do valor da prestação.

§ 2º É assegurado ao consumidor a liquidação antecipada do débito, total ou parcialmente, mediante redução proporcional dos juros e demais acréscimos.

§ 3º (Vetado).

ca Redação do § 1º dada pela Lei nº 9.298/1996. O texto alterado tinha o seguinte teor:
§ 1º As multas de mora decorrentes do inadimplemento de obrigação no seu termo não poderão ser superiores a dez por cento do valor da prestação.

ca O § 3º vetado tinha a seguinte redação (Mensagem nº 664/1990):
§ 3º - O fornecedor ficará sujeito a multa civil e perda dos juros, além de outras sanções cabíveis, se descumprir o disposto neste artigo.[18]

ca Art. 4º, III, CDC (Boa-fé como princípio da Política Nacional das Relações de Consumo):
Art. 4º A Política Nacional das Relações de Consumo tem por objetivo o atendimento das necessidades dos consumidores, o respeito à sua dignidade, saúde e segurança, a proteção de seus interesses econômicos, a melhoria da sua qualidade de vida, bem como a transparência e harmonia das relações de consumo, atendidos os seguintes princípios:

....

III - harmonização dos interesses dos participantes das relações de consumo e compatibilização da proteção do consumidor com a necessidade de desenvolvimento econômico e tecnológico, de modo a viabilizar os princípios nos quais se funda a ordem econômica (art. 170, da Constituição Federal), sempre com base na boa-fé e equilíbrio nas relações entre consumidores e fornecedores;

ca Art. 6º, III, CDC (Direito básico à informação adequada):
Art. 6º São direitos básicos do consumidor:

....

III - a informação adequada e clara sobre os diferentes produtos e serviços, com especificação correta de quantidade, características, composição, qualidade e preço, bem como sobre os riscos que apresentem;

ca Art. 31, CDC (Dever de clareza da oferta):
Art. 31. A oferta e apresentação de produtos ou serviços devem assegurar informações corretas, claras, precisas, ostensivas e em língua portuguesa sobre suas características, qualidades, quantidade, composição, preço, garantia, prazos de validade e origem, entre outros dados, bem como sobre os riscos que apresentam à saúde e segurança dos consumidores.
Parágrafo único. As informações de que trata este artigo, nos produtos refrigerados oferecidos ao consumidor, serão gravadas de forma indelével.

ca Art. 46, CDC (Obrigação de dar prévio conhecimento do contrato ao consumidor):
Art. 46. Os contratos que regulam as relações de consumo não obrigarão os consumidores, se não lhes for dada a oportunidade de tomar conhecimento prévio

---

18 Justificativa do veto: O art. 12 e outras normas já dispõem de modo cabal sobre a reparação do dano sofrido pelo consumidor. Os dispositivos ora vetados criam a figura da "multa civil", sempre de valor expressivo, sem que sejam definidas a sua destinação e finalidade.

de seu conteúdo, ou se os respectivos instrumentos forem redigidos de modo a dificultar a compreensão de seu sentido e alcance.

- Art. 51, IV, CDC (Nulidade de cláusulas incompatíveis com a boa-fé):
Art. 51. São nulas de pleno direito, entre outras, as cláusulas contratuais relativas ao fornecimento de produtos e serviços que:

....

IV - estabeleçam obrigações consideradas iníquas, abusivas, que coloquem o consumidor em desvantagem exagerada, ou sejam incompatíveis com a boa-fé ou a eqüidade;

- Art. 66, CDC (Crime de falsear enganar ou omitir informação relevante):
Art. 66. Fazer afirmação falsa ou enganosa, ou omitir informação relevante sobre a natureza, característica, qualidade, quantidade, segurança, desempenho, durabilidade, preço ou garantia de produtos ou serviços:
Pena - Detenção de três meses a um ano e multa.

- Art. 113, CC (Boa-fé como vetor de interpretação dos negócios jurídicos):
Art. 113. Os negócios jurídicos devem ser interpretados conforme a boa-fé e os usos do lugar de sua celebração.

- Art. 224, CC (Dever de tradução de documentos em língua estrangeira para validade):
Art. 224. Os documentos redigidos em língua estrangeira serão traduzidos para o português para ter efeitos legais no País.

- Art. 322 e 323 (Presunção de quitação):
Art. 322. Quando o pagamento for em quotas periódicas, a quitação da última estabelece, até prova em contrário, a presunção de estarem solvidas as anteriores.
Art. 323. Sendo a quitação do capital sem reserva dos juros, estes presumem-se pagos.

- Art. 422, CC (Dever de probidade e boa-fé entre os contratantes):
Art. 422. Os contratantes são obrigados a guardar, assim na conclusão do contrato, como em sua execução, os princípios de probidade e boa-fé.

- Art. 1º, Lei nº 6.463/1977 (Informações nas vendas a prestação):
Art. 1º Nas vendas a prestação de artigos de qualquer natureza e na respectiva publicidade escrita e falada será obrigatória a declaração do preço de venda à vista da mercadoria, o número e o valor das prestações, a taxa de juros mensal e demais encargos financeiros a serem pagos pelo comprador, incidentes sobre as vendas a prestação

- Lei nº 4.595/1964 (Dispõe sobre a Política e as Instituições Monetárias, Bancárias e Creditícias, Cria o Conselho Monetário Nacional e dá outras providências).

- Resolução BACEN nº 2878/2001 (Institui o Código de Defesa do Cliente de Produtos Bancários).

- SÚMULA Nº 283 DO SUPERIOR TRIBUNAL DE JUSTIÇA:
  As empresas administradoras de cartão de crédito são instituições financeiras e, por isso, os juros remuneratórios por elas cobrados não sofrem as limitações da Lei de Usura.
- SÚMULA Nº 284 DO SUPERIOR TRIBUNAL DE JUSTIÇA:
  A purga da mora, nos contratos de alienação fiduciária, só é permitida quando já pagos pelo menos 40% (quarenta por cento) do valor financiado.
- SÚMULA Nº 285 DO SUPERIOR TRIBUNAL DE JUSTIÇA:
  Nos contratos bancários posteriores ao Código de Defesa do Consumidor incide a multa moratória nele prevista.
- SÚMULA Nº 297 DO SUPERIOR TRIBUNAL DE JUSTIÇA:
  O Código de Defesa do Consumidor é aplicável às instituições financeiras.
- Jurisprudência selecionada:
  STJ: REsp 259820/MT, 4ª T., j. 7.12.2000; REsp 57974/RS, 4ª T., j. 25.4.1995, JTARS 97/403; REsp 328191/RS, 4ª T., j. 7.3.2002; AgRg no REsp 292571/MG, 3ª T., j. 26.3.2002; REsp 332787/GO, 4ª T., j. 11.12.2001; REsp 493354/MG, 4ª T., j. 18.9.2003; AgRg no REsp 592635/RS, j. 18.3.2004; REsp 476649/SP, 3ª T., j. 20.11.2003. TJRS: Ap 197077183, 6ª Câm., j. 14.8.1997; Ap 70004365185, 16ª Câm., j. 10.12.2002. 1ª TACivSP: AI 7597226, 12ª Câm., j. 11.12.1997, RT 753/267. 2ºTACivSP: Ap 504193-00/4, 7ª Câm., j. 2.12.1997, RT 751/317. TJGO: AI 13338-2/180, 2ª Câm., j. 10.3.1998, RT 755/355; Ap 58130-0/188, 4ª Câm., j. 13.9.2001.

Art. 53. Nos contratos de compra e venda de móveis ou imóveis mediante pagamento em prestações, bem como nas alienações fiduciárias em garantia, consideram-se nulas de pleno direito as cláusulas que estabeleçam a perda total das prestações pagas em benefício do credor que, em razão do inadimplemento, pleitear a resolução do contrato e a retomada do produto alienado.

§ 1º (Vetado).

§ 2º Nos contratos do sistema de consórcio de produtos duráveis, a compensação ou a restituição das parcelas quitadas, na forma deste artigo, terá descontada, além da vantagem econômica auferida com a fruição, os prejuízos que o desistente ou inadimplente causar ao grupo.

§ 3º Os contratos de que trata o caput deste artigo serão expressos em moeda corrente nacional.

- O § 1º vetado tinha a seguinte redação (Mensagem nº 664/1990):

§ 1º - Na hipótese prevista neste artigo, o devedor inadimplente terá direito a compensação ou à restituição das parcelas quitadas à data da resolução contratual, monetariamente atualizada, descontada a vantagem econômica auferida com a fruição.[19]

- Art. 4º, I, CDC (Reconhecimento da vulnerabilidade do consumidor):
Art. 4º A Política Nacional das Relações de Consumo tem por objetivo o atendimento das necessidades dos consumidores, o respeito à sua dignidade, saúde e segurança, a proteção de seus interesses econômicos, a melhoria da sua qualidade de vida, bem como a transparência e harmonia das relações de consumo, atendidos os seguintes princípios:
I - reconhecimento da vulnerabilidade do consumidor no mercado de consumo;
Art. 4º, III, CDC (Boa-fé como princípio da Política Nacional das Relações de Consumo):
Art. 4º A Política Nacional das Relações de Consumo tem por objetivo o atendimento das necessidades dos consumidores, o respeito à sua dignidade, saúde e segurança, a proteção de seus interesses econômicos, a melhoria da sua qualidade de vida, bem como a transparência e harmonia das relações de consumo, atendidos os seguintes princípios:

....

III - harmonização dos interesses dos participantes das relações de consumo e compatibilização da proteção do consumidor com a necessidade de desenvolvimento econômico e tecnológico, de modo a viabilizar os princípios nos quais se funda a ordem econômica (art. 170, da Constituição Federal), sempre com base na boa-fé e equilíbrio nas relações entre consumidores e fornecedores;
Art. 47, CDC (Interpretação de cláusulas contratuais em favor do consumidor):
Art. 47. As cláusulas contratuais serão interpretadas de maneira mais favorável ao consumidor.

- Art. 113, CC (Boa-fé como vetor de interpretação dos negócios jurídicos):
Art. 113. Os negócios jurídicos devem ser interpretados conforme a boa-fé e os usos do lugar de sua celebração.

- Art. 413, CC (Redução da penalidade quando do cumprimento parcial da obrigação):
Art. 413. A penalidade deve ser reduzida eqüitativamente pelo juiz se a obrigação principal tiver sido cumprida em parte, ou se o montante da penalidade for manifestamente excessivo, tendo-se em vista a natureza e a finalidade do negócio.

---

19 Justificativa do veto: Torna-se necessário dar disciplina mais adequada à resolução dos contratos de compra e venda, por inadimplência do comprador. A venda de bens mediante pagamento em prestações acarreta diversos custos para o vendedor, que não foram contemplados na formulação do dispositivo. A restituição das prestações, monetariamente corrigidas, sem levarem conta esses aspectos, implica tratamento iníquo, de conseqüências imprevisíveis e danosas para os diversos setores da economia.

- Art. 422, CC (Dever de probidade e boa-fé entre os contratantes):
  Art. 422. Os contratantes são obrigados a guardar, assim na conclusão do contrato, como em sua execução, os princípios de probidade e boa-fé.
- Art. 1º, caput, Lei nº 10.192/2001 (Utilização do Real para pagamentos de obrigações pecuniárias no território nacional):
  Art. 1º As estipulações de pagamento de obrigações pecuniárias exeqüíveis no território nacional deverão ser feitas em Real, pelo seu valor nominal.
- SÚMULA Nº 35 DO SUPERIOR TRIBUNAL DE JUSTIÇA:
  O contrato de alienação fiduciária em garantia pode ter por objeto bem que já integrava o patrimônio do devedor.
- SÚMULA Nº 35 DO SUPERIOR TRIBUNAL DE JUSTIÇA:
  Incide correção monetária sobre as prestações pagas, quando de sua restituição, em virtude da retirada ou exclusão do participante de plano de consórcio.
- Jurisprudência selecionada:
  STJ: REsp 39245-4/SP, 4ª T., j. 4.10.1994; REsp 80036/SP, 4ª T., j. 12.2.1996; REsp 45226-0/RS, 4ª T., j. 9.8.1994; REsp 115766/GO, 4ª T., j. 15.4.1997; REsp 238011/RJ, 4ª T., j. 29.2.2000; REsp 63028/DF, 3ª T., j. 12.2.1996; REsp 109331/SP, 4ª T., j. 24.2.1997; REsp 514432/SP, 3ª T., j. 20.11.2003; REsp 249340/SP, 4ª T., j. 18.5.2000; REsp 403189/DF, 4ª T., j. 26.5.2003; REsp 302520/MG, 4ª T., j. 11.3.2003; REsp 218721/SP, 3ª T., j. 18.11.1999; REsp 85182/PE, 4ª T., j. 14.4.1997; REsp 124146/MG, 4ª T., j. 22.6.1999; REsp 99440/SP, 4ª T., j. 15.10.1998; REsp 293214/SP, 3ª T., j. 17.5.2001; REsp 193056/RJ, 3ª T., j. 4.11.1999; REsp 300721/SP, 4ª T., j. 4.9.2001; REsp 476775/MG, 4ª T., j. 20.5.2003. TJRJ: Ap 4544-98, 10ª Câm., j. 8.9.1998, RT 765/335. TJSP: Ap 79825-4/2, 5ª Câm., j. 16.9.1999, RDPriv 02/264-265; EI 069122-4/8-01, 5ª Câm., j. 2.12.1999, RT 775/223. TJRS: Ap 70004987954, 19ª Câm., j. 10.8.2004; Ap 70000289116, 13ª Câm., j. 22.5.2001; Ap 598503712, 17ª Câm., j. 30.3.1999; Ap 70001598184, 5ª Câm., j. 1.11.2000. 1ºTACivSP: Ap 637428-7, 3ª Câm., j. 10.2.1998, RT 754/279. Repositório: JTJ 156/43; RJTJSP 139/41; JTJ 165/46; BolAASP 1771/462; JTJ 168/53; RT 791/207; JTJ 160/35; JTJ 160/36; JTJ 160/40.

SEÇÃO III
Dos Contratos de Adesão

Art. 54. Contrato de adesão é aquele cujas cláusulas tenham sido aprovadas pela autoridade competente ou estabelecidas unilateralmente pelo fornecedor de produtos ou serviços, sem que o consumidor possa discutir ou modificar substancialmente seu conteúdo.

§ 1º A inserção de cláusula no formulário não desfigura a natureza de adesão do contrato.

§ 2º Nos contratos de adesão admite-se cláusula resolutória, desde que a alternativa, cabendo a escolha ao consumidor, ressalvando-se o disposto no § 2º do artigo anterior.

§ 3º Os contratos de adesão escritos serão redigidos em termos claros e com caracteres ostensivos e legíveis, cujo tamanho da fonte não será inferior ao corpo doze, de modo a facilitar sua compreensão pelo consumidor.

§ 4º As cláusulas que implicarem limitação de direito do consumidor deverão ser redigidas com destaque, permitindo sua imediata e fácil compreensão.

§ 5º (Vetado).

- Redação do § 3º dada pela Lei nº 11.785/2008. O texto alterado tinha o seguinte teor:
  § 3º Os contratos de adesão escritos serão redigidos em termos claros e com caracteres ostensivos e legíveis, de modo a facilitar sua compreensão pelo consumidor.
- O § 5º vetado tinha a seguinte redação (Mensagem nº 664/1990):
  § 5º - Cópia do formulário-padrão será remetida ao Ministério Público, que, mediante inquérito civil, poderá efetuar o controle preventivo das cláusulas gerais dos contratos de adesão.[20]
- Art. 422, CC (Dever de probidade e boa-fé entre os contratantes):
  Art. 422. Os contratantes são obrigados a guardar, assim na conclusão do contrato, como em sua execução, os princípios de probidade e boa-fé.
- Art. 4º, III, CDC (Boa-fé como princípio da Política Nacional das Relações de Consumo):
  Art. 4º A Política Nacional das Relações de Consumo tem por objetivo o atendimento das necessidades dos consumidores, o respeito à sua dignidade, saúde e segurança, a proteção de seus interesses econômicos, a melhoria da sua qualidade de vida, bem como a transparência e harmonia das relações de consumo, atendidos os seguintes princípios:
  ....

---

20 Justificativa do veto: Tais dispositivos transgridem o art. 128, § 5º, da Constituição Federal, que reserva à lei complementar a regulação inicial das atribuições e da organização do Ministério Público. O controle amplo e geral da legitimidade de atos jurídicos somente pode ser confiado ao Poder Judiciário (C.F, art. 5º, XXXV). Portanto, a outorga de competência ao Ministério Público para proceder ao controle abstrato de cláusulas contratuais desfigura o perfil que o Constituinte imprimiu a essa instituição (CF., arts 127 e 129). O controle abstrato de cláusulas contratuais está adequadamente disciplinado no art. 51, § 4º, do Projeto. Vetado o § 3º do art. 51, impõe-se, também, vetar o § 5º do art. 54.

III - harmonização dos interesses dos participantes das relações de consumo e compatibilização da proteção do consumidor com a necessidade de desenvolvimento econômico e tecnológico, de modo a viabilizar os princípios nos quais se funda a ordem econômica (art. 170, da Constituição Federal), sempre com base na boa-fé e equilíbrio nas relações entre consumidores e fornecedores;

☞ Art. 6º, III, CDC (Direito básico à informação adequada):
Art. 6º São direitos básicos do consumidor:

....

III - a informação adequada e clara sobre os diferentes produtos e serviços, com especificação correta de quantidade, características, composição, qualidade e preço, bem como sobre os riscos que apresentem;

☞ Art. 18, § 2º, in fine, CDC (Convenção em separado da cláusula de prazo nos contratos de adesão):
Art. 18. Os fornecedores de produtos de consumo duráveis ou não duráveis respondem solidariamente pelos vícios de qualidade ou quantidade que os tornem impróprios ou inadequados ao consumo a que se destinam ou lhes diminuam o valor, assim como por aqueles decorrentes da disparidade, com as indicações constantes do recipiente, da embalagem, rotulagem ou mensagem publicitária, respeitadas as variações decorrentes de sua natureza, podendo o consumidor exigir a substituição das partes viciadas.

....

§ 2º Poderão as partes convencionar a redução ou ampliação do prazo previsto no parágrafo anterior, não podendo ser inferior a sete nem superior a cento e oitenta dias. Nos contratos de adesão, a cláusula de prazo deverá ser convencionada em separado, por meio de manifestação expressa do consumidor.

☞ Art. 31, CDC (Dever de clareza da oferta):
Art. 31. A oferta e apresentação de produtos ou serviços deve assegurar informações corretas, claras, precisas, ostensivas e em língua portuguesa sobre suas características, qualidades, quantidade, composição, preço, garantia, prazos de validade e origem, entre outros dados, bem como sobre os riscos que apresentam à saúde e segurança dos consumidores.

Parágrafo único. As informações de que trata este artigo, nos produtos refrigerados oferecidos ao consumidor, serão gravadas de forma indelével.

☞ Art. 46, CDC (Obrigação de dar prévio conhecimento do contrato ao consumidor):
Art. 46. Os contratos que regulam as relações de consumo não obrigarão os consumidores, se não lhes for dada a oportunidade de tomar conhecimento prévio de seu conteúdo, ou se os respectivos instrumentos forem redigidos de modo a dificultar a compreensão de seu sentido e alcance.

☙ Art. 51, IV, CDC (Nulidade de cláusulas incompatíveis com a boa-fé):
Art. 51. São nulas de pleno direito, entre outras, as cláusulas contratuais relativas ao fornecimento de produtos e serviços que:

....

IV - estabeleçam obrigações consideradas iníquas, abusivas, que coloquem o consumidor em desvantagem exagerada, ou sejam incompatíveis com a boa-fé ou a eqüidade;

☙ Art. 66, CDC (Crime de falsear enganar ou omitir informação relevante):
Art. 66. Fazer afirmação falsa ou enganosa, ou omitir informação relevante sobre a natureza, característica, qualidade, quantidade, segurança, desempenho, durabilidade, preço ou garantia de produtos ou serviços:
Pena - Detenção de três meses a um ano e multa.

☙ Art. 113, CC (Boa-fé como vetor de interpretação dos negócios jurídicos):
Art. 113. Os negócios jurídicos devem ser interpretados conforme a boa-fé e os usos do lugar de sua celebração.

☙ Art. 224, CC (Dever de tradução de documentos em língua estrangeira para validade):
Art. 224. Os documentos redigidos em língua estrangeira serão traduzidos para o português para ter efeitos legais no País.

☙ Art. 423, CC (Interpretação favorável ao aderente nos contratos de adesão):
Art. 423. Quando houver no contrato de adesão cláusulas ambíguas ou contraditórias, dever-se-á adotar a interpretação mais favorável ao aderente.

☙ Art. 424, CC (Nulidade da cláusula de renúncia antecipada do aderente a direito nos contratos de adesão):
Art. 424. Nos contratos de adesão, são nulas as cláusulas que estipulem a renúncia antecipada do aderente a direito resultante da natureza do negócio.

☙ Art. 4º, § 2º, Lei nº 9.307/1996 (Visto especial na cláusula compromissória de arbitragem em contratos de adesão):
Art. 4º A cláusula compromissória é a convenção através da qual as partes em um contrato comprometem-se a submeter à arbitragem os litígios que possam vir a surgir, relativamente a tal contrato.

....

§ 2º Nos contratos de adesão, a cláusula compromissória só terá eficácia se o aderente tomar a iniciativa de instituir a arbitragem ou concordar, expressamente, com a sua instituição, desde que por escrito em documento anexo ou em negrito, com a assinatura ou visto especialmente para essa cláusula.

☙ Jurisprudência selecionada:
STF: SEC 5847/IN, Pleno, j. 1.12.1999. STJ: REsp 255064/SP, 3ª T., j. 5.4.2001; REsp 56711-4/SP, 4ª T., j. 7.2.1995; REsp 161548/SP, 1ª

T., j. 11.5.1998; REsp 229078/SP, j. 9.11.1990; REsp 311509/SP, 4ª T., j. 3.5.2001; REsp 242180/SP, 3ª T., j. 26.10.2000; REsp 214237/RJ, 4ª T., j. 2.8.2001; REsp 71578/RS, 3º T., j. 5.11.1996; REsp 37478-2/RS, 4ª T., j. 23.2.1994; REsp 258007/SP, 4ª T., j. 17.9.2002; REsp 319707/SP, 3ª T., j. 7.11.2002, RDC 49/205; REsp 435241/SP, 4ª T., j. 1.4.2003, RDC 49/224. TJRS: Ap 70000165126, 12ª Câm., j. 26.4.2001; Ap 70003686144, j. 23.5.2002. TJBA: AI 35195-3, 2ª Câm., j. 27.6.1997, RT 748/336. TJAL: Ap 99000137-7, 2ª Câm., j. 14.6.1999, RT 769/298. TAPR: Ap 154322-4, 8ª Câm., j. 6.3.2001. TJSP: Ap 863024/2-00, 7ª Câm., j. 12.8.1998, RT 758/211. 2ºTACivSP: Ap 630344-00/0, 12ª Câm., j. 13.12.2001. Repositório: JTJ 160/45; RT 708/95; RT 666/187; RT 653/87; RT 659/166; RF 311/162; JTARS 71/219; JC 72/739; RJEsp 10/49.

CAPÍTULO VII
Das Sanções Administrativas
(Vide Lei nº 8.656, de 1993)

Art. 55. A União, os Estados e o Distrito Federal, em caráter concorrente e nas suas respectivas áreas de atuação administrativa, baixarão normas relativas à produção, industrialização, distribuição e consumo de produtos e serviços.

§ 1º A União, os Estados, o Distrito Federal e os Municípios fiscalizarão e controlarão a produção, industrialização, distribuição, a publicidade de produtos e serviços e o mercado de consumo, no interesse da preservação da vida, da saúde, da segurança, da informação e do bem-estar do consumidor, baixando as normas que se fizerem necessárias.

§ 2º (Vetado).

§ 3º Os órgãos federais, estaduais, do Distrito Federal e municipais com atribuições para fiscalizar e controlar o mercado de consumo manterão comissões permanentes para elaboração, revisão e atualização das normas referidas no § 1º, sendo obrigatória a participação dos consumidores e fornecedores.

§ 4º Os órgãos oficiais poderão expedir notificações aos fornecedores para que, sob pena de desobediência, prestem informações sobre questões de interesse do consumidor, resguardado o segredo industrial.

◌ઠ O § 2º vetado tinha a seguinte redação (Mensagem nº 664/1990):
§ 2º - As normas referidas no parágrafo anterior deverão ser uniformizadas, revistas e atualizadas, a cada dois anos.[21]

◌ઠ Art. 5º, XXXII, CF (Dever do Estado de promover a Defesa do Consumidor):
Art. 5º ....
....

---

21 Justificativa do veto: A União não dispõe, na ordem federal, de competência para impor aos Estados e Municípios obrigação genérica de legislar (CF., arts. 18, 25 e 29).

XXXII - o Estado promoverá, na forma da lei, a defesa do consumidor;
- Art. 24, V e VIII, CF (Competência legislativa):
Art. 24. Compete à União, aos Estados e ao Distrito Federal legislar concorrentemente sobre:

....

V - produção e consumo;

....

VIII - responsabilidade por dano ao meio ambiente, ao consumidor, a bens e direitos de valor artístico, estético, histórico, turístico e paisagístico;
- Art. 170, V, CF (Defesa do consumidor como princípio da ordem econômica):
Art. 170. A ordem econômica, fundada na valorização do trabalho humano e na livre iniciativa, tem por fim assegurar a todos existência digna, conforme os ditames da justiça social, observados os seguintes princípios:

....

V - defesa do consumidor;
- Art. 173, § 3º, CF (Regulamentação legal das relações entre empresas públicas e sociedade):
Art. 173. Ressalvados os casos previstos nesta Constituição, a exploração direta de atividade

....

§ 3º - A lei regulamentará as relações da empresa pública com o Estado e a sociedade econômica pelo Estado só será permitida quando necessária aos imperativos da segurança nacional ou a relevante interesse coletivo, conforme definidos em lei.
- Art. 4º, II, "d", e VI, CDC (Ação governamental para garantia de produtos e serviços e coibição de abusos no mercado de consumo):
Art. 4º A Política Nacional das Relações de Consumo tem por objetivo o atendimento das necessidades dos consumidores, o respeito à sua dignidade, saúde e segurança, a proteção de seus interesses econômicos, a melhoria da sua qualidade de vida, bem como a transparência e harmonia das relações de consumo, atendidos os seguintes princípios:

....

II - ação governamental no sentido de proteger efetivamente o consumidor:

....

d) pela garantia dos produtos e serviços com padrões adequados de qualidade, segurança, durabilidade e desempenho.

....

VI - coibição e repressão eficientes de todos os abusos praticados no mercado de consumo, inclusive a concorrência desleal e utilização indevida de inventos e criações industriais das marcas e nomes comerciais e signos distintivos, que possam causar prejuízos aos consumidores;

- Art. 6º, VII, CDC (Direito básico de acesso aos órgãos administrativos de proteção):
Art. 6º São direitos básicos do consumidor:
....
VII - o acesso aos órgãos judiciários e administrativos com vistas à prevenção ou reparação de danos patrimoniais e morais, individuais, coletivos ou difusos, assegurada a proteção Jurídica, administrativa e técnica aos necessitados;
- Art. 7º, caput, CDC (Aplicação de regulamentos expedidos pelas autoridades administrativas):
Art. 7º Os direitos previstos neste código não excluem outros decorrentes de tratados ou convenções internacionais de que o Brasil seja signatário, da legislação interna ordinária, de regulamentos expedidos pelas autoridades administrativas competentes, bem como dos que derivem dos princípios gerais do direito, analogia, costumes e eqüidade.
- Art. 10, § 1º a 3º, CDC (Comunicação das autoridades administrativas sobre a periculosidade de produtos e serviços):
Art. 10. O fornecedor não poderá colocar no mercado de consumo produto ou serviço que sabe ou deveria saber apresentar alto grau de nocividade ou periculosidade à saúde ou segurança.
§ 1º O fornecedor de produtos e serviços que, posteriormente à sua introdução no mercado de consumo, tiver conhecimento da periculosidade que apresentem, deverá comunicar o fato imediatamente às autoridades competentes e aos consumidores, mediante anúncios publicitários.
§ 2º Os anúncios publicitários a que se refere o parágrafo anterior serão veiculados na imprensa, rádio e televisão, às expensas do fornecedor do produto ou serviço.
§ 3º Sempre que tiverem conhecimento de periculosidade de produtos ou serviços à saúde ou segurança dos consumidores, a União, os Estados, o Distrito Federal e os Municípios deverão informá-los a respeito.
- Art. 54, caput, CDC (Aprovação dos contratos de adesão pela autoridade competente):
Art. 54. Contrato de adesão é aquele cujas cláusulas tenham sido aprovadas pela autoridade competente ou estabelecidas unilateralmente pelo fornecedor de produtos ou serviços, sem que o consumidor possa discutir ou modificar substancialmente seu conteúdo.
- Arts. 105 e 106, CDC (Sistema Nacional de Defesa do Consumidor):
Art. 105. Integram o Sistema Nacional de Defesa do Consumidor (SNDC), os órgãos federais, estaduais, do Distrito Federal e municipais e as entidades privadas de defesa do consumidor.
Art. 106. O Departamento Nacional de Defesa do Consumidor, da Secretaria Nacional de Direito Econômico (MJ), ou órgão federal que venha substituí-lo, é organismo de coordenação da política do Sistema Nacional de Defesa do Consumidor, cabendo-lhe:

I - planejar, elaborar, propor, coordenar e executar a política nacional de proteção ao consumidor;
II - receber, analisar, avaliar e encaminhar consultas, denúncias ou sugestões apresentadas por entidades representativas ou pessoas jurídicas de direito público ou privado;
III - prestar aos consumidores orientação permanente sobre seus direitos e garantias;
IV - informar, conscientizar e motivar o consumidor através dos diferentes meios de comunicação;
V - solicitar à polícia judiciária a instauração de inquérito policial para a apreciação de delito contra os consumidores, nos termos da legislação vigente;
VI - representar ao Ministério Público competente para fins de adoção de medidas processuais no âmbito de suas atribuições;
VII - levar ao conhecimento dos órgãos competentes as infrações de ordem administrativa que violarem os interesses difusos, coletivos, ou individuais dos consumidores;
VIII - solicitar o concurso de órgãos e entidades da União, Estados, do Distrito Federal e Municípios, bem como auxiliar a fiscalização de preços, abastecimento, quantidade e segurança de bens e serviços;
IX - incentivar, inclusive com recursos financeiros e outros programas especiais, a formação de entidades de defesa do consumidor pela população e pelos órgãos públicos estaduais e municipais;

....

XIII - desenvolver outras atividades compatíveis com suas finalidades.
Parágrafo único. Para a consecução de seus objetivos, o Departamento Nacional de Defesa do Consumidor poderá solicitar o concurso de órgãos e entidades de notória especialização técnico-científica.

- Lei nº 4.595/1964 (Dispõe sobre a Política e as Instituições Monetárias, Bancárias e Creditícias, Cria o Conselho Monetário Nacional e dá outras providências).
- Resolução BACEN nº 2878/2001 (Institui o Código de Defesa do Cliente de Produtos Bancários).
- Lei nº 8.884/1994 (Transforma o Conselho Administrativo de Defesa Econômica - CADE em Autarquia e dispõe sobre a prevenção e a repressão às infrações contra a ordem econômica).
- Lei nº 8.987/1995 (Dispõe sobre o regime de concessão e permissão da prestação de serviços públicos previsto no art. 175 da Constituição Federal).
- Lei nº 9.784/1999 (Regula o processo administrativo no âmbito da Administração Pública Federal).
- Decreto Federal nº 2.181/1997 (Dispõe sobre a organização do Sistema Nacional de Defesa do Consumidor - SNDC, estabelece as normas

gerais de aplicação das sanções administrativas previstas na Lei nº 8.078, de 11 de setembro de 1990, revoga o Decreto nº 861/1993, e dá outras providências).
- ෬ Decreto-Lei nº 73/1966 (Dispõe sobre o Sistema Nacional de Seguros Privados – SUSEP, regula as operações de seguros e resseguros e dá outras providências).
- ෬ Portaria MJ/SDE nº 03/2001 (Divulga elenco de cláusulas consideradas abusivas para efeito de multas do Sistema Nacional de Defesa do Consumidor - SNDC).
- ෬ Agências Reguladoras:
  - Lei nº 9.427/1996 (Institui a Agência Nacional de Energia Elétrica – ANEEL, disciplina o regime das concessões de serviços públicos de energia elétrica e dá outras providências).
  - Lei nº 9.472/1997 (Dispõe sobre a organização dos serviços de telecomunicações, a criação e funcionamento de um órgão regulador – ANATEL e outros aspectos institucionais, nos termos da Emenda Constitucional nº 8, de 1995).
  - Lei nº 9.478/1997 (Dispõe sobre a política energética nacional, as atividades relativas ao monopólio do petróleo, institui o Conselho Nacional de Política Energética e a Agência Nacional do Petróleo – ANP e dá outras providências).
  - Lei nº 9.782/1999 (Define o Sistema Nacional de Vigilância Sanitária, cria a Agência Nacional de Vigilância Sanitária – ANVISA, e dá outras providências).
  - Lei nº 9.961/2000 (Cria a Agência Nacional de Saúde Suplementar – ANS e dá outras providências).
  - Lei nº 10.233/2001 (Dispõe sobre a reestruturação dos transportes aquaviário e terrestre, cria o Conselho Nacional de Integração de Políticas de Transporte, a Agência Nacional de Transportes Terrestres – ANTT, a Agência Nacional de Transportes Aquaviários – ANTAQ e o Departamento Nacional de Infra-Estrutura de Transportes, e dá outras providências).
  - Lei nº 11.182/2005 (Cria a Agência Nacional de Aviação Civil – ANAC, e dá outras providências).
- ෬ PROCONs:
  - Lei Estadual-AC nº 1.341/2000 (Dispõe sobre a criação do PROCON/AC).
  - Lei Estadual-AP nº 687/ 2002 (Cria o Instituto de Defesa do Consumidor do Estado do Amapá – PROCON/AP).
  - Lei Estadual-AM nº 1.896/1989 (Programa Estadual de Proteção e Orientação ao Consumidor – PROCON/AM).
  - Leis Estaduais-BA nº 6.074/1991 e 7.028/97 (Dispõem sobre a Superintendência de Proteção e Defesa do Consumidor – PROCON/BA).
  - Lei Complementar Estadual-CE nº 30/2002 (Cria o Programa Estadual de Proteção e Defesa do Consumidor – PROCON/CE).
  - Leis Estaduais-DF nº 426/1993 e 2.668/2001 (Dispõem sobre o Instituto de Defesa do Consumidor do Distrito Federal – PROCON/DF).

- Lei Complementar Estadual-ES nº 11/1991 e Leis Estaduais-ES nº 3.565/1983 e 6.242/1992 (Dispõem sobre o Instituto Estadual de Proteção e Defesa do Consumidor - PROCON/ES).
- Lei Estadual-GO nº 12.207/1993 (Criou o Fundo Estadual de Proteção e Defesa do Consumidor – FEDC/GO).
- Lei Estadual-MT nº 5.675/1990 (Dispõe sobre a Coordenadoria do Programa de Defesa do Consumidor – PROCON/MT).
- Lei Estadual-MS nº 1.627/1995 (Cria o Sistema Estadual de Defesa do Consumidor – SEDC/MS).
- Lei Complementar Estadual-MG nº 34/1994 (Regulamenta o Programa Estadual de Proteção do Consumidor – PROCON/MG).
- Leis Complementares Estaduais-PB nº 39/2002 e 48/2003 (Dispõem sobre o Programa Estadual de Orientação e Proteção do Consumidor do Estado da Paraíba – PROCON/PB).
- Lei Estadual-PE nº 8.117/1980 (Institui o Sistema Estadual de Proteção ao Consumidor – PROCON/PE).
- Lei Complementar Estadual-PI nº 36/2004 (Regulamenta o Sistema Estadual de Defesa do Consumidor e transforma o Serviço de Defesa Comunitária em Programa de Proteção e Defesa do Consumidor do Ministério Público do Estado do Piauí – PROCON/MP-PI).
- Lei Estadual-RN nº 6.972/1997 (Cria a Coordenadoria de Proteção e Defesa do Consumidor – PROCON/RN).
- Lei Estadual-RS nº 10.913/1997 (Institui o Sistema Estadual de Defesa do Consumidor – PROCON/RS).
- Lei Estadual-SP nº 9.192/1995 (Cria a Fundação de Proteção e Defesa do Consumidor – PROCON/SP).
- Lei Estadual-SE nº 3.139/1991 (Cria o Programa Estadual de Proteção e Defesa do Consumidor – PROCON/SE).
- Decreto Estadual-AL nº 32.673/1987 (Dispõe sobre instituiu o Programa de Orientação e Proteção ao Consumidor – PROCON/AL).
- Decreto Estadual-AP nº 5.355/2003 (Regulamenta o Instituto de Defesa do Consumidor do Estado do Amapá – PROCON/AP).
- Decreto Estadual-BA nº 7.521/1999 (Regulamenta a Superintendência de Proteção e Defesa do Consumidor – PROCON/BA).
- Decreto Normativo Estadual-ES nº 3.391/1992 (Regulamenta o Instituto Estadual de Proteção e Defesa do Consumidor - PROCON/ES).
- Decreto Estadual-DF nº 22.945/2002 (Aprova o Regimento Interno do Instituto de Defesa do Consumidor do Distrito Federal – PROCON/DF).
- Decreto Estadual-GO nº 2.590/1986 (Cria o Programa Estadual de Orientação e Proteção do Consumidor – PROCON/GO).
- Decreto Estadual-MA nº 10.451/1987 (Institui o Programa Estadual de Defesa do Consumidor – PROCON/MA).

- Decreto Estadual-MS nº 8.519/1996 (Dispõe sobre a Superintendência para Orientação e Defesa do Consumidor – PROCON/MS).
- Decreto Estadual-MG nº 22.027/1982 (Dispõe sobre o Programa Estadual de Proteção do Consumidor – PROCON/MG).
- Decreto Estadual-PA nº 4.946/1987 (Institui o Sistema Estadual de Proteção ao Consumidor - PROCON/PA).
- Decretos Estaduais-PB nº 12.690/1988 e 22.013/2001 (Instituem o Programa Estadual de Orientação e Proteção do Consumidor do Estado da Paraíba – PROCON/PB).
- Decreto Estadual-PR nº 609/1991 (Cria a Coordenadoria Estadual de Proteção e Defesa do Consumidor – PROCON/PR).
- Decreto Estadual-RJ nº 9.953/1987 (Cria o Programa de Estadual de Orientação e Proteção ao Consumidor – PROCON/RJ).
- Decretos Estaduais-RN nº 13.377/1997 e 13.378/1997 (Dispõem sobre a Coordenadoria de Proteção e Defesa do Consumidor – PROCON/RN).
- Decreto Estadual-RS nº 38.864/1998 (o Sistema Estadual de Defesa do Consumidor – PROCON/RS).
- Decreto Estadual-SC nº 2.472/1988 (Institui o Programa Estadual de Proteção e Orientação ao Consumidor – PROCON/SC).
- Decreto Estadual-SP nº 41.170/1995 (Institui a Fundação de Proteção e Defesa do Consumidor – PROCON/SP).
- Decreto Estadual-TO nº 5.685/92-Anexo (Cria a Coordenadoria de Defesa do Consumidor – PROCON/TO).

☙ SÚMULA Nº 373 DO SUPERIOR TRIBUNAL DE JUSTIÇA:
É ilegítima a exigência de depósito prévio para admissibilidade de recurso administrativo.

☙ Jurisprudência selecionada:
STF: ADI 1990/DF, Pleno, j. 5.5.1999; ADI 1980-MC, Pleno, j. 4.8.1999. STJ: REsp 200827/SP, 3ª T., j. 26.8.2002; MS 3351/DF, j. 14.6.1994; ROMS 13158/RJ, j. 4.4.2002; MS 6055/DF, j. 7.4.2000; MS 5943/DF, j. 29.2.2000; MS 4352/DF, j. 23.9.1998; MS 4138/DF, j. 28.8.1996; MS 3351/DF, j. 14.6.1994. TJPR: Ap 21178, 4ª Câm., j. 18.9.2002; Ap 85712-9, 2ª Câm., j. 24.4.2002; Ap 85712-9, 2ª Câm., j. 6.12.2000; Ap 86993-8, 5ª Câm., j. 30.5.2000. TJRS: ReexNec. 70003912482, 19ª Câm., j. 10.9.2002. TJDF: Ap 3997196/DF, 4ª T., j. 13.2.1997. TJRN: AI 01000364-9, j. 29.10.2001.

Art. 56. As infrações das normas de defesa do consumidor ficam sujeitas, conforme o caso, às seguintes sanções administrativas, sem prejuízo das de natureza civil, penal e das definidas em normas específicas:
I - multa;

II - apreensão do produto;
III - inutilização do produto;
IV - cassação do registro do produto junto ao órgão competente;
V - proibição de fabricação do produto;
VI - suspensão de fornecimento de produtos ou serviço;
VII - suspensão temporária de atividade;
VIII - revogação de concessão ou permissão de uso;
IX - cassação de licença do estabelecimento ou de atividade;
X - interdição, total ou parcial, de estabelecimento, de obra ou de atividade;
XI - intervenção administrativa;
XII - imposição de contrapropaganda.
Parágrafo único. As sanções previstas neste artigo serão aplicadas pela autoridade administrativa, no âmbito de sua atribuição, podendo ser aplicadas cumulativamente, inclusive por medida cautelar, antecedente ou incidente de procedimento administrativo.

ca Art. 5º, XLV, CF (Limites da aplicação de penas):
Art. 5º..
....
XLV - nenhuma pena passará da pessoa do condenado, podendo a obrigação de reparar o dano e a decretação do perdimento de bens ser, nos termos da lei, estendidas aos sucessores e contra eles executadas, até o limite do valor do patrimônio transferido;

ca Art. 5º, XLVI, CF (Princípio da individualização e espécies de penas):
Art. 5º..
....
XLVI - a lei regulará a individualização da pena e adotará, entre outras, as seguintes:
a) privação ou restrição da liberdade;
b) perda de bens;
c) multa;
d) prestação social alternativa;
e) suspensão ou interdição de direitos;

ca Art. 5º, LIV, CF (Princípio do Devido Processo Legal):
Art. 5º..
....
LIV - ninguém será privado da liberdade ou de seus bens sem o devido processo legal;

ca Art. 5º, LV, CF (Direito à ampla defesa e ao contraditório nos processos administrativos):

Art. 5º ....
....
LV - aos litigantes, em processo judicial ou administrativo, e aos acusados em geral são assegurados o contraditório e ampla defesa, com os meios e recursos a ela inerentes;
- Art. 5º, LXVII, CF (Proibição da prisão civil por dívida):
Art. 5º ....
....
LXVII - não haverá prisão civil por dívida, salvo a do responsável pelo inadimplemento voluntário e inescusável de obrigação alimentícia e a do depositário infiel;
- Art. 4º, II, "d", e VI, CDC (Ação governamental para garantia de produtos e serviços e coibição de abusos no mercado de consumo):
Art. 4º A Política Nacional das Relações de Consumo tem por objetivo o atendimento das necessidades dos consumidores, o respeito à sua dignidade, saúde e segurança, a proteção de seus interesses econômicos, a melhoria da sua qualidade de vida, bem como a transparência e harmonia das relações de consumo, atendidos os seguintes princípios:
....
II - ação governamental no sentido de proteger efetivamente o consumidor:
....
d) pela garantia dos produtos e serviços com padrões adequados de qualidade, segurança, durabilidade e desempenho.
....
VI - coibição e repressão eficientes de todos os abusos praticados no mercado de consumo, inclusive a concorrência desleal e utilização indevida de inventos e criações industriais das marcas e nomes comerciais e signos distintivos, que possam causar prejuízos aos consumidores;
- Art. 38, caput e § 1º, Lei nº 8.987/1995 (Pena de caducidade das concessões de serviços):
Art. 38. A inexecução total ou parcial do contrato acarretará, a critério do poder concedente, a declaração de caducidade da concessão ou a aplicação das sanções contratuais, respeitadas as disposições deste artigo, do art. 27, e as normas convencionadas entre as partes.
§ 1º A caducidade da concessão poderá ser declarada pelo poder concedente quando:
I - o serviço estiver sendo prestado de forma inadequada ou deficiente, tendo por base as normas, critérios, indicadores e parâmetros definidores da qualidade do serviço;
II - a concessionária descumprir cláusulas contratuais ou disposições legais ou regulamentares concernentes à concessão;
III - a concessionária paralisar o serviço ou concorrer para tanto, ressalvadas as hipóteses decorrentes de caso fortuito ou força maior;

IV - a concessionária perder as condições econômicas, técnicas ou operacionais para manter a adequada prestação do serviço concedido;
V - a concessionária não cumprir as penalidades impostas por infrações, nos devidos prazos;
VI - a concessionária não atender a intimação do poder concedente no sentido de regularizar a prestação do serviço; e
VII - a concessionária for condenada em sentença transitada em julgado por sonegação de tributos, inclusive contribuições sociais.

- Art. 8º, Lei nº 10.742/2003 (Competência da Câmara de Regulação do Mercado de Medicamentos – CMED para aplicação das penalidades do art. 56 do CDC):
Art. 8º O descumprimento de atos emanados pela CMED, no exercício de suas competências de regulação e monitoramento do mercado de medicamentos, bem como o descumprimento de norma prevista nesta Lei, sujeitam-se às sanções administrativas previstas no art. 56 da Lei nº 8.078, de 1990.
- Lei nº 6.437/1977 (Configura infrações à legislação sanitária federal, estabelece as sanções respectivas, e dá outras providências).
- Lei nº 9.832/1999 (Proíbe o uso industrial de embalagens metálicas soldadas com liga de chumbo e estanho para acondicionamento de gêneros alimentícios, exceto para produtos secos ou desidratados).
- Lei nº 9.784/1999 (Regula o processo administrativo no âmbito da Administração Pública Federal).
- Lei nº 9.873/1999 (Estabelece prazo de prescrição para o exercício de ação punitiva pela Administração Pública Federal, direta e indireta, e dá outras providências).
- Decreto Federal nº 2.181/1997 (Dispõe sobre a organização do Sistema Nacional de Defesa do Consumidor - SNDC, estabelece as normas gerais de aplicação das sanções administrativas previstas na Lei nº 8.078, de 11 de setembro de 1990, revoga o Decreto nº 861/1993, e dá outras providências).
- SÚMULA Nº 250 DO SUPERIOR TRIBUNAL DE JUSTIÇA:
É legítima a cobrança de multa fiscal de empresa em regime de concordata.
- Jurisprudência selecionada:
TJGO: MS 9504-7/101, j. 22.2.2001; MS 95864-101, DJ 6.01.2003; MS 9507-11/101, 2ª Câm., j. 14.12.2000; MS 9350-7/101, 2ª Câm., j. 5.10.2000. TJDF: Ap 4558597, 2ª T., j. 6.4.2000; Ap 4981098, 5ª T., j. 27.5.1999. TJPR: MS 041211900, 5ª Câm., j. 28.11.1995; MS 123853100, 4ª Câm., j. 4.12.2002; MS 108997200, 6ª Câm., j. 5.12.2001; MS 083195000, 2º Gr. Câm., j. 9.3.2000; MS 074565300, 1º Gr. Câm., j.15.4.1999.

Art. 57. A pena de multa, graduada de acordo com a gravidade da infração, a vantagem auferida e a condição econômica do fornecedor, será aplicada mediante procedimento administrativo, revertendo para o Fundo de que trata a Lei nº 7.347, de 24 de julho de 1985, os valores cabíveis à União, ou para os Fundos estaduais ou municipais de proteção ao consumidor nos demais casos.

Parágrafo único. A multa será em montante não inferior a duzentas e não superior a três milhões de vezes o valor da Unidade Fiscal de Referência (Ufir), ou índice equivalente que venha a substituí-lo.

> Redação do caput dada pela Lei nº 8.656/1993. O texto alterado tinha o seguinte teor:
> Art. 57. A pena de multa, graduada de acordo com a gravidade da infração, a vantagem auferida e a condição econômica do fornecedor será aplicada mediante procedimento administrativo nos termos da lei, revertendo para o fundo de que trata a Lei nº 7.347, de 24 de julho de 1985, sendo a infração ou dano de âmbito nacional, ou para os fundos estaduais de proteção ao consumidor nos demais casos.
> Parágrafo único acrescentado pela Lei nº 8.703/1993.
> Art. 5º, LIV, CF (Princípio do Devido Processo Legal):
> Art. 5º ....
> ....
> LIV - ninguém será privado da liberdade ou de seus bens sem o devido processo legal;
> Art. 5º, LV, CF (Direito à ampla defesa e ao contraditório nos processos administrativos):
> Art. 5º ....
> ....
> LV - aos litigantes, em processo judicial ou administrativo, e aos acusados em geral são assegurados o contraditório e ampla defesa, com os meios e recursos a ela inerentes;
> Art. 13, caput, Lei nº 7.347/1985 (Fundo para reconstituição dos bens lesados):
> Art. 13. Havendo condenação em dinheiro, a indenização pelo dano causado reverterá a um fundo gerido por um Conselho Federal ou por Conselhos Estaduais de que participarão necessariamente o Ministério Público e representantes da comunidade, sendo seus recursos destinados à reconstituição dos bens lesados.
> Art. 1º e 3º, Lei nº 8.907/1994 (Determina, sob pena de multa, que o modelo de fardamento escolar não possa ser alterado antes de cinco anos):
> Art. 1º As escolas públicas e privadas, da rede de ensino do País, que obrigam o uso de uniformes aos seus alunos, não podem alterar o modelo de fardamento antes de transcorridos cinco anos de sua adoção.
> ....

Art. 3º O descumprimento ao preceituado no art. 1º desta lei será punido com multas em valor correspondente a no mínimo trezentas Unidades Fiscais de Referência (Ufir) ou índice equivalente que venha a substituí-la.
Parágrafo único. O procedimento administrativo da cobrança de multas observará o disposto no art. 57, e parágrafo, da Lei 8.078, de 11 de setembro de 1990.

◊ Art. 3º, X, Lei nº 9.427/1996 (Aplicação de multa administrativa pela ANEEL nos serviços de energia elétrica):
Art. 3º Além das atribuições previstas nos incisos II, III, V, VI, VII, X, XI e XII do art. 29 e no art. 30 da Lei nº 8.987, de 13 de fevereiro de 1995, de outras incumbências expressamente previstas em lei e observado o disposto no § 1º, compete à ANEEL:

....

X - fixar as multas administrativas a serem impostas aos concessionários, permissionários e autorizados de instalações e serviços de energia elétrica, observado o limite, por infração, de 2% (dois por cento) do faturamento, ou do valor estimado da energia produzida nos casos de autoprodução e produção independente, correspondente aos últimos doze meses anteriores à lavratura do auto de infração ou estimados para um período de doze meses caso o infrator não esteja em operação ou esteja operando por um período inferior a doze meses.

◊ Art. 179, Lei nº 9.472/1997 (Aplicação de multa administrativa pela ANATEL nos serviços de telecomunicações):
Art. 179. A multa poderá ser imposta isoladamente ou em conjunto com outra sanção, não devendo ser superior a R$ 50.000.000,00 (cinqüenta milhões de reais) para cada infração cometida.
§ 1º Na aplicação de multa serão considerados a condição econômica do infrator e o princípio da proporcionalidade entre a gravidade da falta e a intensidade da sanção.
§ 2º A imposição, à prestadora de serviço de telecomunicações, de multa decorrente de infração da ordem econômica, observará os limites previstos na legislação específica.

◊ Lei nº 9.008/1995 (Cria, na estrutura organizacional do Ministério da Justiça, o Conselho Federal de que trata o art. 13 da Lei nº 7.347, de 24 de julho de 1985, altera os arts. 4º, 39, 82, 91 e 98 da Lei nº 8.078, de 11 de setembro de 1990, e dá outras providências).

◊ Lei nº 9.784/1999 (Regula o processo administrativo no âmbito da Administração Pública Federal).

◊ Lei nº 9.873/1999 (Estabelece prazo de prescrição para o exercício de ação punitiva pela Administração Pública Federal, direta e indireta, e dá outras providências).

◊ Decreto Federal nº 1.306/1994 (Regulamenta o Fundo de Defesa de Direitos Difusos, de que tratam os arts. 13 e 20 da Lei nº 7.347, de 24 de julho de 1985, seu conselho gestor e dá outras providências).

- Decreto Federal nº 2.181/1997 (Dispõe sobre a organização do Sistema Nacional de Defesa do Consumidor - SNDC, estabelece as normas gerais de aplicação das sanções administrativas previstas na Lei nº 8.078, de 11 de setembro de 1990, revoga o Decreto nº 861/1993, e dá outras providências).
- Portaria Normativa Procon/SP nº 06/2000 (Dispõe sobre os critérios de fixação dos valores das penas de multa nas infrações ao Código de Defesa do Consumidor).
- SÚMULA Nº 373 DO SUPERIOR TRIBUNAL DE JUSTIÇA:
  É legítima a cobrança de multa fiscal de empresa em regime de concordata.
- Jurisprudência selecionada:
  STJ: REsp 673999/RS, 1ª T., j. 6.9.2005; AI 1261291/SP, j. 27.5.2010; AI 1185621/SP, 2ª T., j. 22.9.2009.

Art. 58. As penas de apreensão, de inutilização de produtos, de proibição de fabricação de produtos, de suspensão do fornecimento de produto ou serviço, de cassação do registro do produto e revogação da concessão ou permissão de uso serão aplicadas pela administração, mediante procedimento administrativo, assegurada ampla defesa, quando forem constatados vícios de quantidade ou de qualidade por inadequação ou insegurança do produto ou serviço.

- Art. 5º, LIV, CF (Princípio do Devido Processo Legal):
  Art. 5º ....
  ....
  LIV - ninguém será privado da liberdade ou de seus bens sem o devido processo legal;
- Art. 5º, LV, CF (Direito à ampla defesa e ao contraditório nos processos administrativos):
  Art. 5º ....
  ....
  LV - aos litigantes, em processo judicial ou administrativo, e aos acusados em geral são assegurados o contraditório e ampla defesa, com os meios e recursos a ela inerentes;
- Art. 6º, VI, CDC (Direito básico à efetiva prevenção de danos):
  Art. 6º São direitos básicos do consumidor:
  ....
  VI - a efetiva prevenção e reparação de danos patrimoniais e morais, individuais, coletivos e difusos;
- Art. 10, caput, CDC (Proibição de colocar no mercado produto ou serviço com alto grau de nocividade ou periculosidade):

Art. 10. O fornecedor não poderá colocar no mercado de consumo produto ou serviço que sabe ou deveria saber apresentar alto grau de nocividade ou periculosidade à saúde ou segurança.

- Arts. 18, caput e § 6º, e 20, caput e § 2º, CDC (Vícios de quantidade e qualidade e caracterização de produtos e serviços impróprios):
Art. 18. Os fornecedores de produtos de consumo duráveis ou não duráveis respondem solidariamente pelos vícios de qualidade ou quantidade que os tornem impróprios ou inadequados ao consumo a que se destinam ou lhes diminuam o valor, assim como por aqueles decorrentes da disparidade, com a indicações constantes do recipiente, da embalagem, rotulagem ou mensagem publicitária, respeitadas as variações decorrentes de sua natureza, podendo o consumidor exigir a substituição das partes viciadas.

....

§ 6º São impróprios ao uso e consumo:

I - os produtos cujos prazos de validade estejam vencidos;

II - os produtos deteriorados, alterados, adulterados, avariados, falsificados, corrompidos, fraudados, nocivos à vida ou à saúde, perigosos ou, ainda, aqueles em desacordo com as normas regulamentares de fabricação, distribuição ou apresentação;

III - os produtos que, por qualquer motivo, se revelem inadequados ao fim a que se destinam.

....

Art. 20. O fornecedor de serviços responde pelos vícios de qualidade que os tornem impróprios ao consumo ou lhes diminuam o valor, assim como por aqueles decorrentes da disparidade com as indicações constantes da oferta ou mensagem publicitária, podendo o consumidor exigir, alternativamente e à sua escolha:

....

§ 2º São impróprios os serviços que se mostrem inadequados para os fins que razoavelmente deles se esperam, bem como aqueles que não atendam as normas regulamentares de prestabilidade.

- Lei nº 6.437/1977 (Configura infrações à legislação sanitária federal, estabelece as sanções respectivas, e dá outras providências).
- Lei nº 9.784/1999 (Regula o processo administrativo no âmbito da Administração Pública Federal).
- Decreto Federal nº 2.181/1997 (Dispõe sobre a organização do Sistema Nacional de Defesa do Consumidor - SNDC, estabelece as normas gerais de aplicação das sanções administrativas previstas na Lei nº 8.078, de 11 de setembro de 1990, revoga o Decreto nº 861/1993, e dá outras providências).
- SÚMULA Nº 70 DO SUPREMO TRIBUNAL FEDERAL:
É inadmissível a interdição de estabelecimento como meio coercitivo para cobrança de tributo.

- SÚMULA Nº 323 DO SUPREMO TRIBUNAL FEDERAL:
É inadmissível a apreensão de mercadorias como meio coercitivo para pagamento de tributos.
- SÚMULA Nº 547 DO SUPREMO TRIBUNAL FEDERAL:
Não é lícito a autoridade proibir que o contribuinte em débito adquira estampilhas, despache mercadorias nas alfândegas e exerça suas atividades profissionais.
- Jurisprudência selecionada:
TRF1ªR: AMS 960115963-0/DF, 1ª T., j. 18.9.1988.

Art. 59. As penas de cassação de alvará de licença, de interdição e de suspensão temporária da atividade, bem como a de intervenção administrativa, serão aplicadas mediante procedimento administrativo, assegurada ampla defesa, quando o fornecedor reincidir na prática das infrações de maior gravidade previstas neste código e na legislação de consumo.

§ 1º A pena de cassação da concessão será aplicada à concessionária de serviço público, quando violar obrigação legal ou contratual.

§ 2º A pena de intervenção administrativa será aplicada sempre que as circunstâncias de fato desaconselharem a cassação de licença, a interdição ou suspensão da atividade.

§ 3º Pendendo ação judicial na qual se discuta a imposição de penalidade administrativa, não haverá reincidência até o trânsito em julgado da sentença.

- Art. 5º, XXII e XXIII, CF (Direito de propriedade e função social):
Art. 5º ....
....
XXII - é garantido o direito de propriedade;
XXIII - a propriedade atenderá a sua função social;
- Art. 5º, XXV, CF (Requisição administrativa no caso de perigo público):
Art. 5º ....
....
XXV - no caso de iminente perigo público, a autoridade competente poderá usar de propriedade particular, assegurada ao proprietário indenização ulterior, se houver dano;
- Art. 5º, XXXV, CF (Inafastabilidade da jurisdição):
Art. 5º ....
....
XXXV - a lei não excluirá da apreciação do Poder Judiciário lesão ou ameaça a direito;

- Art. 5º, LIV, CF (Princípio do Devido Processo Legal):
Art. 5º ....
....
LIV - ninguém será privado da liberdade ou de seus bens sem o devido processo legal;
- Art. 5º, LV, CF (Direito à ampla defesa e ao contraditório nos processos administrativos):
Art. 5º ....
....
LV - aos litigantes, em processo judicial ou administrativo, e aos acusados em geral são assegurados o contraditório e ampla defesa, com os meios e recursos a ela inerentes;
- Art. 5º, LVII, CF (Princípio da Inocência):
Art. 5º ....
....
LVII - ninguém será considerado culpado até o trânsito em julgado de sentença penal condenatória;
- Art. 6º, VI, CDC (Direito básico à efetiva prevenção de danos):
Art. 6º São direitos básicos do consumidor:
....
VI - a efetiva prevenção e reparação de danos patrimoniais e morais, individuais, coletivos e difusos;
- Art. 22, CDC (Prestação de serviços públicos adequados):
Art. 22. Os órgãos públicos, por si ou suas empresas, concessionárias, permissionárias ou sob qualquer outra forma de empreendimento, são obrigados a fornecer serviços adequados, eficientes, seguros e, quanto aos essenciais, contínuos.
Parágrafo único. Nos casos de descumprimento, total ou parcial, das obrigações referidas neste artigo, serão as pessoas jurídicas compelidas a cumpri-las e a reparar os danos causados, na forma prevista neste código.
- Art. 80, I e II, Lei nº 8.666/1993 (Assunção do objeto e ocupação nas rescisões de contratos administrativos):
Art. 80. A rescisão de que trata o inciso I do artigo anterior acarreta as seguintes conseqüências, sem prejuízo das sanções previstas nesta Lei:
I - assunção imediata do objeto do contrato, no estado e local em que se encontrar, por ato próprio da Administração;
II - ocupação e utilização do local, instalações, equipamentos, material e pessoal empregados na execução do contrato, necessários à sua continuidade, na forma do inciso V do art. 58 desta Lei;
- Arts. 29, III, e 32 a 34, Lei nº 8.987/1995 (Intervenção administrativa nas concessões de serviços):
Art. 29. Incumbe ao poder concedente:
....

III - intervir na prestação do serviço, nos casos e condições previstos em lei;

Art. 32. O poder concedente poderá intervir na concessão, com o fim de assegurar a adequação na prestação do serviço, bem como o fiel cumprimento das normas contratuais, regulamentares e legais pertinentes.

Parágrafo único. A intervenção far-se-á por decreto do poder concedente, que conterá a designação do interventor, o prazo da intervenção e os objetivos e limites da medida.

Art. 33. Declarada a intervenção, o poder concedente deverá, no prazo de trinta dias, instaurar procedimento administrativo para comprovar as causas determinantes da medida e apurar responsabilidades, assegurado o direito de ampla defesa.

§ 1º Se ficar comprovado que a intervenção não observou os pressupostos legais e regulamentares será declarada sua nulidade, devendo o serviço ser imediatamente devolvido à concessionária, sem prejuízo de seu direito à indenização.

§ 2º O procedimento administrativo a que se refere o caput deste artigo deverá ser concluído no prazo de até cento e oitenta dias, sob pena de considerar-se inválida a intervenção.

Art. 34. Cessada a intervenção, se não for extinta a concessão, a administração do serviço será devolvida à concessionária, precedida de prestação de contas pelo interventor, que responderá pelos atos praticados durante a sua gestão.

◊ Arts. 35, II, e 37, Lei nº 8.987/1995 (Encampação nas concessões de serviços):

Art. 35. Extingue-se a concessão por:

II - encampação;

....

Art. 37. Considera-se encampação a retomada do serviço pelo poder concedente durante o prazo da concessão, por motivo de interesse público, mediante lei autorizativa específica e após prévio pagamento da indenização, na forma do artigo anterior.

◊ Art. 38, caput e § 1º, Lei nº 8.987/1995 (Pena de caducidade das concessões de serviços):

Art. 38. A inexecução total ou parcial do contrato acarretará, a critério do poder concedente, a declaração de caducidade da concessão ou a aplicação das sanções contratuais, respeitadas as disposições deste artigo, do art. 27, e as normas convencionadas entre as partes.

§ 1º A caducidade da concessão poderá ser declarada pelo poder concedente quando:

I - o serviço estiver sendo prestado de forma inadequada ou deficiente, tendo por base as normas, critérios, indicadores e parâmetros definidores da qualidade do serviço;

II - a concessionária descumprir cláusulas contratuais ou disposições legais ou regulamentares concernentes à concessão;

III - a concessionária paralisar o serviço ou concorrer para tanto, ressalvadas as hipóteses decorrentes de caso fortuito ou força maior;
IV - a concessionária perder as condições econômicas, técnicas ou operacionais para manter a adequada prestação do serviço concedido;
V - a concessionária não cumprir as penalidades impostas por infrações, nos devidos prazos;
VI - a concessionária não atender a intimação do poder concedente no sentido de regularizar a prestação do serviço; e
VII - a concessionária for condenada em sentença transitada em julgado por sonegação de tributos, inclusive contribuições sociais.

૨ SÚMULA Nº 70 DO SUPREMO TRIBUNAL FEDERAL:
É inadmissível a interdição de estabelecimento como meio coercitivo para cobrança de tributo.

૨ SÚMULA Nº 323 DO SUPREMO TRIBUNAL FEDERAL:
É inadmissível a apreensão de mercadorias como meio coercitivo para pagamento de tributos.

૨ SÚMULA Nº 547 DO SUPREMO TRIBUNAL FEDERAL:
Não é lícito a autoridade proibir que o contribuinte em débito adquira estampilhas, despache mercadorias nas alfândegas e exerça suas atividades profissionais.

૨ Decreto Federal nº 2.181/1997 (Dispõe sobre a organização do Sistema Nacional de Defesa do Consumidor - SNDC, estabelece as normas gerais de aplicação das sanções administrativas previstas na Lei nº 8.078, de 11 de setembro de 1990, revoga o Decreto nº 861/1993, e dá outras providências).

૨ Jurisprudência selecionada:
TJPR: <u>MS 074565300</u>, 1º Gr. Câm., j. 15.4.1999. TRF4ªR: <u>Ap 970466126-6/SC</u>, 3ª T., j. 31.8.2000. TJDF: <u>MS 67594</u>, 5ª Câm., j. 6.2.1995.

Art. 60. A imposição de contrapropaganda será cominada quando o fornecedor incorrer na prática de publicidade enganosa ou abusiva, nos termos do art. 36 e seus parágrafos, sempre às expensas do infrator.

§ 1º A contrapropaganda será divulgada pelo responsável da mesma forma, freqüência e dimensão e, preferencialmente no mesmo veículo, local, espaço e horário, de forma capaz de desfazer o malefício da publicidade enganosa ou abusiva.

§ 2º (Vetado).

§ 3º (Vetado).

૨ Os §§ 2º e 3º vetados tinham a seguinte redação (Mensagem nº 664/1990):

§ 2º - A contra-propaganda será aplicada pelos órgãos públicos competentes da proteção ao consumidor, mediante procedimento administrativo, assegurada ampla defesa, cabendo recurso para o Ministro de Estado da respectiva área de atuação administrativa, quando a mensagem publicitária for de âmbito nacional.
§ 3º - Enquanto não promover a contra-propaganda, o fornecedor, além de multa diária e outras sanções, ficará impedido de efetuar, por qualquer meio, publicidade de seus produtos e serviços.[22]

- Art. 22, XXIX, CF (Competência privativa União para legislar sobre propaganda):
Art. 22. Compete privativamente à União legislar sobre:
....
XXIX - propaganda comercial.
- Art. 220, § 4º, CF (Restrição à propaganda de tabaco, bebidas alcoólicas, agrotóxicos, medicamentos e terapias):
Art. 220. ....
....
§ 4º - A propaganda comercial de tabaco, bebidas alcoólicas, agrotóxicos, medicamentos e terapias estará sujeita a restrições legais, nos termos do inciso II do parágrafo anterior, e conterá, sempre que necessário, advertência sobre os malefícios decorrentes de seu uso.
- Art. 6º, III, CDC (Direito básico à informação adequada):
Art. 6º São direitos básicos do consumidor:
....
III - a informação adequada e clara sobre os diferentes produtos e serviços, com especificação correta de quantidade, características, composição, qualidade e preço, bem como sobre os riscos que apresentem;
- Art. 6º, IV, CDC (Direito básico à proteção contra a publicidade enganosa e abusiva):
Art. 6º São direitos básicos do consumidor:
....
IV - a proteção contra a publicidade enganosa e abusiva, métodos comerciais coercitivos ou desleais, bem como contra práticas e cláusulas abusivas ou impostas no fornecimento de produtos e serviços;
- Art. 31, CDC (Dever de correção e clareza da oferta):
Art. 31. A oferta e apresentação de produtos ou serviços deve assegurar informações corretas, claras, precisas, ostensivas e em língua portuguesa sobre suas características, qualidades, quantidade, composição, preço, garantia, prazos de

---

22 Justificativa do veto: A imposição de contra-propaganda, sem que se estabeleçam parâmetros legais precisos, pode dar ensejo a sérios abusos, que poderão redundar até mesmo na paralisação da atividade empresarial, como se vê, aliás, do disposto no § 3º do art. 60. Por outro lado, é inadmissível, na ordem federativa, atribuir a Ministro de Estado competência para apreciar em grau de recurso a legitimidade de atos de autoridade estadual ou municipal, tal como previsto no § 2º do art. 60.

validade e origem, entre outros dados, bem como sobre os riscos que apresentam à saúde e segurança dos consumidores.

◊ Art. 37, CDC (Proibição de publicidade enganosa ou abusiva):
Art. 37. É proibida toda publicidade enganosa ou abusiva.

§ 1º É enganosa qualquer modalidade de informação ou comunicação de caráter publicitário, inteira ou parcialmente falsa, ou, por qualquer outro modo, mesmo por omissão, capaz de induzir em erro o consumidor a respeito da natureza, características, qualidade, quantidade, propriedades, origem, preço e quaisquer outros dados sobre produtos e serviços.

§ 2º É abusiva, dentre outras a publicidade discriminatória de qualquer natureza, a que incite à violência, explore o medo ou a superstição, se aproveite da deficiência de julgamento e experiência da criança, desrespeita valores ambientais, ou que seja capaz de induzir o consumidor a se comportar de forma prejudicial ou perigosa à sua saúde ou segurança.

§ 3º Para os efeitos deste código, a publicidade é enganosa por omissão quando deixar de informar sobre dado essencial do produto ou serviço.

◊ Art. 67, CDC (Crime de promoção de publicidade enganosa ou abusiva):
Art. 67. Fazer ou promover publicidade que sabe ou deveria saber ser enganosa ou abusiva:
Pena Detenção de três meses a um ano e multa.

◊ Art. 68, CDC (Crime de promoção de publicidade que induza comportamento perigoso):
Art. 68. Fazer ou promover publicidade que sabe ou deveria saber ser capaz de induzir o consumidor a se comportar de forma prejudicial ou perigosa a sua saúde ou segurança:
Pena - Detenção de seis meses a dois anos e multa:

◊ Art. 18, CC (Necessidade de autorização para usar nome alheio propaganda):
Art. 18. Sem autorização, não se pode usar o nome alheio em propaganda comercial.

◊ Art. 5º, Lei nº 4.680/1965 (Conceito legal de propaganda):
Art. 5º Compreende-se por propaganda qualquer forma remunerada de difusão de idéias, mercadorias ou serviços, por parte de um anunciante identificado.

◊ Jurisprudência selecionada:
TJGO: REO 6754-7/195, j. 8.3.2001. TJRGS: Ap 70003821626, 1ª Câm., j. 5.11.2003; Ap 598498970, 4ª Câm., j. 17.2.1999.

TÍTULO II
DAS INFRAÇÕES PENAIS

Art. 61. Constituem crimes contra as relações de consumo previstas neste código, sem prejuízo do disposto no Código Penal e leis especiais, as condutas tipificadas nos artigos seguintes.

> Art. 5º, XXXIX, CF (Princípio da Legalidade Penal):
> Art. 5º ....
> ....
> XXXIX - não há crime sem lei anterior que o defina, nem pena sem prévia cominação legal;

> Art. 5º, LXVII, CF (Proibição da prisão civil por dívida):
> Art. 5º ....
> ....
> LXVII - não haverá prisão civil por dívida, salvo a do responsável pelo inadimplemento voluntário e inescusável de obrigação alimentícia e a do depositário infiel;

> Art. 5º, XLV, CF (Limites da aplicação de penas):
> Art. 5º ....
> ....
> XLV - nenhuma pena passará da pessoa do condenado, podendo a obrigação de reparar o dano e a decretação do perdimento de bens ser, nos termos da lei, estendidas aos sucessores e contra eles executadas, até o limite do valor do patrimônio transferido;

> Art. 5º, XLVI, CF (Princípio da individualização e espécies de penas):
> Art. 5º ....
> ....
> XLVI - a lei regulará a individualização da pena e adotará, entre outras, as seguintes:
> a) privação ou restrição da liberdade;
> b) perda de bens;

c) multa;
d) prestação social alternativa;
e) suspensão ou interdição de direitos;

- Art. 22, I, CF (Competência privativa da União para legislar sobre direito penal):
Art. 22. Compete privativamente à União legislar sobre:
I - direito civil, comercial, penal, processual, eleitoral, agrário, marítimo, aeronáutico, espacial e do trabalho;

- Arts. 69 e 70, CP (Concurso material e formal de crimes):
Art. 69 - Quando o agente, mediante mais de uma ação ou omissão, pratica dois ou mais crimes, idênticos ou não, aplicam-se cumulativamente as penas privativas de liberdade em que haja incorrido. No caso de aplicação cumulativa de penas de reclusão e de detenção, executa-se primeiro aquela.
§ 1º - Na hipótese deste artigo, quando ao agente tiver sido aplicada pena privativa de liberdade, não suspensa, por um dos crimes, para os demais será incabível a substituição de que trata o art. 44 deste Código.
§ 2º - Quando forem aplicadas penas restritivas de direitos, o condenado cumprirá simultaneamente as que forem compatíveis entre si e sucessivamente as demais.
Art. 70 - Quando o agente, mediante uma só ação ou omissão, pratica dois ou mais crimes, idênticos ou não, aplica-se-lhe a mais grave das penas cabíveis ou, se iguais, somente uma delas, mas aumentada, em qualquer caso, de um sexto até metade. As penas aplicam-se, entretanto, cumulativamente, se a ação ou omissão é dolosa e os crimes concorrentes resultam de desígnios autônomos, consoante o disposto no artigo anterior.
Parágrafo único - Não poderá a pena exceder a que seria cabível pela regra do art. 69 deste Código.

- Lei nº 1.521/1951 (Dispõe sobre os crimes contra a Economia Popular).
- Lei nº 8.137/1990 (Define crimes contra a ordem tributária, econômica e contra as relações de consumo, e dá outras providências).
- Lei nº 8.884/1994 (Transforma o Conselho Administrativo de Defesa Econômica - CADE em Autarquia e dispõe sobre a prevenção e a repressão às infrações contra a ordem econômica).
- Decreto-Lei nº 2.848/1940 (Código Penal).

Art. 62. (Vetado).

- O art. 62 vetado tinha a seguinte redação (Mensagem nº 664/1990):
Art. 62 - Colocar no mercado, fornecer ou expor para fornecimento produtos ou serviços impróprios.
Pena - Detenção de seis meses a dois anos e multa.
§ 1º - Se o crime é culposo:

Pena - Detenção de três meses a um ano ou multa.
§ 2º - As penas deste artigo são aplicáveis sem prejuízo das correspondentes à lesão corporal e à morte.[23]

Art. 63. Omitir dizeres ou sinais ostensivos sobre a nocividade ou periculosidade de produtos, nas embalagens, nos invólucros, recipientes ou publicidade:
Pena - Detenção de seis meses a dois anos e multa.
§ 1º Incorrerá nas mesmas penas quem deixar de alertar, mediante recomendações escritas ostensivas, sobre a periculosidade do serviço a ser prestado.
§ 2º Se o crime é culposo:
Pena Detenção de um a seis meses ou multa.

ca Art. 5º, XIV, CF (Direito Fundamental à Informação):
Art. 5º ....
....
XIV - é assegurado a todos o acesso à informação e resguardado o sigilo da fonte, quando necessário ao exercício profissional;
ca Art. 220, § 4º, CF (Obrigação de advertir os malefícios na propaganda de tabaco, bebidas alcoólicas, agrotóxicos, medicamentos e terapias):
Art. 220. ....
....
§ 4º - A propaganda comercial de tabaco, bebidas alcoólicas, agrotóxicos, medicamentos e terapias estará sujeita a restrições legais, nos termos do inciso II do parágrafo anterior, e conterá, sempre que necessário, advertência sobre os malefícios decorrentes de seu uso.
ca Art. 4º, caput, CDC (Saúde e segurança como objetivos da Política Nacional das Relações de Consumo):
Art. 4º A Política Nacional das Relações de Consumo tem por objetivo o atendimento das necessidades dos consumidores, o respeito à sua dignidade, saúde e segurança, a proteção de seus interesses econômicos, a melhoria da sua qualidade de vida, bem como a transparência e harmonia das relações de consumo, atendidos os seguintes princípios:
ca Arts. 6º, I e III, 8º a 10, e 31, CDC (Direitos à proteção e à informação contra os riscos de produtos e serviços):
Art. 6º São direitos básicos do consumidor:

---

23 Justificativa do veto: Em se tratando de norma penal, é necessário que a descrição da conduta vedada seja precisa e determinada. Assim, o dispositivo afronta a garantia estabelecida no art. 5º, XXXIX, da Constituição.

I - a proteção da vida, saúde e segurança contra os riscos provocados por práticas no fornecimento de produtos e serviços considerados perigosos ou nocivos;

....

III - a informação adequada e clara sobre os diferentes produtos e serviços, com especificação correta de quantidade, características, composição, qualidade e preço, bem como sobre os riscos que apresentem;

....

Art. 8º Os produtos e serviços colocados no mercado de consumo não acarretarão riscos à saúde ou segurança dos consumidores, exceto os considerados normais e previsíveis em decorrência de sua natureza e fruição, obrigando-se os fornecedores, em qualquer hipótese, a dar as informações necessárias e adequadas a seu respeito.

Parágrafo único. Em se tratando de produto industrial, ao fabricante cabe prestar as informações a que se refere este artigo, através de impressos apropriados que devam acompanhar o produto.

Art. 9º O fornecedor de produtos e serviços potencialmente nocivos ou perigosos à saúde ou segurança deverá informar, de maneira ostensiva e adequada, a respeito da sua nocividade ou periculosidade, sem prejuízo da adoção de outras medidas cabíveis em cada caso concreto.

Art. 10. O fornecedor não poderá colocar no mercado de consumo produto ou serviço que sabe ou deveria saber apresentar alto grau de nocividade ou periculosidade à saúde ou segurança.

§ 1º O fornecedor de produtos e serviços que, posteriormente à sua introdução no mercado de consumo, tiver conhecimento da periculosidade que apresentem, deverá comunicar o fato imediatamente às autoridades competentes e aos consumidores, mediante anúncios publicitários.

§ 2º Os anúncios publicitários a que se refere o parágrafo anterior serão veiculados na imprensa, rádio e televisão, às expensas do fornecedor do produto ou serviço.

§ 3º Sempre que tiverem conhecimento de periculosidade de produtos ou serviços à saúde ou segurança dos consumidores, a União, os Estados, o Distrito Federal e os Municípios deverão informá-los a respeito.

....

Art. 31. A oferta e apresentação de produtos ou serviços devem assegurar informações corretas, claras, precisas, ostensivas e em língua portuguesa sobre suas características, qualidades, quantidade, composição, preço, garantia, prazos de validade e origem, entre outros dados, bem como sobre os riscos que apresentam à saúde e segurança dos consumidores.

෴ Art. 18, § 6º, II, CDC (Produtos impróprios ao uso e consumo por perigo à saúde ou segurança):
Art. 18. ....
....

§ 6º São impróprios ao uso e consumo:

....

II - os produtos deteriorados, alterados, adulterados, avariados, falsificados, corrompidos, fraudados, nocivos à vida ou à saúde, perigosos ou, ainda, aqueles em desacordo com as normas regulamentares de fabricação, distribuição ou apresentação;

- Art. 37, § 2º, CDC (Publicidade abusiva por perigo à saúde ou segurança):
  Art. 37. ....

  ....

  § 2º É abusiva, dentre outras a publicidade discriminatória de qualquer natureza, a que incite à violência, explore o medo ou a superstição, se aproveite da deficiência de julgamento e experiência da criança, desrespeita valores ambientais, ou que seja capaz de induzir o consumidor a se comportar de forma prejudicial ou perigosa à sua saúde ou segurança.

- Art. 55, § 1º, CDC (Fiscalização do mercado de consumo para preservação da saúde e segurança):
  Art. 55. ....

  § 1º A União, os Estados, o Distrito Federal e os Municípios fiscalizarão e controlarão a produção, industrialização, distribuição, a publicidade de produtos e serviços e o mercado de consumo, no interesse da preservação da vida, da saúde, da segurança, da informação e do bem-estar do consumidor, baixando as normas que se fizerem necessárias.

- Art. 13, § 2º, CP (Relevância da omissão):
  Art. 13 - ....

  ....

  § 2º - A omissão é penalmente relevante quando o omitente devia e podia agir para evitar o resultado. O dever de agir incumbe a quem:
  a) tenha por lei obrigação de cuidado, proteção ou vigilância;
  b) de outra forma, assumiu a responsabilidade de impedir o resultado;
  c) com seu comportamento anterior, criou o risco da ocorrência do resultado.

- Art. 18, II, CP (Definição de crime culposo):
  Art. 18 - Diz-se o crime:

  ....

  II - culposo, quando o agente deu causa ao resultado por imprudência, negligência ou imperícia.

- Art. 33, caput, CP (Pena de detenção):
  Art. 33 - A pena de reclusão deve ser cumprida em regime fechado, semi-aberto ou aberto. A de detenção, em regime semi-aberto, ou aberto, salvo necessidade de transferência a regime fechado.

- Art. 49, CP (Pena de multa):
  Art. 49 - A pena de multa consiste no pagamento ao fundo penitenciário da quantia fixada na sentença e calculada em dias-multa. Será, no mínimo, de 10 (dez) e, no máximo, de 360 (trezentos e sessenta) dias-multa.

§ 1º - O valor do dia-multa será fixado pelo juiz não podendo ser inferior a um trigésimo do maior salário mínimo mensal vigente ao tempo do fato, nem superior a 5 (cinco) vezes esse salário.
§ 2º - O valor da multa será atualizado, quando da execução, pelos índices de correção monetária.

- Art. 7º, II e VII, Lei nº 8.137/1990 (Crimes correlatos contra a relação de consumo):
Art. 7º Constitui crime contra as relações de consumo:

....

II - vender ou expor à venda mercadoria cuja embalagem, tipo, especificação, peso ou composição esteja em desacordo com as prescrições legais, ou que não corresponda à respectiva classificação oficial;

....

VII - induzir o consumidor ou usuário a erro, por via de indicação ou afirmação falsa ou enganosa sobre a natureza, qualidade do bem ou serviço, utilizando-se de qualquer meio, inclusive a veiculação ou divulgação publicitária;

- Portaria MJ/DPDC nº 789/2001 (Regula a comunicação, no âmbito do Departamento de Proteção e Defesa do Consumidor - DPDC, relativa à periculosidade de produtos e serviços já introduzidos no mercado de consumo, prevista no art. 10, § 1º, da Lei 8.078/90).

Art. 64. Deixar de comunicar à autoridade competente e aos consumidores a nocividade ou periculosidade de produtos cujo conhecimento seja posterior à sua colocação no mercado:
Pena - Detenção de seis meses a dois anos e multa.
Parágrafo único. Incorrerá nas mesmas penas quem deixar de retirar do mercado, imediatamente quando determinado pela autoridade competente, os produtos nocivos ou perigosos, na forma deste artigo.

- Art. 5º, XIV, CF (Direito Fundamental à Informação):
Art. 5º ....

....

XIV - é assegurado a todos o acesso à informação e resguardado o sigilo da fonte, quando necessário ao exercício profissional;

- Art. 220, § 4º, CF (Obrigação de advertir os malefícios na propaganda de tabaco, bebidas alcoólicas, agrotóxicos, medicamentos e terapias):
Art. 220. ....

....

§ 4º - A propaganda comercial de tabaco, bebidas alcoólicas, agrotóxicos, medicamentos e terapias estará sujeita a restrições legais, nos termos do inciso II do parágrafo anterior, e conterá, sempre que necessário, advertência sobre os malefícios decorrentes de seu uso.

ca Art. 4º, caput, CDC (Saúde e segurança como objetivos da Política Nacional das Relações de Consumo):

Art. 4º A Política Nacional das Relações de Consumo tem por objetivo o atendimento das necessidades dos consumidores, o respeito à sua dignidade, saúde e segurança, a proteção de seus interesses econômicos, a melhoria da sua qualidade de vida, bem como a transparência e harmonia das relações de consumo, atendidos os seguintes princípios:

ca Arts. 6º, I e III, 8º a 10, e 31, CDC (Direitos à proteção e à informação contra os riscos de produtos e serviços):

Art. 6º São direitos básicos do consumidor:

I - a proteção da vida, saúde e segurança contra os riscos provocados por práticas no fornecimento de produtos e serviços considerados perigosos ou nocivos;

....

III - a informação adequada e clara sobre os diferentes produtos e serviços, com especificação correta de quantidade, características, composição, qualidade e preço, bem como sobre os riscos que apresentem;

....

Art. 8º Os produtos e serviços colocados no mercado de consumo não acarretarão riscos à saúde ou segurança dos consumidores, exceto os considerados normais e previsíveis em decorrência de sua natureza e fruição, obrigando-se os fornecedores, em qualquer hipótese, a dar as informações necessárias e adequadas a seu respeito.

Parágrafo único. Em se tratando de produto industrial, ao fabricante cabe prestar as informações a que se refere este artigo, através de impressos apropriados que devam acompanhar o produto.

Art. 9º O fornecedor de produtos e serviços potencialmente nocivos ou perigosos à saúde ou segurança deverá informar, de maneira ostensiva e adequada, a respeito da sua nocividade ou periculosidade, sem prejuízo da adoção de outras medidas cabíveis em cada caso concreto.

Art. 10. O fornecedor não poderá colocar no mercado de consumo produto ou serviço que sabe ou deveria saber apresentar alto grau de nocividade ou periculosidade à saúde ou segurança.

§ 1º O fornecedor de produtos e serviços que, posteriormente à sua introdução no mercado de consumo, tiver conhecimento da periculosidade que apresentem, deverá comunicar o fato imediatamente às autoridades competentes e aos consumidores, mediante anúncios publicitários.

§ 2º Os anúncios publicitários a que se refere o parágrafo anterior serão veiculados na imprensa, rádio e televisão, às expensas do fornecedor do produto ou serviço.

§ 3º Sempre que tiverem conhecimento de periculosidade de produtos ou serviços à saúde ou segurança dos consumidores, a União, os Estados, o Distrito Federal e os Municípios deverão informá-los a respeito.

....

Art. 31. A oferta e apresentação de produtos ou serviços devem assegurar informações corretas, claras, precisas, ostensivas e em língua portuguesa sobre suas características, qualidades, quantidade, composição, preço, garantia, prazos de validade e origem, entre outros dados, bem como sobre os riscos que apresentam à saúde e segurança dos consumidores.

ca Art. 37, § 2º, CDC (Publicidade abusiva por perigo à saúde ou segurança):
Art. 37. ....

....
§ 2º É abusiva, dentre outras a publicidade discriminatória de qualquer natureza, a que incite à violência, explore o medo ou a superstição, se aproveite da deficiência de julgamento e experiência da criança, desrespeita valores ambientais, ou que seja capaz de induzir o consumidor a se comportar de forma prejudicial ou perigosa à sua saúde ou segurança.

ca Art. 55, § 1º, CDC (Fiscalização do mercado de consumo para preservação da saúde e segurança):
Art. 55. ....
§ 1º A União, os Estados, o Distrito Federal e os Municípios fiscalizarão e controlarão a produção, industrialização, distribuição, a publicidade de produtos e serviços e o mercado de consumo, no interesse da preservação da vida, da saúde, da segurança, da informação e do bem-estar do consumidor, baixando as normas que se fizerem necessárias.

ca Art. 13, § 2º, CP (Relevância da omissão):
Art. 13 - ....

....
§ 2º - A omissão é penalmente relevante quando o omitente devia e podia agir para evitar o resultado. O dever de agir incumbe a quem:
a) tenha por lei obrigação de cuidado, proteção ou vigilância;
b) de outra forma, assumiu a responsabilidade de impedir o resultado;
c) com seu comportamento anterior, criou o risco da ocorrência do resultado.

ca Art. 33, caput, CP (Pena de detenção):
Art. 33 - A pena de reclusão deve ser cumprida em regime fechado, semi-aberto ou aberto. A de detenção, em regime semi-aberto, ou aberto, salvo necessidade de transferência a regime fechado.

ca Art. 49, CP (Pena de multa):
Art. 49 - A pena de multa consiste no pagamento ao fundo penitenciário da quantia fixada na sentença e calculada em dias-multa. Será, no mínimo, de 10 (dez) e, no máximo, de 360 (trezentos e sessenta) dias-multa.
§ 1º - O valor do dia-multa será fixado pelo juiz não podendo ser inferior a um trigésimo do maior salário mínimo mensal vigente ao tempo do fato, nem superior a 5 (cinco) vezes esse salário.
§ 2º - O valor da multa será atualizado, quando da execução, pelos índices de correção monetária.

- Art. 330, CP (Crime de Desobediência):
  Art. 330 - Desobedecer a ordem legal de funcionário público:
  Pena - detenção, de quinze dias a seis meses, e multa.
- Art. 7º, II e VII, Lei nº 8.137/1990 (Crimes correlatos contra a relação de consumo):
  Art. 7º Constitui crime contra as relações de consumo:
  ....
  II - vender ou expor à venda mercadoria cuja embalagem, tipo, especificação, peso ou composição esteja em desacordo com as prescrições legais, ou que não corresponda à respectiva classificação oficial;
  ....
  VII - induzir o consumidor ou usuário a erro, por via de indicação ou afirmação falsa ou enganosa sobre a natureza, qualidade do bem ou serviço, utilizando-se de qualquer meio, inclusive a veiculação ou divulgação publicitária;
- Portaria MJ/DPDC nº 789/2001 (Regula a comunicação, no âmbito do Departamento de Proteção e Defesa do Consumidor - DPDC, relativa à periculosidade de produtos e serviços já introduzidos no mercado de consumo, prevista no art. 10, § 1º, da Lei 8.078/90).
- Jurisprudência selecionada:
  STJ: REsp 46187/DF, 5ª T., j. 8.11.1995.

Art. 65. Executar serviço de alto grau de periculosidade, contrariando determinação de autoridade competente:
Pena Detenção de seis meses a dois anos e multa.
Parágrafo único. As penas deste artigo são aplicáveis sem prejuízo das correspondentes à lesão corporal e à morte.

- Art. 6º, I, CDC (Direito básico à segurança):
  Art. 6º São direitos básicos do consumidor:
  I - a proteção da vida, saúde e segurança contra os riscos provocados por práticas no fornecimento de produtos e serviços considerados perigosos ou nocivos;
- Art. 7º, caput, CDC (Aplicação de regulamentos expedidos pelas autoridades administrativas):
  Art. 7º Os direitos previstos neste código não excluem outros decorrentes de tratados ou convenções internacionais de que o Brasil seja signatário, da legislação interna ordinária, de regulamentos expedidos pelas autoridades administrativas competentes, bem como dos que derivem dos princípios gerais do direito, analogia, costumes e eqüidade.
- Art. 8º, caput, CDC (Proibição do comércio de serviços com riscos anormais à saúde ou segurança):
  Art. 8º Os produtos e serviços colocados no mercado de consumo não acarretarão riscos à saúde ou segurança dos consumidores, exceto os considerados

normais e previsíveis em decorrência de sua natureza e fruição, obrigando-se os fornecedores, em qualquer hipótese, a dar as informações necessárias e adequadas a seu respeito.

- Art. 14, § 1º, CDC (Serviço defeituoso por insegurança):
Art. 14. ....
§ 1º O serviço é defeituoso quando não fornece a segurança que o consumidor dele pode esperar, levando-se em consideração as circunstâncias relevantes, entre as quais:
I - o modo de seu fornecimento;
II - o resultado e os riscos que razoavelmente dele se esperam;
III - a época em que foi fornecido.

- Art. 105, CDC (Sistema Nacional de Defesa do Consumidor):
Art. 105. Integram o Sistema Nacional de Defesa do Consumidor (SNDC), os órgãos federais, estaduais, do Distrito Federal e municipais e as entidades privadas de defesa do consumidor.

- Art. 33, caput, CP (Pena de detenção):
Art. 33 - A pena de reclusão deve ser cumprida em regime fechado, semi-aberto ou aberto. A de detenção, em regime semi-aberto, ou aberto, salvo necessidade de transferência a regime fechado.

- Art. 49, CP (Pena de multa):
Art. 49 - A pena de multa consiste no pagamento ao fundo penitenciário da quantia fixada na sentença e calculada em dias-multa. Será, no mínimo, de 10 (dez) e, no máximo, de 360 (trezentos e sessenta) dias-multa.
§ 1º - O valor do dia-multa será fixado pelo juiz não podendo ser inferior a um trigésimo do maior salário mínimo mensal vigente ao tempo do fato, nem superior a 5 (cinco) vezes esse salário.
§ 2º - O valor da multa será atualizado, quando da execução, pelos índices de correção monetária.

- Art. 121, caput, CP (Crime de Homicídio):
Art. 121. Matar alguém:
Pena - reclusão, de seis a vinte anos.

- Art. 129, caput, CP (Crime de Lesão Corporal):
Art. 129. Ofender a integridade corporal ou a saúde de outrem:
Pena - detenção, de três meses a um ano.

- Art. 330, CP (Crime de Desobediência):
Art. 330 - Desobedecer a ordem legal de funcionário público:
Pena - detenção, de quinze dias a seis meses, e multa.

- Jurisprudência selecionada:
TAMG: Ap 2459683, 1ª Câm., j. 22.4.1998.

Art. 66. Fazer afirmação falsa ou enganosa, ou omitir informação relevante sobre a natureza, característica, qualidade, quantidade, segurança, desempenho, durabilidade, preço ou garantia de produtos ou serviços:

Pena - Detenção de três meses a um ano e multa.
§ 1º Incorrerá nas mesmas penas quem patrocinar a oferta.
§ 2º Se o crime é culposo;
Pena Detenção de um a seis meses ou multa.

- Art. 220, § 4º, CF (Restrição à propaganda de tabaco, bebidas alcoólicas, agrotóxicos, medicamentos e terapias):
Art. 220. ....
....
§ 4º - A propaganda comercial de tabaco, bebidas alcoólicas, agrotóxicos, medicamentos e terapias estará sujeita a restrições legais, nos termos do inciso II do parágrafo anterior, e conterá, sempre que necessário, advertência sobre os malefícios decorrentes de seu uso.
- Art. 4º, caput, CDC (Transparência como princípio da Política Nacional das Relações de Consumo):
Art. 4º A Política Nacional das Relações de Consumo tem por objetivo o atendimento das necessidades dos consumidores, o respeito à sua dignidade, saúde e segurança, a proteção de seus interesses econômicos, a melhoria da sua qualidade de vida, bem como a transparência e harmonia das relações de consumo, atendidos os seguintes princípios:
- Art. 6º, III, CDC (Direito básico à informação adequada):
Art. 6º São direitos básicos do consumidor:
....
III - a informação adequada e clara sobre os diferentes produtos e serviços, com especificação correta de quantidade, características, composição, qualidade e preço, bem como sobre os riscos que apresentem;
- Art. 9º, CDC (Dever do fornecedor de informar a respeito da nocividade ou insuficientes ou periculosidade de produtos e serviços):
Art. 9º O fornecedor de produtos e serviços potencialmente nocivos ou perigosos à saúde ou segurança deverá informar, de maneira ostensiva e adequada, a respeito da sua nocividade ou periculosidade, sem prejuízo da adoção de outras medidas cabíveis em cada caso concreto.
- Art. 10, §§ 1º, 2º e 3º, CDC (Dever do fornecedor de informar a periculosidade de produtos e serviços, ainda que posteriormente à sua introdução no mercado):
Art. 10. ....
§ 1º O fornecedor de produtos e serviços que, posteriormente à sua introdução no mercado de consumo, tiver conhecimento da periculosidade que apresentem, deverá comunicar o fato imediatamente às autoridades competentes e aos consumidores, mediante anúncios publicitários.
§ 2º Os anúncios publicitários a que se refere o parágrafo anterior serão veiculados na imprensa, rádio e televisão, às expensas do fornecedor do produto ou serviço.

§ 3º Sempre que tiverem conhecimento de periculosidade de produtos ou serviços à saúde ou segurança dos consumidores, a União, os Estados, o Distrito Federal e os Municípios deverão

- Art. 31, caput, CDC (Informações sobre a oferta de produtos e serviços):
Art. 31. A oferta e apresentação de produtos ou serviços devem assegurar informações corretas, claras, precisas, ostensivas e em língua portuguesa sobre suas características, qualidades, quantidade, composição, preço, garantia, prazos de validade e origem, entre outros dados, bem como sobre os riscos que apresentam à saúde e segurança dos consumidores.

- Art. 37, § 3º, CDC (Publicidade enganosa por omissão):
Art. 37. ....
....
§ 3º Para os efeitos deste código, a publicidade é enganosa por omissão quando deixar de informar sobre dado essencial do produto ou serviço.

- Art. 38, CDC (Ônus da prova da veracidade e correção da publicidade):
Art. 38. O ônus da prova da veracidade e correção da informação ou comunicação publicitária cabe a quem as patrocina.

- Art. 46, CDC (Obrigação de dar prévio conhecimento do contrato ao consumidor):
Art. 46. Os contratos que regulam as relações de consumo não obrigarão os consumidores, se não lhes for dada a oportunidade de tomar conhecimento prévio de seu conteúdo, ou se os respectivos instrumentos forem redigidos de modo a dificultar a compreensão de seu sentido e alcance.

- Art. 52, CDC (Dever de informação no fornecimento de produtos ou serviços que envolva outorga de crédito ou concessão de financiamento):
Art. 52. No fornecimento de produtos ou serviços que envolva outorga de crédito ou concessão de financiamento ao consumidor, o fornecedor deverá, entre outros requisitos, informá-lo prévia e adequadamente sobre:
I - preço do produto ou serviço em moeda corrente nacional;
II - montante dos juros de mora e da taxa efetiva anual de juros;
III - acréscimos legalmente previstos;
IV - número e periodicidade das prestações;
V - soma total a pagar, com e sem financiamento.

- Art. 54, §§ 3º e 4º, CDC (Obrigação de tornar legível e destacar cláusulas limitativas nos contratos de adesão):
Art. 54. ....
....
§ 3º Os contratos de adesão escritos serão redigidos em termos claros e com caracteres ostensivos e legíveis, cujo tamanho da fonte não será inferior ao corpo doze, de modo a facilitar sua compreensão pelo consumidor.

§ 4º As cláusulas que implicarem limitação de direito do consumidor deverão ser redigidas com destaque, permitindo sua imediata e fácil compreensão.

- Art. 422, CC (Dever de probidade e boa-fé entre os contratantes):
Art. 422. Os contratantes são obrigados a guardar, assim na conclusão do contrato, como em sua execução, os princípios de probidade e boa-fé.

- Art. 13, § 2º, CP (Relevância da omissão):
Art. 13 - ....
....
§ 2º - A omissão é penalmente relevante quando o omitente devia e podia agir para evitar o resultado. O dever de agir incumbe a quem:
a) tenha por lei obrigação de cuidado, proteção ou vigilância;
b) de outra forma, assumiu a responsabilidade de impedir o resultado;
c) com seu comportamento anterior, criou o risco da ocorrência do resultado.

- Art. 18, II, CP (Definição de crime culposo):
Art. 18 - Diz-se o crime:
....
II - culposo, quando o agente deu causa ao resultado por imprudência, negligência ou imperícia.

- Art. 33, caput, CP (Pena de detenção):
Art. 33 - A pena de reclusão deve ser cumprida em regime fechado, semi-aberto ou aberto. A de detenção, em regime semi-aberto, ou aberto, salvo necessidade de transferência a regime fechado.

- Art. 49, CP (Pena de multa):
Art. 49 - A pena de multa consiste no pagamento ao fundo penitenciário da quantia fixada na sentença e calculada em dias-multa. Será, no mínimo, de 10 (dez) e, no máximo, de 360 (trezentos e sessenta) dias-multa.
§ 1º - O valor do dia-multa será fixado pelo juiz não podendo ser inferior a um trigésimo do maior salário mínimo mensal vigente ao tempo do fato, nem superior a 5 (cinco) vezes esse salário.
§ 2º - O valor da multa será atualizado, quando da execução, pelos índices de correção monetária.

- Art. 40, Lei nº 11.105/2005 (Informação sobre organismos geneticamente modificados nos alimentos):
Art. 40. Os alimentos e ingredientes alimentares destinados ao consumo humano ou animal que contenham ou sejam produzidos a partir de OGM ou derivados deverão conter informação nesse sentido em seus rótulos, conforme regulamento.

- Portaria MJ/DPDC nº 789/2001 (Regula a comunicação, no âmbito do Departamento de Proteção e Defesa do Consumidor - DPDC, relativa à periculosidade de produtos e serviços já introduzidos no mercado de consumo, prevista no art. 10, § 1º, da Lei 8.078/90).

❧ Jurisprudência selecionada:
TACrimSP: HC 3388001, 16ª Câm., j. 15.4.1999, RT 768/594; Ap 12303537, 2ª Câm., j. 8.3.2001, RT 790/612; Ap 60028, 4ª Câm., j. 20.11.1996, RT 740/683; Ap 10476416, 11ª Câm., j. 31.3.1997, RT 742/655; Ap 1180537/7, 15ª Câm., j. 27.4.2000, RT 781/602; REO 10289975, 9ª Câm., j. 15.1.1997. TJDF: Ap 130/99, j. 10.8.1999.

Art. 67. Fazer ou promover publicidade que sabe ou deveria saber ser enganosa ou abusiva:
Pena Detenção de três meses a um ano e multa.
Parágrafo único. (Vetado).

❧ O parágrafo único vetado tinha a seguinte redação (Mensagem nº 664/1990):
Parágrafo único - Incorrerá nas mesmas penas, quem fizer ou promover publicidade de modo que dificulte sua identificação imediata.[24]

❧ Art. 22, XXIX, CF (Competência privativa União para legislar sobre propaganda):
Art. 22. Compete privativamente à União legislar sobre:
....
XXIX - propaganda comercial.

❧ Art. 220, § 4º, CF (Restrição à propaganda de tabaco, bebidas alcoólicas, agrotóxicos, medicamentos e terapias):
Art. 220. ....
....
§ 4º - A propaganda comercial de tabaco, bebidas alcoólicas, agrotóxicos, medicamentos e terapias estará sujeita a restrições legais, nos termos do inciso II do parágrafo anterior, e conterá, sempre que necessário, advertência sobre os malefícios decorrentes de seu uso.

❧ Art. 6º, III, CDC (Direito básico à informação adequada):
Art. 6º São direitos básicos do consumidor:
....
III - a informação adequada e clara sobre os diferentes produtos e serviços, com especificação correta de quantidade, características, composição, qualidade e preço, bem como sobre os riscos que apresentem;

❧ Art. 6º, IV, CDC (Direito básico à proteção contra a publicidade enganosa e abusiva):
Art. 6º São direitos básicos do consumidor:
....

---

24 Justificativa do veto: A norma em causa, enunciada como acréscimo a dispositivo que criminaliza a publicidade abusiva ou enganosa, não descreve, de forma clara e precisa, a conduta que pretende vedar. Assim, o dispositivo viola a garantia constitucional consagrada no inciso XXXIX do art. 5º da Constituição.

IV - a proteção contra a publicidade enganosa e abusiva, métodos comerciais coercitivos ou desleais, bem como contra práticas e cláusulas abusivas ou impostas no fornecimento de produtos e serviços;

- Art. 31, CDC (Dever de correção e clareza da oferta):
Art. 31. A oferta e apresentação de produtos ou serviços devem assegurar informações corretas, claras, precisas, ostensivas e em língua portuguesa sobre suas características, qualidades, quantidade, composição, preço, garantia, prazos de validade e origem, entre outros dados, bem como sobre os riscos que apresentam à saúde e segurança dos consumidores.

- Art. 37, CDC (Proibição de publicidade enganosa ou abusiva):
Art. 37. É proibida toda publicidade enganosa ou abusiva.

§ 1º É enganosa qualquer modalidade de informação ou comunicação de caráter publicitário, inteira ou parcialmente falsa, ou, por qualquer outro modo, mesmo por omissão, capaz de induzir em erro o consumidor a respeito da natureza, características, qualidade, quantidade, propriedades, origem, preço e quaisquer outros dados sobre produtos e serviços.

§ 2º É abusiva, dentre outras a publicidade discriminatória de qualquer natureza, a que incite à violência, explore o medo ou a superstição, se aproveite da deficiência de julgamento e experiência da criança, desrespeita valores ambientais, ou que seja capaz de induzir o consumidor a se comportar de forma prejudicial ou perigosa à sua saúde ou segurança.

§ 3º Para os efeitos deste código, a publicidade é enganosa por omissão quando deixar de informar sobre dado essencial do produto ou serviço.

- Art. 33, caput, CP (Pena de detenção):
Art. 33 - A pena de reclusão deve ser cumprida em regime fechado, semi-aberto ou aberto. A de detenção, em regime semi-aberto, ou aberto, salvo necessidade de transferência a regime fechado.

- Art. 49, CP (Pena de multa):
Art. 49 - A pena de multa consiste no pagamento ao fundo penitenciário da quantia fixada na sentença e calculada em dias-multa. Será, no mínimo, de 10 (dez) e, no máximo, de 360 (trezentos e sessenta) dias-multa.

§ 1º - O valor do dia-multa será fixado pelo juiz não podendo ser inferior a um trigésimo do maior salário mínimo mensal vigente ao tempo do fato, nem superior a 5 (cinco) vezes esse salário.

§ 2º - O valor da multa será atualizado, quando da execução, pelos índices de correção monetária.

- Art. 5º, Lei nº 4.680/1965 (Conceito legal de propaganda):
Art. 5º Compreende-se por propaganda qualquer forma remunerada de difusão de idéias, mercadorias ou serviços, por parte de um anunciante identificado.

- Art. 7º, VII, Lei nº 8.137/1990 (Crimes correlatos contra a relação de consumo):
Art. 7º Constitui crime contra as relações de consumo:
....

VII - induzir o consumidor ou usuário a erro, por via de indicação ou afirmação falsa ou enganosa sobre a natureza, qualidade do bem ou serviço, utilizando-se de qualquer meio, inclusive a veiculação ou divulgação publicitária;
  cs Jurisprudência selecionada:
STJ: RHC 6215/SP, 6ª T., j. 20.5.1997, RT 744/534; HC 2553/MG, 6ª T., j. 29.8.1994. TACrimSP: Ap 12066371, 15ª Câm., j. 17.8.2000, RT 785/626.

Art. 68. Fazer ou promover publicidade que sabe ou deveria saber ser capaz de induzir o consumidor a se comportar de forma prejudicial ou perigosa a sua saúde ou segurança:
Pena - Detenção de seis meses a dois anos e multa:
Parágrafo único. (Vetado).

  cs O parágrafo único vetado tinha a seguinte redação (Mensagem nº 664/1990):
Parágrafo único - Incorrerá nas mesmas penas quem fizer ou promover publicidade sabendo-se incapaz de atender à demanda.[25]
  cs Art. 22, XXIX, CF (Competência privativa União para legislar sobre propaganda):
Art. 22. Compete privativamente à União legislar sobre:
....
XXIX - propaganda comercial.
  cs Art. 220, § 4º, CF (Restrição à propaganda de tabaco, bebidas alcoólicas, agrotóxicos, medicamentos e terapias):
Art. 220. ....
....
§ 4º - A propaganda comercial de tabaco, bebidas alcoólicas, agrotóxicos, medicamentos e terapias estará sujeita a restrições legais, nos termos do inciso II do parágrafo anterior, e conterá, sempre que necessário, advertência sobre os malefícios decorrentes de seu uso.
  cs Art. 4º, caput, CDC (Saúde e segurança como objetivos da Política Nacional das Relações de Consumo):
Art. 4º A Política Nacional das Relações de Consumo tem por objetivo o atendimento das necessidades dos consumidores, o respeito à sua dignidade, saúde e segurança, a proteção de seus interesses econômicos, a melhoria da sua qualidade de vida, bem como a transparência e harmonia das relações de consumo, atendidos os seguintes princípios:

---

25 Justificativa do veto: A publicidade abusiva já está criminalizada no art. 67 do Projeto. Trata-se, portanto, de norma redundante.

- Arts. 6º, I, CDC (Direitos à proteção contra os riscos de produtos e serviços):
  Art. 6º São direitos básicos do consumidor:
  I - a proteção da vida, saúde e segurança contra os riscos provocados por práticas no fornecimento de produtos e serviços considerados perigosos ou nocivos;
- Art. 6º, IV, CDC (Direito básico à proteção contra a publicidade enganosa e abusiva):
  Art. 6º São direitos básicos do consumidor:
  ....
  IV - a proteção contra a publicidade enganosa e abusiva, métodos comerciais coercitivos ou desleais, bem como contra práticas e cláusulas abusivas ou impostas no fornecimento de produtos e serviços;
- Art. 8º, caput, CDC (Proteção à saúde e segurança do consumidor):
  Art. 8º Os produtos e serviços colocados no mercado de consumo não acarretarão riscos à saúde ou segurança dos consumidores, exceto os considerados normais e previsíveis em decorrência de sua natureza e fruição, obrigando-se os fornecedores, em qualquer hipótese, a dar as informações necessárias e adequadas a seu respeito.
- Art. 31, CDC (Dever de correção e clareza da oferta):
  Art. 31. A oferta e apresentação de produtos ou serviços devem assegurar informações corretas, claras, precisas, ostensivas e em língua portuguesa sobre suas características, qualidades, quantidade, composição, preço, garantia, prazos de validade e origem, entre outros dados, bem como sobre os riscos que apresentam à saúde e segurança dos consumidores.
- Art. 37, CDC (Proibição de publicidade enganosa ou abusiva):
  Art. 37. É proibida toda publicidade enganosa ou abusiva.
  § 1º É enganosa qualquer modalidade de informação ou comunicação de caráter publicitário, inteira ou parcialmente falsa, ou, por qualquer outro modo, mesmo por omissão, capaz de induzir em erro o consumidor a respeito da natureza, características, qualidade, quantidade, propriedades, origem, preço e quaisquer outros dados sobre produtos e serviços.
  § 2º É abusiva, dentre outras a publicidade discriminatória de qualquer natureza, a que incite à violência, explore o medo ou a superstição, se aproveite da deficiência de julgamento e experiência da criança, desrespeita valores ambientais, ou que seja capaz de induzir o consumidor a se comportar de forma prejudicial ou perigosa à sua saúde ou segurança.
  § 3º Para os efeitos deste código, a publicidade é enganosa por omissão quando deixar de informar sobre dado essencial do produto ou serviço.
- Art. 33, caput, CP (Pena de detenção):
  Art. 33 - A pena de reclusão deve ser cumprida em regime fechado, semi-aberto ou aberto. A de detenção, em regime semi-aberto, ou aberto, salvo necessidade de transferência a regime fechado.

- Art. 49, CP (Pena de multa):
Art. 49 - A pena de multa consiste no pagamento ao fundo penitenciário da quantia fixada na sentença e calculada em dias-multa. Será, no mínimo, de 10 (dez) e, no máximo, de 360 (trezentos e sessenta) dias-multa.
§ 1º - O valor do dia-multa será fixado pelo juiz não podendo ser inferior a um trigésimo do maior salário mínimo mensal vigente ao tempo do fato, nem superior a 5 (cinco) vezes esse salário.
§ 2º - O valor da multa será atualizado, quando da execução, pelos índices de correção monetária.
- Art. 5º, Lei nº 4.680/1965 (Conceito legal de propaganda):
Art. 5º Compreende-se por propaganda qualquer forma remunerada de difusão de idéias, mercadorias ou serviços, por parte de um anunciante identificado.
- Art. 7º, VII, Lei nº 8.137/1990 (Crimes correlatos contra a relação de consumo):
Art. 7º Constitui crime contra as relações de consumo:
....
VII - induzir o consumidor ou usuário a erro, por via de indicação ou afirmação falsa ou enganosa sobre a natureza, qualidade do bem ou serviço, utilizando-se de qualquer meio, inclusive a veiculação ou divulgação publicitária;

Art. 69. Deixar de organizar dados fáticos, técnicos e científicos que dão base à publicidade:
Pena Detenção de um a seis meses ou multa.

- Art. 4º, caput, CDC (Transparência como princípio da Política Nacional das Relações de Consumo):
Art. 4º A Política Nacional das Relações de Consumo tem por objetivo o atendimento das necessidades dos consumidores, o respeito à sua dignidade, saúde e segurança, a proteção de seus interesses econômicos, a melhoria da sua qualidade de vida, bem como a transparência e harmonia das relações de consumo, atendidos os seguintes princípios:
- Art. 6º, III, CDC (Direito básico à informação adequada):
Art. 6º São direitos básicos do consumidor:
....
III - a informação adequada e clara sobre os diferentes produtos e serviços, com especificação correta de quantidade, características, composição, qualidade e preço, bem como sobre os riscos que apresentem;
- Art. 36, parágrafo único, CDC (Obrigação de manter dados fáticos, técnicos e científicos acerca da publicidade):
Art. 36. ....
Parágrafo único. O fornecedor, na publicidade de seus produtos ou serviços, manterá, em seu poder, para informação dos legítimos interessados, os dados fáticos, técnicos e científicos que dão sustentação à mensagem.

- Art. 38, CDC (Ônus da prova da veracidade e correção da publicidade):
  Art. 38. O ônus da prova da veracidade e correção da informação ou comunicação publicitária cabe a quem as patrocina.
- Art. 13, § 2º, CP (Relevância da omissão):
  Art. 13 - ....
  ....
  § 2º - A omissão é penalmente relevante quando o omitente devia e podia agir para evitar o resultado. O dever de agir incumbe a quem:
  a) tenha por lei obrigação de cuidado, proteção ou vigilância;
  b) de outra forma, assumiu a responsabilidade de impedir o resultado;
  c) com seu comportamento anterior, criou o risco da ocorrência do resultado.
- Art. 33, caput, CP (Pena de detenção):
  Art. 33 - A pena de reclusão deve ser cumprida em regime fechado, semi-aberto ou aberto. A de detenção, em regime semi-aberto, ou aberto, salvo necessidade de transferência a regime fechado.
- Art. 49, CP (Pena de multa):
  Art. 49 - A pena de multa consiste no pagamento ao fundo penitenciário da quantia fixada na sentença e calculada em dias-multa. Será, no mínimo, de 10 (dez) e, no máximo, de 360 (trezentos e sessenta) dias-multa.
  § 1º - O valor do dia-multa será fixado pelo juiz não podendo ser inferior a um trigésimo do maior salário mínimo mensal vigente ao tempo do fato, nem superior a 5 (cinco) vezes esse salário.
  § 2º - O valor da multa será atualizado, quando da execução, pelos índices de correção monetária.
- Art. 5º, Lei nº 4.680/1965 (Conceito legal de propaganda):
  Art. 5º Compreende-se por propaganda qualquer forma remunerada de difusão de idéias, mercadorias ou serviços, por parte de um anunciante identificado.

Art. 70. Empregar na reparação de produtos, peça ou componentes de reposição usados, sem autorização do consumidor:
Pena Detenção de três meses a um ano e multa.

- Art. 4º, III, CDC (Boa-fé como princípio da Política Nacional das Relações de Consumo):
  Art. 4º A Política Nacional das Relações de Consumo tem por objetivo o atendimento das necessidades dos consumidores, o respeito à sua dignidade, saúde e segurança, a proteção de seus interesses econômicos, a melhoria da sua qualidade de vida, bem como a transparência e harmonia das relações de consumo, atendidos os seguintes princípios:
  ....

III - harmonização dos interesses dos participantes das relações de consumo e compatibilização da proteção do consumidor com a necessidade de desenvolvimento econômico e tecnológico, de modo a viabilizar os princípios nos quais se funda a ordem econômica (art. 170, da Constituição Federal), sempre com base na boa-fé e equilíbrio nas relações entre consumidores e fornecedores;

- Art. 21, CDC (Dever de empregar peças e componentes de reposição originais adequados e novos):
Art. 21. No fornecimento de serviços que tenham por objetivo a reparação de qualquer produto considerar-se-á implícita a obrigação do fornecedor de empregar componentes de reposição originais adequados e novos, ou que mantenham as especificações técnicas do fabricante, salvo, quanto a estes últimos, autorização em contrário do consumidor.

- Art. 32, CDC (Obrigação de manter a oferta de componentes e peças enquanto forem produzidas ou importado o produto):
Art. 32. Os fabricantes e importadores deverão assegurar a oferta de componentes e peças de reposição enquanto não cessar a fabricação ou importação do produto.
Parágrafo único. Cessadas a produção ou importação, a oferta deverá ser mantida por período razoável de tempo, na forma da lei.

- Art. 422, CC (Dever de probidade e boa-fé entre os contratantes):
Art. 422. Os contratantes são obrigados a guardar, assim na conclusão do contrato, como em sua execução, os princípios de probidade e boa-fé.

- Art. 33, caput, CP (Pena de detenção):
Art. 33 - A pena de reclusão deve ser cumprida em regime fechado, semi-aberto ou aberto. A de detenção, em regime semi-aberto, ou aberto, salvo necessidade de transferência a regime fechado.

- Art. 49, CP (Pena de multa):
Art. 49 - A pena de multa consiste no pagamento ao fundo penitenciário da quantia fixada na sentença e calculada em dias-multa. Será, no mínimo, de 10 (dez) e, no máximo, de 360 (trezentos e sessenta) dias-multa.
§ 1º - O valor do dia-multa será fixado pelo juiz não podendo ser inferior a um trigésimo do maior salário mínimo mensal vigente ao tempo do fato, nem superior a 5 (cinco) vezes esse salário.
§ 2º - O valor da multa será atualizado, quando da execução, pelos índices de correção monetária.

Art. 71. Utilizar, na cobrança de dívidas, de ameaça, coação, constrangimento físico ou moral, afirmações falsas incorretas ou enganosas ou de qualquer outro procedimento que exponha o consumidor, injustificadamente, a ridículo ou interfira com seu trabalho, descanso ou lazer:
Pena Detenção de três meses a um ano e multa.

- Art. 5º, X, CF (Direito à intimidade, à honra e à imagem):
  Art. 5º ....
  ....
  X - são invioláveis a intimidade, a vida privada, a honra e a imagem das pessoas, assegurado o direito a indenização pelo dano material ou moral decorrente de sua violação;
- Art. 5º, LIV, CF (Proibição da privação de bens sem o devido processo legal):
  Art. 5º ....
  ....
  LIV - ninguém será privado da liberdade ou de seus bens sem o devido processo legal;
- Art. 5º, LXVII, CF (Proibição da prisão por dívida):
  Art. 5º ....
  ....
  LXVII - não haverá prisão civil por dívida, salvo a do responsável pelo inadimplemento voluntário e inescusável de obrigação alimentícia e a do depositário infiel;
- Art. 6º, IV, CDC (Direito básico à proteção contra métodos coercitivos ou desleais):
  Art. 6º São direitos básicos do consumidor:
  ....
  IV - a proteção contra a publicidade enganosa e abusiva, métodos comerciais coercitivos ou desleais, bem como contra práticas e cláusulas abusivas ou impostas no fornecimento de produtos e serviços;
- Art. 22, caput, CDC (Obrigação de continuidade dos serviços públicos essenciais):
  Art. 22. Os órgãos públicos, por si ou suas empresas, concessionárias, permissionárias ou sob qualquer outra forma de empreendimento, são obrigados a fornecer serviços adequados, eficientes, seguros e, quanto aos essenciais, contínuos.
- Art. 42, caput, CDC (Vedação a constrangimento ou ameaça na cobrança de dívidas):
  Art. 42. Na cobrança de débitos, o consumidor inadimplente não será exposto a ridículo, nem será submetido a qualquer tipo de constrangimento ou ameaça.
- Art. 33, caput, CP (Pena de detenção):
  Art. 33 - A pena de reclusão deve ser cumprida em regime fechado, semi-aberto ou aberto. A de detenção, em regime semi-aberto, ou aberto, salvo necessidade de transferência a regime fechado.
- Art. 49, CP (Pena de multa):
  Art. 49 - A pena de multa consiste no pagamento ao fundo penitenciário da quantia fixada na sentença e calculada em dias-multa. Será, no mínimo, de 10 (dez) e, no máximo, de 360 (trezentos e sessenta) dias-multa.

§ 1º - O valor do dia-multa será fixado pelo juiz não podendo ser inferior a um trigésimo do maior salário mínimo mensal vigente ao tempo do fato, nem superior a 5 (cinco) vezes esse salário.
§ 2º - O valor da multa será atualizado, quando da execução, pelos índices de correção monetária.

- Arts. 139, caput, 140, caput, CP (Crimes de difamação e injúria):
Art. 139 - Difamar alguém, imputando-lhe fato ofensivo à sua reputação:
Pena - detenção, de três meses a um ano, e multa.

....

Art. 140 - Injuriar alguém, ofendendo-lhe a dignidade ou o decoro:
Pena - detenção, de um a seis meses, ou multa.

- Art. 146, CP (Crime de constrangimento ilegal):
Art. 146 - Constranger alguém, mediante violência ou grave ameaça, ou depois de lhe haver reduzido, por qualquer outro meio, a capacidade de resistência, a não fazer o que a lei permite, ou a fazer o que ela não manda:
Pena - detenção, de três meses a um ano, ou multa.

- Art. 6º, § 3º, II, Lei nº 8.987/1995 (Autorização para descontinuidade do serviço público por inadimplemento):
Art. 6º ....

....

§ 3º Não se caracteriza como descontinuidade do serviço a sua interrupção em situação de emergência ou após prévio aviso, quando:

....

II - por inadimplemento do usuário, considerado o interesse da coletividade.

- Art. 91, I a IV, Resolução ANEEL nº 456/2000 (Suspensão do fornecimento de energia elétrica por atraso no pagamento):
Art. 91. A concessionária poderá suspender o fornecimento, após prévia comunicação formal ao consumidor, nas seguintes situações:
I - atraso no pagamento da fatura relativa a prestação do serviço público de energia elétrica;
II - atraso no pagamento de encargos e serviços vinculados ao fornecimento de energia elétrica, prestados mediante autorização do consumidor;
III - atraso no pagamento dos serviços cobráveis estabelecidos no art. 109;
IV - atraso no pagamento de prejuízos causados nas instalações da concessionária, cuja responsabilidade tenha sido imputada ao consumidor, desde que vinculados à prestação do serviço público de energia elétrica;

- Item 7 da Portaria MJ/SDE nº 3/2001 (Abusividade da cláusula que autorize a inscrição do consumidor em cadastros de inadimplentes em casos sub judice):
Divulgar o seguinte elenco de cláusulas, as quais, na forma do artigo 51 da Lei nº 8.078, de 11 de setembro de 1990, e do artigo 56 do Decreto nº 2.181, de 20 de março de 1997, com o objetivo de orientar o Sistema Nacional de Defesa

do Consumidor, serão consideradas como abusivas, notadamente para fim de aplicação do disposto no inciso IV, do art. 22 do Decreto nº 2.181:

....

7. autorize o envio do nome do consumidor e/ou seus garantes a cadastros de consumidores (SPC, SERASA, etc.), enquanto houver discussão em juízo relativa à relação de consumo;

- ca Decreto Federal nº 678/1992: Convenção Americana sobre Direitos Humanos de 1969 – Pacto de San José da Costa Rica (Dispõe sobre a proibição da prisão por dívidas).
- ca Jurisprudência selecionada:
TACrimSP: Ap 13444438, 9ª Câm., j. 12.3.2003. TAPR: Ap 622171, 3ª Câm., j. 22.2.1994; Ap 702549, 2ª Câm., j. 6.10.1994.

Art. 72. Impedir ou dificultar o acesso do consumidor às informações que sobre ele constem em cadastros, banco de dados, fichas e registros:

Pena Detenção de seis meses a um ano ou multa.

- ca Art. 5º, LXXII, "a", CF (Habeas Data para acessar informações):
Art. 5º ....

....

LXXII - conceder-se-á "habeas-data":
a) para assegurar o conhecimento de informações relativas à pessoa do impetrante, constantes de registros ou bancos de dados de entidades governamentais ou de caráter público;

- ca Art. 6º, III, CDC (Direito básico à informação adequada):
Art. 6º São direitos básicos do consumidor:

....

III - a informação adequada e clara sobre os diferentes produtos e serviços, com especificação correta de quantidade, características, composição, qualidade e preço, bem como sobre os riscos que apresentem;

- ca Art. 43, caput, CDC (Direito de acesso às informações de cadastros de consumo):
Art. 43. O consumidor, sem prejuízo do disposto no art. 86, terá acesso às informações existentes em cadastros, fichas, registros e dados pessoais e de consumo arquivados sobre ele, bem como sobre as suas respectivas fontes.
- ca Art. 86, CDC (Habeas Data para tutela dos direitos e interesses dos consumidores):
Art. 86. (Vetado).[26]

---

26 O art. 86 vetado tinha a seguinte redação: Art. 86 - Aplica-se o habeas data à tutela dos direitos e interesses dos consumidores. Justificativa do veto: As ações de mandado de segurança e de habeas data destinam-se, por sua natureza, à defesa de direitos subjetivos públicos e têm, portanto, por objetivo precípuo >

- Art. 33, caput, CP (Pena de detenção):
  Art. 33 - A pena de reclusão deve ser cumprida em regime fechado, semi-aberto ou aberto. A de detenção, em regime semi-aberto, ou aberto, salvo necessidade de transferência a regime fechado.
- Art. 49, CP (Pena de multa):
  Art. 49 - A pena de multa consiste no pagamento ao fundo penitenciário da quantia fixada na sentença e calculada em dias-multa. Será, no mínimo, de 10 (dez) e, no máximo, de 360 (trezentos e sessenta) dias-multa.
  § 1º - O valor do dia-multa será fixado pelo juiz não podendo ser inferior a um trigésimo do maior salário mínimo mensal vigente ao tempo do fato, nem superior a 5 (cinco) vezes esse salário.
  § 2º - O valor da multa será atualizado, quando da execução, pelos índices de correção monetária.
- Lei nº 9.507/1997 (Regula o direito de acesso a informações e disciplina o rito processual do habeas data).
- Lei nº 11.111/2005 (Regulamenta a parte final do disposto no inciso XXXIII do caput do art. 5º da Constituição Federal).
- Jurisprudência selecionada:
  TRF1ªR: HC 200004010224415/RS, 2ª T., j. 6.4.2000, RT 781/716.

Art. 73. Deixar de corrigir imediatamente informação sobre consumidor constante de cadastro, banco de dados, fichas ou registros que sabe ou deveria saber ser inexata:

Pena Detenção de um a seis meses ou multa.

- Art. 5º, LXXII, "b", CF (Habeas Data para retificar informações):
  Art. 5º ....

  ....
  LXXII - conceder-se-á "habeas-data":

  ....
  b) para a retificação de dados, quando não se prefira fazê-lo por processo sigiloso, judicial ou administrativo;
- Art. 43, § 3º, CDC (Direito à correção de informação em cadastros de consumo):
  Art. 43. ....

  ....
  § 3º O consumidor, sempre que encontrar inexatidão nos seus dados e cadastros, poderá exigir sua imediata correção, devendo o arquivista, no prazo de cinco

> os atos de agentes do Poder Público. Por isso, a sua extensão ou aplicação a outras situações ou relações jurídicas é incompatível com sua índole constitucional. Os artigos vetados, assim, contrariam as disposições dos incisos LXXI e LXXII do art. 5º da Carta Magna.

dias úteis, comunicar a alteração aos eventuais destinatários das informações incorretas.
- Art. 86, CDC (Habeas Data para tutela dos direitos e interesses dos consumidores):
Art. 86. (Vetado).[27]
- Art. 13, § 2º, CP (Relevância da omissão):
Art. 13 - ....
....
§ 2º - A omissão é penalmente relevante quando o omitente devia e podia agir para evitar o resultado. O dever de agir incumbe a quem:
a) tenha por lei obrigação de cuidado, proteção ou vigilância;
b) de outra forma, assumiu a responsabilidade de impedir o resultado;
c) com seu comportamento anterior, criou o risco da ocorrência do resultado.
- Art. 33, caput, CP (Pena de detenção):
Art. 33 - A pena de reclusão deve ser cumprida em regime fechado, semi-aberto ou aberto. A de detenção, em regime semi-aberto, ou aberto, salvo necessidade de transferência a regime fechado.
- Art. 49, CP (Pena de multa):
Art. 49 - A pena de multa consiste no pagamento ao fundo penitenciário da quantia fixada na sentença e calculada em dias-multa. Será, no mínimo, de 10 (dez) e, no máximo, de 360 (trezentos e sessenta) dias-multa.
§ 1º - O valor do dia-multa será fixado pelo juiz não podendo ser inferior a um trigésimo do maior salário mínimo mensal vigente ao tempo do fato, nem superior a 5 (cinco) vezes esse salário.
§ 2º - O valor da multa será atualizado, quando da execução, pelos índices de correção monetária.
- Lei nº 9.507/1997 (Regula o direito de acesso a informações e disciplina o rito processual do habeas data).
- Lei nº 11.111/2005 (Regulamenta a parte final do disposto no inciso XXXIII do caput do art. 5º da Constituição Federal).
- Jurisprudência selecionada:
TRF4ªR: HC20000401022441-5, 2ª T., j. 6.4.2000.

Art. 74. Deixar de entregar ao consumidor o termo de garantia adequadamente preenchido e com especificação clara de seu conteúdo;
Pena Detenção de um a seis meses ou multa.

---

[27] O art. 86 vetado tinha a seguinte redação: Art. 86 - Aplica-se o habeas data à tutela dos direitos e interesses dos consumidores. Justificativa do veto: As ações de mandado de segurança e de habeas data destinam-se, por sua natureza, à defesa de direitos subjetivos públicos e têm, portanto, por objetivo precípuo os atos de agentes do Poder Público. Por isso, a sua extensão ou aplicação a outras situações ou relações jurídicas é incompatível com sua índole constitucional. Os artigos vetados, assim, contrariam as disposições dos incisos LXXI e LXXII do art. 5º da Carta Magna.

- Art. 6º, III, CDC (Direito básico à informação adequada):
Art. 6º São direitos básicos do consumidor:
....
III - a informação adequada e clara sobre os diferentes produtos e serviços, com especificação correta de quantidade, características, composição, qualidade e preço, bem como sobre os riscos que apresentem;
- Art. 24, CDC (Independência de termo expresso para a garantia legal):
Art. 24. A garantia legal de adequação do produto ou serviço independe de termo expresso, vedada a exoneração contratual do fornecedor.
- Art. 31, caput, CDC (Informações sobre garantia na oferta):
Art.31. A oferta e apresentação de produtos ou serviços devem assegurar informações corretas, claras, precisas, ostensivas e em língua portuguesa sobre suas características, qualidades, quantidade, composição, preço, garantia, prazos de validade e origem, entre outros dados, bem como sobre os riscos que apresentam à saúde e segurança dos consumidores.
- Art. 50, CDC (Obrigação de termo escrito para a garantia contratual):
Art. 50. A garantia contratual é complementar à legal e será conferida mediante termo escrito.
Parágrafo único. O termo de garantia ou equivalente deve ser padronizado e esclarecer, de maneira adequada em que consiste a mesma garantia, bem como a forma, o prazo e o lugar em que pode ser exercitada e os ônus a cargo do consumidor, devendo ser-lhe entregue, devidamente preenchido pelo fornecedor, no ato do fornecimento, acompanhado de manual de instrução, de instalação e uso do produto em linguagem didática, com ilustrações.
- Art. 107, caput, CDC (Regulação de garantia por Convenção de Consumo):
Art.107. As entidades civis de consumidores e as associações de fornecedores ou sindicatos de categoria econômica podem regular, por convenção escrita, relações de consumo que tenham por objeto estabelecer condições relativas ao preço, à qualidade, à quantidade, à garantia e características de produtos e serviços, bem como à reclamação e composição do conflito de consumo.
- Art. 13, § 2º, CP (Relevância da omissão):
Art. 13 - ....
....
§ 2º - A omissão é penalmente relevante quando o omitente devia e podia agir para evitar o resultado. O dever de agir incumbe a quem:
a) tenha por lei obrigação de cuidado, proteção ou vigilância;
b) de outra forma, assumiu a responsabilidade de impedir o resultado;
c) com seu comportamento anterior, criou o risco da ocorrência do resultado.
- Art. 33, caput, CP (Pena de detenção):
Art.33- A pena de reclusão deve ser cumprida em regime fechado, semi-aberto ou aberto. A de detenção, em regime semi-aberto, ou aberto, salvo necessidade de transferência a regime fechado.

- Art. 49, CP (Pena de multa):
  Art. 49 - A pena de multa consiste no pagamento ao fundo penitenciário da quantia fixada na sentença e calculada em dias-multa. Será, no mínimo, de 10 (dez) e, no máximo, de 360 (trezentos e sessenta) dias-multa.
  § 1º - O valor do dia-multa será fixado pelo juiz não podendo ser inferior a um trigésimo do maior salário mínimo mensal vigente ao tempo do fato, nem superior a 5 (cinco) vezes esse salário.
  § 2º - O valor da multa será atualizado, quando da execução, pelos índices de correção monetária.

Art. 75. Quem, de qualquer forma, concorrer para os crimes referidos neste código, incide as penas a esses cominadas na medida de sua culpabilidade, bem como o diretor, administrador ou gerente da pessoa jurídica que promover, permitir ou por qualquer modo aprovar o fornecimento, oferta, exposição à venda ou manutenção em depósito de produtos ou a oferta e prestação de serviços nas condições por ele proibidas.

- Art. 5º, XXXIX, CF (Princípio da Legalidade Penal):
  Art. 5º ....
  ....
  XXXIX - não há crime sem lei anterior que o defina, nem pena sem prévia cominação legal;
- Art. 5º, XLVI, CF (Princípio da individualização e espécies de penas):
  Art. 5º ....
  ....
  XLVI - a lei regulará a individualização da pena e adotará, entre outras, as seguintes:
  a) privação ou restrição da liberdade;
  b) perda de bens;
  c) multa;
  d) prestação social alternativa;
- Art. 173, § 5º, CF (Responsabilidade penal da pessoa jurídica):
  Art. 173. ....
  ....
  § 5º - A lei, sem prejuízo da responsabilidade individual dos dirigentes da pessoa jurídica, estabelecerá a responsabilidade desta, sujeitando-a às punições compatíveis com sua natureza, nos atos praticados contra a ordem econômica e financeira e contra a economia popular.
- Art. 29, 30 e 31, CP (Concurso de pessoas):
  Art. 29 - Quem, de qualquer modo, concorre para o crime incide nas penas a este cominadas, na medida de sua culpabilidade.

§ 1º - Se a participação for de menor importância, a pena pode ser diminuída de um sexto a um terço.

§ 2º - Se algum dos concorrentes quis participar de crime menos grave, ser-lhe-á aplicada a pena deste; essa pena será aumentada até metade, na hipótese de ter sido previsível o resultado mais grave.

Art. 30 - Não se comunicam as circunstâncias e as condições de caráter pessoal, salvo quando elementares do crime.

Art. 31 - O ajuste, a determinação ou instigação e o auxílio, salvo disposição expressa em contrário, não são puníveis, se o crime não chega, pelo menos, a ser tentado.

~ Art. 62, CP (Agravante no caso de concurso de pessoas):

Art. 62 - A pena será ainda agravada em relação ao agente que:

I - promove, ou organiza a cooperação no crime ou dirige a atividade dos demais agentes;

II - coage ou induz outrem à execução material do crime;

III - instiga ou determina a cometer o crime alguém sujeito à sua autoridade ou não-punível em virtude de condição ou qualidade pessoal;

IV - executa o crime, ou nele participa, mediante paga ou promessa de recompensa.

~ Lei nº 1.521/1951 (Dispõe sobre os crimes contra a Economia Popular).

~ Lei nº 8.137/1990 (Define crimes contra a ordem tributária, econômica e contra as relações de consumo, e dá outras providências).

~ Lei nº 8.884/1994 (Transforma o Conselho Administrativo de Defesa Econômica - CADE em Autarquia e dispõe sobre a prevenção e a repressão às infrações contra a ordem econômica).

Art. 76. São circunstâncias agravantes dos crimes tipificados neste código:

I - serem cometidos em época de grave crise econômica ou por ocasião de calamidade;

II - ocasionarem grave dano individual ou coletivo;

III - dissimular-se a natureza ilícita do procedimento;

IV - quando cometidos:

a) por servidor público, ou por pessoa cuja condição econômico-social seja manifestamente superior à da vítima;

b) em detrimento de operário ou rurícola; de menor de dezoito ou maior de sessenta anos ou de pessoas portadoras de deficiência mental interditadas ou não;

V - serem praticados em operações que envolvam alimentos, medicamentos ou quaisquer outros produtos ou serviços essenciais.

- Art. 61, CP (Circunstâncias agravantes):
Art. 61 - São circunstâncias que sempre agravam a pena, quando não constituem ou qualificam o crime:
I - a reincidência;
II - ter o agente cometido o crime:
a) por motivo fútil ou torpe;
b) para facilitar ou assegurar a execução, a ocultação, a impunidade ou vantagem de outro crime;
c) à traição, de emboscada, ou mediante dissimulação, ou outro recurso que dificultou ou tornou impossível a defesa do ofendido;
d) com emprego de veneno, fogo, explosivo, tortura ou outro meio insidioso ou cruel, ou de que podia resultar perigo comum;
e) contra ascendente, descendente, irmão ou cônjuge;
f) com abuso de autoridade ou prevalecendo-se de relações domésticas, de coabitação ou de hospitalidade, ou com violência contra a mulher na forma da lei específica;
g) com abuso de poder ou violação de dever inerente a cargo, ofício, ministério ou profissão;
h) contra criança, maior de 60 (sessenta) anos, enfermo ou mulher grávida;
i) quando o ofendido estava sob a imediata proteção da autoridade;
j) em ocasião de incêndio, naufrágio, inundação ou qualquer calamidade pública, ou de desgraça particular do ofendido;
l) em estado de embriaguez preordenada.

- Art. 62, CP (Agravante no caso de concurso de pessoas):
Art. 62 - A pena será ainda agravada em relação ao agente que:
I - promove, ou organiza a cooperação no crime ou dirige a atividade dos demais agentes;
II - coage ou induz outrem à execução material do crime;
III - instiga ou determina a cometer o crime alguém sujeito à sua autoridade ou não-punível em virtude de condição ou qualidade pessoal;
IV - executa o crime, ou nele participa, mediante paga ou promessa de recompensa.

- Art. 4º, § 2º, Lei nº 1.521/1951 (Circunstâncias agravantes do crime de usura):
Art. 4º ....
....
§ 2º São circunstâncias agravantes do crime de usura:
I - ser cometido em época de grave crise econômica;
II - ocasionar grave dano individual;
III - dissimular-se a natureza usurária do contrato;
IV - quando cometido:
a) por militar, funcionário público, ministro de culto religioso; por pessoa cuja condição econômico-social seja manifestamente superior à da vítima;

b) em detrimento de operário ou de agricultor; de menor de 18 (dezoito) anos ou de deficiente mental, interditado ou não.

Art. 77. A pena pecuniária prevista nesta Seção será fixada em dias-multa, correspondente ao mínimo e ao máximo de dias de duração da pena privativa da liberdade cominada ao crime. Na individualização desta multa, o juiz observará o disposto no art. 60, §1º, do Código Penal.

> Art. 49, CP (Pena de multa):
> Art. 49 - A pena de multa consiste no pagamento ao fundo penitenciário da quantia fixada na sentença e calculada em dias-multa. Será, no mínimo, de 10 (dez) e, no máximo, de 360 (trezentos e sessenta) dias-multa.
> § 1º - O valor do dia-multa será fixado pelo juiz não podendo ser inferior a um trigésimo do maior salário mínimo mensal vigente ao tempo do fato, nem superior a 5 (cinco) vezes esse salário.
> § 2º - O valor da multa será atualizado, quando da execução, pelos índices de correção monetária.

> Art. 60, §1º, CP (Critérios especiais da pena de multa):
> Art. 60 - Na fixação da pena de multa o juiz deve atender, principalmente, à situação econômica do réu.
> § 1º - A multa pode ser aumentada até o triplo, se o juiz considerar que, em virtude da situação econômica do réu, é ineficaz, embora aplicada no máximo.

Art. 78. Além das penas privativas de liberdade e de multa, podem ser impostas, cumulativa ou alternadamente, observado o disposto nos arts. 44 a 47, do Código Penal:

I - a interdição temporária de direitos;

II - a publicação em órgãos de comunicação de grande circulação ou audiência, às expensas do condenado, de notícia sobre os fatos e a condenação;

III - a prestação de serviços à comunidade.

> Arts. 44 a 47, CP (Penas restritivas de direitos):
> Art. 44. As penas restritivas de direitos são autônomas e substituem as privativas de liberdade, quando:
> I – aplicada pena privativa de liberdade não superior a quatro anos e o crime não for cometido com violência ou grave ameaça à pessoa ou, qualquer que seja a pena aplicada, se o crime for culposo;
> II – o réu não for reincidente em crime doloso;
> III – a culpabilidade, os antecedentes, a conduta social e a personalidade do condenado, bem como os motivos e as circunstâncias indicarem que essa substituição seja suficiente.

§ 1º (Vetado).

§ 2º Na condenação igual ou inferior a um ano, a substituição pode ser feita por multa ou por uma pena restritiva de direitos; se superior a um ano, a pena privativa de liberdade pode ser substituída por uma pena restritiva de direitos e multa ou por duas restritivas de direitos.

§ 3º Se o condenado for reincidente, o juiz poderá aplicar a substituição, desde que, em face de condenação anterior, a medida seja socialmente recomendável e a reincidência não se tenha operado em virtude da prática do mesmo crime.

§ 4º A pena restritiva de direitos converte-se em privativa de liberdade quando ocorrer o descumprimento injustificado da restrição imposta. No cálculo da pena privativa de liberdade a executar será deduzido o tempo cumprido da pena restritiva de direitos, respeitado o saldo mínimo de trinta dias de detenção ou reclusão.

§ 5º Sobrevindo condenação a pena privativa de liberdade, por outro crime, o juiz da execução penal decidirá sobre a conversão, podendo deixar de aplicá-la se for possível ao condenado cumprir a pena substitutiva anterior.

Art. 45. Na aplicação da substituição prevista no artigo anterior, proceder-se-á na forma deste e dos arts. 46, 47 e 48.

§ 1º A prestação pecuniária consiste no pagamento em dinheiro à vítima, a seus dependentes ou a entidade pública ou privada com destinação social, de importância fixada pelo juiz, não inferior a 1 (um) salário mínimo nem superior a 360 (trezentos e sessenta) salários mínimos. O valor pago será deduzido do montante de eventual condenação em ação de reparação civil, se coincidentes os beneficiários.

§ 2º No caso do parágrafo anterior, se houver aceitação do beneficiário, a prestação pecuniária pode consistir em prestação de outra natureza.

§ 3º A perda de bens e valores pertencentes aos condenados dar-se-á, ressalvada a legislação especial, em favor do Fundo Penitenciário Nacional, e seu valor terá como teto – o que for maior – o montante do prejuízo causado ou do provento obtido pelo agente ou por terceiro, em conseqüência da prática do crime.

§ 4º (Vetado).

Art. 46. A prestação de serviços à comunidade ou a entidades públicas é aplicável às condenações superiores a seis meses de privação da liberdade.

§ 1º A prestação de serviços à comunidade ou a entidades públicas consiste na atribuição de tarefas gratuitas ao condenado.

§ 2º A prestação de serviço à comunidade dar-se-á em entidades assistenciais, hospitais, escolas, orfanatos e outros estabelecimentos congêneres, em programas comunitários ou estatais.

§ 3º As tarefas a que se refere o § 1o serão atribuídas conforme as aptidões do condenado, devendo ser cumpridas à razão de uma hora de tarefa por dia de condenação, fixadas de modo a não prejudicar a jornada normal de trabalho.

§ 4º Se a pena substituída for superior a um ano, é facultado ao condenado cumprir a pena substitutiva em menor tempo (art. 55), nunca inferior à metade da pena privativa de liberdade fixada.

Art. 47 - As penas de interdição temporária de direitos são:

I - proibição do exercício de cargo, função ou atividade pública, bem como de mandato eletivo;

II - proibição do exercício de profissão, atividade ou ofício que dependam de habilitação especial, de licença ou autorização do poder público;

III - suspensão de autorização ou de habilitação para dirigir veículo.

IV – proibição de freqüentar determinados lugares.

Art. 79. O valor da fiança, nas infrações de que trata este código, será fixado pelo juiz, ou pela autoridade que presidir o inquérito, entre cem e duzentas mil vezes o valor do Bônus do Tesouro Nacional (BTN), ou índice equivalente que venha a substituí-lo.

Parágrafo único. Se assim recomendar a situação econômica do indiciado ou réu, a fiança poderá ser:

a) reduzida até a metade do seu valor mínimo;

b) aumentada pelo juiz até vinte vezes.

> Art. 325 e 326, CPP (Valor da fiança):
> Art. 325. O valor da fiança será fixado pela autoridade que a conceder nos seguintes limites:
> a) de 1 (um) a 5 (cinco) salários mínimos de referência, quando se tratar de infração punida, no grau máximo, com pena privativa da liberdade, até 2 (dois) anos;
> b) de 5 (cinco) a 20 (vinte) salários mínimos de referência, quando se tratar de infração punida com pena privativa da liberdade, no grau máximo, até 4 (quatro) anos;
> c) de 20 (vinte) a 100 (cem) salários mínimos de referência, quando o máximo da pena cominada for superior a 4 (quatro) anos.
> § 1º Se assim o recomendar a situação econômica do réu, a fiança poderá ser:
> I - reduzida até o máximo de dois terços;
> II - aumentada, pelo juiz, até o décuplo.
> § 2º Nos casos de prisão em flagrante pela prática de crime contra a economia popular ou de crime de sonegação fiscal, não se aplica o disposto no art. 310 e parágrafo único deste Código, devendo ser observados os seguintes procedimentos:
> I - a liberdade provisória somente poderá ser concedida mediante fiança, por decisão do juiz competente e após a lavratura do auto de prisão em flagrante;
> II - o valor de fiança será fixado pelo juiz que a conceder, nos limites de dez mil a cem mil vezes o valor do Bônus do Tesouro Nacional - BTN, da data da prática do crime;
> III - se assim o recomendar a situação econômica do réu, o limite mínimo ou

máximo do valor da fiança poderá ser reduzido em até nove décimos ou aumentado até o décuplo.
Art. 326. Para determinar o valor da fiança, a autoridade terá em consideração a natureza da infração, as condições pessoais de fortuna e vida pregressa do acusado, as circunstâncias indicativas de sua periculosidade, bem como a importância provável das custas do processo, até final julgamento.

Art. 80. No processo penal atinente aos crimes previstos neste código, bem como a outros crimes e contravenções que envolvam relações de consumo, poderão intervir, como assistentes do Ministério Público, os legitimados indicados no art. 82, inciso III e IV, aos quais também é facultado propor ação penal subsidiária, se a denúncia não for oferecida no prazo legal.

> Art. 5º, LIX, CF (Direito fundamental à ação penal subsidiária):
> Art. 5º ....
> ....
> LIX - será admitida ação privada nos crimes de ação pública, se esta não for intentada no prazo legal;
> Art. 82, III e IV, CDC (Legitimados para a ação penal subsidiária):
> Art. 82. Para os fins do art. 81, parágrafo único, são legitimados concorrentemente:
> ....
> III - as entidades e órgãos da Administração Pública, direta ou indireta, ainda que sem personalidade jurídica, especificamente destinados à defesa dos interesses e direitos protegidos por este código;
> IV - as associações legalmente constituídas há pelo menos um ano e que incluam entre seus fins institucionais a defesa dos interesses e direitos protegidos por este código, dispensada a autorização assemblear.
> Art. 29, 30 e 31, CPP (Direito à ação penal subsidiária):
> Art. 29. Será admitida ação privada nos crimes de ação pública, se esta não for intentada no prazo legal, cabendo ao Ministério Público aditar a queixa, repudiá-la e oferecer denúncia substitutiva, intervir em todos os termos do processo, fornecer elementos de prova, interpor recurso e, a todo tempo, no caso de negligência do querelante, retomar a ação como parte principal.
> Art. 30. Ao ofendido ou a quem tenha qualidade para representá-lo caberá intentar a ação privada.
> Art. 31. No caso de morte do ofendido ou quando declarado ausente por decisão judicial, o direito de oferecer queixa ou prosseguir na ação passará ao cônjuge, ascendente, descendente ou irmão.
> Art. 46, CPP (Prazo para oferecimento da denúncia):
> Art. 46. O prazo para oferecimento da denúncia, estando o réu preso, será de 5 dias, contado da data em que o órgão do Ministério Público receber os autos

do inquérito policial, e de 15 dias, se o réu estiver solto ou afiançado. No último caso, se houver devolução do inquérito à autoridade policial (art. 16), contar-se-á o prazo da data em que o órgão do Ministério Público receber novamente os autos.

§ 1º Quando o Ministério Público dispensar o inquérito policial, o prazo para o oferecimento da denúncia contar-se-á da data em que tiver recebido as peças de informações ou a representação

§ 2º O prazo para o aditamento da queixa será de 3 dias, contado da data em que o órgão do Ministério Público receber os autos, e, se este não se pronunciar dentro do tríduo, entender-se-á que não tem o que aditar, prosseguindo-se nos demais termos do processo.

- Arts. 268 a 273, CPP (Assistência no processo penal):

Art. 268. Em todos os termos da ação pública, poderá intervir, como assistente do Ministério Público, o ofendido ou seu representante legal, ou, na falta, qualquer das pessoas mencionadas no Art. 31.

Art. 269. O assistente será admitido enquanto não passar em julgado a sentença e receberá a causa no estado em que se achar.

Art. 270. O co-réu no mesmo processo não poderá intervir como assistente do Ministério Público.

Art. 271. Ao assistente será permitido propor meios de prova, requerer perguntas às testemunhas, aditar o libelo e os articulados, participar do debate oral e arrazoar os recursos interpostos pelo Ministério Público, ou por ele próprio, nos casos dos arts. 584, § 1º, e 598.

§ 1º O juiz, ouvido o Ministério Público, decidirá acerca da realização das provas propostas pelo assistente.

§ 2º O processo prosseguirá independentemente de nova intimação do assistente, quando este, intimado, deixar de comparecer a qualquer dos atos da instrução ou do julgamento, sem motivo de força maior devidamente comprovado.

Art. 272. O Ministério Público será ouvido previamente sobre a admissão do assistente.

Art. 273. Do despacho que admitir, ou não, o assistente, não caberá recurso, devendo, entretanto, constar dos autos o pedido e a decisão.

TÍTULO III
DA DEFESA DO CONSUMIDOR EM JUÍZO

☞ Art. 21, Lei nº 7.347/1985 (Aplicação do CDC às Ações Civis Públicas):
Art. 21. Aplicam-se à defesa dos direitos e interesses difusos, coletivos e individuais, no que for cabível, os dispositivos do Título III da lei que instituiu o Código de Defesa do Consumidor.

CAPÍTULO I
Disposições Gerais

Art. 81. A defesa dos interesses e direitos dos consumidores e das vítimas poderá ser exercida em juízo individualmente, ou a título coletivo.
Parágrafo único. A defesa coletiva será exercida quando se tratar de:
I - interesses ou direitos difusos, assim entendidos, para efeitos deste código, os transindividuais, de natureza indivisível, de que sejam titulares pessoas indeterminadas e ligadas por circunstâncias de fato;
II - interesses ou direitos coletivos, assim entendidos, para efeitos deste código, os transindividuais, de natureza indivisível de que seja titular grupo, categoria ou classe de pessoas ligadas entre si ou com a parte contrária por uma relação jurídica base;
III - interesses ou direitos individuais homogêneos, assim entendidos os decorrentes de origem comum.

☞ Art. 5º, XXXV, CF (Inafastabilidade da jurisdição):
Art. 5º ....
....
XXXV - a lei não excluirá da apreciação do Poder Judiciário lesão ou ameaça a direito;
☞ Arts. 2º, parágrafo único, 17 e 29, CDC (Consumidores por equiparação):

Art. 2º ....
Parágrafo único. Equipara-se a consumidor a coletividade de pessoas, ainda que indetermináveis, que haja intervindo nas relações de consumo.

....
Art. 17. Para os efeitos desta Seção, equiparam-se aos consumidores todas as vítimas do evento.

....
Art. 29. Para os fins deste Capítulo e do seguinte, equiparam-se aos consumidores todas as pessoas determináveis ou não, expostas às práticas nele previstas.

ca Art. 5º, CDC (Instrumentos para a execução da Política Nacional das Relações de Consumo):
Art. 5º Para a execução da Política Nacional das Relações de Consumo, contará o poder público com os seguintes instrumentos, entre outros:
I - manutenção de assistência jurídica, integral e gratuita para o consumidor carente;
II - instituição de Promotorias de Justiça de Defesa do Consumidor, no âmbito do Ministério Público;
III - criação de delegacias de polícia especializadas no atendimento de consumidores vítimas de infrações penais de consumo;
IV - criação de Juizados Especiais de Pequenas Causas e Varas Especializadas para a solução de litígios de consumo;
V - concessão de estímulos à criação e desenvolvimento das Associações de Defesa do Consumidor.

ca Art. 6º, VI, CDC (Direito básico à efetiva prevenção de danos):
Art. 6º São direitos básicos do consumidor:

....
VI - a efetiva prevenção e reparação de danos patrimoniais e morais, individuais, coletivos e difusos;

ca Arts. 6º, VII, CDC (Direito básico de acesso aos órgãos judiciários):
Art. 6º São direitos básicos do consumidor:

....
VII - o acesso aos órgãos judiciários e administrativos com vistas à prevenção ou reparação de danos patrimoniais e morais, individuais, coletivos ou difusos, assegurada a proteção jurídica, administrativa e técnica aos necessitados;

ca Art. 6º, VIII, CDC (Direito básico à facilitação da defesa no processo civil):
Art. 6º São direitos básicos do consumidor:

....
VIII - a facilitação da defesa de seus direitos, inclusive com a inversão do ônus da prova, a seu favor, no processo civil, quando, a critério do juiz, for verossímil a alegação ou quando for ele hipossuficiente, segundo as regras ordinárias de experiências;

- Art. 51, § 4°, CDC (Propositura pelo Ministério Público de Ação Declaratória de Nulidade de Cláusula Contratual):
  Art. 51. ....
  ....
  § 4° É facultado a qualquer consumidor ou entidade que o represente requerer ao Ministério Público que ajuíze a competente ação para ser declarada a nulidade de cláusula contratual que contrarie o disposto neste código ou de qualquer forma não assegure o justo equilíbrio entre direitos e obrigações das partes.
- Art. 102, CDC (Propositura de ação pelos legitimados para proibição ou alteração de produto nocivo ou perigoso):
  Art. 102. Os legitimados a agir na forma deste código poderão propor ação visando compelir o Poder Público competente a proibir, em todo o território nacional, a produção, divulgação distribuição ou venda, ou a determinar a alteração na composição, estrutura, fórmula ou a condicionamento de produto, cujo uso ou consumo regular se revele nocivo ou perigoso à saúde pública e à incolumidade pessoal.
- Art. 104, CDC (Litispendência e coisa julgada entre ações individuais e coletivas):
  Art. 104. As ações coletivas, previstas nos incisos I e II e do parágrafo único do art. 81, não induzem litispendência para as ações individuais, mas os efeitos da coisa julgada erga omnes ou ultra partes a que aludem os incisos II e III do artigo anterior não beneficiarão os autores das ações individuais, se não for requerida sua suspensão no prazo de trinta dias, a contar da ciência nos autos do ajuizamento da ação coletiva.
- Jurisprudência selecionada:
  STJ: REsp 600784/RS, j. 16.6.2005; REsp 575998/MG, j. 7.10.2004; REsp 506457/PR, j. 18.9.2003; REsp 672726/RS, j. 27.10.2004; REsp 419187/PR, j. 15.4.2003; REsp 673380/RS, j. 19.5.2005; EREsp 141491/SC, j. 17.11.1999; REsp 308486/MG, j. 24.6.2002; AgRG no REsp 649667/RS, 1ª T., j. 3.3.2005. 1°TACivSP: Ap 544460, 3ª Câm., j. 19.5.1993.

Art. 82. Para os fins do art. 81, parágrafo único, são legitimados concorrentemente:
I - o Ministério Público,
II - a União, os Estados, os Municípios e o Distrito Federal;
III - as entidades e órgãos da Administração Pública, direta ou indireta, ainda que sem personalidade jurídica, especificamente destinados à defesa dos interesses e direitos protegidos por este código;
IV - as associações legalmente constituídas há pelo menos um ano e que incluam entre seus fins institucionais a defesa dos interesses e direitos protegidos por este código, dispensada a autorização assemblear.

§ 1º O requisito da pré-constituição pode ser dispensado pelo juiz, nas ações previstas nos arts. 91 e seguintes, quando haja manifesto interesse social evidenciado pela dimensão ou característica do dano, ou pela relevância do bem jurídico a ser protegido.
§ 2º (Vetado).
§ 3º (Vetado).

    ৎ Redação do caput dada pela Lei nº 9.008/1995. O texto alterado tinha o seguinte teor:
Art. 82. Para os fins do art. 100, parágrafo único, são legitimados concorrentemente:

    ৎ O § 2º vetado tinha a seguinte redação (Mensagem nº 664/1990):
§ 2º - Admitir-se-á o litisconsórcio facultativo entre os Ministérios Públicos da União, do Distrito Federal e dos Estados, na defesa dos interesses e direitos de que cuida este Código.[28]

    ৎ O § 3º vetado tinha a seguinte redação (Mensagem nº 664/1990):
§ 3º - Os órgãos públicos legitimados poderão tomar dos interessados compromisso de ajustamento de sua conduta às exigências legais, mediante cominações, que terá eficácia de título executivo extrajudicial.[29]

    ৎ Art. 5º, XVII, XVIII, XIX, XX, XXI, LXX, "b", CF (Direito de Associação):
Art. 5º ....
....

XVII - é plena a liberdade de associação para fins lícitos, vedada a de caráter paramilitar;
XVIII - a criação de associações e, na forma da lei, a de cooperativas independem de autorização, sendo vedada a interferência estatal em seu funcionamento;
XIX - as associações só poderão ser compulsoriamente dissolvidas ou ter suas atividades suspensas por decisão judicial, exigindo-se, no primeiro caso, o trânsito em julgado;
XX - ninguém poderá ser compelido a associar-se ou a permanecer associado;
XXI - as entidades associativas, quando expressamente autorizadas, têm legitimidade para representar seus filiados judicial ou extrajudicialmente;

....
LXX - o mandado de segurança coletivo pode ser impetrado por:
....

---

[28] Justificativa do veto: (...) somente pode haver litisconsórcio (art. 82, § 2º) se a todos e a cada um tocar qualidade que lhe autorize a condução autônoma do processo. O art. 128 da Constituição não admite o litisconsórcio constante do projeto.

[29] Justificativa do veto: É juridicamente imprópria a equiparação de compromisso administrativo a título executivo extrajudicial (C.P.C., art. 585, II). É que, no caso, o objetivo do compromisso é a cessação ou a prática de determinada conduta, e não a entrega de coisa certa ou pagamento de quantia fixada.

b) organização sindical, entidade de classe ou associação legalmente constituída e em funcionamento há pelo menos um ano, em defesa dos interesses de seus membros ou associados;

ca Art. 5º, XXXII, CF (Dever do Estado de promover a Defesa do Consumidor):
Art. 5º ....

....

XXXII - o Estado promoverá, na forma da lei, a defesa do consumidor;

ca Arts. 127, caput, e 129, III, CF (Incumbência e funções institucionais do Ministério Público):
Art. 127. O Ministério Público é instituição permanente, essencial à função jurisdicional do Estado, incumbindo-lhe a defesa da ordem jurídica, do regime democrático e dos interesses sociais e individuais indisponíveis.

....

Art. 129. São funções institucionais do Ministério Público:

....

III - promover o inquérito civil e a ação civil pública, para a proteção do patrimônio público e social, do meio ambiente e de outros interesses difusos e coletivos;

ca Art. 134, caput, CF (Instituição das Defensorias Públicas):
Art. 134. A Defensoria Pública é instituição essencial à função jurisdicional do Estado, incumbindo-lhe a orientação jurídica e a defesa, em todos os graus, dos necessitados, na forma do art. 5º, LXXIV.

ca Art. 4º, II, "b", CDC (Incentivo às associações como princípio da Política Nacional das Relações de Consumo):
Art. 4º A Política Nacional das Relações de Consumo tem por objetivo o atendimento das necessidades dos consumidores, o respeito à sua dignidade, saúde e segurança, a proteção de seus interesses econômicos, a melhoria da sua qualidade de vida, bem como a transparência e harmonia das relações de consumo, atendidos os seguintes princípios:

....

II - ação governamental no sentido de proteger efetivamente o consumidor:

....

b) por incentivos à criação e desenvolvimento de associações representativas;

ca Art. 5º, II e V, CDC (Instituição de promotorias e incentivos às associações de consumidores como instrumentos para a execução da Política Nacional das Relações de Consumo):
Art. 5º Para a execução da Política Nacional das Relações de Consumo, contará o poder público com os seguintes instrumentos, entre outros:

....

II - instituição de Promotorias de Justiça de Defesa do Consumidor, no âmbito do Ministério Público;

....

V - concessão de estímulos à criação e desenvolvimento das Associações de Defesa do Consumidor.

- Art. 6º, VI, CDC (Direito básico à efetiva prevenção e reparação de danos):

Art. 6º São direitos básicos do consumidor:

....

VI - a efetiva prevenção e reparação de danos patrimoniais e morais, individuais, coletivos e difusos;

- Art. 51, § 4º, CDC (Propositura pelo Ministério Público de Ação Declaratória de Nulidade de Cláusula Contratual):

Art. 51. ....

....

§ 4º É facultado a qualquer consumidor ou entidade que o represente requerer ao Ministério Público que ajuíze a competente ação para ser declarada a nulidade de cláusula contratual que contrarie o disposto neste código ou de qualquer forma não assegure o justo equilíbrio entre direitos e obrigações das partes.

- Art. 91, CDC (Ação coletiva no interesse das vítimas do dano):

Art. 91. Os legitimados de que trata o art. 82 poderão propor, em nome próprio e no interesse das vítimas ou seus sucessores, ação civil coletiva de responsabilidade pelos danos individualmente sofridos, de acordo com o disposto nos artigos seguintes.

- Art. 92, CDC (Ministério Público como fiscal da lei em Ações Coletivas de Consumo):

Art. 92. O Ministério Público, se não ajuizar a ação, atuará sempre como fiscal da lei.

- Art. 102, CDC (Propositura de ação pelos legitimados para proibição ou alteração de produto nocivo ou perigoso):

Art. 102. Os legitimados a agir na forma deste código poderão propor ação visando compelir o Poder Público competente a proibir, em todo o território nacional, a produção, divulgação distribuição ou venda, ou a determinar a alteração na composição, estrutura, fórmula ou acondicionamento de produto, cujo uso ou consumo regular se revele nocivo ou perigoso à saúde pública e à incolumidade pessoal.

- Art. 106, VI, CDC (Representação do Departamento Nacional de Defesa do Consumidor ao Ministério Público):

Art. 106. O Departamento Nacional de Defesa do Consumidor, da Secretaria Nacional de Direito Econômico (MJ), ou órgão federal que venha substituí-lo, é organismo de coordenação da política do Sistema Nacional de Defesa do Consumidor, cabendo-lhe:

....

VI - representar ao Ministério Público competente para fins de adoção de medidas processuais no âmbito de suas atribuições;

- Art. 53, CC (Definição de Associações Civis):
Art. 53. Constituem-se as associações pela união de pessoas que se organizem para fins não econômicos.
Parágrafo único. Não há, entre os associados, direitos e obrigações recíprocos.
- Art. 6º, CPC (Legitimação ordinária):
Art. 6º Ninguém poderá pleitear, em nome próprio, direito alheio, salvo quando autorizado por lei.
- Art. 81, CPC (Direito de ação do Ministério Público):
Art. 81. O Ministério Público exercerá o direito de ação nos casos previstos em lei, cabendo-lhe, no processo, os mesmos poderes e ônus que às partes.
- Art. 1º, II e V, Lei nº 7.347/1985 (Propositura de Ação Civil Pública por danos ao consumidor ou por infração da ordem econômica ou economia popular):
Art. 1º Regem-se pelas disposições desta Lei, sem prejuízo da ação popular, as ações de responsabilidade por danos morais e patrimoniais causados:

....

II - ao consumidor;

....

V - por infração da ordem econômica e da economia popular;
- Art. 5º, Lei nº 7.347/1985 (Legitimidade para propor Ação Civil Pública):
Art. 5º Têm legitimidade para propor a ação principal e a ação cautelar:
I - o Ministério Público;
II - a Defensoria Pública;
III - a União, os Estados, o Distrito Federal e os Municípios;
IV - a autarquia, empresa pública, fundação ou sociedade de economia mista;
V - a associação que, concomitantemente:
a) esteja constituída há pelo menos 1 (um) ano nos termos da lei civil;
b) inclua, entre suas finalidades institucionais, a proteção ao meio ambiente, ao consumidor, à ordem
econômica, à livre concorrência ou ao patrimônio artístico, estético, histórico, turístico e paisagístico.
§ 1º O Ministério Público, se não intervier no processo como parte, atuará obrigatoriamente como fiscal da lei.
§ 2º Fica facultado ao Poder Público e a outras associações legitimadas nos termos deste artigo habilitar-se como litisconsortes de qualquer das partes.
§ 3º Em caso de desistência infundada ou abandono da ação por associação legitimada, o Ministério Público ou outro legitimado assumirá a titularidade ativa.
§ 4º O requisito da pré-constituição poderá ser dispensado pelo juiz, quando haja manifesto interesse social evidenciado pela dimensão ou característica do dano, ou pela relevância do bem jurídico a ser protegido.

§ 5º Admitir-se-á o litisconsórcio facultativo entre os Ministérios Públicos da União, do Distrito Federal e dos Estados na defesa dos interesses e direitos de que cuida esta lei.

§ 6º Os órgãos públicos legitimados poderão tomar dos interessados compromisso de ajustamento de sua conduta às exigências legais, mediante cominações, que terá eficácia de título executivo extrajudicial.

- Lei Complementar nº 80/1994 (Organiza a Defensoria Pública da União, do Distrito Federal e dos Territórios e prescreve normas gerais para sua organização nos Estados):
Art. 4º São funções institucionais da Defensoria Pública, dentre outras:

....

VIII – exercer a defesa dos direitos e interesses individuais, difusos, coletivos e individuais homogêneos e dos direitos do consumidor, na forma do inciso LXXIV do art. 5º da Constituição Federal;

- Lei nº 8.625/1993 (Lei Orgânica Nacional do Ministério Público):
Art. 25. Além das funções previstas nas Constituições Federal e Estadual, na Lei Orgânica e em outras leis, incumbe, ainda, ao Ministério Público:

....

IV - promover o inquérito civil e a ação civil pública, na forma da lei:
a) para a proteção, prevenção e reparação dos danos causados ao meio ambiente, ao consumidor, aos bens e direitos de valor artístico, estético, histórico, turístico e paisagístico, e a outros interesses difusos, coletivos e individuais indisponíveis e homogêneos;

....

VII - deliberar sobre a participação em organismos estatais de defesa do meio ambiente, neste compreendido o do trabalho, do consumidor, de política penal e penitenciária e outros afetos à sua área de atuação;

- Art. 2º-A da Lei nº 9.494/1997 (Abrangência e requisitos das ações de caráter coletivo):
Art. 2º-A. A sentença civil prolatada em ação de caráter coletivo proposta por entidade associativa, na defesa dos interesses e direitos dos seus associados, abrangerá apenas os substituídos que tenham, na data da propositura da ação, domicílio no âmbito da competência territorial do órgão prolator.
Parágrafo único. Nas ações coletivas propostas contra a União, os Estados, o Distrito Federal, os Municípios e suas autarquias e fundações, a petição inicial deverá obrigatoriamente estar instruída com a ata da assembléia da entidade associativa que a autorizou, acompanhada da relação nominal dos seus associados e indicação dos respectivos endereços.

- Lei nº 4.595/1964 (Dispõe sobre a Política e as Instituições Monetárias, Bancárias e Creditícias, Cria o Conselho Monetário Nacional e dá outras providências).

- Resolução BACEN nº 2878/2001 (Institui o Código de Defesa do Cliente de Produtos Bancários).
- Lei nº 8.884/1994 (Transforma o Conselho Administrativo de Defesa Econômica - CADE em Autarquia e dispõe sobre a prevenção e a repressão às infrações contra a ordem econômica).
- Lei nº 8.987/1995 (Dispõe sobre o regime de concessão e permissão da prestação de serviços públicos previsto no art. 175 da Constituição Federal).
- Lei nº 9.784/1999 (Regula o processo administrativo no âmbito da Administração Pública Federal).
- Decreto Federal nº 2.181/1997 (Dispõe sobre a organização do Sistema Nacional de Defesa do Consumidor - SNDC, estabelece as normas gerais de aplicação das sanções administrativas previstas na Lei nº 8.078, de 11 de setembro de 1990, revoga o Decreto nº 861/1993, e dá outras providências).
- Decreto-Lei nº 73/1966 (Dispõe sobre o Sistema Nacional de Seguros Privados – SUSEP, regula as operações de seguros e resseguros e dá outras providências).
- Portaria MJ/SDE nº 03/2001 (Divulga elenco de cláusulas consideradas abusivas para efeito de multas do Sistema Nacional de Defesa do Consumidor - SNDC).
- Agências Reguladoras:
  - Lei nº 9.427/1996 (Institui a Agência Nacional de Energia Elétrica – ANEEL, disciplina o regime das concessões de serviços públicos de energia elétrica e dá outras providências).
  - Lei nº 9.472/1997 (Dispõe sobre a organização dos serviços de telecomunicações, a criação e funcionamento de um órgão regulador – ANATEL e outros aspectos institucionais, nos termos da Emenda Constitucional nº 8, de 1995).
  - Lei nº 9.478/1997 (Dispõe sobre a política energética nacional, as atividades relativas ao monopólio do petróleo, institui o Conselho Nacional de Política Energética e a Agência Nacional do Petróleo – ANP e dá outras providências).
  - Lei nº 9.782/1999 (Define o Sistema Nacional de Vigilância Sanitária, cria a Agência Nacional de Vigilância Sanitária – ANVISA, e dá outras providências).
  - Lei nº 9.961/2000 (Cria a Agência Nacional de Saúde Suplementar – ANS e dá outras providências).
  - Lei nº 10.233/2001 (Dispõe sobre a reestruturação dos transportes aquaviário e terrestre, cria o Conselho Nacional de Integração de Políticas de Transporte, a Agência Nacional de Transportes Terrestres – ANTT, a Agência Nacional de Transportes Aquaviários – ANTAQ e o Departamento Nacional de Infra-Estrutura de Transportes, e dá outras providências).

Lei nº 11.182/2005 (Cria a Agência Nacional de Aviação Civil – ANAC, e dá outras providências).

☞ PROCONs:
- Lei Estadual-AC nº 1.341/2000 (Dispõe sobre a criação do PROCON/AC).
- Lei Estadual-AP nº 687/ 2002 (Cria o Instituto de Defesa do Consumidor do Estado do Amapá – PROCON/AP).
- Lei Estadual-AM nº 1.896/1989 (Programa Estadual de Proteção e Orientação ao Consumidor – PROCON/AM).
- Leis Estaduais-BA nº 6.074/1991 e 7.028/97 (Dispõem sobre a Superintendência de Proteção e Defesa do Consumidor – PROCON/BA).
- Lei Complementar Estadual-CE nº 30/2002 (Cria o Programa Estadual de Proteção e Defesa do Consumidor – PROCON/CE).
- Leis Estaduais-DF nº 426/1993 e 2.668/2001 (Dispõem sobre o Instituto de Defesa do Consumidor do Distrito Federal – PROCON/DF).
- Lei Complementar Estadual-ES nº 11/1991 e Leis Estaduais-ES nº 3.565/1983 e 6.242/1992 (Dispõem sobre o Instituto Estadual de Proteção e Defesa do Consumidor - PROCON/ES).
- Lei Estadual-GO nº 12.207/1993 (Criou o Fundo Estadual de Proteção e Defesa do Consumidor – FEDC/GO).
- Lei Estadual-MT nº 5.675/1990 (Dispõe sobre a Coordenadoria do Programa de Defesa do Consumidor – PROCON/MT).
- Lei Estadual-MS nº 1.627/1995 (Cria o Sistema Estadual de Defesa do Consumidor – SEDC/MS).
- Lei Complementar Estadual-MG nº 34/1994 (Regulamenta o Programa Estadual de Proteção do Consumidor – PROCON/MG).
- Leis Complementares Estaduais-PB nº 39/2002 e 48/2003 (Dispõem sobre o Programa Estadual de Orientação e Proteção do Consumidor do Estado da Paraíba – PROCON/PB).
- Lei Estadual-PE nº 8.117/1980 (Institui o Sistema Estadual de Proteção ao Consumidor – PROCON/PE).
- Lei Complementar Estadual-PI nº 36/2004 (Regulamenta o Sistema Estadual de Defesa do Consumidor e transforma o Serviço de Defesa Comunitária em Programa de Proteção e Defesa do Consumidor do Ministério Público do Estado do Piauí – PROCON/MP-PI).
- Lei Estadual-RN nº 6.972/1997 (Cria a Coordenadoria de Proteção e Defesa do Consumidor – PROCON/RN).
- Lei Estadual-RS nº 10.913/1997 (Institui o Sistema Estadual de Defesa do Consumidor – PROCON/RS).
- Lei Estadual-SP nº 9.192/1995 (Cria a Fundação de Proteção e Defesa do Consumidor – PROCON/SP).
- Lei Estadual-SE nº 3.139/1991 (Cria o Programa Estadual de Proteção e Defesa do Consumidor – PROCON/SE).

- Decreto Estadual-AL nº 32.673/1987 (Dispõe sobre instituiu o Programa de Orientação e Proteção ao Consumidor – PROCON/AL).
- Decreto Estadual-AP nº 5.355/2003 (Regulamenta o Instituto de Defesa do Consumidor do Estado do Amapá – PROCON/AP).
- Decreto Estadual-BA nº 7.521/1999 (Regulamenta a Superintendência de Proteção e Defesa do Consumidor – PROCON/BA).
- Decreto Normativo Estadual-ES nº 3.391/1992 (Regulamenta o Instituto Estadual de Proteção e Defesa do Consumidor - PROCON/ES).
- Decreto Estadual-DF nº 22.945/2002 (Aprova o Regimento Interno do Instituto de Defesa do Consumidor do Distrito Federal – PROCON/DF).
- Decreto Estadual-GO nº 2.590/1986 (Cria o Programa Estadual de Orientação e Proteção do Consumidor – PROCON/GO).
- Decreto Estadual-MA nº 10.451/1987 (Institui o Programa Estadual de Defesa do Consumidor – PROCON/MA).
- Decreto Estadual-MS nº 8.519/1996 (Dispõe sobre a Superintendência para Orientação e Defesa do Consumidor – PROCON/MS).
- Decreto Estadual-MG nº 22.027/1982 (Dispõe sobre o Programa Estadual de Proteção do Consumidor – PROCON/MG).
- Decreto Estadual-PA nº 4.946/1987 (Institui o Sistema Estadual de Proteção ao Consumidor – PROCON/PA).
- Decretos Estaduais-PB nº 12.690/1988 e 22.013/2001 (Instituem o Programa Estadual de Orientação e Proteção do Consumidor do Estado da Paraíba – PROCON/PB).
- Decreto Estadual-PR nº 609/1991 (Cria a Coordenadoria Estadual de Proteção e Defesa do Consumidor – PROCON/PR).
- Decreto Estadual-RJ nº 9.953/1987 (Cria o Programa de Estadual de Orientação e Proteção ao Consumidor – PROCON/RJ).
- Decretos Estaduais-RN nº 13.377/1997 e 13.378/1997 (Dispõem sobre a Coordenadoria de Proteção e Defesa do Consumidor – PROCON/RN).
- Decreto Estadual-RS nº 38.864/1998 (o Sistema Estadual de Defesa do Consumidor – PROCON/RS).
- Decreto Estadual-SC nº 2.472/1988 (Institui o Programa Estadual de Proteção e Orientação ao Consumidor – PROCON/SC).
- Decreto Estadual-SP nº 41.170/1995 (Institui a Fundação de Proteção e Defesa do Consumidor – PROCON/SP).
- Decreto Estadual-TO nº 5.685/92-Anexo (Cria a Coordenadoria de Defesa do Consumidor – PROCON/TO).

☞ SÚMULA Nº 629 DO SUPREMO TRIBUNAL FEDERAL:
A impetração de mandado de segurança coletivo por entidade de classe em favor dos associados independe da autorização destes.

☞ SÚMULA Nº 643 DO SUPREMO TRIBUNAL FEDERAL:
O Ministério Público tem legitimidade para promover ação civil pública cujo fundamento seja a ilegalidade de reajuste de mensalidades escolares.

Jurisprudência selecionada:
STJ: REsp 138583/SC, j. 6.8.1998; REsp 52085/RS, j. 5.8.2004; REsp 439509/SP, j. 18.5.2004; REsp 279273/SP, j. 4.12.2003; AgRg no REsp 442822/RS, j. 18.9.2003; REsp 440617/SP, j. 22.10.2002; REsp 417374/RS, j. 16.12.2003; REsp 200827/SP, j. 26.8.2002; REsp 579096/MG, j. 14.12.2004; REsp 705469/MS, j. 16.6.2005; REsp 140097/SP, j. 4.5.2000; REsp 509654/MA, j. 24.8.2004; REsp 617290/MS, j. 3.8.2004; REsp 586307/MT, j. 14.9.2004; AgRg no REsp 651038/PR, j. 3.8.2004; AgRg no REsp 566862/SP, j. 3.8.2004; REsp 71965/SP, j. 17.6.2004; REsp 226921/SP, j. 19.4.2001; REsp 520454/PE, j. 15.4.2004; REsp 145650/PR, j. 1.4.2004; REsp 181580/SP, j. 9.12.2003; REsp 547170/SP, j. 9.12.2003; REsp 173188/SP, j. 6.5.2003; REsp 175746/SP, j. 26.11.2002; REsp 457579/DF, j. 19.11.2002; REsp 200827/SP, j. 26.8.2002; REsp 332331/SP, j. 26.11.2002; REsp 162026/MG, j. 20.6.2002; REsp 273738/RJ, j. 11.12.2001; AgRg no REsp 279476/SP, j. 18.4.2002; REsp 292636/RJ, j. 11.6.2002; REsp 308486/MG, j. 24.6.2002; REsp 255947/SP, j. 8.10.2001; EREsp 141491/SC, j. 17.11.1999; REsp 208068/SC, j. 8.10.2001; REsp 440002/SE, j. 18.11.2004; REsp 287389/RJ, j. 24.9.2002; REsp 114908/SP, j. 10.8.1999; REsp 145650/PR, j. 1.4.2004; REsp 108577, j. 4.3.1997.
Repositório: RT 784/188; RSTJ 161/226; RT 785/184; JTARS 92/224; BolAASP 1889/1; RF 350/248; RSTJ 154/292; RT 822/190.

Art. 83. Para a defesa dos direitos e interesses protegidos por este código são admissíveis todas as espécies de ações capazes de propiciar sua adequada e efetiva tutela.

Parágrafo único. (Vetado).

 O parágrafo único vetado tinha a seguinte redação (Mensagem nº 664/1990):
Parágrafo único - Poderá ser ajuizada, pelos legitimados no artigo anterior ou por qualquer outro interessado, ação visando o controle abstrato e preventivo das cláusulas contratuais gerais.[30]
 Art. 5º, XXXV, CF (Inafastabilidade da jurisdição):
Art. 5º ....
....
XXXV - a lei não excluirá da apreciação do Poder Judiciário lesão ou ameaça a direito;

---

30 Justificativa do veto: O controle abstrato de atos jurídicos constitui atividade excepcional do Judiciário (CF., art. 5º, XXXV). A eficácia "erga omnes" de decisão proferida nessa modalidade de controle exige redobrada cautela na instituição de processos dessa índole. A pluralidade de entes legitimados a propor "ação visando ao controle abstrato e preventivo de cláusulas contratuais gerais", com a probabilidade da instauração de inúmeros processos de controle abstrato, constitui séria ameaça à segurança jurídica. Assim, é suficiente a disciplina que o § 4º do art. 51 do projeto dá à matéria.

- Art. 6º, VIII, CDC (Direito básico à facilitação da defesa no processo civil):
Art. 6º São direitos básicos do consumidor:

....

VIII - a facilitação da defesa de seus direitos, inclusive com a inversão do ônus da prova, a seu favor, no processo civil, quando, a critério do juiz, for verossímil a alegação ou quando for ele hipossuficiente, segundo as regras ordinárias de experiências;
- Art. 6º, VI, CDC (Direito básico à efetiva prevenção e reparação de danos):
Art. 6º São direitos básicos do consumidor:

....

VI - a efetiva prevenção e reparação de danos patrimoniais e morais, individuais, coletivos e difusos;
- Arts. 6º, VII, CDC (Direito básico de acesso aos órgãos judiciários):
Art. 6º São direitos básicos do consumidor:

....

VII - o acesso aos órgãos judiciários e administrativos com vistas à prevenção ou reparação de danos patrimoniais e morais, individuais, coletivos ou difusos, assegurada a proteção jurídica, administrativa e técnica aos necessitados;
- Art. 51, § 4º, CDC (Propositura pelo Ministério Público de Ação Declaratória de Nulidade de Cláusula Contratual):
Art. 51. ....

....

§ 4º É facultado a qualquer consumidor ou entidade que o represente requerer ao Ministério Público que ajuíze a competente ação para ser declarada a nulidade de cláusula contratual que contrarie o disposto neste código ou de qualquer forma não assegure o justo equilíbrio entre direitos e obrigações das partes.
- Art. 91, CDC (Ação civil coletiva de responsabilidade):
Art. 91. Os legitimados de que trata o art. 82 poderão propor, em nome próprio e no interesse das vítimas ou seus sucessores, ação civil coletiva de responsabilidade pelos danos individualmente sofridos, de acordo com o disposto nos artigos seguintes.
- Art. 102, CDC (Propositura de ação pelos legitimados para proibição ou alteração de produto nocivo ou perigoso):
Art. 102. Os legitimados a agir na forma deste código poderão propor ação visando compelir o Poder Público competente a proibir, em todo o território nacional, a produção, divulgação distribuição ou venda, ou a determinar a alteração na composição, estrutura, fórmula ou acondicionamento de produto, cujo uso ou consumo regular se revele nocivo ou perigoso à saúde pública e à incolumidade pessoal.

- Art. 273, caput, CPC (Antecipação da tutela):
  Art. 273. O juiz poderá, a requerimento da parte, antecipar, total ou parcialmente, os efeitos da tutela pretendida no pedido inicial, desde que, existindo prova inequívoca, se convença da verossimilhança da alegação e:
  I - haja fundado receio de dano irreparável ou de difícil reparação; ou
  II - fique caracterizado o abuso de direito de defesa ou o manifesto propósito protelatório do réu.
- Art. 287, CPC (Pena pecuniária para o descumprimento da sentença ou antecipação de tutela):
  Art. 287. Se o autor pedir que seja imposta ao réu a abstenção da prática de algum ato, tolerar alguma atividade, prestar ato ou entregar coisa, poderá requerer cominação de pena pecuniária para o caso de descumprimento da sentença ou da decisão antecipatória de tutela (arts. 461, § 4º, e 461-A).
- Art. 461, CPC (Tutela da obrigação específica de fazer):
  Art. 461. Na ação que tenha por objeto o cumprimento de obrigação de fazer ou não fazer, o juiz concederá a tutela específica da obrigação ou, se procedente o pedido, determinará providências que assegurem o resultado prático equivalente ao do adimplemento.
  § 1º A obrigação somente se converterá em perdas e danos se o autor o requerer ou se impossível a tutela específica ou a obtenção do resultado prático correspondente.
  § 2º A indenização por perdas e danos dar-se-á sem prejuízo da multa (art. 287).
  § 3º Sendo relevante o fundamento da demanda e havendo justificado receio de ineficácia do provimento final, é lícito ao juiz conceder a tutela liminarmente ou mediante justificação prévia, citado o réu. A medida liminar poderá ser revogada ou modificada, a qualquer tempo, em decisão fundamentada.
  § 4º O juiz poderá, na hipótese do parágrafo anterior ou na sentença, impor multa diária ao réu, independentemente de pedido do autor, se for suficiente ou compatível com a obrigação, fixando-lhe prazo razoável para o cumprimento do preceito.
  § 5º Para a efetivação da tutela específica ou a obtenção do resultado prático equivalente, poderá o juiz, de ofício ou a requerimento, determinar as medidas necessárias, tais como a imposição de multa por tempo de atraso, busca e apreensão, remoção de pessoas e coisas, desfazimento de obras e impedimento de atividade nociva, se necessário com requisição de força policial.
  § 6º O juiz poderá, de ofício, modificar o valor ou a periodicidade da multa, caso verifique que se tornou insuficiente ou excessiva.
- Art. 461-A, CPC (Tutela da obrigação específica de entregar coisa):
  Art. 461-A. Na ação que tenha por objeto a entrega de coisa, o juiz, ao conceder a tutela específica, fixará o prazo para o cumprimento da obrigação.
  § 1º Tratando-se de entrega de coisa determinada pelo gênero e quantidade, o credor a individualizará na petição inicial, se lhe couber a escolha; cabendo ao devedor escolher, este a entregará individualizada, no prazo fixado pelo juiz.

§ 2º Não cumprida a obrigação no prazo estabelecido, expedir-se-á em favor do credor mandado de busca e apreensão ou de imissão na posse, conforme se tratar de coisa móvel ou imóvel.

§ 3º Aplica-se à ação prevista neste artigo o disposto nos §§ 1º a 6º do art. 461.

Art. 798, CPC (Poder Geral de Cautela):

Art. 798. Além dos procedimentos cautelares específicos, que este Código regula no Capítulo II deste Livro, poderá o juiz determinar as medidas provisórias que julgar adequadas, quando houver fundado receio de que uma parte, antes do julgamento da lide, cause ao direito da outra lesão grave e de difícil reparação.

෬ Art. 804, CPC (Cautelar inaudita altera parte):

Art. 804. É lícito ao juiz conceder liminarmente ou após justificação prévia a medida cautelar, sem ouvir o réu, quando verificar que este, sendo citado, poderá torná-la ineficaz; caso em que poderá determinar que o requerente preste caução real ou fidejussória de ressarcir os danos que o requerido possa vir a sofrer.

෬ Art. 1º, II e V, Lei nº 7.347/1985 (Propositura de Ação Civil Pública por danos ao consumidor ou por infração da ordem econômica ou economia popular):

Art. 1º Regem-se pelas disposições desta Lei, sem prejuízo da ação popular, as ações de responsabilidade por danos morais e patrimoniais causados:

....

II - ao consumidor;

....

V - por infração da ordem econômica e da economia popular;

෬ Art. 2º-A da Lei nº 9.494/1997 (Abrangência e requisitos das ações de caráter coletivo):

Art. 2º-A. A sentença civil prolatada em ação de caráter coletivo proposta por entidade associativa, na defesa dos interesses e direitos dos seus associados, abrangerá apenas os substituídos que tenham, na data da propositura da ação, domicílio no âmbito da competência territorial do órgão prolator.

Parágrafo único. Nas ações coletivas propostas contra a União, os Estados, o Distrito Federal, os Municípios e suas autarquias e fundações, a petição inicial deverá obrigatoriamente estar instruída com a ata da assembléia da entidade associativa que a autorizou, acompanhada da relação nominal dos seus associados e indicação dos respectivos endereços.

෬ SÚMULA Nº 643 DO SUPREMO TRIBUNAL FEDERAL:

O Ministério Público tem legitimidade para promover ação civil pública cujo fundamento seja a ilegalidade de reajuste de mensalidades escolares.

෬ Jurisprudência selecionada:

STJ: REsp 466347/SP, j. 18.9.2003; REsp 436830/PR, j. 4.9.2003; REsp 495387/PR, j. 2.9.2003; REsp 440617/SP, j. 22.10.2002; REsp 287127/SP, j. 6.3.2001.

Art. 84. Na ação que tenha por objeto o cumprimento da obrigação de fazer ou não fazer, o juiz concederá a tutela específica da obrigação ou determinará providências que assegurem o resultado prático equivalente ao do adimplemento.

§ 1º A conversão da obrigação em perdas e danos somente será admissível se por elas optar o autor ou se impossível a tutela específica ou a obtenção do resultado prático correspondente.

§ 2º A indenização por perdas e danos se fará sem prejuízo da multa (art. 287, do Código de Processo Civil).

§ 3º Sendo relevante o fundamento da demanda e havendo justificado receio de ineficácia do provimento final, é lícito ao juiz conceder a tutela liminarmente ou após justificação prévia, citado o réu.

§ 4º O juiz poderá, na hipótese do § 3º ou na sentença, impor multa diária ao réu, independentemente de pedido do autor, se for suficiente ou compatível com a obrigação, fixando prazo razoável para o cumprimento do preceito.

§ 5º Para a tutela específica ou para a obtenção do resultado prático equivalente, poderá o juiz determinar as medidas necessárias, tais como busca e apreensão, remoção de coisas e pessoas, desfazimento de obra, impedimento de atividade nociva, além de requisição de força policial.

ca Art. 6º, VIII, CDC (Direito básico à facilitação da defesa no processo civil):
Art. 6º São direitos básicos do consumidor:

....

VIII - a facilitação da defesa de seus direitos, inclusive com a inversão do ônus da prova, a seu favor, no processo civil, quando, a critério do juiz, for verossímil a alegação ou quando for ele hipossuficiente, segundo as regras ordinárias de experiências;

ca Art. 6º, VI, CDC (Direito básico à efetiva prevenção e reparação de danos):
Art. 6º São direitos básicos do consumidor:

....

VI - a efetiva prevenção e reparação de danos patrimoniais e morais, individuais, coletivos e difusos;

ca Art. 20, I e § 1º, CDC (Reexecução dos serviços pelo fornecedor ou por terceiros):
Art. 20. O fornecedor de serviços responde pelos vícios de qualidade que os tornem impróprios ao consumo ou lhes diminuam o valor, assim como por aqueles decorrentes da disparidade com as indicações constantes da oferta ou mensagem publicitária, podendo o consumidor exigir, alternativamente e à sua escolha:

I - a reexecução dos serviços, sem custo adicional e quando cabível;

....

§ 1º A reexecução dos serviços poderá ser confiada a terceiros devidamente capacitados, por conta e risco do fornecedor.

- Art. 35, I, CDC (Cumprimento forçado da oferta ou publicidade):
Art. 35. Se o fornecedor de produtos ou serviços recusar cumprimento à oferta, apresentação ou publicidade, o consumidor poderá, alternativamente e à sua livre escolha:
I - exigir o cumprimento forçado da obrigação, nos termos da oferta, apresentação ou publicidade;

- Art. 48, CDC (Execução específica das declarações de vontade):
Art. 48. As declarações de vontade constantes de escritos particulares, recibos e pré-contratos relativos às relações de consumo vinculam o fornecedor, ensejando inclusive execução específica, nos termos do art. 84 e parágrafos.

- Arts. 247 a 249, CC (Obrigações de fazer):
Art. 247. Incorre na obrigação de indenizar perdas e danos o devedor que recusar a prestação a ele só imposta, ou só por ele exeqüível.
Art. 248. Se a prestação do fato tornar-se impossível sem culpa do devedor, resolver-se-á a obrigação; se por culpa dele, responderá por perdas e danos.
Art. 249. Se o fato puder ser executado por terceiro, será livre ao credor mandá-lo executar à custa do devedor, havendo recusa ou mora deste, sem prejuízo da indenização cabível.
Parágrafo único. Em caso de urgência, pode o credor, independentemente de autorização judicial, executar ou mandar executar o fato, sendo depois ressarcido.

- Arts. 389 e 402 a 405 (Perdas e Danos):
Art. 389. Não cumprida a obrigação, responde o devedor por perdas e danos, mais juros e atualização monetária segundo índices oficiais regularmente estabelecidos, e honorários de advogado.

....

Art. 402. Salvo as exceções expressamente previstas em lei, as perdas e danos devidas ao credor abrangem, além do que ele efetivamente perdeu, o que razoavelmente deixou de lucrar.
Art. 403. Ainda que a inexecução resulte de dolo do devedor, as perdas e danos só incluem os prejuízos efetivos e os lucros cessantes por efeito dela direto e imediato, sem prejuízo do disposto na lei processual.
Art. 404. As perdas e danos, nas obrigações de pagamento em dinheiro, serão pagas com atualização monetária segundo índices oficiais regularmente estabelecidos, abrangendo juros, custas e honorários de advogado, sem prejuízo da pena convencional.
Parágrafo único. Provado que os juros da mora não cobrem o prejuízo, e não havendo pena convencional, pode o juiz conceder ao credor indenização suplementar.

Art. 405. Contam-se os juros de mora desde a citação inicial.

☞ Art. 273, caput e § 3º, CPC (Antecipação da tutela das obrigações de fazer):

Art. 273. O juiz poderá, a requerimento da parte, antecipar, total ou parcialmente, os efeitos da tutela pretendida no pedido inicial, desde que, existindo prova inequívoca, se convença da verossimilhança da alegação e:

I - haja fundado receio de dano irreparável ou de difícil reparação; ou

II - fique caracterizado o abuso de direito de defesa ou o manifesto propósito protelatório do réu.

....

§ 3º A efetivação da tutela antecipada observará, no que couber e conforme sua natureza, as normas previstas nos arts. 588, 461, §§ 4º e 5º, e 461-A.

☞ Art. 287, CPC (Pena pecuniária para o descumprimento da sentença ou antecipação de tutela):

Art. 287. Se o autor pedir que seja imposta ao réu a abstenção da prática de algum ato, tolerar alguma atividade, prestar ato ou entregar coisa, poderá requerer cominação de pena pecuniária para o caso de descumprimento da sentença ou da decisão antecipatória de tutela (arts. 461, § 4º, e 461-A).

☞ Art. 461, CPC (Tutela da obrigação específica de fazer):

Art. 461. Na ação que tenha por objeto o cumprimento de obrigação de fazer ou não fazer, o juiz concederá a tutela específica da obrigação ou, se procedente o pedido, determinará providências que assegurem o resultado prático equivalente ao do adimplemento.

§ 1º A obrigação somente se converterá em perdas e danos se o autor o requerer ou se impossível a tutela específica ou a obtenção do resultado prático correspondente.

§ 2º A indenização por perdas e danos dar-se-á sem prejuízo da multa (art. 287).

§ 3º Sendo relevante o fundamento da demanda e havendo justificado receio de ineficácia do provimento final, é lícito ao juiz conceder a tutela liminarmente ou mediante justificação prévia, citado o réu. A medida liminar poderá ser revogada ou modificada, a qualquer tempo, em decisão fundamentada.

§ 4º O juiz poderá, na hipótese do parágrafo anterior ou na sentença, impor multa diária ao réu, independentemente de pedido do autor, se for suficiente ou compatível com a obrigação, fixando-lhe prazo razoável para o cumprimento do preceito.

§ 5º Para a efetivação da tutela específica ou a obtenção do resultado prático equivalente, poderá o juiz, de ofício ou a requerimento, determinar as medidas necessárias, tais como a imposição de multa por tempo de atraso, busca e apreensão, remoção de pessoas e coisas, desfazimento de obras e impedimento de atividade nociva, se necessário com requisição de força policial.

§ 6º O juiz poderá, de ofício, modificar o valor ou a periodicidade da multa, caso verifique que se tornou insuficiente ou excessiva.

- Art. 461-A, CPC (Tutela da obrigação específica de entregar coisa):
  Art. 461-A. Na ação que tenha por objeto a entrega de coisa, o juiz, ao conceder a tutela específica, fixará o prazo para o cumprimento da obrigação.
  § 1º Tratando-se de entrega de coisa determinada pelo gênero e quantidade, o credor a individualizará na petição inicial, se lhe couber a escolha; cabendo ao devedor escolher, este a entregará individualizada, no prazo fixado pelo juiz.
  § 2º Não cumprida a obrigação no prazo estabelecido, expedir-se-á em favor do credor mandado de busca e apreensão ou de imissão na posse, conforme se tratar de coisa móvel ou imóvel.
  § 3º Aplica-se à ação prevista neste artigo o disposto nos §§ 1º a 6º do art. 461.
- Art. 798, CPC (Poder Geral de Cautela):
  Art. 798. Além dos procedimentos cautelares específicos, que este Código regula no Capítulo II deste Livro, poderá o juiz determinar as medidas provisórias que julgar adequadas, quando houver fundado receio de que uma parte, antes do julgamento da lide, cause ao direito da outra lesão grave e de difícil reparação.
- Art. 804, CPC (Cautelar inaudita altera parte):
  Art. 804. É lícito ao juiz conceder liminarmente ou após justificação prévia a medida cautelar, sem ouvir o réu, quando verificar que este, sendo citado, poderá torná-la ineficaz; caso em que poderá determinar que o requerente preste caução real ou fidejussória de ressarcir os danos que o requerido possa vir a sofrer.
- Arts. 4º, 11 e 12, Lei nº 7.347/1985 (Cautelar, liminar e tutela específica da obrigação de fazer na Ação Civil Pública):
  Art. 4º Poderá ser ajuizada ação cautelar para os fins desta Lei, objetivando, inclusive, evitar o dano ao meio ambiente, ao consumidor, à ordem urbanística ou aos bens e direitos de valor artístico, estético, histórico, turístico e paisagístico (VETADO).

  ....

  Art. 11. Na ação que tenha por objeto o cumprimento de obrigação de fazer ou não fazer, o juiz determinará o cumprimento da prestação da atividade devida ou a cessação da atividade nociva, sob pena de execução específica, ou de cominação de multa diária, se esta for suficiente ou compatível, independentemente de requerimento do autor.
  Art. 12. Poderá o juiz conceder mandado liminar, com ou sem justificação prévia, em decisão sujeita a agravo.
  § 1º A requerimento de pessoa jurídica de direito público interessada, e para evitar grave lesão à ordem, à saúde, à segurança e à economia pública, poderá o Presidente do Tribunal a que competir o conhecimento do respectivo recurso suspender a execução da liminar, em decisão fundamentada, da qual caberá agravo para uma das turmas julgadoras, no prazo de 5 (cinco) dias a partir da publicação do ato.
  § 2º A multa cominada liminarmente só será exigível do réu após o trânsito em julgado da decisão favorável ao autor, mas será devida desde o dia em que se houver configurado o descumprimento.

ca Jurisprudência selecionada:
STJ: REsp 89561/SP, j. 3.4.1997; AgRg no Ag 546698/RS, 4ª T., j. 11.10.2004; REsp 200827/SP, j. 26.8.2002. TJRS: Ap 70010840254, 19ª Câm., j. 5.4.2005; AI 70010322675, 12ª Câm., j. 22.11.2004. Repositório: RT 510/132; JTACivSP 42/167.

Art. 85. (Vetado).

ca O art. 85 vetado tinha a seguinte redação (Mensagem nº 664/1990):
Art. 85 - Contra atos ilegais ou abusivos de pessoas físicas ou jurídicas que lesem direito líquido e certo, individual, coletivo ou difuso, previsto neste Código, caberá ação mandamental, que se regerá pelas normas da lei do mandado de segurança.

Art. 86. (Vetado).

ca O art. 86 vetado tinha a seguinte redação (Mensagem nº 664/1990):
Art. 86 - Aplica-se o habeas data à tutela dos direitos e interesses dos consumidores.[31]

Art. 87. Nas ações coletivas de que trata este código não haverá adiantamento de custas, emolumentos, honorários periciais e quaisquer outras despesas, nem condenação da associação autora, salvo comprovada má-fé, em honorários de advogados, custas e despesas processuais.

Parágrafo único. Em caso de litigância de má-fé, a associação autora e os diretores responsáveis pela propositura da ação serão solidariamente condenados em honorários advocatícios e ao décuplo das custas, sem prejuízo da responsabilidade por perdas e danos.

ca Art. 4º, II, "b", CDC (Incentivo às associações como princípio da Política Nacional das Relações de Consumo):
Art. 4º A Política Nacional das Relações de Consumo tem por objetivo o atendimento das necessidades dos consumidores, o respeito à sua dignidade, saúde e segurança, a proteção de seus interesses econômicos, a melhoria da sua qualidade de vida, bem como a transparência e harmonia das relações de consumo, atendidos os seguintes princípios:

....

---

[31] Justificativa do veto: As ações de mandado de segurança e de habeas data destinam-se, por sua natureza, à defesa de direitos subjetivos públicos e têm, portanto, por objetivo precípuo os atos de agentes do Poder Público. Por isso, a sua extensão ou aplicação a outras situações ou relações jurídicas é incompatível com sua índole constitucional. Os artigos vetados, assim, contrariam as disposições dos incisos LXXI e LXXII do art. 5º da Carta Magna.

II - ação governamental no sentido de proteger efetivamente o consumidor:

....

b) por incentivos à criação e desenvolvimento de associações representativas;

☞ Art. 5º, II e V, CDC (Incentivos às associações de consumidores como instrumento para a execução da Política Nacional das Relações de Consumo):

Art. 5º Para a execução da Política Nacional das Relações de Consumo, contará o poder público com os seguintes instrumentos, entre outros:

....

II - instituição de Promotorias de Justiça de Defesa do Consumidor, no âmbito do Ministério Público;

....

V - concessão de estímulos à criação e desenvolvimento das Associações de Defesa do Consumidor.

☞ Art. 6º, VIII, CDC (Direito básico à facilitação da defesa no processo civil):

Art. 6º São direitos básicos do consumidor:

....

VIII - a facilitação da defesa de seus direitos, inclusive com a inversão do ônus da prova, a seu favor, no processo civil, quando, a critério do juiz, for verossímil a alegação ou quando for ele hipossuficiente, segundo as regras ordinárias de experiências;

☞ Art. 6º, VI, CDC (Direito básico à efetiva prevenção e reparação de danos):

Art. 6º São direitos básicos do consumidor:

....

VI - a efetiva prevenção e reparação de danos patrimoniais e morais, individuais, coletivos e difusos;

☞ Art. 34, CDC (Responsabilidade solidária por atos de prepostos e autônomos):

Art. 34. O fornecedor do produto ou serviço é solidariamente responsável pelos atos de seus prepostos ou representantes autônomos.

☞ Arts. 264 e 265, CC (Solidariedade civil):

Art. 264. Há solidariedade, quando na mesma obrigação concorre mais de um credor, ou mais de um devedor, cada um com direito, ou obrigado, à dívida toda.

Art. 265. A solidariedade não se presume; resulta da lei ou da vontade das partes.

☞ Arts. 16 a 18, CPC (Litigância de má-fé):

Art. 16. Responde por perdas e danos aquele que pleitear de má-fé como autor, réu ou interveniente.

Art. 17. Reputa-se litigante de má-fé aquele que:

I - deduzir pretensão ou defesa contra texto expresso de lei ou fato incontroverso;

II - alterar a verdade dos fatos;
III - usar do processo para conseguir objetivo ilegal;
IV - opuser resistência injustificada ao andamento do processo;
V - proceder de modo temerário em qualquer incidente ou ato do processo;
VI - provocar incidentes manifestamente infundados.
VII - interpuser recurso com intuito manifestamente protelatório.
Art. 18. O juiz ou tribunal, de ofício ou a requerimento, condenará o litigante de má-fé a pagar multa não excedente a um por cento sobre o valor da causa e a indenizar a parte contrária dos prejuízos que esta sofreu, mais os honorários advocatícios e todas as despesas que efetuou.

§ 1º Quando forem dois ou mais os litigantes de má-fé, o juiz condenará cada um na proporção do seu respectivo interesse na causa, ou solidariamente aqueles que se coligaram para lesar a parte contrária.

§ 2º O valor da indenização será desde logo fixado pelo juiz, em quantia não superior a 20% (vinte por cento) sobre o valor da causa, ou liquidado por arbitramento.

- Art. 19, CPC (Despesas processuais):
Art. 19. Salvo as disposições concernentes à justiça gratuita, cabe às partes prover as despesas dos atos que realizam ou requerem no processo, antecipando-lhes o pagamento desde o início até sentença final; e bem ainda, na execução, até a plena satisfação do direito declarado pela sentença.

§ 1º O pagamento de que trata este artigo será feito por ocasião de cada ato processual.

§ 2º Compete ao autor adiantar as despesas relativas a atos, cuja realização o juiz determinar de ofício ou a requerimento do Ministério Público.

- Art. 18, Lei nº 7.347/1985 (Isenção de custas processuais em Ação Civil Pública):
Art. 18. Nas ações de que trata esta lei, não haverá adiantamento de custas, emolumentos, honorários periciais e quaisquer outras despesas, nem condenação da associação autora, salvo comprovada má-fé, em honorários de advogado, custas e despesas processuais.

- Art. 4º, IV, Lei nº 9.289/1996 (Isenção de custas processuais da Justiça Federal nas ações coletivas de consumo):
Art. 4º São isentos de pagamento de custas:
....

IV - os autores nas ações populares, nas ações civis públicas e nas ações coletivas de que trata o Código de Defesa do Consumidor, ressalvada a hipótese de litigância de má-fé.

- Jurisprudência selecionada:
STJ: REsp 111640/MG, 4ª T., j. 11.3.1997; EDclREsp 94115/SP, 3ª T., j. 15.4.1997; REsp 672726/RS, j. 27.10.2004; REsp 493823/DF, j. 9.12.2003; EDclREsp 68898/SP, j. 28.11.1995. TJRS: AI 70012485199, 14ª Câm.,

j. 3.8.2005; AI 70010559482, 6ª Câm., j. 30.3.2005; AI 599151214, 13ª Câm., j. 6.5.1999; Ap 70004074423, 18ª Câm., j. 24.10.2002.

Art. 88. Na hipótese do art. 13, parágrafo único deste código, a ação de regresso poderá ser ajuizada em processo autônomo, facultada a possibilidade de prosseguir-se nos mesmos autos, vedada a denunciação da lide.

- Art. 6º, VIII, CDC (Direito básico à facilitação da defesa no processo civil):
  Art. 6º São direitos básicos do consumidor:
  ....
  VIII - a facilitação da defesa de seus direitos, inclusive com a inversão do ônus da prova, a seu favor, no processo civil, quando, a critério do juiz, for verossímil a alegação ou quando for ele hipossuficiente, segundo as regras ordinárias de experiências;
- Art. 6º, VI, CDC (Direito básico à efetiva reparação de danos):
  Art. 6º São direitos básicos do consumidor:
  ....
  VI - a efetiva prevenção e reparação de danos patrimoniais e morais, individuais, coletivos e difusos;
- Art. 13, parágrafo único, CDC (Direito de regresso):
  Art.13. O comerciante é igualmente responsável, nos termos do artigo anterior, quando:
  ....
  Parágrafo único. Aquele que efetivar o pagamento ao prejudicado poderá exercer o direito de regresso contra os demais responsáveis, segundo sua participação na causação do evento danoso.
- Art. 934, CC (Direito de regresso no Código Civil):
  Art. 934. Aquele que ressarcir o dano causado por outrem pode reaver o que houver pago daquele por quem pagou, salvo se o causador do dano for descendente seu, absoluta ou relativamente incapaz.
- Art. 70, CPC (Hipóteses de denunciação da lide obrigatória):
  Art. 70. A denunciação da lide é obrigatória:
  I - ao alienante, na ação em que terceiro reivindica a coisa, cujo domínio foi transferido à parte, a fim de que esta possa exercer o direito que da evicção lhe resulta;
  II - ao proprietário ou ao possuidor indireto quando, por força de obrigação ou direito, em casos como o do usufrutuário, do credor pignoratício, do locatário, o réu, citado em nome próprio, exerça a posse direta da coisa demandada;
  III - àquele que estiver obrigado, pela lei ou pelo contrato, a indenizar, em ação regressiva, o prejuízo do que perder a demanda.

◊ Art. 280, CPC (Vedação a intervenção de terceiros):
Art. 280. No procedimento sumário não são admissíveis a ação declaratória incidental e a intervenção de terceiros, salvo a assistência, o recurso de terceiro prejudicado e a intervenção fundada em contrato de seguro.

◊ Art. 10, Lei nº 9.099/1995 (Vedação à intervenção de terceiros nos Juizados Especiais Cíveis):
Art.10. Não se admitirá, no processo, qualquer forma de intervenção de terceiro nem de assistência. Admitir-se-á o litisconsórcio.

◊ Jurisprudência selecionada:
STJ: AgRg no AI 184616/RJ, j. 29.3.2001; REsp 660113/RJ, j. 16.9.2004; REsp 590336/SC, 3ª T., j. 7.12.2004. Repositório: JTJ 148/205.

Art. 89. (Vetado).

◊ O art. 89 vetado tinha a seguinte redação (Mensagem nº 664/1990):
Art. 89 - As normas deste Título aplicam-se, no que for cabível, a outros direitos ou interesses difusos, coletivos e individuais homogêneos, tratados coletivamente.[32]

Art. 90. Aplicam-se às ações previstas neste título as normas do Código de Processo Civil e da Lei nº 7.347, de 24 de julho de 1985, inclusive no que respeita ao inquérito civil, naquilo que não contrariar suas disposições.

◊ Art. 129, III, CF (Função institucional do Ministério Público para promoção de inquérito civil):
Art. 129. São funções institucionais do Ministério Público:

....

III - promover o inquérito civil e a ação civil pública, para a proteção do patrimônio público e social, do meio ambiente e de outros interesses difusos e coletivos;

◊ Art. 7º, caput, CDC (Diálogo de fontes):
Art. 7º Os direitos previstos neste código não excluem outros decorrentes de tratados ou convenções internacionais de que o Brasil seja signatário, da legislação interna ordinária, de regulamentos expedidos pelas autoridades administrativas competentes, bem como dos que derivem dos princípios gerais do direito, analogia, costumes e eqüidade.

---

[32] Justificativa do veto: A extensão das normas específicas destinadas à proteção dos direitos do consumidor a outras situações excede dos objetivos propostos no código, alcançando outras relações jurídicas não identificadas precisamente e que reclamam regulação própria e adequada. Nos termos do art. 48 do Ato das Disposições Constitucionais Transitórias, deve o legislador limitar-se a elaborar Código de Defesa do Consumidor.

- Art. 8º, § 1º, Lei da Ação Civil Pública (Instauração de Inquérito Civil):
  Art. 8º ....
  § 1º O Ministério Público poderá instaurar, sob sua presidência, inquérito civil, ou requisitar, de qualquer organismo público ou particular, certidões, informações, exames ou perícias, no prazo que assinalar, o qual não poderá ser inferior a 10 (dez) dias úteis.
- Jurisprudência selecionada:
  STJ: REsp 157838/SP, j. 1.9.1998; REsp 106888/PR, j. 28.3.2001; REsp 89561/SP, j. 3.4.1997.

CAPÍTULO II
Das Ações Coletivas Para a Defesa de Interesses Individuais Homogêneos

Art. 91. Os legitimados de que trata o art. 82 poderão propor, em nome próprio e no interesse das vítimas ou seus sucessores, ação civil coletiva de responsabilidade pelos danos individualmente sofridos, de acordo com o disposto nos artigos seguintes.

- Redação do art. 91 dada pela Lei nº 9.008/1995. O texto alterado tinha o seguinte teor:
  Art. 91. Os legitimados de que trata o art. 81 poderão propor, em nome próprio e no interesse das vítimas ou seus sucessores, ação civil coletiva de responsabilidade pelos danos individualmente sofridos, de acordo com o disposto nos artigos seguintes.
- Arts. 2º, parágrafo único, 17 e 29, CDC (Consumidores por equiparação):
  Art. 2º ....
  Parágrafo único. Equipara-se a consumidor a coletividade de pessoas, ainda que indetermináveis, que haja intervindo nas relações de consumo.
  ....
  Art. 17. Para os efeitos desta Seção, equiparam-se aos consumidores todas as vítimas do evento.
  ....
  Art. 29. Para os fins deste Capítulo e do seguinte, equiparam-se aos consumidores todas as pessoas determináveis ou não, expostas às práticas nele previstas.
- Art. 6º, VI, CDC (Direito básico à efetiva prevenção e reparação de danos):
  Art. 6º São direitos básicos do consumidor:
  ....
  VI - a efetiva prevenção e reparação de danos patrimoniais e morais, individuais, coletivos e difusos;
- Art. 82, caput, CDC (Legitimados para a defesa dos interesses e direitos coletivos):
  Art. 82. Para os fins do art. 81, parágrafo único, são legitimados concorrentemente:

I - o Ministério Público,
II - a União, os Estados, os Municípios e o Distrito Federal;
III - as entidades e órgãos da Administração Pública, direta ou indireta, ainda que sem personalidade jurídica, especificamente destinados à defesa dos interesses e direitos protegidos por este código;
IV - as associações legalmente constituídas há pelo menos um ano e que incluam entre seus fins institucionais a defesa dos interesses e direitos protegidos por este código, dispensada a autorização assemblear.

- Art. 6º, CPC (Legitimação ordinária):
Art. 6º Ninguém poderá pleitear, em nome próprio, direito alheio, salvo quando autorizado por lei.
- Art. 43, CPC (Sucessão processual por morte):
Art. 43. Ocorrendo a morte de qualquer das partes, dar-se-á a substituição pelo seu espólio ou pelos seus sucessores, observado o disposto no art. 265.
- Lei nº 7.913/1989 (Dispõe sobre a ação civil pública de responsabilidade por danos causados aos investidores no mercado de valores mobiliários).
- Jurisprudência selecionada:
STJ: REsp 181580/SP, j. 9.12.2003; REsp 145650/PR, j. 1.4.2004; REsp 121067/PR, j. 17.4.2001; REsp 97455/SP, j. 10.12.1996; REsp 182556/RJ, j. 21.2.2002; REsp 255947/SP, j. 8.10.2001; REsp 187668/DF, j. 6.12.2001; REsp 286732/RJ, j. 9.10.2001.

Art. 92. O Ministério Público, se não ajuizar a ação, atuará sempre como fiscal da lei.
Parágrafo único. (Vetado).

- O parágrafo único vetado tinha a seguinte redação (Mensagem nº 664/1990):
Parágrafo único - Aplica-se à ação prevista no artigo anterior o art. 5º, §§ 2º a 6º, da Lei nº 7.347, de 24 de julho de 1985.[33]
- Arts. 127, caput, e 129, III e IX, CF (Incumbência e funções institucionais do Ministério Público):
Art. 127. O Ministério Público é instituição permanente, essencial à função jurisdicional do Estado, incumbindo-lhe a defesa da ordem jurídica, do regime democrático e dos interesses sociais e individuais indisponíveis.

---

33 Justificativa do veto: Esse dispositivo considera a nova redação que o art. 113 do projeto dá ao art. 5º da Lei nº 7.347, de 24 de julho de 1985, acrescentando-lhe novos §§ 5º e 6º, que seriam decorrência dos dispositivos constantes dos §§ 2º e 3º do art. 82. Esses dispositivos foram vetados, pelas razões expendidas. Assim também, vetam-se, no aludido art. 113, as redações dos §§ 5º e 6º.

Art. 129. São funções institucionais do Ministério Público:

....

III - promover o inquérito civil e a ação civil pública, para a proteção do patrimônio público e social, do meio ambiente e de outros interesses difusos e coletivos;

....

IX - exercer outras funções que lhe forem conferidas, desde que compatíveis com sua finalidade, sendo-lhe vedada a representação judicial e a consultoria jurídica de entidades públicas.

ca Art. 5º, II, CDC (Instituição de Promotorias de Justiça de Defesa do Consumidor como Instrumentos para a execução da Política Nacional das Relações de Consumo):

Art. 5º Para a execução da Política Nacional das Relações de Consumo, contará o poder público com os seguintes instrumentos, entre outros:

....

II - instituição de Promotorias de Justiça de Defesa do Consumidor, no âmbito do Ministério Público;

ca Art. 51, § 4º, CDC (Propositura pelo Ministério Público de Ação Declaratória de Nulidade de Cláusula Contratual):

Art. 51. ....

....

§ 4º É facultado a qualquer consumidor ou entidade que o represente requerer ao Ministério Público que ajuíze a competente ação para ser declarada a nulidade de cláusula contratual que contrarie o disposto neste código ou de qualquer forma não assegure o justo equilíbrio entre direitos e obrigações das partes.

ca Art. 80, CDC (Assistentes do Ministério Público no processo penal de crimes contra as relações de consumo):

Art. 80. No processo penal atinente aos crimes previstos neste código, bem como a outros crimes e contravenções que envolvam relações de consumo, poderão intervir, como assistentes do Ministério Público, os legitimados indicados no art. 82, inciso III e IV, aos quais também é facultado propor ação penal subsidiária, se a denúncia não for oferecida no prazo legal.

ca Arts. 81, parágrafo único, III, e 82, I, CDC (Legitimidade do Ministério Público para defesa de direitos individuais homogêneos):

Art. 81. A defesa dos interesses e direitos dos consumidores e das vítimas poderá ser exercida em juízo individualmente, ou a título coletivo.

Parágrafo único. A defesa coletiva será exercida quando se tratar de:

....

III - interesses ou direitos individuais homogêneos, assim entendidos os decorrentes de origem comum.

Art. 82. Para os fins do art. 81, parágrafo único, são legitimados concorrentemente:

I - o Ministério Público,

- Art. 106, VI, CDC (Representação do Departamento Nacional de Defesa do Consumidor ao Ministério Público):
Art. 106. O Departamento Nacional de Defesa do Consumidor, da Secretaria Nacional de Direito Econômico (MJ), ou órgão federal que venha substituí-lo, é organismo de coordenação da política do Sistema Nacional de Defesa do Consumidor, cabendo-lhe:

....

VI - representar ao Ministério Público competente para fins de adoção de medidas processuais no âmbito de suas atribuições;
- Art. 50, CC (Desconsideração da personalidade jurídica a requerimento do Ministério Público):
Art. 50. Em caso de abuso da personalidade jurídica, caracterizado pelo desvio de finalidade, ou pela confusão patrimonial, pode o juiz decidir, a requerimento da parte, ou do Ministério Público quando lhe couber intervir no processo, que os efeitos de certas e determinadas relações de obrigações sejam estendidos aos bens particulares dos administradores ou sócios da pessoa jurídica.
- Art. 168, caput, CC (Alegação da nulidade de atos pelo Ministério Público):
Art. 168. As nulidades dos artigos antecedentes podem ser alegadas por qualquer interessado, ou pelo Ministério Público, quando lhe couber intervir.
- Art. 19, § 2º CPC (Despesas processuais realizadas a requerimento do Ministério Público):
Art. 19. ....

....

§ 2º Compete ao autor adiantar as despesas relativas a atos, cuja realização o juiz determinar de ofício ou a requerimento do Ministério Público.
- Arts. 81 a 85, CPC (Intervenção do Ministério Público no processo civil):
Art. 81. O Ministério Público exercerá o direito de ação nos casos previstos em lei, cabendo-lhe, no processo, os mesmos poderes e ônus que às partes.
Art. 82. Compete ao Ministério Público intervir:
I - nas causas em que há interesses de incapazes;
II - nas causas concernentes ao estado da pessoa, pátrio poder, tutela, curatela, interdição, casamento, declaração de ausência e disposições de última vontade;
III - nas ações que envolvam litígios coletivos pela posse da terra rural e nas demais causas em que há interesse público evidenciado pela natureza da lide ou qualidade da parte.
Art. 83. Intervindo como fiscal da lei, o Ministério Público:
I - terá vista dos autos depois das partes, sendo intimado de todos os atos do processo;
II - poderá juntar documentos e certidões, produzir prova em audiência e requerer medidas ou diligências necessárias ao descobrimento da verdade.

Art. 84. Quando a lei considerar obrigatória a intervenção do Ministério Público, a parte promover-lhe-á a intimação sob pena de nulidade do processo.
Art. 85. O órgão do Ministério Público será civilmente responsável quando, no exercício de suas funções, proceder com dolo ou fraude.

❧ Arts. 5º, 8º e 13, Lei nº 7.347/1985 (Atuação do Ministério Público na Ação Civil Pública):
Art. 5º Têm legitimidade para propor a ação principal e a ação cautelar:
I - o Ministério Público;

....

§ 1º O Ministério Público, se não intervier no processo como parte, atuará obrigatoriamente como fiscal da lei.

....

§ 3º Em caso de desistência infundada ou abandono da ação por associação legitimada, o Ministério Público ou outro legitimado assumirá a titularidade ativa.

....

§ 5º Admitir-se-á o litisconsórcio facultativo entre os Ministérios Públicos da União, do Distrito Federal e dos Estados na defesa dos interesses e direitos de que cuida esta lei.

....

Art. 8º ....
§ 1º O Ministério Público poderá instaurar, sob sua presidência, inquérito civil, ou requisitar, de qualquer organismo público ou particular, certidões, informações, exames ou perícias, no prazo que assinalar, o qual não poderá ser inferior a 10 (dez) dias úteis.

....

Art. 13. Havendo condenação em dinheiro, a indenização pelo dano causado reverterá a um fundo gerido por um Conselho Federal ou por Conselhos Estaduais de que participarão necessariamente o Ministério Público e representantes da comunidade, sendo seus recursos destinados à reconstituição dos bens lesados.

❧ Lei nº 8.625/1993 (Lei Orgânica Nacional do Ministério Público):
Art. 25. Além das funções previstas nas Constituições Federal e Estadual, na Lei Orgânica e em outras leis, incumbe, ainda, ao Ministério Público:

....

IV - promover o inquérito civil e a ação civil pública, na forma da lei:
a) para a proteção, prevenção e reparação dos danos causados ao meio ambiente, ao consumidor, aos bens e direitos de valor artístico, estético, histórico, turístico e paisagístico, e a outros interesses difusos, coletivos e individuais indisponíveis e homogêneos;

....

VII - deliberar sobre a participação em organismos estatais de defesa do meio ambiente, neste compreendido o do trabalho, do consumidor, de política penal e penitenciária e outros afetos à sua área de atuação;

◦ SÚMULA Nº 643 DO SUPREMO TRIBUNAL FEDERAL:
O Ministério Público tem legitimidade para promover ação civil pública cujo fundamento seja a ilegalidade de reajuste de mensalidades escolares.

Art. 93. Ressalvada a competência da Justiça Federal, é competente para a causa a justiça local:
I - no foro do lugar onde ocorreu ou deva ocorrer o dano, quando de âmbito local;
II - no foro da Capital do Estado ou no do Distrito Federal, para os danos de âmbito nacional ou regional, aplicando-se as regras do Código de Processo Civil aos casos de competência concorrente.

◦ Art. 105, I, "d" e "g", CF (Atribuição do Superior Tribunal de Justiça para processar e julgar originariamente os conflitos de competência):
Art. 105. Compete ao Superior Tribunal de Justiça:
I - processar e julgar, originariamente:
....
d) os conflitos de competência entre quaisquer tribunais, ressalvado o disposto no art. 102, I, "o", bem como entre tribunal e juízes a ele não vinculados e entre juízes vinculados a tribunais diversos;
....
g) os conflitos de atribuições entre autoridades administrativas e judiciárias da União, ou entre autoridades judiciárias de um Estado e administrativas de outro ou do Distrito Federal, ou entre as deste e da União;

◦ Arts. 109, I, III, VI, VII, VIII, §§ 1º, 3º e 4º, e 110, CF (Competência da Justiça Federal relacionáveis com a defesa do consumidor):
Art. 109. Aos juízes federais compete processar e julgar:
I - as causas em que a União, entidade autárquica ou empresa pública federal forem interessadas na condição de autoras, rés, assistentes ou oponentes, exceto as de falência, as de acidentes de trabalho e as sujeitas à Justiça Eleitoral e à Justiça do Trabalho;
III - as causas fundadas em tratado ou contrato da União com Estado estrangeiro ou organismo internacional;
VI - os crimes contra a organização do trabalho e, nos casos determinados por lei, contra o sistema financeiro e a ordem econômico-financeira;
VII - os "habeas-corpus", em matéria criminal de sua competência ou quando o constrangimento provier de autoridade cujos atos não estejam diretamente sujeitos a outra jurisdição;
VIII - os mandados de segurança e os "habeas-data" contra ato de autoridade federal, exceptuados os casos de competência dos tribunais federais;
§ 1º - As causas em que a União for autora serão aforadas na seção judiciária onde tiver domicílio a outra parte.

§ 3º - Serão processadas e julgadas na justiça estadual, no foro do domicílio dos segurados ou beneficiários, as causas em que forem parte instituição de previdência social e segurado, sempre que a comarca não seja sede de vara do juízo federal, e, se verificada essa condição, a lei poderá permitir que outras causas sejam também processadas e julgadas pela justiça estadual.

§ 4º - Na hipótese do parágrafo anterior, o recurso cabível será sempre para o Tribunal Regional Federal na área de jurisdição do juiz de primeiro grau.

....

Art. 110. Cada Estado, bem como o Distrito Federal, constituirá uma seção judiciária que terá por sede a respectiva Capital, e varas localizadas segundo o estabelecido em lei.

ca Arts. 99 e 100, IV e V, CPC (Competência territorial):

Art. 99. O foro da Capital do Estado ou do Território é competente:

I - para as causas em que a União for autora, ré ou interveniente;

II - para as causas em que o Território for autor, réu ou interveniente.

Parágrafo único. Correndo o processo perante outro juiz, serão os autos remetidos ao juiz competente da Capital do Estado ou Território, tanto que neles intervenha uma das entidades mencionadas neste artigo.

....

Art. 100. É competente o foro:

....

IV - do lugar:

a) onde está a sede, para a ação em que for ré a pessoa jurídica;

b) onde se acha a agência ou sucursal, quanto às obrigações que ela contraiu;

c) onde exerce a sua atividade principal, para a ação em que for ré a sociedade, que carece de personalidade jurídica;

d) onde a obrigação deve ser satisfeita, para a ação em que se lhe exigir o cumprimento;

V - do lugar do ato ou fato:

a) para a ação de reparação do dano;

b) para a ação em que for réu o administrador ou gestor de negócios alheios.

Parágrafo único. Nas ações de reparação do dano sofrido em razão de delito ou acidente de veículos, será competente o foro do domicílio do autor ou do local do fato.

ca Arts. 102 a 111, CPC (Modificações da competência):

Art. 102. A competência, em razão do valor e do território, poderá modificar-se pela conexão ou continência, observado o disposto nos artigos seguintes.

Art. 103. Reputam-se conexas duas ou mais ações, quando lhes for comum o objeto ou a causa de pedir.

Art. 104. Dá-se a continência entre duas ou mais ações sempre que há identidade quanto às partes e à causa de pedir, mas o objeto de uma, por ser mais amplo, abrange o das outras.

Art. 105. Havendo conexão ou continência, o juiz, de ofício ou a requerimento de qualquer das partes, pode ordenar a reunião de ações propostas em separado, a fim de que sejam decididas simultaneamente.

Art. 106. Correndo em separado ações conexas perante juízes que têm a mesma competência territorial, considera-se preventoaquele que despachou em primeiro lugar.

Art. 107. Se o imóvel se achar situado em mais de um Estado ou comarca, determinar-se-á o foro pela prevenção, estendendo-se a competência sobre a totalidade do imóvel.

Art. 108. A ação acessória será proposta perante o juiz competente para a ação principal.

Art. 109. O juiz da causa principal é também competente para a reconvenção, a ação declaratória incidente, as ações de garantia e outras que respeitam ao terceiro interveniente.

Art. 110. Se o conhecimento da lide depender necessariamente da verificação da existência de fato delituoso, pode o juiz mandar sobrestar no andamento do processo até que se pronuncie a justiça criminal.

Parágrafo único. Se a ação penal não for exercida dentro de 30 (trinta) dias, contados da intimação do despacho de sobrestamento, cessará o efeito deste, decidindo o juiz cível a questão prejudicial.

Art. 111. A competência em razão da matéria e da hierarquia é inderrogável por convenção das partes; mas estas podem modificar a competência em razão do valor e do território, elegendo foro onde serão propostas as ações oriundas de direitos e obrigações.

§ 1º O acordo, porém, só produz efeito, quando constar de contrato escrito e aludir expressamente a determinado negócio jurídico.

§ 2º O foro contratual obriga os herdeiros e sucessores das partes.

௰ Art. 32, I, Lei Complementar Estadual nº 762/1994-SP (Criação das Varas de Relações de Consumo, ainda não implantadas, na Comarca de São Paulo/SP):

Artigo 32 - São criadas, na Comarca de São Paulo, classificadas em entrância especial, as seguintes Varas:

I - 5 (cinco) Varas de Relações de Consumo e Demandas Coletivas, com competência para as ações disciplinadas pelas Leis nº 7.347, de 24 de julho de 1985, 7.853, de 24 de outubro de 1989, 8.078, de 11 de setembro de 1990, e assemelhadas, assim distribuídas:

a) 1 (uma) no Foro Central;
b) 1 (uma) no Foro Regional I - Santana;
c) 1 (uma) no Foro Regional II - Santo Amaro;
d) 1 (uma) no Foro Regional IV - Lapa; e
e) 1 (uma) no Foro Regional VI - Penha de Franca;

☞ Art. 2º, Lei nº 7.347/1985 (Competência das Ações Civis Públicas):
Art. 2º As ações previstas nesta Lei serão propostas no foro do local onde ocorrero dano, cujo juízo terá competência funcional para processar e julgar a causa.
Parágrafo único A propositura da ação prevenirá a jurisdição do juízo para todas as ações posteriormente intentadas que possuam a mesma causa de pedir ou o mesmo objeto.

☞ Jurisprudência:
STJ: CC 28003/RJ, j. 24.11.1999; REsp 218492/ES, j. 2.10.2001; CC 17532/DF, j. 29.2.2000; CC 37681/SC, j. 27.8.2003; CC 34199/RJ, j. 26.6.2002; CC 17533/DF, j. 13.9.2000; CC 26842/DF, j. 10.10.2001; REsp 119267/SP, j. 4.11.1999; REsp 573475/RS, j. 8.6.2004; CC 38160/SP, j. 22.10.2003; REsp 255455/GO, j. 3.10.2000; REsp 440002/SE, j. 18.11.2004; REsp 382659/RS, DJ 19.12.2003; REsp 287389/RJ, j. 24.9.2002.

Art. 94. Proposta a ação, será publicado edital no órgão oficial, a fim de que os interessados possam intervir no processo como litisconsortes, sem prejuízo de ampla divulgação pelos meios de comunicação social por parte dos órgãos de defesa do consumidor.

☞ Arts. 2º, parágrafo único, 17 e 29, CDC (Consumidores por equiparação):
Art. 2º ....
Parágrafo único. Equipara-se a consumidor a coletividade de pessoas, ainda que indetermináveis, que haja intervindo nas relações de consumo.
....
Art. 17. Para os efeitos desta Seção, equiparam-se aos consumidores todas as vítimas do evento.
....
Art. 29. Para os fins deste Capítulo e do seguinte, equiparam-se aos consumidores todas as pessoas determináveis ou não, expostas às práticas nele previstas.

☞ Art. 6º, VI, CDC (Direito básico à efetiva prevenção e reparação de danos):
Art. 6º São direitos básicos do consumidor:
....
VI - a efetiva prevenção e reparação de danos patrimoniais e morais, individuais, coletivos e difusos;

☞ Art. 82, caput, CDC (Legitimados para a defesa dos interesses e direitos coletivos):
Art. 82. Para os fins do art. 81, parágrafo único, são legitimados concorrentemente:

I - o Ministério Público,
II - a União, os Estados, os Municípios e o Distrito Federal;
III - as entidades e órgãos da Administração Pública, direta ou indireta, ainda que sem personalidade jurídica, especificamente destinados à defesa dos interesses e direitos protegidos por este código;
IV - as associações legalmente constituídas há pelo menos um ano e que incluam entre seus fins institucionais a defesa dos interesses e direitos protegidos por este código, dispensada a autorização assemblear.

- Art. 87, CDC (Isenção de custas nas ações coletivas de consumidor):
Art. 87. Nas ações coletivas de que trata este código não haverá adiantamento de custas, emolumentos, honorários periciais e quaisquer outras despesas, nem condenação da associação autora, salvo comprovada má-fé, em honorários de advogados, custas e despesas processuais.
Parágrafo único. Em caso de litigância de má-fé, a associação autora e os diretores responsáveis pela propositura da ação serão solidariamente condenados em honorários advocatícios e ao décuplo das custas, sem prejuízo da responsabilidade por perdas e danos.

- Arts. 46 a 49, CPC (Litisconsórcio):
Art. 46. Duas ou mais pessoas podem litigar, no mesmo processo, em conjunto, ativa ou passivamente, quando:
I - entre elas houver comunhão de direitos ou de obrigações relativamente à lide;
II - os direitos ou as obrigações derivarem do mesmo fundamento de fato ou de direito;
III - entre as causas houver conexão pelo objeto ou pela causa de pedir;
IV - ocorrer afinidade de questões por um ponto comum de fato ou de direito.
Parágrafo único. O juiz poderá limitar o litisconsórcio facultativo quanto ao número de litigantes, quando este comprometer a rápida solução do litígio ou dificultar a defesa. O pedido de limitação interrompe o prazo para resposta, que recomeça da intimação da decisão.
Art. 47. Há litisconsórcio necessário, quando, por disposição de lei ou pela natureza da relação jurídica, o juiz tiver de decidir a lide de modo uniforme para todas as partes; caso em que a eficácia da sentença dependerá da citação de todos os litisconsortes no processo.
Parágrafo único. O juiz ordenará ao autor que promova a citação de todos os litisconsortes necessários, dentro do prazo que assinar, sob pena de declarar extinto o processo.
Art. 48. Salvo disposição em contrário, os litisconsortes serão considerados, em suas relações com a parte adversa, como litigantes distintos; os atos e as omissões de um não prejudicarão nem beneficiarão os outros.
Art. 49. Cada litisconsorte tem o direito de promover o andamento do processo e todos devem ser intimados dos respectivos atos.

૱ Art. 18, Lei n° 7.347/1985 (Isenção de custas na Ação Civil Pública):
Art. 18. Nas ações de que trata esta lei, não haverá adiantamento de custas, emolumentos, honorários periciais e quaisquer outras despesas, nem condenação da associação autora, salvo comprovada má-fé, em honorários de advogado, custas e despesas processuais.
૱ Jurisprudência selecionada:
STJ: REsp 106888/PR, j. 28.3.2001; REsp 205481/MG, j. 19.4.2005; REsp 138411/DF, j. 13.2.2001. TJRGS: Ag 70010559482, 6ª Câm., j. 30.3.2005; Ap 70010217297, 14ª Câm., j. 10.3.2005.

Art. 95. Em caso de procedência do pedido, a condenação será genérica, fixando a responsabilidade do réu pelos danos causados.

૱ Art. 269, I, CPC (Extinção do processo com resolução de mérito pelo acolhimento do pedido do autor):
Art. 269. Haverá resolução de mérito:
I - quando o juiz acolher ou rejeitar o pedido do autor;
૱ Art. 286, CPC (Licitude do pedido genérico):
Art. 286. O pedido deve ser certo ou determinado. É lícito, porém, formular pedido genérico:
I - nas ações universais, se não puder o autor individuar na petição os bens demandados;
II - quando não for possível determinar, de modo definitivo, as conseqüências do ato ou do fato ilícito;
III - quando a determinação do valor da condenação depender de ato que deva ser praticado pelo réu.
૱ Art. 459, CPC (Acolhimento do pedido do autor mediante sentença e vedação à sentença ilíquida):
Art. 459. O juiz proferirá a sentença, acolhendo ou rejeitando, no todo ou em parte, o pedido formulado pelo autor. Nos casos de extinção do processo sem julgamento do mérito, o juiz decidirá em forma concisa.
Parágrafo único. Quando o autor tiver formulado pedido certo, é vedado ao juiz proferir sentença ilíquida.
૱ Art. 466, CPC (Produção de hipoteca judiciária mesmo na condenação genérica):
Art. 466. A sentença que condenar o réu no pagamento de uma prestação, consistente em dinheiro ou em coisa, valerá como título constitutivo de hipoteca judiciária, cuja inscrição será ordenada pelo juiz na forma prescrita na Lei de Registros Públicos.
Parágrafo único. A sentença condenatória produz a hipoteca judiciária:
I - embora a condenação seja genérica;

ᴄʀ Arts. 475-A a 475-H, CPC (Procedimento de liquidação da sentença):
Art. 475-A. Quando a sentença não determinar o valor devido, procede-se à sua liquidação.
§ 1º Do requerimento de liquidação de sentença será a parte intimada, na pessoa de seu advogado.
§ 2º A liquidação poderá ser requerida na pendência de recurso, processando-se em autos apartados, no juízo de origem, cumprindo ao liquidante instruir o pedido com cópias das peças processuais pertinentes.
§ 3º Nos processos sob procedimento comum sumário, referidos no art. 275, inciso II, alíneas 'd' e 'e' desta Lei, é defesa a sentença ilíquida, cumprindo ao juiz, se for o caso, fixar de plano, a seu prudente critério, o valor devido.
Art. 475-B. Quando a determinação do valor da condenação depender apenas de cálculo aritmético, o credor requererá o cumprimento da sentença, na forma do art. 475-J desta Lei, instruindo o pedido com a memória discriminada e atualizada do cálculo.
§ 1º Quando a elaboração da memória do cálculo depender de dados existentes em poder do devedor ou de terceiro, o juiz, a requerimento do credor, poderá requisitá-los, fixando prazo de até trinta dias para o cumprimento da diligência.
§ 2º Se os dados não forem, injustificadamente, apresentados pelo devedor, reputar-se-ão corretos os cálculos apresentados pelo credor, e, se não o forem pelo terceiro, configurar-se-á a situação prevista no art. 362.
§ 3º Poderá o juiz valer-se do contador do juízo, quando a memória apresentada pelo credor aparentemente exceder os limites da decisão exeqüenda e, ainda, nos casos de assistência judiciária.
§ 4º Se o credor não concordar com os cálculos feitos nos termos do § 3º deste artigo, far-se-á a execução pelo valor originariamente pretendido, mas a penhora terá por base o valor encontrado pelo contador.
Art. 475-C. Far-se-á a liquidação por arbitramento quando:
I – determinado pela sentença ou convencionado pelas partes;
II – o exigir a natureza do objeto da liquidação.
Art. 475-D. Requerida a liquidação por arbitramento, o juiz nomeará o perito e fixará o prazo para a entrega do laudo.
Parágrafo único. Apresentado o laudo, sobre o qual poderão as partes manifestar-se no prazo de dez dias, o juiz proferirá decisão ou designará, se necessário, audiência.
Art. 475-E. Far-se-á a liquidação por artigos, quando, para determinar o valor da condenação, houver necessidade de alegar e provar fato novo.
Art. 475-F. Na liquidação por artigos, observar-se-á, no que couber, o procedimento comum (art. 272).
Art. 475-G. É defeso, na liquidação, discutir de novo a lide ou modificar a sentença que a julgou.
Art. 475-H. Da decisão de liquidação caberá agravo de instrumento.

◌ Art. 586, CPC (Exigência de liquidação do título para a execução):
Art. 586. A execução para cobrança de crédito fundar-se-á sempre em título de obrigação certa, líquida e exigível.

◌ Jurisprudência selecionada:
STJ: EDcl no AgRg no REsp 668153/RS, j. 2.6.2005; EREsp 475566/PR, j. 25.8.2004; AgRg no REsp 512044/RS, j. 26.5.2004; REsp 673380/RS, j. 19.5.2005; REsp 487202/RJ, j. 6.5.2004.

Art. 96. (Vetado).

◌ O art. 96 vetado tinha a seguinte redação (Mensagem n° 664/1990):
Art. 96 - Transitada em julgado a sentença condenatória, será públicado edital, observado o disposto no art. 93.[34]

Art. 97. A liquidação e a execução de sentença poderão ser promovidas pela vítima e seus sucessores, assim como pelos legitimados de que trata o art. 82.

Parágrafo único. (Vetado).

◌ O parágrafo único vetado tinha a seguinte redação (Mensagem n° 664/1990):
Parágrafo único - A liquidação de sentença, que será por artigos, poderá ser promovida no foro do domicílio do liquidante, cabendo-lhe provar, tão-só, o nexo de causalidade, o dano e seu montante.[35]

◌ Arts. 2°, parágrafo único, 17 e 29, CDC (Consumidores por equiparação):
Art. 2° ....
Parágrafo único. Equipara-se a consumidor a coletividade de pessoas, ainda que indetermináveis, que haja intervindo nas relações de consumo.
....
Art. 17. Para os efeitos desta Seção, equiparam-se aos consumidores todas as vítimas do evento.
....
Art. 29. Para os fins deste Capítulo e do seguinte, equiparam-se aos consumidores todas as pessoas determináveis ou não, expostas às práticas nele previstas.

---

34 Justificativa do veto: O art. 93 não guarda pertinência com a matéria regulada nessa norma.
35 Justificativa do veto: Esse dispositivo dissocia, de forma arbitrária, o foro dos processos de conhecimento e de execução, rompendo o princípio da vinculação quanto à competência entre esses processos, adotado pelo Código de Processo Civil (Art. 575) e defendido pela melhor doutrina. Ao despojar uma das partes da certeza quanto ao foro de execução, tal preceito lesa o princípio de ampla defesa assegurado pela Constituição (Art. 5°, LV).

- Art. 6º, VI, CDC (Direito básico à efetiva prevenção e reparação de danos):
Art. 6º São direitos básicos do consumidor:
....
VI - a efetiva prevenção e reparação de danos patrimoniais e morais, individuais, coletivos e difusos;
- Art. 82, caput, CDC (Legitimados para a promoção da liquidação e da execução das ações coletivas):
Art. 82. Para os fins do art. 81, parágrafo único, são legitimados concorrentemente:
I - o Ministério Público;
II - a União, os Estados, os Municípios e o Distrito Federal;
III - as entidades e órgãos da Administração Pública, direta ou indireta, ainda que sem personalidade jurídica, especificamente destinados à defesa dos interesses e direitos protegidos por este código;
IV - as associações legalmente constituídas há pelo menos um ano e que incluam entre seus fins institucionais a defesa dos interesses e direitos protegidos por este código, dispensada a autorização assemblear.
- Art. 461, CPC (Tutela da obrigação específica de fazer):
Art. 461. Na ação que tenha por objeto o cumprimento de obrigação de fazer ou não fazer, o juiz concederá a tutela específica da obrigação ou, se procedente o pedido, determinará providências que assegurem o resultado prático equivalente ao do adimplemento.
§ 1º A obrigação somente se converterá em perdas e danos se o autor o requerer ou se impossível a tutela específica ou a obtenção do resultado prático correspondente.
§ 2º A indenização por perdas e danos dar-se-á sem prejuízo da multa (art. 287).
§ 3º Sendo relevante o fundamento da demanda e havendo justificado receio de ineficácia do provimento final, é lícito ao juiz conceder a tutela liminarmente ou mediante justificação prévia, citado o réu. A medida liminar poderá ser revogada ou modificada, a qualquer tempo, em decisão fundamentada.
§ 4º O juiz poderá, na hipótese do parágrafo anterior ou na sentença, impor multa diária ao réu, independentemente de pedido do autor, se for suficiente ou compatível com a obrigação, fixando-lhe prazo razoável para o cumprimento do preceito.
§ 5º Para a efetivação da tutela específica ou a obtenção do resultado prático equivalente, poderá o juiz, de ofício ou a requerimento, determinar as medidas necessárias, tais como a imposição de multa por tempo de atraso, busca e apreensão, remoção de pessoas e coisas, desfazimento de obras e impedimento de atividade nociva, se necessário com requisição de força policial.
§ 6º O juiz poderá, de ofício, modificar o valor ou a periodicidade da multa, caso verifique que se tornou insuficiente ou excessiva.

૨ Art. 461-A, CPC (Tutela da obrigação específica de entregar coisa):
Art. 461-A. Na ação que tenha por objeto a entrega de coisa, o juiz, ao conceder a tutela específica, fixará o prazo para o cumprimento da obrigação.
§ 1º Tratando-se de entrega de coisa determinada pelo gênero e quantidade, o credor a individualizará na petição inicial, se lhe couber a escolha; cabendo ao devedor escolher, este a entregará individualizada, no prazo fixado pelo juiz.
§ 2º Não cumprida a obrigação no prazo estabelecido, expedir-se-á em favor do credor mandado de busca e apreensão ou de imissão na posse, conforme se tratar de coisa móvel ou imóvel.
§ 3º Aplica-se à ação prevista neste artigo o disposto nos §§ 1º a 6º do art. 461.

૨ Arts. 475-A a 475-H, CPC (Procedimento de liquidação da sentença):
Art. 475-A. Quando a sentença não determinar o valor devido, procede-se à sua liquidação.
§ 1º Do requerimento de liquidação de sentença será a parte intimada, na pessoa de seu advogado.
§ 2º A liquidação poderá ser requerida na pendência de recurso, processando-se em autos apartados, no juízo de origem, cumprindo ao liquidante instruir o pedido com cópias das peças processuais pertinentes.
§ 3º Nos processos sob procedimento comum sumário, referidos no art. 275, inciso II, alíneas 'd' e 'e' desta Lei, é defesa a sentença ilíquida, cumprindo ao juiz, se for o caso, fixar de plano, a seu prudente critério, o valor devido.
Art. 475-B. Quando a determinação do valor da condenação depender apenas de cálculo aritmético, o credor requererá o cumprimento da sentença, na forma do art. 475-J desta Lei, instruindo o pedido com a memória discriminada e atualizada do cálculo.
§ 1º Quando a elaboração da memória do cálculo depender de dados existentes em poder do devedor ou de terceiro, o juiz, a requerimento do credor, poderá requisitá-los, fixando prazo de até trinta dias para o cumprimento da diligência.
§ 2º Se os dados não forem, injustificadamente, apresentados pelo devedor, reputar-se-ão corretos os cálculos apresentados pelo credor, e, se não o forem pelo terceiro, configurar-se-á a situação prevista no art. 362.
§ 3º Poderá o juiz valer-se do contador do juízo, quando a memória apresentada pelo credor aparentemente exceder os limites da decisão exeqüenda e, ainda, nos casos de assistência judiciária.
§ 4º Se o credor não concordar com os cálculos feitos nos termos do § 3º deste artigo, far-se-á a execução pelo valor originariamente pretendido, mas a penhora terá por base o valor encontrado pelo contador.
Art. 475-C. Far-se-á a liquidação por arbitramento quando:
I – determinado pela sentença ou convencionado pelas partes;
II – o exigir a natureza do objeto da liquidação.
Art. 475-D. Requerida a liquidação por arbitramento, o juiz nomeará o perito e fixará o prazo para a entrega do laudo.

Parágrafo único. Apresentado o laudo, sobre o qual poderão as partes manifestar-se no prazo de dez dias, o juiz proferirá decisão ou designará, se necessário, audiência.

Art. 475-E. Far-se-á a liquidação por artigos, quando, para determinar o valor da condenação, houver necessidade de alegar e provar fato novo.

Art. 475-F. Na liquidação por artigos, observar-se-á, no que couber, o procedimento comum (art. 272).

Art. 475-G. É defeso, na liquidação, discutir de novo a lide ou modificar a sentença que a julgou.

Art. 475-H. Da decisão de liquidação caberá agravo de instrumento.

◊ Art. 475-J, CPC (Cumprimento de sentença condenatória em quantia certa):

Art. 475-J. Caso o devedor, condenado ao pagamento de quantia certa ou já fixada em liquidação, não o efetue no prazo de quinze dias, o montante da condenação será acrescido de multa no percentual de dez por cento e, a requerimento do credor e observado o disposto no art. 614, inciso II, desta Lei, expedir-se-á mandado de penhora e avaliação.

§ 1º Do auto de penhora e de avaliação será de imediato intimado o executado, na pessoa de seu advogado (arts. 236 e 237), ou, na falta deste, o seu representante legal, ou pessoalmente, por mandado ou pelo correio, podendo oferecer impugnação, querendo, no prazo de quinze dias.

§ 2º Caso o oficial de justiça não possa proceder à avaliação, por depender de conhecimentos especializados, o juiz, de imediato, nomeará avaliador, assinando-lhe breve prazo para a entrega do laudo.

§ 3º O exeqüente poderá, em seu requerimento, indicar desde logo os bens a serem penhorados.

§ 4º Efetuado o pagamento parcial no prazo previsto no caput deste artigo, a multa de dez por cento incidirá sobre o restante.

§ 5º Não sendo requerida a execução no prazo de seis meses, o juiz mandará arquivar os autos, sem prejuízo de seu desarquivamento a pedido da parte.

◊ Arts. 566 e 567, CPC (Legitimidade para promover a execução):

Art. 566. Podem promover a execução forçada:

I - o credor a quem a lei confere título executivo;

II - o Ministério Público, nos casos prescritos em lei.

Art. 567. Podem também promover a execução, ou nela prosseguir:

I - o espólio, os herdeiros ou os sucessores do credor, sempre que, por morte deste, lhes for transmitido o direito resultante do título executivo;

II - o cessionário, quando o direito resultante do título executivo lhe foi transferido por ato entre vivos;

III - o sub-rogado, nos casos de sub-rogação legal ou convencional.

◊ Art. 15, Lei nº 7.347/1985 (Substituição da associação autora omissa pelo Ministério Público ou demais legitimados para a promoção da execução da sentença):

Art. 15. Decorridos sessenta dias do trânsito em julgado da sentença condenatória, sem que a associação autora lhe promova a execução, deverá fazê-lo o Ministério Público, facultada igual iniciativa aos demais legitimados.

☞ Jurisprudência selecionada:
STJ: REsp 651037/PR, j. 5.8.2004; AgRg no REsp 651038/PR, j. 3.8.2004; REsp 487202/RJ, j. 6.5.2004; REsp 567257/RS, j. 6.11.2003; REsp 673380/RS, j. 19.5.2005; REsp 607630/RS, j. 22.3.2005; REsp 579096/MG, j. 14.12.2004. TJRGS: Ap 70002218923, j. 31.8.2004.

Art. 98. A execução poderá ser coletiva, sendo promovida pelos legitimados de que trata o art. 82, abrangendo as vítimas cujas indenizações já tiveram sido fixadas em sentença de liquidação, sem prejuízo do ajuizamento de outras execuções.

§ 1º A execução coletiva far-se-á com base em certidão das sentenças de liquidação, da qual deverá constar a ocorrência ou não do trânsito em julgado.

§ 2º É competente para a execução o juízo:

I - da liquidação da sentença ou da ação condenatória, no caso de execução individual;

II - da ação condenatória, quando coletiva a execução.

☞ Redação do caput dada pela Lei nº 9.008/1995. O texto alterado tinha o seguinte teor:
Art. 98. A execução poderá ser coletiva, sendo promovida pelos legitimados de que trata o art. 81, abrangendo as vítimas cujas indenizações já tiverem sido fixadas em sentença de liquidação, sem prejuízo do ajuizamento de outras execuções.

☞ Arts. 2º, parágrafo único, 17 e 29, CDC (Consumidores por equiparação):
Art. 2º ....
Parágrafo único. Equipara-se a consumidor a coletividade de pessoas, ainda que indetermináveis, que haja intervindo nas relações de consumo.
....
Art. 17. Para os efeitos desta Seção, equiparam-se aos consumidores todas as vítimas do evento.
....
Art. 29. Para os fins deste Capítulo e do seguinte, equiparam-se aos consumidores todas as pessoas determináveis ou não, expostas às práticas nele previstas.

☞ Art. 6º, VI, CDC (Direito básico à efetiva prevenção e reparação de danos):
Art. 6º São direitos básicos do consumidor:
....

VI - a efetiva prevenção e reparação de danos patrimoniais e morais, individuais, coletivos e difusos;

❧ Art. 82, caput, CDC (Legitimados para a promoção da liquidação e da execução das ações coletivas):

Art. 82. Para os fins do art. 81, parágrafo único, são legitimados concorrentemente:

I - o Ministério Público,

II - a União, os Estados, os Municípios e o Distrito Federal;

III - as entidades e órgãos da Administração Pública, direta ou indireta, ainda que sem personalidade jurídica, especificamente destinados à defesa dos interesses e direitos protegidos por este código;

IV - as associações legalmente constituídas há pelo menos um ano e que incluam entre seus fins institucionais a defesa dos interesses e direitos protegidos por este código, dispensada a autorização assemblear.

❧ Arts. 475-A a 475-H, CPC (Procedimento de liquidação da sentença):

Art. 475-A. Quando a sentença não determinar o valor devido, procede-se à sua liquidação.

§ 1º Do requerimento de liquidação de sentença será a parte intimada, na pessoa de seu advogado.

§ 2º A liquidação poderá ser requerida na pendência de recurso, processando-se em autos apartados, no juízo de origem, cumprindo ao liquidante instruir o pedido com cópias das peças processuais pertinentes.

§ 3º Nos processos sob procedimento comum sumário, referidos no art. 275, inciso II, alíneas 'd' e 'e' desta Lei, é defesa a sentença ilíquida, cumprindo ao juiz, se for o caso, fixar de plano, a seu prudente critério, o valor devido.

Art. 475-B. Quando a determinação do valor da condenação depender apenas de cálculo aritmético, o credor requererá o cumprimento da sentença, na forma do art. 475-J desta Lei, instruindo o pedido com a memória discriminada e atualizada do cálculo.

§ 1º Quando a elaboração da memória do cálculo depender de dados existentes em poder do devedor ou de terceiro, o juiz, a requerimento do credor, poderá requisitá-los, fixando prazo de até trinta dias para o cumprimento da diligência.

§ 2º Se os dados não forem, injustificadamente, apresentados pelo devedor, reputar-se-ão corretos os cálculos apresentados pelo credor, e, se não o forem pelo terceiro, configurar-se-á a situação prevista no art. 362.

§ 3º Poderá o juiz valer-se do contador do juízo, quando a memória apresentada pelo credor aparentemente exceder os limites da decisão exeqüenda e, ainda, nos casos de assistência judiciária.

§ 4º Se o credor não concordar com os cálculos feitos nos termos do § 3º deste artigo, far-se-á a execução pelo valor originariamente pretendido, mas a penhora terá por base o valor encontrado pelo contador.

Art. 475-C. Far-se-á a liquidação por arbitramento quando:

I – determinado pela sentença ou convencionado pelas partes;
II – o exigir a natureza do objeto da liquidação.
Art. 475-D. Requerida a liquidação por arbitramento, o juiz nomeará o perito e fixará o prazo para a entrega do laudo.
Parágrafo único. Apresentado o laudo, sobre o qual poderão as partes manifestar-se no prazo de dez dias, o juiz proferirá decisão ou designará, se necessário, audiência.
Art. 475-E. Far-se-á a liquidação por artigos, quando, para determinar o valor da condenação, houver necessidade de alegar e provar fato novo.
Art. 475-F. Na liquidação por artigos, observar-se-á, no que couber, o procedimento comum (art. 272).
Art. 475-G. É defeso, na liquidação, discutir de novo a lide ou modificar a sentença que a julgou.
Art. 475-H. Da decisão de liquidação caberá agravo de instrumento.
༺ Art. 475-I, § 1º, CPC (Execução definitiva e provisória de sentença):
Art. 475-I. ....
§ 1º É definitiva a execução da sentença transitada em julgado e provisória quando se tratar de sentença impugnada mediante recurso ao qual não foi atribuído efeito suspensivo.
༺ Art. 575, CPC (Juízo competente para a execução de título judicial):
Art. 575. A execução, fundada em título judicial, processar-se-á perante:
I - os tribunais superiores, nas causas de sua competência originária;
II - o juízo que decidiu a causa no primeiro grau de jurisdição;
༺ Jurisprudência selecionada:
STJ: REsp 567257/RS, j. 6.11.2003; AgRg no REsp 676239, j. 16.6.2005; REsp 579096/MG, j. 14.12.2004; REsp 651037/PR, j. 5.8.2004; AgRg no REsp 651038/PR, j. 3.8.2004; REsp 487202/RJ, j. 6.5.2004. TJRGS: Ag 70003330149, j. 5.12.2001; Ap 70002218923, j. 31.8.2004. TARS: Ap 197146996, 11ª Câm., j. 28.10.1998.

Art. 99. Em caso de concurso de créditos decorrentes de condenação prevista na Lei nº 7.347, de 24 de julho de 1985 e de indenizações pelos prejuízos individuais resultantes do mesmo evento danoso, estas terão preferência no pagamento.

Parágrafo único. Para efeito do disposto neste artigo, a destinação da importância recolhida ao fundo criado pela Lei nº 7.347, de 24 de julho de 1985, ficará sustada enquanto pendentes de decisão de segundo grau as ações de indenização pelos danos individuais, salvo na hipótese de o patrimônio do devedor ser manifestamente suficiente para responder pela integralidade das dívidas.

- Art. 6º, VI, CDC (Direito básico à efetiva prevenção e reparação de danos):
Art. 6º São direitos básicos do consumidor:
....
VI - a efetiva prevenção e reparação de danos patrimoniais e morais, individuais, coletivos e difusos;
- Arts. 612 e 613, CPC (Concurso de credores e preferência na penhora):
Art. 612. Ressalvado o caso de insolvência do devedor, em que tem lugar o concurso universal (art. 751, III), realiza-se a execução no interesse do credor, que adquire, pela penhora, o direito de preferência sobre os bens penhorados.
Art. 613. Recaindo mais de uma penhora sobre os mesmos bens, cada credor conservará o seu título de preferência.
- Art. 3º, Lei nº 7.347/1985 (Objeto da Ação Civil Pública):
Art. 3º A ação civil poderá ter por objeto a condenação em dinheiro ou o cumprimento de obrigação de fazer ou não fazer.
- Art. 13, caput, Lei nº 7.347/1985 (Fundo para reconstituição dos bens lesados):
Art. 13. Havendo condenação em dinheiro, a indenização pelo dano causado reverterá a um fundo gerido por um Conselho Federal ou por Conselhos Estaduais de que participarão necessariamente o Ministério Público e representantes da comunidade, sendo seus recursos destinados à reconstituição dos bens lesados.
- Arts. 956 a 965, CC (Preferências e Privilégios Creditórios):
Art. 956. A discussão entre os credores pode versar quer sobre a preferência entre eles disputada, quer sobre a nulidade, simulação, fraude, ou falsidade das dívidas e contratos.
Art. 957. Não havendo título legal à preferência, terão os credores igual direito sobre os bens do devedor comum.
Art. 958. Os títulos legais de preferência são os privilégios e os direitos reais.
Art. 959. Conservam seus respectivos direitos os credores, hipotecários ou privilegiados:
I - sobre o preço do seguro da coisa gravada com hipoteca ou privilégio, ou sobre a indenização devida, havendo responsável pela perda ou danificação da coisa;
II - sobre o valor da indenização, se a coisa obrigada a hipoteca ou privilégio for desapropriada.
Art. 960. Nos casos a que se refere o artigo antecedente, o devedor do seguro, ou da indenização, exonera-se pagando sem oposição dos credores hipotecários ou privilegiados.
Art. 961. O crédito real prefere ao pessoal de qualquer espécie; o crédito pessoal privilegiado, ao simples; e o privilégio especial, ao geral.
Art. 962. Quando concorrerem aos mesmos bens, e por título igual, dois ou mais credores da mesma classe especialmente privilegiados, haverá entre eles rateio

proporcional ao valor dos respectivos créditos, se o produto não bastar para o pagamento integral de todos.

Art. 963. O privilégio especial só compreende os bens sujeitos, por expressa disposição de lei, ao pagamento do crédito que ele favorece; e o geral, todos os bens não sujeitos a crédito real nem a privilégio especial.

Art. 964. Têm privilégio especial:

I - sobre a coisa arrecadada e liquidada, o credor de custas e despesas judiciais feitas com a arrecadação e liquidação;

II - sobre a coisa salvada, o credor por despesas de salvamento;

III - sobre a coisa beneficiada, o credor por benfeitorias necessárias ou úteis;

IV - sobre os prédios rústicos ou urbanos, fábricas, oficinas, ou quaisquer outras construções, o credor de materiais, dinheiro, ou serviços para a sua edificação, reconstrução, ou melhoramento;

V - sobre os frutos agrícolas, o credor por sementes, instrumentos e serviços à cultura, ou à colheita;

VI - sobre as alfaias e utensílios de uso doméstico, nos prédios rústicos ou urbanos, o credor de aluguéis, quanto às prestações do ano corrente e do anterior;

VII - sobre os exemplares da obra existente na massa do editor, o autor dela, ou seus legítimos representantes, pelo crédito fundado contra aquele no contrato da edição;

VIII - sobre o produto da colheita, para a qual houver concorrido com o seu trabalho, e precipuamente a quaisquer outros créditos, ainda que reais, o trabalhador agrícola, quanto à dívida dos seus salários.

Art. 965. Goza de privilégio geral, na ordem seguinte, sobre os bens do devedor:

I - o crédito por despesa de seu funeral, feito segundo a condição do morto e o costume do lugar;

II - o crédito por custas judiciais, ou por despesas com a arrecadação e liquidação da massa;

III - o crédito por despesas com o luto do cônjuge sobrevivo e dos filhos do devedor falecido, se foram moderadas;

IV - o crédito por despesas com a doença de que faleceu o devedor, no semestre anterior à sua morte;

V - o crédito pelos gastos necessários à mantença do devedor falecido e sua família, no trimestre anterior ao falecimento;

VI - o crédito pelos impostos devidos à Fazenda Pública, no ano corrente e no anterior;

VII - o crédito pelos salários dos empregados do serviço doméstico do devedor, nos seus derradeiros seis meses de vida;

VIII - os demais créditos de privilégio geral.

൞ Lei nº 9.008/1995 (Cria, na estrutura organizacional do Ministério da Justiça, o Conselho Federal de que trata o art. 13 da Lei nº 7.347, de 24 de julho de 1985, altera os arts. 4º, 39, 82, 91 e 98 da Lei nº 8.078, de 11 de setembro de 1990, e dá outras providências).

☞ Decreto Federal nº 1.306/1994 (Regulamenta o Fundo de Defesa de Direitos Difusos, de que tratam os arts. 13 e 20 da Lei nº 7.347, de 24 de julho de 1985, seu conselho gestor e dá outras providências).
☞ Jurisprudência selecionada:
TRF4ªR: AI 115414, j.7.5.2003; Ap 9604083783, j. 31.10.1996.

Art. 100. Decorrido o prazo de um ano sem habilitação de interessados em número compatível com a gravidade do dano, poderão os legitimados do art. 82 promover a liquidação e execução da indenização devida.

Parágrafo único. O produto da indenização devida reverterá para o fundo criado pela Lei nº 7.347, de 24 de julho de 1985.

☞ Art. 82, caput, CDC (Legitimados para a promoção da liquidação e da execução das ações coletivas):
Art. 82. Para os fins do art. 81, parágrafo único, são legitimados concorrentemente:
I - o Ministério Público,
II - a União, os Estados, os Municípios e o Distrito Federal;
III - as entidades e órgãos da Administração Pública, direta ou indireta, ainda que sem personalidade jurídica, especificamente destinados à defesa dos interesses e direitos protegidos por este código;
IV - as associações legalmente constituídas há pelo menos um ano e que incluam entre seus fins institucionais a defesa dos interesses e direitos protegidos por este código, dispensada a autorização assemblear.
☞ Art. 13, caput, Lei nº 7.347/1985 (Fundo para reconstituição dos bens lesados):
Art. 13. Havendo condenação em dinheiro, a indenização pelo dano causado reverterá a um fundo gerido por um Conselho Federal ou por Conselhos Estaduais de que participarão necessariamente o Ministério Público e representantes da comunidade, sendo seus recursos destinados à reconstituição dos bens lesados.
☞ Lei nº 9.008/1995 (Cria, na estrutura organizacional do Ministério da Justiça, o Conselho Federal de que trata o art. 13 da Lei nº 7.347, de 24 de julho de 1985, altera os arts. 4º, 39, 82, 91 e 98 da Lei nº 8.078, de 11 de setembro de 1990, e dá outras providências).
☞ Decreto Federal nº 1.306/1994 (Regulamenta o Fundo de Defesa de Direitos Difusos, de que tratam os arts. 13 e 20 da Lei nº 7.347, de 24 de julho de 1985, seu conselho gestor e dá outras providências).

CAPÍTULO III
Das Ações de Responsabilidade do Fornecedor de Produtos e Serviços

Art. 101. Na ação de responsabilidade civil do fornecedor de produtos e serviços, sem prejuízo do disposto nos Capítulos I e II deste título, serão observadas as seguintes normas:

I - a ação pode ser proposta no domicílio do autor;

II - o réu que houver contratado seguro de responsabilidade poderá chamar ao processo o segurador, vedada a integração do contraditório pelo Instituto de Resseguros do Brasil. Nesta hipótese, a sentença que julgar procedente o pedido condenará o réu nos termos do art. 80 do Código de Processo Civil. Se o réu houver sido declarado falido, o síndico será intimado a informar a existência de seguro de responsabilidade, facultando-se, em caso afirmativo, o ajuizamento de ação de indenização diretamente contra o segurador, vedada a denunciação da lide ao Instituto de Resseguros do Brasil e dispensado o litisconsórcio obrigatório com este.

> Art. 6º, VIII, CDC (Direito básico à facilitação da defesa do consumidor):
> Art. 6º São direitos básicos do consumidor:
> ....
> VIII - a facilitação da defesa de seus direitos, inclusive com a inversão do ônus da prova, a seu favor, no processo civil, quando, a critério do juiz, for verossímil a alegação ou quando for ele hipossuficiente, segundo as regras ordinárias de experiências;
>
> Arts. 787 e 788, CC (Seguro de responsabilidade civil):
> Art. 787. No seguro de responsabilidade civil, o segurador garante o pagamento de perdas e danos devidos pelo segurado a terceiro.
> § 1º Tão logo saiba o segurado das conseqüências de ato seu, suscetível de lhe acarretar a responsabilidade incluída na garantia, comunicará o fato ao segurador.
> § 2º É defeso ao segurador reconhecer sua responsabilidade ou confessar a ação, bem como transigir com o terceiro prejudicado, ou indenizá-lo diretamente, sem anuência expressa do segurador.

§ 3º Intentada a ação contra o segurado, dará este ciência da lide ao segurador.
§ 4º Subsistirá a responsabilidade do segurado perante o terceiro, se o segurador for insolvente.
Art. 788. Nos seguros de responsabilidade legalmente obrigatórios, a indenização por sinistro será paga pelo segurador diretamente ao terceiro prejudicado.
Parágrafo único. Demandado em ação direta pela vítima do dano, o segurador não poderá opor a exceção de contrato não cumprido pelo segurado, sem promover a citação deste para integrar o contraditório.

- Art. 927, CC (Responsabilidade civil):
  Art. 927. Aquele que, por ato ilícito (arts. 186 e 187), causar dano a outrem, fica obrigado a repará-lo.
  Parágrafo único. Haverá obrigação de reparar o dano, independentemente de culpa, nos casos especificados em lei, ou quando a atividade normalmente desenvolvida pelo autor do dano implicar, por sua natureza, risco para os direitos de outrem.
- Art. 47, CPC (Litisconsórcio necessário):
  Art. 47. Há litisconsórcio necessário, quando, por disposição de lei ou pela natureza da relação jurídica, o juiz tiver de decidir a lide de modo uniforme para todas as partes; caso em que a eficácia da sentença dependerá da citação de todos os litisconsortes no processo.
  Parágrafo único. O juiz ordenará ao autor que promova a citação de todos os litisconsortes necessários, dentro do prazo que assinar, sob pena de declarar extinto o processo.
- Art. 70, III, CPC (Denunciação da lide do garantidor):
  Art. 70. A denunciação da lide é obrigatória:
  ....
  III - àquele que estiver obrigado, pela lei ou pelo contrato, a indenizar, em ação regressiva, o prejuízo do que perder a demanda.
- Art. 80, CPC (Sentença no caso de chamamento ao processo):
  Art. 80. A sentença, que julgar procedente a ação, condenando os devedores, valerá como título executivo, em favor do que satisfizer a dívida, para exigi-la, por inteiro, do devedor principal, ou de cada um dos co-devedores a sua quota, na proporção que lhes tocar.
- Art. 94, CPC (Regra geral de competência judicial territorial):
  Art. 94. A ação fundada em direito pessoal e a ação fundada em direito real sobre bens móveis serão propostas, em regra, no foro do domicílio do réu.
- Art. 59, Lei nº 9.649/1998 (Instituto de Resseguros do Brasil):
  Art. 59. O Instituto de Resseguros do Brasil - IRB, criado pelo Decreto-Lei nº 1.186, de 3 de abril de 1939, regido pelo Decreto-Lei nº 73, de 21 de novembro de 1966, com a redação dada pela Lei nº 9.482, de 13 de agosto de 1997, passa a denominar-se IRB-BRASIL RESSEGUROS S.A., com a abreviatura IRB-Brasil Re.

◊ Lei nº 9.482/1997 (Dispõe sobre a administração do Instituto de Resseguros do Brasil - IRB, sobre a transferência e a transformação de suas ações).
◊ Lei nº 11.101/2005 (Regula a recuperação judicial, a extrajudicial e a falência do empresário e da sociedade empresária).
◊ Jurisprudência selecionada:
STJ: REsp 121796/MG, j. 17.2.2004; CC 31408/MG, j. 26.9.2001; REsp 119267/SP, j. 4.11.1999; REsp 201195/SP, j. 7.12.2000; REsp 167918/SP, j. 21.5.1998; CC 21540/MS, j. 27.5.1998; CC 20826/RS, j. 13.5.1998; CC 37681/SC, j. 27.8.2003; REsp 247724/SP, j. 25.4.2000; REsp 303379/MA, j. 28.9.2004. TJRGS: Ag 70012502472, j. 25.8.2005; Ag 70005910971, j. 5.3.2003; Ag 70012047494, j. 10.8.2005; Ag 70011742269, j. 19.5.2005; Ag 70012144853, j. 13.7.2005; Ag 70012144036, j. 30.6.2005; Ag 70005229513, j. 31.10.2002. TJSP: Ag 281523-1/1-00, 8ª Câm., j. 7.2.1996; CC 19252, Câm., Esp., j. 5.1.1995.

Art. 102. Os legitimados a agir na forma deste código poderão propor ação visando compelir o Poder Público competente a proibir, em todo o território nacional, a produção, divulgação distribuição ou venda, ou a determinar a alteração na composição, estrutura, fórmula ou acondicionamento de produto, cujo uso ou consumo regular se revele nocivo ou perigoso à saúde pública e à incolumidade pessoal.

§ 1º (Vetado).

§ 2º (Vetado).

◊ O § 1º vetado tinha a seguinte redação (Mensagem nº 664/1990):
§ 1º - Os fornecedores poderão ingressar no feito como assistentes.[36]
◊ O § 2º vetado tinha a seguinte redação (Mensagem nº 664/1990):
§ 2º - O retardamento pela autoridade competente, por mais de sessenta dias, do cumprimento de decisão judicial em ação de que trata este artigo configura crime de responsabilidade, nos termos da Lei.[37]
◊ Art. 5º, caput, CF (Direito Fundamental à Vida e à Segurança):
Art. 5º Todos são iguais perante a lei, sem distinção de qualquer natureza, garantindo-se aos brasileiros e aos estrangeiros residentes no País a inviolabilidade do direito à vida, à liberdade, à igualdade, à segurança e à propriedade, nos termos seguintes:

---

36 Justificativa do veto: A redação do dispositivo parece equivocada. Os fornecedores, no caso de ação contra o Poder Público, para proibir a comercialização de produtos por eles fornecidos, são, na sistemática processual vigente, litisconsortes, e não meros assistentes (CPC, Arts. 46 e 47).

37 Justificativa do veto: A norma somente seria admissível se o dispositivo se referisse ao cumprimento de decisão judicial final, transitada em julgado.

- Art. 220, § 4º, CF (Restrição à propaganda de tabaco, bebidas alcoólicas, agrotóxicos, medicamentos e terapias):
   Art. 220. ....
   ....
   § 4º - A propaganda comercial de tabaco, bebidas alcoólicas, agrotóxicos, medicamentos e terapias estará sujeita a restrições legais, nos termos do inciso ll do parágrafo anterior, e conterá, sempre que necessário, advertência sobre os malefícios decorrentes de seu uso.
- Art. 4º, caput, CDC (Saúde e segurança como objetivos da Política Nacional das Relações de Consumo):
   Art. 4º A Política Nacional das Relações de Consumo tem por objetivo o atendimento das necessidades dos consumidores, o respeito à sua dignidade, saúde e segurança, a proteção de seus interesses econômicos, a melhoria da sua qualidade de vida, bem como a transparência e harmonia das relações de consumo, atendidos os seguintes princípios:
- Arts. 6º, I e III, e 31, CDC (Direito à proteção e à informação contra os riscos de produtos e serviços):
   Art. 6º São direitos básicos do consumidor:
   I - a proteção da vida, saúde e segurança contra os riscos provocados por práticas no fornecimento de produtos e serviços considerados perigosos ou nocivos;
   ....
   III - a informação adequada e clara sobre os diferentes produtos e serviços, com especificação correta de quantidade, características, composição, qualidade e preço, bem como sobre os riscos que apresentem;
   ....
   Art. 31. A oferta e apresentação de produtos ou serviços deve assegurar informações corretas, claras, precisas, ostensivas e em língua portuguesa sobre suas características, qualidades, quantidade, composição, preço, garantia, prazos de validade e origem, entre outros dados, bem como sobre os riscos que apresentam à saúde e segurança dos consumidores.
- Art. 8º, caput, CDC (Proteção à saúde e segurança do consumidor):
   Art. 8º Os produtos e serviços colocados no mercado de consumo não acarretarão riscos à saúde ou segurança dos consumidores, exceto os considerados normais e previsíveis em decorrência de sua natureza e fruição, obrigando-se os fornecedores, em qualquer hipótese, a dar as informações necessárias e adequadas a seu respeito.
- Art. 9º, CDC (Dever do fornecedor de informar a respeito da nocividade ou insuficientes ou periculosidade de produtos e serviços):
   Art. 9º O fornecedor de produtos e serviços potencialmente nocivos ou perigosos à saúde ou segurança deverá informar, de maneira ostensiva e adequada, a respeito da sua nocividade ou periculosidade, sem prejuízo da adoção de outras medidas cabíveis em cada caso concreto.

- Art. 10, §§ 1º, 2º e 3º, CDC (Dever do fornecedor de informar a periculosidade de produtos e serviços, ainda que posteriormente à sua introdução no mercado):
  Art. 10. ....
  § 1º O fornecedor de produtos e serviços que, posteriormente à sua introdução no mercado de consumo, tiver conhecimento da periculosidade que apresentem, deverá comunicar o fato imediatamente às autoridades competentes e aos consumidores, mediante anúncios publicitários.
  § 2º Os anúncios publicitários a que se refere o parágrafo anterior serão veiculados na imprensa, rádio e televisão, às expensas do fornecedor do produto ou serviço.
  § 3º Sempre que tiverem conhecimento de periculosidade de produtos ou serviços à saúde ou segurança dos consumidores, a União, os Estados, o Distrito Federal e os Municípios deverão
- Art. 18, § 6º, II, CDC (Produtos impróprios ao uso e consumo por perigo à saúde ou segurança):
  Art. 18. ....
  ....
  § 6º São impróprios ao uso e consumo:
  ....
  II - os produtos deteriorados, alterados, adulterados, avariados, falsificados, corrompidos, fraudados, nocivos à vida ou à saúde, perigosos ou, ainda, aqueles em desacordo com as normas regulamentares de fabricação, distribuição ou apresentação;
- Art. 37, § 2º, CDC (Publicidade abusiva por perigo à saúde ou segurança):
  Art. 37. ....
  ....
  § 2º É abusiva, dentre outras a publicidade discriminatória de qualquer natureza, a que incite à violência, explore o medo ou a superstição, se aproveite da deficiência de julgamento e experiência da criança, desrespeita valores ambientais, ou que seja capaz de induzir o consumidor a se comportar de forma prejudicial ou perigosa à sua saúde ou segurança.
- Art. 55, § 1º, CDC (Fiscalização do mercado de consumo para preservação da saúde e segurança):
  Art. 55. ....
  § 1º A União, os Estados, o Distrito Federal e os Municípios fiscalizarão e controlarão a produção, industrialização, distribuição, a publicidade de produtos e serviços e o mercado de consumo, no interesse da preservação da vida, da saúde, da segurança, da informação e do bem-estar do consumidor, baixando as normas que se fizerem necessárias.

- Arts. 63 e § 1º, 64 e parágrafo único, e 68, CDC (Crimes de perigo à saúde ou segurança do consumidor):
Art. 63. Omitir dizeres ou sinais ostensivos sobre a nocividade ou periculosidade de produtos, nas embalagens, nos invólucros, recipientes ou publicidade:
Pena - Detenção de seis meses a dois anos e multa.
§ 1º Incorrerá nas mesmas penas quem deixar de alertar, mediante recomendações escritas ostensivas, sobre a periculosidade do serviço a ser prestado.

....

Art. 64. Deixar de comunicar à autoridade competente e aos consumidores a nocividade ou periculosidade de produtos cujo conhecimento seja posterior à sua colocação no mercado:
Pena - Detenção de seis meses a dois anos e multa.
Parágrafo único. Incorrerá nas mesmas penas quem deixar de retirar do mercado, imediatamente quando determinado pela autoridade competente, os produtos nocivos ou perigosos, na forma deste artigo.

....

Art. 68. Fazer ou promover publicidade que sabe ou deveria saber ser capaz de induzir o consumidor a se comportar de forma prejudicial ou perigosa a sua saúde ou segurança:
Pena - Detenção de seis meses a dois anos e multa:
- Art. 82, caput, CDC (Legitimados para a promoção de ações coletivas):
Art. 82. Para os fins do art. 81, parágrafo único, são legitimados concorrentemente:
I - o Ministério Público,
II - a União, os Estados, os Municípios e o Distrito Federal;
III - as entidades e órgãos da Administração Pública, direta ou indireta, ainda que sem personalidade jurídica, especificamente destinados à defesa dos interesses e direitos protegidos por este código;
IV - as associações legalmente constituídas há pelo menos um ano e que incluam entre seus fins institucionais a defesa dos interesses e direitos protegidos por este código, dispensada a autorização assemblear.
- Art. 83, CDC (Ampla tutela judicial dos direitos do consumidor):
Art. 83. Para a defesa dos direitos e interesses protegidos por este código são admissíveis todas as espécies de ações capazes de propiciar sua adequada e efetiva tutela.
- Lei nº 6.360/1076 (Dispõe sobre a Vigilância Sanitária a que ficam sujeitos os Medicamentos, as Drogas, os Insumos Farmacêuticos e Correlatos, Cosméticos, Saneantes e Outros Produtos).
- Lei nº 9.782/1999 (Define o Sistema Nacional de Vigilância Sanitária, cria a Agência Nacional de Vigilância Sanitária).
- Lei nº 9.832/1999 (Proíbe o uso industrial de embalagens metálicas soldadas com liga de chumbo e estanho para acondicionamento de gêneros alimentícios, exceto para produtos secos ou desidratados).

- Lei nº 11.105/2005 (Estabelece normas de segurança e mecanismos de fiscalização de atividades que envolvam organismos geneticamente modificados – OGM e seus derivados).
- Portaria MJ/DPDC nº 789/2001 (Regula a comunicação, no âmbito do Departamento de Proteção e Defesa do Consumidor - DPDC, relativa à periculosidade de produtos e serviços já introduzidos no mercado de consumo, prevista no art. 10, § 1º, da Lei 8.078/90).

CAPÍTULO IV
Da Coisa Julgada

Art. 103. Nas ações coletivas de que trata este código, a sentença fará coisa julgada:

I - erga omnes, exceto se o pedido for julgado improcedente por insuficiência de provas, hipótese em que qualquer legitimado poderá intentar outra ação, com idêntico fundamento valendo-se de nova prova, na hipótese do inciso I do parágrafo único do art. 81;

II - ultra partes, mas limitadamente ao grupo, categoria ou classe, salvo improcedência por insuficiência de provas, nos termos do inciso anterior, quando se tratar da hipótese prevista no inciso II do parágrafo único do art. 81;

III - erga omnes, apenas no caso de procedência do pedido, para beneficiar todas as vítimas e seus sucessores, na hipótese do inciso III do parágrafo único do art. 81.

§ 1º Os efeitos da coisa julgada previstos nos incisos I e II não prejudicarão interesses e direitos individuais dos integrantes da coletividade, do grupo, categoria ou classe.

§ 2º Na hipótese prevista no inciso III, em caso de improcedência do pedido, os interessados que não tiverem intervindo no processo como litisconsortes poderão propor ação de indenização a título individual.

§ 3º Os efeitos da coisa julgada de que cuida o art. 16, combinado com o art. 13 da Lei nº 7.347, de 24 de julho de 1985, não prejudicarão as ações de indenização por danos pessoalmente sofridos, propostas individualmente ou na forma prevista neste código, mas, se procedente o pedido, beneficiarão as vítimas e seus sucessores, que poderão proceder à liquidação e à execução, nos termos dos arts. 96 a 99.

§ 4º Aplica-se o disposto no parágrafo anterior à sentença penal condenatória.

◦ Arts. 2º, parágrafo único, 17 e 29, CDC (Consumidores por equiparação):
Art. 2º ....
Parágrafo único. Equipara-se a consumidor a coletividade de pessoas, ainda que indetermináveis, que haja intervindo nas relações de consumo.

....
Art. 17. Para os efeitos desta Seção, equiparam-se aos consumidores todas as vítimas do evento.

....
Art. 29. Para os fins deste Capítulo e do seguinte, equiparam-se aos consumidores todas as pessoas determináveis ou não, expostas às práticas nele previstas.

◦ Art. 6º, VI, CDC (Direito básico à efetiva prevenção e reparação de danos):
Art. 6º São direitos básicos do consumidor:

....
VI - a efetiva prevenção e reparação de danos patrimoniais e morais, individuais, coletivos e difusos;

◦ Art. 81, CDC (Defesa coletiva dos direitos dos consumidores):
Art. 81. A defesa dos interesses e direitos dos consumidores e das vítimas poderá ser exercida em juízo individualmente, ou a título coletivo.
Parágrafo único. A defesa coletiva será exercida quando se tratar de:
I - interesses ou direitos difusos, assim entendidos, para efeitos deste código, os transindividuais, de natureza indivisível, de que sejam titulares pessoas indeterminadas e ligadas por circunstâncias de fato;
II - interesses ou direitos coletivos, assim entendidos, para efeitos deste código, os transindividuais, de natureza indivisível de que seja titular grupo, categoria ou classe de pessoas ligadas entre si ou com a parte contrária por uma relação jurídica base;
III - interesses ou direitos individuais homogêneos, assim entendidos os decorrentes de origem comum.

◦ Arts. 96 a 99, CDC (Liquidação e execução das ações coletivas de consumo):
Art. 96. (Vetado).
Art. 97. A liquidação e a execução de sentença poderão ser promovidas pela vítima e seus sucessores, assim como pelos legitimados de que trata o art. 82.
Parágrafo único. (Vetado).
Art. 98. A execução poderá ser coletiva, sendo promovida pelos legitimados de que trata o art. 82, abrangendo as vítimas cujas indenizações já tiveram sido fixadas em sentença de liquidação, sem prejuízo do ajuizamento de outras execuções.
§ 1º A execução coletiva far-se-á com base em certidão das sentenças de liquidação, da qual deverá constar a ocorrência ou não do trânsito em julgado.

§ 2º É competente para a execução o juízo:
I - da liquidação da sentença ou da ação condenatória, no caso de execução individual;
II - da ação condenatória, quando coletiva a execução.
Art. 99. Em caso de concurso de créditos decorrentes de condenação prevista na Lei nº 7.347, de 24 de julho de 1985 e de indenizações pelos prejuízos individuais resultantes do mesmo evento danoso, estas terão preferência no pagamento.
Parágrafo único. Para efeito do disposto neste artigo, a destinação da importância recolhida ao fundo criado pela Lei nº 7.347 de 24 de julho de 1985, ficará sustada enquanto pendentes de decisão de segundo grau a sações de indenização pelos danos individuais, salvo na hipótese de o patrimônio do devedor ser manifestamente suficiente para responder pela integralidade das dívidas.

૨ Art. 301, § 3º, CPC (Preliminares de litispendência e coisa julgada):
Art. 301. ....
....
§ 3º Há litispendência, quando se repete ação, que está em curso; há coisa julgada, quando se repete ação que já foi decidida por sentença, de que não caiba recurso.

૨ Arts. 467 e 468, CPC (Definição e limites da coisa julgada):
Art. 467. Denomina-se coisa julgada material a eficácia, que torna imutável e indiscutível a sentença, não mais sujeita a recurso ordinário ou extraordinário.
Art. 468. A sentença, que julgar total ou parcialmente a lide, tem força de lei nos limites da lide e das questões decididas.

૨ Art. 63, CPP (Ação civil ex delicto):
Art. 63. Transitada em julgado a sentença condenatória, poderão promover-lhe a execução, no juízo cível, para o efeito da reparação do dano, o ofendido, seu representante legal ou seus herdeiros.
Parágrafo único. Transitada em julgado a sentença condenatória, a execução poderá ser efetuada pelo valor fixado nos termos do inciso IV do caput do art. 387 deste Código sem prejuízo da liquidação para a apuração do dano efetivamente sofrido.

૨ Art. 6º, § 3º, LICC (Conceito de coisa julgada):
Art. 6º ....
....
§ 3º Chama-se coisa julgada ou caso julgado a decisão judicial de que já não caiba recurso.

૨ Art. 13, caput, Lei nº 7.347/1985 (Fundo para reconstituição dos bens lesados):
Art. 13. Havendo condenação em dinheiro, a indenização pelo dano causado reverterá a um fundo gerido por um Conselho Federal ou por Conselhos Estaduais de que participarão necessariamente o Ministério Público e representantes da comunidade, sendo seus recursos destinados à reconstituição dos bens lesados.

> Art. 16, Lei nº 7.347/1985 (Coisa julgada na Ação Civil Pública):
> Art. 16. A sentença civil fará coisa julgada erga omnes, nos limites da competência territorial do órgão prolator, exceto se o pedido for julgado improcedente por insuficiência de provas, hipótese em que qualquer legitimado poderá intentar outra ação com idêntico fundamento, valendo-se de nova prova.

> Art. 2º-A da Lei nº 9.494/1997 (Abrangência e requisitos das ações de caráter coletivo):
> Art. 2º-A. A sentença civil prolatada em ação de caráter coletivo proposta por entidade associativa, na defesa dos interesses e direitos dos seus associados, abrangerá apenas os substituídos que tenham, na data da propositura da ação, domicílio no âmbito da competência territorial do órgão prolator.
> Parágrafo único. Nas ações coletivas propostas contra a União, os Estados, o Distrito Federal, os Municípios e suas autarquias e fundações, a petição inicial deverá obrigatoriamente estar instruída com a ata da assembléia da entidade associativa que a autorizou, acompanhada da relação nominal dos seus associados e indicação dos respectivos endereços.

> Lei nº 9.008/1995 (Cria, na estrutura organizacional do Ministério da Justiça, o Conselho Federal de que trata o art. 13 da Lei nº 7.347, de 24 de julho de 1985, altera os arts. 4º, 39, 82, 91 e 98 da Lei nº 8.078, de 11 de setembro de 1990, e dá outras providências).

> Decreto Federal nº 1.306/1994 (Regulamenta o Fundo de Defesa de Direitos Difusos, de que tratam os arts. 13 e 20 da Lei nº 7.347, de 24 de julho de 1985, seu conselho gestor e dá outras providências).

> Jurisprudência selecionada:
> STJ: AgRg no AI 601827/PR, j. 21.10.2004; REsp 672726/RS, j. 27.10.2004; REsp 485842/RS, j. 6.4.2004; REsp 293407/SP, j. 22.10.2002; REsp 253589/SP, j. 16.8.2001; REsp 294021/PR, j. 20.2.2001.

Art. 104. As ações coletivas, previstas nos incisos I e II e do parágrafo único do art. 81, não induzem litispendência para as ações individuais, mas os efeitos da coisa julgada erga omnes ou ultra partes a que aludem os incisos II e III do artigo anterior não beneficiarão os autores das ações individuais, se não for requerida sua suspensão no prazo de trinta dias, a contar da ciência nos autos do ajuizamento da ação coletiva.

> Art. 81, CDC (Defesa coletiva dos direitos dos consumidores):
> Art. 81. A defesa dos interesses e direitos dos consumidores e das vítimas poderá ser exercida em juízo individualmente, ou a título coletivo.
> Parágrafo único. A defesa coletiva será exercida quando se tratar de:
> I - interesses ou direitos difusos, assim entendidos, para efeitos deste código, os transindividuais, de natureza indivisível, de que sejam titulares pessoas indeterminadas e ligadas por circunstâncias de fato;

II - interesses ou direitos coletivos, assim entendidos, para efeitos deste código, os transindividuais, de natureza indivisível de que seja titular grupo, categoria ou classe de pessoas ligadas entre si ou com a parte contrária por uma relação jurídica base;

III - interesses ou direitos individuais homogêneos, assim entendidos os decorrentes de origem comum.

- Art. 104, CPC (Continência entre a ação coletiva e a ação individual):
 Art. 104. Dá-se a continência entre duas ou mais ações sempre que há identidade quanto às partes e à causa de pedir, mas o objeto de uma, por ser mais amplo, abrange o das outras.
- Art. 266, CPC (Prática de atos durante a suspensão do processo):
 Art. 266. Durante a suspensão é defeso praticar qualquer ato processual; poderá o juiz, todavia, determinar a realização de atos urgentes, a fim de evitar dano irreparável.
- Art. 301, § 3º, CPC (Preliminares de litispendência e coisa julgada):
 Art. 301. ....

 ....

 § 3º Há litispendência, quando se repete ação, que está em curso; há coisa julgada, quando se repete ação que já foi decidida por sentença, de que não caiba recurso.
- Arts. 467 e 468, CPC (Definição e limites da coisa julgada):
 Art. 467. Denomina-se coisa julgada material a eficácia, que torna imutável e indiscutível a sentença, não mais sujeita a recurso ordinário ou extraordinário.
 Art. 468. A sentença, que julgar total ou parcialmente a lide, tem força de lei nos limites da lide e das questões decididas.
- Art. 6º, § 3º, LICC (Conceito de coisa julgada):
 Art. 6º ....

 ....

 § 3º Chama-se coisa julgada ou caso julgado a decisão judicial de que já não caiba recurso.
- Art. 16, Lei nº 7.347/1985 (Coisa julgada na Ação Civil Pública):
 Art. 16. A sentença civil fará coisa julgada erga omnes, nos limites da competência territorial do órgão prolator, exceto se o pedido for julgado improcedente por insuficiência de provas, hipótese em que qualquer legitimado poderá intentar outra ação com idêntico fundamento, valendo-se de nova prova.
- Jurisprudência selecionada:
 STJ: CC 38160/SP, j. 22.10.2003; REsp 168960/PR, j. 12.6.2001; REsp 175288/SP, j. 26.3.2002; REsp 160288/SP, j. 10.4.2001; REsp 125805/RS, j. 15.9.1997; REsp 141053/SC, j. 26.2.2002. TJRS: Ap 70009850165, j. 14.12.2004; AI 599374303, j. 25.8.1999.

TÍTULO IV
DO SISTEMA NACIONAL
DE DEFESA DO CONSUMIDOR

Art. 105. Integram o Sistema Nacional de Defesa do Consumidor (SNDC), os órgãos federais, estaduais, do Distrito Federal e municipais e as entidades privadas de defesa do consumidor.

> Art. 5º, XVII, XVIII, XIX, XX, XXI, LXX, "b", CF (Direito de Associação):
> Art. 5º ....
> ....
> XVII - é plena a liberdade de associação para fins lícitos, vedada a de caráter paramilitar;
> XVIII - a criação de associações e, na forma da lei, a de cooperativas independem de autorização, sendo vedada a interferência estatal em seu funcionamento;
> XIX - as associações só poderão ser compulsoriamente dissolvidas ou ter suas atividades suspensas por decisão judicial, exigindo-se, no primeiro caso, o trânsito em julgado;
> XX - ninguém poderá ser compelido a associar-se ou a permanecer associado;
> XXI - as entidades associativas, quando expressamente autorizadas, têm legitimidade para representar seus filiados judicial ou extrajudicialmente;
> ....
> LXX - o mandado de segurança coletivo pode ser impetrado por:
> ....
> b) organização sindical, entidade de classe ou associação legalmente constituída e em funcionamento há pelo menos um ano, em defesa dos interesses de seus membros ou associados;
>
> Art. 5º, XXXII, CF (Dever do Estado de promover a Defesa do Consumidor):
> Art. 5º ....
> ....
> XXXII - o Estado promoverá, na forma da lei, a defesa do consumidor;

- Art. 4°, II, "b", CDC (Incentivo às associações como princípio da Política Nacional das Relações de Consumo):
Art. 4º A Política Nacional das Relações de Consumo tem por objetivo o atendimento das necessidades dos consumidores, o respeito à sua dignidade, saúde e segurança, a proteção de seus interesses econômicos, a melhoria da sua qualidade de vida, bem como a transparência e harmonia das relações de consumo, atendidos os seguintes princípios:

....
II - ação governamental no sentido de proteger efetivamente o consumidor:

....
b) por incentivos à criação e desenvolvimento de associações representativas;
- Art. 5°, V, CDC (Incentivos às associações de consumidores como instrumento para a execução da Política Nacional das Relações de Consumo):
Art. 5º Para a execução da Política Nacional das Relações de Consumo, contará o poder público com os seguintes instrumentos, entre outros:

....
V - concessão de estímulos à criação e desenvolvimento das Associações de Defesa do Consumidor.
- Art. 6°, VI, CDC (Direito básico à efetiva prevenção e reparação de danos):
Art. 6º São direitos básicos do consumidor:

....
VI - a efetiva prevenção e reparação de danos patrimoniais e morais, individuais, coletivos e difusos;
- Art. 82, caput, CDC (Legitimados para a promoção de ações coletivas):
Art. 82. Para os fins do art. 81, parágrafo único, são legitimados concorrentemente:
I - o Ministério Público,
II - a União, os Estados, os Municípios e o Distrito Federal;
III - as entidades e órgãos da Administração Pública, direta ou indireta, ainda que sem personalidade jurídica, especificamente destinados à defesa dos interesses e direitos protegidos por este código;
IV - as associações legalmente constituídas há pelo menos um ano e que incluam entre seus fins institucionais a defesa dos interesses e direitos protegidos por este código, dispensada a autorização assemblear.
- Art. 53, CC (Definição de Associações Civis):
Art. 53. Constituem-se as associações pela união de pessoas que se organizem para fins não econômicos.
Parágrafo único. Não há, entre os associados, direitos e obrigações recíprocos.
- Lei nº 4.595/1964 (Dispõe sobre a Política e as Instituições Monetárias, Bancárias e Creditícias, Cria o Conselho Monetário Nacional e dá outras providências).

- Resolução BACEN nº 2878/2001 (Institui o Código de Defesa do Cliente de Produtos Bancários).
- Lei nº 8.884/1994 (Transforma o Conselho Administrativo de Defesa Econômica - CADE em Autarquia e dispõe sobre a prevenção e a repressão às infrações contra a ordem econômica).
- Lei nº 8.987/1995 (Dispõe sobre o regime de concessão e permissão da prestação de serviços públicos previsto no art. 175 da Constituição Federal).
- Lei nº 9.784/1999 (Regula o processo administrativo no âmbito da Administração Pública Federal).
- Decreto Federal nº 2.181/1997 (Dispõe sobre a organização do Sistema Nacional de Defesa do Consumidor - SNDC, estabelece as normas gerais de aplicação das sanções administrativas previstas na Lei nº 8.078, de 11 de setembro de 1990, revoga o Decreto nº 861/1993, e dá outras providências).
- Decreto-Lei nº 73/1966 (Dispõe sobre o Sistema Nacional de Seguros Privados – SUSEP, regula as operações de seguros e resseguros e dá outras providências).
- Portaria MJ/SDE nº 03/2001 (Divulga elenco de cláusulas consideradas abusivas para efeito de multas do Sistema Nacional de Defesa do Consumidor - SNDC).
- Agências Reguladoras:
  - Lei nº 9.427/1996 (Institui a Agência Nacional de Energia Elétrica – ANEEL, disciplina o regime das concessões de serviços públicos de energia elétrica e dá outras providências).
  - Lei nº 9.472/1997 (Dispõe sobre a organização dos serviços de telecomunicações, a criação e funcionamento de um órgão regulador – ANATEL e outros aspectos institucionais, nos termos da Emenda Constitucional nº 8, de 1995).
  - Lei nº 9.478/1997 (Dispõe sobre a política energética nacional, as atividades relativas ao monopólio do petróleo, institui o Conselho Nacional de Política Energética e a Agência Nacional do Petróleo – ANP e dá outras providências).
  - Lei nº 9.782/1999 (Define o Sistema Nacional de Vigilância Sanitária, cria a Agência Nacional de Vigilância Sanitária – ANVISA, e dá outras providências).
  - Lei nº 9.961/2000 (Cria a Agência Nacional de Saúde Suplementar – ANS e dá outras providências).
  - Lei nº 10.233/2001 (Dispõe sobre a reestruturação dos transportes aquaviário e terrestre, cria o Conselho Nacional de Integração de Políticas de Transporte, a Agência Nacional de Transportes Terrestres – ANTT, a Agência Nacional de Transportes Aquaviários – ANTAQ e o Departamento Nacional de Infra-Estrutura de Transportes, e dá outras providências).

- Lei nº 11.182/2005 (Cria a Agência Nacional de Aviação Civil – ANAC, e dá outras providências).
- PROCONs:
  - Lei Estadual-AC nº 1.341/2000 (Dispõe sobre a criação do PROCON/AC).
  - Lei Estadual-AP nº 687/ 2002 (Cria o Instituto de Defesa do Consumidor do Estado do Amapá – PROCON/AP).
  - Lei Estadual-AM nº 1.896/1989 (Programa Estadual de Proteção e Orientação ao Consumidor – PROCON/AM).
  - Leis Estaduais-BA nº 6.074/1991 e 7.028/97 (Dispõem sobre a Superintendência de Proteção e Defesa do Consumidor – PROCON/BA).
  - Lei Complementar Estadual-CE nº 30/2002 (Cria o Programa Estadual de Proteção e Defesa do Consumidor – PROCON/CE).
  - Leis Estaduais-DF nº 426/1993 e 2.668/2001 (Dispõem sobre o Instituto de Defesa do Consumidor do Distrito Federal – PROCON/DF).
  - Lei Complementar Estadual-ES nº 11/1991 e Leis Estaduais-ES nº 3.565/1983 e 6.242/1992 (Dispõem sobre o Instituto Estadual de Proteção e Defesa do Consumidor - PROCON/ES).
  - Lei Estadual-GO nº 12.207/1993 (Criou o Fundo Estadual de Proteção e Defesa do Consumidor – FEDC/GO).
  - Lei Estadual-MT nº 5.675/1990 (Dispõe sobre a Coordenadoria do Programa de Defesa do Consumidor – PROCON/MT).
  - Lei Estadual-MS nº 1.627/1995 (Cria o Sistema Estadual de Defesa do Consumidor – SEDC/MS).
  - Lei Complementar Estadual-MG nº 34/1994 (Regulamenta o Programa Estadual de Proteção do Consumidor – PROCON/MG).
  - Leis Complementares Estaduais-PB nº 39/2002 e 48/2003 (Dispõem sobre o Programa Estadual de Orientação e Proteção do Consumidor do Estado da Paraíba – PROCON/PB).
  - Lei Estadual-PE nº 8.117/1980 (Institui o Sistema Estadual de Proteção ao Consumidor – PROCON/PE).
  - Lei Complementar Estadual-PI nº 36/2004 (Regulamenta o Sistema Estadual de Defesa do Consumidor e transforma o Serviço de Defesa Comunitária em Programa de Proteção e Defesa do Consumidor do Ministério Público do Estado do Piauí – PROCON/MP-PI).
  - Lei Estadual-RN nº 6.972/1997 (Cria a Coordenadoria de Proteção e Defesa do Consumidor – PROCON/RN).
  - Lei Estadual-RS nº 10.913/1997 (Institui o Sistema Estadual de Defesa do Consumidor – PROCON/RS).
  - Lei Estadual-SP nº 9.192/1995 (Cria a Fundação de Proteção e Defesa do Consumidor – PROCON/SP).
  - Lei Estadual-SE nº 3.139/1991 (Cria o Programa Estadual de Proteção e Defesa do Consumidor – PROCON/SE).

- Decreto Estadual-AL nº 32.673/1987 (Dispõe sobre instituiu o Programa de Orientação e Proteção ao Consumidor – PROCON/AL).
- Decreto Estadual-AP nº 5.355/2003 (Regulamenta o Instituto de Defesa do Consumidor do Estado do Amapá – PROCON/AP).
- Decreto Estadual-BA nº 7.521/1999 (Regulamenta a Superintendência de Proteção e Defesa do Consumidor – PROCON/BA).
- Decreto Normativo Estadual-ES nº 3.391/1992 (Regulamenta o Instituto Estadual de Proteção e Defesa do Consumidor - PROCON/ES).
- Decreto Estadual-DF nº 22.945/2002 (Aprova o Regimento Interno do Instituto de Defesa do Consumidor do Distrito Federal – PROCON/DF).
- Decreto Estadual-GO nº 2.590/1986 (Cria o Programa Estadual de Orientação e Proteção do Consumidor – PROCON/GO).
- Decreto Estadual-MA nº 10.451/1987 (Institui o Programa Estadual de Defesa do Consumidor – PROCON/MA).
- Decreto Estadual-MS nº 8.519/1996 (Dispõe sobre a Superintendência para Orientação e Defesa do Consumidor – PROCON/MS).
- Decreto Estadual-MG nº 22.027/1982 (Dispõe sobre o Programa Estadual de Proteção do Consumidor – PROCON/MG).
- Decreto Estadual-PA nº 4.946/1987 (Institui o Sistema Estadual de Proteção ao Consumidor – PROCON/PA).
- Decretos Estaduais-PB nº 12.690/1988 e 22.013/2001 (Instituem o Programa Estadual de Orientação e Proteção do Consumidor do Estado da Paraíba – PROCON/PB).
- Decreto Estadual-PR nº 609/1991 (Cria a Coordenadoria Estadual de Proteção e Defesa do Consumidor – PROCON/PR).
- Decreto Estadual-RJ nº 9.953/1987 (Cria o Programa de Estadual de Orientação e Proteção ao Consumidor – PROCON/RJ).
- Decretos Estaduais-RN nº 13.377/1997 e 13.378/1997 (Dispõem sobre a Coordenadoria de Proteção e Defesa do Consumidor – PROCON/RN).
- Decreto Estadual-RS nº 38.864/1998 (o Sistema Estadual de Defesa do Consumidor – PROCON/RS).
- Decreto Estadual-SC nº 2.472/1988 (Institui o Programa Estadual de Proteção e Orientação ao Consumidor – PROCON/SC).
- Decreto Estadual-SP nº 41.170/1995 (Institui a Fundação de Proteção e Defesa do Consumidor – PROCON/SP).
- Decreto Estadual-TO nº 5.685/92-Anexo (Cria a Coordenadoria de Defesa do Consumidor – PROCON/TO).
- ೞ SÚMULA Nº 629 DO SUPREMO TRIBUNAL FEDERAL:
  A impetração de mandado de segurança coletivo por entidade de classe em favor dos associados independe da autorização destes.
- ೞ Jurisprudência selecionada:
  STF: <u>ADI 1990/DF</u>, Pleno, j. 5.5.1999. STJ: <u>MS 3351/DF</u>, j. 14.6.1994; <u>ROMS 13158/RJ</u>, j. 4.4.2002; <u>MS 6055/DF</u>, j. 7.4.2000; <u>MS 5943/DF</u>, j.

29.2.2000; MS 4352/DF, j. 23.9.1998; MS 4138/DF, j. 28.8.1996; REsp 200827/SP, j. 26.8.2002. TJPR: Ap 21178, j. 18.9.2002; Ap 9032, j. 24.4.2002; Ap 85712-9, j. 6.12.2000; Ap 86993-8, j. 30.5.2000. TJRN: AI 01000364-9, j. 29.10.2001. TJGO: MS 10099-9/101, j. 18.3.2002. TJDF: Ap 3997196/DF, j. 13.2.1997.

Art. 106. O Departamento Nacional de Defesa do Consumidor, da Secretaria Nacional de Direito Econômico (MJ), ou órgão federal que venha substituí-lo, é organismo de coordenação da política do Sistema Nacional de Defesa do Consumidor, cabendo-lhe:

I - planejar, elaborar, propor, coordenar e executar a política nacional de proteção ao consumidor;

II - receber, analisar, avaliar e encaminhar consultas, denúncias ou sugestões apresentadas por entidades representativas ou pessoas jurídicas de direito público ou privado;

III - prestar aos consumidores orientação permanente sobre seus direitos e garantias;

IV - informar, conscientizar e motivar o consumidor através dos diferentes meios de comunicação;

V - solicitar à polícia judiciária a instauração de inquérito policial para a apreciação de delito contra os consumidores, nos termos da legislação vigente;

VI - representar ao Ministério Público competente para fins de adoção de medidas processuais no âmbito de suas atribuições;

VII - levar ao conhecimento dos órgãos competentes as infrações de ordem administrativa que violarem os interesses difusos, coletivos, ou individuais dos consumidores;

VIII - solicitar o concurso de órgãos e entidades da União, Estados, do Distrito Federal e Municípios, bem como auxiliar a fiscalização de preços, abastecimento, quantidade e segurança de bens e serviços;

IX - incentivar, inclusive com recursos financeiros e outros programas especiais, a formação de entidades de defesa do consumidor pela população e pelos órgãos públicos estaduais e municipais;

X - (Vetado).

XI - (Vetado).

XII - (Vetado).

XIII - desenvolver outras atividades compatíveis com suas finalidades.

Parágrafo único. Para a consecução de seus objetivos, o Departamento Nacional de Defesa do Consumidor poderá solicitar o concurso de órgãos e entidades de notória especialização técnico-científica.

- O inciso X vetado tinha a seguinte redação (Mensagem nº 664/1990):
  X - requisitar bens em quantidade suficiente para fins de estudos e pesquisas, com posterior comprovação e divulgação de seus resultados;[38]
- O inciso XI vetado tinha a seguinte redação (Mensagem nº 664/1990):
  XI - encaminhar anteprojetos de lei, por intermédio do Ministério da Justiça, ao Congresso Nacional, bem como ser ouvido com relação a projetos de lei que versem sobre preços, qualidade, quantidade e segurança de bens e serviços;[39]
- O inciso XII vetado tinha a seguinte redação (Mensagem nº 664/1990):
  XII - celebrar convênios com entidades nacionais e internacionais;[40]
- Art. 5º, XVII, XVIII, XIX, XX, XXI, LXX, "b", CF (Direito de Associação):
  Art. 5º ....
  ....
  XVII - é plena a liberdade de associação para fins lícitos, vedada a de caráter paramilitar;
  XVIII - a criação de associações e, na forma da lei, a de cooperativas independem de autorização, sendo vedada a interferência estatal em seu funcionamento;
  XIX - as associações só poderão ser compulsoriamente dissolvidas ou ter suas atividades suspensas por decisão judicial, exigindo-se, no primeiro caso, o trânsito em julgado;
  XX - ninguém poderá ser compelido a associar-se ou a permanecer associado;
  XXI - as entidades associativas, quando expressamente autorizadas, têm legitimidade para representar seus filiados judicial ou extrajudicialmente;
  ....
  LXX - o mandado de segurança coletivo pode ser impetrado por:
  ....
  b) organização sindical, entidade de classe ou associação legalmente constituída e em funcionamento há pelo menos um ano, em defesa dos interesses de seus membros ou associados;
- Art. 5º, XXXII, CF (Dever do Estado de promover a Defesa do Consumidor):
  Art. 5º ....
  ....
  XXXII - o Estado promoverá, na forma da lei, a defesa do consumidor;
- Arts. 127, caput, e 129, III, CF (Incumbência e funções institucionais do Ministério Público):

---

38 Justificativa do veto: Esse preceito contraria o disposto nos incisos XXII e XXV do arte 5º da Constituição.
39 Justificativa do veto: Trata-se de disposição que contraria o art. 61 da Constituição.
40 Justificativa do veto: A celebração de tratados, convenções e atos internacionais é de competência privativa do Presidente da República. (Constituição Federal, art. 84, VII).

Art. 127. O Ministério Público é instituição permanente, essencial à função jurisdicional do Estado, incumbindo-lhe a defesa da ordem jurídica, do regime democrático e dos interesses sociais e individuais indisponíveis.

....
Art. 129. São funções institucionais do Ministério Público:

....
III - promover o inquérito civil e a ação civil pública, para a proteção do patrimônio público e social, do meio ambiente e de outros interesses difusos e coletivos;

ɞ Art. 134, caput, CF (Instituição das Defensorias Públicas):
Art. 134. A Defensoria Pública é instituição essencial à função jurisdicional do Estado, incumbindo-lhe a orientação jurídica e a defesa, em todos os graus, dos necessitados, na forma do art. 5º, LXXIV.

ɞ Art. 4º, II, "b", CDC (Incentivo às associações como princípio da Política Nacional das Relações de Consumo):
Art. 4º A Política Nacional das Relações de Consumo tem por objetivo o atendimento das necessidades dos consumidores, o respeito à sua dignidade, saúde e segurança, a proteção de seus interesses econômicos, a melhoria da sua qualidade de vida, bem como a transparência e harmonia das relações de consumo, atendidos os seguintes princípios:

....
II - ação governamental no sentido de proteger efetivamente o consumidor:

....
b) por incentivos à criação e desenvolvimento de associações representativas;

ɞ Art. 5º, II e V, CDC (Instituição de promotorias e incentivos às associações de consumidores como instrumentos para a execução da Política Nacional das Relações de Consumo):
Art. 5º Para a execução da Política Nacional das Relações de Consumo, contará o poder público com os seguintes instrumentos, entre outros:

....
II - instituição de Promotorias de Justiça de Defesa do Consumidor, no âmbito do Ministério Público;

....
V - concessão de estímulos à criação e desenvolvimento das Associações de Defesa do Consumidor.

ɞ Art. 6º, VI, CDC (Direito básico à efetiva prevenção e reparação de danos):
Art. 6º São direitos básicos do consumidor:

....
VI - a efetiva prevenção e reparação de danos patrimoniais e morais, individuais, coletivos e difusos;

ɞ Art. 51, § 4º, CDC (Propositura pelo Ministério Público de Ação Declaratória de Nulidade de Cláusula Contratual):

Art. 51. ....

....

§ 4º É facultado a qualquer consumidor ou entidade que o represente requerer ao Ministério Público que ajuíze a competente ação para ser declarada a nulidade de cláusula contratual que contrarie o disposto neste código ou de qualquer forma não assegure o justo equilíbrio entre direitos e obrigações das partes.

◈ Art. 92, CDC (Ministério Público como fiscal da lei em Ações Coletivas de Consumo):
Art. 92. O Ministério Público, se não ajuizar a ação, atuará sempre como fiscal da lei.

◈ Art. 102, CDC (Propositura de ação pelos legitimados para proibição ou alteração de produto nocivo ou perigoso):
Art. 102. Os legitimados a agir na forma deste código poderão propor ação visando compelir o Poder Público competente a proibir, em todo o território nacional, a produção, divulgação distribuição ou venda, ou a determinar a alteração na composição, estrutura, fórmula ou acondicionamento de produto, cujo uso ou consumo regular se revele nocivo ou perigoso à saúde pública e à incolumidade pessoal.

◈ Art. 53, CC (Definição de Associações Civis):
Art. 53. Constituem-se as associações pela união de pessoas que se organizem para fins não econômicos.
Parágrafo único. Não há, entre os associados, direitos e obrigações recíprocos.

◈ Art. 81, CPC (Direito de ação do Ministério Público):
Art. 81. O Ministério Público exercerá o direito de ação nos casos previstos em lei, cabendo-lhe, no processo, os mesmos poderes e ônus que às partes.

◈ Art. 5º, Lei nº 7.347/1985 (Legitimidade para propor Ação Civil Pública):
Art. 5º Têm legitimidade para propor a ação principal e a ação cautelar:
I - o Ministério Público;
II - a Defensoria Pública;
III - a União, os Estados, o Distrito Federal e os Municípios;
IV - a autarquia, empresa pública, fundação ou sociedade de economia mista;
V - a associação que, concomitantemente:
a) esteja constituída há pelo menos 1 (um) ano nos termos da lei civil;
b) inclua, entre suas finalidades institucionais, a proteção ao meio ambiente, ao consumidor, à ordem
econômica, à livre concorrência ou ao patrimônio artístico, estético, histórico, turístico e paisagístico.
§ 1º O Ministério Público, se não intervier no processo como parte, atuará obrigatoriamente como fiscal da lei.
§ 2º Fica facultado ao Poder Público e a outras associações legitimadas nos termos deste artigo habilitar-se como litisconsortes de qualquer das partes.

§ 3º Em caso de desistência infundada ou abandono da ação por associação legitimada, o Ministério Público ou outro legitimado assumirá a titularidade ativa.

§ 4º O requisito da pré-constituição poderá ser dispensado pelo juiz, quando haja manifesto interesse social evidenciado pela dimensão ou característica do dano, ou pela relevância do bem jurídico a ser protegido.

§ 5º Admitir-se-á o litisconsórcio facultativo entre os Ministérios Públicos da União, do Distrito Federal e dos Estados na defesa dos interesses e direitos de que cuida esta lei.

§ 6º Os órgãos públicos legitimados poderão tomar dos interessados compromisso de ajustamento de sua conduta às exigências legais, mediante cominações, que terá eficácia de título executivo extrajudicial.

- Lei Complementar nº 80/1994 (Organiza a Defensoria Pública da União, do Distrito Federal e dos Territórios e prescreve normas gerais para sua organização nos Estados):

Art. 4º São funções institucionais da Defensoria Pública, dentre outras:

....

VIII – exercer a defesa dos direitos e interesses individuais, difusos, coletivos e individuais homogêneos e dos direitos do consumidor, na forma do inciso LXXIV do art. 5º da Constituição Federal;

- Lei nº 8.625/1993 (Lei Orgânica Nacional do Ministério Público):

Art. 25. Além das funções previstas nas Constituições Federal e Estadual, na Lei Orgânica e em outras leis, incumbe, ainda, ao Ministério Público:

....

IV - promover o inquérito civil e a ação civil pública, na forma da lei:

a) para a proteção, prevenção e reparação dos danos causados ao meio ambiente, ao consumidor, aos bens e direitos de valor artístico, estético, histórico, turístico e paisagístico, e a outros interesses difusos, coletivos e individuais indisponíveis e homogêneos;

....

VII - deliberar sobre a participação em organismos estatais de defesa do meio ambiente, neste compreendido o do trabalho, do consumidor, de política penal e penitenciária e outros afetos à sua área de atuação;

- Lei nº 4.595/1964 (Dispõe sobre a Política e as Instituições Monetárias, Bancárias e Creditícias, Cria o Conselho Monetário Nacional e dá outras providências).
- Resolução BACEN nº 2878/2001 (Institui o Código de Defesa do Cliente de Produtos Bancários).
- Lei nº 8.884/1994 (Transforma o Conselho Administrativo de Defesa Econômica - CADE em Autarquia e dispõe sobre a prevenção e a repressão às infrações contra a ordem econômica).
- Lei nº 8.987/1995 (Dispõe sobre o regime de concessão e permissão da prestação de serviços públicos previsto no art. 175 da Constituição Federal).

- Lei nº 9.784/1999 (Regula o processo administrativo no âmbito da Administração Pública Federal).
- Decreto Federal nº 2.181/1997 (Dispõe sobre a organização do Sistema Nacional de Defesa do Consumidor - SNDC, estabelece as normas gerais de aplicação das sanções administrativas previstas na Lei nº 8.078, de 11 de setembro de 1990, revoga o Decreto nº 861/1993, e dá outras providências).
- Decreto-Lei nº 73/1966 (Dispõe sobre o Sistema Nacional de Seguros Privados – SUSEP, regula as operações de seguros e resseguros e dá outras providências).
- Portaria MJ/SDE nº 03/2001 (Divulga elenco de cláusulas consideradas abusivas para efeito de multas do Sistema Nacional de Defesa do Consumidor - SNDC).
- Agências Reguladoras:
  - Lei nº 9.427/1996 (Institui a Agência Nacional de Energia Elétrica – ANEEL, disciplina o regime das concessões de serviços públicos de energia elétrica e dá outras providências).
  - Lei nº 9.472/1997 (Dispõe sobre a organização dos serviços de telecomunicações, a criação e funcionamento de um órgão regulador – ANATEL e outros aspectos institucionais, nos termos da Emenda Constitucional nº 8, de 1995).
  - Lei nº 9.478/1997 (Dispõe sobre a política energética nacional, as atividades relativas ao monopólio do petróleo, institui o Conselho Nacional de Política Energética e a Agência Nacional do Petróleo – ANP e dá outras providências).
  - Lei nº 9.782/1999 (Define o Sistema Nacional de Vigilância Sanitária, cria a Agência Nacional de Vigilância Sanitária – ANVISA, e dá outras providências).
  - Lei nº 9.961/2000 (Cria a Agência Nacional de Saúde Suplementar – ANS e dá outras providências).
  - Lei nº 10.233/2001 (Dispõe sobre a reestruturação dos transportes aquaviário e terrestre, cria o Conselho Nacional de Integração de Políticas de Transporte, a Agência Nacional de Transportes Terrestres – ANTT, a Agência Nacional de Transportes Aquaviários – ANTAQ e o Departamento Nacional de Infra-Estrutura de Transportes, e dá outras providências).
  - Lei nº 11.182/2005 (Cria a Agência Nacional de Aviação Civil – ANAC, e dá outras providências).
- PROCONs:
  - Lei Estadual-AC nº 1.341/2000 (Dispõe sobre a criação do PROCON/AC).
  - Lei Estadual-AP nº 687/ 2002 (Cria o Instituto de Defesa do Consumidor do Estado do Amapá – PROCON/AP).
  - *Lei Estadual-AM nº 1.896/1989 (Programa Estadual de Proteção e Orientação ao Consumidor – PROCON/AM).*

- Leis Estaduais-BA nº 6.074/1991 e 7.028/97 (Dispõem sobre a Superintendência de Proteção e Defesa do Consumidor – PROCON/BA).
- Lei Complementar Estadual-CE nº 30/2002 (Cria o Programa Estadual de Proteção e Defesa do Consumidor – PROCON/CE).
- Leis Estaduais-DF nº 426/1993 e 2.668/2001 (Dispõem sobre o Instituto de Defesa do Consumidor do Distrito Federal – PROCON/DF).
- Lei Complementar Estadual-ES nº 11/1991 e Leis Estaduais-ES nº 3.565/1983 e 6.242/1992 (Dispõem sobre o Instituto Estadual de Proteção e Defesa do Consumidor - PROCON/ES).
- Lei Estadual-GO nº 12.207/1993 (Criou o Fundo Estadual de Proteção e Defesa do Consumidor – FEDC/GO).
- Lei Estadual-MT nº 5.675/1990 (Dispõe sobre a Coordenadoria do Programa de Defesa do Consumidor – PROCON/MT).
- Lei Estadual-MS nº 1.627/1995 (Cria o Sistema Estadual de Defesa do Consumidor – SEDC/MS).
- Lei Complementar Estadual-MG nº 34/1994 (Regulamenta o Programa Estadual de Proteção do Consumidor – PROCON/MG).
- Leis Complementares Estaduais-PB nº 39/2002 e 48/2003 (Dispõem sobre o Programa Estadual de Orientação e Proteção do Consumidor do Estado da Paraíba – PROCON/PB).
- Lei Estadual-PE nº 8.117/1980 (Institui o Sistema Estadual de Proteção ao Consumidor – PROCON/PE).
- Lei Complementar Estadual-PI nº 36/2004 (Regulamenta o Sistema Estadual de Defesa do Consumidor e transforma o Serviço de Defesa Comunitária em Programa de Proteção e Defesa do Consumidor do Ministério Público do Estado do Piauí – PROCON/MP-PI).
- Lei Estadual-RN nº 6.972/1997 (Cria a Coordenadoria de Proteção e Defesa do Consumidor – PROCON/RN).
- Lei Estadual-RS nº 10.913/1997 (Institui o Sistema Estadual de Defesa do Consumidor – PROCON/RS).
- Lei Estadual-SP nº 9.192/1995 (Cria a Fundação de Proteção e Defesa do Consumidor – PROCON/SP).
- Lei Estadual-SE nº 3.139/1991 (Cria o Programa Estadual de Proteção e Defesa do Consumidor – PROCON/SE).
- Decreto Estadual-AL nº 32.673/1987 (Dispõe sobre instituiu o Programa de Orientação e Proteção ao Consumidor – PROCON/AL).
- Decreto Estadual-AP nº 5.355/2003 (Regulamenta o Instituto de Defesa do Consumidor do Estado do Amapá – PROCON/AP).
- Decreto Estadual-BA nº 7.521/1999 (Regulamenta a Superintendência de Proteção e Defesa do Consumidor – PROCON/BA).
- Decreto Normativo Estadual-ES nº 3.391/1992 (Regulamenta o Instituto Estadual de Proteção e Defesa do Consumidor - PROCON/ES).

- Decreto Estadual-DF nº 22.945/2002 (Aprova o Regimento Interno do Instituto de Defesa do Consumidor do Distrito Federal – PROCON/DF).
- Decreto Estadual-GO nº 2.590/1986 (Cria o Programa Estadual de Orientação e Proteção do Consumidor – PROCON/GO).
- Decreto Estadual-MA nº 10.451/1987 (Institui o Programa Estadual de Defesa do Consumidor – PROCON/MA).
- Decreto Estadual-MS nº 8.519/1996 (Dispõe sobre a Superintendência para Orientação e Defesa do Consumidor – PROCON/MS).
- Decreto Estadual-MG nº 22.027/1982 (Dispõe sobre o Programa Estadual de Proteção do Consumidor – PROCON/MG).
- Decreto Estadual-PA nº 4.946/1987 (Institui o Sistema Estadual de Proteção ao Consumidor – PROCON/PA).
- Decretos Estaduais-PB nº 12.690/1988 e 22.013/2001 (Instituem o Programa Estadual de Orientação e Proteção do Consumidor do Estado da Paraíba – PROCON/PB).
- Decreto Estadual-PR nº 609/1991 (Cria a Coordenadoria Estadual de Proteção e Defesa do Consumidor – PROCON/PR).
- Decreto Estadual-RJ nº 9.953/1987 (Cria o Programa de Estadual de Orientação e Proteção ao Consumidor – PROCON/RJ).
- Decretos Estaduais-RN nº 13.377/1997 e 13.378/1997 (Dispõem sobre a Coordenadoria de Proteção e Defesa do Consumidor – PROCON/RN).
- Decreto Estadual-RS nº 38.864/1998 (o Sistema Estadual de Defesa do Consumidor – PROCON/RS).
- Decreto Estadual-SC nº 2.472/1988 (Institui o Programa Estadual de Proteção e Orientação ao Consumidor – PROCON/SC).
- Decreto Estadual-SP nº 41.170/1995 (Institui a Fundação de Proteção e Defesa do Consumidor – PROCON/SP).
- Decreto Estadual-TO nº 5.685/92-Anexo (Cria a Coordenadoria de Defesa do Consumidor – PROCON/TO).

☙ SÚMULA Nº 629 DO SUPREMO TRIBUNAL FEDERAL:
A impetração de mandado de segurança coletivo por entidade de classe em favor dos associados independe da autorização destes.

☙ SÚMULA Nº 643 DO SUPREMO TRIBUNAL FEDERAL:
O Ministério Público tem legitimidade para promover ação civil pública cujo fundamento seja a ilegalidade de reajuste de mensalidades escolares.

☙ Jurisprudência selecionada:
STF: ADI 1990/DF, Pleno, j. 5.5.1999. STJ: MS 5943/DF, j. 29.2.2000.

TÍTULO V
DA CONVENÇÃO COLETIVA DE CONSUMO

Art. 107. As entidades civis de consumidores e as associações de fornecedores ou sindicatos de categoria econômica podem regular, por convenção escrita, relações de consumo que tenham por objeto estabelecer condições relativas ao preço, à qualidade, à quantidade, à garantia e características de produtos e serviços, bem como à reclamação e composição do conflito de consumo.

§ 1º A convenção tornar-se-á obrigatória a partir do registro do instrumento no cartório de títulos e documentos.

§ 2º A convenção somente obrigará os filiados às entidades signatárias.

§ 3º Não se exime de cumprir a convenção o fornecedor que se desligar da entidade em data posterior ao registro do instrumento.

> Art. 5º, XVII, XVIII, XIX, XX, XXI, LXX, "b", CF (Direito de Associação):
> Art. 5º ....
> ....
> XVII - é plena a liberdade de associação para fins lícitos, vedada a de caráter paramilitar;
> XVIII - a criação de associações e, na forma da lei, a de cooperativas independem de autorização, sendo vedada a interferência estatal em seu funcionamento;
> XIX - as associações só poderão ser compulsoriamente dissolvidas ou ter suas atividades suspensas por decisão judicial, exigindo-se, no primeiro caso, o trânsito em julgado;
> XX - ninguém poderá ser compelido a associar-se ou a permanecer associado;
> XXI - as entidades associativas, quando expressamente autorizadas, têm legitimidade para representar seus filiados judicial ou extrajudicialmente;
> ....

LXX - o mandado de segurança coletivo pode ser impetrado por:

....

b) organização sindical, entidade de classe ou associação legalmente constituída e em funcionamento há pelo menos um ano, em defesa dos interesses de seus membros ou associados;

◌ Art. 5º, XXXII, CF (Dever do Estado de promover a Defesa do Consumidor):
Art. 5º ....

....

XXXII - o Estado promoverá, na forma da lei, a defesa do consumidor;

◌ Arts. 2º e 3º, caput, CDC (Conceito legal de consumidores e fornecedores):
Art. 2º Consumidor é toda pessoa física ou jurídica que adquire ou utiliza produto ou serviço como destinatário final.
Parágrafo único. Equipara-se a consumidor a coletividade de pessoas, ainda que indetermináveis, que haja intervindo nas relações de consumo.
Art. 3º Fornecedor é toda pessoa física ou jurídica, pública ou privada, nacional ou estrangeira, bem como os entes despersonalizados, que desenvolvem atividade de produção, montagem, criação, construção, transformação, importação, exportação, distribuição ou comercialização de produtos ou prestação de serviços.

◌ Art. 4º, II, "b", CDC (Incentivo às associações como princípio da Política Nacional das Relações de Consumo):
Art. 4º A Política Nacional das Relações de Consumo tem por objetivo o atendimento das necessidades dos consumidores, o respeito à sua dignidade, saúde e segurança, a proteção de seus interesses econômicos, a melhoria da sua qualidade de vida, bem como a transparência e harmonia das relações de consumo, atendidos os seguintes princípios:

....

II - ação governamental no sentido de proteger efetivamente o consumidor:

....

b) por incentivos à criação e desenvolvimento de associações representativas;

◌ Art. 5º, V, CDC (Incentivos às associações de consumidores como instrumento para a execução da Política Nacional das Relações de Consumo):
Art. 5º Para a execução da Política Nacional das Relações de Consumo, contará o poder público com os seguintes instrumentos, entre outros:

....

V - concessão de estímulos à criação e desenvolvimento das Associações de Defesa do Consumidor.

◌ Art. 6º, VI, CDC (Direito básico à efetiva prevenção e reparação de danos):
Art. 6º São direitos básicos do consumidor:

....

VI - a efetiva prevenção e reparação de danos patrimoniais e morais, individuais, coletivos e difusos;

- Art. 53, CC (Definição de Associações Civis):
Art. 53. Constituem-se as associações pela união de pessoas que se organizem para fins não econômicos.
Parágrafo único. Não há, entre os associados, direitos e obrigações recíprocos.

- Art. 107, 110, 112 e 113, CC (Regras dos negócios jurídicos aplicáveis às Convenções Coletivas de Consumo):
Art. 107. A validade da declaração de vontade não dependerá de forma especial, senão quando a lei expressamente a exigir.

....

Art. 110. A manifestação de vontade subsiste ainda que o seu autor haja feito a reserva mental de não querer o que manifestou, salvo se dela o destinatário tinha conhecimento.

....

Art. 112. Nas declarações de vontade se atenderá mais à intenção nelas consubstanciada do que ao sentido literal da linguagem.
Art. 113. Os negócios jurídicos devem ser interpretados conforme a boa-fé e os usos do lugar de sua celebração.

- Art. 127, I, VII e parágrafo único, Lei nº 6.015/1973 (Competência residual do Cartório de Registro de Títulos e Documentos):
Art. 127. No Registro de Títulos e Documentos será feita a transcrição:
I - dos instrumentos particulares, para a prova das obrigações convencionais de qualquer valor;

....

VII - facultativo, de quaisquer documentos, para sua conservação.
Parágrafo único. Caberá ao Registro de Títulos e Documentos a realização de quaisquer registros não atribuídos expressamente a outro ofício.

Art. 108. (Vetado).

- O art. 108 vetado tinha a seguinte redação (Mensagem nº 664/1990):
Art. 108 - Podem as partes signatárias da convenção fixar sanções em caso de seu descumprimento, inclusive para fins de imposição de penalidade administrativa pela autoridade competente.[41]

---

41 Justificativa do veto: A atividade administrativa deve estar subordinada estritamente à Lei (C.F. art. 37). A imposição de penalidade administrativa por descumprimento de convenções celebradas entre entidades privadas afronta o princípio da legalidade e o postulado da segurança jurídica, elementos essenciais ao Estado de Direito.

TÍTULO VI
DISPOSIÇÕES FINAIS

Art. 109. (Vetado).

> O art. 109 vetado tinha a seguinte redação (Mensagem nº 664/1990):
> Art. 109 - O preâmbulo da Lei nº. 7.347, de 24 de julho de 1985, passa a ter a seguinte redação: "Disciplina a ação civil pública de responsabilidade por danos causados ao meio ambiente, ao consumidor, a bens e direitos de valor artístico, estético, histórico, turístico e paisagístico, assim como a qualquer outro interesse difuso ou coletivo, e dá outras providências."[42]

Art. 110. Acrescente-se o seguinte inciso IV ao art. 1º da Lei nº 7.347, de 24 de julho de 1985:
"IV - a qualquer outro interesse difuso ou coletivo".

> Art. 129, III, CF (Competência do Ministério Público para promover Ação Civil Pública para proteção de outros interesses difusos e coletivos):
> Art. 129. São funções institucionais do Ministério Público:
> ....
> III - promover o inquérito civil e a ação civil pública, para a proteção do patrimônio público e social, do meio ambiente e de outros interesses difusos e coletivos;

> Art. 81, parágrafo único, CDC (Conceito de interesses difusos e coletivos):
> Art. 81. ....
> Parágrafo único. ....
> I - interesses ou direitos difusos, assim entendidos, para efeitos deste código, os transindividuais, de natureza indivisível, de que sejam titulares pessoas indeterminadas e ligadas por circunstâncias de fato;

---

[42] Justificativa do veto: Não cabe à lei alterar a ementa de outra lei, até porque as ementas não têm qualquer conteúdo normativo.

II - interesses ou direitos coletivos, assim entendidos, para efeitos deste código, os transindividuais, de natureza indivisível de que seja titular grupo, categoria ou classe de pessoas ligadas entre si ou com a parte contrária por uma relação jurídica base;

☞ Art. 1º, IV, Lei nº 7.347/1985 (Propositura de Ação Civil Pública para defesa de qualquer interesse difuso ou coletivo):

Art. 1º Regem-se pelas disposições desta Lei, sem prejuízo da ação popular, as ações de responsabilidade por danos morais e patrimoniais causados:

....

IV - a qualquer outro interesse difuso ou coletivo;

☞ Art. 3º, Lei nº 7.347/1985 (Objeto da Ação Civil Pública):

Art. 3º A ação civil poderá ter por objeto a condenação em dinheiro ou o cumprimento de obrigação de fazer ou não fazer.

☞ Jurisprudência selecionada:

STJ: AgRg no REsp 649667/RS, 1ª T., j. 3.3.2005; REsp 191751/MG, j. 5.4.2005; REsp 468292/PB, j. 10.2.2004; REsp 226912/MG, j. 11.6.2002; REsp 224677/MT, j. 7.6.2005; REsp 637332/RR, j. 24.11.2004; REsp 510150/MA, j. 17.2.2004; REsp 255455/GO, j. 3.10.2000; REsp 137889/SP, j. 6.4.2000; REsp 142863/RS, j. 4.9.1997.

Art. 111. O inciso II do art. 5º da Lei nº 7.347, de 24 de julho de 1985, passa a ter a seguinte redação:

"II - inclua, entre suas finalidades institucionais, a proteção ao meio ambiente, ao consumidor, ao patrimônio artístico, estético, histórico, turístico e paisagístico, ou a qualquer outro interesse difuso ou coletivo".

☞ O art. 5º da Lei nº 7.347/1985 foi completamente alterado pela Lei nº 11.448/2007. O novo dispositivo passou a ter a seguinte redação:

Art. 5º Têm legitimidade para propor a ação principal e a ação cautelar:

I - o Ministério Público;

II - a Defensoria Pública;

III - a União, os Estados, o Distrito Federal e os Municípios;

IV - a autarquia, empresa pública, fundação ou sociedade de economia mista;

V - a associação que, concomitantemente:

a) esteja constituída há pelo menos 1 (um) ano nos termos da lei civil;

b) inclua, entre suas finalidades institucionais, a proteção ao meio ambiente, ao consumidor, à ordem econômica, à livre concorrência ou ao patrimônio artístico, estético, histórico, turístico e paisagístico.

☞ Art. 2º-A, parágrafo único, da Lei nº 9.494/1997 (Requisitos das ações de caráter coletivo propostas contra os entes estatais):

Art. 2º-A. ....

Parágrafo único. Nas ações coletivas propostas contra a União, os Estados, o Distrito Federal, os Municípios e suas autarquias e fundações, a petição inicial deverá obrigatoriamente estar instruída com a ata da assembléia da entidade associativa que a autorizou, acompanhada da relação nominal dos seus associados e indicação dos respectivos endereços.

༤ SÚMULA Nº 629 DO SUPREMO TRIBUNAL FEDERAL:
A impetração de mandado de segurança coletivo por entidade de classe em favor dos associados independe da autorização destes.

༤ Jurisprudência selecionada:
STJ: REsp 302192/RJ, j. 10.4.2001; REsp 142863/RS, j. 4.9.1997; AgRg no REsp 651038/PR, j. 3.8.2004; REsp 281282/RJ, j. 6.6.2003; REsp 165484/RS, j. 5.10.1999; REsp 31150/SP, j. 20.5.1996. TJSP: Ap 137500-1, 2ª Câm., j. 16.4.1991.

Art. 112. O § 3º do art. 5º da Lei nº 7.347, de 24 de julho de 1985, passa a ter a seguinte redação:

"§ 3º Em caso de desistência infundada ou abandono da ação por associação legitimada, o Ministério Público ou outro legitimado assumirá a titularidade ativa".

༤ O § 3º alterado tinha a seguinte redação:
§ 3º Em caso de desistência ou abandono da ação por associação legitimada, o Ministério Público assumirá a titularidade ativa.

༤ Art. 92, CDC (Ministério Público como fiscal da lei em ações coletivas de consumo):
Art. 92. O Ministério Público, se não ajuizar a ação, atuará sempre como fiscal da lei.

༤ Art. 94, CDC (Litisconsórcio entre os legitimados para as ações coletivas de consumo):
Art. 94. Proposta a ação, será publicado edital no órgão oficial, a fim de que os interessados possam intervir no processo como litisconsortes, sem prejuízo de ampla divulgação pelos meios de comunicação social por parte dos órgãos de defesa do consumidor.

༤ Arts. 97 e 100, caput, CDC (Promoção da liquidação e execução da sentença pelos legitimados no caso da inércia dos interessados):
Art. 97. A liquidação e a execução de sentença poderão ser promovidas pela vítima e seus sucessores, assim como pelos legitimados de que trata o art. 82.
....
Art. 100. Decorrido o prazo de um ano sem habilitação de interessados em número compatível com a gravidade do dano, poderão os legitimados do art. 82 promover a liquidação e execução da indenização devida.

◌ Arts. 158, parágrafo único, e 267, II, III e VIII, e §§ 1º, 2º e 4º, CPC (Hipóteses e regras do abandono da causa e da desistência da ação):
Art. 158. ....
Parágrafo único. A desistência da ação só produzirá efeito depois de homologada por sentença.

....
Art. 267. Extingue-se o processo, sem resolução de mérito:

....
II - quando ficar parado durante mais de 1 (um) ano por negligência das partes;
III - quando, por não promover os atos e diligências que lhe competir, o autor abandonar a causa por mais de 30 (trinta) dias;

....
VIII - quando o autor desistir da ação;

....
§ 1º O juiz ordenará, nos casos dos ns. II e III, o arquivamento dos autos, declarando a extinção do processo, se a parte, intimada pessoalmente, não suprir a falta em 48 (quarenta e oito) horas.
§ 2º No caso do parágrafo anterior, quanto ao no II, as partes pagarão proporcionalmente as custas e, quanto ao no III, o autor será condenado ao pagamento das despesas e honorários de advogado (art. 28).

....
§ 4º Depois de decorrido o prazo para a resposta, o autor não poderá, sem o consentimento do réu, desistir da ação.

◌ Art. 5º, Lei nº 7.347/1985 (Legitimados para propositura de Ação Civil Pública):
Art. 5º Têm legitimidade para propor a ação principal e a ação cautelar:
I - o Ministério Público;
II - a Defensoria Pública;
III - a União, os Estados, o Distrito Federal e os Municípios;
IV - a autarquia, empresa pública, fundação ou sociedade de economia mista;
V - a associação que, concomitantemente:
a) esteja constituída há pelo menos 1 (um) ano nos termos da lei civil;
b) inclua, entre suas finalidades institucionais, a proteção ao meio ambiente, ao consumidor, à ordem econômica, à livre concorrência ou ao patrimônio artístico, estético, histórico, turístico e paisagístico.

Art. 113. Acrescente-se os seguintes §§ 4º, 5º e 6º ao art. 5º da Lei nº 7.347, de 24 de julho de 1985:
"§ 4º O requisito da pré-constituição poderá ser dispensado pelo juiz, quando haja manifesto interesse social evidenciado pela dimensão ou característica do dano, ou pela relevância do bem jurídico a ser protegido.

§ 5º Admitir-se-á o litisconsórcio facultativo entre os Ministérios Públicos da União, do Distrito Federal e dos Estados na defesa dos interesses e direitos de que cuida esta lei.

§ 6º Os órgãos públicos legitimados poderão tomar dos interessados compromisso de ajustamento de sua conduta às exigências legais, mediante combinações, que terá eficácia de título executivo extrajudicial".

- Os §§ 5º e 6º do art. 5º da Lei nº 7.347/1985, acrescidos pelo art. 113 acima foram vetados juntamente com o veto ao parágrafo único do art. 92 do CDC (Mensagem nº 664/1990)[43].
- Art. 5º, LXX, "b", CF (Pré-constituição como requisito constitucional para impetração de mandado de segurança coletivo por associações):
LXX - o mandado de segurança coletivo pode ser impetrado por:
....
b) organização sindical, entidade de classe ou associação legalmente constituída e em funcionamento há pelo menos um ano, em defesa dos interesses de seus membros ou associados;
- Art. 5º, V, "a", e § 4º, Lei nº 7.347/1985 (Requisito de pré-constituição das associações em Ação Civil Pública e dispensa em razão do interesse social):
Art. 5º ....
....
V - a associação que, concomitantemente:
a) esteja constituída há pelo menos 1 (um) ano nos termos da lei civil;
....
§ 4º O requisito da pré-constituição poderá ser dispensado pelo juiz, quando haja manifesto interesse social evidenciado pela dimensão ou característica do dano, ou pela relevância do bem jurídico a ser protegido.
- Art. 94, CDC (Litisconsórcio entre os legitimados para as ações coletivas de consumo):
Art. 94. Proposta a ação, será publicado edital no órgão oficial, a fim de que os interessados possam intervir no processo como litisconsortes, sem prejuízo de ampla divulgação pelos meios de comunicação social por parte dos órgãos de defesa do consumidor.
- Jurisprudência selecionada:
STJ: REsp 213947/MG, j. 6.12.1999; REsp 140097/SP, j. 4.5.2000; REsp 520454/PE, j. 15.4.2004; REsp 145650/PR, j. 1.4.2004; REsp 106888/

---

43 Justificativa do veto: Esse dispositivo considera a nova redação que o art. 113 do projeto dá ao art. 5º da Lei nº 7.347, de 24 de julho de 1985, acrescentando-lhe novos §§ 5º e 6º, que seriam decorrência dos dispositivos constantes dos §§ 2º e 3º do art. 82. Esses dispositivos foram vetados, pelas razões expendidas. Assim também, vetam-se, no aludido art. 113, as redações dos §§ 5º e 6º.

PR, j. 28.3.2001; REsp 705469/MS, j. 16.6.2005; REsp 222582/MG, j. 12.3.2002.

Art. 114. O art. 15 da Lei nº 7.347, de 24 de julho de 1985, passa a ter a seguinte redação:

"Art.15.Decorridos sessenta dias do trânsito em julgado da sentença condenatória, sem que a associação autora lhe promova a execução, deverá fazê-lo o Ministério Público, facultada igual iniciativa aos demais legitimados".

- O art. 15 alterado tinha a seguinte redação:
Art. 15. Decorridos 60 (sessenta) dias do trânsito em julgado da sentença condenatória, sem que a associação autora lhe promova a execução, deverá fazê-lo o Ministério Público.
- Art. 92, CDC (Ministério Público como fiscal da lei em ações coletivas de consumo):
Art. 92. O Ministério Público, se não ajuizar a ação, atuará sempre como fiscal da lei.
- Art. 94, CDC (Litisconsórcio entre os legitimados para as ações coletivas de consumo):
Art. 94. Proposta a ação, será publicado edital no órgão oficial, a fim de que os interessados possam intervir no processo como litisconsortes, sem prejuízo de ampla divulgação pelos meios de comunicação social por parte dos órgãos de defesa do consumidor.
- Arts. 97 e 100, caput, CDC (Promoção da liquidação e execução da sentença pelos legitimados no caso da inércia dos interessados):
Art. 97. A liquidação e a execução de sentença poderão ser promovidas pela vítima e seus sucessores, assim como pelos legitimados de que trata o art. 82.
....
Art. 100. Decorrido o prazo de um ano sem habilitação de interessados em número compatível com a gravidade do dano, poderão os legitimados do art. 82 promover a liquidação e execução da indenização devida.
- Art. 5º, Lei nº 7.347/1985 (Legitimados para propositura de Ação Civil Pública):
Art. 5º Têm legitimidade para propor a ação principal e a ação cautelar:
I - o Ministério Público;
II - a Defensoria Pública;
III - a União, os Estados, o Distrito Federal e os Municípios;
IV - a autarquia, empresa pública, fundação ou sociedade de economia mista;
V - a associação que, concomitantemente:
a) esteja constituída há pelo menos 1 (um) ano nos termos da lei civil;
b) inclua, entre suas finalidades institucionais, a proteção ao meio ambiente, ao consumidor, à ordem econômica, à livre concorrência ou ao patrimônio artístico, estético, histórico, turístico e paisagístico.

◊ Jurisprudência selecionada:
TARS: Ap 197146996,11ª Câm., j. 28.10.1998.

Art. 115. Suprima-se o caput do art. 17 da Lei nº 7.347, de 24 de julho de 1985, passando o parágrafo único a constituir o caput, com a seguinte redação:
"Art. 17. Em caso de litigância de má-fé, a associação autora e os diretores responsáveis pela propositura da ação serão solidariamente condenados em honorários advocatícios e ao décuplo das custas, sem prejuízo da responsabilidade por perdas e danos".

◊ O art. 17 alterado tinha a seguinte redação:
Art. 17. O juiz condenará a associação autora a pagar ao réu os honorários advocatícios arbitrados na conformidade do § 4º do art. 20 da Lei nº 5.869, de 11 de janeiro de 1973 - Código de Processo Civil, quando reconhecer que a pretensão é manifestamente infundada. Parágrafo único. Em caso de litigância de má-fé, a associação autora e os diretores responsáveis pela propositura da ação serão solidariamente condenados ao décuplo das custas, sem prejuízo da responsabilidade por perdas e danos.

◊ Art. 87, parágrafo único, CDC (Litigância de má-fé nas ações coletivas de consumo):
Art. 87. ....
Parágrafo único. Em caso de litigância de má-fé, a associação autora e os diretores responsáveis pela propositura da ação serão solidariamente condenados em honorários advocatícios e ao décuplo das custas, sem prejuízo da responsabilidade por perdas e danos.

◊ Arts. 16 a 18, CPC (Litigância de má-fé):
Art. 16. Responde por perdas e danos aquele que pleitear de má-fé como autor, réu ou interveniente.
Art. 17. Reputa-se litigante de má-fé aquele que:
I - deduzir pretensão ou defesa contra texto expresso de lei ou fato incontroverso;
II - alterar a verdade dos fatos;
III - usar do processo para conseguir objetivo ilegal;
IV - opuser resistência injustificada ao andamento do processo;
V - proceder de modo temerário em qualquer incidente ou ato do processo;
VI - provocar incidentes manifestamente infundados.
VII - interpuser recurso com intuito manifestamente protelatório.
Art. 18. O juiz ou tribunal, de ofício ou a requerimento, condenará o litigante de má-fé a pagar multa não excedente a um por cento sobre o valor da causa e a indenizar a parte contrária dos prejuízos que esta sofreu, mais os honorários advocatícios e todas as despesas que efetuou.

§ 1º Quando forem dois ou mais os litigantes de má-fé, o juiz condenará cada um na proporção do seu respectivo interesse na causa, ou solidariamente aqueles que se coligaram para lesar a parte contrária.

§ 2º O valor da indenização será desde logo fixado pelo juiz, em quantia não superior a 20% (vinte por cento) sobre o valor da causa, ou liquidado por arbitramento.

༜ Jurisprudência selecionada:
STJ: <u>REsp 493823</u>, j. 9.12.2003; <u>REsp 152447/MG</u>, j. 28.8.2001; <u>REsp 493823/DF</u>, j. 9.12.2003; <u>EDcl no REsp 68898/SP</u>, j. 28.11.1995; <u>REsp 182736/MG</u>, j. 4.9.2001. TJRS: <u>AI 70011107364</u>, j. 16.6.2005; <u>AI 70012485199</u>, j. 3.8.2005; <u>AI 70010559482</u>, j. 30.3.2005; <u>Ap 70004074423</u>, j. 24.10.2002.

Art. 116. Dê-se a seguinte redação ao art. 18 da Lei nº 7.347, de 24 de julho de 1985:

"Art. 18. Nas ações de que trata esta lei, não haverá adiantamento de custas, emolumentos, honorários periciais e quaisquer outras despesas, nem condenação da associação autora, salvo comprovada má-fé, em honorários de advogado, custas e despesas processuais".

༜ O art. 18 alterado tinha a seguinte redação:
Art. 18. Nas ações de que trata esta Lei não haverá adiantamento de custas, emolumentos, honorários periciais e quaisquer outras despesas.

༜ Art. 6º, VI, CDC (Direito básico à efetiva prevenção e reparação de danos):
Art. 6º São direitos básicos do consumidor:
....
VI - a efetiva prevenção e reparação de danos patrimoniais e morais, individuais, coletivos e difusos;

༜ Art. 6º, VIII, CDC (Direito básico à facilitação da defesa no processo civil):
Art. 6º São direitos básicos do consumidor:
....
VIII - a facilitação da defesa de seus direitos, inclusive com a inversão do ônus da prova, a seu favor, no processo civil, quando, a critério do juiz, for verossímil a alegação ou quando for ele hipossuficiente, segundo as regras ordinárias de experiências;

༜ Art. 87, CDC (Isenção de custas nas ações coletivas de consumidor):
Art. 87. Nas ações coletivas de que trata este código não haverá adiantamento de custas, emolumentos, honorários periciais e quaisquer outras despesas, nem condenação da associação autora, salvo comprovada má-fé, em honorários de advogados, custas e despesas processuais.

Parágrafo único. Em caso de litigância de má-fé, a associação autora e os diretores responsáveis pela propositura da ação serão solidariamente condenados em honorários advocatícios e ao décuplo das custas, sem prejuízo da responsabilidade por perdas e danos.

ᛈ Jurisprudência selecionada:
STJ: REsp 493823, j. 9.12.2003; REsp 622918/SC, j. 3.5.2005; REsp 578787/RS, j. 14.12.2004; REsp 479830/GO, j. 3.8.2004; REsp 508478/PR, j. 7.10.2003; REsp 480156/MG, j. 3.6.2003; REsp 313936/SP, j. 3.10.2002; REsp 256453/SP, j. 20.6.2002; REsp 358884/RS, j. 23.4.2002; REsp 360726/RS, j. 18.11.2003; REsp 672726/RS, j. 27.10.2004; REsp 540048/RS, j. 2.12.2003; EDcl no REsp 160808/SP, j. 15.10.1998; REsp 493823/DF, j. 9.12.2003; EDcl no REsp 68898/SP, j. 28.11.1995.
TJRS: AI 70012485199, j. 3.8.2005; AI 70010559482, j. 30.3.2005; Ap 70004074423, j. 24.10.2002.

Art. 117. Acrescente-se à Lei nº 7.347, de 24 de julho de 1985, o seguinte dispositivo, renumerando-se os seguintes:
"Art. 21. Aplicam-se à defesa dos direitos e interesses difusos, coletivos e individuais, no que for cabível, os dispositivos do Título III da lei que instituiu o Código de Defesa do Consumidor".

ᛈ Art. 90, CDC (Aplicação da Lei nº 7.347/1985 às ações coletivas de consumo):
Art. 90. Aplicam-se às ações previstas neste título as normas do Código de Processo Civil e da Lei nº 7.347, de 24 de julho de 1985, inclusive no que respeita ao inquérito civil, naquilo que não contrariar suas disposições.

ᛈ Jurisprudência selecionada:
STJ: REsp 294021/PR, j. 20.2.2001.

Art. 118. Este código entrará em vigor dentro de cento e oitenta dias a contar de sua publicação[44].

ᛈ Art. 5º, XXXVI, CF (Respeito ao direito adquirido, ato jurídico perfeito e coisa julgada):
Art. 5º ....
....
XXXVI - a lei não prejudicará o direito adquirido, o ato jurídico perfeito e a coisa julgada;

---
44 Publicada no Diário Oficial da União de 12.9.1990 (Suplemento) e retificada no Diário Oficial da União de 10.1.2007.

❧ Art. 48, ADCT (Prazo para elaboração do Código de Defesa do Consumidor):
Art. 48. O Congresso Nacional, dentro de cento e vinte dias da promulgação da Constituição, elaborará código de defesa do consumidor.

❧ Art. 132, caput e § 1º, CC (Contagem de prazo):
Art. 132. Salvo disposição legal ou convencional em contrário, computam-se os prazos, excluído o dia do começo, e incluído o do vencimento.
§ 1º Se o dia do vencimento cair em feriado, considerar-se-á prorrogado o prazo até o seguinte dia útil.

❧ Art. 1º, LICC (Vacatio legis e correções):
Art. 1º Salvo disposição contrária, a lei começa a vigorar em todo o país quarenta e cinco dias depois de oficialmente publicada.
§ 1º Nos Estados, estrangeiros, a obrigatoriedade da lei brasileira, quando admitida, se inicia três meses depois de oficialmente publicada.

....

§ 3º Se, antes de entrar a lei em vigor, ocorrer nova publicação de seu texto, destinada a correção, o prazo deste artigo e dos parágrafos anteriores começará a correr da nova publicação.
§ 4º As correções a texto de lei já em vigor consideram-se lei nova.

❧ Art. 6º, LICC (Efeitos da lei em vigor e respeito ao direito adquirido, ato jurídico perfeito e coisa julgada):
Art. 6º A Lei em vigor terá efeito imediato e geral, respeitados o ato jurídico perfeito, o direito adquirido e a coisa julgada.
§ 1º Reputa-se ato jurídico perfeito o já consumado segundo a lei vigente ao tempo em que se efetuou.
§ 2º Consideram-se adquiridos assim os direitos que o seu titular, ou alguém por êle, possa exercer, como aquêles cujo começo do exercício tenha têrmo pré-fixo, ou condição pré-estabelecida inalterável, a arbítrio de outrem.
§ 3º Chama-se coisa julgada ou caso julgado a decisão judicial de que já não caiba recurso.

❧ Jurisprudência selecionada:
STF: ADI 493/DF, j. 25.6.1992; ADI 1931 MC/DF, j. 21.8.2003;
STJ: REsp 97561/SP, j. 23.9.1996; REsp 126407/RJ, j. 28.4.1998; REsp 218721/SP, j. 18.11.1999; AgRg no Ag 76635/DF, j. 18.6.1996. Repositório: RJTJSP 139/41;   BolAASP 1897/44e; RTJ 121/776; RT 694/92; JTJ 157/56; RT 706/82; BolAASP 1952/40e .

Art. 119. Revogam-se as disposições em contrário.

❧ Art. 7º, caput, CDC (Diálogo das fontes):
Art. 7º Os direitos previstos neste código não excluem outros decorrentes de tratados ou convenções internacionais de que o Brasil seja signatário, da legislação

interna ordinária, de regulamentos expedidos pelas autoridades administrativas competentes, bem como dos que derivem dos princípios gerais do direito, analogia, costumes e eqüidade.

◌ Art. 90, CDC (Aplicação das normas do CPC e da Lei da Ação Civil Pública às ações de consumo):
Art. 90. Aplicam-se às ações previstas neste título as normas do Código de Processo Civil e da Lei nº 7.347, de 24 de julho de 1985, inclusive no que respeita ao inquérito civil, naquilo que não contrariar suas disposições.

◌ Art. 2º, LICC (Regras de revogação das leis):
Art. 2º Não se destinando à vigência temporária, a lei terá vigor até que outra a modifique ou revogue.
§ 1º A lei posterior revoga a anterior quando expressamente o declare, quando seja com ela incompatível ou quando regule inteiramente a matéria de que tratava a lei anterior.
§ 2º A lei nova, que estabeleça disposições gerais ou especiais a par das já existentes, não revoga nem modifica a lei anterior.
§ 3º Salvo disposição em contrário, a lei revogada não se restaura por ter a lei revogadora perdido a vigência.

Brasília, 11 de setembro de 1990; 169º da Independência e 102º da República.

FERNANDO COLLOR
Bernardo Cabral
Zélia M. Cardoso de Mello
Ozires Silva

LEGISLAÇÃO CORRELATA

LEI Nº 1.521, DE 26 DE DEZEMBRO DE 1951.
Altera dispositivos da legislação vigente sobre crimes contra a economia popular.

LEI Nº 6.463, DE 9 DE NOVEMBRO DE 1977.
Torna obrigatória a declaração de preço total nas vendas a prestação, e dá outras providências.

LEI Nº 7.089, DE 23 DE MARÇO DE 1983.
Veda a cobrança de juros de mora sobre título cujo vencimento se dê em feriado, sábado ou domingo.

LEI Nº 8.137, DE 27 DE DEZEMBRO DE 1990.
Define crimes contra a ordem tributária, econômica e contra as relações de consumo, e dá outras providências.

LEI Nº 9.051, DE 18 DE MAIO DE 1995.
Dispõe sobre a expedição de certidões para a defesa de direitos e esclarecimentos de situações.

LEI Nº 8.987, DE 13 DE FEVEREIRO DE 1995.
Dispõe sobre o regime de concessão e permissão da prestação de serviços públicos previsto no art. 175 da Constituição Federal, e dá outras providências.

LEI Nº 9.870, DE 23 DE NOVEMBRO DE 1999.
Dispõe sobre o valor total das anuidades escolares e dá outras providências.

LEI Nº 10.048, DE 8 DE NOVEMBRO DE 2000.
Dá prioridade de atendimento às pessoas que especifica, e dá outras providências.

LEI Nº 10.962, DE 11 DE OUTUBRO DE 2004.
Dispõe sobre a oferta e as formas de afixação de preços de produtos e serviços para o consumidor.

LEI Nº 11.975, DE 7 DE JULHO DE 2009.
Dispõe sobre a validade dos bilhetes de passagem no transporte coletivo rodoviário de passageiros e dá outras providências.

LEI Nº 12.007, DE 29 DE JULHO DE 2009.
Dispõe sobre a emissão de declaração de quitação anual de débitos pelas pessoas jurídicas prestadoras de serviços públicos ou privados.

LEI Nº 12.291, DE 20 DE JULHO DE 2010.
Torna obrigatória a manutenção de exemplar do Código de Defesa do Consumidor nos estabelecimentos comerciais e de prestação de serviços.

MEDIDA PROVISÓRIA Nº 518, DE 30 DE DEZEMBRO DE 2010.
Disciplina a formação e consulta a bancos de dados com informações de adimplemento, de pessoas naturais ou de pessoas jurídicas, para formação de histórico de crédito.

DECRETOS FEDERAIS

DECRETO Nº 1.306, DE 9 DE NOVEMBRO DE 1994.
Regulamenta o Fundo de Defesa de Direitos Difusos, de que tratam os arts. 13 e 20 da Lei nº 7.347, de 24 de julho de 1985, seu conselho gestor e dá outras providências.

DECRETO Nº 2.181, DE 20 DE MARÇO DE 1997.
Dispõe sobre a organização do Sistema Nacional de Defesa do Consumidor - SNDC, estabelece as normas gerais de aplicação das sanções administrativas previstas na Lei nº 8.078, de 11 de setembro de 1990, revoga o Decreto Nº 861, de 9 julho de 1993, e dá outras providências.

DECRETO Nº 4.680, DE 24 DE ABRIL DE 2003.
Regulamenta o direito à informação, assegurado pela Lei no 8.078, de 11 de setembro de 1990, quanto aos alimentos e ingredientes alimentares destinados ao consumo humano ou animal que contenham ou sejam produzidos a partir de organismos geneticamente modificados, sem prejuízo do cumprimento das demais normas aplicáveis.

DECRETO Nº 5.903, DE 20 DE SETEMBRO DE 2006.
Regulamenta a Lei no 10.962, de 11 de outubro de 2004, e a Lei no 8.078, de 11 de setembro de 1990.

DECRETO Nº 6.523, DE 31 DE JULHO DE 2008.
Regulamenta a Lei no 8.078, de 11 de setembro de 1990, para fixar normas gerais sobre o Serviço de Atendimento ao Consumidor - SAC.

LEI Nº 1.521,
DE 26 DE DEZEMBRO DE 1951

Altera dispositivos da legislação vigente sobre crimes contra a economia popular.

O PRESIDENTE DA REPÚBLICA: Faço saber que o Congresso Nacional decreta e eu sanciono a seguinte Lei:

Art. 1º. Serão punidos, na forma desta Lei, os crimes e as contravenções contra a economia popular, Esta Lei regulará o seu julgamento.

Art. 2º. São crimes desta natureza:

I - recusar individualmente em estabelecimento comercial a prestação de serviços essenciais à subsistência; sonegar mercadoria ou recusar vendê-la a quem esteja em condições de comprar a pronto pagamento;

II - favorecer ou preferir comprador ou freguês em detrimento de outro, ressalvados os sistemas de entrega ao consumo por intermédio de distribuidores ou revendedores;

III - expor à venda ou vender mercadoria ou produto alimentício, cujo fabrico haja desatendido a determinações oficiais, quanto ao peso e composição;

IV - negar ou deixar o fornecedor de serviços essenciais de entregar ao freguês a nota relativa à prestação de serviço, desde que a importância exceda de quinze cruzeiros, e com a indicação do preço, do nome e endereço do estabelecimento, do nome da firma ou responsável, da data e local da transação e do nome e residência do freguês;

V - misturar gêneros e mercadorias de espécies diferentes, expô-los à venda ou vendê-los, como puros; misturar gêneros e mercadorias de qualidades desiguais para expô-los à venda ou vendê-los por preço marcado para os de mais alto custo;

VI - transgredir tabelas oficiais de gêneros e mercadorias, ou de serviços essenciais, bem como expor à venda ou oferecer ao público ou vender tais gêneros, mercadorias ou serviços, por preço superior ao tabelado, assim como não manter afixadas, em lugar visível e de fácil leitura, as tabelas de preços aprovadas pelos órgãos competentes;

VII - negar ou deixar o vendedor de fornecer nota ou caderno de venda de gêneros de primeira necessidade, seja à vista ou a prazo, e cuja importância exceda de dez cruzeiros, ou de especificar na nota ou caderno - que serão isentos de selo - o preço da mercadoria vendida, o nome e o endereço do estabelecimento, a firma ou o responsável, a data e local da transação e o nome e residência do freguês;

VIII - celebrar ajuste para impor determinado preço de revenda ou exigir do comprador que não compre de outro vendedor;

IX - obter ou tentar obter ganhos ilícitos em detrimento do povo ou de número indeterminado de pessoas mediante especulações ou processos fraudulentos ("bola de neve", "cadeias", "pichardismo" e quaisquer outros equivalentes);

X - violar contrato de venda a prestações, fraudando sorteios ou deixando de entregar a coisa vendida, sem devolução das prestações pagas, ou descontar destas, nas vendas com reserva de domínio, quando o contrato for rescindido por culpa do comprador, quantia maior do que a correspondente à depreciação do objeto.

XI - fraudar pesos ou medidas padronizados em lei ou regulamentos; possuí-los ou detê-los, para efeitos de comércio, sabendo estarem fraudados.

Pena - detenção, de 6 (seis) meses a 2 (dois) anos, e multa, de dois mil a cinqüenta mil cruzeiros.

Parágrafo único. Na configuração dos crimes previstos nesta Lei, bem como na de qualquer outro de defesa da economia popular, sua guarda e seu emprego considerar-se-ão como de primeira necessidade ou necessários ao consumo do povo, os gêneros, artigos, mercadorias e qualquer outra espécie de coisas ou bens indispensáveis à subsistência do indivíduo em condições higiênicas e ao exercício normal de suas atividades. Estão compreendidos nesta definição os artigos destinados à alimentação, ao vestuário e à iluminação, os terapêuticos ou sanitários, o combustível, a habitação e os materiais de construção.

Art. 3º. São também crimes desta natureza:

I - destruir ou inutilizar, intencionalmente e sem autorização legal, com o fim de determinar alta de preços, em proveito próprio ou de terceiro, matérias-primas ou produtos necessários ao consumo do povo;

II - abandonar ou fazer abandonar lavoura ou plantações, suspender ou fazer suspender a atividade de fábricas, usinas ou quaisquer estabelecimentos de produção, ou meios de transporte, mediante indenização paga pela desistência da competição;

III - promover ou participar de consórcio, convênio, ajuste, aliança ou fusão de capitais, com o fim de impedir ou dificultar, para o efeito de aumento arbitrário de lucros, a concorrência em matéria de produção, transportes ou comércio;

IV - reter ou açambarcar matérias-primas, meios de produção ou produtos necessários ao consumo do povo, com o fim de dominar o mercado em qualquer ponto do País e provocar a alta dos preços;

V - vender mercadorias abaixo do preço de custo com o fim de impedir a concorrência.

VI - provocar a alta ou baixa de preços de mercadorias, títulos públicos, valores ou salários por meio de notícias falsas, operações fictícias ou qualquer outro artifício;

VII - dar indicações ou fazer afirmações falsas em prospectos ou anúncios, para fim de substituição, compra ou venda de títulos, ações ou quotas;

VIII - exercer funções de direção, administração ou gerência de mais de uma empresa ou sociedade do mesmo ramo de indústria ou comércio com o fim de impedir ou dificultar a concorrência;

IX - gerir fraudulenta ou temerariamente bancos ou estabelecimentos bancários, ou de capitalização; sociedades de seguros, pecúlios ou pensões vitalícias; sociedades para empréstimos ou financiamento de construções e de vendas e imóveis a prestações, com ou sem sorteio ou preferência por meio de pontos ou quotas; caixas econômicas; caixas Raiffeisen; caixas mútuas, de beneficência, socorros ou empréstimos; caixas de pecúlios, pensão e aposentadoria; caixas construtoras; cooperativas; sociedades de economia coletiva, levando-as à falência ou à insolvência, ou não cumprindo qualquer das cláusulas contratuais com prejuízo dos interessados;

X - fraudar de qualquer modo escriturações, lançamentos, registros, relatórios, pareceres e outras informações devidas a sócios de sociedades civis ou comerciais, em que o capital seja fracionado em ações ou quotas de valor nominativo igual ou inferior a um mil cruzeiros com o fim de sonegar lucros, dividendos, percentagens, rateios ou bonificações, ou de desfalcar ou de desviar fundos de reserva ou reservas técnicas.

Pena - detenção, de 2 (dois) anos a 10 (dez) anos, e multa, de vinte mil a cem mil cruzeiros.

Art. 4º. Constitui crime da mesma natureza a usura pecuniária ou real, assim se considerando:

a) cobrar juros, comissões ou descontos percentuais, sobre dívidas em dinheiro superiores à taxa permitida por lei; cobrar ágio superior à taxa oficial de câmbio, sobre quantia permutada por moeda estrangeira; ou, ainda, emprestar sob penhor que seja privativo de instituição oficial de crédito;

b) obter, ou estipular, em qualquer contrato, abusando da premente necessidade, inexperiência ou leviandade de outra parte, lucro patrimonial que exceda o quinto do valor corrente ou justo da prestação feita ou prometida.

Pena - detenção, de 6 (seis) meses a 2 (dois) anos, e multa, de cinco mil a vinte mil cruzeiros.

§ 1º. Nas mesmas penas incorrerão os procuradores, mandatários ou mediadores que intervierem na operação usuária, bem como os cessionários de crédito usurário que, cientes de sua natureza ilícita, o fizerem valer em sucessiva transmissão ou execução judicial.

§ 2º. São circunstâncias agravantes do crime de usura:

I - ser cometido em época de grave crise econômica;

II - ocasionar grave dano individual;

III - dissimular-se a natureza usurária do contrato;

IV - quando cometido:

a) por militar, funcionário público, ministro de culto religioso; por pessoa cuja condição econômico-social seja manifestamente superior à da vítima;

b) em detrimento de operário ou de agricultor; de menor de 18 (dezoito) anos ou de deficiente mental, interditado ou não.

§ 3º. (Revogado pela Medida Provisória nº 2.172-32, de 2001)

Art. 5º Nos crimes definidos nesta lei, haverá suspensão da pena e livramento condicional em todos os casos permitidos pela legislação comum. Será a fiança concedida nos têrmos da legislação em vigor, devendo ser arbitrada dentro dos limites de Cr$5.000,00 (cinco mil cruzeiros) a Cr$50.000,00 (cinqüenta mil cruzeiros), nas hipóteses do artigo 2º, e dentro dos limites de Cr$10.000,00 (dez mil cruzeiros) a Cr$100.000,00 (cem mil cruzeiros) nos demais casos, reduzida à metade dentro dêsses limites, quando o infrator fôr empregado do estabelecimento comercial ou industrial, ou não ocupe cargo ou pôsto de direção dos negócios. (Redação dada pela Lei nº 3.290, de 1957)

Art. 6º. Verificado qualquer crime contra a economia popular ou contra a saúde pública (Capítulo III do Título VIII do Código Penal) e atendendo à gravidade do fato, sua repercussão e efeitos, o juiz, na sentença, declarará a interdição de direito, determinada no art. 69, IV, do Código Penal, de 6 (seis) meses a 1 (um) ano, assim como, mediante representação da autoridade policial, poderá decretar, dentro de 48 (quarenta e oito) horas, a suspensão provisória, pelo prazo de 15 (quinze) dias, do exercício da profissão ou atividade do infrator.

Art. 7º. Os juízes recorrerão de ofício sempre que absolverem os acusados em processo por crime contra a economia popular ou contra a saúde pública, ou quando determinarem o arquivamento dos autos do respectivo inquérito policial.

Art. 8º. Nos crimes contra a saúde pública, os exames periciais serão realizados, no Distrito Federal, pelas repartições da Secretaria-Geral da Saúde e Assistência e da Secretaria da Agricultura, Indústria e Comércio da Prefeitura ou pelo Gabinete de Exames Periciais do Departamento de Segurança Pública e nos Estados e Territórios pelos serviços congêneres, valendo qualquer dos laudos como corpo de delito.

Art. 9º. (Revogado pela Lei nº 6.649, de 1979)

Art. 10. Terá forma sumária, nos termos do Capítulo V, Título II, Livro II, do Código de Processo Penal, o processo das contravenções e dos crimes contra a economia popular, não submetidos ao julgamento pelo júri.

§ 1º. Os atos policiais (inquérito ou processo iniciado por portaria) deverão terminar no prazo de 10 (dez) dias.

§ 2º. O prazo para oferecimento da denúncia será de 2 (dois) dias, esteja ou não o réu preso.

§ 3º. A sentença do juiz será proferida dentro do prazo de 30 (trinta) dias contados do recebimento dos autos da autoridade policial (art. 536 do Código de Processo Penal).

§ 4º. A retardação injustificada, pura e simples, dos prazos indicados nos parágrafos anteriores, importa em crime de prevaricação (art. 319 do Código Penal).

Art. 11. No Distrito Federal, o processo das infrações penais relativas à economia popular caberá, indistintamente, a todas as varas criminais com exceção das 1ª e 20ª, observadas as disposições quanto aos crimes da competência do júri de que trata o art. 12.

Art. 12. São da competência do Júri os crimes previstos no art. 2º desta Lei. (Vide Emenda Constitucional nº 1, de 1969)

Art. 13. O Júri compõe de um juiz, que é o seu presidente, e de vinte jurados sorteados dentre os eleitores de cada zona eleitoral, de uma lista de cento e cinqüenta a duzentos eleitores, cinco dos quais constituirão o conselho de sentença em cada sessão de julgamento. (Vide Emenda Constitucional nº 1, de 1969)

Art. 14. A lista a que se refere o artigo anterior será semestralmente organizada pelo presidente do Júri, sob sua responsabilidade, entre pessoas de notória idoneidade, incluídos de preferência os chefes de família e as donas de casa. (Vide Emenda Constitucional nº 1, de 1969)

Art. 15. Até o dia quinze de cada mês, far-se-á o sorteio dos jurados que devam constituir o tribunal do mês seguinte. (Vide Emenda Constitucional nº 1, de 1969)

Art. 16. o Júri funcionará quando estiverem presentes, pelo menos quinze jurados. (Vide Emenda Constitucional nº 1, de 1969)

Art. 17. O presidente do Júri fará as convocações para o julgamento com quarenta e oito horas de antecedência pelo menos, observada a ordem de recebimento dos processos. (Vide Emenda Constitucional nº 1, de 1969)

Art. 18. Além dos casos de suspeição e impedimento previstos em Lei, não poderá servir jurado da mesma atividade profissional do acusado. (Vide Emenda Constitucional nº 1, de 1969)

Art. 19. Poderá ser constituído um Júri em cada zona eleitoral. (Vide Emenda Constitucional nº 1, de 1969)

Art. 20. A presidência do Júri caberá ao Juiz do processo, salvo quando a Lei de organização judiciária atribuir a presidência a outro. (Vide Emenda Constitucional nº 1, de 1969)

Art. 21. No Distrito Federal, poderá o juiz presidente do Júri representar ao Tribunal de Justiça para que seja substituído na presidência do Júri por Juiz substituto ou Juízes substitutos, nos têrmos do art. 20 da Lei nº 1.301, de 28 de dezembro de 1950. Servirá no Júri o Promotor Público que fôr designado. (Vide Emenda Constitucional nº 1, de 1969)

Art. 22. O Júri poderá funcionar com pessoal, material e instalações destinados aos serviços eleitorais. (Vide Emenda Constitucional nº 1, de 1969)

Art. 23. Nos processos da competência do Júri far-se-á a instrução contraditória, observado o disposto no Código de Processo Penal, relativamente ao processo comum (livro II, título I, capítulo I) com às seguintes modificações: (Vide Emenda Constitucional nº 1, de 1969)

I) o número de testemunhas, tanto para a acusação como para a defesa, será de seis no máximo.

II) Serão ouvidas as testemunhas de acusação e de defesa, dentro do prazo de quinze dias se o réu estiver prêso, e de vinte quando sôlto.

III) Havendo acôrdo entre o Ministério Público e o réu, por seu defensor, mediante têrmo lavrado nos autos, será dispensada a inquirição das testemunhas arroladas pelas partes e cujos depoimentos constem do inquérito policial.

IV) Ouvidas as testemunhas e realizada qualquer diligência porventura requeda, o Juiz, depois de sanadas as nulidades e irregularidades e determinar ou realizar qualquer outra diligência, que entender conveniente, ouvirá, nos autos, sucessivamente, por quarenta e oito horas, o órgão do Ministério Público e o defensor.

V) Em seguida, o Juiz poderá absolver, desde logo, o acusado, quando estiver provado que êle não praticou o crime, fundamentando a sentença e recorrendo ex-officio.

VI) Se o Juiz assim não proceder, sem manifestar, entretanto, sua opinião, determinará a remessa do processo ao presidente do Júri ou que se faça a inclusão do processo na pauta do julgamento se lhe couber a presidência.

VII) São dispensadas a pronúncia e a formação de libelo.

Art. 24 O órgão do Ministério Público, o réu e o seu defensor, serão intimados do dia designado para o julgamento. Será julgado à revelia o réu sôlto que deixar de comparecer sem justa causa. (Vide Emenda Constitucional nº 1, de 1969)

Art. 25 Poderão ser ouvidas em plenário as testemunhas da instrução que, previamente, e com quarenta e oito horas de antecedência, forem indicadas pelo Ministério Público ou pelo acusado.

Art. 26 Em plenário, constituído o conselho de sentença, o Juiz tomará aos jurados o juramento de bem e sinceramente decidirem a causa, proferindo o voto a bem da verdade e da justiça. (Vide Emenda Constitucional nº 1, de 1969)

Art. 27. Qualificado a réu e sendo-lhe permitida qualquer declaração a bem da defesa, observada as formalidades processuais, aplicáveis e constantes da seção IV do cap. II do livro II, tit. I do Código de Processo

Penal, o juiz abrirá os debates, dando a palavra ao órgão do Ministério Público e ao assistente, se houver, para dedução da acusação e ao defensor para produzir a defesa. (Vide Emenda Constitucional nº 1, de 1969)

Art. 28. O tempo, destinado à acusação e à defesa será de uma hora para cada uma. Havendo mais de um réu, o tempo será elevado ao dôbro, desde que assim seja requerido. Não haverá réplica nem tréplica. (Vide Emenda Constitucional nº 1, de 1969)

Art. 29. No julgamento que se realizará em sala secreta com a presença do Juiz, do escrivão e de um oficial de Justiça, bem como dos acusadores e dos defensores que se conservarão em seus lugares sem intervir na votação, os jurados depositarão na urna a resposta - sim ou não - ao quesito único indagando se o réu praticou o crime que lhe foi imputado. (Vide Emenda Constitucional nº 1, de 1969)

Parágrafo único. Em seguida, o Juiz, no caso de condenação, lavrará sentença tendo em vista as circunstâncias atenuantes ou agravantes existentes nos autos e levando em conta na aplicação da pena o disposto nos arts. 42 e 43 do Código Penal.

Art. 30. Das decisões do Júri, e nos têrmos da legislação em vigor, cabe apelação, sem efeito suspensivo, em qualquer caso. (Vide Emenda Constitucional nº 1, de 1969)

Art. 31. Em tudo mais que couber e não contrariar esta Lei aplicar-se-á o Código de Processo Penal. (Vide Emenda Constitucional nº 1, de 1969)

Art. 32. É o Poder Executivo autorizado a abrir ao Poder Judiciário o crédito especial de Cr$2.000.000,00 (dois milhões de cruzeiros) para ocorrer, Vetado, às despesas do pessoal e material necessários à execução desta Lei no Distrito Federal e nos Territórios.

Art. 33. Esta Lei entrará em vigor sessenta dias depois de sua publicação, aplicando-se aos processos iniciados na sua vigência.

Art. 34. Revogam-se as disposições em contrário.

Rio de Janeiro, 26 de dezembro de 1951; 130º da Independência e 63º da República.

GETÚLIO VARGAS
Francisco Negrão de Lima
Horácio Lafer

LEI Nº 6.463,
DE 9 DE NOVEMBRO DE 1977.

> Torna obrigatória a declaração de preço total nas vendas a prestação, e dá outras providências.

O PRESIDENTE DA REPÚBLICA, faço saber que o CONGRESSO NACIONAL decreta e eu sanciono a seguinte Lei:

Art. 1º Nas vendas a prestação de artigos de qualquer natureza e na respectiva publicidade escrita e falada será obrigatória a declaração do preço de venda à vista da mercadoria, o número e o valor das prestações, a taxa de juros mensal e demais encargos financeiros a serem pagos pelo comprador, incidentes sobre as vendas a prestação. (Redação dada pela Lei nº 8.979, de 1995)

Art. 2º - O valor do acréscimo cobrado nas vendas a prestação, em relação ao preço de venda a vista da mercadoria, não poderá ser superior ao estritamente necessário para a empresa atender às despesas de operação com seu departamento de crédito, adicionada a taxa de custo dos financiamentos das instituições de crédito autorizadas a funcionar no País.

Parágrafo único - O limite percentual máximo do valor do acréscimo cobrado nas vendas a prazo, em relação ao preço da venda a vista da mercadoria, será fixado e regulado através de atos do Ministro da Fazenda.

Art. 3º - As empresas e casas comerciais que infringirem as disposições desta Lei serão impostas multas nos valores que forem fixados pelo Ministério da Fazenda.

Art. 4º Dentro de 90 (noventa) dias, o Ministério da Fazenda expedirá instruções regulando a fiscalização e o comércio de que trata esta Lei, bem como fixará os valores das multas a que se refere o Art. 3º.

Art. 5º - Esta Lei entrará em vigor na data de sua publicação, revogadas as disposições em contrário.

Brasília, em 09 de novembro de 1.977; 156º da Independência e 89º da República.

ERNESTO GEISEL
Mário Henrique Simonsen

LEI Nº 7.089, DE 23 DE MARÇO DE 1983.

> Veda a cobrança de juros de mora sobre título cujo vencimento se dê em feriado, sábado ou domingo.

O PRESIDENTE DA REPÚBLICA, faço saber que o CONGRESSO NACIONAL decreta e eu sanciono a seguinte Lei:

Art. 1º - Fica proibida a cobrança de juros de mora, por estabelecimentos bancários e instituições financeiras, sobre títulos de qualquer natureza, cujo vencimento se dê em sábado, domingo ou feriado, desde que seja quitado no primeiro dia subsequente.

Art. 2º - (VETADO).

Art. 3º - A inobservância do disposto nos artigos anteriores sujeitará os infratores à aplicação das penalidades previstas no art. 44 da Lei nº 4.595, de 31 de dezembro de 1964.

Art. 4º - Esta Lei entra em vigor na data de sua publicação.

Art. 5º - Revogam-se as disposições em contrário.

Brasília, em 23 de março de 1983; 162º da Independência e 95º da República.

JOãO FIGUEIREDO
Ibrahim Abi-Ackel

LEI Nº 8.137,
DE 27 DE DEZEMBRO DE 1990.

> Define crimes contra a ordem tributária, econômica e contra as relações de consumo, e dá outras providências.

O PRESIDENTE DA REPÚBLICA, faço saber que o Congresso Nacional decreta e eu sanciono a seguinte lei:

CAPÍTULO I
Dos Crimes Contra a Ordem Tributária

Seção I
Dos crimes praticados por particulares

Art. 1º Constitui crime contra a ordem tributária suprimir ou reduzir tributo, ou contribuição social e qualquer acessório, mediante as seguintes condutas: (Vide Lei nº 9.964, de 10.4.2000)

I - omitir informação, ou prestar declaração falsa às autoridades fazendárias;

II - fraudar a fiscalização tributária, inserindo elementos inexatos, ou omitindo operação de qualquer natureza, em documento ou livro exigido pela lei fiscal;

III - falsificar ou alterar nota fiscal, fatura, duplicata, nota de venda, ou qualquer outro documento relativo à operação tributável;

IV - elaborar, distribuir, fornecer, emitir ou utilizar documento que saiba ou deva saber falso ou inexato;

V - negar ou deixar de fornecer, quando obrigatório, nota fiscal ou documento equivalente, relativa a venda de mercadoria ou presta-

ção de serviço, efetivamente realizada, ou fornecê-la em desacordo com a legislação.
Pena - reclusão de 2 (dois) a 5 (cinco) anos, e multa.
Parágrafo único. A falta de atendimento da exigência da autoridade, no prazo de 10 (dez) dias, que poderá ser convertido em horas em razão da maior ou menor complexidade da matéria ou da dificuldade quanto ao atendimento da exigência, caracteriza a infração prevista no inciso V.
Art. 2º Constitui crime da mesma natureza: (Vide Lei nº 9.964, de 10.4.2000)
I - fazer declaração falsa ou omitir declaração sobre rendas, bens ou fatos, ou empregar outra fraude, para eximir-se, total ou parcialmente, de pagamento de tributo;
II - deixar de recolher, no prazo legal, valor de tributo ou de contribuição social, descontado ou cobrado, na qualidade de sujeito passivo de obrigação e que deveria recolher aos cofres públicos;
III - exigir, pagar ou receber, para si ou para o contribuinte beneficiário, qualquer percentagem sobre a parcela dedutível ou deduzida de imposto ou de contribuição como incentivo fiscal;
IV - deixar de aplicar, ou aplicar em desacordo com o estatuído, incentivo fiscal ou parcelas de imposto liberadas por órgão ou entidade de desenvolvimento;
V - utilizar ou divulgar programa de processamento de dados que permita ao sujeito passivo da obrigação tributária possuir informação contábil diversa daquela que é, por lei, fornecida à Fazenda Pública.
Pena - detenção, de 6 (seis) meses a 2 (dois) anos, e multa

Seção II
Dos crimes praticados
por funcionários públicos

Art. 3º Constitui crime funcional contra a ordem tributária, além dos previstos no Decreto-Lei nº 2.848, de 7 de dezembro de 1940 - Código Penal (Título XI, Capítulo I):
I - extraviar livro oficial, processo fiscal ou qualquer documento, de que tenha a guarda em razão da função; sonegá-lo, ou inutilizá-lo, total ou parcialmente, acarretando pagamento indevido ou inexato de tributo ou contribuição social;

II - exigir, solicitar ou receber, para si ou para outrem, direta ou indiretamente, ainda que fora da função ou antes de iniciar seu exercício, mas em razão dela, vantagem indevida; ou aceitar promessa de tal vantagem, para deixar de lançar ou cobrar tributo ou contribuição social, ou cobrá-los parcialmente. Pena - reclusão, de 3 (três) a 8 (oito) anos, e multa.

III - patrocinar, direta ou indiretamente, interesse privado perante a administração fazendária, valendo-se da qualidade de funcionário público. Pena - reclusão, de 1 (um) a 4 (quatro) anos, e multa.

CAPÍTULO II
Dos crimes Contra a Economia e as Relações de Consumo

Art. 4º Constitui crime contra a ordem econômica:

I - abusar do poder econômico, dominando o mercado ou eliminando, total ou parcialmente, a concorrência mediante:

a) ajuste ou acordo de empresas;

b) aquisição de acervos de empresas ou cotas, ações, títulos ou direitos;

c) coalizão, incorporação, fusão ou integração de empresas;

d) concentração de ações, títulos, cotas, ou direitos em poder de empresa, empresas coligadas ou controladas, ou pessoas físicas;

e) cessação parcial ou total das atividades da empresa;

f) impedimento à constituição, funcionamento ou desenvolvimento de empresa concorrente.

II - formar acordo, convênio, ajuste ou aliança entre ofertantes, visando:

a) à fixação artificial de preços ou quantidades vendidas ou produzidas;

b) ao controle regionalizado do mercado por empresa ou grupo de empresas;

c) ao controle, em detrimento da concorrência, de rede de distribuição ou de fornecedores.

III - discriminar preços de bens ou de prestação de serviços por ajustes ou acordo de grupo econômico, com o fim de estabelecer monopólio, ou de eliminar, total ou parcialmente, a concorrência;

IV - açambarcar, sonegar, destruir ou inutilizar bens de produção ou de consumo, com o fim de estabelecer monopólio ou de eliminar, total ou parcialmente, a concorrência;

V - provocar oscilação de preços em detrimento de empresa concorrente ou vendedor de matéria-prima, mediante ajuste ou acordo, ou por outro meio fraudulento;

VI - vender mercadorias abaixo do preço de custo, com o fim de impedir a concorrência;

VII - elevar sem justa causa o preço de bem ou serviço, valendo-se de posição dominante no mercado. (Redação dada pela Lei nº 8.884, de 11.6.1994)

Pena - reclusão, de 2 (dois) a 5 (cinco) anos, ou multa.

Art. 5º Constitui crime da mesma natureza:

I - exigir exclusividade de propaganda, transmissão ou difusão de publicidade, em detrimento de concorrência;

II - subordinar a venda de bem ou a utilização de serviço à aquisição de outro bem, ou ao uso de determinado serviço;

III - sujeitar a venda de bem ou a utilização de serviço à aquisição de quantidade arbitrariamente determinada;

IV - recusar-se, sem justa causa, o diretor, administrador, ou gerente de empresa a prestar à autoridade competente ou prestá-la de modo inexato, informando sobre o custo de produção ou preço de venda.

Pena - detenção, de 2 (dois) a 5 (cinco) anos, ou multa.

Parágrafo único. A falta de atendimento da exigência da autoridade, no prazo de 10 (dez) dias, que poderá ser convertido em horas em razão da maior ou menor complexidade da matéria ou da dificuldade quanto ao atendimento da exigência, caracteriza a infração prevista no inciso IV.

Art. 6º Constitui crime da mesma natureza:

I - vender ou oferecer à venda mercadoria, ou contratar ou oferecer serviço, por preço superior ao oficialmente tabelado, ao regime legal de controle;

II - aplicar fórmula de reajustamento de preços ou indexação de contrato proibida, ou diversa daquela que for legalmente estabelecida, ou fixada por autoridade competente;

III - exigir, cobrar ou receber qualquer vantagem ou importância adicional de preço tabelado, congelado, administrado, fixado ou controlado pelo Poder Público, inclusive por meio da adoção ou de aumento de taxa ou outro percentual, incidente sobre qualquer contratação. Pena - detenção, de 1 (um) a 4 (quatro) anos, ou multa.

Art. 7º Constitui crime contra as relações de consumo:

I - favorecer ou preferir, sem justa causa, comprador ou freguês, ressalvados os sistemas de entrega ao consumo por intermédio de distribuidores ou revendedores;

II - vender ou expor à venda mercadoria cuja embalagem, tipo, especificação, peso ou composição esteja em desacordo com as prescrições legais, ou que não corresponda à respectiva classificação oficial;

III - misturar gêneros e mercadorias de espécies diferentes, para vendê-los ou expô-los à venda como puros; misturar gêneros e mercadorias de qualidades desiguais para vendê-los ou expô-los à venda por preço estabelecido para os demais mais alto custo;

IV - fraudar preços por meio de:

a) alteração, sem modificação essencial ou de qualidade, de elementos tais como denominação, sinal externo, marca, embalagem, especificação técnica, descrição, volume, peso, pintura ou acabamento de bem ou serviço;

b) divisão em partes de bem ou serviço, habitualmente oferecido à venda em conjunto;

c) junção de bens ou serviços, comumente oferecidos à venda em separado;

d) aviso de inclusão de insumo não empregado na produção do bem ou na prestação dos serviços;

V - elevar o valor cobrado nas vendas a prazo de bens ou serviços, mediante a exigência de comissão ou de taxa de juros ilegais;

VI - sonegar insumos ou bens, recusando-se a vendê-los a quem pretenda comprá-los nas condições publicamente ofertadas, ou retê-los para o fim de especulação;

VII - induzir o consumidor ou usuário a erro, por via de indicação ou afirmação falsa ou enganosa sobre a natureza, qualidade do bem ou serviço, utilizando-se de qualquer meio, inclusive a veiculação ou divulgação publicitária;

VIII - destruir, inutilizar ou danificar matéria-prima ou mercadoria, com o fim de provocar alta de preço, em proveito próprio ou de terceiros;

IX - vender, ter em depósito para vender ou expor à venda ou, de qualquer forma, entregar matéria-prima ou mercadoria, em condições impróprias ao consumo;

Pena - detenção, de 2 (dois) a 5 (cinco) anos, ou multa.

Parágrafo único. Nas hipóteses dos incisos II, III e IX pune-se a modalidade culposa, reduzindo-se a pena e a detenção de 1/3 (um terço) ou a de multa à quinta parte.

CAPÍTULO III
Das Multas

Art. 8º Nos crimes definidos nos arts. 1º a 3º desta lei, a pena de multa será fixada entre 10 (dez) e 360 (trezentos e sessenta) dias-multa, conforme seja necessário e suficiente para reprovação e prevenção do crime.

Parágrafo único. O dia-multa será fixado pelo juiz em valor não inferior a 14 (quatorze) nem superior a 200 (duzentos) Bônus do Tesouro Nacional BTN.

Art. 9º A pena de detenção ou reclusão poderá ser convertida em multa de valor equivalente a:

I - 200.000 (duzentos mil) até 5.000.000 (cinco milhões) de BTN, nos crimes definidos no art. 4º;

II - 5.000 (cinco mil) até 200.000 (duzentos mil) BTN, nos crimes definidos nos arts. 5º e 6º;

III - 50.000 (cinqüenta mil) até 1.000.000 (um milhão de BTN), nos crimes definidos no art. 7º.

Art. 10. Caso o juiz, considerado o ganho ilícito e a situação econômica do réu, verifique a insuficiência ou excessiva onerosidade das penas pecuniárias previstas nesta lei, poderá diminuí-las até a décima parte ou elevá-las ao décuplo.

CAPÍTULO IV
Das Disposições Gerais

Art. 11. Quem, de qualquer modo, inclusive por meio de pessoa jurídica, concorre para os crimes definidos nesta lei, incide nas penas a estes cominadas, na medida de sua culpabilidade.

Parágrafo único. Quando a venda ao consumidor for efetuada por sistema de entrega ao consumo ou por intermédio de outro em que o preço ao consumidor é estabelecido ou sugerido pelo fabricante ou concedente, o ato por este praticado não alcança o distribuidor ou revendedor.

Art. 12. São circunstâncias que podem agravar de 1/3 (um terço) até a metade as penas previstas nos arts. 1º, 2º e 4º a 7º:

I - ocasionar grave dano à coletividade;
II - ser o crime cometido por servidor público no exercício de suas funções;
III - ser o crime praticado em relação à prestação de serviços ou ao comércio de bens essenciais à vida ou à saúde.
Art. 13. (Vetado).
Art. 14. (Artigo revogado pela Lei nº 8.383, de 30.12.1991)
Art. 15. Os crimes previstos nesta lei são de ação penal pública, aplicando-se-lhes o disposto no art. 100 do Decreto-Lei nº 2.848, de 7 de dezembro de 1940 - Código Penal.
Art. 16. Qualquer pessoa poderá provocar a iniciativa do Ministério Público nos crimes descritos nesta lei, fornecendo-lhe por escrito informações sobre o fato e a autoria, bem como indicando o tempo, o lugar e os elementos de convicção.

Parágrafo único. Nos crimes previstos nesta Lei, cometidos em quadrilha ou co-autoria, o co-autor ou partícipe que através de confissão espontânea revelar à autoridade policial ou judicial toda a trama delituosa terá a sua pena reduzida de um a dois terços. (Parágrafo incluído pela Lei nº 9.080, de 19.7.1995)

Art. 17. Compete ao Departamento Nacional de Abastecimento e Preços, quando e se necessário, providenciar a desapropriação de estoques, a fim de evitar crise no mercado ou colapso no abastecimento.
Art. 18. (Artigo revogado pela Lei nº 8.176, de 8.2.1991)
Art. 19. O caput do art. 172 do Decreto-Lei nº 2.848, de 7 de dezembro de 1940 - Código Penal, passa a ter a seguinte redação:
"Art. 172. Emitir fatura, duplicata ou nota de venda que não corresponda à mercadoria vendida, em quantidade ou qualidade, ou ao serviço prestado.
Pena - detenção, de 2 (dois) a 4 (quatro) anos, e multa".
Art. 20. O § 1º do art. 316 do Decreto-Lei nº 2 848, de 7 de dezembro de 1940 Código Penal, passa a ter a seguinte redação:
"Art. 316. ....
§ 1º Se o funcionário exige tributo ou contribuição social que sabe ou deveria saber indevido, ou, quando devido, emprega na cobrança meio vexatório ou gravoso, que a lei não autoriza;
Pena - reclusão, de 3 (três) a 8 (oito) anos, e multa".
Art. 21. O art. 318 do Decreto-Lei nº 2.848, de 7 de dezembro de 1940 Código Penal, quanto à fixação da pena, passa a ter a seguinte redação:

"Art. 318. ....
Pena - reclusão, de 3 (três) a 8 (oito) anos, e multa".
Art. 22. Esta lei entra em vigor na data de sua publicação.
Art. 23. Revogam-se as disposições em contrário e, em especial, o art. 279 do Decreto-Lei nº 2.848, de 7 de dezembro de 1940 - Código Penal.

Brasília, 27 de dezembro de 1990; 169º da Independência e 102º da República.

FERNANDO COLLOR
Jarbas Passarinho
Zélia M. Cardoso de Mello

LEI Nº 9.051,
DE 18 DE MAIO DE 1995.

> Dispõe sobre a expedição de certidões para a defesa de direitos e esclarecimentos de situações.

O PRESIDENTE DA REPÚBLICA Faço saber que o Congresso Nacional decreta e eu sanciono a seguinte lei:

Art. 1º As certidões para a defesa de direitos e esclarecimentos de situações, requeridas aos órgãos da administração centralizada ou autárquica, às empresas públicas, às sociedades de economia mista e às fundações públicas da União, dos Estados, do Distrito Federal e dos Municípios, deverão ser expedidas no prazo improrrogável de quinze dias, contado do registro do pedido no órgão expedidor.

Art. 2º Nos requerimentos que objetivam a obtenção das certidões a que se refere esta lei, deverão os interessados fazer constar esclarecimentos relativos aos fins e razões do pedido.

Art. 3º (Vetado).

Art. 4º Esta lei entra em vigor na data de sua publicação.

Art. 5º Revogam-se as disposições em contrário.

Brasília, 18 de maio de 1995; 174º da Independência e 107º da República.

FERNANDO HENRIQUE CARDOSO
Nelson A. Jobim

LEI Nº 8.987,
DE 13 DE FEVEREIRO DE 1995.

> Dispõe sobre o regime de concessão e permissão da prestação de serviços públicos previsto no art. 175 da Constituição Federal, e dá outras providências.

O PRESIDENTE DA REPÚBLICA Faço saber que o Congresso Nacional decreta e eu sanciono a seguinte Lei:

CAPÍTULO I
Das Disposições Preliminares

Art. 1º As concessões de serviços públicos e de obras públicas e as permissões de serviços públicos reger-se-ão pelos termos do art. 175 da Constituição Federal, por esta Lei, pelas normas legais pertinentes e pelas cláusulas dos indispensáveis contratos.

Parágrafo único. A União, os Estados, o Distrito Federal e os Municípios promoverão a revisão e as adaptações necessárias de sua legislação às prescrições desta Lei, buscando atender as peculiaridades das diversas modalidades dos seus serviços.

Art. 2º Para os fins do disposto nesta Lei, considera-se:

I - poder concedente: a União, o Estado, o Distrito Federal ou o Município, em cuja competência se encontre o serviço público, precedido ou não da execução de obra pública, objeto de concessão ou permissão;

II - concessão de serviço público: a delegação de sua prestação, feita pelo poder concedente, mediante licitação, na modalidade de concorrência, à pessoa jurídica ou consórcio de empresas que demonstre capacidade para seu desempenho, por sua conta e risco e por prazo determinado;

III - concessão de serviço público precedida da execução de obra pública: a construção, total ou parcial, conservação, reforma, ampliação ou melhoramento de quaisquer obras de interesse público, delegada pelo poder concedente, mediante licitação, na modalidade de concorrência, à pessoa jurídica ou consórcio de empresas que demonstre capacidade para a sua realização, por sua conta e risco, de forma que o investimento da concessionária seja remunerado e amortizado mediante a exploração do serviço ou da obra por prazo determinado;

IV - permissão de serviço público: a delegação, a título precário, mediante licitação, da prestação de serviços públicos, feita pelo poder concedente à pessoa física ou jurídica que demonstre capacidade para seu desempenho, por sua conta e risco.

Art. 3º As concessões e permissões sujeitar-se-ão à fiscalização pelo poder concedente responsável pela delegação, com a cooperação dos usuários.

Art. 4º A concessão de serviço público, precedida ou não da execução de obra pública, será formalizada mediante contrato, que deverá observar os termos desta Lei, das normas pertinentes e do edital de licitação.

Art. 5º O poder concedente publicará, previamente ao edital de licitação, ato justificando a conveniência da outorga de concessão ou permissão, caracterizando seu objeto, área e prazo.

CAPÍTULO II
Do Serviço Adequado

Art. 6º Toda concessão ou permissão pressupõe a prestação de serviço adequado ao pleno atendimento dos usuários, conforme estabelecido nesta Lei, nas normas pertinentes e no respectivo contrato.

§ 1º Serviço adequado é o que satisfaz as condições de regularidade, continuidade, eficiência, segurança, atualidade, generalidade, cortesia na sua prestação e modicidade das tarifas.

§ 2º A atualidade compreende a modernidade das técnicas, do equipamento e das instalações e a sua conservação, bem como a melhoria e expansão do serviço.

§ 3º Não se caracteriza como descontinuidade do serviço a sua interrupção em situação de emergência ou após prévio aviso, quando:

I - motivada por razões de ordem técnica ou de segurança das instalações; e,

II - por inadimplemento do usuário, considerado o interesse da coletividade.

CAPÍTULO III
Dos Direitos e Obrigações dos Usuários

Art. 7º. Sem prejuízo do disposto na Lei nº 8.078, de 11 de setembro de 1990, são direitos e obrigações dos usuários:
I - receber serviço adequado;
II - receber do poder concedente e da concessionária informações para a defesa de interesses individuais ou coletivos;
III - obter e utilizar o serviço, com liberdade de escolha entre vários prestadores de serviços, quando for o caso, observadas as normas do poder concedente. (Redação dada pela Lei nº 9.648, de 1998)
IV - levar ao conhecimento do poder público e da concessionária as irregularidades de que tenham conhecimento, referentes ao serviço prestado;
V - comunicar às autoridades competentes os atos ilícitos praticados pela concessionária na prestação do serviço;
VI - contribuir para a permanência das boas condições dos bens públicos através dos quais lhes são prestados os serviços.
Art. 7º-A. As concessionárias de serviços públicos, de direito público e privado, nos Estados e no Distrito Federal, são obrigadas a oferecer ao consumidor e ao usuário, dentro do mês de vencimento, o mínimo de seis datas opcionais para escolherem os dias de vencimento de seus débitos. (Incluído pela Lei nº 9.791, de 1999)
Parágrafo único. (VETADO) (Incluído pela Lei nº 9.791, de 1999)

CAPÍTULO IV
Da Política Tarifária

Art. 8º (VETADO)
Art. 9º A tarifa do serviço público concedido será fixada pelo preço da proposta vencedora da licitação e preservada pelas regras de revisão previstas nesta Lei, no edital e no contrato.
§ 1º A tarifa não será subordinada à legislação específica anterior e somente nos casos expressamente previstos em lei, sua cobrança poderá ser condicionada à existência de serviço público alternativo e gratuito para o usuário. (Redação dada pela Lei nº 9.648, de 1998)

§ 2º Os contratos poderão prever mecanismos de revisão das tarifas, a fim de manter-se o equilíbrio econômico-financeiro.

§ 3º Ressalvados os impostos sobre a renda, a criação, alteração ou extinção de quaisquer tributos ou encargos legais, após a apresentação da proposta, quando comprovado seu impacto, implicará a revisão da tarifa, para mais ou para menos, conforme o caso.

§ 4º Em havendo alteração unilateral do contrato que afete o seu inicial equilíbrio econômico-financeiro, o poder concedente deverá restabelecê-lo, concomitantemente à alteração.

Art. 10. Sempre que forem atendidas as condições do contrato, considera-se mantido seu equilíbrio econômico-financeiro.

Art. 11. No atendimento às peculiaridades de cada serviço público, poderá o poder concedente prever, em favor da concessionária, no edital de licitação, a possibilidade de outras fontes provenientes de receitas alternativas, complementares, acessórias ou de projetos associados, com ou sem exclusividade, com vistas a favorecer a modicidade das tarifas, observado o disposto no art. 17 desta Lei.

Parágrafo único. As fontes de receita previstas neste artigo serão obrigatoriamente consideradas para a aferição do inicial equilíbrio econômico-financeiro do contrato.

Art. 12. (VETADO)

Art. 13. As tarifas poderão ser diferenciadas em função das características técnicas e dos custos específicos provenientes do atendimento aos distintos segmentos de usuários.

CAPÍTULO V
Da Licitação

Art. 14. Toda concessão de serviço público, precedida ou não da execução de obra pública, será objeto de prévia licitação, nos termos da legislação própria e com observância dos princípios da legalidade, moralidade, publicidade, igualdade, do julgamento por critérios objetivos e da vinculação ao instrumento convocatório.

Art. 15. No julgamento da licitação será considerado um dos seguintes critérios: (Redação dada pela Lei nº 9.648, de 1998)

I - o menor valor da tarifa do serviço público a ser prestado; (Redação dada pela Lei nº 9.648, de 1998)

II - a maior oferta, nos casos de pagamento ao poder concedente pela outorga da concessão; (Redação dada pela Lei nº 9.648, de 1998)

III - a combinação, dois a dois, dos critérios referidos nos incisos I, II e VII; (Redação dada pela Lei nº 9.648, de 1998)
IV - melhor proposta técnica, com preço fixado no edital; (Incluído pela Lei nº 9.648, de 1998)
V - melhor proposta em razão da combinação dos critérios de menor valor da tarifa do serviço público a ser prestado com o de melhor técnica; (Incluído pela Lei nº 9.648, de 1998)
VI - melhor proposta em razão da combinação dos critérios de maior oferta pela outorga da concessão com o de melhor técnica; ou (Incluído pela Lei nº 9.648, de 1998)
VII - melhor oferta de pagamento pela outorga após qualificação de propostas técnicas. (Incluído pela Lei nº 9.648, de 1998)

§ 1º A aplicação do critério previsto no inciso III só será admitida quando previamente estabelecida no edital de licitação, inclusive com regras e fórmulas precisas para avaliação econômico-financeira. (Redação dada pela Lei nº 9.648, de 1998)

§ 2º Para fins de aplicação do disposto nos incisos IV, V, VI e VII, o edital de licitação conterá parâmetros e exigências para formulação de propostas técnicas. (Redação dada pela Lei nº 9.648, de 1998)

§ 3º O poder concedente recusará propostas manifestamente inexequíveis ou financeiramente incompatíveis com os objetivos da licitação. (Redação dada pela Lei nº 9.648, de 1998)

§ 4º Em igualdade de condições, será dada preferência à proposta apresentada por empresa brasileira. (Redação dada pela Lei nº 9.648, de 1998)

Art. 16. A outorga de concessão ou permissão não terá caráter de exclusividade, salvo no caso de inviabilidade técnica ou econômica justificada no ato a que se refere o art. 5º desta Lei.

Art. 17. Considerar-se-á desclassificada a proposta que, para sua viabilização, necessite de vantagens ou subsídios que não estejam previamente autorizados em lei e à disposição de todos os concorrentes.

§ 1º Considerar-se-á, também, desclassificada a proposta de entidade estatal alheia à esfera político-administrativa do poder concedente que, para sua viabilização, necessite de vantagens ou subsídios do poder público controlador da referida entidade. (Renumerado do parágrafo único pela Lei nº 9.648, de 1998)

§ 2º Inclui-se nas vantagens ou subsídios de que trata este artigo, qualquer tipo de tratamento tributário diferenciado, ainda que em conseqüência da natureza jurídica do licitante, que comprometa a isonomia fiscal que deve prevalecer entre todos os concorrentes. (Incluído pela Lei nº 9.648, de 1998)

Art. 18. O edital de licitação será elaborado pelo poder concedente, observados, no que couber, os critérios e as normas gerais da legislação própria sobre licitações e contratos e conterá, especialmente:

I - o objeto, metas e prazo da concessão;

II - a descrição das condições necessárias à prestação adequada do serviço;

III - os prazos para recebimento das propostas, julgamento da licitação e assinatura do contrato;

IV - prazo, local e horário em que serão fornecidos, aos interessados, os dados, estudos e projetos necessários à elaboração dos orçamentos e apresentação das propostas;

V - os critérios e a relação dos documentos exigidos para a aferição da capacidade técnica, da idoneidade financeira e da regularidade jurídica e fiscal;

VI - as possíveis fontes de receitas alternativas, complementares ou acessórias, bem como as provenientes de projetos associados;

VII - os direitos e obrigações do poder concedente e da concessionária em relação a alterações e expansões a serem realizadas no futuro, para garantir a continuidade da prestação do serviço;

VIII - os critérios de reajuste e revisão da tarifa;

IX - os critérios, indicadores, fórmulas e parâmetros a serem utilizados no julgamento técnico e econômico-financeiro da proposta;

X - a indicação dos bens reversíveis;

XI - as características dos bens reversíveis e as condições em que estes serão postos à disposição, nos casos em que houver sido extinta a concessão anterior;

XII - a expressa indicação do responsável pelo ônus das desapropriações necessárias à execução do serviço ou da obra pública, ou para a instituição de servidão administrativa;

XIII - as condições de liderança da empresa responsável, na hipótese em que for permitida a participação de empresas em consórcio;

XIV - nos casos de concessão, a minuta do respectivo contrato, que conterá as cláusulas essenciais referidas no art. 23 desta Lei, quando aplicáveis;

XV - nos casos de concessão de serviços públicos precedida da execução de obra pública, os dados relativos à obra, dentre os quais os elementos do projeto básico que permitam sua plena caracterização, bem assim as garantias exigidas para essa parte específica do contrato, adequadas a cada caso e limitadas ao valor da obra; (Redação dada pela Lei nº 9.648, de 1998)

XVI - nos casos de permissão, os termos do contrato de adesão a ser firmado.

Art. 18-A. O edital poderá prever a inversão da ordem das fases de habilitação e julgamento, hipótese em que: (Incluído pela Lei nº 11.196, de 2005)

I - encerrada a fase de classificação das propostas ou o oferecimento de lances, será aberto o invólucro com os documentos de habilitação do licitante mais bem classificado, para verificação do atendimento das condições fixadas no edital; (Incluído pela Lei nº 11.196, de 2005)

II - verificado o atendimento das exigências do edital, o licitante será declarado vencedor; (Incluído pela Lei nº 11.196, de 2005)

III - inabilitado o licitante melhor classificado, serão analisados os documentos habilitatórios do licitante com a proposta classificada em segundo lugar, e assim sucessivamente, até que um licitante classificado atenda às condições fixadas no edital; (Incluído pela Lei nº 11.196, de 2005)

IV - proclamado o resultado final do certame, o objeto será adjudicado ao vencedor nas condições técnicas e econômicas por ele ofertadas. (Incluído pela Lei nº 11.196, de 2005)

Art. 19. Quando permitida, na licitação, a participação de empresas em consórcio, observar-se-ão as seguintes normas:

I - comprovação de compromisso, público ou particular, de constituição de consórcio, subscrito pelas consorciadas;

II - indicação da empresa responsável pelo consórcio;

III - apresentação dos documentos exigidos nos incisos V e XIII do artigo anterior, por parte de cada consorciada;

IV - impedimento de participação de empresas consorciadas na mesma licitação, por intermédio de mais de um consórcio ou isoladamente.

§ 1º O licitante vencedor fica obrigado a promover, antes da celebração do contrato, a constituição e registro do consórcio, nos termos do compromisso referido no inciso I deste artigo.

§ 2º A empresa líder do consórcio é a responsável perante o poder concedente pelo cumprimento do contrato de concessão, sem prejuízo da responsabilidade solidária das demais consorciadas.

Art. 20. É facultado ao poder concedente, desde que previsto no edital, no interesse do serviço a ser concedido, determinar que o licitante vencedor, no caso de consórcio, se constitua em empresa antes da celebração do contrato.

Art. 21. Os estudos, investigações, levantamentos, projetos, obras e despesas ou investimentos já efetuados, vinculados à concessão, de utilidade para a licitação, realizados pelo poder concedente ou com a sua autorização, estarão à disposição dos interessados, devendo o vencedor da licitação ressarcir os dispêndios correspondentes, especificados no edital.

Art. 22. É assegurada a qualquer pessoa a obtenção de certidão sobre atos, contratos, decisões ou pareceres relativos à licitação ou às próprias concessões.

CAPÍTULO VI
Do Contrato de Concessão

Art. 23. São cláusulas essenciais do contrato de concessão as relativas:
I - ao objeto, à área e ao prazo da concessão;
II - ao modo, forma e condições de prestação do serviço;
III - aos critérios, indicadores, fórmulas e parâmetros definidores da qualidade do serviço;
IV - ao preço do serviço e aos critérios e procedimentos para o reajuste e a revisão das tarifas;
V - aos direitos, garantias e obrigações do poder concedente e da concessionária, inclusive os relacionados às previsíveis necessidades de futura alteração e expansão do serviço e conseqüente modernização, aperfeiçoamento e ampliação dos equipamentos e das instalações;
VI - aos direitos e deveres dos usuários para obtenção e utilização do serviço;
VII - à forma de fiscalização das instalações, dos equipamentos, dos métodos e práticas de execução do serviço, bem como a indicação dos órgãos competentes para exercê-la;
VIII - às penalidades contratuais e administrativas a que se sujeita a concessionária e sua forma de aplicação;
IX - aos casos de extinção da concessão;
X - aos bens reversíveis;
XI - aos critérios para o cálculo e a forma de pagamento das indenizações devidas à concessionária, quando for o caso;

XII - às condições para prorrogação do contrato;
XIII - à obrigatoriedade, forma e periodicidade da prestação de contas da concessionária ao poder concedente;
XIV - à exigência da publicação de demonstrações financeiras periódicas da concessionária; e
XV - ao foro e ao modo amigável de solução das divergências contratuais.

Parágrafo único. Os contratos relativos à concessão de serviço público precedido da execução de obra pública deverão, adicionalmente:

I - estipular os cronogramas físico-financeiros de execução das obras vinculadas à concessão; e

II - exigir garantia do fiel cumprimento, pela concessionária, das obrigações relativas às obras vinculadas à concessão.

Art. 23-A. O contrato de concessão poderá prever o emprego de mecanismos privados para resolução de disputas decorrentes ou relacionadas ao contrato, inclusive a arbitragem, a ser realizada no Brasil e em língua portuguesa, nos termos da Lei nº 9.307, de 23 de setembro de 1996. (Incluído pela Lei nº 11.196, de 2005)

Art. 24. (VETADO)

Art. 25. Incumbe à concessionária a execução do serviço concedido, cabendo-lhe responder por todos os prejuízos causados ao poder concedente, aos usuários ou a terceiros, sem que a fiscalização exercida pelo órgão competente exclua ou atenue essa responsabilidade.

§ 1º Sem prejuízo da responsabilidade a que se refere este artigo, a concessionária poderá contratar com terceiros o desenvolvimento de atividades inerentes, acessórias ou complementares ao serviço concedido, bem como a implementação de projetos associados.

§ 2º Os contratos celebrados entre a concessionária e os terceiros a que se refere o parágrafo anterior reger-se-ão pelo direito privado, não se estabelecendo qualquer relação jurídica entre os terceiros e o poder concedente.

§ 3º A execução das atividades contratadas com terceiros pressupõe o cumprimento das normas regulamentares da modalidade do serviço concedido.

Art. 26. É admitida a subconcessão, nos termos previstos no contrato de concessão, desde que expressamente autorizada pelo poder concedente.

§ 1º A outorga de subconcessão será sempre precedida de concorrência.

§ 2º O subconcessionário se sub-rogará todos os direitos e obrigações da subconcedente dentro dos limites da subconcessão.

Art. 27. A transferência de concessão ou do controle societário da concessionária sem prévia anuência do poder concedente implicará a caducidade da concessão.

§ 1º Para fins de obtenção da anuência de que trata o caput deste artigo, o pretendente deverá: (Renumerado do parágrafo único pela Lei nº 11.196, de 2005)

I - atender às exigências de capacidade técnica, idoneidade financeira e regularidade jurídica e fiscal necessárias à assunção do serviço; e

II - comprometer-se a cumprir todas as cláusulas do contrato em vigor.

§ 2º Nas condições estabelecidas no contrato de concessão, o poder concedente autorizará a assunção do controle da concessionária por seus financiadores para promover sua reestruturação financeira e assegurar a continuidade da prestação dos serviços. (Incluído pela Lei nº 11.196, de 2005)

§ 3º Na hipótese prevista no § 2º deste artigo, o poder concedente exigirá dos financiadores que atendam às exigências de regularidade jurídica e fiscal, podendo alterar ou dispensar os demais requisitos previstos no § 1º, inciso I deste artigo. (Incluído pela Lei nº 11.196, de 2005)

§ 4º A assunção do controle autorizada na forma do § 2º deste artigo não alterará as obrigações da concessionária e de seus controladores ante ao poder concedente. (Incluído pela Lei nº 11.196, de 2005)

Art. 28. Nos contratos de financiamento, as concessionárias poderão oferecer em garantia os direitos emergentes da concessão, até o limite que não comprometa a operacionalização e a continuidade da prestação do serviço.

Parágrafo único. (Revogado pela Lei nº 9.074, de 1995)

Art. 28-A. Para garantir contratos de mútuo de longo prazo, destinados a investimentos relacionados a contratos de concessão, em qualquer de suas modalidades, as concessionárias poderão ceder ao mutuante, em caráter fiduciário, parcela de seus créditos operacionais futuros, observadas as seguintes condições: (Incluído pela Lei nº 11.196, de 2005)

I - o contrato de cessão dos créditos deverá ser registrado em Cartório de Títulos e Documentos para ter eficácia perante terceiros;

II - sem prejuízo do disposto no inciso I do caput deste artigo, a cessão do crédito não terá eficácia em relação ao Poder Público concedente senão quando for este formalmente notificado; (Incluído pela Lei nº 11.196, de 2005)

III - os créditos futuros cedidos nos termos deste artigo serão constituídos sob a titularidade do mutuante, independentemente de qualquer formalidade adicional; (Incluído pela Lei nº 11.196, de 2005)

IV - o mutuante poderá indicar instituição financeira para efetuar a cobrança e receber os pagamentos dos créditos cedidos ou permitir que a concessionária o faça, na qualidade de representante e depositária; (Incluído pela Lei nº 11.196, de 2005)

V - na hipótese de ter sido indicada instituição financeira, conforme previsto no inciso IV do caput deste artigo, fica a concessionária obrigada a apresentar a essa os créditos para cobrança; (Incluído pela Lei nº 11.196, de 2005)

VI - os pagamentos dos créditos cedidos deverão ser depositados pela concessionária ou pela instituição encarregada da cobrança em conta corrente bancária vinculada ao contrato de mútuo; (Incluído pela Lei nº 11.196, de 2005)

VII - a instituição financeira depositária deverá transferir os valores recebidos ao mutuante à medida que as obrigações do contrato de mútuo tornarem-se exigíveis; e (Incluído pela Lei nº 11.196, de 2005)

VIII - o contrato de cessão disporá sobre a devolução à concessionária dos recursos excedentes, sendo vedada a retenção do saldo após o adimplemento integral do contrato. (Incluído pela Lei nº 11.196, de 2005)

Parágrafo único. Para os fins deste artigo, serão considerados contratos de longo prazo aqueles cujas obrigações tenham prazo médio de vencimento superior a 5 (cinco) anos. (Incluído pela Lei nº 11.196, de 2005)

CAPÍTULO VII
Dos Encargos do Poder Concedente

Art. 29. Incumbe ao poder concedente:

I - regulamentar o serviço concedido e fiscalizar permanentemente a sua prestação;

II - aplicar as penalidades regulamentares e contratuais;

III - intervir na prestação do serviço, nos casos e condições previstos em lei;

IV - extinguir a concessão, nos casos previstos nesta Lei e na forma prevista no contrato;

V - homologar reajustes e proceder à revisão das tarifas na forma desta Lei, das normas pertinentes e do contrato;

VI - cumprir e fazer cumprir as disposições regulamentares do serviço e as cláusulas contratuais da concessão;

VII - zelar pela boa qualidade do serviço, receber, apurar e solucionar queixas e reclamações dos usuários, que serão cientificados, em até trinta dias, das providências tomadas;

VIII - declarar de utilidade pública os bens necessários à execução do serviço ou obra pública, promovendo as desapropriações, diretamente ou mediante outorga de poderes à concessionária, caso em que será desta a responsabilidade pelas indenizações cabíveis;

IX - declarar de necessidade ou utilidade pública, para fins de instituição de servidão administrativa, os bens necessários à execução de serviço ou obra pública, promovendo-a diretamente ou mediante outorga de poderes à concessionária, caso em que será desta a responsabilidade pelas indenizações cabíveis;

X - estimular o aumento da qualidade, produtividade, preservação do meio-ambiente e conservação;

XI - incentivar a competitividade; e

XII - estimular a formação de associações de usuários para defesa de interesses relativos ao serviço.

Art. 30. No exercício da fiscalização, o poder concedente terá acesso aos dados relativos à administração, contabilidade, recursos técnicos, econômicos e financeiros da concessionária.

Parágrafo único. A fiscalização do serviço será feita por intermédio de órgão técnico do poder concedente ou por entidade com ele conveniada, e, periodicamente, conforme previsto em norma regulamentar, por comissão composta de representantes do poder concedente, da concessionária e dos usuários.

CAPÍTULO VIII
Dos Encargos da Concessionária

Art. 31. Incumbe à concessionária:

I - prestar serviço adequado, na forma prevista nesta Lei, nas normas técnicas aplicáveis e no contrato;
II - manter em dia o inventário e o registro dos bens vinculados à concessão;
III - prestar contas da gestão do serviço ao poder concedente e aos usuários, nos termos definidos no contrato;
IV - cumprir e fazer cumprir as normas do serviço e as cláusulas contratuais da concessão;
V - permitir aos encarregados da fiscalização livre acesso, em qualquer época, às obras, aos equipamentos e às instalações integrantes do serviço, bem como a seus registros contábeis;
VI - promover as desapropriações e constituir servidões autorizadas pelo poder concedente, conforme previsto no edital e no contrato;
VII - zelar pela integridade dos bens vinculados à prestação do serviço, bem como segurá-los adequadamente; e
VIII - captar, aplicar e gerir os recursos financeiros necessários à prestação do serviço.
Parágrafo único. As contratações, inclusive de mão-de-obra, feitas pela concessionária serão regidas pelas disposições de direito privado e pela legislação trabalhista, não se estabelecendo qualquer relação entre os terceiros contratados pela concessionária e o poder concedente.

CAPÍTULO IX
da intervenção

Art. 32. O poder concedente poderá intervir na concessão, com o fim de assegurar a adequação na prestação do serviço, bem como o fiel cumprimento das normas contratuais, regulamentares e legais pertinentes.
Parágrafo único. A intervenção far-se-á por decreto do poder concedente, que conterá a designação do interventor, o prazo da intervenção e os objetivos e limites da medida.
Art. 33. Declarada a intervenção, o poder concedente deverá, no prazo de trinta dias, instaurar procedimento administrativo para comprovar as causas determinantes da medida e apurar responsabilidades, assegurado o direito de ampla defesa.
§ 1º Se ficar comprovado que a intervenção não observou os pressupostos legais e regulamentares será declarada sua nulidade, devendo

o serviço ser imediatamente devolvido à concessionária, sem prejuízo de seu direito à indenização.

§ 2º O procedimento administrativo a que se refere o caput deste artigo deverá ser concluído no prazo de até cento e oitenta dias, sob pena de considerar-se inválida a intervenção.

Art. 34. Cessada a intervenção, se não for extinta a concessão, a administração do serviço será devolvida à concessionária, precedida de prestação de contas pelo interventor, que responderá pelos atos praticados durante a sua gestão.

CAPÍTULO X
Da Extinção da Concessão

Art. 35. Extingue-se a concessão por:
I - advento do termo contratual;
II - encampação;
III - caducidade;
IV - rescisão;
V - anulação; e
VI - falência ou extinção da empresa concessionária e falecimento ou incapacidade do titular, no caso de empresa individual.

§ 1º Extinta a concessão, retornam ao poder concedente todos os bens reversíveis, direitos e privilégios transferidos ao concessionário conforme previsto no edital e estabelecido no contrato.

§ 2º Extinta a concessão, haverá a imediata assunção do serviço pelo poder concedente, procedendo-se aos levantamentos, avaliações e liquidações necessários.

§ 3º A assunção do serviço autoriza a ocupação das instalações e a utilização, pelo poder concedente, de todos os bens reversíveis.

§ 4º Nos casos previstos nos incisos I e II deste artigo, o poder concedente, antecipando-se à extinção da concessão, procederá aos levantamentos e avaliações necessários à determinação dos montantes da indenização que será devida à concessionária, na forma dos arts. 36 e 37 desta Lei.

Art. 36. A reversão no advento do termo contratual far-se-á com a indenização das parcelas dos investimentos vinculados a bens reversíveis, ainda não amortizados ou depreciados, que tenham sido realizados com o objetivo de garantir a continuidade e atualidade do serviço concedido.

Art. 37. Considera-se encampação a retomada do serviço pelo poder concedente durante o prazo da concessão, por motivo de interesse público, mediante lei autorizativa específica e após prévio pagamento da indenização, na forma do artigo anterior.

Art. 38. A inexecução total ou parcial do contrato acarretará, a critério do poder concedente, a declaração de caducidade da concessão ou a aplicação das sanções contratuais, respeitadas as disposições deste artigo, do art. 27, e as normas convencionadas entre as partes.

§ 1º A caducidade da concessão poderá ser declarada pelo poder concedente quando:

I - o serviço estiver sendo prestado de forma inadequada ou deficiente, tendo por base as normas, critérios, indicadores e parâmetros definidores da qualidade do serviço;

II - a concessionária descumprir cláusulas contratuais ou disposições legais ou regulamentares concernentes à concessão;

III - a concessionária paralisar o serviço ou concorrer para tanto, ressalvadas as hipóteses decorrentes de caso fortuito ou força maior;

IV - a concessionária perder as condições econômicas, técnicas ou operacionais para manter a adequada prestação do serviço concedido;

V - a concessionária não cumprir as penalidades impostas por infrações, nos devidos prazos;

VI - a concessionária não atender a intimação do poder concedente no sentido de regularizar a prestação do serviço; e

VII - a concessionária for condenada em sentença transitada em julgado por sonegação de tributos, inclusive contribuições sociais.

§ 2º A declaração da caducidade da concessão deverá ser precedida da verificação da inadimplência da concessionária em processo administrativo, assegurado o direito de ampla defesa.

§ 3º Não será instaurado processo administrativo de inadimplência antes de comunicados à concessionária, detalhadamente, os descumprimentos contratuais referidos no § 1º deste artigo, dando-lhe um prazo para corrigir as falhas e transgressões apontadas e para o enquadramento, nos termos contratuais.

§ 4º Instaurado o processo administrativo e comprovada a inadimplência, a caducidade será declarada por decreto do poder concedente, independentemente de indenização prévia, calculada no decurso do processo.

§ 5º A indenização de que trata o parágrafo anterior, será devida na forma do art. 36 desta Lei e do contrato, descontado o valor das multas contratuais e dos danos causados pela concessionária.

§ 6º Declarada a caducidade, não resultará para o poder concedente qualquer espécie de responsabilidade em relação aos encargos, ônus, obrigações ou compromissos com terceiros ou com empregados da concessionária.

Art. 39. O contrato de concessão poderá ser rescindido por iniciativa da concessionária, no caso de descumprimento das normas contratuais pelo poder concedente, mediante ação judicial especialmente intentada para esse fim.

Parágrafo único. Na hipótese prevista no caput deste artigo, os serviços prestados pela concessionária não poderão ser interrompidos ou paralisados, até a decisão judicial transitada em julgado.

CAPÍTULO XI
Das Permissões

Art. 40. A permissão de serviço público será formalizada mediante contrato de adesão, que observará os termos desta Lei, das demais normas pertinentes e do edital de licitação, inclusive quanto à precariedade e à revogabilidade unilateral do contrato pelo poder concedente.

Parágrafo único. Aplica-se às permissões o disposto nesta Lei.

CAPÍTULO XII
Disposições Finais e Transitórias

Art. 41. O disposto nesta Lei não se aplica à concessão, permissão e autorização para o serviço de radiodifusão sonora e de sons e imagens.

Art. 42. As concessões de serviço público outorgadas anteriormente à entrada em vigor desta Lei consideram-se válidas pelo prazo fixado no contrato ou no ato de outorga, observado o disposto no art. 43 desta Lei. (Vide Lei nº 9.074, de 1995)

§ 1º Vencido o prazo mencionado no contrato ou ato de outorga, o serviço poderá ser prestado por órgão ou entidade do poder concedente, ou delegado a terceiros, mediante novo contrato. (Redação dada pela Lei nº 11.445, de 2007).

§ 2º As concessões em caráter precário, as que estiverem com prazo vencido e as que estiverem em vigor por prazo indeterminado, inclusive por força de legislação anterior, permanecerão válidas pelo prazo necessário à realização dos levantamentos e avaliações indispensáveis à organização das licitações que precederão a outorga das concessões que as substituirão, prazo esse que não será inferior a 24 (vinte e quatro) meses.

§ 3º As concessões a que se refere o § 2º deste artigo, inclusive as que não possuam instrumento que as formalize ou que possuam cláusula que preveja prorrogação, terão validade máxima até o dia 31 de dezembro de 2010, desde que, até o dia 30 de junho de 2009, tenham sido cumpridas, cumulativamente, as seguintes condições: (Incluído pela Lei nº 11.445, de 2007).

I - levantamento mais amplo e retroativo possível dos elementos físicos constituintes da infra-estrutura de bens reversíveis e dos dados financeiros, contábeis e comerciais relativos à prestação dos serviços, em dimensão necessária e suficiente para a realização do cálculo de eventual indenização relativa aos investimentos ainda não amortizados pelas receitas emergentes da concessão, observadas as disposições legais e contratuais que regulavam a prestação do serviço ou a ela aplicáveis nos 20 (vinte) anos anteriores ao da publicação desta Lei; (Incluído pela Lei nº 11.445, de 2007).

II - celebração de acordo entre o poder concedente e o concessionário sobre os critérios e a forma de indenização de eventuais créditos remanescentes de investimentos ainda não amortizados ou depreciados, apurados a partir dos levantamentos referidos no inciso I deste parágrafo e auditados por instituição especializada escolhida de comum acordo pelas partes; e (Incluído pela Lei nº 11.445, de 2007).

III - publicação na imprensa oficial de ato formal de autoridade do poder concedente, autorizando a prestação precária dos serviços por prazo de até 6 (seis) meses, renovável até 31 de dezembro de 2008, mediante comprovação do cumprimento do disposto nos incisos I e II deste parágrafo. (Incluído pela Lei nº 11.445, de 2007).

§ 4º Não ocorrendo o acordo previsto no inciso II do § 3º deste artigo, o cálculo da indenização de investimentos será feito com base nos critérios previstos no instrumento de concessão antes celebrado ou, na omissão deste, por avaliação de seu valor econômico ou reavaliação patrimonial, depreciação e amortização de ativos imobilizados definidos pelas legislações fiscal e das sociedades por ações, efetuada por empresa de auditoria independente escolhida de comum acordo pelas partes. (Incluído pela Lei nº 11.445, de 2007).

§ 5ºº No caso do § 4º deste artigo, o pagamento de eventual indenização será realizado, mediante garantia real, por meio de 4 (quatro) parcelas anuais, iguais e sucessivas, da parte ainda não amortizada de investimentos e de outras indenizações relacionadas à prestação dos serviços, realizados com capital próprio do concessionário ou de seu controlador, ou originários de operações de financiamento, ou obtidos mediante emissão de ações, debêntures e outros títulos mobiliários, com a primeira parcela paga até o último dia útil do exercício financeiro em que ocorrer a reversão. (Incluído pela Lei nº 11.445, de 2007).

§ 6º Ocorrendo acordo, poderá a indenização de que trata o § 5º deste artigo ser paga mediante receitas de novo contrato que venha a disciplinar a prestação do serviço. (Incluído pela Lei nº 11.445, de 2007).

Art. 43. Ficam extintas todas as concessões de serviços públicos outorgadas sem licitação na vigência da Constituição de 1988.(Vide Lei nº 9.074, de 1995)

Parágrafo único. Ficam também extintas todas as concessões outorgadas sem licitação anteriormente à Constituição de 1988, cujas obras ou serviços não tenham sido iniciados ou que se encontrem paralisados quando da entrada em vigor desta Lei.

Art. 44. As concessionárias que tiverem obras que se encontrem atrasadas, na data da publicação desta Lei, apresentarão ao poder concedente, dentro de cento e oitenta dias, plano efetivo de conclusão das obras.(Vide Lei nº 9.074, de 1995)

Parágrafo único. Caso a concessionária não apresente o plano a que se refere este artigo ou se este plano não oferecer condições efetivas para o término da obra, o poder concedente poderá declarar extinta a concessão, relativa a essa obra.

Art. 45. Nas hipóteses de que tratam os arts. 43 e 44 desta Lei, o poder concedente indenizará as obras e serviços realizados somente no caso e com os recursos da nova licitação.

Parágrafo único. A licitação de que trata o caput deste artigo deverá, obrigatoriamente, levar em conta, para fins de avaliação, o estágio das obras paralisadas ou atrasadas, de modo a permitir a utilização do critério de julgamento estabelecido no inciso III do art. 15 desta Lei.

Art. 46. Esta Lei entra em vigor na data de sua publicação.

Art. 47. Revogam-se as disposições em contrário.

Brasília, 13 de fevereiro de 1995; 174º da Independência e 107º da República.

FERNANDO HENRIQUE CARDOSO
Nelson Jobim

LEI N° 9.870, DE 23 DE NOVEMBRO DE 1999.

> Dispõe sobre o valor total das anuidades escolares e dá outras providências.

O PRESIDENTE DA REPÚBLICA Faço saber que o Congresso Nacional decreta e eu sanciono a seguinte Lei:

Art. 1º O valor das anuidades ou das semestralidades escolares do ensino pré-escolar, fundamental, médio e superior, será contratado, nos termos desta Lei, no ato da matrícula ou da sua renovação, entre o estabelecimento de ensino e o aluno, o pai do aluno ou o responsável.

§ 1º O valor anual ou semestral referido no caput deste artigo deverá ter como base a última parcela da anuidade ou da semestralidade legalmente fixada no ano anterior, multiplicada pelo número de parcelas do período letivo.

§ 2º (VETADO)

§ 3º Poderá ser acrescido ao valor total anual de que trata o § 1º montante proporcional à variação de custos a título de pessoal e de custeio, comprovado mediante apresentação de planilha de custo, mesmo quando esta variação resulte da introdução de aprimoramentos no processo didático-pedagógico. (Incluído pela Medida Provisória nº 2.173-24, 23.8.2001)

§ 4º A planilha de que trata o § 3º será editada em ato do Poder Executivo. (Incluído pela Medida Provisória nº 2.173-24, 23.8.2001)

§ 5º O valor total, anual ou semestral, apurado na forma dos parágrafos precedentes terá vigência por um ano e será dividido em doze ou seis parcelas mensais iguais, facultada a apresentação de planos de pagamento alternativos, desde que não excedam ao valor total anual ou semestral apurado na forma dos parágrafos anteriores. (Renumerado pela Medida Provisória nº 2.173-24, 23.8.2001)

§ 6º Será nula, não produzindo qualquer efeito, cláusula contratual de revisão ou reajustamento do valor das parcelas da anuidade ou semestralidade escolar em prazo inferior a um ano a contar da data de sua fixação, salvo quando expressamente prevista em lei. (Renumerado pela Medida Provisória nº 2.173-24, 23.8.2001)

Art. 2º O estabelecimento de ensino deverá divulgar, em local de fácil acesso ao público, o texto da proposta de contrato, o valor apurado na forma do art. 1º e o número de vagas por sala-classe, no período mínimo de quarenta e cinco dias antes da data final para matrícula, conforme calendário e cronograma da instituição de ensino.

Parágrafo único (VETADO)

Art. 3º (VETADO)

Art. 4º A Secretaria de Direito Econômico do Ministério da Justiça, quando necessário, poderá requerer, nos termos da Lei nº 8.078, de 11 de setembro de 1990, e no âmbito de suas atribuições, comprovação documental referente a qualquer cláusula contratual, exceto dos estabelecimentos de ensino que tenham firmado acordo com alunos, pais de alunos ou associações de pais e alunos, devidamente legalizadas, bem como quando o valor arbitrado for decorrente da decisão do mediador.

Parágrafo único. Quando a documentação apresentada pelo estabelecimento de ensino não corresponder às condições desta Lei, o órgão de que trata este artigo poderá tomar, dos interessados, termo de compromisso, na forma da legislação vigente.

Art. 5º Os alunos já matriculados, salvo quando inadimplentes, terão direito à renovação das matrículas, observado o calendário escolar da instituição, o regimento da escola ou cláusula contratual.

Art. 6º São proibidas a suspensão de provas escolares, a retenção de documentos escolares ou a aplicação de quaisquer outras penalidades pedagógicas por motivo de inadimplemento, sujeitando-se o contratante, no que couber, às sanções legais e administrativas, compatíveis com o Código de Defesa do Consumidor, e com os arts. 177 e 1.092 do Código Civil Brasileiro, caso a inadimplência perdure por mais de noventa dias.

§ 1º O desligamento do aluno por inadimplência somente poderá ocorrer ao final do ano letivo ou, no ensino superior, ao final do semestre letivo quando a instituição adotar o regime didático semestral. (Incluído pela Medida Provisória nº 2.173-24, 23.8.2001)

§ 2º Os estabelecimentos de ensino fundamental, médio e superior deverão expedir, a qualquer tempo, os documentos de transferência de seus alunos, independentemente de sua adimplência ou da adoção de procedimentos legais de cobranças judiciais. (Renumerado pela Medida Provisória n° 2.173-24, 23.8.2001)

§ 3° São asseguradas em estabelecimentos públicos de ensino fundamental e médio as matrículas dos alunos, cujos contratos, celebrados por seus pais ou responsáveis para a prestação de serviços educacionais, tenham sido suspensos em virtude de inadimplemento, nos termos do caput deste artigo. (Renumerado pela Medida Provisória n° 2.173-24, 23.8.2001)

§ 4° Na hipótese de os alunos a que se refere o § 2°, ou seus pais ou responsáveis, não terem providenciado a sua imediata matrícula em outro estabelecimento de sua livre escolha, as Secretarias de Educação estaduais e municipais deverão providenciá-la em estabelecimento de ensino da rede pública, em curso e série correspondentes aos cursados na escola de origem, de forma a garantir a continuidade de seus estudos no mesmo período letivo e a respeitar o disposto no inciso V do art. 53 do Estatuto da Criança e do Adolescente. (Renumerado pela Medida Provisória n° 2.173-24, 23.8.2001)

Art. 7° São legitimados à propositura das ações previstas na Lei n° 8.078, de 1990, para a defesa dos direitos assegurados por esta Lei e pela legislação vigente, as associações de alunos, de pais de alunos e responsáveis, sendo indispensável, em qualquer caso, o apoio de, pelo menos, vinte por cento dos pais de alunos do estabelecimento de ensino ou dos alunos, no caso de ensino superior.

Art. 8° O art. 39 da Lei n° 8.078, de 1990, passa a vigorar acrescido do seguinte inciso:

"XIII - aplicar fórmula ou índice de reajuste diverso do legal ou contratualmente estabelecido."

Art. 9° A Lei n° 9.131, de 24 de novembro de 1995, passa a vigorar acrescida dos seguintes artigos:

"Art. 7°-A. As pessoas jurídicas de direito privado, mantenedoras de instituições de ensino superior, previstas no inciso II do art. 19 da Lei n° 9.394, de 20 de dezembro de 1996, poderão assumir qualquer das formas admitidas em direito, de natureza civil ou comercial e, quando constituídas como fundações, serão regidas pelo disposto no art. 24 do Código Civil Brasileiro.

Parágrafo único. Quaisquer alterações estatutárias na entidade mantenedora, devidamente averbadas pelos órgãos competentes, deverão ser comunicadas ao Ministério da Educação, para as devidas providências.

Art. 7º-B. As entidades mantenedoras de instituições de ensino superior, sem finalidade lucrativa, deverão:
I - elaborar e publicar em cada exercício social demonstrações financeiras, com o parecer do conselho fiscal, ou órgão similar;
II - manter escrituração completa e regular de todos os livros fiscais, na forma da legislação pertinente, bem como de quaisquer outros atos ou operações que venham a modificar sua situação patrimonial, em livros revestidos de formalidades que assegurem a respectiva exatidão;
III - conservar em boa ordem, pelo prazo de cinco anos, contado da data de emissão, os documentos que comprovem a origem de suas receitas e a efetivação de suas despesas, bem como a realização de quaisquer outros atos ou operações que venham a modificar sua situação patrimonial;
IV - submeter-se, a qualquer tempo, a auditoria pelo Poder Público;
V - destinar seu patrimônio a outra instituição congênere ou ao Poder Público, no caso de encerramento de suas atividades, promovendo, se necessário, a alteração estatutária correspondente;
VI - comprovar, sempre que solicitada pelo órgão competente:
a) a aplicação dos seus excedentes financeiros para os fins da instituição de ensino;
b) a não-remuneração ou concessão de vantagens ou benefícios, por qualquer forma ou título, a seus instituidores, dirigentes, sócios, conselheiros ou equivalentes.
Parágrafo único. A comprovação do disposto neste artigo é indispensável, para fins de credenciamento e recredenciamento da instituição de ensino superior.
Art. 7º-C. As entidades mantenedoras de instituições privadas de ensino superior comunitárias, confessionais e filantrópicas ou constituídas como fundações não poderão ter finalidade lucrativa e deverão adotar os preceitos do art. 14 do Código Tributário Nacional e do art. 55 da Lei nº 8.212, de 24 de julho de 1991, além de atender ao disposto no art. 7º-B.
Art. 7º-D. As entidades mantenedoras de instituições de ensino superior, com finalidade lucrativa, ainda que de natureza civil, deverão elaborar, em cada exercício social, demonstrações financeiras atestadas por profissionais competentes."
Art. 10. Continuam a produzir efeitos os atos praticados com base na Medida Provisória nº 1.890-66, de 24 de setembro de 1999, e nas suas antecessoras.

Art. 11. Esta Lei entra em vigor na data de sua publicação.

Art. 12. Revogam-se a Lei n° 8.170, de 17 de janeiro de 1991; o art. 14 da Lei n° 8.178, de 1° de março de 1991; e a Lei n° 8.747, de 9 de dezembro de 1993.

Brasília, 23 de novembro de 1999; 178° da Independência e 111° da República.

FERNANDO HENRIQUE CARDOSO
José Carlos Dias
Pedro Malan
Paulo Renato Souza

LEI Nº 10.048,
DE 8 DE NOVEMBRO DE 2000.

Dá prioridade de atendimento às pessoas que especifica, e dá outras providências.

O PRESIDENTE DA REPÚBLICA Faço saber que o Congresso Nacional decreta e eu sanciono a seguinte Lei:

Art. 1º As pessoas portadoras de deficiência, os idosos com idade igual ou superior a 60 (sessenta) anos, as gestantes, as lactantes e as pessoas acompanhadas por crianças de colo terão atendimento prioritário, nos termos desta Lei. (Redação dada pela Lei nº 10.741, de 2003)

Art. 2º As repartições públicas e empresas concessionárias de serviços públicos estão obrigadas a dispensar atendimento prioritário, por meio de serviços individualizados que assegurem tratamento diferenciado e atendimento imediato às pessoas a que se refere o art. 1º.

Parágrafo único. É assegurada, em todas as instituições financeiras, a prioridade de atendimento às pessoas mencionadas no art. 1º.

Art. 3º As empresas públicas de transporte e as concessionárias de transporte coletivo reservarão assentos, devidamente identificados, aos idosos, gestantes, lactantes, pessoas portadoras de deficiência e pessoas acompanhadas por crianças de colo.

Art. 4º Os logradouros e sanitários públicos, bem como os edifícios de uso público, terão normas de construção, para efeito de licenciamento da respectiva edificação, baixadas pela autoridade competente, destinadas a facilitar o acesso e uso desses locais pelas pessoas portadoras de deficiência.

Art. 5º Os veículos de transporte coletivo a serem produzidos após doze meses da publicação desta Lei serão planejados de forma a facilitar o acesso a seu interior das pessoas portadoras de deficiência.

§ 1º (VETADO)

§ 2º Os proprietários de veículos de transporte coletivo em utilização terão o prazo de cento e oitenta dias, a contar da regulamentação desta Lei, para proceder às adaptações necessárias ao acesso facilitado das pessoas portadoras de deficiência.

Art. 6º A infração ao disposto nesta Lei sujeitará os responsáveis:

I – no caso de servidor ou de chefia responsável pela repartição pública, às penalidades previstas na legislação específica;

II – no caso de empresas concessionárias de serviço público, a multa de R$ 500,00 (quinhentos reais) a R$ 2.500,00 (dois mil e quinhentos reais), por veículos sem as condições previstas nos arts. 3º e 5º;

III – no caso das instituições financeiras, às penalidades previstas no art. 44, incisos I, II e III, da Lei nº 4.595, de 31 de dezembro de 1964.

Parágrafo único. As penalidades de que trata este artigo serão elevadas ao dobro, em caso de reincidência.

Art. 7º O Poder Executivo regulamentará esta Lei no prazo de sessenta dias, contado de sua publicação.

Art. 8º Esta Lei entra em vigor na data de sua publicação.

Brasília, 8 de novembro de 2000; 179º da Independência e 112º da República.

FERNANDO HENRIQUE CARDOSO
Alcides Lopes Tápias
Martus Tavares

LEI N° 10.962,
DE 11 DE OUTUBRO DE 2004.

Dispõe sobre a oferta e as formas de afixação de preços de produtos e serviços para o consumidor.

O PRESIDENTE DA REPÚBLICA Faço saber que o Congresso Nacional decreta e eu sanciono a seguinte Lei:

Art. 1º Esta Lei regula as condições de oferta e afixação de preços de bens e serviços para o consumidor.

Art. 2º São admitidas as seguintes formas de afixação de preços em vendas a varejo para o consumidor:

I – no comércio em geral, por meio de etiquetas ou similares afixados diretamente nos bens expostos à venda, e em vitrines, mediante divulgação do preço à vista em caracteres legíveis;

II – em auto-serviços, supermercados, hipermercados, mercearias ou estabelecimentos comerciais onde o consumidor tenha acesso direto ao produto, sem intervenção do comerciante, mediante a impressão ou afixação do preço do produto na embalagem, ou a afixação de código referencial, ou ainda, com a afixação de código de barras.

Parágrafo único. Nos casos de utilização de código referencial ou de barras, o comerciante deverá expor, de forma clara e legível, junto aos itens expostos, informação relativa ao preço à vista do produto, suas características e código.

Art. 3º Na impossibilidade de afixação de preços conforme disposto no art. 2º, é permitido o uso de relações de preços dos produtos expostos, bem como dos serviços oferecidos, de forma escrita, clara e acessível ao consumidor.

Art. 4º Nos estabelecimentos que utilizem código de barras para apreçamento, deverão ser oferecidos equipamentos de leitura ótica para consulta de preço pelo consumidor, localizados na área de vendas e em outras de fácil acesso.

§ 1º O regulamento desta Lei definirá, observados, dentre outros critérios ou fatores, o tipo e o tamanho do estabelecimento e a quantidade e a diversidade dos itens de bens e serviços, a área máxima que deverá ser atendida por cada leitora ótica.

§ 2º Para os fins desta Lei, considera-se área de vendas aquela na qual os consumidores têm acesso às mercadorias e serviços oferecidos para consumo no varejo, dentro do estabelecimento.

Art. 5º No caso de divergência de preços para o mesmo produto entre os sistemas de informação de preços utilizados pelo estabelecimento, o consumidor pagará o menor dentre eles.

Art. 6º (VETADO)

Art. 7º Esta Lei entra em vigor na data de sua publicação.

Brasília, 11 de outubro de 2004; 183º da Independência e 116º da República.

LUIZ INÁCIO LULA DA SILVA
Márcio Thomaz Bastos

LEI Nº 11.975,
DE 7 DE JULHO DE 2009.

Dispõe sobre a validade dos bilhetes de passagem no transporte coletivo rodoviário de passageiros e dá outras providências.

O VICE-PRESIDENTE DA REPÚBLICA, no exercício do cargo de PRESIDENTE DA REPÚBLICA Faço saber que o Congresso Nacional decreta e eu sanciono a seguinte Lei:

Art. 1º Os bilhetes de passagens adquiridos no transporte coletivo rodoviário de passageiros intermunicipal, interestadual e internacional terão validade de 1 (um) ano, a partir da data de sua emissão, independentemente de estarem com data e horários marcados.

Parágrafo único. Os bilhetes com data e horário marcados poderão, dentro do prazo de validade, ser remarcados.

Art. 2º Antes de configurado o embarque, o passageiro terá direito ao reembolso do valor pago do bilhete, bastando para tanto a sua simples declaração de vontade.

Parágrafo único. Nos casos de solicitação de reembolso do valor pago do bilhete por desistência do usuário, a transportadora disporá de até 30 (trinta) dias, a partir da data do pedido, para efetivar a devolução.

Art. 3º Independentemente das penalidades administrativas determinadas pela autoridade rodoviária impostas à empresa autorizada, permissionária ou concessionária, em caso de atraso da partida do ponto inicial ou em uma das paradas previstas durante o percurso por mais de 1 (uma) hora, o transportador providenciará o embarque do passageiro em outra empresa que ofereça serviços equivalentes para o mesmo destino, se houver, ou restituirá, de imediato, se assim o passageiro optar, o valor do bilhete de passagem.

Art. 4º A empresa transportadora deverá organizar o sistema operacional de forma que, em caso de defeito, falha ou outro motivo de sua responsabilidade que interrompa ou atrase a viagem durante o seu curso, assegure continuidade à viagem num período máximo de 3 (três) horas após a interrupção.

Parágrafo único. Na impossibilidade de se cumprir o disposto no caput deste artigo, fica assegurada ao passageiro a devolução do valor do bilhete de passagem.

Art. 5º Durante a interrupção ou retardamento da viagem, a alimentação e a hospedagem, esta quando for o caso, dos passageiros correrão a expensas da transportadora.

Art. 6º Se, em qualquer das paradas previstas, a viagem for interrompida por iniciativa do passageiro, nenhum reembolso será devido pelo transportador.

Art. 7º Os bilhetes de passagens adquiridos com antecedência mínima de 7 (sete) dias da data da viagem poderão não ter horário de embarque definido.

Art. 8º As empresas de transporte coletivo rodoviário de passageiros deverão operar com um sistema de proteção à viagem, visando à regularidade, segurança e eficiência de tráfego, abrangendo as seguintes alternativas:

I – de controle de tráfego, devendo o motorista ser informado antes da partida das condições de trânsito nas estradas;

II – de telecomunicações rodoviárias;

III – de supervisão, reparo, distribuição de peças e equipamentos e da manutenção dos ônibus.

Art. 9º (VETADO)

Art. 10. A transportadora afixará, em lugar visível e de fácil acesso aos usuários, no local de venda de passagens, nos terminais de embarque e desembarque e nos ônibus, as disposições dos arts. 1º, 2º, 3º, 4º, 5º, 6º e 7º desta Lei.

Art. 11. As empresas que operam com linhas urbanas e de características semi-urbanas estão isentas de cumprir as disposições desta Lei.

Art. 12. Quando, por eventual indisponibilidade de veículo de categoria em que o transporte foi contratado, tanto no ponto de partida como nos pontos de paradas intermediárias da viagem, houver mudança de classe de serviço inferior para superior, nenhuma diferença de preço será devida pelo passageiro.

§ 1º No caso inverso, é devida ao adquirente da passagem a restituição da diferença de preço, sendo facultado ao transportador proceder ao reembolso devido após a realização da viagem.

§ 2º Quando a modificação na classe do serviço ocorrer por solicitação do passageiro, o transportador deverá promover a substituição do respectivo bilhete de passagem, ajustando-o à tarifa vigente e registrando nele as diferenças havidas para mais ou para menos, bem como se a diferença foi restituída, conforme o caso.

Art. 13. É vedado ao transportador, direta ou indiretamente, reter o valor do bilhete de passagem comprado a vista decorridos 30 (trinta) dias do pedido de reembolso feito pelo usuário.

§ 1º O bilhete de passagem manterá como crédito de passageiro, durante sua validade, o valor atualizado da tarifa do trecho emitido.

§ 2º O montante do reembolso será igual ao valor da tarifa respectiva no dia da restituição, descontada a comissão de venda.

§ 3º No caso de bilhete internacional, o reembolso terá o valor equivalente em moeda estrangeira convertida no câmbio do dia.

Art. 14. O prazo máximo de reembolso do valor de passagens rodoviárias é de 30 (trinta) dias para as transportadoras nacionais e internacionais.

Art. 15. Se o bilhete houver sido comprado a crédito, o reembolso, por qualquer motivo, somente será efetuado após a quitação do débito.

Art. 16. Esta Lei entra em vigor na data de sua publicação.

Brasília, 7 de julho de 2009; 188º da Independência e 121º da República.

JOSÉ ALENCAR GOMES DA SILVA
Alfredo Nascimento
Helio Costa

LEI Nº 12.007,
DE 29 DE JULHO DE 2009.

> Dispõe sobre a emissão de declaração de quitação anual de débitos pelas pessoas jurídicas prestadoras de serviços públicos ou privados.

O PRESIDENTE DA REPÚBLICA Faço saber que o Congresso Nacional decreta e eu sanciono a seguinte Lei:

Art. 1º As pessoas jurídicas prestadoras de serviços públicos ou privados são obrigadas a emitir e a encaminhar ao consumidor declaração de quitação anual de débitos.

Art. 2º A declaração de quitação anual de débitos compreenderá os meses de janeiro a dezembro de cada ano, tendo como referência a data do vencimento da respectiva fatura.

§ 1º Somente terão direito à declaração de quitação anual de débitos os consumidores que quitarem todos os débitos relativos ao ano em referência.

§ 2º Caso o consumidor não tenha utilizado os serviços durante todos os meses do ano anterior, terá ele o direito à declaração de quitação dos meses em que houve faturamento dos débitos.

§ 3º Caso exista algum débito sendo questionado judicialmente, terá o consumidor o direito à declaração de quitação dos meses em que houve faturamento dos débitos.

Art. 3º A declaração de quitação anual deverá ser encaminhada ao consumidor por ocasião do encaminhamento da fatura a vencer no mês de maio do ano seguinte ou no mês subsequente à completa quitação dos débitos do ano anterior ou dos anos anteriores, podendo ser emitida em espaço da própria fatura.

Art. 4º Da declaração de quitação anual deverá constar a informação de que ela substitui, para a comprovação do cumprimento das obrigações do consumidor, as quitações dos faturamentos mensais dos débitos do ano a que se refere e dos anos anteriores.

Art. 5º O descumprimento do disposto nesta Lei sujeitará os infratores às sanções previstas na Lei nº 8.987, de 13 de fevereiro de 1995, sem prejuízo daquelas determinadas pela legislação de defesa do consumidor.

Art. 6º Esta Lei entra em vigor na data de sua publicação.

Brasília, 29 de julho de 2009; 188º da Independência e 121º da República.

LUIZ INÁCIO LULA DA SILVA
Guido Mantega
José Gomes Temporão
Helio Costa

LEI Nº 12.291,
DE 20 DE JULHO DE 2010.

> Torna obrigatória a manutenção de exemplar do Código de Defesa do Consumidor nos estabelecimentos comerciais e de prestação de serviços.

O PRESIDENTE DA REPÚBLICA Faço saber que o Congresso Nacional decreta e eu sanciono a seguinte Lei:

Art. 1º São os estabelecimentos comerciais e de prestação de serviços obrigados a manter, em local visível e de fácil acesso ao público, 1 (um) exemplar do Código de Defesa do Consumidor.

Art. 2º O não cumprimento do disposto nesta Lei implicará as seguintes penalidades, a serem aplicadas aos infratores pela autoridade administrativa no âmbito de sua atribuição:

I - multa no montante de até R$ 1.064,10 (mil e sessenta e quatro reais e dez centavos);
II – (VETADO); e
III – (VETADO).

Art. 3º Esta Lei entra em vigor na data de sua publicação.

Brasília, 20 de julho de 2010; 189º da Independência e 122º da República.

LUIZ INÁCIO LULA DA SILVA
Luiz Paulo Teles Ferreira Barreto

MEDIDA PROVISÓRIA Nº 518, DE 30 DE DEZEMBRO DE 2010.

> Disciplina a formação e consulta a bancos de dados com informações de adimplemento, de pessoas naturais ou de pessoas jurídicas, para formação de histórico de crédito.

O PRESIDENTE DA REPÚBLICA, no uso da atribuição que lhe confere o art. 62 da Constituição, adota a seguinte Medida Provisória, com força de lei:

Art. 1º Esta Medida Provisória disciplina a formação e consulta a bancos de dados com informações de adimplemento, de pessoas naturais ou de pessoas jurídicas, para formação de histórico de crédito, sem prejuízo do disposto na Lei nº 8.078, de 11 de setembro de 1990 - Código de Defesa do Consumidor.

Parágrafo único. Os bancos de dados instituídos ou mantidos por pessoas jurídicas de direito público interno serão regidos por legislação específica.

Art. 2º Para os efeitos desta Medida Provisória, considera-se:

I - banco de dados: conjunto de dados relativo a pessoa natural ou jurídica armazenados com a finalidade de subsidiar a concessão de crédito, a realização de venda a prazo ou de outras transações comerciais e empresarias que impliquem risco financeiro;

II - gestor: pessoa jurídica responsável pela administração de banco de dados, bem como pela coleta, armazenamento, análise e acesso de terceiros aos dados armazenados;

III - cadastrado: pessoa natural ou jurídica que tenha autorizado inclusão de suas informações no banco de dados;

IV - fonte: pessoa natural ou jurídica que conceda crédito ou realize venda a prazo ou outras transações comerciais e empresariais que lhe impliquem risco financeiro;

V - consulente: pessoa natural ou jurídica que acesse informações em bancos de dados para fins de concessão de crédito ou realização de venda a prazo ou outras transações comerciais e empresariais que lhe impliquem risco financeiro;

VI - anotação: ação ou efeito de anotar, assinalar, averbar, incluir, inscrever ou registrar informação relativa ao histórico de crédito em banco de dados; e

VII - histórico de crédito: conjunto de dados financeiros e de pagamentos relativos às operações de crédito e obrigações de pagamento assumidas por pessoa natural ou jurídica.

Art. 3º Os bancos de dados poderão conter informações de adimplemento do cadastrado, para a formação do histórico de crédito, nas condições estabelecidas nesta Medida Provisória e na sua regulamentação.

§ 1º Para a formação do banco de dados, somente poderão ser armazenadas informações objetivas, claras, verdadeiras e de fácil compreensão, que sejam necessárias para avaliar a situação econômica do cadastrado.

§ 2º Para os fins do disposto no § 1º, consideram-se informações:

I - objetivas: aquelas descritivas dos fatos e que não envolvam juízo de valor;

II - claras: aquelas que possibilitem o imediato entendimento do cadastrado independentemente de remissão a anexos, fórmulas, siglas, símbolos, termos técnicos ou nomenclatura específica;

III - verdadeiras: aquelas exatas, completas e sujeitas à comprovação nos termos desta Medida Provisória; e

IV - de fácil compreensão: aquelas em sentido comum que assegurem ao cadastrado o pleno conhecimento do conteúdo, do sentido e do alcance dos dados sobre ele anotados.

§ 3º Ficam proibidas as anotações de:

I - informações excessivas, assim consideradas aquelas desproporcionais ou que não estiverem vinculadas à análise de risco de crédito ao consumidor; e

II - informações sensíveis, assim consideradas aquelas pertinentes à origem social e étnica, à saúde, à informação genética, à orientação sexual e às convicções políticas, religiosas, filosóficas e pessoais ou quaisquer outras que possam afetar os direitos de personalidade dos cadastrados.

Art. 4º A abertura de cadastro requer autorização prévia do potencial cadastrado, mediante consentimento informado, por meio de assinatura em instrumento específico ou em cláusula apartada.

§ 1º Após a abertura do cadastro, a anotação de informação em banco de dados independe de autorização e de comunicação ao cadastrado.

§ 2º Atendido o disposto no caput, as fontes ficam autorizadas, nas condições estabelecidas nesta Medida Provisória, a fornecer aos bancos de dados as informações necessárias à formação do histórico de crédito das pessoas cadastradas.

Art. 5º São direitos do cadastrado:

I - obter o cancelamento do cadastro quando solicitado;

II - acessar gratuitamente, a qualquer tempo, as informações sobre ele existentes no banco de dados, inclusive o seu histórico, cabendo ao gestor manter sistemas seguros, por meio eletrônico ou telefone, de consulta para informar a existência ou não de cadastro de informação de adimplemento de um respectivo cadastrado aos consulentes;

III - solicitar impugnação de qualquer informação sobre ele erroneamente anotada em banco de dados e ter sua imediata correção ou cancelamento e comunicação aos bancos de dados com os quais aquele compartilhou a informação;

IV - conhecer os principais elementos e critérios considerados para a análise de risco, resguardado o segredo empresarial;

V - ser informado previamente sobre o armazenamento, a identidade do gestor do banco de dados, o objetivo do tratamento dos dados pessoais e os destinatários dos dados em caso de compartilhamento;

VI - solicitar a revisão de decisão realizada exclusivamente por meios automatizados; e

VII - ter os seus dados pessoais utilizados somente de acordo com a finalidade para a qual eles foram coletados.

Art. 6º Ficam os gestores de bancos de dados obrigados, quando solicitados, a fornecer ao cadastrado:

I - todas as informações sobre ele constantes de seus arquivos, no momento da solicitação;

II - indicação das fontes relativas às informações de que trata o inciso I, incluindo endereço e telefone para contato;

III - indicação dos bancos de dados com os quais as informações foram compartilhadas;

IV - indicação de todos os consulentes que tiveram acesso a qualquer informação sobre ele nos seis meses anteriores à solicitação; e

V - cópia de texto contendo sumário dos seus direitos, definidos em lei ou em normas infralegais pertinentes à sua relação com bancos de dados, bem como a lista dos órgãos governamentais aos quais poderá ele recorrer, caso considere que esses direitos foram infringidos.

Parágrafo único. É vedado aos bancos de dados estabelecer políticas ou realizar operações que impeçam, limitem ou dificultem o acesso do cadastrado às informações sobre ele registradas.

Art. 7º As informações disponibilizadas nos bancos de dados somente poderão ser utilizadas para:

I - realização de análise de risco de crédito do cadastrado; ou

II - para subsidiar a concessão de crédito e a realização de venda a prazo ou outras transações comerciais e empresariais que impliquem risco financeiro ao consulente.

Art. 8º O compartilhamento de informação de adimplemento só é permitido se autorizado expressamente pelo cadastrado, por meio de assinatura em instrumento específico ou em cláusula apartada.

§ 1º O gestor que receber informações por meio de compartilhamento equipara-se, para todos os efeitos desta Medida Provisória, ao gestor que anotou originariamente a informação, inclusive quanto à responsabilidade solidária por eventuais prejuízos causados e ao dever de receber e processar impugnação e realizar retificações.

§ 2º O gestor originário é responsável por manter atualizadas as informações cadastrais nos demais bancos de dados com os quais compartilhou informações, bem como por informar a solicitação de cancelamento do cadastro.

Art. 9º É proibido ao gestor exigir exclusividade das fontes de informações.

Art. 10. Desde que autorizados pelo cadastrado, os prestadores de serviços continuados de água, esgoto, eletricidade, gás e telecomunicações poderão fornecer aos bancos de dados indicados, na forma do regulamento, informação sobre o cumprimento das obrigações financeiras do cadastrado.

Parágrafo único. É vedada a anotação de informação sobre serviço de telefonia móvel.

Art. 11. Quando solicitado pelo cliente, as instituições autorizadas a funcionar pelo Banco Central do Brasil fornecerão aos bancos de dados indicados as informações relativas às suas operações de crédito.

§ 1º As informações referidas no caput devem compreender somente o histórico das operações de empréstimo e de financiamento, realizadas pelo cliente.

§ 2º É proibido às instituições autorizadas a funcionar pelo Banco Central do Brasil estabelecer políticas ou realizar operações que impeçam, limitem ou dificultem a transmissão das informações bancárias de seu cliente a bancos de dados, quando por este autorizadas.

§ 3º O Conselho Monetário Nacional adotará as medidas e normas complementares necessárias para a aplicação do disposto neste artigo.

Art. 12. O Poder Executivo regulamentará o disposto nesta Medida Provisória, em especial quanto ao uso, guarda, escopo e compartilhamento das informações recebidas por bancos de dados, e quanto ao disposto no art. 5º.

Art. 13. As informações de adimplemento não poderão constar de bancos de dados por período superior a quinze anos.

Art. 14. As informações sobre o cadastrado, constantes dos bancos de dados, somente poderão ser acessadas por consulentes que com ele mantiverem relação comercial ou creditícia.

Art. 15. O banco de dados, a fonte e o consulente são responsáveis objetiva e solidariamente pelos danos materiais e morais que causarem ao cadastrado.

Art. 16. Nas situações em que o cadastrado for consumidor, caracterizado conforme a Lei nº 8.078, de 1990 – Código de Defesa do Consumidor, aplicam-se as sanções e penas nela previstas e o disposto no § 2º.

§ 1º Nos casos previstos no caput, a fiscalização e a aplicação das sanções serão exercidas concorrentemente pelos órgãos de proteção e defesa do consumidor da União, dos Estados, do Distrito Federal e dos Municípios, nas suas respectivas áreas de atuação administrativa.

§ 2º Sem prejuízo do disposto no caput e no § 1º, os órgãos de proteção e defesa do consumidor poderão aplicar medidas corretivas, estabelecendo obrigações de fazer, aos bancos de dados que descumprirem o previsto nesta Medida Provisória.

Art. 17. Esta Medida Provisória entra em vigor na data de sua publicação.

Brasília, 30 de dezembro de 2010; 189º da Independência e 122º da República.

LUIZ INÁCIO LULA DA SLVA
Luiz Paulo Teles Ferreira Barreto
Guido Mantega

DECRETO Nº 1.306,
DE 9 DE NOVEMBRO DE 1994.

Regulamenta o Fundo de Defesa de Direitos Difusos, de que tratam os arts. 13 e 20 da Lei nº 7.347, de 24 de julho de 1985, seu conselho gestor e dá outras providências.

O PRESIDENTE DA REPÚBLICA, no uso das atribuições que lhe confere o art. 84, incisos IV e VI, da Constituição, e tendo em vista o disposto nos arts. 13 e 20, da Lei nº 7.347, de 24 de julho de 1985,
DECRETA:

Art. 1º O Fundo de Defesa de Direitos Difusos (FDD), criado pela Lei nº 7.347, de 24 de julho de 1985, tem por finalidade a reparação dos danos causados ao meio ambiente, ao consumidor, a bens e direitos de valor artístico, estético, histórico, turístico, paisagístico, por infração à ordem econômica e a outros interesses difusos e coletivos.

Art. 2º Constitue recursos do FDD, o produto da arrecadação:

I - das condenações judiciais de que tratam os arts. 11 e 13, da Lei nº 7.347, de 24 de julho de 1985;

II - das multas e indenizações decorrentes da aplicação da Lei nº 7.853, de 24 de outubro de 1989, desde que não destinadas à reparação de danos a interesses individuais;

III - dos valores destinados à União em virtude da aplicação da multa prevista no art. 57 e seu parágrafo único e do produto de indenização prevista no art. 100, parágrafo único, da Lei nº 8.078, de 11 de setembro de 1990;

IV - das condenações judiciais de que trata o parágrafo 2º, do art. 2º, da Lei nº 7.913, de 7 de dezembro de 1989;

V - das multas referidas no art. 84, da Lei nº 8.884, de 11 de junho de 1994;

VI - dos rendimentos auferidos com a aplicação dos recursos do Fundo;

VII - de outras receitas que vierem a ser destinada ao Fundo;

VIII - de doações de pessoas físicas ou jurídicas, nacionais ou estrangeiras.

Art. 3º O FDD será gerido pelo Conselho Federal Gestor do Fundo de Defesa de Direitos Difusos (CFDD), órgão colegiado integrante da estrutura organizacional do Ministério da Justiça, com sede em Brasília, e composto pelos seguintes membros:

I - um representante da Secretaria de Direito Econômico do Ministério da Justiça, que o presidirá;

II - um representante do Ministério do Meio Ambiente e da Amazônia Legal;

III - um representante do Ministério da Cultura;

IV - um representante do Ministério da Saúde vinculado à área de vigilância sanitária;

V - um representante do Ministério da Fazenda;

VI - um representante do Conselho Administrativo de Defesa Econômica - CADE;

VII - um representante do Ministério Público Federal;

VIII - três representantes de entidades civis que atendam aos pressupostos dos incisos I e II, do art. 5º, da Lei nº 7.347, de 24 de julho de 1985.

§ 1º Cada representante de que trata este artigo terá um suplente, que o substituirá nos seus afastamentos e impedimentos legais.

§ 2º É vedada a remuneração, a qualquer título, pela participação no CFDD, sendo a atividade considerada serviço público relevante.

Art. 4º Os representantes e seus respectivos suplentes serão designados pelo Ministro da Justiça; os dos incisos I a V dentre os servidores dos respectivos Ministérios, indicados pelo seu titular; o do inciso VI dentre os servidores ou conselheiros, indicado pelo presidente da autarquia; o do inciso VII indicado pelo Procurador-Geral da República, dente os integrantes da carreira, e os do inciso VIII indicados pelas respectivas entidades devidamente inscritas perante o CFDD.

Parágrafo único. Os representantes serão designados pelo prazo de dois anos, admitida uma recondução, exceto quanto ao representante referido no inciso I, do art. 3º, que poderá ser reconduzido por mais de uma vez.

Art. 5º Funcionará como Secretaria-Executiva do CFDD a Secretaria de Direito Econômico do Ministério da Justiça.

Art. 6º Compete ao CFDD:

I - zelar pela aplicação dos recursos na consecução dos objetivos previstos nas Leis nºs 7.347, de 1985, 7.853, de 1989, 7.913, de 1989, 8.078, de 1990 e 8.884, de 1994, no âmbito do disposto no art. 1º deste Decreto;

II - aprovar convênios e contratos, a serem firmados pela Secretaria-Executiva do Conselho, objetivando atender ao disposto no inciso I deste artigo;

III - examinar e aprovar projetos de reconstituição de bens lesados, inclusive os de caráter científico e de pesquisa;

IV - promover, por meio de órgãos da administração pública e de entidades civis interessadas, eventos educativos ou científicos;

V - fazer editar, inclusive em colaboração com órgãos oficiais, material informativo sobre as matérias mencionadas no art. 1º deste Decreto;

VI - promover atividades e eventos que contribuam para a difusão da cultura, da proteção ao meio ambiente, do consumidor, da livre concorrência, do patrimônio histórico, artístico, estético, turístico, paisagístico e de outros interesses difusos e coletivos;

VII - examinar e aprovar os projetos de modernização administrativa dos órgãos públicos responsáveis pela execução das políticas relativas às áreas a que se refere o art. 1º deste Decreto;

VIII - elaborar o seu regimento interno.

Art. 7º Os recursos arrecadados serão distribuídos para a efetivação das medidas dispostas no artigo anterior e suas aplicações deverão estar relacionadas com a natureza da infração ou de dano causado.

Parágrafo único. Os recursos serão prioritariamente aplicados na reparação específica do dano causado, sempre que tal fato for possível.

Art. 8º Em caso de concurso de créditos decorrentes de condenação prevista na Lei nº 7.347, de 24 de julho de 1985, e depositados no FDD, e de indenizações pelos prejuízos individuais resultantes do mesmo evento danoso, estas terão preferência no pagamento, de acordo com o art. 99, da Lei nº 8.078, de 1990.

Parágrafo único. Neste caso, a importância recolhida ao FDD terá sua destinação sustada enquanto pendentes de recursos as ações de indenização pelos danos individuais, salvo na hipótese de o patrimônio do devedor ser manifestamente suficiente para responder pela integralidade das dívidas.

Art. 9º O CFDD estabelecerá sua forma de funcionamento por meio de regimento interno, que será elaborado dentro de sessenta dias, a partir da sua instalação, aprovado por portaria do Ministro da Justiça.

Art. 10. Os recursos destinados ao fundo serão centralizados em conta especial mantida no Banco do Brasil S.A., em Brasília, DF, denominada "Ministério da Justiça - CFDD – Fundo".

Parágrafo único. Nos termos do Regimento Interno do CFDD, os recursos destinados ao fundo provenientes de condenações judiciais de aplicação de multas administrativas deverão ser identificados segundo a natureza da infração ou do dano causado, de modo a permitir o cumprimento do disposto no art. 7º deste Decreto.

Art. 11. O CFDD, mediante entendimento a ser mantido com o Poder Judiciário e os Ministérios Públicos Federal e Estaduais, será informado sobre a propositura de toda ação civil pública, a existência de depósito judicial, de sua natureza, e do trânsito em julgado da decisão.

Art. 12. Este Decreto entra em vigor na data de sua publicação.

Art. 13. Fica revogado o Decreto nº 407, de 27 de dezembro de 1991.

Brasília, 9 de novembro de 1994; 173º da Independência e 106º da República.

ITAMAR FRANCO
Alexandre de Paula Dupeyrat Martins

DECRETO Nº 2.181,
DE 20 DE MARÇO DE 1997.

> Dispõe sobre a organização do Sistema Nacional de Defesa do Consumidor - SNDC, estabelece as normas gerais de aplicação das sanções administrativas previstas na Lei nº 8.078, de 11 de setembro de 1990, revoga o Decreto Nº 861, de 9 julho de 1993, e dá outras providências.

O PRESIDENTE DA REPÚBLICA, no uso da atribuição que lhe confere o art. 84, inciso IV, da Constituição, e tendo em vista o disposto na Lei nº 8.078, de 11 de setembro de 1990,
DECRETA:
Art. 1º Fica organizado o Sistema Nacional de Defesa do Consumidor - SNDC e estabelecidas as normas gerais de aplicação das sanções administrativas, nos termos da Lei nº 8.078, de 11 de setembro de 1990.

CAPÍTULO I
Do Sistema Nacional de Defesa do Consumidor

Art. 2º Integram o SNDC a Secretaria de Direito Econômico do Ministério da Justiça SDE, por meio do seu Departamento de Proteção e Defesa do Consumidor - DPDC, e os demais órgãos federais, estaduais, do Distrito Federal, municipais e as entidades civis de defesa do consumidor.

CAPÍTULO II
Da Competência dos Orgãos Integrantes do SNDC

Art. 3º Compete ao DPDC, a coordenação da política do Sistema Nacional de Defesa do Consumidor, cabendo-lhe:

I - planejar, elaborar, propor, coordenar e executar a política nacional de proteção e defesa do consumidor;
II - receber, analisar, avaliar e apurar consultas e denúncias apresentadas por entidades representativas ou pessoas jurídicas de direito público ou privado ou por consumidores individuais;
III - prestar aos consumidores orientação permanente sobre seus direitos e garantias;
IV - informar, conscientizar e motivar o consumidor, por intermédio dos diferentes meios de comunicação;
V - solicitar à polícia judiciária a instauração de inquérito para apuração de delito contra o consumidor, nos termos da legislação vigente;
VI - representar ao Ministério Público competente, para fins de adoção de medidas processuais, penais e civis, no âmbito de suas atribuições;
VII - levar ao conhecimento dos órgãos competentes as infrações de ordem administrativa que violarem os interesses difusos, coletivos ou individuais dos consumidores;
VIII - solicitar o concurso de órgãos e entidades da União, dos Estados, do Distrito Federal e dos Municípios, bem como auxiliar na fiscalização de preços, abastecimento, quantidade e segurança de produtos e serviços;
IX - incentivar, inclusive com recursos financeiros e outros programas especiais, a criação de órgãos públicos estaduais e municipais de defesa do consumidor e a formação, pelos cidadãos, de entidades com esse mesmo objetivo;
X - fiscalizar e aplicar as sanções administrativas previstas na Lei nº 8.078, de 1990, e em outras normas pertinentes à defesa do consumidor;
XI - solicitar o concurso de órgãos e entidades de notória especialização técnico-científica para a consecução de seus objetivos;
XII - provocar a Secretaria de Direito Econômico para celebrar convênios e termos de ajustamento de conduta, na forma do § 6º do art. 5º da Lei nº 7.347, de 24 de julho de 1985;
XIII - elaborar e divulgar o cadastro nacional de reclamações fundamentadas contra fornecedores de produtos e serviços, a que se refere o art. 44 da Lei nº 8.078, de 1990;
XIV - desenvolver outras atividades compatíveis com suas finalidades.

Art. 4º No âmbito de sua jurisdição e competência, caberá ao órgão estadual, do Distrito Federal e municipal de proteção e defesa do consumidor, criado, na forma da lei, especificamente para este fim, exercitar as atividades contidas nos incisos II a XII do art. 3º deste Decreto e, ainda:

I - planejar, elaborar, propor, coordenar e executar a política estadual, do Distrito Federal e municipal de proteção e defesa do consumidor, nas suas respectivas áreas de atuação;

II - dar atendimento aos consumidores, processando, regularmente, as reclamações fundamentadas;

III - fiscalizar as relações de consumo;

IV - funcionar, no processo administrativo, como instância de instrução e julgamento, no âmbito de sua competência, dentro das regras fixadas pela Lei nº 8.078, de 1990, pela legislação complementar e por este Decreto;

V - elaborar e divulgar anualmente, no âmbito de sua competência, o cadastro de reclamações fundamentadas contra fornecedores de produtos e serviços, de que trata o art. 44 da Lei nº 8.078, de 1990, e remeter cópia ao DPDC;

VI - desenvolver outras atividades compatíveis com suas finalidades.

Art. 5º Qualquer entidade ou órgão da Administração Pública, federal, estadual e municipal, destinado à defesa dos interesses e direitos do consumidor, tem, no âmbito de suas respectivas competências, atribuição para apurar e punir infrações a este Decreto e à legislação das relações de consumo.

Parágrafo único. Se instaurado mais de um processo administrativo por pessoas jurídicas de direito público distintas, para apuração de infração decorrente de um mesmo fato imputado ao mesmo fornecedor, eventual conflito de competência será dirimido pelo DPDC, que poderá ouvir a Comissão Nacional Permanente de Defesa do Consumidor - CNPDC, levando sempre em consideração a competência federativa para legislar sobre a respectiva atividade econômica.

Art. 6º As entidades e órgãos da Administração Pública destinados à defesa dos interesses e direitos protegidos pelo Código de Defesa do Consumidor poderão celebrar compromissos de ajustamento de conduta às exigências legais, nos termos do § 6º do art. 5º da Lei nº 7.347, de 1985, na órbita de suas respectivas competências.

§ 1º A celebração de termo de ajustamento de conduta não impede que outro, desde que mais vantajoso para o consumidor, seja lavrado por quaisquer das pessoas jurídicas de direito público integrantes do SNDC.

§ 2º A qualquer tempo, o órgão subscritor poderá, diante de novas informações ou se assim as circunstâncias o exigirem, retificar ou complementar o acordo firmado, determinando outras providências que se fizerem necessárias, sob pena de invalidade imediata do ato, dando-se seguimento ao procedimento administrativo eventualmente arquivado.

§ 3º O compromisso de ajustamento conterá, entre outras, cláusulas que estipulem condições sobre:

I - obrigação do fornecedor de adequar sua conduta às exigências legais, no prazo ajustado

II - pena pecuniária, diária, pelo descumprimento do ajustado, levando-se em conta os seguintes critérios:

a) o valor global da operação investigada;

b) o valor do produto ou serviço em questão;

c) os antecedentes do infrator;

d) a situação econômica do infrator;

III - ressarcimento das despesas de investigação da infração e instrução do procedimento administrativo.

§ 4º A celebração do compromisso de ajustamento suspenderá o curso do processo administrativo, se instaurado, que somente será arquivado após atendidas todas as condições estabelecidas no respectivo termo.

Art. 7º Compete aos demais órgãos públicos federais, estaduais, do Distrito Federal e municipais que passarem a integrar o SNDC fiscalizar as relações de consumo, no âmbito de sua competência, e autuar, na forma da legislação, os responsáveis por práticas que violem os direitos do consumidor.

Art. 8º As entidades civis de proteção e defesa do consumidor, legalmente constituídas, poderão:

I - encaminhar denúncias aos órgãos públicos de proteção e defesa do consumidor, para as providências legais cabíveis;

II - representar o consumidor em juízo, observado o disposto no inciso IV do art. 82 da Lei nº 8.078, de 1990;

III - exercer outras atividades correlatas.

CAPÍTULO III
Da Fiscalização, das PráticasInfrativas e das Penalidades Administrativas

SEÇÃO I
Da Fiscalização

Art. 9º A fiscalização das relações de consumo de que tratam a Lei nº 8.078, de 1990, este Decreto e as demais normas de defesa do consumidor será exercida em todo o território nacional pela Secretaria de Direito Econômico do Ministério da Justiça, por meio do DPDC, pelos órgãos federais integrantes do SNDC, pelos órgãos conveniados com a Secretaria e pelos órgãos de proteção e defesa do consumidor criados pelos Estados, Distrito Federal e Municípios, em suas respectivas áreas de atuação e competência.

Art. 10. A fiscalização de que trata este Decreto será efetuada por agentes fiscais, oficialmente designados, vinculados aos respectivos órgãos de proteção e defesa do consumidor, no âmbito federal, estadual, do Distrito Federal e municipal, devidamente credenciados mediante Cédula de Identificação Fiscal, admitida a delegação mediante convênio.

Art. 11. Sem exclusão da responsabilidade dos órgãos que compõem o SNDC, os agentes de que trata o artigo anterior responderão pelos atos que praticarem quando investidos da ação fiscalizadora.

SEÇÃO II
Das Práticas Infrativas

Art. 12. São consideradas práticas infrativa:

I - condicionar o fornecimento de produto ou serviço ao fornecimento de outro produto ou serviço, bem como, sem justa causa, a limites quantitativos;

II - recusar atendimento às demandas dos consumidores na exata medida de sua disponibilidade de estoque e, ainda, de conformidade com os usos e costumes;

III - recusar, sem motivo justificado, atendimento à demanda dos consumidores de serviços;

IV - enviar ou entregar ao consumidor qualquer produto ou fornecer qualquer serviço, sem solicitação prévia;

V - prevalecer-se da fraqueza ou ignorância do consumidor, tendo em vista sua idade, saúde, conhecimento ou condição social, para impingir-lhe seus produtos ou serviços;
VI - exigir do consumidor vantagem manifestamente excessiva;
VII - executar serviços sem a prévia elaboração de orçamento e auto consumidor. ressalvadas as decorrentes de práticas anteriores entre as partes;
VIII - repassar informação depreciativa referente a ato praticado pelo consumidor no exercício de seus direitos;
IX - colocar, no mercado de consumo, qualquer produto ou serviço:
a) em desacordo com as normas expedidas pelos órgãos oficiais competentes, ou, se normas específicas não existirem, pela Associação Brasileira de Normas Técnicas - ABNT ou outra entidade credenciada pelo Conselho Nacional de Metrologia, Normalização e Qualidade Industrial - CONMETRO;
b) que acarrete riscos à saúde ou à segurança dos consumidores e sem informações ostensivas e adequadas;
c) em desacordo com as indicações constantes do recipiente, da embalagem, da rotulagem ou mensagem publicitária, respeitadas as variações decorrentes de sua natureza;
d) impróprio ou inadequado ao consumo a que se destina ou que lhe diminua o valor;
X - deixar de reexecutar os serviços, quando cabível, sem custo adicional;
XI - deixar de estipular prazo para o cumprimento de sua obrigação ou deixar a fixação ou variação de seu termo inicial a seu exclusivo critério.
Art. 13. Serão consideradas, ainda, práticas infrativas, na forma dos dispositivos da Lei nº 8.078, de 1990:
I - ofertar produtos ou serviços sem as informações corretas, claras, precisa e ostensivas, em língua portuguesa, sobre suas características, qualidade, quantidade, composição, preço, condições de pagamento, juros, encargos, garantia, prazos de validade e origem, entre outros dados relevantes;
II - deixar de comunicar à autoridade competente a periculosidade do produto ou serviço, quando do lançamento dos mesmos no mercado de consumo, ou quando da verificação posterior da existência do risco;

III - deixar de comunicar aos consumidores, por meio de anúncios publicitários, a periculosidade do produto ou serviço, quando do lançamento dos mesmos no mercado de consumo, ou quando da verificação posterior da existência do risco;

IV - deixar de reparar os danos causados aos consumidores por defeitos decorrentes de projetos, fabricação, construção, montagem, manipulação, apresentação ou acondicionamento de seus produtos ou serviços, ou por informações insuficientes ou inadequadas sobre a sua utilização e risco;

V - deixar de empregar componentes de reposição originais, adequados e novos, ou que mantenham as especificações técnicas do fabricante, salvo se existir autorização em contrário do consumidor;

VI - deixar de cumprir a oferta, publicitária ou não, suficientemente precisa, ressalvada a incorreção retificada em tempo hábil ou exclusivamente atribuível ao veículo de comunicação, sem prejuízo, inclusive nessas duas hipóteses, do cumprimento forçado do anunciado ou do ressarcimento de perdas e danos sofridos pelo consumidor, assegurado o direito de regresso do anunciante contra seu segurador ou responsável direto;

VII - omitir, nas ofertas ou vendas eletrônicas, por telefone ou reembolso postal, o nome e endereço do fabricante ou do importador na embalagem, na publicidade e nos impressos utilizados na transação comercial;

VIII - deixar de cumprir, no caso de fornecimento de produtos e serviços, o regime de preços tabelados, congelados, administrados, fixados ou controlados pelo Poder Público;

IX - submeter o consumidor inadimplente a ridículo ou a qualquer tipo de constrangimento ou ameaça;

X - impedir ou dificultar o acesso gratuito do consumidor às informações xistentes em cadastros, fichas, registros de dados pessoais e de consumo, arquivados sobre ele, bem como sobre as respectivas fontes;

XI - elaborar cadastros de consumo com dados irreais ou imprecisos;

XII - manter cadastros e dados de consumidores com informações negativas, divergentes da proteção legal;

XIIII - deixar de comunicar, por escrito, ao consumidor a abertura de cadastro, ficha, registro de dados pessoais e de consumo, quando não solicitada por ele;

XIV - deixar de corrigir, imediata e gratuitamente, a inexatidão de dados e cadastros, quando solicitado pelo consumidor;
XV - deixar de comunicar ao consumidor, no prazo de cinco dias úteis, as correções cadastrais por ele solicitadas;
XVI - impedir, dificultar ou negar, sem justa causa, o cumprimento das declarações constantes de escritos particulares, recibos e pré-contratos concernentes às relações de consumo;
XVII - omitir em impressos, catálogos ou comunicações, impedir, dificultar ou negar a desistência contratual, no prazo de até sete dias a contar da assinatura do contrato ou do ato de recebimento do produto ou serviço, sempre que a contratação ocorrer fora do estabelecimento comercial, especialmente or telefone ou a domicílio;
XVIII - impedir, dificultar ou negar a devolução dos valores pagos, monetariamente atualizados, durante o prazo de reflexão, em caso de desistência do contrato pelo consumidor;
XIX - deixar de entregar o termo de garantia, devidamente preenchido com as informações previstas no parágrafo único do art. 50 da Lei nº 8.078, de 1990;
XX - deixar, em contratos que envolvam vendas a prazo ou com cartão de crédito, de informar por escrito ao consumidor, prévia e adequadamente, inclusive nas comunicações publicitárias, o preço do produto ou do serviço em moeda corrente nacional, o montante dos juros de mora e da taxa efetiva anual de juros, os acréscimos legal e contratualmente previstos, o número e a periodicidade das prestações e, com igual destaque, a soma total a pagar, com ou sem financiamento;
XXI - deixar de assegurar a oferta de componentes e peças de reposição, enquanto não cessar a fabricação ou importação do produto, e, caso cessadas, de manter a oferta de componentes e peças de reposição por período razoável de tempo, nunca inferior à vida útil do produto ou serviço;
XXII - propor ou aplicar índices ou formas de reajuste alternativos, bem como fazê-lo em desacordo com aquele que seja legal ou contratualmente permitido;
XXIII - recusar a venda de produto ou a prestação de serviços, publicamente ofertados, diretamente a quem se dispõe a adquiri-los mediante pronto pagamento, ressalvados os casos regulados em leis especiais;

XXIV - deixar de trocar o produto impróprio, inadequado, ou de valor diminuído, por outro da mesma espécie, em perfeitas condições de uso, ou de restituir imediatamente a quantia paga, devidamente corregida, ou fazer abatimento proporcional do preço, a critério do consumidor.

Art. 14. É enganosa qualquer modalidade de informação ou comunicação de aráter publicitário inteira ou parcialmente falsa, ou, por qualquer outro modo, esmo por omissão, capaz de induzir a erro o consumidor a respeito da natureza, características, qualidade, quantidade, propriedade, origem, preço e de quaisquer outros dados sobre produtos ou serviços.

§ 1º É enganosa, por omissão, a publicidade que deixar de informar sobre dado essencial do produto ou serviço a ser colocado à disposição dos consumidores.

§ 2º É abusiva, entre outras, a publicidade discriminatória de qualquer natureza, que incite à violência, explore o medo ou a superstição, se aproveite da deficiência de julgamento e da inexperiência da criança, desrespeite valores ambientais, seja capaz de induzir o consumidor a se comportar de forma prejudicial ou perigosa à sua saúde ou segurança, ou que viole normas legais ou regulamentares de controle da publicidade.

§ 3º O ônus da prova da veracidade (não-enganosidade) e da correção (não-abusividade) da informação ou comunicação publicitária cabe a quem as patrocina.

Art. 15. Estando a mesma empresa sendo acionada em mais de um Estado federado pelo mesmo fato gerador de prática infrativa, a autoridade máxima do sistema estadual poderá remeter o processo ao órgão coordenador do SNDC, que apurará o fato e aplicará as sanções respectivas.

Art. 16. Nos casos de processos administrativos tramitando em mais de um Estado, que envolvam interesses difusos ou coletivos, o DPDC poderá avocá-los, ouvida a Comissão Nacional Permanente de Defesa do Consumidor, bem como as autoridades máximas dos sistemas estaduais.

Art. 17. As práticas infrativas classificam-se em:

I - leves: aquelas em que forem verificadas somente circunstâncias atenuantes;

II - graves: aquelas em que forem verificadas circunstâncias agravantes.

SEÇÃO III
Das Penalidades Administrativas

Art. 18. A inobservância das normas contidas na Lei nº 8.078, de 1990, e das demais normas de defesa do consumidor constituirá prática infrativa e sujeitará o fornecedor às seguintes penalidades, que poderão ser aplicadas isolada ou cumulativamente, inclusive de forma cautelar, antecedente ou incidente no processo administrativo, sem prejuízo das de natureza cível, penal e das definidas em normas específicas:

I - multa;
II - apreensão do produto;
III - inutilização do produto;
IV - cassação do registro do produto junto ao órgão competente;
V - proibição de fabricação do produto;
VI - suspensão de fornecimento de produtos ou serviços;
VII - suspensão temporária de atividade;
VIII - revogação de concessão ou permissão de uso;
IX - cassação de licença do estabelecimento ou de atividade;
X - interdição, total ou parcial, de estabelecimento, de obra ou de atividade;
XI - intervenção administrativa;
XII - imposição de contrapropaganda.

§ 1º Responderá pela prática infrativa, sujeitando-se às sanções administrativas previstas neste Decreto, quem por ação ou omissão lhe der causa, concorrer para sua prática ou dela se beneficiar.

§ 2º As penalidades previstas neste artigo serão aplicadas pelos órgãos oficiais integrantes do SNDC, sem prejuízo das atribuições do órgão normativo ou regulador da atividade, na forma da legislação vigente.

§ 3º As penalidades previstas nos incisos III a XI deste artigo sujeitam-se a posterior confirmação pelo órgão normativo ou regulador da atividade, nos limites de sua competência.

Art. 19. Toda pessoa física ou jurídica que fizer ou promover publicidade enganosa ou abusiva ficará sujeita à pena de multa, cumulada com aquelas previstas no artigo anterior, sem prejuízo da competência de outros órgãos administrativos.

Parágrafo único. Incide também nas penas deste artigo o fornecedor que:

a) deixar de organizar ou negar aos legítimos interessados os dados fáticos, técnicos e científicos que dão sustentação à mensagem publicitária;

b) veicular publicidade de forma que o consumidor não possa, fácil e imediatamente, identificá-la como tal.

Art. 20. Sujeitam-se à pena de multa os órgãos públicos que, por si ou suas empresas concessionárias, permissionárias ou sob qualquer outra forma de empreendimento, deixarem de fornecer serviços adequados, eficientes, seguros e, quanto aos essenciais, contínuos.

Art. 21. A aplicação da sanção prevista no inciso II do art. 18 terá lugar quando os produtos forem comercializados em desacordo com as especificações técnicas estabelecidas em legislação própria, na Lei nº 8.078, de 1990, e neste Decreto.

§ 1º Os bens apreendidos, a critério da autoridade, poderão ficar sob a guarda do proprietário, responsável, preposto ou empregado que responda pelo gerenciamento do negócio, nomeado fiel depositário, mediante termo próprio, proibida a venda, utilização, substituição, subtração ou remoção, total ou parcial, dos referidos bens.

§ 2º A retirada de produto por parte da autoridade fiscalizadora não poderá incidir sobre quantidade superior àquela necessária à realização da análise pericial.

Art. 22. Será aplicada multa ao fornecedor de produtos ou serviços que, direta ou indiretamente, inserir, fizer circular ou utilizar-se de cláusula abusiva, qualquer que seja a modalidade do contrato de consumo, inclusive nas operações securitárias, bancárias, de crédito direto ao consumidor, depósito, poupança, mútuo ou financiamento, e especialmente quando:

I - impossibilitar, exonerar ou atenuar a responsabilidade do fornecedor por vícios de qualquer natureza dos produtos e serviços ou implicar renúncia ou disposição de direito do consumidor;

II - deixar de reembolsar ao consumidor a quantia já paga, nos casos previstos na Lei nº 8.078, de 1990;

III - transferir responsabilidades a terceiros;

IV - estabelecer obrigações consideradas iníquas ou abusivas, que coloquem o consumidor em desvantagem exagerada, incompatíveis com a boa-fé ou a eqüidade;

V - estabelecer inversão do ônus da prova em prejuízo do consumidor;

VI - determinar a utilização compulsória de arbitragem;

VII - impuser representante para concluir ou realizar outro negócio jurídico pelo consumidor;

VIII - deixar ao fornecedor a opção de concluir ou não o contrato, embora obrigando o consumidor;

IX - permitir ao fornecedor, direta ou indiretamente, variação unilateral do preço, juros, encargos, forma de pagamento ou atualização monetária;

X - autorizar o fornecedor a cancelar o contrato unilateralmente, sem que igual direito seja conferido ao consumidor, ou permitir, nos contratos de longa duração ou de trato sucessivo, o cancelamento sem justa causa e motivação, mesmo que dada ao consumidor a mesma opção;

XI - obrigar o consumidor a ressarcir os custos de cobrança de sua obrigação, sem que igual direito lhe seja conferido contra o fornecedor;

XII - autorizar o fornecedor a modificar unilateralmente o conteúdo ou a qualidade do contrato após sua celebração;

XIII - infringir normas ambientais ou possibilitar sua violação;

XIV - possibilitar a renúncia ao direito de indenização por benfeitorias necessárias;

XV - restringir direitos ou obrigações fundamentais à natureza do contrato, de tal modo a ameaçar o seu objeto ou o equilíbrio contratual;

XVI - onerar excessivamente o consumidor, considerando-se a natureza e o conteúdo do contrato, o interesse das partes e outras circunstâncias peculiares à espécie;

XVII - determinar, nos contratos de compra e venda mediante pagamento em prestações, ou nas alienações fiduciárias em garantia, a perda total das prestações pagas, em benefício do credor que, em razão do inadimplemento, pleitear a resilição do contrato e a retomada do produto alienado, ressalvada a cobrança judicial de perdas e danos comprovadamente sofridos;

XVIII - anunciar, oferecer ou estipular pagamento em moeda estrangeira, salvo nos casos previstos em lei;

XIX - cobrar multas de mora superiores a dois por cento, decorrentes do inadimplemento de obrigação no seu termo, conforme o disposto no § 1º do art. 52 da Lei nº 8.078, de 1990, com a redação dada pela Lei nº 9.298, de 1º de agosto de 1996;

XX - impedir, dificultar ou negar ao consumidor a liquidação antecipada do débito, total ou parcialmente, mediante redução proporcional dos juros, encargos e demais acréscimos, inclusive seguro;

XXI - fizer constar do contrato alguma das cláusulas abusivas a que se refere o art. 56 deste Decreto;

XXII - elaborar contrato, inclusive o de adesão, sem utilizar termos claros, caracteres ostensivos e legíveis, que permitam sua imediata e fácil compreensão, destacando-se as cláusulas que impliquem obrigação ou limitação dos direitos contratuais do consumidor, inclusive com a utilização de tipos de letra e cores diferenciados, entre outros recursos gráficos e visuais;

XXIII - que impeça a troca de produto impróprio, inadequado, ou de valor diminuído, por outro da mesma espécie, em perfeitas condições de uso, ou a restituição imediata da quantia paga, devidamente corrigido, ou fazer abatimento proporcional do preço, a critério do consumidor.

Parágrafo único. Dependendo da gravidade da infração prevista nos incisos dos arts. 12, 13 e deste artigo, a pena de multa poderá ser cumulada com as demais previstas no art. 18, sem prejuízo da competência de outros órgãos administrativos.

Art. 23. Os serviços prestados e os produtos remetidos ou entregues ao consumidor, na hipótese prevista no inciso IV do art. 12 deste Decreto, equiparam-se às amostras grátis, inexistindo obrigação de pagamento.

Art. 24. Para a imposição da pena e sua gradação, serão considerados:

I - as circunstâncias atenuantes e agravantes;

II - os antecedentes do infrator, nos termos do art. 28 deste Decreto.

Art. 25. Consideram-se circunstâncias atenuantes:

I - a ação do infrator não ter sido fundamental para a consecução do fato;

II - ser o infrator primário;

III - ter o infrator adotado as providências pertinentes para minimizar ou de imediato reparar os efeitos do ato lesivo.

Art. 26. Consideram-se circunstâncias agravantes:

I - ser o infrator reincidente;

II - ter o infrator, comprovadamente, cometido a prática infrativa para obter vantagens indevidas;

III - trazer a prática infrativa conseqüências danosas à saúde ou à segurança do consumidor;

IV - deixar o infrator, tendo conhecimento do ato lesivo, de tomar as providências para evitar ou mitigar suas conseqüências;

V - ter o infrator agido com dolo;

VI - ocasionar a prática infrativa dano coletivo ou ter caráter repetitivo;

VII - ter a prática infrativa ocorrido em detrimento de menor de dezoito ou maior de sessenta anos ou de pessoas portadoras de deficiência física, mental ou sensorial, interditadas ou não;
VIII - dissimular-se a natureza ilícita do ato ou atividade;
IX - ser a conduta infrativa praticada aproveitando-se o infrator de grave crise econômica ou da condição cultural, social ou econômica da vítima, ou, ainda, por ocasião de calamidade.

Art. 27. Considera-se reincidência a repetição de prática infrativa, de qualquer natureza, às normas de defesa do consumidor, punida por decisão administrativa irrecorrível.

Parágrafo único. Para efeito de reincidência, não prevalece a sanção anterior, se entre a data da decisão administrativa definitiva e aquela da prática posterior houver decorrido período de tempo superior a cinco anos.

Art. 28. Observado o disposto no art. 24 deste Decreto pela autoridade competente, a pena de multa será fixada considerando-se a gravidade da prática infrativa, a extensão do dano causado aos consumidores, a vantagem auferida com o ato infrativo e a condição econômica do infrator, respeitados os parâmetros estabelecidos no parágrafo único do art. 57 da Lei nº 8.078, de 1990.

CAPÍTULO IV
Da Destinação da Multa e da Administração dos Recursos

Art. 29. A multa de que trata o inciso I do art. 56 e caput do art. 57 da Lei nº 8.078, de 1990, reverterá para o Fundo pertinente à pessoa jurídica de direito público que impuser a sanção, gerido pelo respectivo Conselho Gestor.

Parágrafo único. As multas arrecadadas pela União e órgãos federais reverterão para o Fundo de Direitos Difusos de que tratam a Lei nº 7.347, de 1985, e Lei nº 9.008, de 21 de março de 1995, gerido pelo Conselho Federal Gestor do Fundo de Defesa dos Direitos Difusos - CFDD.

Art. 30. As multas arrecadadas serão destinadas ao financiamento de projetos relacionados com os objetivos da Política Nacional de Relações de Consumo, com a defesa dos direitos básicos do consumidor e com a modernização administrativa dos órgãos públicos de defesa do consumidor, após aprovação pelo respectivo Conselho Gestor, em cada unidade federativa.

Art. 31. Na ausência de Fundos municipais, os recursos serão depositados no Fundo do respectivo Estado e, faltando este, no Fundo federal.
Parágrafo único. O Conselho Federal Gestor do Fundo de Defesa dos Direitos, Difusos poderá apreciar e autorizar recursos para projetos especiais de órgãos e entidades federais, estaduais e municipais de defesa do consumidor.
Art. 32. Na hipótese de multa aplicada pelo órgão coordenador do SNDC nos casos previstos pelo art. 15 deste Decreto, o Conselho Federal Gestor do FDD restituirá aos fundos dos Estados envolvidos o percentual de até oitenta por cento do valor arrecadado.

CAPÍTULO V
Do Processo Administrativo

SEÇÃO I
Das Disposições Gerais

Art. 33. As práticas infrativas às normas de proteção e defesa do consumidor serão apuradas em processo administrativo, que terá início mediante:
I - ato, por escrito, da autoridade competente;
I - lavratura de auto de infração;
III - reclamação.
§ 1º Antecedendo à instauração do processo administrativo, poderá a autoridade competente abrir investigação preliminar, cabendo, para tanto, requisitar dos fornecedores informações sobre as questões investigados, resguardado o segredo industrial, na forma do disposto no § 4º do art. 55 da Lei nº 8.078, de 1990.
§ 2º A recusa à prestação das informações ou o desrespeito às determinações e convocações dos órgãos do SNDC caracterizam desobediência, na forma do art. 330 do Código Penal, ficando a autoridade administrativa com poderes para determinar a imediata cessação da prática, além da imposição das sanções administrativas e civis cabíveis.

SEÇÃO II
Da Reclamação

Art. 34. O consumidor poderá apresentar sua reclamação pessoalmente, ou por telegrama carta, telex, fac-símile ou qualquer outro meio de comunicação, a quaisquer dos órgãos oficiais de proteção e defesa do consumidor.

SEÇÃO III
Dos Autos de Infração, de Apreensão e do Termo de Depósito

Art. 35. Os Autos de infração, de Apreensão e o Termo de Depósito deverão ser impressos, numerados em série e preenchidos de forma clara e precisa, sem entrelinhas, rasuras ou emendas, mencionando:

I - o Auto de Infração:
a) o local, a data e a hora da lavratura;
b) o nome, o endereço e a qualificação do autuado;
c) a descrição do fato ou do ato constitutivo da infração;
d) o dispositivo legal infringido;
e) a determinação da exigência e a intimação para cumpri-la ou impugná-la no prazo de dez dias;
f) a identificação do agente autuante, sua assinatura, a indicação do seu cargo ou função e o número de sua matrícula;
g) a designação do órgão julgador e o respectivo endereço;
h) a assinatura do autuado;

II - o Auto de Apreensão e o Termo de Depósito:
a) o local, a data e a hora da lavratura;
b) o nome, o endereço e a qualificação do depositário;
c) a descrição e a quantidade dos produtos apreendidos;
d) as razões e os fundamentos da apreensão;
e) o local onde o produto ficará armazenado;
f) a quantidade de amostra colhida para análise;
g) a identificação do agente autuante, sua assinatura, a indicação do seu cargo ou função e o número de sua matrícula;
h) a assinatura do depositário;
i) as proibições contidas no § 1º do art. 21 deste Decreto.

Art. 36. Os Autos de Infração, de Apreensão e o Termo de Depósito serão lavrados pelo agente autuante que houver verificado a prática infrativa, preferencialmente no local onde foi comprovada a irregularidade.

Art. 37. Os Autos de Infração, de Apreensão e o Termo de Depósito serão lavrados em impresso próprio, composto de três vias, numeradas tipograficamente.

§ 1º Quando necessário, para comprovação de infração, os Autos serão acompanhados de laudo pericial.

§ 2º Quando a verificação do defeito ou vício relativo à qualidade, oferta e apresentação de produtos não depender de perícia, o agente competente consignará o fato no respectivo Auto.

Art. 38. A assinatura nos Autos de Infração, de Apreensão e no Termo de Depósito, por parte do autuado, ao receber cópias dos mesmos, constitui notificação, sem implicar confissão, para os fins do art. 44 do presente Decreto.

Parágrafo único. Em caso de recusa do autuado em assinar os Autos de Infração, de Apreensão e o Termo de Depósito, o Agente competente consignará o fato nos Autos e no Termo, remetendo-os ao autuado por via postal, com Aviso de Recebimento (AR) ou outro procedimento equivalente, tendo os mesmos efeitos do caput deste artigo.

SEÇÃO IV
Da Instauração do Processo Administrativo por Ato de Autoridade Competente

Art. 39. O processo administrativo de que trata o art. 33 deste Decreto poderá ser instaurado mediante reclamação do interessado ou por iniciativa da própria autoridade competente.

Parágrafo único. Na hipótese de a investigação preliminar não resultar em processo administrativo com base em reclamação apresentada por consumidor, deverá este ser informado sobre as razões do arquivamento pela autoridade competente.

Art. 40. O processo administrativo, na forma deste Decreto, deverá, obrigatoriamente, conter:

I - a identificação do infrator;
II - a descrição do fato ou ato constitutivo da infração;
III - os dispositivos legais infringidos;
IV - a assinatura da autoridade competente.

Art. 41. A autoridade administrativa poderá determinar, na forma de ato próprio, constatação preliminar da ocorrência de prática presumida.

SEÇÃO V
Da Notificação

Art. 42. A autoridade competente expedirá notificação ao infrator, fixando o prazo de dez dias, a contar da data de seu recebimento, para apresentar defesa, na forma do art. 44 deste Decreto.

§ 1º A notificação, acompanhada de cópia da inicial do processo administrativo a que se refere o art. 40, far-se-á:
I - pessoalmente ao infrator, seu mandatário ou preposto;
II - por carta registrada ao infrator, seu mandatário ou preposto, com Aviso de Recebimento (AR).

§ 2º Quando o infrator, seu mandatário ou preposto não puder ser notificado, pessoalmente ou por via postal, será feita a notificação por edital, a ser afixado nas dependências do órgão respectivo, em lugar público, pelo prazo de dez dias, ou divulgado, pelo menos uma vez, na imprensa oficial ou em jornal de circulação local.

SEÇÃO VI
Da Impugnação e do Julgamento do Processo Administrativo

Art. 43. O processo administrativo decorrente de Auto de Infração, de ato de ofício de autoridade competente, ou de reclamação será instruído e julgado na esfera de atribuição do órgão que o tiver instaurado.

Art. 44. O infrator poderá impugnar o processo administrativo, no prazo de dez dias, contados processualmente de sua notificação, indicando em sua defesa:
I - a autoridade julgadora a quem é dirigida;
II - a qualificação do impugnante;
III - as razões de fato e de direito que fundamentam a impugnação;
IV - as provas que lhe dão suporte.

Art. 45. Decorrido o prazo da impugnação, o órgão julgador determinará as diligências cabíveis, podendo dispensar as meramente protelatórias ou irrelevantes, sendo-lhe facultado requisitar do infrator, de quaisquer pessoas físicas ou jurídicas, órgãos ou entidades públicas as necessárias informações, esclarecimentos ou documentos, a serem apresentados no prazo estabelecido.

Art. 46. A decisão administrativa conterá relatório dos fatos, o respectivo enquadramento legal e, se condenatória, a natureza e gradação da pena.

§ 1º A autoridade administrativa competente, antes de julgar o feito, apreciará a defesa e as provas produzidas pelas partes, não estando vinculada ao relatório de sua consultoria jurídica ou órgão similar, se houver.

§ 2º Julgado o processo e fixada a multa, será o infrator notificado para efetuar seu recolhimento no prazo de dez dias ou apresentar recurso.

§ 3º Em caso de provimento do recurso, os valores recolhidos serão devolvidos ao recorrente na forma estabelecida pelo Conselho Gestor do Fundo.

Art. 47. Quando a cominação prevista for a contrapropaganda, o processo poderá ser instruído com indicações técnico-publicitárias, das quais se intimará o autuado, obedecidas, na execução da respectiva decisão, as condições constantes do § 1º do art. 60 da Lei nº 8.078, de 1990.

SEÇÃO VII
Das Nulidades

Art. 48. A inobservância de forma não acarretará a nulidade do ato, se não houver prejuízo para a defesa.

Parágrafo único. A nulidade prejudica somente os atos posteriores ao ato declarado nulo e dele diretamente dependentes ou de que sejam conseqüência, cabendo à autoridade que a declarar indicar tais atos e determinar o adequado procedimento saneador, se for o caso.

SEÇÃO VIII
Dos Recursos Administrativos

Art. 49. Das decisões da autoridade competente do órgão público que aplicou a sanção caberá recurso, sem efeito suspensivo, no prazo de dez dias, contados da data da intimação da decisão, a seu superior hierárquico, que proferirá decisão definitiva.

Parágrafo único. No caso de aplicação de multas, o recurso será recebido, com efeito suspensivo, pela autoridade superior.

Art. 50. Quando o processo tramitar no âmbito do DPDC, o julgamento do feito será de responsabilidade do Diretor daquele órgão, cabendo recurso ao titular da Secretaria de Direito Econômico, no prazo de dez dias, contados da data da intimação da decisão, como segunda e última instância recursal.

Art. 51. Não será conhecido o recurso interposto fora dos prazos e condições estabelecidos neste Decreto.

Art. 52. Sendo julgada insubsistente a infração, a autoridade julgadora recorrerá à autoridade imediatamente superior, nos termos fixados nesta Seção, mediante declaração na própria decisão.

Art. 53. A decisão é definitiva quando não mais couber recurso, seja de ordem formal ou material.

Art. 54. Todos os prazos referidos nesta Seção são preclusivos.

SEÇÃO IX
Da Inscrição na Dívida Ativa

Art. 55. Não sendo recolhido o valor da multa em trinta dias, será o débito inscrito em dívida ativa do órgão que houver aplicado a sanção, para subseqüente cobrança executiva.

CAPÍTULO VI
Do Elenco de Cláusulas Abusivas e do Cadastro de Fornecedores

SEÇÃO I
Do Elenco de Cláusulas Abusivas

Art. 56. Na forma do art. 51 da Lei nº 8.078, de 1990, e com o objetivo de orientar o Sistema Nacional de Defesa do Consumidor, a Secretaria de Direito Econômico divulgará, anualmente, elenco complementar de cláusulas contratuais consideradas abusivas, notadamente para o fim de aplicação do disposto no inciso IV do art. 22 deste Decreto.

§ 1º Na elaboração do elenco referido no caput e posteriores inclusões, a consideração sobre a abusividade de cláusulas contratuais se dará de forma genérica e abstrata.

§ 2º O elenco de cláusulas consideradas abusivas tem natureza meramente exemplificativa, não impedindo que outras, também, possam vir a ser assim consideradas pelos órgãos da Administração Pública incumbidos da defesa dos interesses e direitos protegidos pelo Código de Defesa do Consumidor e legislação correlata.

§ 3º A apreciação sobre a abusividade de cláusulas contratuais, para fins de sua inclusão no elenco a que se refere o caput deste artigo, se dará de ofício ou por provocação dos legitimados referidos no art. 82 da Lei nº 8.078, de 1990.

SEÇÃO II
Do Cadastro de Fornecedores

Art. 57. Os cadastros de reclamações fundamentadas contra fornecedores constituem instrumento essencial de defesa e orientação dos consumidores, devendo os órgãos públicos competentes assegurar sua publicidade, contabilidade e continuidade, nos termos do art. 44 da Lei nº 8.078, de 1990.

Art. 58. Para os fins deste Decreto, considera-se:

I - cadastro: o resultado dos registros feitos pelos órgãos públicos de defesa do consumidor de todas as reclamações fundamentadas contra fornecedores;

II - reclamação fundamentada: a notícia de lesão ou ameaça a direito de consumidor analisada por órgão público de defesa do consumidor, a requerimento ou de ofício, considerada procedente, por decisão definitiva.

Art. 59. Os órgãos públicos de defesa do consumidor devem providenciar a divulgação periódica dos cadastros atualizados de reclamações fundamentadas contra fornecedores.

§ 1º O cadastro referido no caput deste artigo será publicado, obrigatoriamente, no órgão de imprensa oficial local, devendo a entidade responsável dar-lhe a maior publicidade possível por meio dos órgãos de comunicação, inclusive eletrônica.

§ 2º O cadastro será divulgado anualmente, podendo o órgão responsável fazê-lo em período menor, sempre que julgue necessário, e conterá informações objetivas, claras e verdadeiras sobre o objeto da reclamação, a identificação do fornecedor e o atendimento ou não da reclamação pelo fornecedor.

§ 3º Os cadastros deverão ser atualizados permanentemente, por meio das devidas anotações, não podendo conter informações negativas sobre fornecedores, referentes a período superior a cinco anos, contado da data da intimação da decisão definitiva.

Art. 60. Os cadastros de reclamações fundamentadas contra fornecedores são considerados arquivos públicos, sendo informações e fontes a todos acessíveis, gratuitamente, vedada a utilização abusiva ou, por qualquer outro modo, estranha à defesa e orientação dos consumidores, ressalvada a hipótese de publicidade comparativa.

Art. 61. O consumidor ou fornecedor poderá requerer em cinco dias a contar da divulgação do cadastro e mediante petição fundamentada, a retificação de informação inexata que nele conste, bem como a inclusão de informação omitida, devendo a autoridade competente, no prazo de dez dias úteis, pronunciar-se, motivadamente, pela procedência ou improcedência do pedido.

Parágrafo único: No caso de acolhimento do pedido, a autoridade competente providenciará, no prazo deste artigo, a retificação ou inclusão de informação e sua divulgação, nos termos do § 1º do art. 59 deste Decreto.

Art. 62. Os cadastros específicos de cada órgão público de defesa do consumidor serão consolidados em cadastros gerais, nos âmbitos federal e estadual, aos quais se aplica o disposto nos artigos desta Seção.

CAPÍTULO VII
Das Disposições Gerais

Art. 63. Com base na Lei nº 8.078, de 1990, e legislação complementar, a Secretaria de Direito Econômico poderá expedir atos administrativos, visando à fiel observância das normas de proteção e defesa do consumidor.

Art. 64. Poderão ser lavrados Autos de Comprovação ou Constatação, a fim de estabelecer a situação real de mercado, em determinado lugar e momento, obedecido o procedimento adequado.

Art. 65. Em caso de impedimento à aplicação do presente Decreto, ficam as autoridades competentes autorizadas a requisitar o emprego de força policial.

Art. 66. Este Decreto entra em vigor na data de sua publicação.

Art. 67. Fica revogado o Decreto nº 861, de 9 de julho de 1993.

Brasília, 20 de março de 1997; 176º da Independência e 109º da República.

FERNANDO HENRIQUE CARDOSO
Nelson A. Jobim

DECRETO Nº 4.680,
DE 24 DE ABRIL DE 2003.

> Regulamenta o direito à informação, assegurado pela Lei nº 8.078, de 11 de setembro de 1990, quanto aos alimentos e ingredientes alimentares destinados ao consumo humano ou animal que contenham ou sejam produzidos a partir de organismos geneticamente modificados, sem prejuízo do cumprimento das demais normas aplicáveis.

O PRESIDENTE DA REPÚBLICA, no uso da atribuição que lhe confere o art. 84, inciso IV, da Constituição,

DECRETA:

Art. 1º Este Decreto regulamenta o direito à informação, assegurado pela Lei nº 8.078, de 11 de setembro de 1990, quanto aos alimentos e ingredientes alimentares destinados ao consumo humano ou animal que contenham ou sejam produzidos a partir de organismos geneticamente modificados, sem prejuízo do cumprimento das demais normas aplicáveis.

Art. 2º Na comercialização de alimentos e ingredientes alimentares destinados ao consumo humano ou animal que contenham ou sejam produzidos a partir de organismos geneticamente modificados, com presença acima do limite de um por cento do produto, o consumidor deverá ser informado da natureza transgênica desse produto.

§ 1º Tanto nos produtos embalados como nos vendidos a granel ou in natura, o rótulo da embalagem ou do recipiente em que estão contidos deverá constar, em destaque, no painel principal e em conjunto com o símbolo a ser definido mediante ato do Ministério da Justiça, uma das seguintes expressões, dependendo do caso: "(nome do produto) transgênico", "contém (nome do ingrediente ou ingredientes) transgênico(s)" ou "produto produzido a partir de (nome do produto) transgênico".

§ 2º O consumidor deverá ser informado sobre a espécie doadora do gene no local reservado para a identificação dos ingredientes.

§ 3º A informação determinada no § 1º deste artigo também deverá constar do documento fiscal, de modo que essa informação acompanhe o produto ou ingrediente em todas as etapas da cadeia produtiva.

§ 4º O percentual referido no caput poderá ser reduzido por decisão da Comissão Técnica Nacional de Biossegurança - CTNBio.

Art. 3º Os alimentos e ingredientes produzidos a partir de animais alimentados com ração contendo ingredientes transgênicos deverão trazer no painel principal, em tamanho e destaque previstos no art. 2º, a seguinte expressão: "(nome do animal) alimentado com ração contendo ingrediente transgênico" ou "(nome do ingrediente) produzido a partir de animal alimentado com ração contendo ingrediente transgênico".

Art. 4º Aos alimentos e ingredientes alimentares que não contenham nem sejam produzidos a partir de organismos geneticamente modificados será facultada a rotulagem "(nome do produto ou ingrediente) livre de transgênicos", desde que tenham similares transgênicos no mercado brasileiro.

Art. 5º As disposições dos §§ 1º, 2º e 3º do art. 2º e do art. 3º deste Decreto não se aplicam à comercialização de alimentos destinados ao consumo humano ou animal que contenham ou tenham sido produzidos a partir de soja da safra colhida em 2003.

§ 1º As expressões "pode conter soja transgênica" e "pode conter ingrediente produzido a partir de soja transgênica" deverão, conforme o caso, constar do rótulo, bem como da documentação fiscal, dos produtos a que se refere o caput, independentemente do percentual da presença de soja transgênica, exceto se:

I - a soja ou o ingrediente a partir dela produzido seja oriundo de região excluída pelo Ministério da Agricultura, Pecuária e Abastecimento do regime de que trata a Medida Provisória nº 113, de 26 de março de 2003, de conformidade com o disposto no § 5º do seu art. 1º; ou

II - a soja ou o ingrediente a partir dela produzido seja oriundo de produtores que obtenham o certificado de que trata o art. 4º da Medida Provisória nº 113, de 2003, devendo, nesse caso, ser aplicadas as disposições do art. 4º deste Decreto.

§ 2º A informação referida no § 1º pode ser inserida por meio de adesivos ou qualquer forma de impressão.

§ 3º Os alimentos a que se refere o caput poderão ser comercializados após 31 de janeiro de 2004, desde que a soja a partir da qual foram produzidos tenha sido alienada pelo produtor até essa data.

Art. 6º À infração ao disposto neste Decreto aplica-se as penalidades previstas no Código de Defesa do Consumidor e demais normas aplicáveis.

Art. 7º Este Decreto entra em vigor na data de sua publicação.

Art. 8º Revoga-se o Decreto nº 3.871, de 18 de julho de 2001.

Brasília, 24 de abril de 2003; 182º da Independência e 115º da República.

LUIZ INÁCIO LULA DA SILVA
Márcio Thomaz Bastos
José Amauri Dimarzio
Humberto Sérgio Costa Lima
Luiz Fernando Furlan
Roberto Átila Amaral Vieira
Maria Silva
Miguel Soldatelli Rossetto
José Dirceu de Oliveira e Silva
José Graziano da Silva

DECRETO Nº 5.903, DE 20 DE SETEMBRO DE 2006

Regulamenta a Lei nº 10.962, de 11 de outubro de 2004, e a Lei nº 8.078, de 11 de setembro de 1990.

O PRESIDENTE DA REPÚBLICA, no uso da atribuição que lhe confere o art. 84, inciso IV, da Constituição, e tendo em vista o disposto na Lei nº 8.078, de 11 de setembro de 1990, e na Lei nº 10.962, de 11 de outubro de 2004,
DECRETA:
Art. 1º Este Decreto regulamenta a Lei nº 10.962, de 11 de outubro de 2004, e dispõe sobre as práticas infracionais que atentam contra o direito básico do consumidor de obter informação adequada e clara sobre produtos e serviços, previstas na Lei nº 8.078, de 11 de setembro de 1990.
Art. 2º Os preços de produtos e serviços deverão ser informados adequadamente, de modo a garantir ao consumidor a correção, clareza, precisão, ostensividade e legibilidade das informações prestadas.
§ 1º Para efeito do disposto no caput deste artigo, considera-se:
I - correção, a informação verdadeira que não seja capaz de induzir o consumidor em erro;
II - clareza, a informação que pode ser entendida de imediato e com facilidade pelo consumidor, sem abreviaturas que dificultem a sua compreensão, e sem a necessidade de qualquer interpretação ou cálculo;
III - precisão, a informação que seja exata, definida e que esteja física ou visualmente ligada ao produto a que se refere, sem nenhum embaraço físico ou visual interposto;
IV - ostensividade, a informação que seja de fácil percepção, dispensando qualquer esforço na sua assimilação; e
V - legibilidade, a informação que seja visível e indelével.

Art. 3º O preço de produto ou serviço deverá ser informado discriminando-se o total à vista.

Parágrafo único. No caso de outorga de crédito, como nas hipóteses de financiamento ou parcelamento, deverão ser também discriminados:

I - o valor total a ser pago com financiamento;
II - o número, periodicidade e valor das prestações;
III - os juros; e
IV - os eventuais acréscimos e encargos que incidirem sobre o valor do financiamento ou parcelamento.

Art. 4º Os preços dos produtos e serviços expostos à venda devem ficar sempre visíveis aos consumidores enquanto o estabelecimento estiver aberto ao público.

Parágrafo único. A montagem, rearranjo ou limpeza, se em horário de funcionamento, deve ser feito sem prejuízo das informações relativas aos preços de produtos ou serviços expostos à venda.

Art. 5º Na hipótese de afixação de preços de bens e serviços para o consumidor, em vitrines e no comércio em geral, de que trata o inciso I do art. 2º da Lei nº 10.962, de 2004, a etiqueta ou similar afixada diretamente no produto exposto à venda deverá ter sua face principal voltada ao consumidor, a fim de garantir a pronta visualização do preço, independentemente de solicitação do consumidor ou intervenção do comerciante.

Parágrafo único. Entende-se como similar qualquer meio físico que esteja unido ao produto e gere efeitos visuais equivalentes aos da etiqueta.

Art. 6º Os preços de bens e serviços para o consumidor nos estabelecimentos comerciais de que trata o inciso II do art. 2º da Lei nº 10.962, de 2004, admitem as seguintes modalidades de afixação:

I - direta ou impressa na própria embalagem;
II - de código referencial; ou
III - de código de barras.

§ 1º Na afixação direta ou impressão na própria embalagem do produto, será observado o disposto no art. 5º deste Decreto.

§ 2º A utilização da modalidade de afixação de código referencial deverá atender às seguintes exigências:

I - a relação dos códigos e seus respectivos preços devem estar visualmente unidos e próximos dos produtos a que se referem, e imediatamente perceptível ao consumidor, sem a necessidade de qualquer esforço ou deslocamento de sua parte; e

II - o código referencial deve estar fisicamente ligado ao produto, em contraste de cores e em tamanho suficientes que permitam a pronta identificação pelo consumidor.

§ 3º Na modalidade de afixação de código de barras, deverão ser observados os seguintes requisitos:

I - as informações relativas ao preço à vista, características e código do produto deverão estar a ele visualmente unidas, garantindo a pronta identificação pelo consumidor;

II - a informação sobre as características do item deve compreender o nome, quantidade e demais elementos que o particularizem; e

III - as informações deverão ser disponibilizadas em etiquetas com caracteres ostensivos e em cores de destaque em relação ao fundo.

Art. 7º Na hipótese de utilização do código de barras para apreçamento, os fornecedores deverão disponibilizar, na área de vendas, para consulta de preços pelo consumidor, equipamentos de leitura ótica em perfeito estado de funcionamento.

§ 1º Os leitores óticos deverão ser indicados por cartazes suspensos que informem a sua localização.

§ 2º Os leitores óticos deverão ser dispostos na área de vendas, observada a distância máxima de quinze metros entre qualquer produto e a leitora ótica mais próxima.

§ 3º Para efeito de fiscalização, os fornecedores deverão prestar as informações necessárias aos agentes fiscais mediante disponibilização de croqui da área de vendas, com a identificação clara e precisa da localização dos leitores óticos e a distância que os separa, demonstrando graficamente o cumprimento da distância máxima fixada neste artigo.

Art. 8º A modalidade de relação de preços de produtos expostos e de serviços oferecidos aos consumidores somente poderá ser empregada quando for impossível o uso das modalidades descritas nos arts. 5º e 6º deste Decreto.

§ 1º A relação de preços de produtos ou serviços expostos à venda deve ter sua face principal voltada ao consumidor, de forma a garantir a pronta visualização do preço, independentemente de solicitação do consumidor ou intervenção do comerciante.

§ 2º A relação de preços deverá ser também afixada, externamente, nas entradas de restaurantes, bares, casas noturnas e similares.

Art. 9º Configuram infrações ao direito básico do consumidor à informação adequada e clara sobre os diferentes produtos e serviços, sujeitando o infrator às penalidades previstas na Lei nº 8.078, de 1990, as seguintes condutas:

I - utilizar letras cujo tamanho não seja uniforme ou dificulte a percepção da informação, considerada a distância normal de visualização do consumidor;

II - expor preços com as cores das letras e do fundo idêntico ou semelhante;

III - utilizar caracteres apagados, rasurados ou borrados;

IV - informar preços apenas em parcelas, obrigando o consumidor ao cálculo do total;

V - informar preços em moeda estrangeira, desacompanhados de sua conversão em moeda corrente nacional, em caracteres de igual ou superior destaque;

VI - utilizar referência que deixa dúvida quanto à identificação do item ao qual se refere;

VII - atribuir preços distintos para o mesmo item; e

VIII - expor informação redigida na vertical ou outro ângulo que dificulte a percepção.

Art. 10. A aplicação do disposto neste Decreto dar-se-á sem prejuízo de outras normas de controle incluídas na competência de demais órgãos e entidades federais.

Art. 11. Este Decreto entra em vigor noventa dias após sua publicação.

Brasília, 20 de setembro de 2006; 185º da Independência e 118º da República.

LUIZ INÁCIO LULA DA SILVA
Marcio Thomaz Bastos

DECRETO N° 6.523,
DE 31 DE JULHO DE 2008

> Regulamenta a Lei n° 8.078, de 11 de setembro de 1990, para fixar normas gerais sobre o Serviço de Atendimento ao Consumidor - SAC.

O PRESIDENTE DA REPÚBLICA, no uso da atribuição que lhe confere o art. 84, inciso IV, da Constituição, e tendo em vista o disposto na Lei n° 8.078, de 11 de setembro de 1990,
DECRETA:
Art. 1° Este Decreto regulamenta a Lei n° 8.078, de 11 de setembro de 1990, e fixa normas gerais sobre o Serviço de Atendimento ao Consumidor - SAC por telefone, no âmbito dos fornecedores de serviços regulados pelo Poder Público federal, com vistas à observância dos direitos básicos do consumidor de obter informação adequada e clara sobre os serviços que contratar e de manter-se protegido contra práticas abusivas ou ilegais impostas no fornecimento desses serviços.

CAPÍTULO I
Do Âmbito da Aplicação

Art. 2° Para os fins deste Decreto, compreende-se por SAC o serviço de atendimento telefônico das prestadoras de serviços regulados que tenham como finalidade resolver as demandas dos consumidores sobre informação, dúvida, reclamação, suspensão ou cancelamento de contratos e de serviços.
Parágrafo único. Excluem-se do âmbito de aplicação deste Decreto a oferta e a contratação de produtos e serviços realizadas por telefone.

CAPÍTULO II
Da Acessibilidade do Serviço

Art. 3º As ligações para o SAC serão gratuitas e o atendimento das solicitações e demandas previsto neste Decreto não deverá resultar em qualquer ônus para o consumidor.

Art. 4º O SAC garantirá ao consumidor, no primeiro menu eletrônico, as opções de contato com o atendente, de reclamação e de cancelamento de contratos e serviços.

§ 1º A opção de contatar o atendimento pessoal constará de todas as subdivisões do menu eletrônico.

§ 2º O consumidor não terá a sua ligação finalizada pelo fornecedor antes da conclusão do atendimento.

§ 3º O acesso inicial ao atendente não será condicionado ao prévio fornecimento de dados pelo consumidor.

§ 4º Regulamentação específica tratará do tempo máximo necessário para o contato direto com o atendente, quando essa opção for selecionada.

Art. 5º O SAC estará disponível, ininterruptamente, durante vinte e quatro horas por dia e sete dias por semana, ressalvado o disposto em normas específicas.

Art. 6º O acesso das pessoas com deficiência auditiva ou de fala será garantido pelo SAC, em caráter preferencial, facultado à empresa atribuir número telefônico específico para este fim.

Art. 7º O número do SAC constará de forma clara e objetiva em todos os documentos e materiais impressos entregues ao consumidor no momento da contratação do serviço e durante o seu fornecimento, bem como na página eletrônica da empresa na INTERNET.

Parágrafo único. No caso de empresa ou grupo empresarial que oferte serviços conjuntamente, será garantido ao consumidor o acesso, ainda que por meio de diversos números de telefone, a canal único que possibilite o atendimento de demanda relativa a qualquer um dos serviços oferecidos.

CAPÍTULO III
Da Qualidade do Atendimento

Art. 8º O SAC obedecerá aos princípios da dignidade, boa-fé, transparência, eficiência, eficácia, celeridade e cordialidade.

Art. 9º O atendente, para exercer suas funções no SAC, deve ser capacitado com as habilidades técnicas e procedimentais necessárias para realizar o adequado atendimento ao consumidor, em linguagem clara.

Art. 10. Ressalvados os casos de reclamação e de cancelamento de serviços, o SAC garantirá a transferência imediata ao setor competente para atendimento definitivo da demanda, caso o primeiro atendente não tenha essa atribuição.

§ 1º A transferência dessa ligação será efetivada em até sessenta segundos.

§ 2º Nos casos de reclamação e cancelamento de serviço, não será admitida a transferência da ligação, devendo todos os atendentes possuir atribuições para executar essas funções.

§ 3º O sistema informatizado garantirá ao atendente o acesso ao histórico de demandas do consumidor.

Art. 11. Os dados pessoais do consumidor serão preservados, mantidos em sigilo e utilizados exclusivamente para os fins do atendimento.

Art. 12. É vedado solicitar a repetição da demanda do consumidor após seu registro pelo primeiro atendente.

Art. 13. O sistema informatizado deve ser programado tecnicamente de modo a garantir a agilidade, a segurança das informações e o respeito ao consumidor.

Art. 14. É vedada a veiculação de mensagens publicitárias durante o tempo de espera para o atendimento, salvo se houver prévio consentimento do consumidor.

CAPÍTULO IV
Do Acompanhamento de Demandas

Art. 15. Será permitido o acompanhamento pelo consumidor de todas as suas demandas por meio de registro numérico, que lhe será informado no início do atendimento.

§ 1º Para fins do disposto no caput, será utilizada seqüência numérica única para identificar todos os atendimentos.

§ 2º O registro numérico, com data, hora e objeto da demanda, será informado ao consumidor e, se por este solicitado, enviado por correspondência ou por meio eletrônico, a critério do consumidor.

§ 3º É obrigatória a manutenção da gravação das chamadas efetuadas para o SAC, pelo prazo mínimo de noventa dias, durante o qual o consumidor poderá requerer acesso ao seu conteúdo.

§ 4º O registro eletrônico do atendimento será mantido à disposição do consumidor e do órgão ou entidade fiscalizadora por um período mínimo de dois anos após a solução da demanda.

Art. 16. O consumidor terá direito de acesso ao conteúdo do histórico de suas demandas, que lhe será enviado, quando solicitado, no prazo máximo de setenta e duas horas, por correspondência ou por meio eletrônico, a seu critério.

CAPÍTULO V
Do Procedimento para a Resolução de Demandas

Art. 17. As informações solicitadas pelo consumidor serão prestadas imediatamente e suas reclamações, resolvidas no prazo máximo de cinco dias úteis a contar do registro.

§ 1º O consumidor será informado sobre a resolução de sua demanda e, sempre que solicitar, ser-lhe-á enviada a comprovação pertinente por correspondência ou por meio eletrônico, a seu critério.

§ 2º A resposta do fornecedor será clara e objetiva e deverá abordar todos os pontos da demanda do consumidor.

§ 3º Quando a demanda versar sobre serviço não solicitado ou cobrança indevida, a cobrança será suspensa imediatamente, salvo se o fornecedor indicar o instrumento por meio do qual o serviço foi contratado e comprovar que o valor é efetivamente devido.

CAPÍTULO VI
Do Pedido de Cancelamento do Serviço

Art. 18. O SAC receberá e processará imediatamente o pedido de cancelamento de serviço feito pelo consumidor.

§ 1º O pedido de cancelamento será permitido e assegurado ao consumidor por todos os meios disponíveis para a contratação do serviço.

§ 2º Os efeitos do cancelamento serão imediatos à solicitação do consumidor, ainda que o seu processamento técnico necessite de prazo, e independe de seu adimplemento contratual.

§ 3º O comprovante do pedido de cancelamento será expedido por correspondência ou por meio eletrônico, a critério do consumidor.

CAPÍTULO VII
Das Disposições Finais

Art. 19. A inobservância das condutas descritas neste Decreto ensejará aplicação das sanções previstas no art. 56 da Lei nº 8.078, de 1990, sem prejuízo das constantes dos regulamentos específicos dos órgãos e entidades reguladoras.

Art. 20. Os órgãos competentes, quando necessário, expedirão normas complementares e específicas para execução do disposto neste Decreto.

Art. 21. Os direitos previstos neste Decreto não excluem outros, decorrentes de regulamentações expedidas pelos órgãos e entidades reguladores, desde que mais benéficos para o consumidor.

Art. 22. Este Decreto entra em vigor em 1º de dezembro de 2008.

Brasília, 31 de julho de 2008; 187º da Independência e 120º da República.

LUIZ INÁCIO LULA DA SILVA
Tarso Genro

ÍNDICE ALFABÉTICO-REMISSIVO POR ASSUNTO[45]

A

Abandono da ação por associação legitimada (§ 3º Em caso de desistência infundada ou) - Art. 112
Abastecimento (bem como auxiliar a fiscalização de preços,) - Art. 106, VIII
Abastecimento, quantidade e segurança de bens e serviços (fiscalização de preços,) - Art. 106, VIII
Abatimento proporcional do preço (o) - Art. 18, § 1º, III
Abatimento proporcional do preço (o) - Art. 20, III
Abatimento proporcional do preço (o) - Art. 19, I
Abertura de cadastro, ficha, registro e dados pessoais e de consumo (A) - Art. 43, § 2º
Abrangendo as vítimas cujas indenizações já tiveram sido fixadas em sentença de liquidação, - Art. 98
Abusiva não invalida o contrato (A nulidade de uma cláusula contratual) - Art. 51, § 2º
Abusiva (a proteção contra a publicidade enganosa e) - Art. 6º, IV
Abusiva (quando o fornecedor incorrer na prática de publicidade enganosa ou) - Art. 60
Abusiva, dentre outras a publicidade discriminatória de qualquer natureza (É) - Art. 37, § 2º
Abusiva, métodos comerciais coercitivos ou desleais (publicidade enganosa e) - Art. 6º, IV
Abusiva (de forma capaz de desfazer o malefício da publicidade enganosa ou) - Art. 60, § 1º
Abusiva (É proibida toda publicidade enganosa ou) - Art. 37
Abusiva (Fazer ou promover publicidade que sabe ou deveria saber ser enganosa ou) - Art. 67
Abusivas (Das Cláusulas) - Art. 51
Abusivas (Das Práticas) - Art. 39
Abusivas ou impostas (bem como contra práticas e cláusulas) - Art. 6º, IV
Abusivas ou impostas no fornecimento de produtos e serviços (cláusulas) - Art. 6º, IV
Abusivas, coloquem o consumidor em desvantagem exagerada (considerada iníquas,) - Art. 51, IV
Abusivas, que coloquem o consumidor (estabeleçam obrigações consideradas iníquas,) - Art. 51, IV
Abusivas (É vedado ao fornecedor de produtos ou serviços, dentre outras práticas) - Art. 39

---

45 Organizado por Marcos Lúcio Móro Freitas.

Abuso de direito, excesso de poder, infração da lei (em detrimento do consumidor, houver) - Art. 28
Abusos praticados no mercado de consumo (coibição e repressão eficientes de todos os) - Art. 4º, VI
Ação (a associação autora e os diretores responsáveis pela propositura da) - Art. 115
Ação (Os legitimados a agir na forma deste código poderão propor) - Art. 102
Ação (requerer ao Ministério Público que ajuíze a competente) - Art. 51, § 4º
Ação civil coletiva de responsabilidade pelos danos individualmente sofridos, - Art. 91
Ação coletiva (a contar da ciência nos autos do ajuizamento da) - Art. 104
Ação condenatória, no caso de execução individual (da liquidação da sentença ou da) - Art. 98, § 2º,I
Ação condenatória, quando coletiva a execução (da) - Art. 98, § 2ºII
Ação de indenização (facultando-se, em caso afirmativo, o ajuizamento de) - Art. 101, II
Ação de indenização a título individual (como litisconsortes poderão propor) - Art. 103, § 2º
Ação de indenização diretamente contra o segurador (o ajuizamento de) - Art. 101, II
Ação de regresso poderá ser ajuizada em processo autônomo (a) - Art. 88
Ação de responsabilidade civil do fornecedor de produtos e serviços (Na) - Art. 101
Ação governamental no sentido de proteger efetivamente o consumidor: - Art. 4º, II
Ação judicial na qual se discuta a imposição de penalidade administrativa (Pendendo) - Art. 59, § 3º
Ação para ser declarada a nulidade de cláusula contratual (a competente) - Art. 51, § 4º
Ação penal subsidiária (aos quais também é facultado propor) - Art. 80
Ação pode ser proposta no domicílio do autor (a) - Art. 101, I
Ação por associação legitimada (§ 3º Em caso de desistência infundada ou abandono da) - Art. 112
Ação que tenha por objeto o cumprimento da obrigação de fazer ou não fazer (Na) - Art. 84
Ação serão solidariamente condenados (e os diretores responsáveis pela propositura da) - Art. 87, p.ú
Ação visando compelir o Poder Público competente a proibir (propor) - Art. 102
Ação (hipótese em que qualquer legitimado poderá intentar outra) - Art. 103, I
Ação, atuará sempre como fiscal da lei (O Ministério Público, se não ajuizar a) - Art. 92
Ação, será publicado edital no órgão oficial (Proposta a) - Art. 94
Acarretarão riscos (Os produtos e serviços colocados no mercado de consumo não) - Art. 8º
Aceitar outro produto ou prestação de serviço equivalente; - Art. 35, II
Acesso (quaisquer informações que possam impedir ou dificultar novo) - Art. 43, § 5º
Acesso ao crédito junto aos fornecedores (ou dificultar novo) - Art. 43, § 5º
Acesso aos órgãos judiciários e administrativos (o) - Art. 6º, VII
Acesso às informações existentes em cadastros, fichas, registros e dados pessoais (terá) - Art. 43
Acesso às informações lá constantes (É facultado o) - Art. 44, § 1º
Acesso do consumidor às informações (Impedir ou dificultar o) - Art. 72
Ações capazes de propiciar sua adequada e efetiva tutela (são admissíveis todas as espécies de) - Art. 83
Ações coletivas de que trata este código não haverá adiantamento de custas (Nas) - Art. 87
Ações coletivas de que trata este código, a sentença fará coisa julgada (Nas) - Art. 103
Ações Coletivas Para a Defesa de Interesses Individuais Homogêneos (Das) - Art. 91
Ações coletivas, previstas nos incisos I e II e do parágrafo único do art. 81 (As) - Art. 104
Ações de indenização pelos danos individuais (as) - Art. 99, p.ú
Ações de indenização por danos pessoalmente sofridos (não prejudicarão as) - Art. 103, § 3º
Ações de que trata esta lei, não haverá adiantamento de custas (Art. 18. Nas) - Art. 116

Ações de Responsabilidade do Fornecedor de Produtos e Serviços (Das) - Art. 101
Ações individuais (não beneficiarão os autores das) - Art. 104
Ações individuais (não induzem litispendência para as) - Art. 104
Ações previstas neste título as normas do Código de Processo Civil (Aplicam-se às) - Art. 90
Ações previstas nos arts. 91 e seguintes (nas) - Art. 82, § 1°
Acompanhado de manual de instrução, de instalação (no ato do fornecimento,) - Art. 50, p.ú
Acompanhar o produto (através de impressos apropriados que devam) - Art. 8°, p.ú
Acondicionamento de produto (ou a determinar a alteração na composição, estrutura, fórmula ou) - Art. 102
Acondicionamento de seus produtos (manipulação, apresentação ou) - Art. 12
Acordo com a gravidade da infração (A pena de multa, graduada de) - Art. 57
Acordo com o disposto nos artigos seguintes (de) - Art. 91
Acrescente-se à Lei n° 7.347, de 24 de julho de 1985, - Art. 117
Acrescente-se o seguinte inciso IV ao art. 1° da Lei n° 7.347, de 24 de julho de 1985: - Art. 110
Acrescente-se os seguintes §§ 4°, 5° e 6° ao art. 5° da Lei n.° 7.347, - Art. 113
Acrescido de correção monetária e juros legais, salvo hipótese de engano justificável. - Art. 42, p.ú
Acréscimos decorrentes (O consumidor não responde por quaisquer ônus ou) - Art. 40, § 3°
Acréscimos decorrentes da contratação de serviços de terceiros - Art. 40, § 3°
Acréscimos legalmente previstos; - Art. 52, III
Acréscimos (total ou parcialmente, mediante redução proporcional dos juros e demais) - Art. 52, § 2°
Adequação do produto ou serviço independe de termo expresso (A garantia legal de) - Art. 24
Adequada e clara sobre os diferentes produtos e serviços (a informação) - Art. 6°, III
Adequada e efetiva tutela (são admissíveis todas as espécies de ações capazes de propiciar sua) - Art. 83
Adequada e eficaz prestação dos serviços públicos em geral (a) - Art. 6°, X
Adequada em que consiste a mesma garantia, bem como a forma (de maneira) - Art. 50, p.ú
Adequada (perigosos à saúde ou segurança deverá informar, de maneira ostensiva e) - Art. 9°
Adequadamente os produtos perecíveis (não conservar) - Art. 13, III
Adequadamente preenchido (Deixar de entregar ao consumidor o termo de garantia) - Art. 74
Adequadamente preenchido e com especificação clara de seu conteúdo; - Art. 74
Adequadamente sobre (o fornecedor deverá, entre outros requisitos, informá-lo prévia e) - Art. 52
Adequadas a seu respeito (a dar as informações necessárias e) - Art. 8°
Adequado dos produtos e serviços (a educação e divulgação sobre o consumo) - Art. 6°, II
Adequados de qualidade (pela garantia dos produtos e serviços com padrões) - Art. 4°, II, d
Adequados de qualidade, segurança, durabilidade e desempenho (com padrões) - Art. 4°, II, d
Adequados e novos (empregar componentes de reposição originais) - Art. 21
Adequados, eficientes, seguros (são obrigados a fornecer serviços) - Art. 22
Adesão (Dos Contratos de) - Art. 54
Adesão admite-se cláusula resolutória (Nos contratos de) - Art. 54, § 2°
Adesão do contrato (A inserção de cláusula no formulário não desfigura a natureza de) - Art. 54, § 1°
Adesão é aquele cujas cláusulas tenham sido aprovadas pela autoridade competente (Contrato de) - Art. 54
Adesão escritos serão redigidos em termos claros (Os contratos de) - Art. 54, § 3°

Adesão, a cláusula de prazo deverá ser convencionada em separado (Nos contratos de) - Art. 18, § 2º
Adiantamento de custas (Art. 18. Nas ações de que trata esta lei, não haverá) - Art. 116
Adiantamento de custas (Nas ações coletivas de que trata este código não haverá) - Art. 87
Adicional e quando cabível (a reexecução dos serviços, sem custo) - Art. 20, I
Adimplemento (determinará providências que assegurem o resultado prático equivalente ao do) - Art. 84
Administração Pública, direta ou indireta (as entidades e órgãos da) - Art. 82, III
Administração, mediante procedimento administrativo (serão aplicadas pela) - Art. 58
Administração (encerramento ou inatividade da pessoa jurídica provocados por má) - Art. 28
Administrador ou gerente da pessoa jurídica que promover (bem como o diretor,) - Art. 75
Administrativa (levar ao conhecimento dos órgãos competentes as infrações de ordem) - Art. 106, VII
Administrativa e técnica aos necessitados (assegurada a proteção Jurídica) - Art. 6º, VII
Administrativa que violarem os interesses difusos (infrações de ordem) - Art. 106, VII
Administrativa será aplicada sempre (A pena de intervenção) - Art. 59, § 2º
Administrativa (As sanções previstas neste artigo serão aplicadas pela autoridade) - Art. 56, p.ú
Administrativa (e nas suas respectivas áreas de atuação) - Art. 55
Administrativa (Pendendo ação judicial na qual se discuta a imposição de penalidade) - Art. 59, § 3º
Administrativa, serão aplicadas mediante procedimento administrativo (bem como a de intervenção) - Art. 59
Administrativa (intervenção) - Art. 56, XI
Administrativas (Das Sanções) - Art. 55
Administrativas competentes (regulamentos expedidos pelas autoridades) - Art. 7º
Administrativas (ficam sujeitas, conforme o caso, às seguintes sanções) - Art. 56
Administrativo (bem como a de intervenção administrativa, serão aplicadas mediante procedimento) - Art. 59
Administrativo (serão aplicadas pela administração, mediante procedimento) - Art. 58
Administrativo, revertendo para o Fundo (será aplicada mediante procedimento) - Art. 57
Administrativo (inclusive por medida cautelar, antecedente ou incidente de procedimento) - Art. 56, p.ú
Administrativos (o acesso aos órgãos judiciários e) - Art. 6º, VII
Admissíveis todas as espécies de ações capazes de propiciar sua adequada e efetiva tutela (são) - Art. 83
Admissível (A conversão da obrigação em perdas e danos somente será) - Art. 84, § 1º
Admissível se por elas optar o autor (será) - Art. 84, § 1º
Admite-se cláusula resolutória (Nos contratos de adesão) - Art. 54, § 2º
Admitir-se-á o litisconsórcio facultativo entre os Ministérios Públicos da União (§ 5º) - Art. 113
Adoção de medidas processuais (representar ao Ministério Público competente para fins de) - Art. 106, VI
Adoção de medidas processuais no âmbito de suas atribuições (para fins de) - Art. 106, VI
Adoção de novas técnicas (O serviço não é considerado defeituoso pela) - Art. 14, § 2º
Adoção de outras medidas cabíveis em cada caso concreto (sem prejuízo da) - Art. 9º
Adquire ou utiliza produto ou serviço (Consumidor é toda pessoa física ou jurídica que) - Art. 2º
Adquire ou utiliza produto ou serviço como destinatário final (que) - Art. 2º
Adquiri-los mediante pronto pagamento (diretamente a quem se disponha a) - Art. 39, IX

Adulterados, avariados, falsificados (os produtos deteriorados, alterados,) - Art. 18, § 6º, II
Advocatícios e ao décuplo das custas (serão solidariamente condenados em honorários) - Art. 115
Advocatícios e ao décuplo das custas (solidariamente condenados em honorários) - Art. 87, p.ú
Advogado, custas e despesas processuais (em honorários de) - Art. 116
Advogados, custas e despesas processuais (em honorários de) - Art. 87
Aferido segundo os padrões oficiais (e o instrumento utilizado não estiver) - Art. 19, § 2º
Afirmação falsa ou enganosa, ou omitir informação relevante (Fazer) - Art. 66
Afirmações falsas incorretas ou enganosas ou de qualquer outro procedimento - Art. 71
Afirmativo, o ajuizamento de ação de indenização (facultando-se, em caso) - Art. 101, II
Agir na forma deste código poderão propor ação (Os legitimados a) - Art. 102
Agravantes dos crimes tipificados neste código (São circunstâncias) - Art. 76
Ainda que indetermináveis (Equipara-se a consumidor a coletividade de pessoas,) - Art. 2º, p.ú
Ainda que indetermináveis, que haja intervindo nas relações de consumo. - Art. 2º, p.ú
Ainda que sem personalidade jurídica, especificamente destinados à defesa dos interesses - Art. 82, III
Ainda (corrompidos, fraudados, nocivos à vida ou à saúde, perigosos ou,) - Art. 18, § 6º, II
Ainda, aqueles em desacordo com as normas regulamentares (ou,) - Art. 18, § 6º, II
Ainda, de conformidade com os usos e costumes (disponibilidades de estoques, e,) - Art. 39, II
Ajuizada em processo autônomo (a ação de regresso poderá ser) - Art. 88
Ajuizamento da ação coletiva (a contar da ciência nos autos do) - Art. 104
Ajuizamento de ação de indenização (facultando-se, em caso afirmativo, o) - Art. 101, II
Ajuizamento de ação de indenização diretamente contra o segurador (o) - Art. 101, II
Ajuizamento de outras execuções (sem prejuízo do) - Art. 98
Ajuizar a ação, atuará sempre como fiscal da lei (O Ministério Público, se não) - Art. 92
Ajuíze a competente ação (requerer ao Ministério Público que) - Art. 51, § 4º
Ajustamento de sua conduta às exigências legais (tomar dos interessados compromisso de) - Art. 113
Alcance (de modo a dificultar a compreensão de seu sentido e) - Art. 46
Alegação ou quando for ele hipossuficiente (for verossímil a) - Art. 6º, VIII
Além da vantagem econômica auferida (na forma deste artigo, terá descontado,) - Art. 53, § 2º
Além das penas privativas de liberdade e de multa, podem ser impostas, - Art. 78
Além de requisição de força policial (impedimento de atividade nociva,) - Art. 84, § 5º
Alertar (Incorrerá nas mesmas penas quem deixar de) - Art. 63, § 1º
Alguma forma (desconsiderada a pessoa jurídica sempre que sua personalidade for, de) - Art. 28, § 5º
Alienações fiduciárias em garantia, consideram-se nulas de pleno direito (bem como nas) - Art. 53
Alienado (pleitear a resolução do contrato e a retomada do produto) - Art. 53
Alimentos, medicamentos (serem praticados em operações que envolvam) - Art. 76, V
Alteração (no prazo de cinco dias úteis, comunicar a) - Art. 43, § 3º
Alteração aos eventuais destinatários das informações incorretas (comunicar a) - Art. 43, § 3º
Alteração na composição, estrutura, fórmula ou acondicionamento de produto (ou a determinar a) - Art. 102
Alterado (o orçamento obriga os contraentes e somente pode ser) - Art. 40, § 2º
Alterado mediante livre negociação das partes (e somente pode ser) - Art. 40, § 2º

Alterados, adulterados, avariados, falsificados (os produtos deteriorados,) - Art. 18, § 6º, II
Alternadamente, observado o disposto nos arts. 44 a 47, do Código Penal (cumulativa ou) - Art. 78
Alternativa do inciso I do § 1º deste artigo (Tendo o consumidor optado pela) - Art. 18, § 4º
Alternativa, cabendo a escolha ao consumidor (desde que a) - Art. 54, § 2º
Alternativamente e à sua escolha (pode o consumidor exigir,) - Art. 18, § 1º
Alternativamente e à sua escolha (podendo o consumidor exigir,) - Art. 19
Alternativamente e à sua escolha (podendo o consumidor exigir,) - Art. 20
Alternativamente e à sua livre escolha (apresentação ou publicidade, o consumidor poderá,) - Art. 35
Alternativas do § 1º deste artigo (O consumidor poderá fazer uso imediato das) - Art. 18, § 3º
Alternativos de solução de conflitos de consumo (assim como de mecanismos) - Art. 4º, V
Alto grau de nocividade (produto ou serviço que sabe ou deveria saber apresentar) - Art. 10
Alto grau de nocividade ou periculosidade à saúde ou segurança. - Art. 10
Alto grau de periculosidade (Executar serviço de) - Art. 65
Alto grau de periculosidade, contrariando determinação de autoridade competente: - Art. 65
Aludem os incisos II e III do artigo anterior (a que) - Art. 104
Aludidos vícios (por outro da mesma espécie, marca ou modelo, sem os) - Art. 19, III
Alvará de licença (As penas de cassação de) - Art. 59
Ambientais, ou que seja capaz de induzir o consumidor (desrespeita valores) - Art. 37, § 2º
Ambientais (infrinjam ou possibilitem a violação de normas) - Art. 51, XIV
Ambiente (II inclua, entre suas finalidades institucionais, a proteção ao meio) - Art. 111
Âmbito de sua atribuição, podendo ser aplicadas cumulativamente (no) - Art. 56, p.ú
Âmbito de suas atribuições (para fins de adoção de medidas processuais no) - Art. 106, VI
Âmbito do Ministério Público (Defesa do Consumidor no) - Art. 5º, II
Âmbito local (no foro do lugar onde ocorreu ou deva ocorrer o dano, quando de) - Art. 93, I
Âmbito nacional ou regional (para os danos de) - Art. 93, II
Ameaça, coação, constrangimento físico ou moral (Utilizar, na cobrança de dívidas, de) - Art. 71
Ameaça (nem será submetido a qualquer tipo de constrangimento ou) - Art. 42
Ameaçar seu objeto ou equilíbrio contratual (de tal modo a) - Art. 51, § 1º, II
Amostras grátis (na hipótese prevista no inciso III, equiparam-se às) - Art. 39, p.ú
Amostras grátis, inexistindo obrigação de pagamento (equiparam-se às) - Art. 39, p.ú
Ampla defesa, quando forem constatados vícios de quantidade (assegurada) - Art. 58
Ampla defesa, quando o fornecedor reincidir na prática das infrações (assegurada) - Art. 59
Ampla divulgação pelos meios de comunicação social (sem prejuízo de) - Art. 94
Ampliação do prazo (Poderão as partes convencionar a redução ou) - Art. 18, § 2º
Ampliação do prazo previsto no parágrafo anterior, não podendo ser inferior a sete - Art. 18, § 2º
Analisar, avaliar e encaminhar consultas, denúncias ou sugestões (receber,) - Art. 106, II
Analogia, costumes e eqüidade (bem como dos que derivem dos princípios gerais do direito,) - Art. 7º
Ano (as associações legalmente constituídas há pelo menos um) - Art. 82, IV
Ano e multa (Pena - Detenção de três meses a um) - Art. 66
Ano e multa (Pena Detenção de três meses a um) - Art. 67
Ano e multa (Pena Detenção de três meses a um) - Art. 70
Ano e multa (Pena Detenção de três meses a um) - Art. 71
Ano ou multa (Pena Detenção de seis meses a um) - Art. 72
Ano sem habilitação de interessados em número compatível (Decorrido o prazo de um) - Art. 100

Anos a pretensão à reparação pelos danos causados por fato do produto (Prescreve em cinco) - Art. 27
Anos e multa (Detenção de seis meses a dois) - Art. 64, Pena
Anos e multa (Pena Detenção de seis meses a dois) - Art. 63
Anos e multa (Pena Detenção de seis meses a dois) - Art. 65
Anos e multa (Pena - Detenção de seis meses a dois) - Art. 68
Anos ou de pessoas portadoras de deficiência mental (ou maior de sessenta) - Art. 76, IV, b
Anos (não podendo conter informações negativas referentes a período superior a cinco) - Art. 43, § 1º
Antecedente ou incidente de procedimento administrativo (inclusive por medida cautelar,) - Art. 56, p.ú
Antecipada do débito, total ou parcialmente (É assegurado ao consumidor a liquidação) - Art. 52, § 2º
Antecipada (rescindir o contrato, com direito à restituição de quantia eventualmente) - Art. 35, III
Antecipada, monetariamente atualizada, e a perdas e danos (de quantia eventualmente) - Art. 35, III
Anterior (a que aludem os incisos II e III do artigo) - Art. 104
Anterior (Os anúncios publicitários a que se refere o parágrafo) - Art. 10, § 2º
Anterior à sentença penal condenatória (Aplica-se o disposto no parágrafo) - Art. 103, § 4º
Anterior e as do parágrafo único (as mesmas regras enunciadas no artigo) - Art. 44, § 2º
Anterior e as do parágrafo único do art. 22 deste código (artigo) - Art. 44, § 2º
Anterior (salvo improcedência por insuficiência de provas, nos termos do inciso) - Art. 103, II
Anterior, não podendo ser inferior a sete (ampliação do prazo previsto no parágrafo) - Art. 18, § 2º
Anterior, quando (O comerciante é igualmente responsável, nos termos do artigo) - Art. 13
Anterior (Aplica-se a este artigo o disposto no § 4º do artigo) - Art. 19, § 1º
Anterior (ressalvando-se o disposto no § 2º do artigo) - Art. 54, § 2º
Anteriores entre as partes (ressalvadas as decorrentes de práticas) - Art. 39, VI
Anteriores (exonere ou atenue a obrigação de indenizar prevista nesta e nas seções) - Art. 25
Anteriores (todos responderão solidariamente pela reparação prevista nesta e nas seções) - Art. 25, § 1º
Anual de juros (montante dos juros de mora e da taxa efetiva) - Art. 52, II
Anualmente (contra fornecedores de produtos e serviços, devendo divulgá-lo pública e) - Art. 44
Anúncios publicitários a que se refere o parágrafo anterior (Os) - Art. 10, § 2º
Anúncios publicitários (imediatamente às autoridades competentes e aos consumidores, mediante) - Art. 10, § 1º
Aparentes ou de fácil constatação caduca em (O direito de reclamar pelos vícios) - Art. 26
Apenas no caso de procedência do pedido (erga omnes,) - Art. 103, III
Apesar dos esforços de integração (exceto quando de sua ausência,) - Art. 51, § 2º
Apesar dos esforços de integração, decorrer ônus excessivo a qualquer das partes. - Art. 51, § 2º
Aplicada à concessionária de serviço público (A pena de cassação da concessão será) - Art. 59, § 1º
Aplicada mediante procedimento administrativo, revertendo para o Fundo (será) - Art. 57
Aplicada sempre (A pena de intervenção administrativa será) - Art. 59, § 2º
Aplicadas cumulativamente (no âmbito de sua atribuição, podendo ser) - Art. 56, p.ú
Aplicadas mediante procedimento administrativo (bem como a de intervenção administrativa, serão) - Art. 59

Aplicadas pela administração, mediante procedimento administrativo (serão) - Art. 58
Aplicadas pela autoridade administrativa (As sanções previstas neste artigo serão) - Art. 56, p.ú
Aplicam-se à defesa dos direitos e interesses difusos, coletivos e individuais (Art. 21) - Art. 117
Aplicam-se a este artigo, no que couber, as mesmas regras enunciadas - Art. 44, § 2°
Aplicam-se às ações previstas neste título as normas do Código de Processo Civil - Art. 90
Aplicando-se as regras do Código de Processo Civil aos casos de competência concorrente. - Art. 93, II
Aplicar fórmula ou índice de reajuste diverso do legal ou contratualmente estabelecido. - Art. 39, XIII
Aplica-se a este artigo o disposto no § 4° do artigo anterior. - Art. 19, § 1°
Aplica-se o disposto no parágrafo anterior à sentença penal condenatória. - Art. 103, § 4°
Aplicáveis (As penas deste artigo são) - Art. 65, p.ú
Após justificação prévia, citado o réu (tutela liminarmente ou) - Art. 84, § 3°
Após sua celebração (o conteúdo ou a qualidade do contrato,) - Art. 51, XIII
Apreciação de delito contra os consumidores (inquérito policial para a) - Art. 106, V
Apreciação de delito contra os consumidores, nos termos da legislação vigente; - Art. 106, V
Apreensão do produto; - Art. 56, II
Apreensão, de inutilização de produtos (As penas de) - Art. 58
Apreensão, remoção de coisas e pessoas, desfazimento de obra (tais como busca e) - Art. 84, § 5°
Apresentação (fabricação, construção, montagem, fórmulas, manipulação,) - Art. 12
Apresentação de produtos ou serviços devem assegurar informações corretas (A oferta e) - Art. 31
Apresentação ou acondicionamento de seus produtos (manipulação,) - Art. 12
Apresentação ou publicidade, o consumidor poderá, alternativamente e à sua livre escolha: - Art. 35
Apresentação ou publicidade (exigir o cumprimento forçado da obrigação, nos termos da oferta,) - Art. 35, I
Apresentação (desacordo com as normas regulamentares de fabricação, distribuição ou) - Art. 18, § 6°, II
Apresentação (sua) - Art. 12, § 1°, I
Apresentadas por entidades representativas (denúncias ou sugestões) - Art. 106, II
Apresentados ao consumidor (Em todos os documentos de cobrança de débitos) - Art. 42-A
Apresentados, obriga o fornecedor que a fizer veicular (produtos e serviços oferecidos ou) - Art. 30
Apresentam à saúde e segurança dos consumidores (bem como sobre os riscos que) - Art. 31
Apresentar alto grau de nocividade (produto ou serviço que sabe ou deveria saber) - Art. 10
Apresentem (no mercado de consumo, tiver conhecimento da periculosidade que) - Art. 10, § 1°
Apresentem (composição, qualidade e preço, bem como sobre os riscos que) - Art. 6°, III
Apropriados que devam acompanhar o produto (através de impressos) - Art. 8°, p.ú
Aprovadas pela autoridade competente (Contrato de adesão é aquele cujas cláusulas tenham sido) - Art. 54
Aprovado pelo consumidor (Uma vez) - Art. 40, § 2°
Aprovar o fornecimento, oferta, exposição à venda (permitir ou por qualquer modo) - Art. 75
Aproveite da deficiência de julgamento e experiência da criança (se) - Art. 37, § 2°
Apurada mediante a verificação de culpa (será) - Art. 14, § 4°
Aquele cujas cláusulas tenham sido aprovadas pela autoridade competente (Contrato de adesão é) - Art. 54

Aquele que efetivar o pagamento ao prejudicado poderá exercer o direito de regresso - Art. 13, p.ú
Aqueles decorrentes da disparidade com as indicações constantes da oferta (assim como por) - Art. 20
Aqueles decorrentes da disparidade (ou lhes diminuam o valor, assim como por) - Art. 18
Aqueles em desacordo com as normas regulamentares (ou, ainda,) - Art. 18, § 6º, II
Aqueles que não atendam as normas regulamentares de prestabilidade (bem como) - Art. 20, § 2º
Arbitragem (determinem a utilização compulsória de) - Art. 51, VII
Áreas de atuação administrativa (e nas suas respectivas) - Art. 55
Arquivados sobre ele, bem como sobre as suas respectivas fontes (e de consumo) - Art. 43
Arquivista (poderá exigir sua imediata correção, devendo o) - Art. 43, § 3º
Arrependimento previsto neste artigo (Se o consumidor exercitar o direito de) - Art. 49, p.ú
Artístico, estético, histórico (II ao consumidor, ao patrimônio) - Art. 111
Assegurada a proteção Jurídica administrativa e técnica aos necessitados; - Art. 6º, VII
Assegurada a proteção Jurídica (individuais, coletivos ou difusos,) - Art. 6º, VII
Assegurada ampla defesa, quando forem constatados vícios de quantidade - Art. 58
Assegurada ampla defesa, quando o fornecedor reincidir na prática das infrações - Art. 59
Asseguradas a liberdade de escolha e a igualdade nas contratações; - Art. 6º, II
Assegurado ao consumidor a liquidação antecipada do débito, total ou parcialmente (É) - Art. 52, § 2º
Assegurar a oferta de componentes (Os fabricantes e importadores deverão) - Art. 32
Assegurar informações corretas (A oferta e apresentação de produtos ou serviços devem) - Art. 31
Assegure o justo equilíbrio (ou de qualquer forma não) - Art. 51, § 4º
Assegure o justo equilíbrio entre direitos e obrigações das partes (não) - Art. 51, § 4º
Assegurem o resultado prático equivalente ao do adimplemento (determinará providências que) - Art. 84
Assemblear (dispensada a autorização) - Art. 82, IV
Assinatura (O consumidor pode desistir do contrato, no prazo de 7 dias a contar de sua) - Art. 49
Assistência jurídica, integral e gratuita para o consumidor carente (manutenção de) - Art. 5º, I
Assistentes do Ministério Público (poderão intervir, como) - Art. 80
Associação autora (Em caso de litigância de má-fé, a) - Art. 87, p.ú
Associação autora e os diretores responsáveis pela propositura da ação (a) - Art. 115
Associação autora lhe promova a execução (sem que a) - Art. 114
Associação autora, salvo comprovada má-fé (nem condenação da) - Art. 87
Associação autora, salvo comprovada má-fé (nem condenação da) - Art. 116
Associação Brasileira de Normas Técnicas (ou, se normas específicas, não existirem, pela) - Art. 39, VIII
Associação legitimada (§ 3º Em caso de desistência infundada ou abandono da ação por) - Art. 112
Associações de Defesa do Consumidor (concessão de estímulos à criação e desenvolvimento das) - Art. 5º, V
Associações de fornecedores (As entidades civis de consumidores e as) - Art. 107
Associações legalmente constituídas há pelo menos um ano (as) - Art. 82, IV
Associações representativas (por incentivos à criação e desenvolvimento de) - Art. 4º, II, b
Assumirá a titularidade ativa (o Ministério Público ou outro legitimado) - Art. 112
Até a metade do seu valor mínimo (reduzida) - Art. 79, p.ú., a
Até a resposta negativa (pelo consumidor perante o fornecedor de produtos e serviços) - Art. 26, § 2º, I

Até a resposta negativa correspondente, que deve ser transmitida de forma inequívoca; - Art. 26, § 2º, I
Até o trânsito em julgado da sentença (não haverá reincidência) - Art. 59, § 3º
Até seu encerramento (a instauração de inquérito civil,) - Art. 26, III
Até vinte vezes (aumentada pelo juiz) - Art. 79, p.ú., b
Atendam as normas regulamentares de prestabilidade (bem como aqueles que não) - Art. 20, § 2º
Atendida ou não pelo fornecedor (A divulgação indicará se a reclamação foi) - Art. 44
Atendidos os seguintes princípios (e harmonia das relações de consumo,) - Art. 4º
Atendimento (criação de delegacias de polícia especializadas no) - Art. 5º, III
Atendimento às demandas dos consumidores (recusar) - Art. 39, II
Atendimento das necessidades dos consumidores, o respeito à sua dignidade (o) - Art. 4º
Atendimento de consumidores vítimas de infrações penais de consumo (especializadas no) - Art. 5º, III
Atenue (É vedada a estipulação contratual de cláusula que impossibilite, exonere ou) - Art. 25
Atenue a obrigação de indenizar prevista nesta e nas seções anteriores (exonere ou) - Art. 25
Atenuem a responsabilidade do fornecedor por vícios (impossibilitem, exonerem ou) - Art. 51, I
Atinente aos crimes previstos neste código (No processo penal) - Art. 80
Ativa (o Ministério Público ou outro legitimado assumirá a titularidade) - Art. 112
Atividade de produção (bem como os entes despersonalizados, que desenvolvem) - Art. 3º
Atividade de produção, montagem, criação, construção, transformação, importação, - Art. 3º
Atividade fornecida no mercado de consumo (Serviço é qualquer) - Art. 3º, § 2º
Atividade nociva, além de requisição de força policial (impedimento de) - Art. 84, § 5º
Atividade (de interdição e de suspensão temporária da) - Art. 59
Atividade (desaconselharem a cassação de licença, a interdição ou suspensão da) - Art. 59, § 2º
Atividade (cassação de licença do estabelecimento ou de) - Art. 56, IX
Atividade (interdição, total ou parcial, de estabelecimento, de obra ou de) - Art. 56, X
Atividade (suspensão temporária de) - Art. 56, VII
Atividades compatíveis com suas finalidades (desenvolver outras) - Art. 106, XIII
Ato de recebimento do produto ou serviço, sempre que a contratação de fornecimento (ou do) - Art. 49
Ato do fornecimento, acompanhado de manual de instrução, de instalação (no) - Art. 50, p.ú
Ato ilícito ou violação dos estatutos ou contrato social (infração da lei, fato ou) - Art. 28
Ato praticado pelo consumidor (repassar informação depreciativa, referente a) - Art. 39, VII
Ato praticado pelo consumidor no exercício de seus direitos (referente a) - Art. 39, VII
Atos de seus prepostos ou representantes autônomos (solidariamente responsável pelos) - Art. 34
Através de impressos apropriados que devam acompanhar o produto. - Art. 8º, p.ú
Através dos diferentes meios de comunicação (informar, conscientizar e motivar o consumidor) - Art. 106, IV
Atribuição, podendo ser aplicadas cumulativamente (no âmbito de sua) - Art. 56, p.ú
Atribuições para fiscalizar e controlar o mercado de consumo (com) - Art. 55, § 3º
Atribuições (para fins de adoção de medidas processuais no âmbito de suas) - Art. 106, VI
Atuação administrativa (e nas suas respectivas áreas de) - Art. 55
Atualização das normas (manterão comissões permanentes para elaboração, revisão e) - Art. 55, § 3º

Atualizada (a restituição imediata da quantia paga, monetariamente) - Art. 19, IV
Atualizada (a restituição imediata da quantia paga, monetariamente) - Art. 20, II
Atualizada (a restituição imediata da quantia paga, monetariamente) - Art. 18, § 1º, II
Atualizada (responderem pela restituição da quantia recebida em excesso, monetariamente) - Art. 41
Atualizada, e a perdas e danos (de quantia eventualmente antecipada, monetariamente) - Art. 35, III
Atualizados (Os órgãos públicos de defesa do consumidor manterão cadastros) - Art. 44
Atualizados de reclamações fundamentadas contra fornecedores de produtos e serviços (cadastros) - Art. 44
Atualizados (durante o prazo de reflexão, serão devolvidos, de imediato, monetariamente) - Art. 49, p.ú
Atuará sempre como fiscal da lei (O Ministério Público, se não ajuizar a ação,) - Art. 92
Audiência (a publicação em órgãos de comunicação de grande circulação ou) - Art. 78, II
Auferida (na forma deste artigo, terá descontada, além da vantagem econômica) - Art. 53, § 2º
Auferida com a fruição, os prejuízos que o desistente (vantagem econômica) - Art. 53, § 2º
Auferida e a condição econômica do fornecedor (a vantagem) - Art. 57
Aumentada pelo juiz até vinte vezes. - Art. 79, p.ú., b
Ausência, apesar dos esforços de integração (exceto quando de sua) - Art. 51, § 2º
Autônomo (a ação de regresso poderá ser ajuizada em processo) - Art. 88
Autônomos (solidariamente responsável pelos atos de seus prepostos ou representantes) - Art. 34
Autor (será admissível se por elas optar o) - Art. 84, § 1º
Autor a ofensa (Tendo mais de um) - Art. 7º, p.ú
Autor (impor multa diária ao réu, independentemente de pedido do) - Art. 84, § 4º
Autor (a ação pode ser proposta no domicílio do) - Art. 101, I
Autora (Em caso de litigância de má-fé, a associação) - Art. 87, p.ú
Autora e os diretores responsáveis pela propositura da ação (a associação) - Art. 115
Autora lhe promova a execução (sem que a associação) - Art. 114
Autora, salvo comprovada má-fé (nem condenação da associação) - Art. 87
Autora, salvo comprovada má-fé (nem condenação da associação) - Art. 116
Autores das ações individuais (não beneficiarão os) - Art. 104
Autoria (iniciando-se a contagem do prazo a partir do conhecimento do dano e de sua) - Art. 27
Autoridade administrativa (As sanções previstas neste artigo serão aplicadas pela) - Art. 56, p.ú
Autoridade competente (Contrato de adesão é aquele cujas cláusulas tenham sido aprovadas pela) - Art. 54
Autoridade competente e aos consumidores a nocividade (Deixar de comunicar à) - Art. 64
Autoridade competente (imediatamente quando determinado pela) - Art. 64, p.ú
Autoridade competente (alto grau de periculosidade, contrariando determinação de) - Art. 65
Autoridade que presidir o inquérito (será fixado pelo juiz, ou pela) - Art. 79
Autoridades administrativas competentes (regulamentos expedidos pelas) - Art. 7º
Autoridades competentes e aos consumidores, mediante anúncios publicitários (o fato imediatamente às) - Art. 10, § 1º
Autorização assemblear (dispensada a) - Art. 82, IV
Autorização do consumidor (sem) - Art. 70
Autorização em contrário do consumidor (salvo, quanto a estes últimos,) - Art. 21

Autorização expressa do consumidor (elaboração e orçamento e) - Art. 39, VI
Autorizem o fornecedor a cancelar o contrato unilateralmente, - Art. 51, XI
Autorizem o fornecedor a modificar unilateralmente - Art. 51, XIII
Autos do ajuizamento da ação coletiva (a contar da ciência nos) - Art. 104
Autos, vedada a denunciação da lide (facultada a possibilidade de prosseguir-se nos mesmos) - Art. 88
Auxiliar a fiscalização de preços, abastecimento (bem como) - Art. 106, VIII
Avaliar e encaminhar consultas, denúncias ou sugestões (receber, analisar,) - Art. 106, II
Avariados, falsificados (os produtos deteriorados, alterados, adulterados,) - Art. 18, § 6º, II

B

Baixando as normas que se fizerem necessárias. - Art. 55, § 1º
Baixarão normas relativas à produção, industrialização, distribuição e consumo - Art. 55
Bancária, financeira (mediante remuneração, inclusive as de natureza) - Art. 3º, § 2º
Banco de dados, fichas e registros (que sobre ele constem em cadastros,) - Art. 72
Banco de dados, fichas ou registros que sabe ou deveria saber ser inexata: - Art. 73
Bancos de Dados e Cadastros de Consumidores (Dos) - Art. 42-A
Bancos de dados e cadastros relativos a consumidores (Os) - Art. 43, § 4º
Base à publicidade (Deixar de organizar dados fáticos, técnicos e científicos que dão) - Art. 69
Base em certidão das sentenças de liquidação (A execução coletiva far-se-á com) - Art. 98, § 1º
Base na boa-fé e equilíbrio nas relações entre consumidores e fornecedores (sempre com) - Art. 4º, III
Base (entre si ou com a parte contrária por uma relação jurídica) - Art. 81, p.ú., II
Básicos do Consumidor (Dos Direitos) - Art. 6º
Básicos do consumidor (São direitos) - Art. 6º
Bem jurídico a ser protegido (dimensão ou característica do dano, ou pela relevância do) - Art. 82, § 1º
Bem jurídico a ser protegido (pela dimensão ou característica do dano, ou pela relevância do) - Art. 113
Bem (e não sendo possível a substituição do) - Art. 18, § 4º
Bem, móvel ou imóvel, material ou imaterial (Produto é qualquer) - Art. 3º, § 1º
Bem-estar do consumidor (da vida, da saúde, da segurança, da informação e do) - Art. 55, § 1º
Beneficiar todas as vítimas e seus sucessores (para) - Art. 103, III
Beneficiarão as vítimas e seus sucessores (mas, se procedente o pedido,) - Art. 103, § 3º
Beneficiarão os autores das ações individuais (não) - Art. 104
Benefício do credor que, em razão do inadimplemento (em) - Art. 53
Benfeitorias necessárias (possibilitem a renúncia do direito de indenização por) - Art. 51, XVI
Bens e serviços por telefone (É proibida a publicidade de) - Art. 33, p.ú
Bens e serviços (fiscalização de preços, abastecimento, quantidade e segurança de) - Art. 106, VIII
Bens ou a prestação de serviços (recusar a venda de) - Art. 39, IX
Boa-fé e equilíbrio nas relações entre consumidores e fornecedores (sempre com base na) - Art. 4º, III
Boa-fé ou a eqüidade (em desvantagem exagerada, ou sejam incompatíveis com a) - Art. 51, IV
Bônus do Tesouro Nacional (BTN) (entre cem e duzentas mil vezes o valor do) - Art. 79
Brasil (vedada a denunciação da lide ao Instituto de Resseguros do) - Art. 101, II

Brasil seja signatário (decorrentes de tratados ou convenções internacionais de que o) - Art. 7º
Brasil (vedada a integração do contraditório pelo Instituto de Resseguros do) - Art. 101, II
Brasileira de Normas Técnicas (ou, se normas específicas, não existirem, pela Associação) - Art. 39, VIII
Brasília, 11 de setembro de 1990; 169º da Independência e 102º da República. - Final
BTN (entre cem e duzentas mil vezes o valor do Bônus do Tesouro Nacional) - Art. 79
Busca e apreensão, remoção de coisas e pessoas, desfazimento de obra (tais como) - Art. 84, § 5º

C

Cabe a quem as patrocina (correção da informação ou comunicação publicitária) - Art. 38
Cabe prestar as informações a que se refere este artigo (ao fabricante) - Art. 8º, p.ú
Cabendo a escolha ao consumidor (desde que a alternativa,) - Art. 54, § 2º
Cabendo-lhe (coordenação da política do Sistema Nacional de Defesa do Consumidor,) - Art. 106
Cabíveis à União, ou para os Fundos estaduais ou municipais (os valores) - Art. 57
Cabíveis em cada caso concreto (sem prejuízo da adoção de outras medidas) - Art. 9º
Cabíveis (o desfazimento do negócio, sem prejuízo de outras sanções) - Art. 41
Cabível, os dispositivos do Título III da lei (no que for) - Art. 117
Cabível (a reexecução dos serviços, sem custo adicional e quando) - Art. 20, I
Cada caso concreto (sem prejuízo da adoção de outras medidas cabíveis em) - Art. 9º
Cadastro de Pessoas Físicas - CPF (número de inscrição no) - Art. 42-A
Cadastro Nacional de Pessoa Jurídica - CNPJ do fornecedor do produto (ou no) - Art. 42-A
Cadastro (Deixar de corrigir imediatamente informação sobre consumidor constante de) - Art. 73
Cadastro, ficha, registro e dados pessoais e de consumo (A abertura de) - Art. 43, § 2º
Cadastros atualizados (Os órgãos públicos de defesa do consumidor manterão) - Art. 44
Cadastros atualizados de reclamações fundamentadas contra fornecedores de produtos e serviços, - Art. 44
Cadastros de Consumidores (Dos Bancos de Dados e) - Art. 42-A
Cadastros e dados de consumidores devem ser objetivos (Os) - Art. 43, § 1º
Cadastros relativos a consumidores (Os bancos de dados e) - Art. 43, § 4º
Cadastros (O consumidor, sempre que encontrar inexatidão nos seus dados e) - Art. 43, § 3º
Cadastros, banco de dados, fichas e registros (que sobre ele constem em) - Art. 72
Cadastros, fichas, registros e dados pessoais (terá acesso às informações existentes em) - Art. 43
Caduca em (O direito de reclamar pelos vícios aparentes ou de fácil constatação) - Art. 26
Calamidade (serem cometidos em época de grave crise econômica ou por ocasião de) - Art. 76, I
Cancelar o contrato unilateralmente (autorizem o fornecedor a) - Art. 51, XI
Cancelar o contrato unilateralmente, sem que igual direito seja conferido ao consumidor; - Art. 51, XI
Capacitados, por conta e risco do fornecedor (confiada a terceiros devidamente) - Art. 20, § 1º
Capaz de desfazer o malefício da publicidade enganosa ou abusiva (de forma) - Art. 60, § 1º
Capaz de induzir em erro o consumidor a respeito da natureza, - Art. 37, § 1º
Capaz de induzir o consumidor (desrespeita valores ambientais, ou que seja) - Art. 37, § 2º

Capaz de induzir o consumidor (Fazer ou promover publicidade que sabe ou deveria saber ser) - Art. 68
Capazes de propiciar sua adequada e efetiva tutela (são admissíveis todas as espécies de ações) - Art. 83
Capital do Estado ou no do Distrito Federal (no foro da) - Art. 93, II
Caracteres ostensivos e legíveis, cujo tamanho da fonte não será inferior (e com) - Art. 54, § 3º
Característica (quando haja manifesto interesse social evidenciado pela dimensão ou) - Art. 82, § 1º
Característica do dano (quando haja manifesto interesse social evidenciado pela dimensão ou) - Art. 113
Característica do dano, ou pela relevância do bem jurídico a ser protegido (dimensão ou) - Art. 82, § 1º
Característica do dano, ou pela relevância do bem jurídico a ser protegido (pela dimensão ou) - Art. 113
Característica, qualidade, quantidade (informação relevante sobre a natureza,) - Art. 66
Características de produtos e serviços (à garantia e) - Art. 107
Características do produto, diminuir-lhe o valor (comprometer a qualidade ou) - Art. 18, § 3º
Características, composição (com especificação correta de quantidade,) - Art. 6º, III
Características, qualidade, quantidade, propriedades (a respeito da natureza,) - Art. 37, § 1º
Características, qualidades, quantidade, composição, preço, garantia (sobre suas) - Art. 31
Caráter concorrente (A União, os Estados e o Distrito Federal, em) - Art. 55
Caráter publicitário (É enganosa qualquer modalidade de informação ou comunicação de) - Art. 37, § 1º
Caráter público (são considerados entidades de) - Art. 43, § 4º
Caráter trabalhista (de crédito e securitária, salvo as decorrentes das relações de) - Art. 3º, § 2º
Carente (manutenção de assistência jurídica, integral e gratuita para o consumidor) - Art. 5º, I
Cargo do consumidor (o prazo e o lugar em que pode ser exercitada e os ônus a) - Art. 50, p.ú
Cartório de títulos e documentos (a partir do registro do instrumento no) - Art. 107, § 1º
Caso afirmativo, o ajuizamento de ação de indenização (facultando-se, em) - Art. 101, II
Caso concreto (sem prejuízo da adoção de outras medidas cabíveis em cada) - Art. 9º
Caso de concurso de créditos decorrentes de condenação prevista na Lei n.º 7.347 (Em) - Art. 99
Caso de desistência infundada ou abandono da ação por associação legitimada (§ 3º Em) - Art. 112
Caso de execução individual (da liquidação da sentença ou da ação condenatória, no) - Art. 98, § 2º,I
Caso de fornecimento de produtos in natura (No) - Art. 18, § 5º
Caso de fornecimento de produtos ou de serviços sujeitos ao regime de controle (No) - Art. 41
Caso de improcedência do pedido (Na hipótese prevista no inciso III, em) - Art. 103, § 2º
Caso de litigância de má-fé (Art. 17 Em) - Art. 115
Caso de litigância de má-fé, a associação autora (Em) - Art. 87, p.ú
Caso de oferta ou venda por telefone ou reembolso postal (Em) - Art. 33
Caso de procedência do pedido (erga omnes, apenas no) - Art. 103, III
Caso de procedência do pedido, a condenação será genérica (Em) - Art. 95
Caso (As infrações das normas de defesa do consumidor ficam sujeitas, conforme o) - Art. 56

Caso, às seguintes sanções administrativas (ficam sujeitas, conforme o) - Art. 56
Caso (o interesse das partes e outras circunstâncias peculiares ao) - Art. 51, § 1º, III
Casos de competência concorrente (aplicando-se as regras do Código de Processo Civil aos) - Art. 93, II
Casos de descumprimento, total ou parcial, das obrigações referidas (Nos) - Art. 22, p.ú
Casos de intermediação regulados em leis especiais (ressalvados os) - Art. 39, IX
Casos previstos neste código (reembolso da quantia já paga, nos) - Art. 51, II
Casos, a vontade que (Presume-se exagerada, entre outros) - Art. 51, § 1º
Casos (Fundos estaduais ou municipais de proteção ao consumidor nos demais) - Art. 57
Cassação da concessão será aplicada à concessionária de serviço público (A pena de) - Art. 59, § 1º
Cassação de alvará de licença (As penas de) - Art. 59
Cassação de licença do estabelecimento ou de atividade; - Art. 56, IX
Cassação de licença (sempre que as circunstâncias de fato desaconselharem a) - Art. 59, § 2º
Cassação de licença, a interdição ou suspensão da atividade (desaconselharem a) - Art. 59, § 2º
Cassação do registro do produto e revogação da concessão ou permissão de uso (de) - Art. 58
Cassação do registro do produto junto ao órgão competente; - Art. 56, IV
Categoria econômica podem regular, por convenção escrita (ou sindicatos de) - Art. 107
Categoria ou classe de pessoas (natureza indivisível de que seja titular grupo,) - Art. 81, p.ú., II
Categoria ou classe (ultra partes, mas limitadamente ao grupo,) - Art. 103, II
Categoria ou classe (e direitos individuais dos integrantes da coletividade, do grupo,) - Art. 103, § 1º
Causa a justiça local (Ressalvada a competência da Justiça Federal, é competente para a) - Art. 93
Causa o preço de produtos ou serviços (elevar sem justa) - Art. 39, X
Causa, a limites quantitativos (de outro produto ou serviço, bem como, sem justa) - Art. 39, I
Causação do dano (Havendo mais de um responsável pela) - Art. 25, § 1º
Causação do evento danoso (contra os demais responsáveis segundo sua participação na) - Art. 13, p.ú
Causado por componente ou peça incorporada ao produto (Sendo o dano) - Art. 25, § 2º
Causados aos consumidores por defeitos decorrentes de projeto (pela reparação dos danos) - Art. 12
Causados aos consumidores por defeitos relativos (pela reparação dos danos) - Art. 14
Causados aos consumidores por defeitos relativos à prestação dos serviços (danos) - Art. 14
Causados aos consumidores (obstáculo ao ressarcimento de prejuízos) - Art. 28, § 5º
Causados por fato do produto (Prescreve em cinco anos a pretensão à reparação pelos danos) - Art. 27
Causados por fato do produto ou do serviço prevista na Seção II deste Capítulo, - Art. 27
Causados, na forma prevista neste código (cumpri-las e a reparar os danos) - Art. 22, p.ú
Causados (fixando a responsabilidade do réu pelos danos) - Art. 95
Causar ao grupo (os prejuízos que o desistente ou inadimplente) - Art. 53, § 2º
Causar prejuízos aos consumidores (e signos distintivos, que possam) - Art. 4º, VI
Causas e Varas Especializadas (criação de Juizados Especiais de Pequenas) - Art. 5º, IV
Cautelar, antecedente ou incidente de procedimento administrativo (inclusive por medida) - Art. 56, p.ú
Celebração (o conteúdo ou a qualidade do contrato, após sua) - Art. 51, XIII
Celebrado (ou dela se utilizar e integra o contrato que vier a ser) - Art. 30
Cem e duzentas mil vezes o valor do Bônus do Tesouro Nacional (BTN) (entre) - Art. 79
Cento do valor da prestação (não poderão ser superiores a dois por) - Art. 52, § 1º

Cento e oitenta dias a contar de sua publicação (Este código entrará em vigor dentro de) - Art. 118
Cento e oitenta dias (não podendo ser inferir a sete nem superior a) - Art. 18, § 2º
Certidão das sentenças de liquidação (A execução coletiva far-se-á com base em) - Art. 98, § 1º
Cessadas a produção ou importação, - Art. 32, p.ú
Cessar a fabricação (oferta de componentes e peças de reposição enquanto não) - Art. 32
Cessar a fabricação ou importação do produto (enquanto não) - Art. 32
Chamada for onerosa ao consumidor que a origina (quando a) - Art. 33, p.ú
Chamar ao processo o segurador (poderá) - Art. 101, II
Ciência nos autos do ajuizamento da ação coletiva (a contar da) - Art. 104
Científicos que dão base à publicidade (Deixar de organizar dados fáticos, técnicos e) - Art. 69
Científicos que dão sustentação à mensagem (os dados fáticos, técnicos e) - Art. 36, p.ú
Cinco anos a pretensão à reparação pelos danos causados por fato do produto (Prescreve em) - Art. 27
Cinco anos (não podendo conter informações negativas referentes a período superior a) - Art. 43, § 1º
Cinco dias úteis, comunicar a alteração (no prazo de) - Art. 43, § 3º
Circulação ou audiência (a publicação em órgãos de comunicação de grande) - Art. 78, II
Circulação (a época em que foi colocado em) - Art. 12, § 1º, III
Circunstâncias agravantes dos crimes tipificados neste código (São) - Art. 76
Circunstâncias de fato desaconselharem a cassação de licença (sempre que as) - Art. 59, § 2º
Circunstâncias de fato (pessoas indeterminadas e ligadas por) - Art. 81, p.ú., I
Circunstâncias peculiares ao caso (o interesse das partes e outras) - Art. 51, § 1º, III
Circunstâncias relevantes, entre as quais (levando-se em consideração as) - Art. 12, § 1º
Circunstâncias relevantes, entre as quais (levando-se em consideração as) - Art. 14, § 1º
Citado o réu (tutela liminarmente ou após justificação prévia,) - Art. 84, § 3º
Civil (Aplicam-se às ações previstas neste título as normas do Código de Processo) - Art. 90
Civil aos casos de competência concorrente (aplicando-se as regras do Código de Processo) - Art. 93, II
Civil coletiva de responsabilidade pelos danos individualmente sofridos (ação) - Art. 91
Civil do fornecedor de produtos e serviços (Na ação de responsabilidade) - Art. 101
Civil, até seu encerramento (a instauração de inquérito) - Art. 26, III
Civil, naquilo que não contrariar suas disposições (inclusive no que respeita ao inquérito) - Art. 90
Civil, penal e das definidas em normas específicas (sem prejuízo das de natureza) - Art. 56
Civil, quando, a critério do juiz (no processo) - Art. 6º, VIII
Civil (art. 287, do Código de Processo) - Art. 84, § 2º
Civil (nos termos do art. 80 do Código de Processo) - Art. 101, II
Civis de consumidores e as associações de fornecedores (As entidades) - Art. 107
Clara de seu conteúdo (adequadamente preenchido e com especificação) - Art. 74
Clara do seu fabricante (o produto for fornecido sem identificação) - Art. 13, II
Clara do seu fabricante, produtor, construtor ou importador (identificação) - Art. 13, II
Clara sobre os diferentes produtos e serviços (a informação adequada e) - Art. 6º, III
Claramente seu produtor (o fornecedor imediato, exceto quando identificado) - Art. 18, § 5º
Claras, precisas, ostensivas e em língua portuguesa (informações corretas,) - Art. 31
Claros (Os contratos de adesão escritos serão redigidos em termos) - Art. 54, § 3º
Claros, verdadeiros e em linguagem de fácil compreensão, - Art. 43, § 1º
Classe de pessoas (natureza indivisível de que seja titular grupo, categoria ou) - Art. 81, p.ú., II

Classe de pessoas ligadas entre si ou com a parte contrária - Art. 81, p.ú., II
Classe (ultra partes, mas limitadamente ao grupo, categoria ou) - Art. 103, II
Classe (e direitos individuais dos integrantes da coletividade, do grupo, categoria ou) - Art. 103, § 1º
Cláusula contratual (a competente ação para ser declarada a nulidade de) - Art. 51, § 4º
Cláusula contratual abusiva não invalida o contrato (A nulidade de uma) - Art. 51, § 2º
Cláusula contratual que contrarie o disposto neste código - Art. 51, § 4º
Cláusula de prazo deverá ser convencionada em separado (Nos contratos de adesão, a) - Art. 18, § 2º
Cláusula no formulário não desfigura a natureza de adesão do contrato (A inserção de) - Art. 54, § 1º
Cláusula que impossibilite, exonere ou atenue (É vedada a estipulação contratual de) - Art. 25
Cláusula resolutória (Nos contratos de adesão admite-se) - Art. 54, § 2º
Cláusulas Abusivas (Das) - Art. 51
Cláusulas abusivas ou impostas (bem como contra práticas e) - Art. 6º, IV
Cláusulas abusivas ou impostas no fornecimento de produtos e serviços; - Art. 6º, IV
Cláusulas contratuais que estabeleçam prestações desproporcionais (a modificação das) - Art. 6º, V
Cláusulas contratuais relativas ao fornecimento de produtos e serviços que (as) - Art. 51
Cláusulas contratuais serão interpretadas de maneira mais favorável ao consumidor (As) - Art. 47
Cláusulas que estabeleçam a perda total das prestações pagas (nulas de pleno direito as) - Art. 53
Cláusulas que implicarem limitação de direito do consumidor (As) - Art. 54, § 4º
Cláusulas tenham sido aprovadas pela autoridade competente (Contrato de adesão é aquele cujas) - Art. 54
Cnpj do fornecedor do produto (ou no Cadastro Nacional de Pessoa Jurídica -) - Art. 42-A
Cnpj do fornecedor do produto ou serviço correspondente. - Art. 42-A
Coação, constrangimento físico ou moral (Utilizar, na cobrança de dívidas, de ameaça,) - Art. 71
Cobrado em quantia indevida tem direito à repetição do indébito (O consumidor) - Art. 42, p.ú
Cobrança de débitos apresentados ao consumidor (Em todos os documentos de) - Art. 42-A
Cobrança de débitos do consumidor (Consumada a prescrição relativa à) - Art. 43, § 5º
Cobrança de débitos, o consumidor inadimplente não será exposto a ridículo (Na) - Art. 42
Cobrança de Dívidas (Da) - Art. 42
Cobrança de dívidas, de ameaça, coação, constrangimento físico ou moral (Utilizar, na) - Art. 71
Cobrança de sua obrigação (obriguem o consumidor a ressarcir os custos de) - Art. 51, XII
Código (cláusula contratual que contrarie o disposto neste) - Art. 51, § 4º
Código (Para a defesa dos direitos e interesses protegidos por este) - Art. 83
Código de Defesa do Consumidor (Título III da lei que instituiu o) - Art. 117
Código de Processo Civil (Aplicam-se às ações previstas neste título as normas do) - Art. 90
Código de Processo Civil aos casos de competência concorrente (aplicando-se as regras do) - Art. 93, II
Código de Processo Civil (art. 287, do) - Art. 84, § 2º
Código de Processo Civil (nos termos do art. 80 do) - Art. 101, II
Código e na legislação de consumo (infrações de maior gravidade previstas neste) - Art. 59
Código entrará em vigor dentro de cento e oitenta dias a contar de sua publicação (Este) - Art. 118

Código estabelece normas de proteção e defesa do consumidor (O presente) - Art. 1º
Código não excluem outros decorrentes de tratados (Os direitos previstos neste) - Art. 7º
Código não haverá adiantamento de custas (Nas ações coletivas de que trata este) - Art. 87
Código Penal e leis especiais (sem prejuízo do disposto no) - Art. 61
Código Penal e leis especiais, as condutas tipificadas nos artigos seguintes (disposto no) - Art. 61
Código Penal (Na individualização desta multa, o juiz observará o disposto no art. 60, § 1º do) - Art. 77
Código Penal (cumulativa ou alternadamente, observado odisposto nos arts. 44 a 47, do) - Art. 78
Código poderão propor ação (Os legitimados a agir na forma deste) - Art. 102
Código (a defesa dos interesses e direitos protegidos por este) - Art. 82, IV
Código (Constituem crimes contra as relações de consumo previstas neste) - Art. 61
Código (Na hipótese do art. 13, parágrafo único deste) - Art. 88
Código (No processo penal atinente aos crimes previstos neste) - Art. 80
Código (O valor da fiança, nas infrações de que trata este) - Art. 79
Código (propostas individualmente ou na forma prevista neste) - Art. 103, § 3º
Código (Quem, de qualquer forma, concorrer para os crimes referidos neste) - Art. 75
Código, a publicidade é enganosa por omissão (Para os efeitos deste) - Art. 37, § 3º
Código, a sentença fará coisa julgada (Nas ações coletivas de que trata este) - Art. 103
Código, os transindividuais, de natureza indivisível (para efeitos deste) - Art. 81, p.ú., II
Código, os transindividuais, de natureza indivisível (para efeitos deste) - Art. 81, p.ú., I
Código (artigo anterior e as do parágrafo único do art. 22 deste) - Art. 44, § 2º
Código (cumpri-las e a reparar os danos causados, na forma prevista neste) - Art. 22, p.ú
Código (são solidariamente responsáveis pelas obrigações decorrentes deste) - Art. 28, § 3º
Código (são subsidiariamente responsáveis pelas obrigações decorrentes deste) - Art. 28, § 2º
Código (São circunstâncias agravantes dos crimes tipificados neste) - Art. 76
Código (destinados à defesa dos interesses e direitos protegidos por este) - Art. 82, III
Código (reembolso da quantia já paga, nos casos previstos neste) - Art. 51, II
Coercitivos ou desleais (publicidade enganosa e abusiva, métodos comerciais) - Art. 6º, IV
Coibição e repressão eficientes de todos os abusos praticados no mercado de consumo, - Art. 4º, VI
Coisa Julgada (Da) - Art. 103
Coisa julgada de que cuida o art. 16 (Os efeitos da) - Art. 103, § 3º
Coisa julgada erga omnes ou ultra partes (mas os efeitos da) - Art. 104
Coisa julgada previstos nos incisos I e II (Os efeitos da) - Art. 103, § 1º
Coisa julgada (Nas ações coletivas de que trata este código, a sentença fará) - Art. 103
Coisas e pessoas, desfazimento de obra (tais como busca e apreensão, remoção de) - Art. 84, § 5º
Coletiva a execução (da ação condenatória, quando) - Art. 98, § 2ºII
Coletiva de Consumo (Da Convenção) - Art. 107
Coletiva de responsabilidade pelos danos individualmente sofridos (ação civil) - Art. 91
Coletiva far-se-á com base em certidão das sentenças de liquidação (A execução) - Art. 98, § 1º
Coletiva será exercida quando se tratar de (A defesa) - Art. 81, p.ú
Coletiva, sendo promovida pelos legitimados de que trata o art. 82 (A execução poderá ser) - Art. 98
Coletiva (a contar da ciência nos autos do ajuizamento da ação) - Art. 104
Coletivas de que trata este código não haverá adiantamento de custas (Nas ações) - Art. 87

Coletivas de que trata este código, a sentença fará coisa julgada (Nas ações) - Art. 103
Coletivas Para a Defesa de Interesses Individuais Homogêneos (Das Ações) - Art. 91
Coletivas, previstas nos incisos I e II e do parágrafo único do art. 81 (As ações) - Art. 104
Coletividade de pessoas, ainda que indetermináveis (Equipara-se a consumidor a) - Art. 2°, p.ú
Coletividade (não prejudicarão interesses e direitos individuais dos integrantes da) - Art. 103, § 1°
Coletividade, do grupo, categoria ou classe (e direitos individuais dos integrantes da) - Art. 103, § 1°
Coletivo (II turístico e paisagístico, ou a qualquer outro interesse difuso ou) - Art. 111
Coletivo (IV - a qualquer outro interesse difuso ou) - Art. 110
Coletivo (poderá ser exercida em juízo individualmente, ou a título) - Art. 81
Coletivo (ocasionarem grave dano individual ou) - Art. 76, II
Coletivos e difusos (reparação de danos patrimoniais e morais, individuais,) - Art. 6°, VI
Coletivos e individuais (Art. 21 Aplicam-se à defesa dos direitos e interesses difusos,) - Art. 117
Coletivos ou difusos, assegurada a proteção Jurídica (individuais,) - Art. 6°, VII
Coletivos, assim entendidos (interesses ou direitos) - Art. 81, p.ú., II
Coletivos, ou individuais dos consumidores (violarem os interesses difusos,) - Art. 106, VII
Coligadas só responderão por culpa (As sociedades) - Art. 28, § 4°
Colocação no mercado (ou periculosidade de produtos cujo conhecimento seja posterior à sua) - Art. 64
Colocado em circulação (a época em que foi) - Art. 12, § 1°, III
Colocado no mercado (pelo fato de outro de melhor qualidade ter sido) - Art. 12, § 2°
Colocado o produto no mercado, o defeito inexiste (que, embora haja) - Art. 12, § 3°, II
Colocados no mercado de consumo não acarretarão riscos (Os produtos e serviços) - Art. 8°
Colocar no mercado de consumo produto ou serviço (O fornecedor não poderá) - Art. 10
Colocar, no mercado de consumo, qualquer produto ou serviço em desacordo - Art. 39, VIII
Colocou o produto no mercado (que não) - Art. 12, § 3°, I
Coloquem o consumidor (estabeleçam obrigações consideradas iníquas, abusivas, que) - Art. 51, IV
Coloquem o consumidor em desvantagem exagerada (considerada iníquas, abusivas,) - Art. 51, IV
Combinações, que terá eficácia de título executivo extrajudicial (mediante) - Art. 113
Combinado com o art. 13 da Lei n° 7.347, de 24 de julho de 1985, - Art. 103, § 3°
Comerciais (Das Práticas) - Art. 29
Comerciais (inventos e criações industriais das marcas e nomes) - Art. 4°, VI
Comerciais coercitivos ou desleais (publicidade enganosa e abusiva, métodos) - Art. 6°, IV
Comercial (fornecimento de produtos e serviços ocorrer fora do estabelecimento) - Art. 49
Comercial, especialmente por telefone ou a domicílio (estabelecimento) - Art. 49
Comercial (na embalagem, publicidade e em todos os impressos utilizados na transação) - Art. 33
Comercialização de produtos ou prestação de serviços (exportação, distribuição ou) - Art. 3°
Comerciante é igualmente responsável, nos termos do artigo anterior, quando (O) - Art. 13
Cometidos em época de grave crise econômica ou por ocasião de calamidade (serem) - Art. 76, I
Cometidos (quando) - Art. 76, IV
Cominada ao crime (duração da pena privativa da liberdade) - Art. 77
Cominada quando o fornecedor (A imposição de contrapropaganda será) - Art. 60
Cominadas na medida de sua culpabilidade (incide as penas a esses) - Art. 75
Comissões permanentes para elaboração, revisão e atualização das normas (manterão) - Art. 55, § 3°

Compatibilização da proteção do consumidor com a necessidade (e) - Art. 4º, III
Compatíveis com suas finalidades (desenvolver outras atividades) - Art. 106, XIII
Compatível (Decorrido o prazo de um ano sem habilitação de interessados em número) - Art. 100
Compatível com a obrigação (se for suficiente ou) - Art. 84, § 4º
Compelidas a cumpri-las (obrigações referidas neste artigo, serão as pessoas jurídicas) - Art. 22, p.ú
Compelir o Poder Público competente a proibir (propor ação visando) - Art. 102
Compensação ou a restituição das parcelas quitadas (a) - Art. 53, § 2º
Competência concorrente (aplicando-se as regras do Código de Processo Civil aos casos de) - Art. 93, II
Competência da Justiça Federal, é competente para a causa a justiça local (Ressalvada a) - Art. 93
Competente (Contrato de adesão é aquele cujas cláusulas tenham sido aprovadas pela autoridade) - Art. 54
Competente a proibir (propor ação visando compelir o Poder Público) - Art. 102
Competente ação (requerer ao Ministério Público que ajuíze a) - Art. 51, § 4º
Competente ação para ser declarada a nulidade de cláusula contratual (a) - Art. 51, § 4º
Competente e aos consumidores a nocividade (Deixar de comunicar à autoridade) - Art. 64
Competente para a causa a justiça local (Ressalvada a competência da Justiça Federal, é) - Art. 93
Competente para a execução o juízo (É) - Art. 98, § 2º
Competente para fins de adoção de medidas processuais (representar ao Ministério Público) - Art. 106, VI
Competente (imediatamente quando determinado pela autoridade) - Art. 64, p.ú
Competente (alto grau de periculosidade, contrariando determinação de autoridade) - Art. 65
Competente (cassação do registro do produto junto ao órgão) - Art. 56, IV
Competentes as infrações de ordem administrativa (levar ao conhecimento dos órgãos) - Art. 106, VII
Competentes e aos consumidores, mediante anúncios publicitários (o fato imediatamente às autoridades) - Art. 10, § 1º
Competentes ou, se normas específicas (com as normas expedidas pelos órgãos oficiais) - Art. 39, VIII
Competentes (regulamentos expedidos pelas autoridades administrativas) - Art. 7º
Complementação do peso ou medida; - Art. 19, II
Complementação ou restituição de eventual diferença de preço (mediante) - Art. 18, § 4º
Complementar à legal e será conferida mediante termo escrito (A garantia contratual é) - Art. 50
Componente ou peça incorporada ao produto (Sendo o dano causado por) - Art. 25, § 2º
Componentes (Os fabricantes e importadores deverão assegurar a oferta de) - Art. 32
Componentes de reposição (considerar-se-á implícita a obrigação do fornecedor de empregar) - Art. 21
Componentes de reposição originais adequados e novos (empregar) - Art. 21
Componentes de reposição usados (Empregar na reparação de produtos, peça ou) - Art. 70
Componentes e peças de reposição enquanto não cessar a fabricação (oferta de) - Art. 32
Comportar de forma prejudicial ou perigosa (induzir o consumidor a se) - Art. 37, § 2º
Comportar de forma prejudicial ou perigosa a sua saúde ou segurança (a se) - Art. 68
Composição do conflito de consumo (bem como à reclamação e) - Art. 107
Composição (com especificação correta de quantidade, características,) - Art. 6º, III

Composição, estrutura, fórmula ou acondicionamento de produto (ou a determinar a alteração na) - Art. 102
Composição, preço, garantia (sobre suas características, qualidades, quantidade,) - Art. 31
Composição, qualidade e preço, bem como sobre os riscos que apresentem; - Art. 6º, III
Compra e venda de móveis ou imóveis mediante pagamento em prestações (Nos contratos de) - Art. 53
Compreensão de seu sentido e alcance (de modo a dificultar a) - Art. 46
Compreensão pelo consumidor (não será inferior ao corpo doze, de modo a facilitar sua) - Art. 54, § 3º
Compreensão (claros, verdadeiros e em linguagem de fácil) - Art. 43, § 1º
Compreensão (deverão ser redigidas com destaque, permitindo sua imediata e fácil) - Art. 54, § 4º
Comprometer a qualidade (a substituição das partes viciadas puder) - Art. 18, § 3º
Comprometer a qualidade ou características do produto, diminuir-lhe o valor - Art. 18, § 3º
Compromisso de ajustamento de sua conduta às exigências legais (tomar dos interessados) - Art. 113
Comprovada má-fé (nem condenação da associação autora, salvo) - Art. 87
Comprovada má-fé (nem condenação da associação autora, salvo) - Art. 116
Comprovadamente formulada pelo consumidor perante o fornecedor (a reclamação) - Art. 26, § 2º, I
Compulsória de arbitragem (determinem a utilização) - Art. 51, VII
Comum (assim entendidos os decorrentes de origem) - Art. 81, p.ú., III
Comunicação (O ônus da prova da veracidade e correção da informação ou) - Art. 38
Comunicação com relação a produtos e serviços (veiculada por qualquer forma ou meio de) - Art. 30
Comunicação de caráter publicitário (É enganosa qualquer modalidade de informação ou) - Art. 37, § 1º
Comunicação de grande circulação ou audiência (a publicação em órgãos de) - Art. 78, II
Comunicação publicitária cabe a quem as patrocina (correção da informação ou) - Art. 38
Comunicação social (sem prejuízo de ampla divulgação pelos meios de) - Art. 94
Comunicação social por parte dos órgãos de defesa do consumidor (pelos meios de) - Art. 94
Comunicação (informar, conscientizar e motivar o consumidor através dos diferentes meios de) - Art. 106, IV
Comunicada por escrito ao consumidor, quando não solicitada por ele (deverá ser) - Art. 43, § 2º
Comunicar a alteração (no prazo de cinco dias úteis,) - Art. 43, § 3º
Comunicar a alteração aos eventuais destinatários das informações incorretas. - Art. 43, § 3º
Comunicar à autoridade competente e aos consumidores a nocividade (Deixar de) - Art. 64
Comunicar o fato imediatamente às autoridades competentes e aos consumidores, mediante anúncios - Art. 10, § 1º
Comunidade (a prestação de serviços à) - Art. 78, III
Conceder a tutela liminarmente (é lícito ao juiz) - Art. 84, § 3º
Concederá a tutela específica da obrigação ou determinará providências (o juiz) - Art. 84
Concessão de estímulos à criação e desenvolvimento das Associações de Defesa do Consumidor. - Art. 5º, V
Concessão de financiamento ao consumidor (outorga de crédito ou) - Art. 52
Concessão ou permissão de uso (de cassação do registro do produto e revogação da) - Art. 58
Concessão ou permissão de uso (revogação de) - Art. 56, VIII
Concessão será aplicada à concessionária de serviço público (A pena de cassação da) - Art. 59, § 1º

Concessionária de serviço público (A pena de cassação da concessão será aplicada à) - Art. 59, § 1º
Concessionárias (Os órgãos públicos, por si ou suas empresas,) - Art. 22
Concluir ou não o contrato (deixem ao fornecedor a opção de) - Art. 51, IX
Concluir ou não o contrato, embora obrigando o consumidor (a opção de) - Art. 51, IX
Concluir ou realizar outro negócio jurídico pelo consumidor (imponham representante para) - Art. 51, VIII
Concorrência desleal e utilização indevida de inventos (inclusive a) - Art. 4º, VI
Concorrente (A União, os Estados e o Distrito Federal, em caráter) - Art. 55
Concorrente (aplicando-se as regras do Código de Processo Civil aos casos de competência) - Art. 93, II
Concorrentemente (Para os fins do art. 81, parágrafo único, são legitimados) - Art. 82
Concorrer para os crimes referidos neste código (Quem, de qualquer forma,) - Art. 75
Concreto (sem prejuízo da adoção de outras medidas cabíveis em cada caso) - Art. 9º
Concurso de créditos decorrentes de condenação prevista na Lei n.º 7.347 (Em caso de) - Art. 99
Concurso de órgãos e entidades da União, Estados (solicitar o) - Art. 106, VIII
Concurso de órgãos e entidades de notória especialização técnico-científica (poderá solicitar o) - Art. 106, p.ú
Condenação da associação autora, salvo comprovada má-fé (nem) - Art. 87
Condenação da associação autora, salvo comprovada má-fé (nem) - Art. 116
Condenação prevista na Lei n.º 7.347 (Em caso de concurso de créditos decorrentes de) - Art. 99
Condenação prevista na Lei nº 7.347, de 24 de julho de 1985 - Art. 99
Condenação será genérica (Em caso de procedência do pedido, a) - Art. 95
Condenação (às expensas do condenado, de notícia sobre os fatos e a) - Art. 78, II
Condenado, de notícia sobre os fatos e a condenação (às expensas do) - Art. 78, II
Condenados (e os diretores responsáveis pela propositura da ação serão solidariamente) - Art. 87, p.ú
Condenados em honorários advocatícios e ao décuplo das custas (serão solidariamente) - Art. 115
Condenados em honorários advocatícios e ao décuplo das custas (solidariamente) - Art. 87, p.ú
Condenará o réu (Nesta hipótese, a sentença que julgar procedente o pedido) - Art. 101, II
Condenatória (Art. 15. Decorridos sessenta dias do trânsito em julgado da sentença) - Art. 114
Condenatória, no caso de execução individual (da liquidação da sentença ou da ação) - Art. 98, § 2º,I
Condenatória, quando coletiva a execução (da ação) - Art. 98, § 2ºII
Condenatória (Aplica-se o disposto no parágrafo anterior à sentença penal) - Art. 103, § 4º
Condição econômica do fornecedor (a vantagem auferida e a) - Art. 57
Condição econômico-social (por servidor público, ou por pessoa cuja) - Art. 76, IV, a
Condição econômico-social seja manifestamente superior à da vítima (cuja) - Art. 76, IV, a
Condição social para impingir-lhe seus produtos ou serviços (conhecimento ou) - Art. 39, IV
Condição social (tendo em vista sua idade, saúde, conhecimento ou) - Art. 39, IV
Condicionar o fornecimento de produto ou de serviço ao fornecimento de outro produto - Art. 39, I
Condições de pagamento, bem como as datas de início e término dos serviços (as) - Art. 40
Condições de uso (por outro da mesma espécie, em perfeitas) - Art. 18, § 1º, I
Condições por ele proibidas (e prestação de serviços nas) - Art. 75

Condições relativas ao preço (relações de consumo que tenham por objeto estabelecer) - Art. 107
Conduta às exigências legais (tomar dos interessados compromisso de ajustamento de sua) - Art. 113
Condutas tipificadas nos artigos seguintes (disposto no Código Penal e leis especiais, as) - Art. 61
Conferida mediante termo escrito (A garantia contratual é complementar à legal e será) - Art. 50
Conferido ao consumidor (cancelar o contrato unilateralmente, sem que igual direito seja) - Art. 51, XI
Conferido contra o fornecedor (sem que igual direito lhe seja) - Art. 51, XII
Confiada a terceiros (A reexecução dos serviços poderá ser) - Art. 20, § 1º
Confiada a terceiros devidamente capacitados, por conta e risco do fornecedor. - Art. 20, § 1º
Conflito de consumo (bem como à reclamação e composição do) - Art. 107
Conflitos de consumo (assim como de mecanismos alternativos de solução de) - Art. 4º, V
Conforme o caso (As infrações das normas de defesa do consumidor ficam sujeitas,) - Art. 56
Conforme o caso, às seguintes sanções administrativas (ficam sujeitas,) - Art. 56
Conformidade com os usos e costumes (disponibilidades de estoques, e, ainda, de) - Art. 39, II
Congêneres (os serviços de proteção ao crédito e) - Art. 43, § 4º
Congresso Nacional decreta e eu sanciono a seguinte lei (O PRESIDENTE DA REPÚBLICA, faço saber que o) - Abertura
Conhecimento da periculosidade que apresentem (no mercado de consumo, tiver) - Art. 10, § 1º
Conhecimento de periculosidade de produtos (Sempre que tiverem) - Art. 10, § 3º
Conhecimento do dano e de sua autoria (iniciando-se a contagem do prazo a partir do) - Art. 27
Conhecimento dos órgãos competentes as infrações de ordem administrativa (levar ao) - Art. 106, VII
Conhecimento ou condição social para impingir-lhe seus produtos ou serviços; - Art. 39, IV
Conhecimento ou condição social (tendo em vista sua idade, saúde,) - Art. 39, IV
Conhecimento prévio de seu conteúdo (se não lhes for dada a oportunidade de tomar) - Art. 46
Conhecimento seja posterior à sua colocação no mercado (ou periculosidade de produtos cujo) - Art. 64
Conmetro (Conselho Nacional de Metrologia, Normalização e Qualidade Industrial) - Art. 39, VIII
Conscientizar e motivar o consumidor através dos diferentes meios de comunicação (informar,) - Art. 106, IV
Consecução de seus objetivos, o Departamento Nacional de Defesa do Consumidor (Para a) - Art. 106, p.ú
Conselho Nacional de Metrologia (ou outra entidade credenciada pelo) - Art. 39, VIII
Conselho Nacional de Metrologia, Normalização e Qualidade Industrial (Conmetro); - Art. 39, VIII
Conservar adequadamente os produtos perecíveis (não) - Art. 13, III
Consideração (a segurança que o consumidor dele pode esperar, levando-se em) - Art. 14, § 1º
Consideração as circunstâncias relevantes, entre as quais (levando-se em) - Art. 12, § 1º
Consideração as circunstâncias relevantes, entre as quais (levando-se em) - Art. 14, § 1º
Considerada iníquas, abusivas, coloquem o consumidor em desvantagem exagerada, - Art. 51, IV

Consideradas iníquas, abusivas, que coloquem o consumidor (estabeleçam obrigações) - Art. 51, IV
Considerado defeituoso pela adoção de novas técnicas (O serviço não é) - Art. 14, § 2º
Considerado defeituoso pelo fato de outro de melhor qualidade (O produto não é) - Art. 12, § 2º
Considerados entidades de caráter público (são) - Art. 43, § 4º
Considerados normais (riscos à saúde ou segurança dos consumidores, exceto os) - Art. 8º
Considerados normais e previsíveis em decorrência de sua natureza e fruição, - Art. 8º
Considerados perigosos ou nocivos (fornecimento de produtos e serviços) - Art. 6º, I
Consideram-se nulas de pleno direito (bem como nas alienações fiduciárias em garantia,) - Art. 53
Considerando-se a natureza e conteúdo do contrato, - Art. 51, § 1º, III
Considerar-se-á implícita a obrigação do fornecedor de empregar componentes de reposição - Art. 21
Consiste a mesma garantia, bem como a forma (de maneira adequada em que) - Art. 50, p.ú
Consorciadas são solidariamente responsáveis pelas obrigações (As sociedades) - Art. 28, § 3º
Consórcio de produtos duráveis (Nos contratos do sistema de) - Art. 53, § 2º
Constante das modificações do mercado de consumo (estudo) - Art. 4º, VIII
Constante de cadastro (Deixar de corrigir imediatamente informação sobre consumidor) - Art. 73
Constantes (É facultado o acesso às informações lá) - Art. 44, § 1º
Constantes da oferta (assim como por aqueles decorrentes da disparidade com as indicações) - Art. 20
Constantes da oferta ou mensagem publicitária, podendo o consumidor exigir, - Art. 20
Constantes de escritos particulares, recibos e pré-contratos (As declarações de vontade) - Art. 48
Constantes do recipiente (seu conteúdo líquido for inferior às indicações) - Art. 19
Constantes do recipiente, da embalagem, rotulagem (com a indicações) - Art. 18
Constar a ocorrência ou não do trânsito em julgado (da qual deverá) - Art. 98, § 1º
Constar o nome do fabricante e endereço na embalagem, publicidade (deve) - Art. 33
Constar o nome, o endereço e o número de inscrição (deverão) - Art. 42-A
Constatação caduca em (O direito de reclamar pelos vícios aparentes ou de fácil) - Art. 26
Constatados vícios de quantidade (assegurada ampla defesa, quando forem) - Art. 58
Constem em cadastros, banco de dados, fichas e registros (que sobre ele) - Art. 72
Constituem crimes contra as relações de consumo previstas neste código, - Art. 61
Constituição Federal (arts. 5º, inciso XXXII, 170, inciso V, da) - Art. 1º
Constituídas há pelo menos um ano (as associações legalmente) - Art. 82, IV
Constituir o caput, com a seguinte redação (passando o parágrafo único a) - Art. 115
Constrangimento físico ou moral (Utilizar, na cobrança de dívidas, de ameaça, coação,) - Art. 71
Constrangimento ou ameaça (nem será submetido a qualquer tipo de) - Art. 42
Construção, montagem, fórmulas, manipulação, apresentação (fabricação,) - Art. 12
Construção, transformação, importação (atividade de produção, montagem, criação,) - Art. 3º
Construtor ou importador e o que realizou a incorporação (seu fabricante,) - Art. 25, § 2º
Construtor ou importador (identificação clara do seu fabricante, produtor,) - Art. 13, II
Construtor, nacional ou estrangeiro (O fabricante, o produtor, o) - Art. 12
Construtor, o produtor ou importador (O fabricante, o) - Art. 12, § 3º
Construtor, o produtor ou o importador não puderem ser identificados (o fabricante, o) - Art. 13, I

Consulta por qualquer interessado (para orientação e) - Art. 44, § 1º
Consultas, denúncias ou sugestões (receber, analisar, avaliar e encaminhar) - Art. 106, II
Consumada a prescrição relativa à cobrança de débitos do consumidor, - Art. 43, § 5º
Consumidor (As cláusulas que implicarem limitação de direito do) - Art. 54, § 4º
Consumidor (desrespeita valores ambientais, ou que seja capaz de induzir o) - Art. 37, § 2º
Consumidor (Do Sistema Nacional de Defesa do) - Art. 105
Consumidor (Dos Direitos Básicos do) - Art. 6º
Consumidor (Dos Direitos do) - Abertura
Consumidor (estabeleçam obrigações consideradas iníquas, abusivas, que coloquem o) - Art. 51, IV
Consumidor (Fazer ou promover publicidade que sabe ou deveria saber ser capaz de induzir o) - Art. 68
Consumidor (Para a consecução de seus objetivos, o Departamento Nacional de Defesa do) - Art. 106, p.ú
Consumidor (repassar informação depreciativa, referente a ato praticado pelo) - Art. 39, VII
Consumidor (SNDC) (Integram o Sistema Nacional de Defesa do) - Art. 105
Consumidor (Título III da lei que instituiu o Código de Defesa do) - Art. 117
Consumidor a coletividade de pessoas, ainda que indetermináveis (Equipara-se a) - Art. 2º, p.ú
Consumidor a liquidação antecipada do débito, total ou parcialmente (É assegurado ao) - Art. 52, § 2º
Consumidor a opção de reembolso da quantia já paga (subtraiam ao) - Art. 51, II
Consumidor a respeito da natureza (capaz de induzir em erro o) - Art. 37, § 1º
Consumidor a ressarcir os custos de cobrança de sua obrigação (obriguem o) - Art. 51, XII
Consumidor a se comportar de forma prejudicial ou perigosa (induzir o) - Art. 37, § 2º
Consumidor às informações (Impedir ou dificultar o acesso do) - Art. 72
Consumidor através dos diferentes meios de comunicação (informar, conscientizar e motivar o) - Art. 106, IV
Consumidor carente (manutenção de assistência jurídica, integral e gratuita para o) - Art. 5º, I
Consumidor cobrado em quantia indevida tem direito à repetição do indébito (O) - Art. 42, p.ú
Consumidor com a necessidade (e compatibilização da proteção do) - Art. 4º, III
Consumidor com a necessidade de desenvolvimento econômico e tecnológico (do) - Art. 4º, III
Consumidor constante de cadastro (Deixar de corrigir imediatamente informação sobre) - Art. 73
Consumidor dele pode esperar, levando-se em consideração (a segurança que o) - Art. 14, § 1º
Consumidor e dá outras providências (Dispõe sobre a proteção do) - Abertura
Consumidor é toda pessoa física ou jurídica que adquire ou utiliza produto ou serviço - Art. 2º
Consumidor em desvantagem exagerada (considerada iníquas, abusivas, coloquem o) - Art. 51, IV
Consumidor em Juízo (Da Defesa do) - Art. 81
Consumidor exercitar o direito de arrependimento previsto neste artigo (Se o) - Art. 49, p.ú
Consumidor exigir à sua escolha, o desfazimento do negócio (podendo o) - Art. 41
Consumidor exigir a substituição das partes viciadas (podendo o) - Art. 18
Consumidor exigir (constantes da oferta ou mensagem publicitária, podendo o) - Art. 20
Consumidor exigir, alternativamente e à sua escolha (pode o) - Art. 18, § 1º
Consumidor exigir, alternativamente e à sua escolha (podendo o) - Art. 19

Consumidor exigir, alternativamente e à sua escolha (podendo o) - Art. 20
Consumidor ficam sujeitas, conforme o caso (As infrações das normas de defesa do) - Art. 56
Consumidor inadimplente não será exposto a ridículo (Na cobrança de débitos, o) - Art. 42
Consumidor manterão cadastros atualizados (Os órgãos públicos de defesa do) - Art. 44
Consumidor não responde por quaisquer ônus ou acréscimos decorrentes (O) - Art. 40, § 3º
Consumidor no âmbito do Ministério Público (Defesa do) - Art. 5º, II
Consumidor no exercício de seus direitos (referente a ato praticado pelo) - Art. 39, VII
Consumidor no mercado de consumo (reconhecimento da vulnerabilidade do) - Art. 4º, I
Consumidor nos demais casos (Fundos estaduais ou municipais de proteção ao) - Art. 57
Consumidor o fornecedor imediato (será responsável perante o) - Art. 18, § 5º
Consumidor o termo de garantia adequadamente preenchido (Deixar de entregar ao) - Art. 74
Consumidor optado pela alternativa do inciso I do § 1º deste artigo (Tendo o) - Art. 18, § 4º
Consumidor orçamento prévio discriminando (O fornecedor de serviço será obrigado a entregar ao) - Art. 40
Consumidor ou de terceiro (a culpa exclusiva do) - Art. 12, § 3º, III
Consumidor ou de terceiro (a culpa exclusiva do) - Art. 14, § 3º, II
Consumidor ou entidade que o represente (É facultado a qualquer) - Art. 51, § 4º
Consumidor pela população (a formação de entidades de defesa do) - Art. 106, IX
Consumidor pela população e pelos órgãos públicos (entidades de defesa do) - Art. 106, IX
Consumidor pela população e pelos órgãos públicos estaduais e municipais (defesa do) - Art. 106, IX
Consumidor perante o fornecedor (a reclamação comprovadamente formulada pelo) - Art. 26, § 2º, I
Consumidor perante o fornecedor de produtos e serviços até a resposta negativa (pelo) - Art. 26, § 2º, I
Consumidor pessoa jurídica (entre o fornecedor e o) - Art. 51, I
Consumidor pode desistir do contrato, no prazo de 7 dias a contar de sua assinatura (O) - Art. 49
Consumidor poderá fazer uso imediato das alternativas do § 1º deste artigo (O) - Art. 18, § 3º
Consumidor poderá, alternativamente e à sua livre escolha (apresentação ou publicidade, o) - Art. 35
Consumidor possa discutir ou modificar substancialmente seu conteúdo (sem que o) - Art. 54
Consumidor que a origina (quando a chamada for onerosa ao) - Art. 33, p.ú
Consumidor serão gravadas de forma indelével (nos produtos refrigerados oferecidos ao) - Art. 31, p.ú
Consumidor vantagem manifestamente excessiva (exigir do) - Art. 39, V
Consumidor (A publicidade deve ser veiculada de tal forma que o) - Art. 36
Consumidor (As informações de que trata este artigo, nos produtos refrigerados oferecidos ao) - Art. 31, p.ú
Consumidor (Consumada a prescrição relativa à cobrança de débitos do) - Art. 43, § 5º
Consumidor (da vida, da saúde, da segurança, da informação e do bem-estar do) - Art. 55, § 1º
Consumidor (desde que a alternativa, cabendo a escolha ao) - Art. 54, § 2º
Consumidor (elaboração e orçamento e autorização expressa do) - Art. 39, VI
Consumidor (Em todos os documentos de cobrança de débitos apresentados ao) - Art. 42-A
Consumidor (instituição de Promotorias de Justiça de Defesa do) - Art. 5º, II
Consumidor (O Departamento Nacional de Defesa do) - Art. 106
Consumidor (o prazo e o lugar em que pode ser exercitada e os ônus a cargo do) - Art. 50, p.ú

Consumidor (O presente código estabelece normas de proteção e defesa do) - Art. 1º
Consumidor (Os serviços prestados e os produtos remetidos ou entregues ao) - Art. 39, p.ú
Consumidor (outorga de crédito ou concessão de financiamento ao) - Art. 52
Consumidor (prevalecer-se da fraqueza ou ignorância do) - Art. 39, IV
Consumidor (se mostra excessivamente onerosa para o) - Art. 51, § 1º, III
Consumidor (Uma vez aprovado pelo) - Art. 40, § 2º
Consumidor, ao patrimônio artístico, estético, histórico (II ao) - Art. 111
Consumidor, cabendo-lhe (coordenação da política do Sistema Nacional de Defesa do) - Art. 106
Consumidor, fácil e imediatamente, a identifique como tal (veiculada de tal forma que o) - Art. 36
Consumidor, houver abuso de direito, excesso de poder, infração da lei (em detrimento do) - Art. 28
Consumidor, injustificadamente, a ridículo (qualquer outro procedimento que exponha o) - Art. 71
Consumidor, quando não solicitada por ele (deverá ser comunicada por escrito ao) - Art. 43, § 2º
Consumidor, resguardado o segredo industrial (sobre questões de interesse do) - Art. 55, § 4º
Consumidor, sem prejuízo do disposto no art. 86 (O) - Art. 43
Consumidor, sem solicitação prévia (enviar ou entregar ao) - Art. 39, III
Consumidor, sempre que encontrar inexatidão nos seus dados e cadastros (O) - Art. 43, § 3º
Consumidor (As cláusulas contratuais serão interpretadas de maneira mais favorável ao) - Art. 47
Consumidor (concessão de estímulos à criação e desenvolvimento das Associações de Defesa do) - Art. 5º, V
Consumidor (deverá ser convencionada em separado, por meio de manifestação expressa do) - Art. 18, § 2º
Consumidor (do Distrito Federal e municipais e as entidades privadas de defesa do) - Art. 105
Consumidor (não será inferior ao corpo doze, de modo a facilitar sua compreensão pelo) - Art. 54, § 3º
Consumidor (pelos meios de comunicação social por parte dos órgãos de defesa do) - Art. 94
Consumidor (salvo, quanto a estes últimos, autorização em contrário do) - Art. 21
Consumidor (terá validade pelo prazo de dez dias, contado de seu recebimento pelo) - Art. 40, § 1º
Consumidor (ação governamental no sentido de proteger efetivamente o) - Art. 4º, II
Consumidor (São direitos básicos do) - Art. 6º
Consumidor (sem autorização do) - Art. 70
Consumidor (a opção de concluir ou não o contrato, embora obrigando o) - Art. 51, IX
Consumidor (cancelar o contrato unilateralmente, sem que igual direito seja conferido ao) - Art. 51, XI
Consumidor (coordenar e executar a política nacional de proteção ao) - Art. 106, I
Consumidor (estabeleçam inversão do ônus da prova em prejuízo do) - Art. 51, VI
Consumidor (estejam em desacordo com o sistema de proteção ao) - Art. 51, XV
Consumidor (imponham representante para concluir ou realizar outro negócio jurídico pelo) - Art. 51, VIII
Consumidores (Dos Bancos de Dados e Cadastros de) - Art. 42-A
Consumidores a nocividade (Deixar de comunicar à autoridade competente e aos) - Art. 64
Consumidores devem ser objetivos (Os cadastros e dados de) - Art. 43, § 1º
Consumidores e as associações de fornecedores (As entidades civis de) - Art. 107
Consumidores e das vítimas (A defesa dos interesses e direitos dos) - Art. 81

Consumidores e fornecedores (normas referidas no § 1º, sendo obrigatória a participação dos) - Art. 55, § 3º
Consumidores e fornecedores (sempre com base na boa-fé e equilíbrio nas relações entre) - Art. 4º, III
Consumidores orientação permanente sobre seus direitos e garantias (prestar aos) - Art. 106, III
Consumidores por defeitos decorrentes de projeto (pela reparação dos danos causados aos) - Art. 12
Consumidores por defeitos relativos (pela reparação dos danos causados aos) - Art. 14
Consumidores por defeitos relativos à prestação dos serviços (danos causados aos) - Art. 14
Consumidores todas as pessoas determináveis ou não (equiparam-se aos) - Art. 29
Consumidores todas as vítimas do evento (Para os efeitos desta Seção, equiparam-se aos) - Art. 17
Consumidores vítimas de infrações penais de consumo (especializadas no atendimento de) - Art. 5º, III
Consumidores (educação e informação de fornecedores e) - Art. 4º, IV
Consumidores (inquérito policial para a apreciação de delito contra os) - Art. 106, V
Consumidores (Os bancos de dados e cadastros relativos a) - Art. 43, § 4º
Consumidores (Os contratos que regulam as relações de consumo não obrigarão os) - Art. 46
Consumidores (ou serviços à saúde ou segurança dos) - Art. 10, § 3º
Consumidores (recusar atendimento às demandas dos) - Art. 39, II
Consumidores, exceto os considerados normais (riscos à saúde ou segurança dos) - Art. 8º
Consumidores, mediante anúncios publicitários (o fato imediatamente às autoridades competentes e aos) - Art. 10, § 1º
Consumidores, nos termos da legislação vigente (apreciação de delito contra os) - Art. 106, V
Consumidores, o respeito à sua dignidade (o atendimento das necessidades dos) - Art. 4º
Consumidores (bem como sobre os riscos que apresentam à saúde e segurança dos) - Art. 31
Consumidores (obstáculo ao ressarcimento de prejuízos causados aos) - Art. 28, § 5º
Consumidores (e signos distintivos, que possam causar prejuízos aos) - Art. 4º, VI
Consumidores (violarem os interesses difusos, coletivos, ou individuais dos) - Art. 106, VII
Consumo (A abertura de cadastro, ficha, registro e dados pessoais e de) - Art. 43, § 2º
Consumo (baixarão normas relativas à produção, industrialização, distribuição e) - Art. 55
Consumo (com atribuições para fiscalizar e controlar o mercado de) - Art. 55, § 3º
Consumo (Da Convenção Coletiva de) - Art. 107
Consumo (Da Política Nacional de Relações de) - Art. 4º
Consumo (harmonização dos interesses dos participantes das relações de) - Art. 4º, III
Consumo a que se destinam (qualidade ou quantidade que os tornem impróprios ou inadequados ao) - Art. 18
Consumo adequado dos produtos e serviços (a educação e divulgação sobre o) - Art. 6º, II
Consumo arquivados sobre ele, bem como sobre as suas respectivas fontes (e de) - Art. 43
Consumo de produtos e serviços (produção, industrialização, distribuição e) - Art. 55
Consumo duráveis ou não duráveis (Os fornecedores de produtos de) - Art. 18
Consumo entre o fornecedor (impliquem renúncia ou disposição de direitos. Nas relações de) - Art. 51, I
Consumo não acarretarão riscos (Os produtos e serviços colocados no mercado de) - Art. 8º
Consumo não obrigarão os consumidores (Os contratos que regulam as relações de) - Art. 46
Consumo ou lhes diminuam o valor (vícios de qualidade que os tornem impróprios ao) - Art. 20
Consumo previstas neste código (Constituem crimes contra as relações de) - Art. 61
Consumo produto ou serviço (O fornecedor não poderá colocar no mercado de) - Art. 10

Consumo que tenham por objeto estabelecer condições relativas ao preço (relações de) - Art. 107
Consumo regular se revele nocivo ou perigoso (cujo uso ou) - Art. 102
Consumo tem por objetivo (A Política Nacional das Relações de) - Art. 4º
Consumo vinculam o fornecedor (relativos às relações de) - Art. 48
Consumo (a publicidade de produtos e serviços e o mercado de) - Art. 55, § 1º
Consumo (bem como a outros crimes e contravenções que envolvam relações de) - Art. 80
Consumo (bem como a transparência e harmonia das relações de) - Art. 4º
Consumo (coibição e repressão eficientes de todos os abusos praticados no mercado de) - Art. 4º, VI
Consumo (Para a execução da Política Nacional das Relações de) - Art. 5º
Consumo (Serviço é qualquer atividade fornecida no mercado de) - Art. 3º, § 2º
Consumo, atendidos os seguintes princípios (e harmonia das relações de) - Art. 4º
Consumo, qualquer produto ou serviço em desacordo (colocar, no mercado de) - Art. 39, VIII
Consumo, tiver conhecimento da periculosidade que apresentem (no mercado de) - Art. 10, § 1º
Consumo (ainda que indetermináveis, que haja intervindo nas relações de) - Art. 2º, p.ú
Consumo (bem como à reclamação e composição do conflito de) - Art. 107
Consumo (estudo constante das modificações do mercado de) - Art. 4º, VIII
Consumo (infrações de maior gravidade previstas neste código e na legislação de) - Art. 59
Consumo (todos responderão solidariamente pela reparação dos danos previstos nas normas de) - Art. 7º, p.ú
Consumo (São impróprios ao uso e) - Art. 18, § 6º
Consumo (assim como de mecanismos alternativos de solução de conflitos de) - Art. 4º, V
Consumo (especializadas no atendimento de consumidores vítimas de infrações penais de) - Art. 5º, III
Consumo (pela presença do Estado no mercado de) - Art. 4º, II, c
Consumo (quanto aos seus direitos e deveres, com vistas à melhoria do mercado de) - Art. 4º, IV
Consumo (reconhecimento da vulnerabilidade do consumidor no mercado de) - Art. 4º, I
Consumo (Varas Especializadas para a solução de litígios de) - Art. 5º, IV
Conta e risco do fornecedor (confiada a terceiros devidamente capacitados, por) - Art. 20, § 1º
Contado de seu recebimento pelo consumidor (terá validade pelo prazo de dez dias,) - Art. 40, § 1º
Contagem do prazo a partir do conhecimento do dano e de sua autoria (iniciando-se a) - Art. 27
Contagem do prazo decadencial a partir da entrega efetiva do produto (Inicia-se a) - Art. 26, § 1º
Contar da ciência nos autos do ajuizamento da ação coletiva (a) - Art. 104
Contar de sua assinatura (O consumidor pode desistir do contrato, no prazo de 7 dias a) - Art. 49
Contar de sua publicação (Este código entrará em vigor dentro de cento e oitenta dias a) - Art. 118
Contará o poder público com os seguintes instrumentos, entre outros: - Art. 5º
Conter informações negativas referentes a período superior a cinco anos (não podendo) - Art. 43, § 1º
Conteúdo do contrato (considerando-se a natureza e) - Art. 51, § 1º, III
Conteúdo líquido for inferior às indicações constantes do recipiente (seu) - Art. 19
Conteúdo ou a qualidade do contrato, após sua celebração (o) - Art. 51, XIII

Conteúdo (se não lhes for dada a oportunidade de tomar conhecimento prévio de seu) - Art. 46
Conteúdo (sem que o consumidor possa discutir ou modificar substancialmente seu) - Art. 54
Conteúdo (adequadamente preenchido e com especificação clara de seu) - Art. 74
Contínuos (eficientes, seguros e, quanto aos essenciais,) - Art. 22
Contra a publicidade enganosa e abusiva (a proteção) - Art. 6º, IV
Contra as relações de consumo previstas neste código (Constituem crimes) - Art. 61
Contra fornecedores de produtos e serviços (cadastros atualizados de reclamações fundamentadas) - Art. 44
Contra fornecedores de produtos e serviços, devendo divulgá-lo pública e anualmente. - Art. 44
Contra o fornecedor (sem que igual direito lhe seja conferido) - Art. 51, XII
Contra o segurador (o ajuizamento de ação de indenização diretamente) - Art. 101, II
Contra os consumidores (inquérito policial para a apreciação de delito) - Art. 106, V
Contra os consumidores, nos termos da legislação vigente (apreciação de delito) - Art. 106, V
Contra os demais responsáveis segundo sua participação na causação do evento danoso. - Art. 13, p.ú
Contra os demais responsáveis (exercer o direito de regresso) - Art. 13, p.ú
Contra os riscos provocados (a proteção da vida, saúde e segurança) - Art. 6º, I
Contra práticas e cláusulas abusivas ou impostas (bem como) - Art. 6º, IV
Contraditório pelo Instituto de Resseguros do Brasil (vedada a integração do) - Art. 101, II
Contraentes e somente pode ser alterado (o orçamento obriga os) - Art. 40, § 2º
Contrapropaganda será cominada quando o fornecedor (A imposição de) - Art. 60
Contrapropaganda será divulgada pelo responsável da mesma forma (A) - Art. 60, § 1º
Contrapropaganda (imposição de) - Art. 56, XII
Contrária (classe de pessoas ligadas entre si ou com a parte) - Art. 81, p.ú., II
Contrária por uma relação jurídica base (entre si ou com a parte) - Art. 81, p.ú., II
Contrariando determinação de autoridade competente (alto grau de periculosidade,) - Art. 65
Contrariar suas disposições (inclusive no que respeita ao inquérito civil, naquilo que não) - Art. 90
Contrarie o disposto neste código (cláusula contratual que) - Art. 51, § 4º
Contrário do consumidor (salvo, quanto a estes últimos, autorização em) - Art. 21
Contrário, o valor orçado terá validade (Salvo estipulação em) - Art. 40, § 1º
Contrário (Revogam-se as disposições em) - Art. 119
Contratação de fornecimento (ou do ato de recebimento do produto ou serviço, sempre que a) - Art. 49
Contratação de serviços de terceiros (acréscimos decorrentes da) - Art. 40, § 3º
Contratação de serviços de terceiros não previstos no orçamento prévio. - Art. 40, § 3º
Contratações (asseguradas a liberdade de escolha e a igualdade nas) - Art. 6º, II
Contratado seguro de responsabilidade (o réu que houver) - Art. 101, II
Contrato de adesão é aquele cujas cláusulas tenham sido aprovadas pela autoridade competente - Art. 54
Contrato e a retomada do produto alienado (pleitear a resolução do) - Art. 53
Contrato que vier a ser celebrado (ou dela se utilizar e integra o) - Art. 30
Contrato social (infração da lei, fato ou ato ilícito ou violação dos estatutos ou) - Art. 28
Contrato unilateralmente (autorizem o fornecedor a cancelar o) - Art. 51, XI
Contrato unilateralmente, sem que igual direito seja conferido ao consumidor (cancelar o) - Art. 51, XI

Contrato (A nulidade de uma cláusula contratual abusiva não invalida o) - Art. 51, § 2º
Contrato (considerando-se a natureza e conteúdo do) - Art. 51, § 1º, III
Contrato (deixem ao fornecedor a opção de concluir ou não o) - Art. 51, IX
Contrato (restringe direitos ou obrigações fundamentais inerentes à natureza do) - Art. 51, § 1º, II
Contrato, após sua celebração (o conteúdo ou a qualidade do) - Art. 51, XIII
Contrato, com direito à restituição de quantia eventualmente antecipada (rescindir o) - Art. 35, III
Contrato, embora obrigando o consumidor (a opção de concluir ou não o) - Art. 51, IX
Contrato, no prazo de 7 dias a contar de sua assinatura (O consumidor pode desistir do) - Art. 49
Contrato (A inserção de cláusula no formulário não desfigura a natureza de adesão do) - Art. 54, § 1º
Contratos de Adesão (Dos) - Art. 54
Contratos de adesão admite-se cláusula resolutória (Nos) - Art. 54, § 2º
Contratos de adesão escritos serão redigidos em termos claros (Os) - Art. 54, § 3º
Contratos de adesão, a cláusula de prazo deverá ser convencionada em separado (Nos) - Art. 18, § 2º
Contratos de compra e venda de móveis ou imóveis mediante pagamento em prestações (Nos) - Art. 53
Contratos de que trata o caput deste artigo (Os) - Art. 53, § 3º
Contratos do sistema de consórcio de produtos duráveis (Nos) - Art. 53, § 2º
Contratos que regulam as relações de consumo não obrigarão os consumidores (Os) - Art. 46
Contratuais que estabeleçam prestações desproporcionais (a modificação das cláusulas) - Art. 6º, V
Contratuais relativas ao fornecimento de produtos e serviços que (as cláusulas) - Art. 51
Contratuais serão interpretadas de maneira mais favorável ao consumidor (As cláusulas) - Art. 47
Contratual (a competente ação para ser declarada a nulidade de cláusula) - Art. 51, § 4º
Contratual (Da Proteção) - Art. 46
Contratual abusiva não invalida o contrato (A nulidade de uma cláusula) - Art. 51, § 2º
Contratual de cláusula que impossibilite, exonere ou atenue (É vedada a estipulação) - Art. 25
Contratual do fornecedor (independe de termo expresso, vedada a exoneração) - Art. 24
Contratual é complementar à legal e será conferida mediante termo escrito (A garantia) - Art. 50
Contratual que contrarie o disposto neste código (cláusula) - Art. 51, § 4º
Contratual (quando violar obrigação legal ou) - Art. 59, § 1º
Contratual (de tal modo a ameaçar seu objeto ou equilíbrio) - Art. 51, § 1º, II
Contratualmente estabelecido (aplicar fórmula ou índice de reajuste diverso do legal ou) - Art. 39, XIII
Contravenções que envolvam relações de consumo (bem como a outros crimes e) - Art. 80
Controladas (As sociedades integrantes dos grupos societários e as sociedades) - Art. 28, § 2º
Controlar o mercado de consumo (com atribuições para fiscalizar e) - Art. 55, § 3º
Controlarão a produção, industrialização, distribuição, a publicidade (fiscalizarão e) - Art. 55, § 1º
Controle (No caso de fornecimento de produtos ou de serviços sujeitos ao regime de) - Art. 41
Controle de qualidade e segurança de produtos e serviços (meios eficientes de) - Art. 4º, V
Controle ou de tabelamento de preços, os fornecedores deverão respeitar (ao regime de) - Art. 41

Convenção Coletiva de Consumo (Da) - Art. 107
Convenção escrita (ou sindicatos de categoria econômica podem regular, por) - Art. 107
Convenção o fornecedor que se desligar (Não se exime de cumprir a) - Art. 107, § 3º
Convenção somente obrigará os filiados às entidades signatárias (A) - Art. 107, § 2º
Convenção tornar-se-á obrigatória a partir do registro (A) - Art. 107, § 1º
Convencionada em separado (Nos contratos de adesão, a cláusula de prazo deverá ser) - Art. 18, § 2º
Convencionada em separado, por meio de manifestação expressa do consumidor (deverá ser) - Art. 18, § 2º
Convencionar a redução ou ampliação do prazo (Poderão as partes) - Art. 18, § 2º
Convenções internacionais de que o Brasil seja signatário (decorrentes de tratados ou) - Art. 7º
Conversão da obrigação em perdas e danos somente será admissível (A) - Art. 84, § 1º
Conversão na Lei nº 9.870, de 23.11.1999 (transformado em inciso XIII, quando da) - Art. 39, XI
Coordenação da política (ou órgão federal que venha substituí-lo é organismo de) - Art. 106
Coordenação da política do Sistema Nacional de Defesa do Consumidor, cabendo-lhe: - Art. 106
Coordenar e executar a política nacional (planejar, elaborar, propor,) - Art. 106, I
Coordenar e executar a política nacional de proteção ao consumidor; - Art. 106, I
Corpo doze, de modo a facilitar sua compreensão pelo consumidor (não será inferior ao) - Art. 54, § 3º
Corporal e à morte (sem prejuízo das correspondentes à lesão) - Art. 65, p.ú
Correção da informação ou comunicação (O ônus da prova da veracidade e) - Art. 38
Correção da informação ou comunicação publicitária cabe a quem as patrocina. - Art. 38
Correção monetária e juros legais, salvo hipótese de engano justificável (acrescido de) - Art. 42, p.ú
Correção, devendo o arquivista (poderá exigir sua imediata) - Art. 43, § 3º
Corrente nacional (serão expressos em moeda) - Art. 53, § 3º
Corrente nacional (preço do produto ou serviço em moeda) - Art. 52, I
Correspondente ao mínimo e ao máximo de dias de duração da pena - Art. 77
Correspondente, que deve ser transmitida de forma inequívoca (até a resposta negativa) - Art. 26, § 2º, I
Correspondente (CNPJ do fornecedor do produto ou serviço) - Art. 42-A
Correspondente (ou se impossível a tutela específica ou a obtenção do resultado prático) - Art. 84, § 1º
Correspondentes à lesão corporal e à morte (sem prejuízo das) - Art. 65, p.ú
Correta de quantidade, características, composição (com especificação) - Art. 6º, III
Corretas (A oferta e apresentação de produtos ou serviços devem assegurar informações) - Art. 31
Corretas, claras, precisas, ostensivas e em língua portuguesa (informações) - Art. 31
Corrigir imediatamente informação sobre consumidor constante de cadastro (Deixar de) - Art. 73
Corrompidos, fraudados, nocivos à vida ou à saúde, perigosos ou, ainda, - Art. 18, § 6º, II
Costumes e eqüidade (bem como dos que derivem dos princípios gerais do direito, analogia,) - Art. 7º
Costumes (disponibilidades de estoques, e, ainda, de conformidade com os usos e) - Art. 39, II
Couber, as mesmas regras enunciadas (Aplicam-se a este artigo, no que) - Art. 44, § 2º
Cpf (número de inscrição no Cadastro de Pessoas Físicas -) - Art. 42-A

Credenciada pelo Conselho Nacional de Metrologia (ou outra entidade) - Art. 39, VIII
Crédito (No fornecimento de produtos ou serviços que envolva outorga de) - Art. 52
Crédito e congêneres (os serviços de proteção ao) - Art. 43, § 4º
Crédito e securitária, salvo as decorrentes das relações de caráter trabalhista (de) - Art. 3º, § 2º
Crédito junto aos fornecedores (ou dificultar novo acesso ao) - Art. 43, § 5º
Crédito ou concessão de financiamento ao consumidor (outorga de) - Art. 52
Crédito (não serão fornecidas, pelos respectivos Sistemas de Proteção ao) - Art. 43, § 5º
Créditos decorrentes de condenação prevista na Lei n.º 7.347 (Em caso de concurso de) - Art. 99
Credor que, em razão do inadimplemento (em benefício do) - Art. 53
Criação de delegacias de polícia especializadas no atendimento - Art. 5º, III
Criação de Juizados Especiais de Pequenas Causas e Varas Especializadas - Art. 5º, IV
Criação e desenvolvimento das Associações de Defesa do Consumidor (concessão de estímulos à) - Art. 5º, V
Criação e desenvolvimento de associações representativas (por incentivos à) - Art. 4º, II, b
Criação pelos fornecedores de meios eficientes (incentivo à) - Art. 4º, V
Criação, construção, transformação, importação (atividade de produção, montagem,) - Art. 3º
Criações industriais das marcas e nomes comerciais (inventos e) - Art. 4º, VI
Criado (O produto da indenização devida reverterá para o fundo) - Art. 100, p.ú
Criado pela Lei n.º 7.347, de 24 de julho de 1985 (reverterá para o fundo) - Art. 100, p.ú
Criado pela Lei nº 7.347 (a destinação da importância recolhida ao fundo) - Art. 99, p.ú
Criança (se aproveite da deficiência de julgamento e experiência da) - Art. 37, § 2º
Crime é culposo (Se o) - Art. 63, § 2º
Crime é culposo (Se o) - Art. 66, § 2º
Crime (duração da pena privativa da liberdade cominada ao) - Art. 77
Crimes contra as relações de consumo previstas neste código (Constituem) - Art. 61
Crimes e contravenções que envolvam relações de consumo (bem como a outros) - Art. 80
Crimes previstos neste código (No processo penal atinente aos) - Art. 80
Crimes referidos neste código (Quem, de qualquer forma, concorrer para os) - Art. 75
Crimes tipificados neste código (São circunstâncias agravantes dos) - Art. 76
Crise econômica ou por ocasião de calamidade (serem cometidos em época de grave) - Art. 76, I
Critério do juiz (no processo civil, quando, a) - Art. 6º, VIII
Critério (ou deixar a fixação de seu termo inicial a seu exclusivo) - Art. 39, XII
Cuida esta lei (na defesa dos interesses e direitos de que) - Art. 113
Cuida o art. 16 (Os efeitos da coisa julgada de que) - Art. 103, § 3º
Cuja condição econômico-social (por servidor público, ou por pessoa) - Art. 76, IV, a
Cuja condição econômico-social seja manifestamente superior à da vítima; - Art. 76, IV, a
Cujas cláusulas tenham sido aprovadas pela autoridade competente (Contrato de adesão é aquele) - Art. 54
Cujas indenizações já tiveram sido fixadas em sentença de liquidação (abrangendo as vítimas) - Art. 98
Cujo conhecimento seja posterior à sua colocação no mercado (ou periculosidade de produtos) - Art. 64
Cujo tamanho da fonte não será inferior (e com caracteres ostensivos e legíveis,) - Art. 54, § 3º
Cujo uso ou consumo regular se revele nocivo ou perigoso - Art. 102
Cujos prazos de validade estejam vencidos (os produtos) - Art. 18, § 6º, I
Culpa exclusiva do consumidor ou de terceiro (a) - Art. 12, § 3º, III

Culpa exclusiva do consumidor ou de terceiro (a) - Art. 14, § 3º, II
Culpa (e o importador respondem, independentemente da existência de) - Art. 12
Culpa (O fornecedor de serviços responde, independentemente da existência de) - Art. 14
Culpa (As sociedades coligadas só responderão por) - Art. 28, § 4º
Culpa (será apurada mediante a verificação de) - Art. 14, § 4º
Culpabilidade (incide as penas a esses cominadas na medida de sua) - Art. 75
Culposo (Se o crime é) - Art. 63, § 2º
Culposo (Se o crime é) - Art. 66, § 2º
Cumpri-las (obrigações referidas neste artigo, serão as pessoas jurídicas compelidas a) - Art. 22, p.ú
Cumpri-las e a reparar os danos causados, na forma prevista neste código. - Art. 22, p.ú
Cumprimento à oferta (Se o fornecedor de produtos ou serviços recusar) - Art. 35
Cumprimento da obrigação de fazer ou não fazer (Na ação que tenha por objeto o) - Art. 84
Cumprimento de sua obrigação (deixar de estipular prazo para o) - Art. 39, XII
Cumprimento do preceito (fixando prazo razoável para o) - Art. 84, § 4º
Cumprimento forçado da obrigação, nos termos da oferta, apresentação ou publicidade (exigir o) - Art. 35, I
Cumprir a convenção o fornecedor que se desligar (Não se exime de) - Art. 107, § 3º
Cumulativa ou alternadamente, observado o disposto nos arts. 44 a 47, do Código Penal: - Art. 78
Cumulativamente (no âmbito de sua atribuição, podendo ser aplicadas) - Art. 56, p.ú
Custas e despesas processuais (em honorários de advogado,) - Art. 116
Custas e despesas processuais (em honorários de advogados,) - Art. 87
Custas (Art. 18. Nas ações de que trata esta lei, não haverá adiantamento de) - Art. 116
Custas (Nas ações coletivas de que trata este código não haverá adiantamento de) - Art. 87
Custas (serão solidariamente condenados em honorários advocatícios e ao décuplo das) - Art. 115
Custas (solidariamente condenados em honorários advocatícios e ao décuplo das) - Art. 87, p.ú
Custo adicional e quando cabível (a reexecução dos serviços, sem) - Art. 20, I
Custos de cobrança de sua obrigação (obriguem o consumidor a ressarcir os) - Art. 51, XII

D

Dada a oportunidade de tomar conhecimento prévio de seu conteúdo (se não lhes for) - Art. 46
Dado essencial do produto ou serviço (quando deixar de informar sobre) - Art. 37, § 3º
Dados de consumidores devem ser objetivos (Os cadastros e) - Art. 43, § 1º
Dados e Cadastros de Consumidores (Dos Bancos de) - Art. 42-A
Dados e cadastros relativos a consumidores (Os bancos de) - Art. 43, § 4º
Dados e cadastros (O consumidor, sempre que encontrar inexatidão nos seus) - Art. 43, § 3º
Dados fáticos, técnicos e científicos que dão base à publicidade (Deixar de organizar) - Art. 69
Dados fáticos, técnicos e científicos que dão sustentação à mensagem (os) - Art. 36, p.ú
Dados pessoais (terá acesso às informações existentes em cadastros, fichas, registros e) - Art. 43
Dados pessoais e de consumo (A abertura de cadastro, ficha, registro e) - Art. 43, § 2º
Dados sobre produtos e serviços (origem, preço e quaisquer outros) - Art. 37, § 1º
Dados (preço, garantia, prazos de validade e origem, entre outros) - Art. 31

Dados, fichas e registros (que sobre ele constem em cadastros, banco de) - Art. 72
Dados, fichas ou registros que sabe ou deveria saber ser inexata (banco de) - Art. 73
Dano causado por componente ou peça incorporada ao produto (Sendo o) - Art. 25, § 2°
Dano e de sua autoria (iniciando-se a contagem do prazo a partir do conhecimento do) - Art. 27
Dano individual ou coletivo (ocasionarem grave) - Art. 76, II
Dano (Havendo mais de um responsável pela causação do) - Art. 25, § 1°
Dano (quando haja manifesto interesse social evidenciado pela dimensão ou característica do) - Art. 113
Dano, ou pela relevância do bem jurídico a ser protegido (dimensão ou característica do) - Art. 82, § 1°
Dano, ou pela relevância do bem jurídico a ser protegido (pela dimensão ou característica do) - Art. 113
Dano, poderão os legitimados do art. 82 (com a gravidade do) - Art. 100
Dano, quando de âmbito local (no foro do lugar onde ocorreu ou deva ocorrer o) - Art. 93, I
Danos (Da Qualidade de Produtos e Serviços, da Prevenção e da Reparação dos) - Art. 8°
Danos (sem prejuízo da responsabilidade por perdas e) - Art. 115
Danos causados aos consumidores por defeitos decorrentes de projeto (pela reparação dos) - Art. 12
Danos causados aos consumidores por defeitos relativos (pela reparação dos) - Art. 14
Danos causados aos consumidores por defeitos relativos à prestação dos serviços, - Art. 14
Danos causados por fato do produto (Prescreve em cinco anos a pretensão à reparação pelos) - Art. 27
Danos causados, na forma prevista neste código (cumpri-las e a reparar os) - Art. 22, p.ú
Danos causados (fixando a responsabilidade do réu pelos) - Art. 95
Danos de âmbito nacional ou regional (para os) - Art. 93, II
Danos individuais (as ações de indenização pelos) - Art. 99, p.ú
Danos individualmente sofridos (ação civil coletiva de responsabilidade pelos) - Art. 91
Danos patrimoniais e morais (a efetiva prevenção e reparação de) - Art. 6°, VI
Danos patrimoniais e morais (com vistas à prevenção ou reparação de) - Art. 6°, VII
Danos patrimoniais e morais, individuais, coletivos e difusos (reparação de) - Art. 6°, VI
Danos pessoalmente sofridos (não prejudicarão as ações de indenização por) - Art. 103, § 3°
Danos previstos nas normas de consumo (todos responderão solidariamente pela reparação dos) - Art. 7°, p.ú
Danos se fará sem prejuízo da multa (A indenização por perdas e) - Art. 84, § 2°
Danos somente será admissível (A conversão da obrigação em perdas e) - Art. 84, § 1°
Danos (de quantia eventualmente antecipada, monetariamente atualizada, e a perdas e) - Art. 35, III
Danos (sem prejuízo da responsabilidade por perdas e) - Art. 87, p.ú
Danos (sem prejuízo de eventuais perdas e) - Art. 19, IV
Danos (sem prejuízo de eventuais perdas e) - Art. 20, II
Danos (sem prejuízo de eventuais perdas e) - Art. 18, § 1°, II
Danoso (e de indenizações pelos prejuízos individuais resultantes do mesmo evento) - Art. 99
Danoso, estas terão preferência no pagamento (resultantes do mesmo evento) - Art. 99
Danoso (contra os demais responsáveis segundo sua participação na causação do evento) - Art. 13, p.ú
Dão base à publicidade (Deixar de organizar dados fáticos, técnicos e científicos que) - Art. 69
Dão sustentação à mensagem (os dados fáticos, técnicos e científicos que) - Art. 36, p.ú
Dar as informações necessárias e adequadas a seu respeito (a) - Art. 8°

Data posterior ao registro do instrumento (o fornecedor que se desligar da entidade em) - Art. 107, § 3º
Datas de início e término dos serviços (as condições de pagamento, bem como as) - Art. 40
Débito, total ou parcialmente (É assegurado ao consumidor a liquidação antecipada do) - Art. 52, § 2º
Débitos apresentados ao consumidor (Em todos os documentos de cobrança de) - Art. 42-A
Débitos do consumidor (Consumada a prescrição relativa à cobrança de) - Art. 43, § 5º
Débitos, o consumidor inadimplente não será exposto a ridículo (Na cobrança de) - Art. 42
Decadência e da Prescrição (Da) - Art. 26
Decadência (Obstam a) - Art. 26, § 2º
Decadencial a partir da entrega efetiva do produto (Inicia-se a contagem do prazo) - Art. 26, § 1º
Decadencial inicia-se no momento (Tratando-se de vício oculto, o prazo) - Art. 26, § 3º
Decadencial inicia-se no momento em que ficar evidenciado o defeito (o prazo) - Art. 26, § 3º
Decisão de segundo grau (ficará sustada enquanto pendentes de) - Art. 99, p.ú
Declarações de vontade constantes de escritos particulares, recibos e pré-contratos (As) - Art. 48
Declarada a nulidade de cláusula contratual (a competente ação para ser) - Art. 51, § 4º
Declarado falido (Se o réu houver sido) - Art. 101, II
Decorrência de sua natureza e fruição (considerados normais e previsíveis em) - Art. 8º
Decorrentes (O consumidor não responde por quaisquer ônus ou acréscimos) - Art. 40, § 3º
Decorrentes da contratação de serviços de terceiros (acréscimos) - Art. 40, § 3º
Decorrentes da disparidade com as indicações constantes da oferta (assim como por aqueles) - Art. 20
Decorrentes da disparidade (ou lhes diminuam o valor, assim como por aqueles) - Art. 18
Decorrentes das relações de caráter trabalhista (de crédito e securitária, salvo as) - Art. 3º, § 2º
Decorrentes de condenação prevista na Lei n.º 7.347 (Em caso de concurso de créditos) - Art. 99
Decorrentes de origem comum (assim entendidos os) - Art. 81, p.ú., III
Decorrentes de práticas anteriores entre as partes (ressalvadas as) - Art. 39, VI
Decorrentes de projeto (pela reparação dos danos causados aos consumidores por defeitos) - Art. 12
Decorrentes de sua natureza (rotulagem ou mensagem publicitária, respeitadas as variações) - Art. 18
Decorrentes de sua natureza (sempre que, respeitadas as variações) - Art. 19
Decorrentes de tratados (Os direitos previstos neste código não excluem outros) - Art. 7º
Decorrentes de tratados ou convenções internacionais de que o Brasil seja signatário, - Art. 7º
Decorrentes deste código (são solidariamente responsáveis pelas obrigações) - Art. 28, § 3º
Decorrentes deste código (são subsidiariamente responsáveis pelas obrigações) - Art. 28, § 2º
Decorrentes do inadimplemento de obrigações no seu termo (As multas de mora) - Art. 52, § 1º
Decorrido o prazo de um ano sem habilitação de interessados em número compatível - Art. 100
Decorridos sessenta dias do trânsito em julgado da sentença condenatória (Art. 15.) - Art. 114
Decreta e eu sanciono a seguinte lei (O PRESIDENTE DA REPÚBLICA, faço saber que o Congresso Nacional) - Abertura
Décuplo das custas (serão solidariamente condenados em honorários advocatícios e ao) -

Art. 115
Décuplo das custas (solidariamente condenados em honorários advocatícios e ao) - Art. 87, p.ú
Defeito inexiste (que, embora haja colocado o produto no mercado, o) - Art. 12, § 3º, II
Defeito inexiste (que, tendo prestado o serviço, o) - Art. 14, § 3º, I
Defeito (o prazo decadencial inicia-se no momento em que ficar evidenciado o) - Art. 26, § 3º
Defeitos decorrentes de projeto (pela reparação dos danos causados aos consumidores por) - Art. 12
Defeitos relativos (pela reparação dos danos causados aos consumidores por) - Art. 14
Defeitos relativos à prestação dos serviços (danos causados aos consumidores por) - Art. 14
Defeituoso pela adoção de novas técnicas (O serviço não é considerado) - Art. 14, § 2º
Defeituoso pelo fato de outro de melhor qualidade (O produto não é considerado) - Art. 12, § 2º
Defeituoso quando não fornece a segurança (O serviço é) - Art. 14, § 1º
Defeituoso quando não oferece a segurança (O produto é) - Art. 12, § 1º
Defesa coletiva será exercida quando se tratar de (A) - Art. 81, p.ú
Defesa de Interesses Individuais Homogêneos (Das Ações Coletivas Para a) - Art. 91
Defesa de seus direitos (a facilitação da) - Art. 6º, VIII
Defesa do Consumidor (Do Sistema Nacional de) - Art. 105
Defesa do Consumidor (Para a consecução de seus objetivos, o Departamento Nacional de) - Art. 106, p.ú
Defesa do Consumidor (SNDC) (Integram o Sistema Nacional de) - Art. 105
Defesa do Consumidor (Título III da lei que instituiu o Código de) - Art. 117
Defesa do Consumidor em Juízo (Da) - Art. 81
Defesa do consumidor ficam sujeitas, conforme o caso (As infrações das normas de) - Art. 56
Defesa do consumidor manterão cadastros atualizados (Os órgãos públicos de) - Art. 44
Defesa do Consumidor no âmbito do Ministério Público; - Art. 5º, II
Defesa do consumidor pela população (a formação de entidades de) - Art. 106, IX
Defesa do consumidor pela população e pelos órgãos públicos (entidades de) - Art. 106, IX
Defesa do consumidor pela população e pelos órgãos públicos estaduais e municipais; - Art. 106, IX
Defesa do Consumidor (instituição de Promotorias de Justiça de) - Art. 5º, II
Defesa do Consumidor (O Departamento Nacional de) - Art. 106
Defesa do consumidor (O presente código estabelece normas de proteção e) - Art. 1º
Defesa do Consumidor, cabendo-lhe (coordenação da política do Sistema Nacional de) - Art. 106
Defesa do Consumidor (concessão de estímulos à criação e desenvolvimento das Associações de) - Art. 5º, V
Defesa do consumidor (do Distrito Federal e municipais e as entidades privadas de) - Art. 105
Defesa do consumidor (pelos meios de comunicação social por parte dos órgãos de) - Art. 94
Defesa dos direitos e interesses difusos, coletivos e individuais (Art. 21 Aplicam-se à) - Art. 117
Defesa dos direitos e interesses protegidos por este código (Para a) - Art. 83
Defesa dos interesses (ainda que sem personalidade jurídica, especificamente destinados à) - Art. 82, III
Defesa dos interesses e direitos de que cuida esta lei (na) - Art. 113
Defesa dos interesses e direitos dos consumidores e das vítimas (A) - Art. 81
Defesa dos interesses e direitos protegidos por este código (a) - Art. 82, IV
Defesa dos interesses e direitos protegidos por este código (destinados à) - Art. 82, III
Defesa, quando forem constatados vícios de quantidade (assegurada ampla) - Art. 58

Defesa, quando o fornecedor reincidir na prática das infrações (assegurada ampla) - Art. 59
Deficiência de julgamento e experiência da criança (se aproveite da) - Art. 37, § 2º
Deficiência mental (ou maior de sessenta anos ou de pessoas portadoras de) - Art. 76, IV, b
Deficiência mental interditadas ou não (ou de pessoas portadoras de) - Art. 76, IV, b
Definidas em normas específicas (sem prejuízo das de natureza civil, penal e das) - Art. 56
Deixar a fixação de seu termo inicial a seu exclusivo critério (ou) - Art. 39, XII
Deixar de alertar (Incorrerá nas mesmas penas quem) - Art. 63, § 1º
Deixar de comunicar à autoridade competente e aos consumidores a nocividade - Art. 64
Deixar de corrigir imediatamente informação sobre consumidor constante de cadastro, - Art. 73
Deixar de entregar ao consumidor o termo de garantia adequadamente preenchido - Art. 74
Deixar de estipular prazo para o cumprimento de sua obrigação - Art. 39, XII
Deixar de informar sobre dado essencial do produto ou serviço (quando) - Art. 37, § 3º
Deixar de organizar dados fáticos, técnicos e científicos que dão base à publicidade: - Art. 69
Deixar de retirar do mercado (Incorrerá nas mesmas penas quem) - Art. 64, p.ú
Deixem ao fornecedor a opção de concluir ou não o contrato, - Art. 51, IX
Dela se utilizar e integra o contrato que vier a ser celebrado (ou) - Art. 30
Dele legitimamente se espera (não oferece a segurança que) - Art. 12, § 1º
Dele pode esperar, levando-se em consideração (a segurança que o consumidor) - Art. 14, § 1º
Dele se esperam (o resultado e os riscos que razoavelmente) - Art. 14, § 1º, II
Dele se esperam (o uso e os riscos que razoavelmente) - Art. 12, § 1º, II
Delegacias de polícia especializadas no atendimento (criação de) - Art. 5º, III
Deles se esperam (para os fins que razoavelmente) - Art. 20, § 2º
Delito contra os consumidores (inquérito policial para a apreciação de) - Art. 106, V
Delito contra os consumidores, nos termos da legislação vigente (apreciação de) - Art. 106, V
Demais acréscimos (total ou parcialmente, mediante redução proporcional dos juros e) - Art. 52, § 2º
Demais casos (Fundos estaduais ou municipais de proteção ao consumidor nos) - Art. 57
Demais legitimados (deverá fazê-lo o Ministério Público, facultada igual iniciativa aos) - Art. 114
Demais responsáveis segundo sua participação na causação do evento danoso (contra os) - Art. 13, p.ú
Demais responsáveis (exercer o direito de regresso contra os) - Art. 13, p.ú
Demanda (Sendo relevante o fundamento da) - Art. 84, § 3º
Demandas dos consumidores (recusar atendimento às) - Art. 39, II
Dentre outras a publicidade discriminatória de qualquer natureza (É abusiva,) - Art. 37, § 2º
Dentre outras práticas abusivas (É vedado ao fornecedor de produtos ou serviços,) - Art. 39
Dentro de cento e oitenta dias a contar de sua publicação (Este código entrará em vigor) - Art. 118
Denúncia não for oferecida no prazo legal (se a) - Art. 80
Denunciação da lide ao Instituto de Resseguros do Brasil (vedada a) - Art. 101, II
Denunciação da lide (facultada a possibilidade de prosseguir-se nos mesmos autos, vedada a) - Art. 88
Denúncias ou sugestões (receber, analisar, avaliar e encaminhar consultas,) - Art. 106, II
Denúncias ou sugestões apresentadas por entidades representativas - Art. 106, II
Departamento Nacional de Defesa do Consumidor (Para a consecução de seus objetivos, o) - Art. 106, p.ú
Departamento Nacional de Defesa do Consumidor (O) - Art. 106

Depósito de produtos ou a oferta e prestação de serviços (ou manutenção em) - Art. 75
Depreciativa, referente a ato praticado pelo consumidor (repassar informação) - Art. 39, VII
Derivem dos princípios gerais do direito, analogia, costumes e eqüidade (bem como dos que) - Art. 7º
Desaconselharem a cassação de licença (sempre que as circunstâncias de fato) - Art. 59, § 2º
Desaconselharem a cassação de licença, a interdição ou suspensão da atividade. - Art. 59, § 2º
Desacordo (colocar, no mercado de consumo, qualquer produto ou serviço em) - Art. 39, VIII
Desacordo com as normas regulamentares (ou, ainda, aqueles em) - Art. 18, § 6º, II
Desacordo com as normas regulamentares de fabricação, distribuição ou apresentação; - Art. 18, § 6º, II
Desacordo com o sistema de proteção ao consumidor (estejam em) - Art. 51, XV
Descanso ou lazer (ou interfira com seu trabalho,) - Art. 71
Desconsideração da Personalidade Jurídica (Da) - Art. 28
Desconsideração também será efetivada quando houver falência (A) - Art. 28
Desconsiderada a pessoa jurídica (Também poderá ser) - Art. 28, § 5º
Desconsiderada a pessoa jurídica sempre que sua personalidade for, de alguma forma, - Art. 28, § 5º
Desconsiderar a personalidade jurídica da sociedade quando (O juiz poderá) - Art. 28
Descontada, além da vantagem econômica auferida (na forma deste artigo, terá) - Art. 53, § 2º
Descumprimento, total ou parcial, das obrigações referidas (Nos casos de) - Art. 22, p.ú
Desde que a alternativa, cabendo a escolha ao consumidor, - Art. 54, § 2º
Dê-se a seguinte redação ao art. 18 da Lei nº 7.347, de 24 de julho de 1985: - Art. 116
Desempenho, durabilidade, preço ou garantia de produtos ou serviços (segurança,) - Art. 66
Desempenho (com padrões adequados de qualidade, segurança, durabilidade e) - Art. 4º, II, d
Desenvolvem atividade de produção (bem como os entes despersonalizados, que) - Art. 3º
Desenvolver outras atividades compatíveis com suas finalidades. - Art. 106, XIII
Desenvolvimento das Associações de Defesa do Consumidor (concessão de estímulos à criação e) - Art. 5º, V
Desenvolvimento de associações representativas (por incentivos à criação e) - Art. 4º, II, b
Desenvolvimento econômico e tecnológico (do consumidor com a necessidade de) - Art. 4º, III
Desfazer o malefício da publicidade enganosa ou abusiva (de forma capaz de) - Art. 60, § 1º
Desfazimento de obra (tais como busca e apreensão, remoção de coisas e pessoas,) - Art. 84, § 5º
Desfazimento do negócio (podendo o consumidor exigir à sua escolha, o) - Art. 41
Desfazimento do negócio, sem prejuízo de outras sanções cabíveis (o) - Art. 41
Desfigura a natureza de adesão do contrato (A inserção de cláusula no formulário não) - Art. 54, § 1º
Desistência infundada ou abandono da ação por associação legitimada (§ 3º Em caso de) - Art. 112
Desistente (vantagem econômica auferida com a fruição, os prejuízos que o) - Art. 53, § 2º
Desistente ou inadimplente causar ao grupo (os prejuízos que o) - Art. 53, § 2º
Desistir do contrato, no prazo de 7 dias a contar de sua assinatura (O consumidor pode) - Art. 49
Desleais (publicidade enganosa e abusiva, métodos comerciais coercitivos ou) - Art. 6º, IV
Desleal e utilização indevida de inventos (inclusive a concorrência) - Art. 4º, VI
Desligar (Não se exime de cumprir a convenção o fornecedor que se) - Art. 107, § 3º
Desligar da entidade em data posterior ao registro do instrumento (o fornecedor que se) - Art. 107, § 3º

Desobediência, prestem informações sobre questões de interesse (para que, sob pena de) - Art. 55, § 4º
Despersonalizados, que desenvolvem atividade de produção (bem como os entes) - Art. 3º
Despesas processuais (em honorários de advogado, custas e) - Art. 116
Despesas processuais (em honorários de advogados, custas e) - Art. 87
Despesas (emolumentos, honorários periciais e quaisquer outras) - Art. 87
Despesas (emolumentos, honorários periciais e quaisquer outras) - Art. 116
Desproporcionais (a modificação das cláusulas contratuais que estabeleçam prestações) - Art. 6º, V
Desproporcionais ou sua revisão em razão de fatos supervenientes (prestação) - Art. 6º, V
Desrespeita valores ambientais, ou que seja capaz de induzir o consumidor - Art. 37, § 2º
Destaque, permitindo sua imediata e fácil compreensão (deverão ser redigidas com) - Art. 54, § 4º
Destinação da importância recolhida ao fundo criado pela Lei nº 7.347 (a) - Art. 99, p.ú
Destinados à defesa dos interesses (ainda que sem personalidade jurídica, especificamente) - Art. 82, III
Destinados à defesa dos interesses e direitos protegidos por este código; - Art. 82, III
Destinam (qualidade ou quantidade que os tornem impróprios ou inadequados ao consumo a que se) - Art. 18
Destinam (se revelem inadequados ao fim a que se) - Art. 18, § 6º, III
Destinatário final (que adquire ou utiliza produto ou serviço como) - Art. 2º
Destinatários das informações incorretas (comunicar a alteração aos eventuais) - Art. 43, § 3º
Desvantagem exagerada (considerada iníquas, abusivas, coloquem o consumidor em) - Art. 51, IV
Desvantagem exagerada, ou sejam incompatíveis com a boa-fé ou a eqüidade (em) - Art. 51, IV
Detenção de seis meses a dois anos e multa. - Art. 64, Pena
Detenção de seis meses a dois anos e multa (Pena) - Art. 63
Detenção de seis meses a dois anos e multa (Pena) - Art. 65
Detenção de seis meses a dois anos e multa (Pena -) - Art. 68
Detenção de seis meses a um ano ou multa (Pena) - Art. 72
Detenção de três meses a um ano e multa (Pena -) - Art. 66
Detenção de três meses a um ano e multa (Pena) - Art. 67
Detenção de três meses a um ano e multa (Pena) - Art. 70
Detenção de três meses a um ano e multa (Pena) - Art. 71
Detenção de um a seis meses ou multa (Pena) - Art. 63, § 2º
Detenção de um a seis meses ou multa (Pena) - Art. 66, § 2º
Detenção de um a seis meses ou multa (Pena) - Art. 69
Detenção de um a seis meses ou multa (Pena) - Art. 73
Detenção de um a seis meses ou multa (Pena) - Art. 74
Deteriorados, alterados, adulterados, avariados, falsificados (os produtos) - Art. 18, § 6º, II
Determinação de autoridade competente (alto grau de periculosidade, contrariando) - Art. 65
Determinado pela autoridade competente (imediatamente quando) - Art. 64, p.ú
Determinar a alteração na composição, estrutura, fórmula ou acondicionamento de produto (ou a) - Art. 102
Determinar as medidas necessárias (poderá o juiz) - Art. 84, § 5º
Determinará providências (o juiz concederá a tutela específica da obrigação ou) - Art. 84
Determinará providências que assegurem o resultado prático equivalente ao do adimplemento. - Art. 84

Determináveis ou não (equiparam-se aos consumidores todas as pessoas) - Art. 29
Determináveis ou não, expostas às práticas nele previstas (todas as pessoas) - Art. 29
Determinem a utilização compulsória de arbitragem; - Art. 51, VII
Detrimento de operário ou rurícola; de menor de dezoito (em) - Art. 76, IV, b
Detrimento do consumidor, houver abuso de direito, excesso de poder, infração da lei (em) - Art. 28
Deva ocorrer o dano, quando de âmbito local (no foro do lugar onde ocorreu ou) - Art. 93, I
Devam acompanhar o produto (através de impressos apropriados que) - Art. 8º, p.ú
Deve constar o nome do fabricante e endereço na embalagem, publicidade - Art. 33
Deve ser padronizado e esclarecer (O termo de garantia ou equivalente) - Art. 50, p.ú
Deve ser transmitida de forma inequívoca (até a resposta negativa correspondente, que) - Art. 26, § 2º, I
Deve ser veiculada de tal forma que o consumidor (A publicidade) - Art. 36
Devedor ser manifestamente suficiente (salvo na hipótese de o patrimônio do) - Art. 99, p.ú
Devem assegurar informações corretas (A oferta e apresentação de produtos ou serviços) - Art. 31
Devem ser objetivos (Os cadastros e dados de consumidores) - Art. 43, § 1º
Devendo divulgá-lo pública e anualmente (contra fornecedores de produtos e serviços,) - Art. 44
Devendo o arquivista (poderá exigir sua imediata correção,) - Art. 43, § 3º
Devendo ser-lhe entregue, devidamente preenchido pelo fornecedor, - Art. 50, p.ú
Deverá comunicar o fato imediatamente às autoridades competentes e aos consumidores, mediante anúncios - Art. 10, § 1º
Deverá constar a ocorrência ou não do trânsito em julgado (da qual) - Art. 98, § 1º
Deverá fazê-lo o Ministério Público, facultada igual iniciativa aos demais legitimados . - Art. 114
Deverá informar, de maneira ostensiva e adequada (perigosos à saúde ou segurança) - Art. 9º
Deverá ser comunicada por escrito ao consumidor, quando não solicitada por ele. - Art. 43, § 2º
Deverá ser convencionada em separado (Nos contratos de adesão, a cláusula de prazo) - Art. 18, § 2º
Deverá ser convencionada em separado, por meio de manifestação expressa do consumidor. - Art. 18, § 2º
Deverá ser mantida por período razoável de tempo, na forma da lei (a oferta) - Art. 32, p.ú
Deverá, entre outros requisitos, informá-lo prévia e adequadamente sobre (o fornecedor) - Art. 52
Deverão assegurar a oferta de componentes (Os fabricantes e importadores) - Art. 32
Deverão constar o nome, o endereço e o número de inscrição - Art. 42-A
Deverão informá-los a respeito (e os Municípios) - Art. 10, § 3º
Deverão respeitar (ao regime de controle ou de tabelamento de preços, os fornecedores) - Art. 41
Deverão respeitar os limites oficiais sob pena de não o fazendo, - Art. 41
Deverão ser redigidas com destaque, permitindo sua imediata e fácil compreensão. - Art. 54, § 4º
Deveres, com vistas à melhoria do mercado de consumo (quanto aos seus direitos e) - Art. 4º, IV
Deveria saber apresentar alto grau de nocividade (produto ou serviço que sabe ou) - Art. 10
Deveria saber ser capaz de induzir o consumidor (Fazer ou promover publicidade que sabe ou) - Art. 68

Deveria saber ser enganosa ou abusiva (Fazer ou promover publicidade que sabe ou) - Art. 67
Deveria saber ser inexata (banco de dados, fichas ou registros que sabe ou) - Art. 73
Devida reverterá para o fundo criado (O produto da indenização) - Art. 100, p.ú
Devida (promover a liquidação e execução da indenização) - Art. 100
Devidamente capacitados, por conta e risco do fornecedor (confiada a terceiros) - Art. 20, § 1º
Devidamente preenchido pelo fornecedor (devendo ser-lhe entregue,) - Art. 50, p.ú
Devolvidos, de imediato, monetariamente atualizados (durante o prazo de reflexão, serão) - Art. 49, p.ú
Dez dias, contado de seu recebimento pelo consumidor (terá validade pelo prazo de) - Art. 40, § 1º
Dezoito (em detrimento de operário ou rurícola; de menor de) - Art. 76, IV, b
Diária ao réu, independentemente de pedido do autor (impor multa) - Art. 84, § 4º
Dias a contar de sua assinatura (O consumidor pode desistir do contrato, no prazo de 7) - Art. 49
Dias a contar de sua publicação (Este código entrará em vigor dentro de cento e oitenta) - Art. 118
Dias de duração da pena (correspondente ao mínimo e ao máximo de) - Art. 77
Dias do trânsito em julgado da sentença condenatória (Art. 15. Decorridos sessenta) - Art. 114
Dias úteis, comunicar a alteração (no prazo de cinco) - Art. 43, § 3º
Dias (Não sendo o vício sanado no prazo máximo de trinta) - Art. 18, § 1º
Dias (se não for requerida sua suspensão no prazo de trinta) - Art. 104
Dias, contado de seu recebimento pelo consumidor (terá validade pelo prazo de dez) - Art. 40, § 1º
Dias, tratando-se de fornecimento de serviço e de produtos duráveis (noventa) - Art. 26, II
Dias, tratando-se de fornecimento de serviço e de produtos não duráveis (trinta) - Art. 26, I
Dias (não podendo ser inferir a sete nem superior a cento e oitenta) - Art. 18, § 2º
Dias-multa (A pena pecuniária prevista nesta Seção será fixada em) - Art. 77
Didática, com ilustrações (manual de instrução, de instalação e uso do produto em linguagem) - Art. 50, p.ú
Diferença de preço (mediante complementação ou restituição de eventual) - Art. 18, § 4º
Diferentes meios de comunicação (informar, conscientizar e motivar o consumidor através dos) - Art. 106, IV
Diferentes produtos e serviços (a informação adequada e clara sobre os) - Art. 6º, III
Dificultar (ou se os respectivos instrumentos forem redigidos de modo a) - Art. 46
Dificultar a compreensão de seu sentido e alcance (de modo a) - Art. 46
Dificultar novo acesso (quaisquer informações que possam impedir ou) - Art. 43, § 5º
Dificultar novo acesso ao crédito junto aos fornecedores (ou) - Art. 43, § 5º
Dificultar o acesso do consumidor às informações (Impedir ou) - Art. 72
Difuso ou coletivo (II turístico e paisagístico, ou a qualquer outro interesse) - Art. 111
Difuso ou coletivo (IV - a qualquer outro interesse) - Art. 110
Difusos (infrações de ordem administrativa que violarem os interesses) - Art. 106, VII
Difusos, assegurada a proteção Jurídica (individuais, coletivos ou) - Art. 6º, VII
Difusos, assim entendidos (interesses ou direitos) - Art. 81, p.ú., I
Difusos, coletivos e individuais (Art. 21 Aplicam-se à defesa dos direitos e interesses) - Art. 117
Difusos, coletivos, ou individuais dos consumidores (violarem os interesses) - Art. 106, VII
Difusos (reparação de danos patrimoniais e morais, individuais, coletivos e) - Art. 6º, VI
Dignidade (o atendimento das necessidades dos consumidores, o respeito à sua) - Art. 4º

Dimensão (será divulgada pelo responsável da mesma forma, freqüência e) - Art. 60, § 1º
Dimensão ou característica (quando haja manifesto interesse social evidenciado pela) - Art. 82, § 1º
Dimensão ou característica do dano (quando haja manifesto interesse social evidenciado pela) - Art. 113
Dimensão ou característica do dano, ou pela relevância do bem jurídico a ser protegido. - Art. 82, § 1º
Dimensão ou característica do dano, ou pela relevância do bem jurídico a ser protegido (pela) - Art. 113
Diminuam o valor (vícios de qualidade que os tornem impróprios ao consumo ou lhes) - Art. 20
Diminuam o valor, assim como por aqueles decorrentes da disparidade (ou lhes) - Art. 18
Diminuindo-lhe o valor ou se tratar de produto essencial. - Art. 18, § 3º
Diminuir-lhe o valor (comprometer a qualidade ou características do produto,) - Art. 18, § 3º
Direito (bem como nas alienações fiduciárias em garantia, consideram-se nulas de pleno) - Art. 53
Direito à repetição do indébito (O consumidor cobrado em quantia indevida tem) - Art. 42, p.ú
Direito à restituição de quantia eventualmente antecipada (rescindir o contrato, com) - Art. 35, III
Direito as cláusulas que estabeleçam a perda total das prestações pagas (nulas de pleno) - Art. 53
Direito de arrependimento previsto neste artigo (Se o consumidor exercitar o) - Art. 49, p.ú
Direito de indenização por benfeitorias necessárias (possibilitem a renúncia do) - Art. 51, XVI
Direito de reclamar pelos vícios aparentes ou de fácil constatação caduca em (O) - Art. 26
Direito de regresso (Aquele que efetivar o pagamento ao prejudicado poderá exercer o) - Art. 13, p.ú
Direito de regresso contra os demais responsáveis (exercer o) - Art. 13, p.ú
Direito do consumidor (As cláusulas que implicarem limitação de) - Art. 54, § 4º
Direito Econômico (MJ), ou órgão federal que venha substituí-lo (da Secretaria Nacional de) - Art. 106
Direito lhe seja conferido contra o fornecedor (sem que igual) - Art. 51, XII
Direito público ou privado (por entidades representativas ou pessoas jurídicas de) - Art. 106, II
Direito seja conferido ao consumidor (cancelar o contrato unilateralmente, sem que igual) - Art. 51, XI
Direito, analogia, costumes e eqüidade (bem como dos que derivem dos princípios gerais do) - Art. 7º
Direito, entre outras (São nulas de pleno) - Art. 51
Direito, excesso de poder, infração da lei (em detrimento do consumidor, houver abuso de) - Art. 28
Direitos Básicos do Consumidor (Dos) - Art. 6º
Direitos básicos do consumidor (São) - Art. 6º
Direitos coletivos, assim entendidos (interesses ou) - Art. 81, p.ú., II
Direitos de que cuida esta lei (na defesa dos interesses e) - Art. 113
Direitos difusos, assim entendidos (interesses ou) - Art. 81, p.ú., I
Direitos do Consumidor (Dos) - Abertura
Direitos dos consumidores e das vítimas (A defesa dos interesses e) - Art. 81
Direitos e deveres, com vistas à melhoria do mercado de consumo (quanto aos seus) - Art. 4º, IV

Direitos e garantias (prestar aos consumidores orientação permanente sobre seus) - Art. 106, III
Direitos e interesses difusos, coletivos e individuais (Art. 21 Aplicam-se à defesa dos) - Art. 117
Direitos e interesses protegidos por este código (Para a defesa dos) - Art. 83
Direitos e obrigações das partes (não assegure o justo equilíbrio entre) - Art. 51, § 4º
Direitos individuais dos integrantes da coletividade (não prejudicarão interesses e) - Art. 103, § 1º
Direitos individuais dos integrantes da coletividade, do grupo, categoria ou classe (e) - Art. 103, § 1º
Direitos individuais homogêneos (interesses ou) - Art. 81, p.ú., III
Direitos ou obrigações fundamentais inerentes à natureza do contrato (restringe) - Art. 51, § 1º, II
Direitos previstos neste código não excluem outros decorrentes de tratados (Os) - Art. 7º
Direitos protegidos por este código (a defesa dos interesses e) - Art. 82, IV
Direitos protegidos por este código (destinados à defesa dos interesses e) - Art. 82, III
Direitos (a facilitação da defesa de seus) - Art. 6º, VIII
Direitos. Nas relações de consumo entre o fornecedor (impliquem renúncia ou disposição de) - Art. 51, I
Direitos (a interdição temporária de) - Art. 78, I
Direitos (referente a ato praticado pelo consumidor no exercício de seus) - Art. 39, VII
Direta ou indireta (as entidades e órgãos da Administração Pública,) - Art. 82, III
Direta ou indiretamente, variação do preço de maneira unilateral (permitam ao fornecedor,) - Art. 51, X
Direta (por iniciativa) - Art. 4º, II, a
Diretamente a quem se disponha a adquiri-los mediante pronto pagamento, - Art. 39, IX
Diretamente contra o segurador (o ajuizamento de ação de indenização) - Art. 101, II
Diretor, administrador ou gerente da pessoa jurídica que promover (bem como o) - Art. 75
Diretores responsáveis pela propositura da ação (a associação autora e os) - Art. 115
Diretores responsáveis pela propositura da ação serão solidariamente condenados (e os) - Art. 87, p.ú
Discriminando (O fornecedor de serviço será obrigado a entregar ao consumidor orçamento prévio) - Art. 40
Discriminatória de qualquer natureza (É abusiva, dentre outras a publicidade) - Art. 37, § 2º
Discuta a imposição de penalidade administrativa (Pendendo ação judicial na qual se) - Art. 59, § 3º
Discutir ou modificar substancialmente seu conteúdo (sem que o consumidor possa) - Art. 54
Disparidade com as indicações constantes da oferta (assim como por aqueles decorrentes da) - Art. 20
Disparidade (ou lhes diminuam o valor, assim como por aqueles decorrentes da) - Art. 18
Dispensada a autorização assemblear. - Art. 82, IV
Dispensado o litisconsórcio obrigatório com este (e) - Art. 101, II
Dispensado pelo juiz (§ 4º O requisito da pré-constituição poderá ser) - Art. 113
Dispensado pelo juiz (O requisito da pré-constituição pode ser) - Art. 82, § 1º
Dispõe sobre a proteção do consumidor e dá outras providências. - Abertura
Disponha a adquiri-los mediante pronto pagamento (diretamente a quem se) - Art. 39, IX
Disponibilidades de estoque (na exata medida de suas) - Art. 39, II
Disponibilidades de estoques, e, ainda, de conformidade com os usos e costumes; - Art. 39, II
Disposição de direitos. Nas relações de consumo entre o fornecedor (impliquem renúncia ou) - Art. 51, I
Disposições em contrário (Revogam-se as) - Art. 119

Disposições Finais - Art. 109
Disposições Gerais - Art. 46
Disposições Gerais - Art. 81
Disposições Gerais - Abertura
Disposições Gerais (Das) - Art. 29
Disposições Transitórias (e art. 48 de suas) - Art. 1º
Disposições (inclusive no que respeita ao inquérito civil, naquilo que não contrariar suas) - Art. 90
Dispositivo incluído pela MPV nº 1.890-67, de 22.10.1999, - Art. 39, XI
Dispositivo, renumerando-se os seguintes (o seguinte) - Art. 117
Dispositivos do Título III da lei (no que for cabível, os) - Art. 117
Disposto neste artigo (Para efeito do) - Art. 99, p.ú
Disposto neste código (cláusula contratual que contrarie o) - Art. 51, § 4º
Disposto no § 2º do artigo anterior (ressalvando-se o) - Art. 54, § 2º
Disposto no § 4º do artigo anterior (Aplica-se a este artigo o) - Art. 19, § 1º
Disposto no art. 60, § 1º do Código Penal (Na individualização desta multa, o juiz observará o) - Art. 77
Disposto no art. 86 (O consumidor, sem prejuízo do) - Art. 43
Disposto no Código Penal e leis especiais (sem prejuízo do) - Art. 61
Disposto no Código Penal e leis especiais, as condutas tipificadas nos artigos seguintes. - Art. 61
Disposto no parágrafo anterior à sentença penal condenatória (Aplica-se o) - Art. 103, § 4º
Disposto nos artigos seguintes (de acordo com o) - Art. 91
Disposto nos Capítulos I e II deste título (sem prejuízo do) - Art. 101
Disposto nos incisos II e III do § 1º deste artigo (sem prejuízo do) - Art. 18, § 4º
Dissimular-se a natureza ilícita do procedimento; - Art. 76, III
Distintivos, que possam causar prejuízos aos consumidores (e signos) - Art. 4º, VI
Distribuição e consumo (baixarão normas relativas à produção, industrialização,) - Art. 55
Distribuição e consumo de produtos e serviços (produção, industrialização,) - Art. 55
Distribuição ou apresentação (desacordo com as normas regulamentares de fabricação,) - Art. 18, § 6º, II
Distribuição ou comercialização de produtos ou prestação de serviços (exportação,) - Art. 3º
Distribuição ou venda (em todo o território nacional, a produção, divulgação) - Art. 102
Distribuição, a publicidade (fiscalizarão e controlarão a produção, industrialização,) - Art. 55, § 1º
Distrito Federal (a União, os Estados, o) - Art. 10, § 3º
Distrito Federal e dos Estados (Ministérios Públicos da União, do) - Art. 113
Distrito Federal e municipais (Os órgãos federais, estaduais, do) - Art. 55, § 3º
Distrito Federal e municipais (os órgãos federais, estaduais, do) - Art. 105
Distrito Federal e municipais e as entidades privadas de defesa do consumidor (do) - Art. 105
Distrito Federal e Municípios (entidades da União, do) - Art. 106, VIII
Distrito Federal e os Municípios (A União, os Estados, o) - Art. 55, § 1º
Distrito Federal (no foro da Capital do Estado ou no do) - Art. 93, II
Distrito Federal, em caráter concorrente (A União, os Estados e o) - Art. 55
Distrito Federal (a União, os Estados, os Municípios e o) - Art. 82, II
Diverso do legal ou contratualmente estabelecido (aplicar fórmula ou índice de reajuste) - Art. 39, XIII
Diversos (poderá haver substituição por outro de espécie, marca ou modelo) - Art. 18, § 4º
Dívidas (Da Cobrança de) - Art. 42
Dívidas, de ameaça, coação, constrangimento físico ou moral (Utilizar, na cobrança de) - Art. 71

Dívidas (ser manifestamente suficiente para responder pela integralidade das) - Art. 99, p.ú
Divulgação distribuição ou venda (em todo o território nacional, a produção,) - Art. 102
Divulgação indicará se a reclamação foi atendida ou não pelo fornecedor (A) - Art. 44
Divulgação pelos meios de comunicação social (sem prejuízo de ampla) - Art. 94
Divulgação sobre o consumo adequado dos produtos e serviços (a educação e) - Art. 6º, II
Divulgada pelo responsável da mesma forma (A contrapropaganda será) - Art. 60, § 1º
Divulgada pelo responsável da mesma forma, freqüência e dimensão (será) - Art. 60, § 1º
Divulgá-lo pública e anualmente (contra fornecedores de produtos e serviços, devendo) - Art. 44
Dizeres ou sinais ostensivos sobre a nocividade ou periculosidade de produtos (Omitir) - Art. 63
Dobro do que pagou em excesso (por valor igual ao) - Art. 42, p.ú
Documentos de cobrança de débitos apresentados ao consumidor (Em todos os) - Art. 42-A
Documentos (a partir do registro do instrumento no cartório de títulos e) - Art. 107, § 1º
Dois anos e multa (Detenção de seis meses a) - Art. 64, Pena
Dois anos e multa (Pena Detenção de seis meses a) - Art. 63
Dois anos e multa (Pena Detenção de seis meses a) - Art. 65
Dois anos e multa (Pena - Detenção de seis meses a) - Art. 68
Dois por cento do valor da prestação (não poderão ser superiores a) - Art. 52, § 1º
Domicílio do autor (a ação pode ser proposta no) - Art. 101, I
Domicílio (estabelecimento comercial, especialmente por telefone ou a) - Art. 49
D.O.U. de 12.9.1990 - Retificado no DOU de 10.1.2007 (Este texto não substitui o publicado no) - Final
D.O.U. de 10.1.2007 (Este texto não substitui o publicado no D.O.U. de 12.9.1990 - Retificado no) - Final
Doze, de modo a facilitar sua compreensão pelo consumidor (não será inferior ao corpo) - Art. 54, § 3º
Durabilidade e desempenho (com padrões adequados de qualidade, segurança,) - Art. 4º, II, d
Durabilidade, preço ou garantia de produtos ou serviços (segurança, desempenho,) - Art. 66
Duração da pena (correspondente ao mínimo e ao máximo de dias de) - Art. 77
Duração da pena privativa da liberdade cominada ao crime. - Art. 77
Durante o prazo de reflexão, serão devolvidos, de imediato, monetariamente atualizados. - Art. 49, p.ú
Duráveis (Os fornecedores de produtos de consumo duráveis ou não) - Art. 18
Duráveis ou não duráveis (Os fornecedores de produtos de consumo) - Art. 18
Duráveis (Nos contratos do sistema de consórcio de produtos) - Art. 53, § 2º
Duráveis (noventa dias, tratando-se de fornecimento de serviço e de produtos) - Art. 26, II
Duráveis (trinta dias, tratando-se de fornecimento de serviço e de produtos não) - Art. 26, I
Duzentas (A multa será em montante não inferior a) - Art. 57, p.ú
Duzentas mil vezes o valor do Bônus do Tesouro Nacional (BTN) (entre cem e) - Art. 79

E

Econômica (de modo a viabilizar os princípios nos quais se funda a ordem) - Art. 4º, III
Econômica auferida (na forma deste artigo, terá descontada, além da vantagem) - Art. 53, § 2º

Econômica auferida com a fruição, os prejuízos que o desistente (vantagem) - Art. 53, § 2º
Econômica do fornecedor (a vantagem auferida e a condição) - Art. 57
Econômica do indiciado ou réu, a fiança poderá ser (Se assim recomendar a situação) - Art. 79, p.ú
Econômica ou por ocasião de calamidade (serem cometidos em época de grave crise) - Art. 76, I
Econômica podem regular, por convenção escrita (ou sindicatos de categoria) - Art. 107
Econômico (MJ), ou órgão federal que venha substituí-lo (da Secretaria Nacional de Direito) - Art. 106
Econômico e tecnológico (do consumidor com a necessidade de desenvolvimento) - Art. 4º, III
Econômicos a melhoria da sua qualidade de vida (a proteção de seus interesses) - Art. 4º
Econômicos (saúde e segurança, a proteção de seus interesses) - Art. 4º
Econômico-social (por servidor público, ou por pessoa cuja condição) - Art. 76, IV, a
Econômico-social seja manifestamente superior à da vítima (cuja condição) - Art. 76, IV, a
Edital no órgão oficial (Proposta a ação, será publicado) - Art. 94
Educação e divulgação sobre o consumo adequado dos produtos e serviços (a) - Art. 6º, II
Educação e informação de fornecedores e consumidores, - Art. 4º, IV
Efeito do disposto neste artigo (Para) - Art. 99, p.ú
Efeitos da coisa julgada de que cuida o art. 16 (Os) - Art. 103, § 3º
Efeitos da coisa julgada erga omnes ou ultra partes (mas os) - Art. 104
Efeitos da coisa julgada previstos nos incisos I e II (Os) - Art. 103, § 1º
Efeitos desta Seção, equiparam-se aos consumidores todas as vítimas do evento (Para os) - Art. 17
Efeitos deste código, a publicidade é enganosa por omissão (Para os) - Art. 37, § 3º
Efeitos deste código, os transindividuais, de natureza indivisível (para) - Art. 81, p.ú., II
Efeitos deste código, os transindividuais, de natureza indivisível (para) - Art. 81, p.ú., I
Efetiva anual de juros (montante dos juros de mora e da taxa) - Art. 52, II
Efetiva do produto (Inicia-se a contagem do prazo decadencial a partir da entrega) - Art. 26, § 1º
Efetiva do produto ou do término da execução dos serviços (a partir da entrega) - Art. 26, § 1º
Efetiva prevenção e reparação de danos patrimoniais e morais (a) - Art. 6º, VI
Efetiva tutela (são admissíveis todas as espécies de ações capazes de propiciar sua adequada e) - Art. 83
Efetivada quando houver falência (A desconsideração também será) - Art. 28
Efetivamente o consumidor (ação governamental no sentido de proteger) - Art. 4º, II
Efetivar o pagamento ao prejudicado poderá exercer o direito de regresso (Aquele que) - Art. 13, p.ú
Eficácia de título executivo extrajudicial (mediante combinações, que terá) - Art. 113
Eficaz prestação dos serviços públicos em geral (a adequada e) - Art. 6º, X
Eficientes (incentivo à criação pelos fornecedores de meios) - Art. 4º, V
Eficientes de controle de qualidade e segurança de produtos e serviços (meios) - Art. 4º, V
Eficientes de todos os abusos praticados no mercado de consumo (coibição e repressão) - Art. 4º, VI
Eficientes, seguros (são obrigados a fornecer serviços adequados,) - Art. 22
Eficientes, seguros e, quanto aos essenciais, contínuos. - Art. 22
Elaboração de orçamento (executar serviços sem a prévia) - Art. 39, VI
Elaboração e orçamento e autorização expressa do consumidor, - Art. 39, VI
Elaboração, revisão e atualização das normas (manterão comissões permanentes para) - Art. 55, § 3º

Elaborar, propor, coordenar e executar a política nacional (planejar,) - Art. 106, I
Elas optar o autor (será admissível se por) - Art. 84, § 1º
Ele constem em cadastros, banco de dados, fichas e registros (que sobre) - Art. 72
Ele hipossuficiente (for verossímil a alegação ou quando for) - Art. 6º, VIII
Ele hipossuficiente, segundo as regras ordinárias de experiências (quando for) - Art. 6º, VIII
Ele proibidas (e prestação de serviços nas condições por) - Art. 75
Ele, bem como sobre as suas respectivas fontes (e de consumo arquivados sobre) - Art. 43
Ele (deverá ser comunicada por escrito ao consumidor, quando não solicitada por) - Art. 43, § 2º
Elevar sem justa causa o preço de produtos ou serviços. - Art. 39, X
Embalagem, publicidade (deve constar o nome do fabricante e endereço na) - Art. 33
Embalagem, publicidade e em todos os impressos utilizados na transação comercial (na) - Art. 33
Embalagem, rotulagem (com a indicações constantes do recipiente, da) - Art. 18
Embalagem, rotulagem ou de mensagem publicitária (da) - Art. 19
Embalagens, nos invólucros, recipientes ou publicidade (periculosidade de produtos, nas) - Art. 63
Embora haja colocado o produto no mercado, o defeito inexiste (que,) - Art. 12, § 3º, II
Embora obrigando o consumidor (a opção de concluir ou não o contrato,) - Art. 51, IX
Emolumentos, honorários periciais e quaisquer outras despesas, - Art. 87
Emolumentos, honorários periciais e quaisquer outras despesas, - Art. 116
Empreendimento (permissionárias ou sob qualquer outra forma de) - Art. 22
Empregados (o valor da mão-de-obra, dos materiais e equipamentos a serem) - Art. 40
Empregar componentes de reposição (considerar-se-á implícita a obrigação do fornecedor de) - Art. 21
Empregar componentes de reposição originais adequados e novos, - Art. 21
Empregar na reparação de produtos, peça ou componentes de reposição usados, - Art. 70
Empresas, concessionárias (Os órgãos públicos, por si ou suas) - Art. 22
Encaminhar consultas, denúncias ou sugestões (receber, analisar, avaliar e) - Art. 106, II
Encerramento ou inatividade da pessoa jurídica (estado de insolvência,) - Art. 28
Encerramento ou inatividade da pessoa jurídica provocados por má administração. - Art. 28
Encerramento (a instauração de inquérito civil, até seu) - Art. 26, III
Encontrar inexatidão nos seus dados e cadastros (O consumidor, sempre que) - Art. 43, § 3º
Endereço e o número de inscrição (deverão constar o nome, o) - Art. 42-A
Endereço na embalagem, publicidade (deve constar o nome do fabricante e) - Art. 33
Engano justificável (acrescido de correção monetária e juros legais, salvo hipótese de) - Art. 42, p.ú
Enganosa e abusiva (a proteção contra a publicidade) - Art. 6º, IV
Enganosa e abusiva, métodos comerciais coercitivos ou desleais (publicidade) - Art. 6º, IV
Enganosa ou abusiva (quando o fornecedor incorrer na prática de publicidade) - Art. 60
Enganosa ou abusiva (de forma capaz de desfazer o malefício da publicidade) - Art. 60, § 1º
Enganosa ou abusiva (É proibida toda publicidade) - Art. 37
Enganosa ou abusiva (Fazer ou promover publicidade que sabe ou deveria saber ser) - Art. 67
Enganosa por omissão (Para os efeitos deste código, a publicidade é) - Art. 37, § 3º
Enganosa qualquer modalidade de informação ou comunicação de caráter publicitário (É) - Art. 37, § 1º
Enganosa, ou omitir informação relevante (Fazer afirmação falsa ou) - Art. 66
Enganosas ou de qualquer outro procedimento (afirmações falsas incorretas ou) - Art. 71
Enquanto não cessar a fabricação (oferta de componentes e peças de reposição) - Art. 32

Enquanto não cessar a fabricação ou importação do produto. - Art. 32
Enquanto pendentes de decisão de segundo grau (ficará sustada) - Art. 99, p.ú
Ensejando inclusive execução específica, nos termos do art. 84 e parágrafos. - Art. 48
Entendidos os decorrentes de origem comum (assim) - Art. 81, p.ú., III
Entendidos (interesses ou direitos coletivos, assim) - Art. 81, p.ú., II
Entendidos (interesses ou direitos difusos, assim) - Art. 81, p.ú., I
Entes despersonalizados, que desenvolvem atividade de produção (bem como os) - Art. 3º
Entidade credenciada pelo Conselho Nacional de Metrologia (ou outra) - Art. 39, VIII
Entidade em data posterior ao registro do instrumento (o fornecedor que se desligar da) - Art. 107, § 3º
Entidade que o represente (É facultado a qualquer consumidor ou) - Art. 51, § 4º
Entidades civis de consumidores e as associações de fornecedores (As) - Art. 107
Entidades da União, do Distrito Federal e Municípios, - Art. 106, VIII
Entidades da União, Estados (solicitar o concurso de órgãos e) - Art. 106, VIII
Entidades de caráter público (são considerados) - Art. 43, § 4º
Entidades de defesa do consumidor pela população (a formação de) - Art. 106, IX
Entidades de defesa do consumidor pela população e pelos órgãos públicos - Art. 106, IX
Entidades de notória especialização técnico-científica (poderá solicitar o concurso de órgãos e) - Art. 106, p.ú
Entidades e órgãos da Administração Pública, direta ou indireta (as) - Art. 82, III
Entidades privadas de defesa do consumidor (do Distrito Federal e municipais e as) - Art. 105
Entidades representativas (denúncias ou sugestões apresentadas por) - Art. 106, II
Entidades representativas ou pessoas jurídicas de direito público ou privado (por) - Art. 106, II
Entidades signatárias (A convenção somente obrigará os filiados às) - Art. 107, § 2º
Entrará em vigor dentro de cento e oitenta dias a contar de sua publicação (Este código) - Art. 118
Entre as partes (ressalvadas as decorrentes de práticas anteriores) - Art. 39, VI
Entre as quais (levando-se em consideração as circunstâncias relevantes,) - Art. 12, § 1º
Entre as quais (levando-se em consideração as circunstâncias relevantes,) - Art. 14, § 1º
Entre cem e duzentas mil vezes o valor do Bônus do Tesouro Nacional (BTN), - Art. 79
Entre consumidores e fornecedores (sempre com base na boa-fé e equilíbrio nas relações) - Art. 4º, III
Entre direitos e obrigações das partes (não assegure o justo equilíbrio) - Art. 51, § 4º
Entre o fornecedor (impliquem renúncia ou disposição de direitos. Nas relações de consumo) - Art. 51, I
Entre o fornecedor e o consumidor pessoa jurídica, - Art. 51, I
Entre os Ministérios Públicos da União (§ 5º Admitir-se-á o litisconsórcio facultativo) - Art. 113
Entre outras (São nulas de pleno direito,) - Art. 51
Entre outros casos, a vontade que (Presume-se exagerada,) - Art. 51, § 1º
Entre outros dados (preço, garantia, prazos de validade e origem,) - Art. 31
Entre outros requisitos, informá-lo prévia e adequadamente sobre (o fornecedor deverá,) - Art. 52
Entre outros (contará o poder público com os seguintes instrumentos,) - Art. 5º
Entre seus fins institucionais (e que incluam) - Art. 82, IV
Entre si ou com a parte contrária (classe de pessoas ligadas) - Art. 81, p.ú., II
Entre si ou com a parte contrária por uma relação jurídica base; - Art. 81, p.ú., II
Entre suas finalidades institucionais, a proteção ao meio ambiente (II inclua,) - Art. 111
Entrega efetiva do produto (Inicia-se a contagem do prazo decadencial a partir da) - Art. 26, § 1º

Entrega efetiva do produto ou do término da execução dos serviços (a partir da) - Art. 26, § 1º
Entregar ao consumidor o termo de garantia adequadamente preenchido (Deixar de) - Art. 74
Entregar ao consumidor orçamento prévio discriminando (O fornecedor de serviço será obrigado a) - Art. 40
Entregar ao consumidor, sem solicitação prévia (enviar ou) - Art. 39, III
Entregue, devidamente preenchido pelo fornecedor (devendo ser-lhe) - Art. 50, p.ú
Entregues ao consumidor (Os serviços prestados e os produtos remetidos ou) - Art. 39, p.ú
Enunciadas (Aplicam-se a este artigo, no que couber, as mesmas regras) - Art. 44, § 2º
Enunciadas no artigo anterior e as do parágrafo único (as mesmas regras) - Art. 44, § 2º
Enviar ou entregar ao consumidor, sem solicitação prévia, - Art. 39, III
Envolva outorga de crédito (No fornecimento de produtos ou serviços que) - Art. 52
Envolvam alimentos, medicamentos (serem praticados em operações que) - Art. 76, V
Envolvam relações de consumo (bem como a outros crimes e contravenções que) - Art. 80
Época de grave crise econômica ou por ocasião de calamidade (serem cometidos em) - Art. 76, I
Época em que foi colocado em circulação (a) - Art. 12, § 1º, III
Época em que foi fornecido (a) - Art. 14, § 1º, III
Eqüidade (bem como dos que derivem dos princípios gerais do direito, analogia, costumes e) - Art. 7º
Eqüidade (em desvantagem exagerada, ou sejam incompatíveis com a boa-fé ou a) - Art. 51, IV
Equilíbrio (ou de qualquer forma não assegure o justo) - Art. 51, § 4º
Equilíbrio contratual (de tal modo a ameaçar seu objeto ou) - Art. 51, § 1º, II
Equilíbrio entre direitos e obrigações das partes (não assegure o justo) - Art. 51, § 4º
Equilíbrio nas relações entre consumidores e fornecedores (sempre com base na boa-fé e) - Art. 4º, III
Equipamentos a serem empregados (o valor da mão-de-obra, dos materiais e) - Art. 40
Equiparam-se aos consumidores todas as pessoas determináveis ou não, - Art. 29
Equiparam-se aos consumidores todas as vítimas do evento (Para os efeitos desta Seção,) - Art. 17
Equiparam-se às amostras grátis (na hipótese prevista no inciso III,) - Art. 39, p.ú
Equiparam-se às amostras grátis, inexistindo obrigação de pagamento. - Art. 39, p.ú
Equipara-se a consumidor a coletividade de pessoas, ainda que indetermináveis, - Art. 2º, p.ú
Equivalente ao do adimplemento (determinará providências que assegurem o resultado prático) - Art. 84
Equivalente deve ser padronizado e esclarecer (O termo de garantia ou) - Art. 50, p.ú
Equivalente que venha a substituí-lo (ou índice) - Art. 79
Equivalente que venha a substituí-lo (valor da Unidade Fiscal de Referência (Ufir), ou índice) - Art. 57, p.ú
Equivalente (Para a tutela específica ou para a obtenção do resultado prático) - Art. 84, § 5º
Equivalente (aceitar outro produto ou prestação de serviço) - Art. 35, II
Erga omnes ou ultra partes (mas os efeitos da coisa julgada) - Art. 104
Erga omnes, apenas no caso de procedência do pedido, - Art. 103, III
Erga omnes, exceto se o pedido for julgado improcedente por insuficiência de provas, - Art. 103, I
Erro o consumidor a respeito da natureza (capaz de induzir em) - Art. 37, § 1º
Esclarecer (O termo de garantia ou equivalente deve ser padronizado e) - Art. 50, p.ú

Escolha ao consumidor (desde que a alternativa, cabendo a) - Art. 54, § 2º
Escolha e a igualdade nas contratações (asseguradas a liberdade de) - Art. 6º, II
Escolha, o desfazimento do negócio (podendo o consumidor exigir à sua) - Art. 41
Escolha (apresentação ou publicidade, o consumidor poderá, alternativamente e à sua livre) - Art. 35
Escolha (pode o consumidor exigir, alternativamente e à sua) - Art. 18, § 1º
Escolha (podendo o consumidor exigir, alternativamente e à sua) - Art. 19
Escolha (podendo o consumidor exigir, alternativamente e à sua) - Art. 20
Escrita (ou sindicatos de categoria econômica podem regular, por convenção) - Art. 107
Escritas ostensivas (mediante recomendações) - Art. 63, § 1º
Escrito ao consumidor, quando não solicitada por ele (deverá ser comunicada por) - Art. 43, § 2º
Escrito (A garantia contratual é complementar à legal e será conferida mediante termo) - Art. 50
Escritos particulares, recibos e pré-contratos (As declarações de vontade constantes de) - Art. 48
Escritos serão redigidos em termos claros (Os contratos de adesão) - Art. 54, § 3º
Esforços de integração (exceto quando de sua ausência, apesar dos) - Art. 51, § 2º
Esforços de integração, decorrer ônus excessivo a qualquer das partes (apesar dos) - Art. 51, § 2º
Espaço e horário (e, preferencialmente no mesmo veículo, local,) - Art. 60, § 1º
Especiais de Pequenas Causas e Varas Especializadas (criação de Juizados) - Art. 5º, IV
Especiais (incentivar, inclusive com recursos financeiros e outros programas) - Art. 106, IX
Especiais (sem prejuízo do disposto no Código Penal e leis) - Art. 61
Especiais, as condutas tipificadas nos artigos seguintes (disposto no Código Penal e leis) - Art. 61
Especiais (ressalvados os casos de intermediação regulados em leis) - Art. 39, IX
Especialização técnico-científica (poderá solicitar o concurso de órgãos e entidades de notória) - Art. 106, p.ú
Especializadas (criação de Juizados Especiais de Pequenas Causas e Varas) - Art. 5º, IV
Especializadas no atendimento (criação de delegacias de polícia) - Art. 5º, III
Especializadas no atendimento de consumidores vítimas de infrações penais de consumo; - Art. 5º, III
Especializadas para a solução de litígios de consumo (Varas) - Art. 5º, IV
Especialmente por telefone ou a domicílio (estabelecimento comercial,) - Art. 49
Espécie (a substituição do produto por outro da mesma) - Art. 18, § 1º, I
Espécie, em perfeitas condições de uso (por outro da mesma) - Art. 18, § 1º, I
Espécie, marca ou modelo diversos (poderá haver substituição por outro de) - Art. 18, § 4º
Espécie, marca ou modelo (a substituição do produto por outro da mesma) - Art. 19, III
Espécie, marca ou modelo, sem os aludidos vícios (por outro da mesma) - Art. 19, III
Espécies de ações capazes de propiciar sua adequada e efetiva tutela (são admissíveis todas as) - Art. 83
Específica da obrigação ou determinará providências (o juiz concederá a tutela) - Art. 84
Específica ou a obtenção do resultado prático correspondente (ou se impossível a tutela) - Art. 84, § 1º
Específica ou para a obtenção do resultado prático equivalente (Para a tutela) - Art. 84, § 5º
Específica, nos termos do art. 84 e parágrafos (ensejando inclusive execução) - Art. 48
Especificação clara de seu conteúdo (adequadamente preenchido e com) - Art. 74
Especificação correta de quantidade, características, composição (com) - Art. 6º, III
Especificações técnicas do fabricante (ou que mantenham as) - Art. 21

Especificamente destinados à defesa dos interesses (ainda que sem personalidade jurídica,) - Art. 82, III
Específicas (com as normas expedidas pelos órgãos oficiais competentes ou, se normas) - Art. 39, VIII
Específicas, não existirem, pela Associação Brasileira de Normas Técnicas (ou, se normas) - Art. 39, VIII
Específicas (sem prejuízo das de natureza civil, penal e das definidas em normas) - Art. 56
Espera (não oferece a segurança que dele legitimamente se) - Art. 12, § 1º
Esperam (para os fins que razoavelmente deles se) - Art. 20, § 2º
Esperam (o resultado e os riscos que razoavelmente dele se) - Art. 14, § 1º, II
Esperam (o uso e os riscos que razoavelmente dele se) - Art. 12, § 1º, II
Esperar, levando-se em consideração (a segurança que o consumidor dele pode) - Art. 14, § 1º
Essenciais (ou quaisquer outros produtos ou serviços) - Art. 76, V
Essenciais, contínuos (eficientes, seguros e, quanto aos) - Art. 22
Essencial do produto ou serviço (quando deixar de informar sobre dado) - Art. 37, § 3º
Essencial (diminuindo-lhe o valor ou se tratar de produto) - Art. 18, § 3º
Estabeleçam a perda total das prestações pagas (nulas de pleno direito as cláusulas que) - Art. 53
Estabeleçam inversão do ônus da prova em prejuízo do consumidor; - Art. 51, VI
Estabeleçam obrigações consideradas iníquas, abusivas, que coloquem o consumidor - Art. 51, IV
Estabeleçam prestações desproporcionais (a modificação das cláusulas contratuais que) - Art. 6º, V
Estabelece normas de proteção e defesa do consumidor (O presente código) - Art. 1º
Estabelecer condições relativas ao preço (relações de consumo que tenham por objeto) - Art. 107
Estabelecidas unilateralmente pelo fornecedor de produtos ou serviços (ou) - Art. 54
Estabelecido (aplicar fórmula ou índice de reajuste diverso do legal ou contratualmente) - Art. 39, XIII
Estabelecimento comercial (fornecimento de produtos e serviços ocorrer fora do) - Art. 49
Estabelecimento comercial, especialmente por telefone ou a domicílio. - Art. 49
Estabelecimento ou de atividade (cassação de licença do) - Art. 56, IX
Estabelecimento, de obra ou de atividade (interdição, total ou parcial, de) - Art. 56, X
Estado de insolvência, encerramento ou inatividade da pessoa jurídica - Art. 28
Estado no mercado de consumo (pela presença do) - Art. 4º, II, c
Estado ou no do Distrito Federal (no foro da Capital do) - Art. 93, II
Estados (Ministérios Públicos da União, do Distrito Federal e dos) - Art. 113
Estados e o Distrito Federal, em caráter concorrente (A União, os) - Art. 55
Estados (solicitar o concurso de órgãos e entidades da União,) - Art. 106, VIII
Estados, o Distrito Federal (a União, os) - Art. 10, § 3º
Estados, o Distrito Federal e os Municípios (A União, os) - Art. 55, § 1º
Estados, os Municípios e o Distrito Federal (a União, os) - Art. 82, II
Estaduais e municipais (defesa do consumidor pela população e pelos órgãos públicos) - Art. 106, IX
Estaduais ou municipais (os valores cabíveis à União, ou para os Fundos) - Art. 57
Estaduais ou municipais de proteção ao consumidor nos demais casos (Fundos) - Art. 57
Estaduais, do Distrito Federal e municipais (Os órgãos federais,) - Art. 55, § 3º
Estaduais, do Distrito Federal e municipais (os órgãos federais,) - Art. 105
Estatutos ou contrato social (infração da lei, fato ou ato ilícito ou violação dos) - Art. 28

Estejam em desacordo com o sistema de proteção ao consumidor; - Art. 51, XV
Estejam vencidos (os produtos cujos prazos de validade) - Art. 18, § 6º, I
Estes últimos, autorização em contrário do consumidor (salvo, quanto a) - Art. 21
Estético, histórico (II ao consumidor, ao patrimônio artístico,) - Art. 111
Estímulos à criação e desenvolvimento das Associações de Defesa do Consumidor (concessão de) - Art. 5º, V
Estipulação contratual de cláusula que impossibilite, exonere ou atenue (É vedada a) - Art. 25
Estipulação em contrário, o valor orçado terá validade (Salvo) - Art. 40, § 1º
Estipular prazo para o cumprimento de sua obrigação (deixar de) - Art. 39, XII
Estiver aferido segundo os padrões oficiais (e o instrumento utilizado não) - Art. 19, § 2º
Estoque (na exata medida de suas disponibilidades de) - Art. 39, II
Estoques, e, ainda, de conformidade com os usos e costumes (disponibilidades de) - Art. 39, II
Estrangeira (Fornecedor é toda pessoa física ou jurídica, pública ou privada, nacional ou) - Art. 3º
Estrangeiro (O fabricante, o produtor, o construtor, nacional ou) - Art. 12
Estrutura, fórmula ou acondicionamento de produto (ou a determinar a alteração na composição,) - Art. 102
Estudo constante das modificações do mercado de consumo. - Art. 4º, VIII
Eu sanciono a seguinte lei (O PRESIDENTE DA REPÚBLICA, faço saber que o Congresso Nacional decreta e) - Abertura
Evento danoso (e de indenizações pelos prejuízos individuais resultantes do mesmo) - Art. 99
Evento danoso, estas terão preferência no pagamento (resultantes do mesmo) - Art. 99
Evento danoso (contra os demais responsáveis segundo sua participação na causação do) - Art. 13, p.ú
Evento (Para os efeitos desta Seção, equiparam-se aos consumidores todas as vítimas do) - Art. 17
Eventuais destinatários das informações incorretas (comunicar a alteração aos) - Art. 43, § 3º
Eventuais perdas e danos (sem prejuízo de) - Art. 19, IV
Eventuais perdas e danos (sem prejuízo de) - Art. 20, II
Eventuais perdas e danos (sem prejuízo de) - Art. 18, § 1º, II
Eventual diferença de preço (mediante complementação ou restituição de) - Art. 18, § 4º
Eventualmente antecipada (rescindir o contrato, com direito à restituição de quantia) - Art. 35, III
Eventualmente antecipada, monetariamente atualizada, e a perdas e danos (de quantia) - Art. 35, III
Eventualmente pagos, a qualquer título (os valores) - Art. 49, p.ú
Evidenciado o defeito (o prazo decadencial inicia-se no momento em que ficar) - Art. 26, § 3º
Evidenciado pela dimensão ou característica (quando haja manifesto interesse social) - Art. 82, § 1º
Evidenciado pela dimensão ou característica do dano (quando haja manifesto interesse social) - Art. 113
Exagerada (considerada iníquas, abusivas, coloquem o consumidor em desvantagem) - Art. 51, IV
Exagerada, entre outros casos, a vontade que (Presume-se) - Art. 51, § 1º
Exagerada, ou sejam incompatíveis com a boa-fé ou a eqüidade (em desvantagem) - Art. 51, IV
Exata medida de suas disponibilidades de estoque (na) - Art. 39, II

Excessiva (exigir do consumidor vantagem manifestamente) - Art. 39, V
Excessivamente onerosa para o consumidor (se mostra) - Art. 51, § 1º, III
Excessivamente onerosas (revisão em razão de fatos supervenientes que as tornem) - Art. 6º, V
Excessivo a qualquer das partes (apesar dos esforços de integração, decorrer ônus) - Art. 51, § 2º
Excesso de poder, infração da lei (em detrimento do consumidor, houver abuso de direito,) - Art. 28
Excesso (por valor igual ao dobro do que pagou em) - Art. 42, p.ú
Excesso, monetariamente atualizada (responderem pela restituição da quantia recebida em) - Art. 41
Exceto os considerados normais (riscos à saúde ou segurança dos consumidores,) - Art. 8º
Exceto quando de sua ausência, apesar dos esforços de integração, - Art. 51, § 2º
Exceto quando identificado claramente seu produtor (o fornecedor imediato,) - Art. 18, § 5º
Exceto se o pedido for julgado improcedente por insuficiência de provas (erga omnes,) - Art. 103, I
Excluem outros decorrentes de tratados (Os direitos previstos neste código não) - Art. 7º
Exclusiva do consumidor ou de terceiro (a culpa) - Art. 12, § 3º, III
Exclusiva do consumidor ou de terceiro (a culpa) - Art. 14, § 3º, II
Exclusivo critério (ou deixar a fixação de seu termo inicial a seu) - Art. 39, XII
Execução coletiva far-se-á com base em certidão das sentenças de liquidação (A) - Art. 98, § 1º
Execução da indenização devida (promover a liquidação e) - Art. 100
Execução da Política Nacional das Relações de Consumo (Para a) - Art. 5º
Execução de sentença poderão ser promovidas pela vítima (A liquidação e a) - Art. 97
Execução dos serviços (a partir da entrega efetiva do produto ou do término da) - Art. 26, § 1º
Execução específica, nos termos do art. 84 e parágrafos (ensejando inclusive) - Art. 48
Execução individual (da liquidação da sentença ou da ação condenatória, no caso de) - Art. 98, § 2º,I
Execução o juízo (É competente para a) - Art. 98, § 2º
Execução poderá ser coletiva, sendo promovida pelos legitimados de que trata o art. 82 (A) - Art. 98
Execução (sem que a associação autora lhe promova a) - Art. 114
Execução, nos termos dos arts. 96 a 99 (que poderão proceder à liquidação e à) - Art. 103, § 3º
Execução (da ação condenatória, quando coletiva a) - Art. 98, § 2ºII
Execuções (sem prejuízo do ajuizamento de outras) - Art. 98
Executar a política nacional (planejar, elaborar, propor, coordenar e) - Art. 106, I
Executar a política nacional de proteção ao consumidor (coordenar e) - Art. 106, I
Executar serviço de alto grau de periculosidade, - Art. 65
Executar serviços sem a prévia elaboração de orçamento - Art. 39, VI
Executivo extrajudicial (mediante combinações, que terá eficácia de título) - Art. 113
Exercer o direito de regresso (Aquele que efetivar o pagamento ao prejudicado poderá) - Art. 13, p.ú
Exercer o direito de regresso contra os demais responsáveis, - Art. 13, p.ú
Exercício de seus direitos (referente a ato praticado pelo consumidor no) - Art. 39, VII
Exercida em juízo individualmente, ou a título coletivo (poderá ser) - Art. 81
Exercida quando se tratar de (A defesa coletiva será) - Art. 81, p.ú
Exercitada e os ônus a cargo do consumidor (o prazo e o lugar em que pode ser) - Art. 50, p.ú
Exercitar o direito de arrependimento previsto neste artigo (Se o consumidor) - Art. 49, p.ú
Exigências legais (tomar dos interessados compromisso de ajustamento de sua conduta às) - Art. 113

Exigir à sua escolha, o desfazimento do negócio (podendo o consumidor) - Art. 41
Exigir a substituição das partes viciadas (podendo o consumidor) - Art. 18
Exigir do consumidor vantagem manifestamente excessiva; - Art. 39, V
Exigir o cumprimento forçado da obrigação, nos termos da oferta, apresentação ou publicidade; - Art. 35, I
Exigir sua imediata correção, devendo o arquivista (poderá) - Art. 43, § 3º
Exigir (constantes da oferta ou mensagem publicitária, podendo o consumidor) - Art. 20
Exigir, alternativamente e à sua escolha (pode o consumidor) - Art. 18, § 1º
Exigir, alternativamente e à sua escolha (podendo o consumidor) - Art. 19
Exigir, alternativamente e à sua escolha (podendo o consumidor) - Art. 20
Exime de cumprir a convenção o fornecedor que se desligar (Não se) - Art. 107, § 3º
Exime de responsabilidade (por inadequação dos produtos e serviços não o) - Art. 23
Existência de culpa (e o importador respondem, independentemente da) - Art. 12
Existência de culpa (O fornecedor de serviços responde, independentemente da) - Art. 14
Existência de seguro de responsabilidade (o síndico será intimado a informar a) - Art. 101, II
Existentes em cadastros, fichas, registros e dados pessoais (terá acesso às informações) - Art. 43
Existirem, pela Associação Brasileira de Normas Técnicas (ou, se normas específicas, não) - Art. 39, VIII
Exoneração contratual do fornecedor (independe de termo expresso, vedada a) - Art. 24
Exonere ou atenue (É vedada a estipulação contratual de cláusula que impossibilite,) - Art. 25
Exonere ou atenue a obrigação de indenizar prevista nesta e nas seções anteriores. - Art. 25
Exonerem ou atenuem a responsabilidade do fornecedor por vícios (impossibilitem,) - Art. 51, I
Expedidas pelos órgãos oficiais competentes ou, se normas específicas (com as normas) - Art. 39, VIII
Expedidos (da legislação interna ordinária, de regulamentos) - Art. 7º
Expedidos pelas autoridades administrativas competentes (regulamentos) - Art. 7º
Expedir notificações aos fornecedores (Os órgãos oficiais poderão) - Art. 55, § 4º
Expensas do condenado, de notícia sobre os fatos e a condenação (às) - Art. 78, II
Expensas do fornecedor (serão veiculados na imprensa, rádio e televisão, às) - Art. 10, § 2º
Expensas do fornecedor do produto ou serviço (às) - Art. 10, § 2º
Expensas do infrator (nos termos do art. 36 e seus parágrafos, sempre às) - Art. 60
Experiência da criança (se aproveite da deficiência de julgamento e) - Art. 37, § 2º
Experiências (quando for ele hipossuficiente, segundo as regras ordinárias de) - Art. 6º, VIII
Explore o medo ou a superstição (a que incite à violência,) - Art. 37, § 2º
Exponha o consumidor, injustificadamente, a ridículo (qualquer outro procedimento que) - Art. 71
Exportação, distribuição ou comercialização de produtos ou prestação de serviços. - Art. 3º
Exposição à venda (permitir ou por qualquer modo aprovar o fornecimento, oferta,) - Art. 75
Expostas às práticas nele previstas (todas as pessoas determináveis ou não,) - Art. 29
Exposto a ridículo (Na cobrança de débitos, o consumidor inadimplente não será) - Art. 42
Expressa do consumidor (elaboração e orçamento e autorização) - Art. 39, VI
Expressa do consumidor (deverá ser convencionada em separado, por meio de manifestação) - Art. 18, § 2º
Expresso (A garantia legal de adequação do produto ou serviço independe de termo) - Art. 24

Expresso, vedada a exoneração contratual do fornecedor (independe de termo) - Art. 24
Expressos em moeda corrente nacional (serão) - Art. 53, § 3º
Extensão do vício (§ 1º deste artigo, sempre que, em razão da) - Art. 18, § 3º
Extrajudicial (mediante combinações, que terá eficácia de título executivo) - Art. 113

F

Fabricação (oferta de componentes e peças de reposição enquanto não cessar a) - Art. 32
Fabricação de produtos, de suspensão do fornecimento de produto ou serviço (de proibição de) - Art. 58
Fabricação do produto (proibição de) - Art. 56, V
Fabricação ou importação do produto (enquanto não cessar a) - Art. 32
Fabricação, construção, montagem, fórmulas, manipulação, apresentação - Art. 12
Fabricação, distribuição ou apresentação (desacordo com as normas regulamentares de) - Art. 18, § 6º, II
Fabricante cabe prestar as informações a que se refere este artigo (ao) - Art. 8º, p.ú
Fabricante e endereço na embalagem, publicidade (deve constar o nome do) - Art. 33
Fabricante (incorporada ao produto ou serviço, são responsáveis solidários seu) - Art. 25, § 2º
Fabricante (o produto for fornecido sem identificação clara do seu) - Art. 13, II
Fabricante (ou que mantenham as especificações técnicas do) - Art. 21
Fabricante, construtor ou importador e o que realizou a incorporação (seu) - Art. 25, § 2º
Fabricante, o construtor, o produtor ou importador (O) - Art. 12, § 3º
Fabricante, o construtor, o produtor ou o importador não puderem ser identificados (o) - Art. 13, I
Fabricante, o produtor, o construtor, nacional ou estrangeiro (O) - Art. 12
Fabricante, produtor, construtor ou importador (identificação clara do seu) - Art. 13, II
Fabricantes e importadores deverão assegurar a oferta de componentes (Os) - Art. 32
Fácil compreensão (claros, verdadeiros e em linguagem de) - Art. 43, § 1º
Fácil compreensão (deverão ser redigidas com destaque, permitindo sua imediata e) - Art. 54, § 4º
Fácil constatação caduca em (O direito de reclamar pelos vícios aparentes ou de) - Art. 26
Fácil e imediatamente, a identifique como tal (veiculada de tal forma que o consumidor,) - Art. 36
Facilitação da defesa de seus direitos (a) - Art. 6º, VIII
Facilitar sua compreensão pelo consumidor (não será inferior ao corpo doze, de modo a) - Art. 54, § 3º
Faço saber que o Congresso Nacional decreta e eu sanciono a seguinte lei (O PRESIDENTE DA REPÚBLICA,) - Abertura
Facultada a possibilidade de prosseguir-se nos mesmos autos, vedada a denunciação da lide. - Art. 88
Facultada igual iniciativa aos demais legitimados (deverá fazê-lo o Ministério Público,) - Art. 114
Facultado a qualquer consumidor ou entidade que o represente (É) - Art. 51, § 4º
Facultado o acesso às informações lá constantes (É) - Art. 44, § 1º
Facultado propor ação penal subsidiária (aos quais também é) - Art. 80
Facultando-se, em caso afirmativo, o ajuizamento de ação de indenização - Art. 101, II
Facultativo entre os Ministérios Públicos da União (§ 5º Admitir-se-á o litisconsórcio) - Art. 113

Falência (A desconsideração também será efetivada quando houver) - Art. 28
Falido (Se o réu houver sido declarado) - Art. 101, II
Falsa ou enganosa, ou omitir informação relevante (Fazer afirmação) - Art. 66
Falsa, ou, por qualquer outro modo, mesmo por omissão (inteira ou parcialmente) - Art. 37, § 1º
Falsas incorretas ou enganosas ou de qualquer outro procedimento (afirmações) - Art. 71
Falsificados (os produtos deteriorados, alterados, adulterados, avariados,) - Art. 18, § 6º, II
Fará coisa julgada (Nas ações coletivas de que trata este código, a sentença) - Art. 103
Fará sem prejuízo da multa (A indenização por perdas e danos se) - Art. 84, § 2º
Far-se-á com base em certidão das sentenças de liquidação (A execução coletiva) - Art. 98, § 1º
Fáticos, técnicos e científicos que dão base à publicidade (Deixar de organizar dados) - Art. 69
Fáticos, técnicos e científicos que dão sustentação à mensagem (os dados) - Art. 36, p.ú
Fato de outro de melhor qualidade (O produto não é considerado defeituoso pelo) - Art. 12, § 2º
Fato de outro de melhor qualidade ter sido colocado no mercado (pelo) - Art. 12, § 2º
Fato desaconselharem a cassação de licença (sempre que as circunstâncias de) - Art. 59, § 2º
Fato do produto (Prescreve em cinco anos a pretensão à reparação pelos danos causados por) - Art. 27
Fato do Produto e do Serviço (Da Responsabilidade pelo) - Art. 12
Fato do produto ou do serviço prevista na Seção II deste Capítulo (causados por) - Art. 27
Fato imediatamente às autoridades competentes e aos consumidores, mediante anúncios (deverá comunicar o) - Art. 10, § 1º
Fato ou ato ilícito ou violação dos estatutos ou contrato social (infração da lei,) - Art. 28
Fato (pessoas indeterminadas e ligadas por circunstâncias de) - Art. 81, p.ú., I
Fatos e a condenação (às expensas do condenado, de notícia sobre os) - Art. 78, II
Fatos supervenientes (prestação desproporcionais ou sua revisão em razão de) - Art. 6º, V
Fatos supervenientes que as tornem excessivamente onerosas (revisão em razão de) - Art. 6º, V
Favor (inclusive com a inversão do ônus da prova, a seu) - Art. 6º, VIII
Favorável ao consumidor (As cláusulas contratuais serão interpretadas de maneira mais) - Art. 47
Fazê-lo o Ministério Público, facultada igual iniciativa aos demais legitimados (deverá) - Art. 114
Fazendo (deverão respeitar os limites oficiais sob pena de não o) - Art. 41
Fazer afirmação falsa ou enganosa, ou omitir informação relevante - Art. 66
Fazer ou não fazer (Na ação que tenha por objeto o cumprimento da obrigação de) - Art. 84
Fazer ou promover publicidade que sabe ou deveria saber ser capaz de induzir o consumidor - Art. 68
Fazer ou promover publicidade que sabe ou deveria saber ser enganosa ou abusiva: - Art. 67
Fazer uso imediato das alternativas do § 1º deste artigo (O consumidor poderá) - Art. 18, § 3º
Fazer (Na ação que tenha por objeto o cumprimento da obrigação de fazer ou não) - Art. 84
Federais, estaduais, do Distrito Federal e municipais (Os órgãos) - Art. 55, § 3º
Federais, estaduais, do Distrito Federal e municipais (os órgãos) - Art. 105
Federal (a União, os Estados, o Distrito) - Art. 10, § 3º
Federal (arts. 5º, inciso XXXII, 170, inciso V, da Constituição) - Art. 1º
Federal e dos Estados (Ministérios Públicos da União, do Distrito) - Art. 113
Federal e municipais (Os órgãos federais, estaduais, do Distrito) - Art. 55, § 3º
Federal e municipais (os órgãos federais, estaduais, do Distrito) - Art. 105

Federal e municipais e as entidades privadas de defesa do consumidor (do Distrito) - Art. 105
Federal e Municípios (entidades da União, do Distrito) - Art. 106, VIII
Federal e os Municípios (A União, os Estados, o Distrito) - Art. 55, § 1º
Federal que venha substituí-lo é organismo de coordenação da política (ou órgão) - Art. 106
Federal que venha substituí-lo (da Secretaria Nacional de Direito Econômico (MJ), ou órgão) - Art. 106
Federal (no foro da Capital do Estado ou no do Distrito) - Art. 93, II
Federal, é competente para a causa a justiça local (Ressalvada a competência da Justiça) - Art. 93
Federal, em caráter concorrente (A União, os Estados e o Distrito) - Art. 55
Federal (a União, os Estados, os Municípios e o Distrito) - Art. 82, II
Fiança poderá ser (Se assim recomendar a situação econômica do indiciado ou réu, a) - Art. 79, p.ú
Fiança, nas infrações de que trata este código (O valor da) - Art. 79
Ficam sujeitas, conforme o caso (As infrações das normas de defesa do consumidor) - Art. 56
Ficam sujeitas, conforme o caso, às seguintes sanções administrativas, - Art. 56
Ficar evidenciado o defeito (o prazo decadencial inicia-se no momento em que) - Art. 26, § 3º
Ficará sustada enquanto pendentes de decisão de segundo grau - Art. 99, p.ú
Ficha, registro e dados pessoais e de consumo (A abertura de cadastro,) - Art. 43, § 2º
Fichas e registros (que sobre ele constem em cadastros, banco de dados,) - Art. 72
Fichas ou registros que sabe ou deveria saber ser inexata (banco de dados,) - Art. 73
Fichas, registros e dados pessoais (terá acesso às informações existentes em cadastros,) - Art. 43
Fiduciárias em garantia, consideram-se nulas de pleno direito (bem como nas alienações) - Art. 53
Filiados às entidades signatárias (A convenção somente obrigará os) - Art. 107, § 2º
Fim a que se destinam (se revelem inadequados ao) - Art. 18, § 6º, III
Fim de que os interessados possam intervir no processo como litisconsortes (a) - Art. 94
Finais (Disposições) - Art. 109
Final (e havendo justificado receio de ineficácia do provimento) - Art. 84, § 3º
Final (que adquire ou utiliza produto ou serviço como destinatário) - Art. 2º
Finalidades institucionais, a proteção ao meio ambiente (II inclua, entre suas) - Art. 111
Finalidades (desenvolver outras atividades compatíveis com suas) - Art. 106, XIII
Financeira (mediante remuneração, inclusive as de natureza bancária,) - Art. 3º, § 2º
Financeiros e outros programas especiais (incentivar, inclusive com recursos) - Art. 106, IX
Financiamento ao consumidor (outorga de crédito ou concessão de) - Art. 52
Financiamento (soma total a pagar, com e sem) - Art. 52, V
Fins (São impróprios os serviços que se mostrem inadequados para os) - Art. 20, § 2º
Fins de adoção de medidas processuais (representar ao Ministério Público competente para) - Art. 106, VI
Fins de adoção de medidas processuais no âmbito de suas atribuições (para) - Art. 106, VI
Fins deste Capítulo e do seguinte (Para os) - Art. 29
Fins do art. 81, parágrafo único, são legitimados concorrentemente (Para os) - Art. 82
Fins institucionais (e que incluam entre seus) - Art. 82, IV
Fins que razoavelmente deles se esperam (para os) - Art. 20, § 2º
Fiscal da lei (O Ministério Público, se não ajuizar a ação, atuará sempre como) - Art. 92
Fiscal de Referência (e não superior a três milhões de vezes o valor da Unidade) - Art. 57, p.ú
Fiscal de Referência (Ufir), ou índice equivalente que venha a substituí-lo (valor da Unidade) - Art. 57, p.ú

Fiscalização de preços, abastecimento (bem como auxiliar a) - Art. 106, VIII
Fiscalização de preços, abastecimento, quantidade e segurança de bens e serviços; - Art. 106, VIII
Fiscalizar e controlar o mercado de consumo (com atribuições para) - Art. 55, § 3º
Fiscalizarão e controlarão a produção, industrialização, distribuição, a publicidade - Art. 55, § 1º
Física ou jurídica que adquire ou utiliza produto ou serviço (Consumidor é toda pessoa) - Art. 2º
Física ou jurídica, pública ou privada, nacional ou estrangeira (Fornecedor é toda pessoa) - Art. 3º
Físicas - CPF (número de inscrição no Cadastro de Pessoas) - Art. 42-A
Físico ou moral (Utilizar, na cobrança de dívidas, de ameaça, coação, constrangimento) - Art. 71
Fixação de seu termo inicial a seu exclusivo critério (ou deixar a) - Art. 39, XII
Fixada em dias-multa (A pena pecuniária prevista nesta Seção será) - Art. 77
Fixadas em sentença de liquidação (abrangendo as vítimas cujas indenizações já tiveram sido) - Art. 98
Fixado pelo juiz, ou pela autoridade que presidir o inquérito (será) - Art. 79
Fixando a responsabilidade do réu pelos danos causados. - Art. 95
Fixando prazo razoável para o cumprimento do preceito. - Art. 84, § 4º
Fizer a pesagem ou a medição (O fornecedor imediato será responsável quando) - Art. 19, § 2º
Fizer veicular (produtos e serviços oferecidos ou apresentados, obriga o fornecedor que a) - Art. 30
Fizerem necessárias (baixando as normas que se) - Art. 55, § 1º
Foi atendida ou não pelo fornecedor (A divulgação indicará se a reclamação) - Art. 44
Foi colocado em circulação (a época em que) - Art. 12, § 1º, III
Foi fornecido (a época em que) - Art. 14, § 1º, III
Fonte não será inferior (e com caracteres ostensivos e legíveis, cujo tamanho da) - Art. 54, § 3º
Fontes (e de consumo arquivados sobre ele, bem como sobre as suas respectivas) - Art. 43
For cabível, os dispositivos do Título III da lei (no que) - Art. 117
For dada a oportunidade de tomar conhecimento prévio de seu conteúdo (se não lhes) - Art. 46
For ele hipossuficiente (for verossímil a alegação ou quando) - Art. 6º, VIII
For ele hipossuficiente, segundo as regras ordinárias de experiências (quando) - Art. 6º, VIII
For fornecido sem identificação clara do seu fabricante (o produto) - Art. 13, II
For inferior às indicações constantes do recipiente (seu conteúdo líquido) - Art. 19
For julgado improcedente por insuficiência de provas (erga omnes, exceto se o pedido) - Art. 103, I
For oferecida no prazo legal (se a denúncia não) - Art. 80
For onerosa ao consumidor que a origina (quando a chamada) - Art. 33, p.ú
For requerida sua suspensão no prazo de trinta dias (se não) - Art. 104
For suficiente ou compatível com a obrigação (se) - Art. 84, § 4º
For verossímil a alegação ou quando for ele hipossuficiente, - Art. 6º, VIII
For, de alguma forma (desconsiderada a pessoa jurídica sempre que sua personalidade) - Art. 28, § 5º
Fora do estabelecimento comercial (fornecimento de produtos e serviços ocorrer) - Art. 49
Força policial (impedimento de atividade nociva, além de requisição de) - Art. 84, § 5º
Forçado da obrigação, nos termos da oferta, apresentação ou publicidade (exigir o cumprimento) - Art. 35, I

Forem constatados vícios de quantidade (assegurada ampla defesa, quando) - Art. 58
Forem redigidos de modo a dificultar (ou se os respectivos instrumentos) - Art. 46
Forma capaz de desfazer o malefício da publicidade enganosa ou abusiva (de) - Art. 60, § 1º
Forma da lei (a oferta deverá ser mantida por período razoável de tempo, na) - Art. 32, p.ú
Forma de empreendimento (permissionárias ou sob qualquer outra) - Art. 22
Forma deste artigo, terá descontada, além da vantagem econômica auferida (na) - Art. 53, § 2º
Forma deste artigo (os produtos nocivos ou perigosos, na) - Art. 64, p.ú
Forma deste código poderão propor ação (Os legitimados a agir na) - Art. 102
Forma indelével (nos produtos refrigerados oferecidos ao consumidor serão gravadas de) - Art. 31, p.ú
Forma inequívoca (até a resposta negativa correspondente, que deve ser transmitida de) - Art. 26, § 2º, I
Forma não assegure o justo equilíbrio (ou de qualquer) - Art. 51, § 4º
Forma ou meio de comunicação com relação a produtos e serviços (veiculada por qualquer) - Art. 30
Forma prejudicial ou perigosa (induzir o consumidor a se comportar de) - Art. 37, § 2º
Forma prejudicial ou perigosa à sua saúde ou segurança (de) - Art. 37, § 2º
Forma prejudicial ou perigosa a sua saúde ou segurança (a se comportar de) - Art. 68
Forma prevista neste código (propostas individualmente ou na) - Art. 103, § 3º
Forma prevista neste código (cumpri-las e a reparar os danos causados, na) - Art. 22, p.ú
Forma que o consumidor (A publicidade deve ser veiculada de tal) - Art. 36
Forma que o consumidor, fácil e imediatamente, a identifique como tal (veiculada de tal) - Art. 36
Forma (A contrapropaganda será divulgada pelo responsável da mesma) - Art. 60, § 1º
Forma (de maneira adequada em que consiste a mesma garantia, bem como a) - Art. 50, p.ú
Forma (desconsiderada a pessoa jurídica sempre que sua personalidade for, de alguma) - Art. 28, § 5º
Forma, concorrer para os crimes referidos neste código (Quem, de qualquer) - Art. 75
Forma, freqüência e dimensão (será divulgada pelo responsável da mesma) - Art. 60, § 1º
Formação de entidades de defesa do consumidor pela população (a) - Art. 106, IX
Fórmula ou acondicionamento de produto (ou a determinar a alteração na composição, estrutura,) - Art. 102
Fórmula ou índice de reajuste diverso do legal ou contratualmente estabelecido (aplicar) - Art. 39, XIII
Formulada pelo consumidor perante o fornecedor (a reclamação comprovadamente) - Art. 26, § 2º, I
Formulário não desfigura a natureza de adesão do contrato (A inserção de cláusula no) - Art. 54, § 1º
Fórmulas, manipulação, apresentação (fabricação, construção, montagem,) - Art. 12
Fornece a segurança (O serviço é defeituoso quando não) - Art. 14, § 1º
Fornecedor (A imposição de contrapropaganda será cominada quando o) - Art. 60
Fornecedor (a reclamação comprovadamente formulada pelo consumidor perante o) - Art. 26, § 2º, I
Fornecedor (impliquem renúncia ou disposição de direitos. Nas relações de consumo entre o) - Art. 51, I
Fornecedor (serão veiculados na imprensa, rádio e televisão, às expensas do) - Art. 10, § 2º
Fornecedor a cancelar o contrato unilateralmente (autorizem o) - Art. 51, XI
Fornecedor a modificar unilateralmente (autorizem o) - Art. 51, XIII

Fornecedor a opção de concluir ou não o contrato (deixem ao) - Art. 51, IX
Fornecedor de empregar componentes de reposição (considerar-se-á implícita a obrigação do) - Art. 21
Fornecedor de Produtos e Serviços (Das Ações de Responsabilidade do) - Art. 101
Fornecedor de produtos e serviços até a resposta negativa (pelo consumidor perante o) - Art. 26, § 2º, I
Fornecedor de produtos e serviços potencialmente nocivos ou perigosos à saúde (O) - Art. 9º
Fornecedor de produtos e serviços que, posteriormente à sua introdução (O) - Art. 10, § 1º
Fornecedor de produtos e serviços (Na ação de responsabilidade civil do) - Art. 101
Fornecedor de produtos ou serviços recusar cumprimento à oferta (Se o) - Art. 35
Fornecedor de produtos ou serviços (ou estabelecidas unilateralmente pelo) - Art. 54
Fornecedor de produtos ou serviços, dentre outras práticas abusivas (É vedado ao) - Art. 39
Fornecedor de serviço será obrigado a entregar ao consumidor orçamento prévio discriminando (O) - Art. 40
Fornecedor de serviços responde pelos vícios de qualidade (O) - Art. 20
Fornecedor de serviços responde, independentemente da existência de culpa (O) - Art. 14
Fornecedor de serviços só não será responsabilizado quando provar (O) - Art. 14, § 3º
Fornecedor deverá, entre outros requisitos, informá-lo prévia e adequadamente sobre (o) - Art. 52
Fornecedor do produto (ou no Cadastro Nacional de Pessoa Jurídica - CNPJ do) - Art. 42-A
Fornecedor do produto ou serviço correspondente (CNPJ do) - Art. 42-A
Fornecedor do produto ou serviço é solidariamente responsável (O) - Art. 34
Fornecedor do produto ou serviço (às expensas do) - Art. 10, § 2º
Fornecedor e o consumidor pessoa jurídica (entre o) - Art. 51, I
Fornecedor é toda pessoa física ou jurídica, pública ou privada, nacional ou estrangeira, - Art. 3º
Fornecedor imediato será responsável quando fizer a pesagem ou a medição (O) - Art. 19, § 2º
Fornecedor imediato (será responsável perante o consumidor o) - Art. 18, § 5º
Fornecedor imediato, exceto quando identificado claramente seu produtor (o) - Art. 18, § 5º
Fornecedor incorrer na prática de publicidade enganosa ou abusiva (quando o) - Art. 60
Fornecedor não poderá colocar no mercado de consumo produto ou serviço (O) - Art. 10
Fornecedor por vícios (impossibilitem, exonerem ou atenuem a responsabilidade do) - Art. 51, I
Fornecedor que a fizer veicular (produtos e serviços oferecidos ou apresentados, obriga o) - Art. 30
Fornecedor que se desligar (Não se exime de cumprir a convenção o) - Art. 107, § 3º
Fornecedor que se desligar da entidade em data posterior ao registro do instrumento (o) - Art. 107, § 3º
Fornecedor reincidir na prática das infrações (assegurada ampla defesa, quando o) - Art. 59
Fornecedor sobre os vícios de qualidade por inadequação (A ignorância do) - Art. 23
Fornecedor (a vantagem auferida e a condição econômica do) - Art. 57
Fornecedor (devendo ser-lhe entregue, devidamente preenchido pelo) - Art. 50, p.ú
Fornecedor (relativos às relações de consumo vinculam o) - Art. 48
Fornecedor, direta ou indiretamente, variação do preço de maneira unilateral (permitam ao) - Art. 51, X
Fornecedor, na publicidade de seus produtos ou serviços (O) - Art. 36, p.ú
Fornecedor (A divulgação indicará se a reclamação foi atendida ou não pelo) - Art. 44
Fornecedor (confiada a terceiros devidamente capacitados, por conta e risco do) - Art. 20, § 1º

Fornecedor (independe de termo expresso, vedada a exoneração contratual do) - Art. 24
Fornecedor (sem que igual direito lhe seja conferido contra o) - Art. 51, XII
Fornecedores (As entidades civis de consumidores e as associações de) - Art. 107
Fornecedores (Os órgãos oficiais poderão expedir notificações aos) - Art. 55, § 4º
Fornecedores de meios eficientes (incentivo à criação pelos) - Art. 4º, V
Fornecedores de produtos de consumo duráveis ou não duráveis (Os) - Art. 18
Fornecedores de produtos e serviços (cadastros atualizados de reclamações fundamentadas contra) - Art. 44
Fornecedores de produtos e serviços, devendo divulgá-lo pública e anualmente (contra) - Art. 44
Fornecedores deverão respeitar (ao regime de controle ou de tabelamento de preços, os) - Art. 41
Fornecedores e consumidores (educação e informação de) - Art. 4º, IV
Fornecedores respondem solidariamente pelos vícios de quantidade do produto (Os) - Art. 19
Fornecedores, em qualquer hipótese (obrigando-se os) - Art. 8º
Fornecedores (normas referidas no § 1º, sendo obrigatória a participação dos consumidores e) - Art. 55, § 3º
Fornecedores (ou dificultar novo acesso ao crédito junto aos) - Art. 43, § 5º
Fornecedores (sempre com base na boa-fé e equilíbrio nas relações entre consumidores e) - Art. 4º, III
Fornecer qualquer serviço (sem solicitação prévia, qualquer produto, ou) - Art. 39, III
Fornecer serviços adequados, eficientes, seguros (são obrigados a) - Art. 22
Fornecida no mercado de consumo (Serviço é qualquer atividade) - Art. 3º, § 2º
Fornecidas, pelos respectivos Sistemas de Proteção ao Crédito (não serão) - Art. 43, § 5º
Fornecido sem identificação clara do seu fabricante (o produto for) - Art. 13, II
Fornecido (a época em que foi) - Art. 14, § 1º, III
Fornecimento (ou do ato de recebimento do produto ou serviço, sempre que a contratação de) - Art. 49
Fornecimento de outro produto (condicionar o fornecimento de produto ou de serviço ao) - Art. 39, I
Fornecimento de produto ou de serviço ao fornecimento de outro produto (condicionar o) - Art. 39, I
Fornecimento de produto ou serviço (de proibição de fabricação de produtos, de suspensão do) - Art. 58
Fornecimento de produtos (riscos provocados por práticas no) - Art. 6º, I
Fornecimento de produtos e serviços considerados perigosos ou nocivos; - Art. 6º, I
Fornecimento de produtos e serviços ocorrer fora do estabelecimento comercial, - Art. 49
Fornecimento de produtos e serviços que (as cláusulas contratuais relativas ao) - Art. 51
Fornecimento de produtos e serviços (cláusulas abusivas ou impostas no) - Art. 6º, IV
Fornecimento de produtos in natura (No caso de) - Art. 18, § 5º
Fornecimento de produtos ou de serviços sujeitos ao regime de controle (No caso de) - Art. 41
Fornecimento de produtos ou serviço (suspensão de) - Art. 56, VI
Fornecimento de produtos ou serviços que envolva outorga de crédito (No) - Art. 52
Fornecimento de serviço e de produtos duráveis (noventa dias, tratando-se de) - Art. 26, II
Fornecimento de serviço e de produtos não duráveis (trinta dias, tratando-se de) - Art. 26, I
Fornecimento de serviços que tenham por objetivo a reparação de qualquer produto (No) - Art. 21
Fornecimento, acompanhado de manual de instrução, de instalação (no ato do) - Art. 50, p.ú
Fornecimento, oferta, exposição à venda (permitir ou por qualquer modo aprovar o) - Art. 75

Fornecimento (o modo de seu) - Art. 14, § 1º, I
Foro da Capital do Estado ou no do Distrito Federal (no) - Art. 93, II
Foro do lugar onde ocorreu ou deva ocorrer o dano, quando de âmbito local (no) - Art. 93, I
Fraqueza ou ignorância do consumidor (prevalecer-se da) - Art. 39, IV
Fraudados, nocivos à vida ou à saúde, perigosos ou, ainda (corrompidos,) - Art. 18, § 6º, II
Freqüência e dimensão (será divulgada pelo responsável da mesma forma,) - Art. 60, § 1º
Fruição e riscos (bem como por informações insuficientes ou inadequadas sobre sua) - Art. 14
Fruição (considerados normais e previsíveis em decorrência de sua natureza e) - Art. 8º
Fruição, os prejuízos que o desistente (vantagem econômica auferida com a) - Art. 53, § 2º
Funda a ordem econômica (de modo a viabilizar os princípios nos quais se) - Art. 4º, III
Fundamentadas contra fornecedores de produtos e serviços (cadastros atualizados de reclamações) - Art. 44
Fundamentais do sistema jurídico a que pertence (ofende os princípios) - Art. 51, § 1º, I
Fundamentais inerentes à natureza do contrato (restringe direitos ou obrigações) - Art. 51, § 1º, II
Fundamento da demanda (Sendo relevante o) - Art. 84, § 3º
Fundamento valendo-se de nova prova (com idêntico) - Art. 103, I
Fundo (será aplicada mediante procedimento administrativo, revertendo para o) - Art. 57
Fundo criado (O produto da indenização devida reverterá para o) - Art. 100, p.ú
Fundo criado pela Lei n.º 7.347, de 24 de julho de 1985 (reverterá para o) - Art. 100, p.ú
Fundo criado pela Lei nº 7.347 (a destinação da importância recolhida ao) - Art. 99, p.ú
Fundo de que trata a Lei nº 7.347, de 24 de julho de 1985 (revertendo para o) - Art. 57
Fundos estaduais ou municipais (os valores cabíveis à União, ou para os) - Art. 57
Fundos estaduais ou municipais de proteção ao consumidor nos demais casos. - Art. 57

G

Garantia (relativas ao preço, à qualidade, à quantidade, à) - Art. 107
Garantia adequadamente preenchido (Deixar de entregar ao consumidor o termo de) - Art. 74
Garantia contratual é complementar à legal e será conferida mediante termo escrito (A) - Art. 50
Garantia de produtos ou serviços (segurança, desempenho, durabilidade, preço ou) - Art. 66
Garantia dos produtos e serviços com padrões adequados de qualidade (pela) - Art. 4º, II, d
Garantia e características de produtos e serviços (à) - Art. 107
Garantia legal de adequação do produto ou serviço independe de termo expresso (A) - Art. 24
Garantia ou equivalente deve ser padronizado e esclarecer (O termo de) - Art. 50, p.ú
Garantia (sobre suas características, qualidades, quantidade, composição, preço,) - Art. 31
Garantia, bem como a forma (de maneira adequada em que consiste a mesma) - Art. 50, p.ú
Garantia, consideram-se nulas de pleno direito (bem como nas alienações fiduciárias em) - Art. 53
Garantia, prazos de validade e origem, entre outros dados (preço,) - Art. 31
Garantias (prestar aos consumidores orientação permanente sobre seus direitos e) - Art. 106, III
Genérica (Em caso de procedência do pedido, a condenação será) - Art. 95
Gerais (Das Disposições) - Art. 29

Gerais (Disposições) - Art. 46
Gerais (Disposições) - Art. 81
Gerais (Disposições) - Abertura
Gerais do direito, analogia, costumes e eqüidade (bem como dos que derivem dos princípios) - Art. 7º
Geral (a adequada e eficaz prestação dos serviços públicos em) - Art. 6º, X
Gerente da pessoa jurídica que promover (bem como o diretor, administrador ou) - Art. 75
Governamental no sentido de proteger efetivamente o consumidor (ação) - Art. 4º, II
Graduada de acordo com a gravidade da infração (A pena de multa,) - Art. 57
Grande circulação ou audiência (a publicação em órgãos de comunicação de) - Art. 78, II
Grátis (na hipótese prevista no inciso III, equiparam-se às amostras) - Art. 39, p.ú
Grátis, inexistindo obrigação de pagamento (equiparam-se às amostras) - Art. 39, p.ú
Gratuita para o consumidor carente (manutenção de assistência jurídica, integral e) - Art. 5º, I
Grau (ficará sustada enquanto pendentes de decisão de segundo) - Art. 99, p.ú
Grau de nocividade (produto ou serviço que sabe ou deveria saber apresentar alto) - Art. 10
Grau de nocividade ou periculosidade à saúde ou segurança (alto) - Art. 10
Grau de periculosidade (Executar serviço de alto) - Art. 65
Grau de periculosidade, contrariando determinação de autoridade competente (alto) - Art. 65
Gravadas de forma indelével (nos produtos refrigerados oferecidos ao consumidor serão) - Art. 31, p.ú
Grave crise econômica ou por ocasião de calamidade (serem cometidos em época de) - Art. 76, I
Grave dano individual ou coletivo (ocasionarem) - Art. 76, II
Gravidade da infração (A pena de multa, graduada de acordo com a) - Art. 57
Gravidade do dano, poderão os legitimados do art. 82 (com a) - Art. 100
Gravidade previstas neste código e na legislação de consumo (infrações de maior) - Art. 59
Grupo, categoria ou classe de pessoas (natureza indivisível de que seja titular) - Art. 81, p.ú., II
Grupo, categoria ou classe (ultra partes, mas limitadamente ao) - Art. 103, II
Grupo, categoria ou classe (e direitos individuais dos integrantes da coletividade, do) - Art. 103, § 1º
Grupo (os prejuízos que o desistente ou inadimplente causar ao) - Art. 53, § 2º
Grupos societários e as sociedades controladas (As sociedades integrantes dos) - Art. 28, § 2º

H

Há pelo menos um ano (as associações legalmente constituídas) - Art. 82, IV
Habilitação de interessados em número compatível (Decorrido o prazo de um ano sem) - Art. 100
Haja colocado o produto no mercado, o defeito inexiste (que, embora) - Art. 12, § 3º, II
Haja intervindo nas relações de consumo (ainda que indetermináveis, que) - Art. 2º, p.ú
Haja manifesto interesse social evidenciado pela dimensão ou característica (quando) - Art. 82, § 1º
Haja manifesto interesse social evidenciado pela dimensão ou característica do dano (quando) - Art. 113
Harmonia das relações de consumo (bem como a transparência e) - Art. 4º
Harmonia das relações de consumo, atendidos os seguintes princípios (e) - Art. 4º

Harmonização dos interesses dos participantes das relações de consumo - Art. 4º, III
Havendo justificado receio de ineficácia do provimento final (e) - Art. 84, § 3º
Havendo mais de um responsável pela causação do dano, - Art. 25, § 1º
Haver substituição por outro de espécie, marca ou modelo diversos (poderá) - Art. 18, § 4º
Haverá adiantamento de custas (Art. 18. Nas ações de que trata esta lei, não) - Art. 116
Haverá adiantamento de custas (Nas ações coletivas de que trata este código não) - Art. 87
Haverá reincidência até o trânsito em julgado da sentença (não) - Art. 59, § 3º
Hipossuficiente (for verossímil a alegação ou quando for ele) - Art. 6º, VIII
Hipossuficiente, segundo as regras ordinárias de experiências (quando for ele) - Art. 6º, VIII
Hipótese de engano justificável (acrescido de correção monetária e juros legais, salvo) - Art. 42, p.ú
Hipótese de o patrimônio do devedor ser manifestamente suficiente (salvo na) - Art. 99, p.ú
Hipótese do § 3º ou na sentença (O juiz poderá, na) - Art. 84, § 4º
Hipótese do art. 13, parágrafo único deste código (Na) - Art. 88
Hipótese do inciso I do parágrafo único do art. 81 (na) - Art. 103, I
Hipótese do inciso III do parágrafo único do art. 81 (na) - Art. 103, III
Hipótese em que qualquer legitimado poderá intentar outra ação, - Art. 103, I
Hipótese prevista no inciso II do parágrafo único do art. 81 (quando se tratar da) - Art. 103, II
Hipótese prevista no inciso III, em caso de improcedência do pedido (Na) - Art. 103, § 2º
Hipótese prevista no inciso III, equiparam-se às amostras grátis (na) - Art. 39, p.ú
Hipótese (obrigando-se os fornecedores, em qualquer) - Art. 8º
Hipótese, a sentença que julgar procedente o pedido condenará o réu (Nesta) - Art. 101, II
Histórico (II ao consumidor, ao patrimônio artístico, estético,) - Art. 111
Homogêneos (Das Ações Coletivas Para a Defesa de Interesses Individuais) - Art. 91
Homogêneos (interesses ou direitos individuais) - Art. 81, p.ú., III
Honorários advocatícios e ao décuplo das custas (serão solidariamente condenados em) - Art. 115
Honorários advocatícios e ao décuplo das custas (solidariamente condenados em) - Art. 87, p.ú
Honorários de advogado, custas e despesas processuais (em) - Art. 116
Honorários de advogados, custas e despesas processuais (em) - Art. 87
Honorários periciais e quaisquer outras despesas (emolumentos,) - Art. 87
Honorários periciais e quaisquer outras despesas (emolumentos,) - Art. 116
Horário (e, preferencialmente no mesmo veículo, local, espaço e) - Art. 60, § 1º
Houver abuso de direito, excesso de poder, infração da lei (em detrimento do consumidor,) - Art. 28
Houver contratado seguro de responsabilidade (o réu que) - Art. 101, II
Houver falência (A desconsideração também será efetivada quando) - Art. 28
Houver sido declarado falido (Se o réu) - Art. 101, II

I

Idade, saúde, conhecimento ou condição social (tendo em vista sua) - Art. 39, IV
Idêntico fundamento valendo-se de nova prova (com) - Art. 103, I
Identificação clara do seu fabricante (o produto for fornecido sem) - Art. 13, II
Identificação clara do seu fabricante, produtor, construtor ou importador; - Art. 13, II
Identificado claramente seu produtor (o fornecedor imediato, exceto quando) - Art. 18, § 5º

Identificados (o fabricante, o construtor, o produtor ou o importador não puderem ser) - Art. 13, I
Identifique como tal (veiculada de tal forma que o consumidor, fácil e imediatamente, a) - Art. 36
Ignorância do consumidor (prevalecer-se da fraqueza ou) - Art. 39, IV
Ignorância do fornecedor sobre os vícios de qualidade por inadequação (A) - Art. 23
Igual ao dobro do que pagou em excesso (por valor) - Art. 42, p.ú
Igual direito lhe seja conferido contra o fornecedor (sem que) - Art. 51, XII
Igual direito seja conferido ao consumidor (cancelar o contrato unilateralmente, sem que) - Art. 51, XI
Igual iniciativa aos demais legitimados (deverá fazê-lo o Ministério Público, facultada) - Art. 114
Igualdade nas contratações (asseguradas a liberdade de escolha e a) - Art. 6º, II
Igualmente responsável, nos termos do artigo anterior, quando (O comerciante é) - Art. 13
Ilícita do procedimento (dissimular-se a natureza) - Art. 76, III
Ilícito ou violação dos estatutos ou contrato social (infração da lei, fato ou ato) - Art. 28
Ilustrações (manual de instrução, de instalação e uso do produto em linguagem didática, com) - Art. 50, p.ú
Imaterial (Produto é qualquer bem, móvel ou imóvel, material ou) - Art. 3º, § 1º
Imediata correção, devendo o arquivista (poderá exigir sua) - Art. 43, § 3º
Imediata da quantia paga, monetariamente atualizada (a restituição) - Art. 19, IV
Imediata da quantia paga, monetariamente atualizada (a restituição) - Art. 20, II
Imediata da quantia paga, monetariamente atualizada (a restituição) - Art. 18, § 1º, II
Imediata e fácil compreensão (deverão ser redigidas com destaque, permitindo sua) - Art. 54, § 4º
Imediatamente às autoridades competentes e aos consumidores, mediante anúncios (comunicar o fato) - Art. 10, § 1º
Imediatamente informação sobre consumidor constante de cadastro (Deixar de corrigir) - Art. 73
Imediatamente quando determinado pela autoridade competente, - Art. 64, p.ú
Imediatamente, a identifique como tal (veiculada de tal forma que o consumidor, fácil e) - Art. 36
Imediato das alternativas do § 1º deste artigo (O consumidor poderá fazer uso) - Art. 18, § 3º
Imediato será responsável quando fizer a pesagem ou a medição (O fornecedor) - Art. 19, § 2º
Imediato (será responsável perante o consumidor o fornecedor) - Art. 18, § 5º
Imediato, exceto quando identificado claramente seu produtor (o fornecedor) - Art. 18, § 5º
Imediato, monetariamente atualizados (durante o prazo de reflexão, serão devolvidos, de) - Art. 49, p.ú
Imóveis mediante pagamento em prestações (Nos contratos de compra e venda de móveis ou) - Art. 53
Imóvel, material ou imaterial (Produto é qualquer bem, móvel ou) - Art. 3º, § 1º
Impedimento de atividade nociva, além de requisição de força policial. - Art. 84, § 5º
Impedir ou dificultar novo acesso (quaisquer informações que possam) - Art. 43, § 5º
Impedir ou dificultar o acesso do consumidor às informações - Art. 72
Impingir-lhe seus produtos ou serviços (conhecimento ou condição social para) - Art. 39, IV
Implicarem limitação de direito do consumidor (As cláusulas que) - Art. 54, § 4º
Implícita a obrigação do fornecedor de empregar componentes de reposição (considerar-se-á) - Art. 21
Impliquem renúncia (por vícios de qualquer natureza dos produtos e serviços ou) - Art. 51, I

Impliquem renúncia ou disposição de direitos. Nas relações de consumo entre o fornecedor - Art. 51, I
Imponham representante para concluir ou realizar outro negócio jurídico pelo consumidor; - Art. 51, VIII
Impor multa diária ao réu, independentemente de pedido do autor, - Art. 84, § 4º
Importação do produto (enquanto não cessar a fabricação ou) - Art. 32
Importação (atividade de produção, montagem, criação, construção, transformação,) - Art. 3º
Importação (Cessadas a produção ou) - Art. 32, p.ú
Importador (O fabricante, o construtor, o produtor ou) - Art. 12, § 3º
Importador e o que realizou a incorporação (seu fabricante, construtor ou) - Art. 25, § 2º
Importador não puderem ser identificados (o fabricante, o construtor, o produtor ou o) - Art. 13, I
Importador respondem, independentemente da existência de culpa (e o) - Art. 12
Importador só não será responsabilizado quando provar (o produtor ou) - Art. 12, § 3º
Importador (identificação clara do seu fabricante, produtor, construtor ou) - Art. 13, II
Importadores deverão assegurar a oferta de componentes (Os fabricantes e) - Art. 32
Importância recolhida ao fundo criado pela Lei nº 7.347 (a destinação da) - Art. 99, p.ú
Imposição de contrapropaganda será cominada quando o fornecedor (A) - Art. 60
Imposição de contrapropaganda. - Art. 56, XII
Imposição de penalidade administrativa (Pendendo ação judicial na qual se discuta a) - Art. 59, § 3º
Impossibilite, exonere ou atenue (É vedada a estipulação contratual de cláusula que) - Art. 25
Impossibilitem, exonerem ou atenuem a responsabilidade do fornecedor por vícios - Art. 51, I
Impossível a tutela específica ou a obtenção do resultado prático correspondente (ou se) - Art. 84, § 1º
Impostas (bem como contra práticas e cláusulas abusivas ou) - Art. 6º, IV
Impostas no fornecimento de produtos e serviços (cláusulas abusivas ou) - Art. 6º, IV
Impostas (Além das penas privativas de liberdade e de multa, podem ser) - Art. 78
Imprensa, rádio e televisão, às expensas do fornecedor (serão veiculados na) - Art. 10, § 2º
Impressos apropriados que devam acompanhar o produto (através de) - Art. 8º, p.ú
Impressos utilizados na transação comercial (na embalagem, publicidade e em todos os) - Art. 33
Improcedência do pedido (Na hipótese prevista no inciso III, em caso de) - Art. 103, § 2º
Improcedência por insuficiência de provas, nos termos do inciso anterior (salvo) - Art. 103, II
Improcedente por insuficiência de provas (erga omnes, exceto se o pedido for julgado) - Art. 103, I
Impróprios ao consumo ou lhes diminuam o valor (vícios de qualidade que os tornem) - Art. 20
Impróprios ao uso e consumo (São) - Art. 18, § 6º
Impróprios os serviços que se mostrem inadequados para os fins (São) - Art. 20, § 2º
Impróprios ou inadequados ao consumo a que se destinam (qualidade ou quantidade que os tornem) - Art. 18
In natura (No caso de fornecimento de produtos) - Art. 18, § 5º
Inadequação (A ignorância do fornecedor sobre os vícios de qualidade por) - Art. 23
Inadequação dos produtos e serviços não o exime de responsabilidade (por) - Art. 23
Inadequação ou insegurança do produto ou serviço (vícios de quantidade ou de qualidade por) - Art. 58

Inadequadas sobre sua fruição e riscos (bem como por informações insuficientes ou) - Art. 14
Inadequadas sobre sua utilização e riscos (bem como por informações insuficientes ou) - Art. 12
Inadequados ao consumo a que se destinam (qualidade ou quantidade que os tornem impróprios ou) - Art. 18
Inadequados ao fim a que se destinam (se revelem) - Art. 18, § 6º, III
Inadequados para os fins (São impróprios os serviços que se mostrem) - Art. 20, § 2º
Inadimplemento de obrigações no seu termo (As multas de mora decorrentes do) - Art. 52, § 1º
Inadimplemento (em benefício do credor que, em razão do) - Art. 53
Inadimplente causar ao grupo (os prejuízos que o desistente ou) - Art. 53, § 2º
Inadimplente não será exposto a ridículo (Na cobrança de débitos, o consumidor) - Art. 42
Inatividade da pessoa jurídica (estado de insolvência, encerramento ou) - Art. 28
Inatividade da pessoa jurídica provocados por má administração (encerramento ou) - Art. 28
Incentivar, inclusive com recursos financeiros e outros programas especiais, - Art. 106, IX
Incentivo à criação pelos fornecedores de meios eficientes - Art. 4º, V
Incentivos à criação e desenvolvimento de associações representativas (por) - Art. 4º, II, b
Incide as penas a esses cominadas na medida de sua culpabilidade, - Art. 75
Incidente de procedimento administrativo (inclusive por medida cautelar, antecedente ou) - Art. 56, p.ú
Inciso anterior (salvo improcedência por insuficiência de provas, nos termos do) - Art. 103, II
Inciso I do § 1º deste artigo (Tendo o consumidor optado pela alternativa do) - Art. 18, § 4º
Inciso I do parágrafo único do art. 81 (na hipótese do) - Art. 103, I
Inciso II do art. 5º da Lei nº 7.347, de 24 de julho de 1985 (O) - Art. 111
Inciso II do parágrafo único do art. 81 (quando se tratar da hipótese prevista no) - Art. 103, II
Inciso III do parágrafo único do art. 81 (na hipótese do) - Art. 103, III
Inciso III e IV (os legitimados indicados no art. 82,) - Art. 80
Inciso III, em caso de improcedência do pedido (Na hipótese prevista no) - Art. 103, § 2º
Inciso III, equiparam-se às amostras grátis (na hipótese prevista no) - Art. 39, p.ú
Inciso IV ao art. 1º da Lei nº 7.347, de 24 de julho de 1985 (Acrescente-se o seguinte) - Art. 110
Inciso V, da Constituição Federal (arts. 5º, inciso XXXII, 170,) - Art. 1º
Inciso XIII, quando da conversão na Lei nº 9.870, de 23.11.1999 (transformado em) - Art. 39, XI
Inciso XXXII (de ordem pública e interesse social, nos termos dos arts. 5º,) - Art. 1º
Inciso XXXII, 170, inciso V, da Constituição Federal (arts. 5º,) - Art. 1º
Incisos I e II (Os efeitos da coisa julgada previstos nos) - Art. 103, § 1º
Incisos I e II e do parágrafo único do art. 81 (As ações coletivas, previstas nos) - Art. 104
Incisos II e III do § 1º deste artigo (sem prejuízo do disposto nos) - Art. 18, § 4º
Incisos II e III do artigo anterior (a que aludem os) - Art. 104
Incite à violência, explore o medo ou a superstição (a que) - Art. 37, § 2º
Inclua, entre suas finalidades institucionais, a proteção ao meio ambiente (II) - Art. 111
Incluam entre seus fins institucionais (e que) - Art. 82, IV
Incluído pela MPV nº 1.890-67, de 22.10.1999 (Dispositivo) - Art. 39, XI
Inclusive a concorrência desleal e utilização indevida de inventos - Art. 4º, VI
Inclusive as de natureza bancária, financeira (mediante remuneração,) - Art. 3º, § 2º
Inclusive com a inversão do ônus da prova, a seu favor, - Art. 6º, VIII

Inclusive com recursos financeiros e outros programas especiais (incentivar,) - Art. 106, IX
Inclusive execução específica, nos termos do art. 84 e parágrafos (ensejando) - Art. 48
Inclusive no que respeita ao inquérito civil, naquilo que não contrariar suas disposições. - Art. 90
Inclusive por medida cautelar, antecedente ou incidente de procedimento administrativo. - Art. 56, p.ú
Incolumidade pessoal (nocivo ou perigoso à saúde pública e à) - Art. 102
Incompatíveis com a boa-fé ou a eqüidade (em desvantagem exagerada, ou sejam) - Art. 51, IV
Incorporação (seu fabricante, construtor ou importador e o que realizou a) - Art. 25, § 2º
Incorporada ao produto (Sendo o dano causado por componente ou peça) - Art. 25, § 2º
Incorporada ao produto ou serviço, são responsáveis solidários seu fabricante, - Art. 25, § 2º
Incorrer na prática de publicidade enganosa ou abusiva (quando o fornecedor) - Art. 60
Incorrerá nas mesmas penas quem deixar de alertar, - Art. 63, § 1º
Incorrerá nas mesmas penas quem deixar de retirar do mercado, - Art. 64, p.ú
Incorrerá nas mesmas penas quem patrocinar a oferta. - Art. 66, § 1º
Incorretas ou enganosas ou de qualquer outro procedimento (afirmações falsas) - Art. 71
Incorretas (comunicar a alteração aos eventuais destinatários das informações) - Art. 43, § 3º
Indébito (O consumidor cobrado em quantia indevida tem direito à repetição do) - Art. 42, p.ú
Indelével (nos produtos refrigerados oferecidos ao consumidor serão gravadas de forma) - Art. 31, p.ú
Indenização (facultando-se, em caso afirmativo, o ajuizamento de ação de) - Art. 101, II
Indenização a título individual (como litisconsortes poderão propor ação de) - Art. 103, § 2º
Indenização devida reverterá para o fundo criado (O produto da) - Art. 100, p.ú
Indenização devida (promover a liquidação e execução da) - Art. 100
Indenização diretamente contra o segurador (o ajuizamento de ação de) - Art. 101, II
Indenização pelos danos individuais (as ações de) - Art. 99, p.ú
Indenização poderá ser limitada, em situações justificáveis (a) - Art. 51, I
Indenização por benfeitorias necessárias (possibilitem a renúncia do direito de) - Art. 51, XVI
Indenização por danos pessoalmente sofridos (não prejudicarão as ações de) - Art. 103, § 3º
Indenização por perdas e danos se fará sem prejuízo da multa (A) - Art. 84, § 2º
Indenizações já tiveram sido fixadas em sentença de liquidação (abrangendo as vítimas cujas) - Art. 98
Indenizações pelos prejuízos individuais resultantes do mesmo evento danoso (e de) - Art. 99
Indenizar prevista nesta e nas seções anteriores (exonere ou atenue a obrigação de) - Art. 25
Independe de termo expresso (A garantia legal de adequação do produto ou serviço) - Art. 24
Independe de termo expresso, vedada a exoneração contratual do fornecedor. - Art. 24
Independência e 102º da República (Brasília, 11 de setembro de 1990; 169º da) - Final
Independentemente da existência de culpa (e o importador respondem,) - Art. 12
Independentemente da existência de culpa (O fornecedor de serviços responde,) - Art. 14
Independentemente de pedido do autor (impor multa diária ao réu,) - Art. 84, § 4º
Indeterminadas (de que sejam titulares pessoas) - Art. 81, p.ú., I
Indeterminadas e ligadas por circunstâncias de fato (pessoas) - Art. 81, p.ú., I
Indetermináveis (Equipara-se a consumidor a coletividade de pessoas, ainda que) - Art. 2º, p.ú

Indetermináveis, que haja intervindo nas relações de consumo (ainda que) - Art. 2°, p.ú
Indevida de inventos (inclusive a concorrência desleal e utilização) - Art. 4°, VI
Indevida tem direito à repetição do indébito (O consumidor cobrado em quantia) - Art. 42, p.ú
Indicações constantes da oferta (assim como por aqueles decorrentes da disparidade com as) - Art. 20
Indicações constantes do recipiente (seu conteúdo líquido for inferior às) - Art. 19
Indicações constantes do recipiente, da embalagem, rotulagem (com a) - Art. 18
Indicados no art. 82, inciso III e IV (os legitimados) - Art. 80
Indicará se a reclamação foi atendida ou não pelo fornecedor (A divulgação) - Art. 44
Índice de reajuste diverso do legal ou contratualmente estabelecido (aplicar fórmula ou) - Art. 39, XIII
Índice equivalente que venha a substituí-lo (ou) - Art. 79
Índice equivalente que venha a substituí-lo (valor da Unidade Fiscal de Referência (Ufir), ou) - Art. 57, p.ú
Indiciado ou réu, a fiança poderá ser (Se assim recomendar a situação econômica do) - Art. 79, p.ú
Indireta (as entidades e órgãos da Administração Pública, direta ou) - Art. 82, III
Indiretamente, variação do preço de maneira unilateral (permitam ao fornecedor, direta ou) - Art. 51, X
Individuais dos consumidores (violarem os interesses difusos, coletivos, ou) - Art. 106, VII
Individuais dos integrantes da coletividade (não prejudicarão interesses e direitos) - Art. 103, § 1°
Individuais dos integrantes da coletividade, do grupo, categoria ou classe (e direitos) - Art. 103, § 1°
Individuais Homogêneos (Das Ações Coletivas Para a Defesa de Interesses) - Art. 91
Individuais homogêneos (interesses ou direitos) - Art. 81, p.ú., III
Individuais resultantes do mesmo evento danoso (e de indenizações pelos prejuízos) - Art. 99
Individuais (Art. 21 Aplicam-se à defesa dos direitos e interesses difusos, coletivos e) - Art. 117
Individuais (as ações de indenização pelos danos) - Art. 99, p.ú
Individuais (não beneficiarão os autores das ações) - Art. 104
Individuais (não induzem litispendência para as ações) - Art. 104
Individuais, coletivos e difusos (reparação de danos patrimoniais e morais,) - Art. 6°, VI
Individuais, coletivos ou difusos, assegurada a proteção Jurídica, - Art. 6°, VII
Individual ou coletivo (ocasionarem grave dano) - Art. 76, II
Individual (como litisconsortes poderão propor ação de indenização a título) - Art. 103, § 2°
Individual (da liquidação da sentença ou da ação condenatória, no caso de execução) - Art. 98, § 2°,I
Individualização desta multa, o juiz observará o disposto no art. 60, § 1° do Código Penal (Na) - Art. 77
Individualmente ou na forma prevista neste código (propostas) - Art. 103, § 3°
Individualmente sofridos (ação civil coletiva de responsabilidade pelos danos) - Art. 91
Individualmente, ou a título coletivo (poderá ser exercida em juízo) - Art. 81
Indivisível (para efeitos deste código, os transindividuais, de natureza) - Art. 81, p.ú., II
Indivisível de que seja titular grupo, categoria ou classe de pessoas (natureza) - Art. 81, p.ú., II
Indivisível (para efeitos deste código, os transindividuais, de natureza) - Art. 81, p.ú., I
Industriais das marcas e nomes comerciais (inventos e criações) - Art. 4°, VI
Industrial (Conmetro) (Conselho Nacional de Metrologia, Normalização e Qualidade) - Art. 39, VIII

Industrial (Em se tratando de produto) - Art. 8º, p.ú
Industrial (sobre questões de interesse do consumidor, resguardado o segredo) - Art. 55, § 4º
Industrialização, distribuição e consumo (baixarão normas relativas à produção,) - Art. 55
Industrialização, distribuição e consumo de produtos e serviços (produção,) - Art. 55
Industrialização, distribuição, a publicidade (fiscalizarão e controlarão a produção,) - Art. 55, § 1º
Induzem litispendência para as ações individuais (não) - Art. 104
Induzir em erro o consumidor a respeito da natureza (capaz de) - Art. 37, § 1º
Induzir o consumidor (desrespeita valores ambientais, ou que seja capaz de) - Art. 37, § 2º
Induzir o consumidor (Fazer ou promover publicidade que sabe ou deveria saber ser capaz de) - Art. 68
Induzir o consumidor a se comportar de forma prejudicial ou perigosa - Art. 37, § 2º
Ineficácia do provimento final (e havendo justificado receio de) - Art. 84, § 3º
Inequívoca (até a resposta negativa correspondente, que deve ser transmitida de forma) - Art. 26, § 2º, I
Inerentes à natureza do contrato (restringe direitos ou obrigações fundamentais) - Art. 51, § 1º, II
Inexata (banco de dados, fichas ou registros que sabe ou deveria saber ser) - Art. 73
Inexatidão nos seus dados e cadastros (O consumidor, sempre que encontrar) - Art. 43, § 3º
Inexiste (que, embora haja colocado o produto no mercado, o defeito) - Art. 12, § 3º, II
Inexiste (que, tendo prestado o serviço, o defeito) - Art. 14, § 3º, I
Inexistindo obrigação de pagamento (equiparam-se às amostras grátis,) - Art. 39, p.ú
Inferior (e com caracteres ostensivos e legíveis, cujo tamanho da fonte não será) - Art. 54, § 3º
Inferior a duzentas (A multa será em montante não) - Art. 57, p.ú
Inferior a sete (ampliação do prazo previsto no parágrafo anterior, não podendo ser) - Art. 18, § 2º
Inferior ao corpo doze, de modo a facilitar sua compreensão pelo consumidor (não será) - Art. 54, § 3º
Inferior às indicações constantes do recipiente (seu conteúdo líquido for) - Art. 19
Inferir a sete nem superior a cento e oitenta dias (não podendo ser) - Art. 18, § 2º
Informação (no interesse da preservação da vida, da saúde, da segurança, da) - Art. 55, § 1º
Informação adequada e clara sobre os diferentes produtos e serviços (a) - Art. 6º, III
Informação de fornecedores e consumidores (educação e) - Art. 4º, IV
Informação depreciativa, referente a ato praticado pelo consumidor (repassar) - Art. 39, VII
Informação dos legítimos interessados (manterá, em seu poder, para) - Art. 36, p.ú
Informação e do bem-estar do consumidor (da vida, da saúde, da segurança, da) - Art. 55, § 1º
Informação ou comunicação (O ônus da prova da veracidade e correção da) - Art. 38
Informação ou comunicação de caráter publicitário (É enganosa qualquer modalidade de) - Art. 37, § 1º
Informação ou comunicação publicitária cabe a quem as patrocina (correção da) - Art. 38
Informação ou publicidade, suficientemente precisa (Toda) - Art. 30
Informação relevante (Fazer afirmação falsa ou enganosa, ou omitir) - Art. 66
Informação relevante sobre a natureza, característica, qualidade, quantidade, - Art. 66
Informação sobre consumidor constante de cadastro (Deixar de corrigir imediatamente) - Art. 73
Informações (Impedir ou dificultar o acesso do consumidor às) - Art. 72
Informações a que se refere este artigo (ao fabricante cabe prestar as) - Art. 8º, p.ú
Informações corretas (A oferta e apresentação de produtos ou serviços devem assegurar) - Art. 31

Informações corretas, claras, precisas, ostensivas e em língua portuguesa - Art. 31
Informações de que trata este artigo, nos produtos refrigerados oferecidos ao consumidor (As) - Art. 31, p.ú
Informações existentes em cadastros, fichas, registros e dados pessoais (terá acesso às) - Art. 43
Informações incorretas (comunicar a alteração aos eventuais destinatários das) - Art. 43, § 3º
Informações insuficientes ou inadequadas sobre sua fruição e riscos (bem como por) - Art. 14
Informações insuficientes ou inadequadas sobre sua utilização e riscos (bem como por) - Art. 12
Informações lá constantes (É facultado o acesso às) - Art. 44, § 1º
Informações necessárias e adequadas a seu respeito (a dar as) - Art. 8º
Informações negativas referentes a período superior a cinco anos (não podendo conter) - Art. 43, § 1º
Informações que possam impedir ou dificultar novo acesso (quaisquer) - Art. 43, § 5º
Informações sobre questões de interesse (para que, sob pena de desobediência, prestem) - Art. 55, § 4º
Informá-lo prévia e adequadamente sobre (o fornecedor deverá, entre outros requisitos,) - Art. 52
Informá-los a respeito (e os Municípios deverão) - Art. 10, § 3º
Informar a existência de seguro de responsabilidade (o síndico será intimado a) - Art. 101, II
Informar sobre dado essencial do produto ou serviço (quando deixar de) - Art. 37, § 3º
Informar, conscientizar e motivar o consumidor através dos diferentes meios de comunicação; - Art. 106, IV
Informar, de maneira ostensiva e adequada (perigosos à saúde ou segurança deverá) - Art. 9º
Infração da lei (em detrimento do consumidor, houver abuso de direito, excesso de poder,) - Art. 28
Infração da lei, fato ou ato ilícito ou violação dos estatutos ou contrato social. - Art. 28
Infração (A pena de multa, graduada de acordo com a gravidade da) - Art. 57
Infrações (assegurada ampla defesa, quando o fornecedor reincidir na prática das) - Art. 59
Infrações das normas de defesa do consumidor ficam sujeitas, conforme o caso (As) - Art. 56
Infrações de maior gravidade previstas neste código e na legislação de consumo. - Art. 59
Infrações de ordem administrativa (levar ao conhecimento dos órgãos competentes as) - Art. 106, VII
Infrações de ordem administrativa que violarem os interesses difusos, - Art. 106, VII
Infrações de que trata este código (O valor da fiança, nas) - Art. 79
Infrações Penais (Das) - Art. 61
Infrações penais de consumo (especializadas no atendimento de consumidores vítimas de) - Art. 5º, III
Infrator (nos termos do art. 36 e seus parágrafos, sempre às expensas do) - Art. 60
Infrinjam ou possibilitem a violação de normas ambientais; - Art. 51, XIV
Infundada ou abandono da ação por associação legitimada (§ 3º Em caso de desistência) - Art. 112
Inicial a seu exclusivo critério (ou deixar a fixação de seu termo) - Art. 39, XII
Iniciando-se a contagem do prazo a partir do conhecimento do dano e de sua autoria. - Art. 27
Inicia-se a contagem do prazo decadencial a partir da entrega efetiva do produto - Art. 26, § 1º
Inicia-se no momento (Tratando-se de vício oculto, o prazo decadencial) - Art. 26, § 3º

Inicia-se no momento em que ficar evidenciado o defeito (o prazo decadencial) - Art. 26, § 3º
Iniciativa aos demais legitimados (deverá fazê-lo o Ministério Público, facultada igual) - Art. 114
Iniciativa direta (por) - Art. 4º, II, a
Início e término dos serviços (as condições de pagamento, bem como as datas de) - Art. 40
Iníquas, abusivas, coloquem o consumidor em desvantagem exagerada (considerada) - Art. 51, IV
Iníquas, abusivas, que coloquem o consumidor (estabeleçam obrigações consideradas) - Art. 51, IV
Injustificadamente, a ridículo (qualquer outro procedimento que exponha o consumidor,) - Art. 71
Inquérito civil, até seu encerramento (a instauração de) - Art. 26, III
Inquérito civil, naquilo que não contrariar suas disposições (inclusive no que respeita ao) - Art. 90
Inquérito policial (solicitar à polícia judiciária a instauração de) - Art. 106, V
Inquérito policial para a apreciação de delito contra os consumidores, - Art. 106, V
Inquérito (será fixado pelo juiz, ou pela autoridade que presidir o) - Art. 79
Inscrição (deverão constar o nome, o endereço e o número de) - Art. 42-A
Inscrição no Cadastro de Pessoas Físicas - CPF (número de) - Art. 42-A
Insegurança do produto ou serviço (vícios de quantidade ou de qualidade por inadequação ou) - Art. 58
Inserção de cláusula no formulário não desfigura a natureza de adesão do contrato (A) - Art. 54, § 1º
Insolvência, encerramento ou inatividade da pessoa jurídica (estado de) - Art. 28
Instalação (no ato do fornecimento, acompanhado de manual de instrução, de) - Art. 50, p.ú
Instalação e uso do produto em linguagem didática, com ilustrações (manual de instrução, de) - Art. 50, p.ú
Instauração de inquérito civil, até seu encerramento (a) - Art. 26, III
Instauração de inquérito policial (solicitar à polícia judiciária a) - Art. 106, V
Institucionais (e que incluam entre seus fins) - Art. 82, IV
Institucionais, a proteção ao meio ambiente (II inclua, entre suas finalidades) - Art. 111
Instituição de Promotorias de Justiça de Defesa do Consumidor, - Art. 5º, II
Instituiu o Código de Defesa do Consumidor (Título III da lei que) - Art. 117
Instituto de Resseguros do Brasil (vedada a denunciação da lide ao) - Art. 101, II
Instituto de Resseguros do Brasil (vedada a integração do contraditório pelo) - Art. 101, II
Instrução, de instalação (no ato do fornecimento, acompanhado de manual de) - Art. 50, p.ú
Instrução, de instalação e uso do produto em linguagem didática, com ilustrações (manual de) - Art. 50, p.ú
Instrumento no cartório de títulos e documentos (a partir do registro do) - Art. 107, § 1º
Instrumento utilizado não estiver aferido segundo os padrões oficiais (e o) - Art. 19, § 2º
Instrumento (o fornecedor que se desligar da entidade em data posterior ao registro do) - Art. 107, § 3º
Instrumentos forem redigidos de modo a dificultar (ou se os respectivos) - Art. 46
Instrumentos, entre outros (contará o poder público com os seguintes) - Art. 5º
Insuficiência de provas (erga omnes, exceto se o pedido for julgado improcedente por) - Art. 103, I
Insuficiência de provas, nos termos do inciso anterior (salvo improcedência por) - Art. 103, II
Insuficientes ou inadequadas sobre sua fruição e riscos (bem como por informações) - Art. 14
Insuficientes ou inadequadas sobre sua utilização e riscos (bem como por informações) - Art. 12

Integra o contrato que vier a ser celebrado (ou dela se utilizar e) - Art. 30
Integração do contraditório pelo Instituto de Resseguros do Brasil (vedada a) - Art. 101, II
Integração (exceto quando de sua ausência, apesar dos esforços de) - Art. 51, § 2º
Integração, decorrer ônus excessivo a qualquer das partes (apesar dos esforços de) - Art. 51, § 2º
Integral e gratuita para o consumidor carente (manutenção de assistência jurídica,) - Art. 5º, I
Integralidade das dívidas (ser manifestamente suficiente para responder pela) - Art. 99, p.ú
Integram o Sistema Nacional de Defesa do Consumidor (SNDC), - Art. 105
Integrantes da coletividade (não prejudicarão interesses e direitos individuais dos) - Art. 103, § 1º
Integrantes da coletividade, do grupo, categoria ou classe (e direitos individuais dos) - Art. 103, § 1º
Integrantes dos grupos societários e as sociedades controladas (As sociedades) - Art. 28, § 2º
Inteira ou parcialmente falsa, ou, por qualquer outro modo, mesmo por omissão, - Art. 37, § 1º
Intentar outra ação (hipótese em que qualquer legitimado poderá) - Art. 103, I
Interdição e de suspensão temporária da atividade (de) - Art. 59
Interdição ou suspensão da atividade (desaconselharem a cassação de licença, a) - Art. 59, § 2º
Interdição temporária de direitos (a) - Art. 78, I
Interdição, total ou parcial, de estabelecimento, de obra ou de atividade; - Art. 56, X
Interditadas ou não (ou de pessoas portadoras de deficiência mental) - Art. 76, IV, b
Interessado (para orientação e consulta por qualquer) - Art. 44, § 1º
Interessados (§ 6º Os órgãos públicos legitimados poderão tomar dos) - Art. 113
Interessados compromisso de ajustamento de sua conduta às exigências legais (tomar dos) - Art. 113
Interessados em número compatível (Decorrido o prazo de um ano sem habilitação de) - Art. 100
Interessados possam intervir no processo como litisconsortes (a fim de que os) - Art. 94
Interessados que não tiverem intervindo no processo como litisconsortes (os) - Art. 103, § 2º
Interessados (manterá, em seu poder, para informação dos legítimos) - Art. 36, p.ú
Interesse (para que, sob pena de desobediência, prestem informações sobre questões de) - Art. 55, § 4º
Interesse da preservação da vida, da saúde, da segurança, da informação (no) - Art. 55, § 1º
Interesse das partes e outras circunstâncias peculiares ao caso (o) - Art. 51, § 1º, III
Interesse das vítimas ou seus sucessores (em nome próprio e no) - Art. 91
Interesse difuso ou coletivo (II turístico e paisagístico, ou a qualquer outro) - Art. 111
Interesse difuso ou coletivo (IV - a qualquer outro) - Art. 110
Interesse do consumidor, resguardado o segredo industrial (sobre questões de) - Art. 55, § 4º
Interesse social evidenciado pela dimensão ou característica (quando haja manifesto) - Art. 82, § 1º
Interesse social evidenciado pela dimensão ou característica do dano (quando haja manifesto) - Art. 113
Interesse social, nos termos dos arts. 5º, inciso XXXII (de ordem pública e) - Art. 1º
Interesses (ainda que sem personalidade jurídica, especificamente destinados à defesa dos) - Art. 82, III
Interesses difusos (infrações de ordem administrativa que violarem os) - Art. 106, VII
Interesses difusos, coletivos e individuais (Art. 21 Aplicam-se à defesa dos direitos e) - Art. 117
Interesses difusos, coletivos, ou individuais dos consumidores (violarem os) - Art. 106, VII

Interesses dos participantes das relações de consumo (harmonização dos) - Art. 4º, III
Interesses e direitos de que cuida esta lei (na defesa dos) - Art. 113
Interesses e direitos dos consumidores e das vítimas (A defesa dos) - Art. 81
Interesses e direitos individuais dos integrantes da coletividade (não prejudicarão) - Art. 103, § 1º
Interesses e direitos protegidos por este código (a defesa dos) - Art. 82, IV
Interesses e direitos protegidos por este código (destinados à defesa dos) - Art. 82, III
Interesses econômicos a melhoria da sua qualidade de vida (a proteção de seus) - Art. 4º
Interesses econômicos (saúde e segurança, a proteção de seus) - Art. 4º
Interesses Individuais Homogêneos (Das Ações Coletivas Para a Defesa de) - Art. 91
Interesses ou direitos coletivos, assim entendidos, - Art. 81, p.ú., II
Interesses ou direitos difusos, assim entendidos, - Art. 81, p.ú., I
Interesses ou direitos individuais homogêneos, - Art. 81, p.ú., III
Interesses protegidos por este código (Para a defesa dos direitos e) - Art. 83
Interfira com seu trabalho, descanso ou lazer (ou) - Art. 71
Intermediação regulados em leis especiais (ressalvados os casos de) - Art. 39, IX
Interna ordinária, de regulamentos expedidos (da legislação) - Art. 7º
Internacionais de que o Brasil seja signatário (decorrentes de tratados ou convenções) - Art. 7º
Interpretadas de maneira mais favorável ao consumidor (As cláusulas contratuais serão) - Art. 47
Intervenção administrativa será aplicada sempre (A pena de) - Art. 59, § 2º
Intervenção administrativa, serão aplicadas mediante procedimento administrativo (bem como a de) - Art. 59
Intervenção administrativa; - Art. 56, XI
Intervindo nas relações de consumo (ainda que indetermináveis, que haja) - Art. 2º, p.ú
Intervindo no processo como litisconsortes (os interessados que não tiverem) - Art. 103, § 2º
Intervir no processo como litisconsortes (a fim de que os interessados possam) - Art. 94
Intervir, como assistentes do Ministério Público (poderão) - Art. 80
Intimado a informar a existência de seguro de responsabilidade (o síndico será) - Art. 101, II
Introdução (O fornecedor de produtos e serviços que, posteriormente à sua) - Art. 10, § 1º
Inutilização de produtos (As penas de apreensão, de) - Art. 58
Inutilização do produto; - Art. 56, III
Invalida o contrato (A nulidade de uma cláusula contratual abusiva não) - Art. 51, § 2º
Inventos (inclusive a concorrência desleal e utilização indevida de) - Art. 4º, VI
Inventos e criações industriais das marcas e nomes comerciais - Art. 4º, VI
Inversão do ônus da prova em prejuízo do consumidor (estabeleçam) - Art. 51, VI
Inversão do ônus da prova, a seu favor (inclusive com a) - Art. 6º, VIII
Invólucros, recipientes ou publicidade (periculosidade de produtos, nas embalagens, nos) - Art. 63

J

Já paga (subtraiam ao consumidor a opção de reembolso da quantia) - Art. 51, II
Já paga, nos casos previstos neste código (reembolso da quantia) - Art. 51, II
Já tiveram sido fixadas em sentença de liquidação (abrangendo as vítimas cujas indenizações) - Art. 98
Judicial na qual se discuta a imposição de penalidade administrativa (Pendendo ação) - Art. 59, § 3º

Judiciária a instauração de inquérito policial (solicitar à polícia) - Art. 106, V
Judiciários e administrativos (o acesso aos órgãos) - Art. 6º, VII
Juiz até vinte vezes (aumentada pelo) - Art. 79, p.ú., b
Juiz conceder a tutela liminarmente (é lícito ao) - Art. 84, § 3º
Juiz concederá a tutela específica da obrigação ou determinará providências (o) - Art. 84
Juiz determinar as medidas necessárias (poderá o) - Art. 84, § 5º
Juiz observará o disposto no art. 60, § 1º do Código Penal (Na individualização desta multa, o) - Art. 77
Juiz poderá desconsiderar a personalidade jurídica da sociedade quando (O) - Art. 28
Juiz poderá, na hipótese do § 3º ou na sentença (O) - Art. 84, § 4º
Juiz (§ 4º O requisito da pré-constituição poderá ser dispensado pelo) - Art. 113
Juiz (no processo civil, quando, a critério do) - Art. 6º, VIII
Juiz (O requisito da pré-constituição pode ser dispensado pelo) - Art. 82, § 1º
Juiz, ou pela autoridade que presidir o inquérito (será fixado pelo) - Art. 79
Juizados Especiais de Pequenas Causas e Varas Especializadas (criação de) - Art. 5º, IV
Juízo (Da Defesa do Consumidor em) - Art. 81
Juízo individualmente, ou a título coletivo (poderá ser exercida em) - Art. 81
Juízo (É competente para a execução o) - Art. 98, § 2º
Julgada (Da Coisa) - Art. 103
Julgada de que cuida o art. 16 (Os efeitos da coisa) - Art. 103, § 3º
Julgada erga omnes ou ultra partes (mas os efeitos da coisa) - Art. 104
Julgada previstos nos incisos I e II (Os efeitos da coisa) - Art. 103, § 1º
Julgada (Nas ações coletivas de que trata este código, a sentença fará coisa) - Art. 103
Julgado da sentença condenatória (Art. 15. Decorridos sessenta dias do trânsito em) - Art. 114
Julgado da sentença (não haverá reincidência até o trânsito em) - Art. 59, § 3º
Julgado improcedente por insuficiência de provas (erga omnes, exceto se o pedido for) - Art. 103, I
Julgado (da qual deverá constar a ocorrência ou não do trânsito em) - Art. 98, § 1º
Julgamento e experiência da criança (se aproveite da deficiência de) - Art. 37, § 2º
Julgar procedente o pedido condenará o réu (Nesta hipótese, a sentença que) - Art. 101, II
Junto ao órgão competente (cassação do registro do produto) - Art. 56, IV
Junto aos fornecedores (ou dificultar novo acesso ao crédito) - Art. 43, § 5º
Jurídica - CNPJ do fornecedor do produto (ou no Cadastro Nacional de Pessoa) - Art. 42-A
Jurídica (Da Desconsideração da Personalidade) - Art. 28
Jurídica (estado de insolvência, encerramento ou inatividade da pessoa) - Art. 28
Jurídica (Também poderá ser desconsiderada a pessoa) - Art. 28, § 5º
Jurídica administrativa e técnica aos necessitados (assegurada a proteção) - Art. 6º, VII
Jurídica base (entre si ou com a parte contrária por uma relação) - Art. 81, p.ú., II
Jurídica da sociedade quando (O juiz poderá desconsiderar a personalidade) - Art. 28
Jurídica provocados por má administração (encerramento ou inatividade da pessoa) - Art. 28
Jurídica que adquire ou utiliza produto ou serviço (Consumidor é toda pessoa física ou) - Art. 2º
Jurídica que promover (bem como o diretor, administrador ou gerente da pessoa) - Art. 75
Jurídica sempre que sua personalidade for, de alguma forma (desconsiderada a pessoa) - Art. 28, § 5º
Jurídica (entre o fornecedor e o consumidor pessoa) - Art. 51, I
Jurídica (individuais, coletivos ou difusos, assegurada a proteção) - Art. 6º, VII
Jurídica, especificamente destinados à defesa dos interesses (ainda que sem personalidade) - Art. 82, III

Jurídica, integral e gratuita para o consumidor carente (manutenção de assistência) - Art. 5º, I
Jurídica, pública ou privada, nacional ou estrangeira (Fornecedor é toda pessoa física ou) - Art. 3º
Jurídicas compelidas a cumpri-las (obrigações referidas neste artigo, serão as pessoas) - Art. 22, p.ú
Jurídicas de direito público ou privado (por entidades representativas ou pessoas) - Art. 106, II
Jurídico a que pertence (ofende os princípios fundamentais do sistema) - Art. 51, § 1º, I
Jurídico a ser protegido (dimensão ou característica do dano, ou pela relevância do bem) - Art. 82, § 1º
Jurídico a ser protegido (pela dimensão ou característica do dano, ou pela relevância do bem) - Art. 113
Jurídico pelo consumidor (imponham representante para concluir ou realizar outro negócio) - Art. 51, VIII
Juros de mora e da taxa efetiva anual de juros (montante dos) - Art. 52, II
Juros e demais acréscimos (total ou parcialmente, mediante redução proporcional dos) - Art. 52, § 2º
Juros legais, salvo hipótese de engano justificável (acrescido de correção monetária e) - Art. 42, p.ú
Juros (montante dos juros de mora e da taxa efetiva anual de) - Art. 52, II
Justa causa o preço de produtos ou serviços (elevar sem) - Art. 39, X
Justa causa, a limites quantitativos (de outro produto ou serviço, bem como, sem) - Art. 39, I
Justiça de Defesa do Consumidor (instituição de Promotorias de) - Art. 5º, II
Justiça Federal, é competente para a causa a justiça local (Ressalvada a competência da) - Art. 93
Justiça local (Ressalvada a competência da Justiça Federal, é competente para a causa a) - Art. 93
Justificação prévia, citado o réu (tutela liminarmente ou após) - Art. 84, § 3º
Justificado receio de ineficácia do provimento final (e havendo) - Art. 84, § 3º
Justificáveis (a indenização poderá ser limitada, em situações) - Art. 51, I
Justificável (acrescido de correção monetária e juros legais, salvo hipótese de engano) - Art. 42, p.ú
Justo equilíbrio (ou de qualquer forma não assegure o) - Art. 51, § 4º
Justo equilíbrio entre direitos e obrigações das partes (não assegure o) - Art. 51, § 4º

L

Lazer (ou interfira com seu trabalho, descanso ou) - Art. 71
Legais (tomar dos interessados compromisso de ajustamento de sua conduta às exigências) - Art. 113
Legais, salvo hipótese de engano justificável (acrescido de correção monetária e juros) - Art. 42, p.ú
Legal de adequação do produto ou serviço independe de termo expresso (A garantia) - Art. 24
Legal e será conferida mediante termo escrito (A garantia contratual é complementar à) - Art. 50
Legal ou contratual (quando violar obrigação) - Art. 59, § 1º
Legal ou contratualmente estabelecido (aplicar fórmula ou índice de reajuste diverso do) - Art. 39, XIII

Legal (se a denúncia não for oferecida no prazo) - Art. 80
Legalmente constituídas há pelo menos um ano (as associações) - Art. 82, IV
Legalmente previstos (acréscimos) - Art. 52, III
Legislação de consumo (infrações de maior gravidade previstas neste código e na) - Art. 59
Legislação interna ordinária, de regulamentos expedidos (da) - Art. 7º
Legislação vigente (apreciação de delito contra os consumidores, nos termos da) - Art. 106, V
Legitimada (§ 3º Em caso de desistência infundada ou abandono da ação por associação) - Art. 112
Legitimado assumirá a titularidade ativa (o Ministério Público ou outro) - Art. 112
Legitimado poderá intentar outra ação (hipótese em que qualquer) - Art. 103, I
Legitimados (deverá fazê-lo o Ministério Público, facultada igual iniciativa aos demais) - Art. 114
Legitimados a agir na forma deste código poderão propor ação (Os) - Art. 102
Legitimados concorrentemente (Para os fins do art. 81, parágrafo único, são) - Art. 82
Legitimados de que trata o art. 82 poderão propor (Os) - Art. 91
Legitimados de que trata o art. 82 (A execução poderá ser coletiva, sendo promovida pelos) - Art. 98
Legitimados de que trata o art. 82 (e seus sucessores, assim como pelos) - Art. 97
Legitimados do art. 82 (com a gravidade do dano, poderão os) - Art. 100
Legitimados indicados no art. 82, inciso III e IV (os) - Art. 80
Legitimados poderão tomar dos interessados (§ 6º Os órgãos públicos) - Art. 113
Legitimamente se espera (não oferece a segurança que dele) - Art. 12, § 1º
Legítimos interessados (manterá, em seu poder, para informação dos) - Art. 36, p.ú
Legíveis, cujo tamanho da fonte não será inferior (e com caracteres ostensivos e) - Art. 54, § 3º
Lei (no que for cabível, os dispositivos do Título III da) - Art. 117
Lei n.º 7.347 (Acrescente-se os seguintes §§ 4º, 5º e 6º ao art. 5º da) - Art. 113
Lei n.º 7.347 (Em caso de concurso de créditos decorrentes de condenação prevista na) - Art. 99
Lei n.º 7.347, de 24 de julho de 1985 (reverterá para o fundo criado pela) - Art. 100, p.ú
Lei nº 7.347 (a destinação da importância recolhida ao fundo criado pela) - Art. 99, p.ú
Lei nº 7.347, de 24 de julho de 1985 (Acrescente-se à) - Art. 117
Lei nº 7.347, de 24 de julho de 1985 (combinado com o art. 13 da) - Art. 103, § 3º
Lei nº 7.347, de 24 de julho de 1985 (e da) - Art. 90
Lei nº 7.347, de 24 de julho de 1985 (O § 3º do art. 5º da) - Art. 112
Lei nº 7.347, de 24 de julho de 1985 (O inciso II do art. 5º da) - Art. 111
Lei nº 7.347, de 24 de julho de 1985 (Suprima-se o caput do art. 17 da) - Art. 115
Lei nº 7.347, de 24 de julho de 1985, passa a ter a seguinte redação (O art. 15 da) - Art. 114
Lei nº 7.347, de 24 de julho de 1985 (Acrescente-se o seguinte inciso IV ao art. 1º da) - Art. 110
Lei nº 7.347, de 24 de julho de 1985 (Dê-se a seguinte redação ao art. 18 da) - Art. 116
Lei nº 7.347 de 24 de julho de 1985 (ao art. 5º da) - Art. 113
Lei nº 7.347, de 24 de julho de 1985 (condenação prevista na) - Art. 99
Lei nº 7.347, de 24 de julho de 1985, - Art. 99, p.ú
Lei nº 7.347, de 24 de julho de 1985 (revertendo para o Fundo de que trata a) - Art. 57
Lei Nº 8.078, DE 11 DE SETEMBRO DE 1990. - Abertura
Lei nº 8.656, de 1993) ((Vide) - Art. 55
Lei nº 9.870, de 23.11.1999 (transformado em inciso XIII, quando da conversão na) - Art. 39, XI

Lei que instituiu o Código de Defesa do Consumidor (Título III da) - Art. 117
Lei (em detrimento do consumidor, houver abuso de direito, excesso de poder, infração da) - Art. 28
Lei, fato ou ato ilícito ou violação dos estatutos ou contrato social (infração da) - Art. 28
Lei, não haverá adiantamento de custas (Art. 18. Nas ações de que trata esta) - Art. 116
Lei (a oferta deverá ser mantida por período razoável de tempo, na forma da) - Art. 32, p.ú
Lei (na defesa dos interesses e direitos de que cuida esta) - Art. 113
Lei (O Ministério Público, se não ajuizar a ação, atuará sempre como fiscal da) - Art. 92
Lei (O PRESIDENTE DA REPÚBLICA, faço saber que o Congresso Nacional decreta e eu sanciono a seguinte) - Abertura
Leis especiais (sem prejuízo do disposto no Código Penal e) - Art. 61
Leis especiais, as condutas tipificadas nos artigos seguintes (disposto no Código Penal e) - Art. 61
Leis especiais (ressalvados os casos de intermediação regulados em) - Art. 39, IX
Lesão corporal e à morte (sem prejuízo das correspondentes à) - Art. 65, p.ú
Levando-se em consideração (a segurança que o consumidor dele pode esperar,) - Art. 14, § 1º
Levando-se em consideração as circunstâncias relevantes, entre as quais: - Art. 12, § 1º
Levando-se em consideração as circunstâncias relevantes, entre as quais: - Art. 14, § 1º
Levar ao conhecimento dos órgãos competentes as infrações de ordem administrativa - Art. 106, VII
Liberais (A responsabilidade pessoal dos profissionais) - Art. 14, § 4º
Liberdade cominada ao crime (duração da pena privativa da) - Art. 77
Liberdade de escolha e a igualdade nas contratações (asseguradas a) - Art. 6º, II
Liberdade e de multa, podem ser impostas (Além das penas privativas de) - Art. 78
Licença do estabelecimento ou de atividade (cassação de) - Art. 56, IX
Licença (As penas de cassação de alvará de) - Art. 59
Licença (sempre que as circunstâncias de fato desaconselharem a cassação de) - Art. 59, § 2º
Licença, a interdição ou suspensão da atividade (desaconselharem a cassação de) - Art. 59, § 2º
Lícito ao juiz conceder a tutela liminarmente (é) - Art. 84, § 3º
Lide ao Instituto de Resseguros do Brasil (vedada a denunciação da) - Art. 101, II
Lide (facultada a possibilidade de prosseguir-se nos mesmos autos, vedada a denunciação da) - Art. 88
Ligadas entre si ou com a parte contrária (classe de pessoas) - Art. 81, p.ú., II
Ligadas por circunstâncias de fato (pessoas indeterminadas e) - Art. 81, p.ú., I
Liminarmente (é lícito ao juiz conceder a tutela) - Art. 84, § 3º
Liminarmente ou após justificação prévia, citado o réu (tutela) - Art. 84, § 3º
Limitação de direito do consumidor (As cláusulas que implicarem) - Art. 54, § 4º
Limitada, em situações justificáveis (a indenização poderá ser) - Art. 51, I
Limitadamente ao grupo, categoria ou classe (ultra partes, mas) - Art. 103, II
Limites oficiais sob pena de não o fazendo (deverão respeitar os) - Art. 41
Limites quantitativos (de outro produto ou serviço, bem como, sem justa causa, a) - Art. 39, I
Língua portuguesa (informações corretas, claras, precisas, ostensivas e em) - Art. 31
Linguagem de fácil compreensão (claros, verdadeiros e em) - Art. 43, § 1º
Linguagem didática, com ilustrações (manual de instrução, de instalação e uso do produto em) - Art. 50, p.ú
Liquidação antecipada do débito, total ou parcialmente (É assegurado ao consumidor a) - Art. 52, § 2º

Liquidação da sentença ou da ação condenatória, no caso de execução individual (da) - Art. 98, § 2°, I
Liquidação e a execução de sentença poderão ser promovidas pela vítima (A) - Art. 97
Liquidação e à execução, nos termos dos arts. 96 a 99 (que poderão proceder à) - Art. 103, § 3°
Liquidação e execução da indenização devida (promover a) - Art. 100
Liquidação (A execução coletiva far-se-á com base em certidão das sentenças de) - Art. 98, § 1°
Liquidação (abrangendo as vítimas cujas indenizações já tiveram sido fixadas em sentença de) - Art. 98
Líquido for inferior às indicações constantes do recipiente (seu conteúdo) - Art. 19
Litigância de má-fé (Art. 17 Em caso de) - Art. 115
Litigância de má-fé, a associação autora (Em caso de) - Art. 87, p.ú
Litígios de consumo (Varas Especializadas para a solução de) - Art. 5°, IV
Litisconsórcio facultativo entre os Ministérios Públicos da União (§ 5° Admitir-se-á o) - Art. 113
Litisconsórcio obrigatório com este (e dispensado o) - Art. 101, II
Litisconsortes (os interessados que não tiverem intervindo no processo como) - Art. 103, § 2°
Litisconsortes poderão propor ação de indenização a título individual (como) - Art. 103, § 2°
Litisconsortes (a fim de que os interessados possam intervir no processo como) - Art. 94
Litispendência para as ações individuais (não induzem) - Art. 104
Livre escolha (apresentação ou publicidade, o consumidor poderá, alternativamente e à sua) - Art. 35
Livre negociação das partes (e somente pode ser alterado mediante) - Art. 40, § 2°
Local, espaço e horário (e, preferencialmente no mesmo veículo,) - Art. 60, § 1°
Local (Ressalvada a competência da Justiça Federal, é competente para a causa a justiça) - Art. 93
Local (no foro do lugar onde ocorreu ou deva ocorrer o dano, quando de âmbito) - Art. 93, I
Lugar em que pode ser exercitada e os ônus a cargo do consumidor (o prazo e o) - Art. 50, p.ú
Lugar onde ocorreu ou deva ocorrer o dano, quando de âmbito local (no foro do) - Art. 93, I

M

Má administração (encerramento ou inatividade da pessoa jurídica provocados por) - Art. 28
Má-fé (Art. 17 Em caso de litigância de) - Art. 115
Má-fé (nem condenação da associação autora, salvo comprovada) - Art. 87
Má-fé (nem condenação da associação autora, salvo comprovada) - Art. 116
Má-fé, a associação autora (Em caso de litigância de) - Art. 87, p.ú
Maior de sessenta anos ou de pessoas portadoras de deficiência mental (ou) - Art. 76, IV, b
Maior gravidade previstas neste código e na legislação de consumo (infrações de) - Art. 59
Mais de um autor a ofensa (Tendo) - Art. 7°, p.ú
Mais de um responsável pela causação do dano (Havendo) - Art. 25, § 1°
Mais favorável ao consumidor (As cláusulas contratuais serão interpretadas de maneira) - Art. 47
Malefício da publicidade enganosa ou abusiva (de forma capaz de desfazer o) - Art. 60, § 1°
Maneira adequada em que consiste a mesma garantia, bem como a forma (de) - Art. 50, p.ú

Maneira mais favorável ao consumidor (As cláusulas contratuais serão interpretadas de) - Art. 47
Maneira ostensiva e adequada (perigosos à saúde ou segurança deverá informar, de) - Art. 9º
Maneira unilateral (permitam ao fornecedor, direta ou indiretamente, variação do preço de) - Art. 51, X
Manifestação expressa do consumidor (deverá ser convencionada em separado, por meio de) - Art. 18, § 2º
Manifestamente excessiva (exigir do consumidor vantagem) - Art. 39, V
Manifestamente suficiente (salvo na hipótese de o patrimônio do devedor ser) - Art. 99, p.ú
Manifestamente suficiente para responder pela integralidade das dívidas (ser) - Art. 99, p.ú
Manifestamente superior à da vítima (cuja condição econômico-social seja) - Art. 76, IV, a
Manifesto interesse social evidenciado pela dimensão ou característica (quando haja) - Art. 82, § 1º
Manifesto interesse social evidenciado pela dimensão ou característica do dano (quando haja) - Art. 113
Manipulação, apresentação (fabricação, construção, montagem, fórmulas,) - Art. 12
Manipulação, apresentação ou acondicionamento de seus produtos, - Art. 12
Mantenham as especificações técnicas do fabricante (ou que) - Art. 21
Manterá, em seu poder, para informação dos legítimos interessados, - Art. 36, p.ú
Manterão cadastros atualizados (Os órgãos públicos de defesa do consumidor) - Art. 44
Manterão comissões permanentes para elaboração, revisão e atualização das normas - Art. 55, § 3º
Mantida por período razoável de tempo, na forma da lei (a oferta deverá ser) - Art. 32, p.ú
Manual de instrução, de instalação (no ato do fornecimento, acompanhado de) - Art. 50, p.ú
Manual de instrução, de instalação e uso do produto em linguagem didática, com ilustrações. - Art. 50, p.ú
Manutenção de assistência jurídica, integral e gratuita para o consumidor carente; - Art. 5º, I
Manutenção em depósito de produtos ou a oferta e prestação de serviços (ou) - Art. 75
Mão-de-obra, dos materiais e equipamentos a serem empregados (o valor da) - Art. 40
Marca ou modelo diversos (poderá haver substituição por outro de espécie,) - Art. 18, § 4º
Marca ou modelo (a substituição do produto por outro da mesma espécie,) - Art. 19, III
Marca ou modelo, sem os aludidos vícios (por outro da mesma espécie,) - Art. 19, III
Marcas e nomes comerciais (inventos e criações industriais das) - Art. 4º, VI
Mas limitadamente ao grupo, categoria ou classe (ultra partes,) - Art. 103, II
Mas os efeitos da coisa julgada erga omnes ou ultra partes - Art. 104
Mas, se procedente o pedido, beneficiarão as vítimas e seus sucessores, - Art. 103, § 3º
Materiais e equipamentos a serem empregados (o valor da mão-de-obra, dos) - Art. 40
Material ou imaterial (Produto é qualquer bem, móvel ou imóvel,) - Art. 3º, § 1º
Máximo de dias de duração da pena (correspondente ao mínimo e ao) - Art. 77
Máximo de trinta dias (Não sendo o vício sanado no prazo) - Art. 18, § 1º
Mecanismos alternativos de solução de conflitos de consumo (assim como de) - Art. 4º, V
Mediante a verificação de culpa (será apurada) - Art. 14, § 4º
Mediante anúncios publicitários (o fato imediatamente às autoridades competentes e aos consumidores,) - Art. 10, § 1º
Mediante combinações, que terá eficácia de título executivo extrajudicial . - Art. 113
Mediante complementação ou restituição de eventual diferença de preço, - Art. 18, § 4º
Mediante livre negociação das partes (e somente pode ser alterado) - Art. 40, § 2º
Mediante pagamento em prestações (Nos contratos de compra e venda de móveis ou imóveis) - Art. 53

Mediante procedimento administrativo (bem como a de intervenção administrativa, serão aplicadas) - Art. 59
Mediante procedimento administrativo (serão aplicadas pela administração,) - Art. 58
Mediante procedimento administrativo, revertendo para o Fundo (será aplicada) - Art. 57
Mediante pronto pagamento (diretamente a quem se disponha a adquiri-los) - Art. 39, IX
Mediante recomendações escritas ostensivas, - Art. 63, § 1º
Mediante redução proporcional dos juros e demais acréscimos (total ou parcialmente,) - Art. 52, § 2º
Mediante remuneração, inclusive as de natureza bancária, financeira, - Art. 3º, § 2º
Mediante termo escrito (A garantia contratual é complementar à legal e será conferida) - Art. 50
Medicamentos (serem praticados em operações que envolvam alimentos,) - Art. 76, V
Medição (O fornecedor imediato será responsável quando fizer a pesagem ou a) - Art. 19, § 2º
Medida cautelar, antecedente ou incidente de procedimento administrativo (inclusive por) - Art. 56, p.ú
Medida de sua culpabilidade (incide as penas a esses cominadas na) - Art. 75
Medida de suas disponibilidades de estoque (na exata) - Art. 39, II
Medida (complementação do peso ou) - Art. 19, II
Medidas cabíveis em cada caso concreto (sem prejuízo da adoção de outras) - Art. 9º
Medidas necessárias (poderá o juiz determinar as) - Art. 84, § 5º
Medidas processuais (representar ao Ministério Público competente para fins de adoção de) - Art. 106, VI
Medidas processuais no âmbito de suas atribuições (para fins de adoção de) - Art. 106, VI
Medo ou a superstição (a que incite à violência, explore o) - Art. 37, § 2º
Meio ambiente (II inclua, entre suas finalidades institucionais, a proteção ao) - Art. 111
Meio de comunicação com relação a produtos e serviços (veiculada por qualquer forma ou) - Art. 30
Meio de manifestação expressa do consumidor (deverá ser convencionada em separado, por) - Art. 18, § 2º
Meios de comunicação social (sem prejuízo de ampla divulgação pelos) - Art. 94
Meios de comunicação social por parte dos órgãos de defesa do consumidor (pelos) - Art. 94
Meios de comunicação (informar, conscientizar e motivar o consumidor através dos diferentes) - Art. 106, IV
Meios eficientes (incentivo à criação pelos fornecedores de) - Art. 4º, V
Meios eficientes de controle de qualidade e segurança de produtos e serviços, - Art. 4º, V
Melhor qualidade (O produto não é considerado defeituoso pelo fato de outro de) - Art. 12, § 2º
Melhor qualidade ter sido colocado no mercado (pelo fato de outro de) - Art. 12, § 2º
Melhoria da sua qualidade de vida (a proteção de seus interesses econômicos a) - Art. 4º
Melhoria do mercado de consumo (quanto aos seus direitos e deveres, com vistas à) - Art. 4º, IV
Melhoria dos serviços públicos (racionalização e) - Art. 4º, VII
Menor de dezoito (em detrimento de operário ou rurícola; de) - Art. 76, IV, b
Menos um ano (as associações legalmente constituídas há pelo) - Art. 82, IV
Mensagem publicitária (da embalagem, rotulagem ou de) - Art. 19
Mensagem publicitária, podendo o consumidor exigir (constantes da oferta ou) - Art. 20
Mensagem publicitária, respeitadas as variações decorrentes de sua natureza (rotulagem ou) - Art. 18
Mensagem (os dados fáticos, técnicos e científicos que dão sustentação à) - Art. 36, p.ú

Mental (ou maior de sessenta anos ou de pessoas portadoras de deficiência) - Art. 76, IV, b
Mental interditadas ou não (ou de pessoas portadoras de deficiência) - Art. 76, IV, b
Mercado de consumo (com atribuições para fiscalizar e controlar o) - Art. 55, § 3°
Mercado de consumo não acarretarão riscos (Os produtos e serviços colocados no) - Art. 8°
Mercado de consumo produto ou serviço (O fornecedor não poderá colocar no) - Art. 10
Mercado de consumo (a publicidade de produtos e serviços e o) - Art. 55, § 1°
Mercado de consumo (coibição e repressão eficientes de todos os abusos praticados no) - Art. 4°, VI
Mercado de consumo (Serviço é qualquer atividade fornecida no) - Art. 3°, § 2°
Mercado de consumo, qualquer produto ou serviço em desacordo (colocar, no) - Art. 39, VIII
Mercado de consumo, tiver conhecimento da periculosidade que apresentem (no) - Art. 10, § 1°
Mercado de consumo (estudo constante das modificações do) - Art. 4°, VIII
Mercado de consumo (pela presença do Estado no) - Art. 4°, II, c
Mercado de consumo (quanto aos seus direitos e deveres, com vistas à melhoria do) - Art. 4°, IV
Mercado de consumo (reconhecimento da vulnerabilidade do consumidor no) - Art. 4°, I
Mercado (Incorrerá nas mesmas penas quem deixar de retirar do) - Art. 64, p.ú
Mercado, o defeito inexiste (que, embora haja colocado o produto no) - Art. 12, § 3°, II
Mercado (pelo fato de outro de melhor qualidade ter sido colocado no) - Art. 12, § 2°
Mercado (ou periculosidade de produtos cujo conhecimento seja posterior à sua colocação no) - Art. 64
Mercado (que não colocou o produto no) - Art. 12, § 3°, I
Meses a dois anos e multa (Detenção de seis) - Art. 64, Pena
Meses a dois anos e multa (Pena Detenção de seis) - Art. 63
Meses a dois anos e multa (Pena Detenção de seis) - Art. 65
Meses a dois anos e multa (Pena - Detenção de seis) - Art. 68
Meses a um ano e multa (Pena - Detenção de três) - Art. 66
Meses a um ano e multa (Pena Detenção de três) - Art. 67
Meses a um ano e multa (Pena Detenção de três) - Art. 70
Meses a um ano e multa (Pena Detenção de três) - Art. 71
Meses a um ano ou multa (Pena Detenção de seis) - Art. 72
Meses ou multa (Pena Detenção de um a seis) - Art. 63, § 2°
Meses ou multa (Pena Detenção de um a seis) - Art. 66, § 2°
Meses ou multa (Pena Detenção de um a seis) - Art. 69
Meses ou multa (Pena Detenção de um a seis) - Art. 73
Meses ou multa (Pena Detenção de um a seis) - Art. 74
Mesma espécie (a substituição do produto por outro da) - Art. 18, § 1°, I
Mesma espécie, em perfeitas condições de uso (por outro da) - Art. 18, § 1°, I
Mesma espécie, marca ou modelo (a substituição do produto por outro da) - Art. 19, III
Mesma espécie, marca ou modelo, sem os aludidos vícios (por outro da) - Art. 19, III
Mesma forma (A contrapropaganda será divulgada pelo responsável da) - Art. 60, § 1°
Mesma forma, freqüência e dimensão (será divulgada pelo responsável da) - Art. 60, § 1°
Mesma garantia, bem como a forma (de maneira adequada em que consiste a) - Art. 50, p.ú
Mesmas penas quem deixar de alertar (Incorrerá nas) - Art. 63, § 1°
Mesmas penas quem deixar de retirar do mercado (Incorrerá nas) - Art. 64, p.ú
Mesmas penas quem patrocinar a oferta (Incorrerá nas) - Art. 66, § 1°
Mesmas regras enunciadas (Aplicam-se a este artigo, no que couber, as) - Art. 44, § 2°
Mesmas regras enunciadas no artigo anterior e as do parágrafo único (as) - Art. 44, § 2°
Mesmo evento danoso (e de indenizações pelos prejuízos individuais resultantes do) - Art. 99

Mesmo evento danoso, estas terão preferência no pagamento (resultantes do) - Art. 99
Mesmo por omissão (inteira ou parcialmente falsa, ou, por qualquer outro modo,) - Art. 37, § 1º
Mesmo veículo, local, espaço e horário (e, preferencialmente no) - Art. 60, § 1º
Mesmos autos, vedada a denunciação da lide (facultada a possibilidade de prosseguir-se nos) - Art. 88
Metade do seu valor mínimo (reduzida até a) - Art. 79, p.ú., a
Métodos comerciais coercitivos ou desleais (publicidade enganosa e abusiva,) - Art. 6º, IV
Metrologia (ou outra entidade credenciada pelo Conselho Nacional de) - Art. 39, VIII
Metrologia, Normalização e Qualidade Industrial (Conmetro) (Conselho Nacional de) - Art. 39, VIII
Mil vezes o valor do Bônus do Tesouro Nacional (BTN) (entre cem e duzentas) - Art. 79
Milhões de vezes o valor da Unidade Fiscal de Referência (e não superior a três) - Art. 57, p.ú
Mínimo e ao máximo de dias de duração da pena (correspondente ao) - Art. 77
Mínimo (reduzida até a metade do seu valor) - Art. 79, p.ú., a
Ministério Público competente para fins de adoção de medidas processuais (representar ao) - Art. 106, VI
Ministério Público ou outro legitimado assumirá a titularidade ativa (o) - Art. 112
Ministério Público que ajuíze a competente ação (requerer ao) - Art. 51, § 4º
Ministério Público (o) - Art. 82, I
Ministério Público (poderão intervir, como assistentes do) - Art. 80
Ministério Público, facultada igual iniciativa aos demais legitimados (deverá fazê-lo o) - Art. 114
Ministério Público, se não ajuizar a ação, atuará sempre como fiscal da lei (O) - Art. 92
Ministério Público (Defesa do Consumidor no âmbito do) - Art. 5º, II
Ministérios Públicos da União (§ 5º Admitir-se-á o litisconsórcio facultativo entre os) - Art. 113
Ministérios Públicos da União, do Distrito Federal e dos Estados - Art. 113
MJ, ou órgão federal que venha substituí-lo (da Secretaria Nacional de Direito Econômico) - Art. 106
Modalidade de informação ou comunicação de caráter publicitário (É enganosa qualquer) - Art. 37, § 1º
Modelo diversos (poderá haver substituição por outro de espécie, marca ou) - Art. 18, § 4º
Modelo (a substituição do produto por outro da mesma espécie, marca ou) - Art. 19, III
Modelo, sem os aludidos vícios (por outro da mesma espécie, marca ou) - Art. 19, III
Modificação das cláusulas contratuais que estabeleçam prestações desproporcionais (a) - Art. 6º, V
Modificações do mercado de consumo (estudo constante das) - Art. 4º, VIII
Modificar substancialmente seu conteúdo (sem que o consumidor possa discutir ou) - Art. 54
Modificar unilateralmente (autorizem o fornecedor a) - Art. 51, XIII
Modo a ameaçar seu objeto ou equilíbrio contratual (de tal) - Art. 51, § 1º, II
Modo a dificultar (ou se os respectivos instrumentos forem redigidos de) - Art. 46
Modo a dificultar a compreensão de seu sentido e alcance (de) - Art. 46
Modo a facilitar sua compreensão pelo consumidor (não será inferior ao corpo doze, de) - Art. 54, § 3º
Modo a viabilizar os princípios nos quais se funda a ordem econômica (de) - Art. 4º, III
Modo aprovar o fornecimento, oferta, exposição à venda (permitir ou por qualquer) - Art. 75
Modo de seu fornecimento (o) - Art. 14, § 1º, I

Modo, mesmo por omissão (inteira ou parcialmente falsa, ou, por qualquer outro) - Art. 37, § 1º
Moeda corrente nacional (serão expressos em) - Art. 53, § 3º
Moeda corrente nacional (preço do produto ou serviço em) - Art. 52, I
Momento (Tratando-se de vício oculto, o prazo decadencial inicia-se no) - Art. 26, § 3º
Momento em que ficar evidenciado o defeito (o prazo decadencial inicia-se no) - Art. 26, § 3º
Monetária e juros legais, salvo hipótese de engano justificável (acrescido de correção) - Art. 42, p.ú
Monetariamente atualizada (a restituição imediata da quantia paga,) - Art. 19, IV
Monetariamente atualizada (a restituição imediata da quantia paga,) - Art. 20, II
Monetariamente atualizada (a restituição imediata da quantia paga,) - Art. 18, § 1º, II
Monetariamente atualizada (responderem pela restituição da quantia recebida em excesso,) - Art. 41
Monetariamente atualizada, e a perdas e danos (de quantia eventualmente antecipada,) - Art. 35, III
Monetariamente atualizados (durante o prazo de reflexão, serão devolvidos, de imediato,) - Art. 49, p.ú
Montagem, criação, construção, transformação, importação (atividade de produção,) - Art. 3º
Montagem, fórmulas, manipulação, apresentação (fabricação, construção,) - Art. 12
Montante dos juros de mora e da taxa efetiva anual de juros; - Art. 52, II
Montante não inferior a duzentas (A multa será em) - Art. 57, p.ú
Mora decorrentes do inadimplemento de obrigações no seu termo (As multas de) - Art. 52, § 1º
Mora e da taxa efetiva anual de juros (montante dos juros de) - Art. 52, II
Morais (a efetiva prevenção e reparação de danos patrimoniais e) - Art. 6º, VI
Morais (com vistas à prevenção ou reparação de danos patrimoniais e) - Art. 6º, VII
Morais, individuais, coletivos e difusos (reparação de danos patrimoniais e) - Art. 6º, VI
Moral (Utilizar, na cobrança de dívidas, de ameaça, coação, constrangimento físico ou) - Art. 71
Morte (sem prejuízo das correspondentes à lesão corporal e à) - Art. 65, p.ú
Mostra excessivamente onerosa para o consumidor (se) - Art. 51, § 1º, III
Mostrem inadequados para os fins (São impróprios os serviços que se) - Art. 20, § 2º
Motivar o consumidor através dos diferentes meios de comunicação (informar, conscientizar e) - Art. 106, IV
Motivo (os produtos que, por qualquer) - Art. 18, § 6º, III
Móveis ou imóveis mediante pagamento em prestações (Nos contratos de compra e venda de) - Art. 53
Móvel ou imóvel, material ou imaterial (Produto é qualquer bem,) - Art. 3º, § 1º
Mpv nº 1.890-67, de 22.10.1999 (Dispositivo incluído pela) - Art. 39, XI
Multa (A indenização por perdas e danos se fará sem prejuízo da) - Art. 84, § 2º
Multa diária ao réu, independentemente de pedido do autor (impor) - Art. 84, § 4º
Multa será em montante não inferior a duzentas (A) - Art. 57, p.ú
Multa, graduada de acordo com a gravidade da infração (A pena de) - Art. 57
Multa, o juiz observará o disposto no art. 60, § 1º do Código Penal (Na individualização desta) - Art. 77
Multa, podem ser impostas (Além das penas privativas de liberdade e de) - Art. 78
Multa (Detenção de seis meses a dois anos e) - Art. 64, Pena
Multa (Pena - Detenção de três meses a um ano e) - Art. 66
Multa (Pena Detenção de seis meses a dois anos e) - Art. 63

Multa (Pena Detenção de seis meses a dois anos e) - Art. 65
Multa (Pena Detenção de seis meses a um ano ou) - Art. 72
Multa (Pena Detenção de três meses a um ano e) - Art. 67
Multa (Pena Detenção de três meses a um ano e) - Art. 70
Multa (Pena Detenção de três meses a um ano e) - Art. 71
Multa (Pena Detenção de um a seis meses ou) - Art. 63, § 2º
Multa (Pena Detenção de um a seis meses ou) - Art. 66, § 2º
Multa (Pena Detenção de um a seis meses ou) - Art. 69
Multa (Pena Detenção de um a seis meses ou) - Art. 73
Multa (Pena Detenção de um a seis meses ou) - Art. 74
Multa (Pena - Detenção de seis meses a dois anos e) - Art. 68
Multa; - Art. 56, I
Multas de mora decorrentes do inadimplemento de obrigações no seu termo (As) - Art. 52, § 1º
Municipais (Os órgãos federais, estaduais, do Distrito Federal e) - Art. 55, § 3º
Municipais (os órgãos federais, estaduais, do Distrito Federal e) - Art. 105
Municipais (os valores cabíveis à União, ou para os Fundos estaduais ou) - Art. 57
Municipais de proteção ao consumidor nos demais casos (Fundos estaduais ou) - Art. 57
Municipais e as entidades privadas de defesa do consumidor (do Distrito Federal e) - Art. 105
Municipais (defesa do consumidor pela população e pelos órgãos públicos estaduais e) - Art. 106, IX
Municípios (A União, os Estados, o Distrito Federal e os) - Art. 55, § 1º
Municípios deverão informá-los a respeito (e os) - Art. 10, § 3º
Municípios e o Distrito Federal (a União, os Estados, os) - Art. 82, II
Municípios (entidades da União, do Distrito Federal e) - Art. 106, VIII

N

Nacional (BTN) (entre cem e duzentas mil vezes o valor do Bônus do Tesouro) - Art. 79
Nacional (planejar, elaborar, propor, coordenar e executar a política) - Art. 106, I
Nacional das Relações de Consumo tem por objetivo (A Política) - Art. 4º
Nacional das Relações de Consumo (Para a execução da Política) - Art. 5º
Nacional de Defesa do Consumidor (Do Sistema) - Art. 105
Nacional de Defesa do Consumidor (Para a consecução de seus objetivos, o Departamento) - Art. 106, p.ú
Nacional de Defesa do Consumidor (SNDC) (Integram o Sistema) - Art. 105
Nacional de Defesa do Consumidor (O Departamento) - Art. 106
Nacional de Defesa do Consumidor, cabendo-lhe (coordenação da política do Sistema) - Art. 106
Nacional de Direito Econômico (MJ), ou órgão federal que venha substituí-lo (da Secretaria) - Art. 106
Nacional de Metrologia (ou outra entidade credenciada pelo Conselho) - Art. 39, VIII
Nacional de Metrologia, Normalização e Qualidade Industrial (Conmetro) (Conselho) - Art. 39, VIII
Nacional de Pessoa Jurídica - CNPJ do fornecedor do produto (ou no Cadastro) - Art. 42-A
Nacional de proteção ao consumidor (coordenar e executar a política) - Art. 106, I
Nacional de Relações de Consumo (Da Política) - Art. 4º

Nacional decreta e eu sanciono a seguinte lei (O PRESIDENTE DA REPÚBLICA, faço saber que o Congresso) - Abertura
Nacional ou estrangeira (Fornecedor é toda pessoa física ou jurídica, pública ou privada,) - Art. 3º
Nacional ou estrangeiro (O fabricante, o produtor, o construtor,) - Art. 12
Nacional ou regional (para os danos de âmbito) - Art. 93, II
Nacional, a produção, divulgação distribuição ou venda (em todo o território) - Art. 102
Nacional (serão expressos em moeda corrente) - Art. 53, § 3º
Nacional (preço do produto ou serviço em moeda corrente) - Art. 52, I
Não acarretarão riscos (Os produtos e serviços colocados no mercado de consumo) - Art. 8º
Não ajuizar a ação, atuará sempre como fiscal da lei (O Ministério Público, se) - Art. 92
Não assegure o justo equilíbrio (ou de qualquer forma) - Art. 51, § 4º
Não assegure o justo equilíbrio entre direitos e obrigações das partes. - Art. 51, § 4º
Não atendam as normas regulamentares de prestabilidade (bem como aqueles que) - Art. 20, § 2º
Não beneficiarão os autores das ações individuais, - Art. 104
Não cessar a fabricação (oferta de componentes e peças de reposição enquanto) - Art. 32
Não cessar a fabricação ou importação do produto (enquanto) - Art. 32
Não colocou o produto no mercado (que) - Art. 12, § 3º, I
Não conservar adequadamente os produtos perecíveis. - Art. 13, III
Não contrariar suas disposições (inclusive no que respeita ao inquérito civil, naquilo que) - Art. 90
Não desfigura a natureza de adesão do contrato (A inserção de cláusula no formulário) - Art. 54, § 1º
Não do trânsito em julgado (da qual deverá constar a ocorrência ou) - Art. 98, § 1º
Não duráveis (Os fornecedores de produtos de consumo duráveis ou) - Art. 18
Não duráveis (trinta dias, tratando-se de fornecimento de serviço e de produtos) - Art. 26, I
Não é considerado defeituoso pela adoção de novas técnicas (O serviço) - Art. 14, § 2º
Não é considerado defeituoso pelo fato de outro de melhor qualidade (O produto) - Art. 12, § 2º
Não estiver aferido segundo os padrões oficiais (e o instrumento utilizado) - Art. 19, § 2º
Não excluem outros decorrentes de tratados (Os direitos previstos neste código) - Art. 7º
Não existirem, pela Associação Brasileira de Normas Técnicas (ou, se normas específicas,) - Art. 39, VIII
Não fazer (Na ação que tenha por objeto o cumprimento da obrigação de fazer ou) - Art. 84
Não for oferecida no prazo legal (se a denúncia) - Art. 80
Não for requerida sua suspensão no prazo de trinta dias (se) - Art. 104
Não fornece a segurança (O serviço é defeituoso quando) - Art. 14, § 1º
Não haverá adiantamento de custas (Art. 18. Nas ações de que trata esta lei,) - Art. 116
Não haverá adiantamento de custas (Nas ações coletivas de que trata este código) - Art. 87
Não haverá reincidência até o trânsito em julgado da sentença. - Art. 59, § 3º
Não induzem litispendência para as ações individuais, - Art. 104
Não inferior a duzentas (A multa será em montante) - Art. 57, p.ú
Não invalida o contrato (A nulidade de uma cláusula contratual abusiva) - Art. 51, § 2º
Não lhes for dada a oportunidade de tomar conhecimento prévio de seu conteúdo (se) - Art. 46
Não o contrato (deixem ao fornecedor a opção de concluir ou) - Art. 51, IX
Não o contrato, embora obrigando o consumidor (a opção de concluir ou) - Art. 51, IX
Não o exime de responsabilidade (por inadequação dos produtos e serviços) - Art. 23

Não o fazendo (deverão respeitar os limites oficiais sob pena de) - Art. 41
Não obrigarão os consumidores (Os contratos que regulam as relações de consumo) - Art. 46
Não oferece a segurança (O produto é defeituoso quando) - Art. 12, § 1º
Não oferece a segurança que dele legitimamente se espera, - Art. 12, § 1º
Não pelo fornecedor (A divulgação indicará se a reclamação foi atendida ou) - Art. 44
Não podendo conter informações negativas referentes a período superior a cinco anos. - Art. 43, § 1º
Não podendo ser inferior a sete (ampliação do prazo previsto no parágrafo anterior,) - Art. 18, § 2º
Não podendo ser inferir a sete nem superior a cento e oitenta dias. - Art. 18, § 2º
Não poderá colocar no mercado de consumo produto ou serviço (O fornecedor) - Art. 10
Não poderão ser superiores a dois por cento do valor da prestação. - Art. 52, § 1º
Não prejudicarão as ações de indenização por danos pessoalmente sofridos, - Art. 103, § 3º
Não prejudicarão interesses e direitos individuais dos integrantes da coletividade, - Art. 103, § 1º
Não previstos no orçamento prévio (contratação de serviços de terceiros) - Art. 40, § 3º
Não puderem ser identificados (o fabricante, o construtor, o produtor ou o importador) - Art. 13, I
Não responde por quaisquer ônus ou acréscimos decorrentes (O consumidor) - Art. 40, § 3º
Não se exime de cumprir a convenção o fornecedor que se desligar - Art. 107, § 3º
Não sendo o vício sanado no prazo máximo de trinta dias, - Art. 18, § 1º
Não sendo possível a substituição do bem (e) - Art. 18, § 4º
Não será exposto a ridículo (Na cobrança de débitos, o consumidor inadimplente) - Art. 42
Não será inferior (e com caracteres ostensivos e legíveis, cujo tamanho da fonte) - Art. 54, § 3º
Não será inferior ao corpo doze, de modo a facilitar sua compreensão pelo consumidor. - Art. 54, § 3º
Não será responsabilizado quando provar (O fornecedor de serviços só) - Art. 14, § 3º
Não será responsabilizado quando provar (o produtor ou importador só) - Art. 12, § 3º
Não serão fornecidas, pelos respectivos Sistemas de Proteção ao Crédito, - Art. 43, § 5º
Não solicitada por ele (deverá ser comunicada por escrito ao consumidor, quando) - Art. 43, § 2º
Não substitui o publicado no D.O.U. de 12.9.1990 - Retificado no DOU de 10.1.2007 (Este texto) - Final
Não superior a três milhões de vezes o valor da Unidade Fiscal de Referência (e) - Art. 57, p.ú
Não tiverem intervindo no processo como litisconsortes (os interessados que) - Art. 103, § 2º
Não (equiparam-se aos consumidores todas as pessoas determináveis ou) - Art. 29
Não, expostas às práticas nele previstas (todas as pessoas determináveis ou) - Art. 29
Não (ou de pessoas portadoras de deficiência mental interditadas ou) - Art. 76, IV, b
Naquilo que não contrariar suas disposições (inclusive no que respeita ao inquérito civil,) - Art. 90
Natura (No caso de fornecimento de produtos in) - Art. 18, § 5º
Natureza bancária, financeira (mediante remuneração, inclusive as de) - Art. 3º, § 2º
Natureza civil, penal e das definidas em normas específicas (sem prejuízo das de) - Art. 56
Natureza de adesão do contrato (A inserção de cláusula no formulário não desfigura a) - Art. 54, § 1º
Natureza do contrato (restringe direitos ou obrigações fundamentais inerentes à) - Art. 51, § 1º, II
Natureza dos produtos e serviços ou impliquem renúncia (por vícios de qualquer) - Art. 51, I

Natureza e conteúdo do contrato (considerando-se a) - Art. 51, § 1º, III
Natureza e fruição (considerados normais e previsíveis em decorrência de sua) - Art. 8º
Natureza ilícita do procedimento (dissimular-se a) - Art. 76, III
Natureza indivisível (para efeitos deste código, os transindividuais, de) - Art. 81, p.ú., II
Natureza indivisível de que seja titular grupo, categoria ou classe de pessoas - Art. 81, p.ú., II
Natureza indivisível (para efeitos deste código, os transindividuais, de) - Art. 81, p.ú., I
Natureza (capaz de induzir em erro o consumidor a respeito da) - Art. 37, § 1º
Natureza (É abusiva, dentre outras a publicidade discriminatória de qualquer) - Art. 37, § 2º
Natureza (rotulagem ou mensagem publicitária, respeitadas as variações decorrentes de sua) - Art. 18
Natureza (sempre que, respeitadas as variações decorrentes de sua) - Art. 19
Natureza, característica, qualidade, quantidade (informação relevante sobre a) - Art. 66
Natureza, características, qualidade, quantidade, propriedades (a respeito da) - Art. 37, § 1º
Necessárias e adequadas a seu respeito (a dar as informações) - Art. 8º
Necessárias (poderá o juiz determinar as medidas) - Art. 84, § 5º
Necessárias (baixando as normas que se fizerem) - Art. 55, § 1º
Necessárias (possibilitem a renúncia do direito de indenização por benfeitorias) - Art. 51, XVI
Necessidade (e compatibilização da proteção do consumidor com a) - Art. 4º, III
Necessidade de desenvolvimento econômico e tecnológico (do consumidor com a) - Art. 4º, III
Necessidades dos consumidores, o respeito à sua dignidade (o atendimento das) - Art. 4º
Necessitados (assegurada a proteção Jurídica administrativa e técnica aos) - Art. 6º, VII
Negativa (pelo consumidor perante o fornecedor de produtos e serviços até a resposta) - Art. 26, § 2º, I
Negativa correspondente, que deve ser transmitida de forma inequívoca (até a resposta) - Art. 26, § 2º, I
Negativas referentes a período superior a cinco anos (não podendo conter informações) - Art. 43, § 1º
Negociação das partes (e somente pode ser alterado mediante livre) - Art. 40, § 2º
Negócio jurídico pelo consumidor (imponham representante para concluir ou realizar outro) - Art. 51, VIII
Negócio (podendo o consumidor exigir à sua escolha, o desfazimento do) - Art. 41
Negócio, sem prejuízo de outras sanções cabíveis (o desfazimento do) - Art. 41
Nele previstas (todas as pessoas determináveis ou não, expostas às práticas) - Art. 29
Nem condenação da associação autora, salvo comprovada má-fé, - Art. 87
Nem condenação da associação autora, salvo comprovada má-fé, - Art. 116
Nem será submetido a qualquer tipo de constrangimento ou ameaça. - Art. 42
Nem superior a cento e oitenta dias (não podendo ser inferir a sete) - Art. 18, § 2º
Nociva, além de requisição de força policial (impedimento de atividade) - Art. 84, § 5º
Nocividade (Deixar de comunicar à autoridade competente e aos consumidores a) - Art. 64
Nocividade (produto ou serviço que sabe ou deveria saber apresentar alto grau de) - Art. 10
Nocividade ou periculosidade à saúde ou segurança (alto grau de) - Art. 10
Nocividade ou periculosidade de produtos (Omitir dizeres ou sinais ostensivos sobre a) - Art. 63
Nocividade ou periculosidade (a respeito da sua) - Art. 9º
Nocivo ou perigoso (cujo uso ou consumo regular se revele) - Art. 102
Nocivo ou perigoso à saúde pública e à incolumidade pessoal. - Art. 102
Nocivos à vida ou à saúde, perigosos ou, ainda (corrompidos, fraudados,) - Art. 18, § 6º, II
Nocivos ou perigosos à saúde (O fornecedor de produtos e serviços potencialmente) - Art. 9º

Nocivos ou perigosos, na forma deste artigo (os produtos) - Art. 64, p.ú
Nocivos (fornecimento de produtos e serviços considerados perigosos ou) - Art. 6º, I
Nome do fabricante e endereço na embalagem, publicidade (deve constar o) - Art. 33
Nome próprio e no interesse das vítimas ou seus sucessores (em) - Art. 91
Nome, o endereço e o número de inscrição (deverão constar o) - Art. 42-A
Nomes comerciais (inventos e criações industriais das marcas e) - Art. 4º, VI
Normais (riscos à saúde ou segurança dos consumidores, exceto os considerados) - Art. 8º
Normais e previsíveis em decorrência de sua natureza e fruição (considerados) - Art. 8º
Normalização e Qualidade Industrial (Conmetro) (Conselho Nacional de Metrologia,) - Art. 39, VIII
Normas (manterão comissões permanentes para elaboração, revisão e atualização das) - Art. 55, § 3º
Normas ambientais (infrinjam ou possibilitem a violação de) - Art. 51, XIV
Normas de consumo (todos responderão solidariamente pela reparação dos danos previstos nas) - Art. 7º, p.ú
Normas de defesa do consumidor ficam sujeitas, conforme o caso (As infrações das) - Art. 56
Normas de proteção e defesa do consumidor (O presente código estabelece) - Art. 1º
Normas do Código de Processo Civil (Aplicam-se às ações previstas neste título as) - Art. 90
Normas específicas (com as normas expedidas pelos órgãos oficiais competentes ou, se) - Art. 39, VIII
Normas específicas, não existirem, pela Associação Brasileira de Normas Técnicas (ou, se) - Art. 39, VIII
Normas específicas (sem prejuízo das de natureza civil, penal e das definidas em) - Art. 56
Normas expedidas pelos órgãos oficiais competentes ou, se normas específicas (com as) - Art. 39, VIII
Normas que se fizerem necessárias (baixando as) - Art. 55, § 1º
Normas referidas no § 1º, sendo obrigatória a participação dos consumidores e fornecedores. - Art. 55, § 3º
Normas regulamentares (ou, ainda, aqueles em desacordo com as) - Art. 18, § 6º, II
Normas regulamentares de fabricação, distribuição ou apresentação (desacordo com as) - Art. 18, § 6º, II
Normas regulamentares de prestabilidade (bem como aqueles que não atendam as) - Art. 20, § 2º
Normas relativas à produção, industrialização, distribuição e consumo (baixarão) - Art. 55
Normas Técnicas (ou, se normas específicas, não existirem, pela Associação Brasileira de) - Art. 39, VIII
Normas (serão observadas as seguintes) - Art. 101
Notícia sobre os fatos e a condenação (às expensas do condenado, de) - Art. 78, II
Notificações aos fornecedores (Os órgãos oficiais poderão expedir) - Art. 55, § 4º
Notória especialização técnico-científica (poderá solicitar o concurso de órgãos e entidades de) - Art. 106, p.ú
Nova prova (com idêntico fundamento valendo-se de) - Art. 103, I
Novas técnicas (O serviço não é considerado defeituoso pela adoção de) - Art. 14, § 2º
Noventa dias, tratando-se de fornecimento de serviço e de produtos duráveis. - Art. 26, II
Novo acesso (quaisquer informações que possam impedir ou dificultar) - Art. 43, § 5º
Novo acesso ao crédito junto aos fornecedores (ou dificultar) - Art. 43, § 5º
Novos (empregar componentes de reposição originais adequados e) - Art. 21
Nulas de pleno direito (bem como nas alienações fiduciárias em garantia, consideram-se) - Art. 53
Nulas de pleno direito as cláusulas que estabeleçam a perda total das prestações pagas - Art. 53

Nulas de pleno direito, entre outras (São) - Art. 51
Nulidade de cláusula contratual (a competente ação para ser declarada a) - Art. 51, § 4º
Nulidade de uma cláusula contratual abusiva não invalida o contrato (A) - Art. 51, § 2º
Número compatível (Decorrido o prazo de um ano sem habilitação de interessados em) - Art. 100
Número de inscrição (deverão constar o nome, o endereço e o) - Art. 42-A
Número de inscrição no Cadastro de Pessoas Físicas - CPF - Art. 42-A
Número e periodicidade das prestações; - Art. 52, IV

O

Objetivo (A Política Nacional das Relações de Consumo tem por) - Art. 4º
Objetivo a reparação de qualquer produto (No fornecimento de serviços que tenham por) - Art. 21
Objetivos (Os cadastros e dados de consumidores devem ser) - Art. 43, § 1º
Objetivos, o Departamento Nacional de Defesa do Consumidor (Para a consecução de seus) - Art. 106, p.ú
Objeto estabelecer condições relativas ao preço (relações de consumo que tenham por) - Art. 107
Objeto o cumprimento da obrigação de fazer ou não fazer (Na ação que tenha por) - Art. 84
Objeto ou equilíbrio contratual (de tal modo a ameaçar seu) - Art. 51, § 1º, II
Obra ou de atividade (interdição, total ou parcial, de estabelecimento, de) - Art. 56, X
Obra (tais como busca e apreensão, remoção de coisas e pessoas, desfazimento de) - Art. 84, § 5º
Obriga o fornecedor que a fizer veicular (produtos e serviços oferecidos ou apresentados,) - Art. 30
Obriga os contraentes e somente pode ser alterado (o orçamento) - Art. 40, § 2º
Obrigação (deixar de estipular prazo para o cumprimento de sua) - Art. 39, XII
Obrigação de fazer ou não fazer (Na ação que tenha por objeto o cumprimento da) - Art. 84
Obrigação de indenizar prevista nesta e nas seções anteriores (exonere ou atenue a) - Art. 25
Obrigação de pagamento (equiparam-se às amostras grátis, inexistindo) - Art. 39, p.ú
Obrigação do fornecedor de empregar componentes de reposição (considerar-se-á implícita a) - Art. 21
Obrigação em perdas e danos somente será admissível (A conversão da) - Art. 84, § 1º
Obrigação legal ou contratual (quando violar) - Art. 59, § 1º
Obrigação ou determinará providências (o juiz concederá a tutela específica da) - Art. 84
Obrigação (obriguem o consumidor a ressarcir os custos de cobrança de sua) - Art. 51, XII
Obrigação (se for suficiente ou compatível com a) - Art. 84, § 4º
Obrigação, nos termos da oferta, apresentação ou publicidade (exigir o cumprimento forçado da) - Art. 35, I
Obrigações (As sociedades consorciadas são solidariamente responsáveis pelas) - Art. 28, § 3º
Obrigações consideradas iníquas, abusivas, que coloquem o consumidor (estabeleçam) - Art. 51, IV
Obrigações das partes (não assegure o justo equilíbrio entre direitos e) - Art. 51, § 4º
Obrigações decorrentes deste código (são solidariamente responsáveis pelas) - Art. 28, § 3º
Obrigações decorrentes deste código (são subsidiariamente responsáveis pelas) - Art. 28, § 2º
Obrigações fundamentais inerentes à natureza do contrato (restringe direitos ou) - Art. 51, § 1º, II
Obrigações no seu termo (As multas de mora decorrentes do inadimplemento de) - Art. 52, § 1º

Obrigações referidas (Nos casos de descumprimento, total ou parcial, das) - Art. 22, p.ú
Obrigações referidas neste artigo, serão as pessoas jurídicas compelidas a cumpri-las - Art. 22, p.ú
Obrigado a entregar ao consumidor orçamento prévio discriminando (O fornecedor de serviço será) - Art. 40
Obrigados a fornecer serviços adequados, eficientes, seguros (são) - Art. 22
Obrigando o consumidor (a opção de concluir ou não o contrato, embora) - Art. 51, IX
Obrigando-se os fornecedores, em qualquer hipótese, - Art. 8º
Obrigará os filiados às entidades signatárias (A convenção somente) - Art. 107, § 2º
Obrigarão os consumidores (Os contratos que regulam as relações de consumo não) - Art. 46
Obrigatória a participação dos consumidores e fornecedores (normas referidas no § 1º, sendo) - Art. 55, § 3º
Obrigatória a partir do registro (A convenção tornar-se-á) - Art. 107, § 1º
Obrigatório com este (e dispensado o litisconsórcio) - Art. 101, II
Obriguem o consumidor a ressarcir os custos de cobrança de sua obrigação, - Art. 51, XII
Observadas as seguintes normas (serão) - Art. 101
Observado odisposto nos arts. 44 a 47, do Código Penal (cumulativa ou alternadamente,) - Art. 78
Observará o disposto no art. 60, § 1º do Código Penal (Na individualização desta multa, o juiz) - Art. 77
Obstáculo ao ressarcimento de prejuízos causados aos consumidores. - Art. 28, § 5º
Obstam a decadência: - Art. 26, § 2º
Obtenção do resultado prático correspondente (ou se impossível a tutela específica ou a) - Art. 84, § 1º
Obtenção do resultado prático equivalente (Para a tutela específica ou para a) - Art. 84, § 5º
Ocasião de calamidade (serem cometidos em época de grave crise econômica ou por) - Art. 76, I
Ocasionarem grave dano individual ou coletivo; - Art. 76, II
Ocorrência ou não do trânsito em julgado (da qual deverá constar a) - Art. 98, § 1º
Ocorrer fora do estabelecimento comercial (fornecimento de produtos e serviços) - Art. 49
Ocorrer o dano, quando de âmbito local (no foro do lugar onde ocorreu ou deva) - Art. 93, I
Ocorreu ou deva ocorrer o dano, quando de âmbito local (no foro do lugar onde) - Art. 93, I
Oculto, o prazo decadencial inicia-se no momento (Tratando-se de vício) - Art. 26, § 3º
Odisposto nos arts. 44 a 47, do Código Penal (cumulativa ou alternadamente, observado) - Art. 78
Ofende os princípios fundamentais do sistema jurídico a que pertence; - Art. 51, § 1º, I
Ofensa (Tendo mais de um autor a) - Art. 7º, p.ú
Oferece a segurança (O produto é defeituoso quando não) - Art. 12, § 1º
Oferece a segurança que dele legitimamente se espera (não) - Art. 12, § 1º
Oferecida no prazo legal (se a denúncia não for) - Art. 80
Oferecidos ao consumidor serão gravadas de forma indelével (nos produtos refrigerados) - Art. 31, p.ú
Oferecidos ao consumidor (As informações de que trata este artigo, nos produtos refrigerados) - Art. 31, p.ú
Oferecidos ou apresentados, obriga o fornecedor que a fizer veicular (produtos e serviços) - Art. 30
Oferta (assim como por aqueles decorrentes da disparidade com as indicações constantes da) - Art. 20

Oferta (Da) - Art. 30
Oferta de componentes (Os fabricantes e importadores deverão assegurar a) - Art. 32
Oferta de componentes e peças de reposição enquanto não cessar a fabricação - Art. 32
Oferta deverá ser mantida por período razoável de tempo, na forma da lei (a) - Art. 32, p.ú
Oferta e apresentação de produtos ou serviços devem assegurar informações corretas (A) - Art. 31
Oferta e prestação de serviços (ou manutenção em depósito de produtos ou a) - Art. 75
Oferta ou mensagem publicitária, podendo o consumidor exigir (constantes da) - Art. 20
Oferta ou venda por telefone ou reembolso postal (Em caso de) - Art. 33
Oferta (Se o fornecedor de produtos ou serviços recusar cumprimento à) - Art. 35
Oferta, apresentação ou publicidade (exigir o cumprimento forçado da obrigação, nos termos da) - Art. 35, I
Oferta, exposição à venda (permitir ou por qualquer modo aprovar o fornecimento,) - Art. 75
Oferta (Incorrerá nas mesmas penas quem patrocinar a) - Art. 66, § 1º
Oficiais competentes ou, se normas específicas (com as normas expedidas pelos órgãos) - Art. 39, VIII
Oficiais poderão expedir notificações aos fornecedores (Os órgãos) - Art. 55, § 4º
Oficiais sob pena de não o fazendo (deverão respeitar os limites) - Art. 41
Oficiais (e o instrumento utilizado não estiver aferido segundo os padrões) - Art. 19, § 2º
Oficial (Proposta a ação, será publicado edital no órgão) - Art. 94
Oitenta dias a contar de sua publicação (Este código entrará em vigor dentro de cento e) - Art. 118
Oitenta dias (não podendo ser inferir a sete nem superior a cento e) - Art. 18, § 2º
Omissão (Para os efeitos deste código, a publicidade é enganosa por) - Art. 37, § 3º
Omissão (inteira ou parcialmente falsa, ou, por qualquer outro modo, mesmo por) - Art. 37, § 1º
Omitir dizeres ou sinais ostensivos sobre a nocividade ou periculosidade de produtos, - Art. 63
Omitir informação relevante (Fazer afirmação falsa ou enganosa, ou) - Art. 66
Omnes ou ultra partes (mas os efeitos da coisa julgada erga) - Art. 104
Omnes, apenas no caso de procedência do pedido (erga) - Art. 103, III
Omnes, exceto se o pedido for julgado improcedente por insuficiência de provas (erga) - Art. 103, I
Onde ocorreu ou deva ocorrer o dano, quando de âmbito local (no foro do lugar) - Art. 93, I
Onerosa ao consumidor que a origina (quando a chamada for) - Art. 33, p.ú
Onerosa para o consumidor (se mostra excessivamente) - Art. 51, § 1º, III
Onerosas (revisão em razão de fatos supervenientes que as tornem excessivamente) - Art. 6º, V
Ônus a cargo do consumidor (o prazo e o lugar em que pode ser exercitada e os) - Art. 50, p.ú
Ônus da prova da veracidade e correção da informação ou comunicação (O) - Art. 38
Ônus da prova em prejuízo do consumidor (estabeleçam inversão do) - Art. 51, VI
Ônus da prova, a seu favor (inclusive com a inversão do) - Art. 6º, VIII
Ônus excessivo a qualquer das partes (apesar dos esforços de integração, decorrer) - Art. 51, § 2º
Ônus ou acréscimos decorrentes (O consumidor não responde por quaisquer) - Art. 40, § 3º
Opção de concluir ou não o contrato (deixem ao fornecedor a) - Art. 51, IX
Opção de concluir ou não o contrato, embora obrigando o consumidor (a) - Art. 51, IX
Opção de reembolso da quantia já paga (subtraiam ao consumidor a) - Art. 51, II

Operações que envolvam alimentos, medicamentos (serem praticados em) - Art. 76, V
Operário ou rurícola; de menor de dezoito (em detrimento de) - Art. 76, IV, b
Oportunidade de tomar conhecimento prévio de seu conteúdo (se não lhes for dada a) - Art. 46
Optado pela alternativa do inciso I do § 1º deste artigo (Tendo o consumidor) - Art. 18, § 4º
Optar o autor (será admissível se por elas) - Art. 84, § 1º
Orçado terá validade (Salvo estipulação em contrário, o valor) - Art. 40, § 1º
Orçamento (executar serviços sem a prévia elaboração de) - Art. 39, VI
Orçamento e autorização expressa do consumidor (elaboração e) - Art. 39, VI
Orçamento obriga os contraentes e somente pode ser alterado (o) - Art. 40, § 2º
Orçamento prévio discriminando (O fornecedor de serviço será obrigado a entregar ao consumidor) - Art. 40
Orçamento prévio (contratação de serviços de terceiros não previstos no) - Art. 40, § 3º
Ordem administrativa (levar ao conhecimento dos órgãos competentes as infrações de) - Art. 106, VII
Ordem administrativa que violarem os interesses difusos (infrações de) - Art. 106, VII
Ordem econômica (de modo a viabilizar os princípios nos quais se funda a) - Art. 4º, III
Ordem pública e interesse social, nos termos dos arts. 5º, inciso XXXII (de) - Art. 1º
Ordinária, de regulamentos expedidos (da legislação interna) - Art. 7º
Ordinárias de experiências (quando for ele hipossuficiente, segundo as regras) - Art. 6º, VIII
Organismo de coordenação da política (ou órgão federal que venha substituí-lo é) - Art. 106
Organizar dados fáticos, técnicos e científicos que dão base à publicidade (Deixar de) - Art. 69
Órgão competente (cassação do registro do produto junto ao) - Art. 56, IV
Órgão federal que venha substituí-lo é organismo de coordenação da política (ou) - Art. 106
Órgão federal que venha substituí-lo (da Secretaria Nacional de Direito Econômico (MJ), ou) - Art. 106
Órgão oficial (Proposta a ação, será publicado edital no) - Art. 94
Órgãos competentes as infrações de ordem administrativa (levar ao conhecimento dos) - Art. 106, VII
Órgãos da Administração Pública, direta ou indireta (as entidades e) - Art. 82, III
Órgãos de comunicação de grande circulação ou audiência (a publicação em) - Art. 78, II
Órgãos de defesa do consumidor (pelos meios de comunicação social por parte dos) - Art. 94
Órgãos e entidades da União, Estados (solicitar o concurso de) - Art. 106, VIII
Órgãos e entidades de notória especialização técnico-científica (poderá solicitar o concurso de) - Art. 106, p.ú
Órgãos federais, estaduais, do Distrito Federal e municipais (Os) - Art. 55, § 3º
Órgãos federais, estaduais, do Distrito Federal e municipais (os) - Art. 105
Órgãos judiciários e administrativos (o acesso aos) - Art. 6º, VII
Órgãos oficiais competentes ou, se normas específicas (com as normas expedidas pelos) - Art. 39, VIII
Órgãos oficiais poderão expedir notificações aos fornecedores (Os) - Art. 55, § 4º
Órgãos públicos (entidades de defesa do consumidor pela população e pelos) - Art. 106, IX
Órgãos públicos de defesa do consumidor manterão cadastros atualizados (Os) - Art. 44
Órgãos públicos estaduais e municipais (defesa do consumidor pela população e pelos) - Art. 106, IX
Órgãos públicos legitimados poderão tomar dos interessados (§ 6º Os) - Art. 113
Órgãos públicos, por si ou suas empresas, concessionárias (Os) - Art. 22
Orientação e consulta por qualquer interessado (para) - Art. 44, § 1º
Orientação permanente sobre seus direitos e garantias (prestar aos consumidores) - Art. 106, III

Origem comum (assim entendidos os decorrentes de) - Art. 81, p.ú., III
Origem, entre outros dados (preço, garantia, prazos de validade e) - Art. 31
Origem, preço e quaisquer outros dados sobre produtos e serviços. - Art. 37, § 1º
Origina (quando a chamada for onerosa ao consumidor que a) - Art. 33, p.ú
Originais adequados e novos (empregar componentes de reposição) - Art. 21
Ostensiva e adequada (perigosos à saúde ou segurança deverá informar, de maneira) - Art. 9º
Ostensivas e em língua portuguesa (informações corretas, claras, precisas,) - Art. 31
Ostensivas (mediante recomendações escritas) - Art. 63, § 1º
Ostensivos e legíveis, cujo tamanho da fonte não será inferior (e com caracteres) - Art. 54, § 3º
Ostensivos sobre a nocividade ou periculosidade de produtos (Omitir dizeres ou sinais) - Art. 63
Outorga de crédito (No fornecimento de produtos ou serviços que envolva) - Art. 52
Outorga de crédito ou concessão de financiamento ao consumidor, - Art. 52
Outra ação (hipótese em que qualquer legitimado poderá intentar) - Art. 103, I
Outra entidade credenciada pelo Conselho Nacional de Metrologia (ou) - Art. 39, VIII
Outra forma de empreendimento (permissionárias ou sob qualquer) - Art. 22
Outras a publicidade discriminatória de qualquer natureza (É abusiva, dentre) - Art. 37, § 2º
Outras atividades compatíveis com suas finalidades (desenvolver) - Art. 106, XIII
Outras circunstâncias peculiares ao caso (o interesse das partes e) - Art. 51, § 1º, III
Outras despesas (emolumentos, honorários periciais e quaisquer) - Art. 87
Outras despesas (emolumentos, honorários periciais e quaisquer) - Art. 116
Outras execuções (sem prejuízo do ajuizamento de) - Art. 98
Outras medidas cabíveis em cada caso concreto (sem prejuízo da adoção de) - Art. 9º
Outras práticas abusivas (É vedado ao fornecedor de produtos ou serviços, dentre) - Art. 39
Outras providências (Dispõe sobre a proteção do consumidor e dá) - Abertura
Outras sanções cabíveis (o desfazimento do negócio, sem prejuízo de) - Art. 41
Outras (São nulas de pleno direito, entre) - Art. 51
Outro da mesma espécie (a substituição do produto por) - Art. 18, § 1º, I
Outro da mesma espécie, em perfeitas condições de uso (por) - Art. 18, § 1º, I
Outro da mesma espécie, marca ou modelo (a substituição do produto por) - Art. 19, III
Outro da mesma espécie, marca ou modelo, sem os aludidos vícios (por) - Art. 19, III
Outro de espécie, marca ou modelo diversos (poderá haver substituição por) - Art. 18, § 4º
Outro de melhor qualidade (O produto não é considerado defeituoso pelo fato de) - Art. 12, § 2º
Outro de melhor qualidade ter sido colocado no mercado (pelo fato de) - Art. 12, § 2º
Outro interesse difuso ou coletivo (II turístico e paisagístico, ou a qualquer) - Art. 111
Outro interesse difuso ou coletivo (IV - a qualquer) - Art. 110
Outro legitimado assumirá a titularidade ativa (o Ministério Público ou) - Art. 112
Outro modo, mesmo por omissão (inteira ou parcialmente falsa, ou, por qualquer) - Art. 37, § 1º
Outro negócio jurídico pelo consumidor (imponham representante para concluir ou realizar) - Art. 51, VIII
Outro procedimento (afirmações falsas incorretas ou enganosas ou de qualquer) - Art. 71
Outro procedimento que exponha o consumidor, injustificadamente, a ridículo (qualquer) - Art. 71
Outro produto (condicionar o fornecimento de produto ou de serviço ao fornecimento de) - Art. 39, I
Outro produto ou prestação de serviço equivalente (aceitar) - Art. 35, II

Outro produto ou serviço, bem como, sem justa causa, a limites quantitativos (de) - Art. 39, I
Outros casos, a vontade que (Presume-se exagerada, entre) - Art. 51, § 1º
Outros crimes e contravenções que envolvam relações de consumo (bem como a) - Art. 80
Outros dados sobre produtos e serviços (origem, preço e quaisquer) - Art. 37, § 1º
Outros dados (preço, garantia, prazos de validade e origem, entre) - Art. 31
Outros decorrentes de tratados (Os direitos previstos neste código não excluem) - Art. 7º
Outros produtos ou serviços essenciais (ou quaisquer) - Art. 76, V
Outros programas especiais (incentivar, inclusive com recursos financeiros e) - Art. 106, IX
Outros requisitos, informá-lo prévia e adequadamente sobre (o fornecedor deverá, entre) - Art. 52
Outros (contará o poder público com os seguintes instrumentos, entre) - Art. 5º

P

Padrões adequados de qualidade (pela garantia dos produtos e serviços com) - Art. 4º, II, d
Padrões adequados de qualidade, segurança, durabilidade e desempenho (com) - Art. 4º, II, d
Padrões oficiais (e o instrumento utilizado não estiver aferido segundo os) - Art. 19, § 2º
Padronizado e esclarecer (O termo de garantia ou equivalente deve ser) - Art. 50, p.ú
Paga (subtraiam ao consumidor a opção de reembolso da quantia já) - Art. 51, II
Paga, monetariamente atualizada (a restituição imediata da quantia) - Art. 19, IV
Paga, monetariamente atualizada (a restituição imediata da quantia) - Art. 20, II
Paga, monetariamente atualizada (a restituição imediata da quantia) - Art. 18, § 1º, II
Paga, nos casos previstos neste código (reembolso da quantia já) - Art. 51, II
Pagamento ao prejudicado poderá exercer o direito de regresso (Aquele que efetivar o) - Art. 13, p.ú
Pagamento em prestações (Nos contratos de compra e venda de móveis ou imóveis mediante) - Art. 53
Pagamento (diretamente a quem se disponha a adquiri-los mediante pronto) - Art. 39, IX
Pagamento, bem como as datas de início e término dos serviços (as condições de) - Art. 40
Pagamento (equiparam-se às amostras grátis, inexistindo obrigação de) - Art. 39, p.ú
Pagamento (resultantes do mesmo evento danoso, estas terão preferência no) - Art. 99
Pagar, com e sem financiamento (soma total a) - Art. 52, V
Pagas (nulas de pleno direito as cláusulas que estabeleçam a perda total das prestações) - Art. 53
Pagos, a qualquer título (os valores eventualmente) - Art. 49, p.ú
Pagou em excesso (por valor igual ao dobro do que) - Art. 42, p.ú
Paisagístico, ou a qualquer outro interesse difuso ou coletivo (II turístico e) - Art. 111
Parcelas quitadas (a compensação ou a restituição das) - Art. 53, § 2º
Parcial, das obrigações referidas (Nos casos de descumprimento, total ou) - Art. 22, p.ú
Parcial, de estabelecimento, de obra ou de atividade (interdição, total ou) - Art. 56, X
Parcialmente falsa, ou, por qualquer outro modo, mesmo por omissão (inteira ou) - Art. 37, § 1º
Parcialmente (É assegurado ao consumidor a liquidação antecipada do débito, total ou) - Art. 52, § 2º
Parcialmente, mediante redução proporcional dos juros e demais acréscimos (total ou) - Art. 52, § 2º
Parte contrária (classe de pessoas ligadas entre si ou com a) - Art. 81, p.ú., II
Parte contrária por uma relação jurídica base (entre si ou com a) - Art. 81, p.ú., II

Parte dos órgãos de defesa do consumidor (pelos meios de comunicação social por) - Art. 94
Partes (mas os efeitos da coisa julgada erga omnes ou ultra) - Art. 104
Partes convencionar a redução ou ampliação do prazo (Poderão as) - Art. 18, § 2º
Partes e outras circunstâncias peculiares ao caso (o interesse das) - Art. 51, § 1º, III
Partes viciadas puder comprometer a qualidade (a substituição das) - Art. 18, § 3º
Partes viciadas (podendo o consumidor exigir a substituição das) - Art. 18
Partes, mas limitadamente ao grupo, categoria ou classe (ultra) - Art. 103, II
Partes (apesar dos esforços de integração, decorrer ônus excessivo a qualquer das) - Art. 51, § 2º
Partes (e somente pode ser alterado mediante livre negociação das) - Art. 40, § 2º
Partes (não assegure o justo equilíbrio entre direitos e obrigações das) - Art. 51, § 4º
Partes (ressalvadas as decorrentes de práticas anteriores entre as) - Art. 39, VI
Participação dos consumidores e fornecedores (normas referidas no § 1º, sendo obrigatória a) - Art. 55, § 3º
Participação na causação do evento danoso (contra os demais responsáveis segundo sua) - Art. 13, p.ú
Participantes das relações de consumo (harmonização dos interesses dos) - Art. 4º, III
Particulares, recibos e pré-contratos (As declarações de vontade constantes de escritos) - Art. 48
Partir da entrega efetiva do produto (Inicia-se a contagem do prazo decadencial a) - Art. 26, § 1º
Partir da entrega efetiva do produto ou do término da execução dos serviços (a) - Art. 26, § 1º
Partir do conhecimento do dano e de sua autoria (iniciando-se a contagem do prazo a) - Art. 27
Partir do registro (A convenção tornar-se-á obrigatória a) - Art. 107, § 1º
Partir do registro do instrumento no cartório de títulos e documentos (a) - Art. 107, § 1º
Passa a ter a seguinte redação: - Art. 111
Passa a ter a seguinte redação (O § 3º) - Art. 112
Passa a ter a seguinte redação (O art. 15 da Lei nº 7.347, de 24 de julho de 1985,) - Art. 114
Passando o parágrafo único a constituir o caput, com a seguinte redação: - Art. 115
Patrimoniais e morais (a efetiva prevenção e reparação de danos) - Art. 6º, VI
Patrimoniais e morais (com vistas à prevenção ou reparação de danos) - Art. 6º, VII
Patrimoniais e morais, individuais, coletivos e difusos (reparação de danos) - Art. 6º, VI
Patrimônio artístico, estético, histórico (II ao consumidor, ao) - Art. 111
Patrimônio do devedor ser manifestamente suficiente (salvo na hipótese de o) - Art. 99, p.ú
Patrocina (correção da informação ou comunicação publicitária cabe a quem as) - Art. 38
Patrocinar a oferta (Incorrerá nas mesmas penas quem) - Art. 66, § 1º
Peça incorporada ao produto (Sendo o dano causado por componente ou) - Art. 25, § 2º
Peça ou componentes de reposição usados (Empregar na reparação de produtos,) - Art. 70
Peças de reposição enquanto não cessar a fabricação (oferta de componentes e) - Art. 32
Peculiares ao caso (o interesse das partes e outras circunstâncias) - Art. 51, § 1º, III
Pecuniária prevista nesta Seção será fixada em dias-multa (A pena) - Art. 77
Pedido condenará o réu (Nesta hipótese, a sentença que julgar procedente o) - Art. 101, II
Pedido do autor (impor multa diária ao réu, independentemente de) - Art. 84, § 4º
Pedido for julgado improcedente por insuficiência de provas (erga omnes, exceto se o) - Art. 103, I
Pedido (erga omnes, apenas no caso de procedência do) - Art. 103, III
Pedido (Na hipótese prevista no inciso III, em caso de improcedência do) - Art. 103, § 2º
Pedido, a condenação será genérica (Em caso de procedência do) - Art. 95
Pedido, beneficiarão as vítimas e seus sucessores (mas, se procedente o) - Art. 103, § 3º

Pena - Detenção de seis meses a dois anos e multa: - Art. 68
Pena - Detenção de três meses a um ano e multa. - Art. 66
Pena (correspondente ao mínimo e ao máximo de dias de duração da) - Art. 77
Pena de cassação da concessão será aplicada à concessionária de serviço público (A) - Art. 59, § 1º
Pena de desobediência, prestem informações sobre questões de interesse (para que, sob) - Art. 55, § 4º
Pena de intervenção administrativa será aplicada sempre (A) - Art. 59, § 2º
Pena de multa, graduada de acordo com a gravidade da infração (A) - Art. 57
Pena de não o fazendo (deverão respeitar os limites oficiais sob) - Art. 41
Pena Detenção de seis meses a dois anos e multa. - Art. 63
Pena Detenção de seis meses a dois anos e multa. - Art. 65
Pena Detenção de seis meses a um ano ou multa. - Art. 72
Pena Detenção de três meses a um ano e multa. - Art. 67
Pena Detenção de três meses a um ano e multa. - Art. 70
Pena Detenção de três meses a um ano e multa. - Art. 71
Pena Detenção de um a seis meses ou multa. - Art. 63, § 2º
Pena Detenção de um a seis meses ou multa. - Art. 66, § 2º
Pena Detenção de um a seis meses ou multa. - Art. 69
Pena Detenção de um a seis meses ou multa. - Art. 73
Pena Detenção de um a seis meses ou multa. - Art. 74
Pena pecuniária prevista nesta Seção será fixada em dias-multa (A) - Art. 77
Pena privativa da liberdade cominada ao crime (duração da) - Art. 77
Penais (Das Infrações) - Art. 61
Penais de consumo (especializadas no atendimento de consumidores vítimas de infrações) - Art. 5º, III
Penal atinente aos crimes previstos neste código (No processo) - Art. 80
Penal condenatória (Aplica-se o disposto no parágrafo anterior à sentença) - Art. 103, § 4º
Penal e das definidas em normas específicas (sem prejuízo das de natureza civil,) - Art. 56
Penal e leis especiais (sem prejuízo do disposto no Código) - Art. 61
Penal e leis especiais, as condutas tipificadas nos artigos seguintes (disposto no Código) - Art. 61
Penal subsidiária (aos quais também é facultado propor ação) - Art. 80
Penal (Na individualização desta multa, o juiz observará o disposto no art. 60, § 1º do Código) - Art. 77
Penal (cumulativa ou alternadamente, observado odisposto nos arts. 44 a 47, do Código) - Art. 78
Penalidade administrativa (Pendendo ação judicial na qual se discuta a imposição de) - Art. 59, § 3º
Penas a esses cominadas na medida de sua culpabilidade (incide as) - Art. 75
Penas de apreensão, de inutilização de produtos (As) - Art. 58
Penas de cassação de alvará de licença (As) - Art. 59
Penas deste artigo são aplicáveis (As) - Art. 65, p.ú
Penas privativas de liberdade e de multa, podem ser impostas (Além das) - Art. 78
Penas quem deixar de alertar (Incorrerá nas mesmas) - Art. 63, § 1º
Penas quem deixar de retirar do mercado (Incorrerá nas mesmas) - Art. 64, p.ú
Penas quem patrocinar a oferta (Incorrerá nas mesmas) - Art. 66, § 1º
Pendendo ação judicial na qual se discuta a imposição de penalidade administrativa, - Art. 59, § 3º
Pendentes de decisão de segundo grau (ficará sustada enquanto) - Art. 99, p.ú

Pequenas Causas e Varas Especializadas (criação de Juizados Especiais de) - Art. 5º, IV
Perante o consumidor o fornecedor imediato (será responsável) - Art. 18, § 5º
Perante o fornecedor (a reclamação comprovadamente formulada pelo consumidor) - Art. 26, § 2º, I
Perante o fornecedor de produtos e serviços até a resposta negativa (pelo consumidor) - Art. 26, § 2º, I
Perda total das prestações pagas (nulas de pleno direito as cláusulas que estabeleçam a) - Art. 53
Perdas e danos (sem prejuízo da responsabilidade por) - Art. 115
Perdas e danos se fará sem prejuízo da multa (A indenização por) - Art. 84, § 2º
Perdas e danos somente será admissível (A conversão da obrigação em) - Art. 84, § 1º
Perdas e danos (de quantia eventualmente antecipada, monetariamente atualizada, e a) - Art. 35, III
Perdas e danos (sem prejuízo da responsabilidade por) - Art. 87, p.ú
Perdas e danos (sem prejuízo de eventuais) - Art. 19, IV
Perdas e danos (sem prejuízo de eventuais) - Art. 20, II
Perdas e danos (sem prejuízo de eventuais) - Art. 18, § 1º, II
Perecíveis (não conservar adequadamente os produtos) - Art. 13, III
Perfeitas condições de uso (por outro da mesma espécie, em) - Art. 18, § 1º, I
Periciais e quaisquer outras despesas (emolumentos, honorários) - Art. 87
Periciais e quaisquer outras despesas (emolumentos, honorários) - Art. 116
Periculosidade à saúde ou segurança (alto grau de nocividade ou) - Art. 10
Periculosidade de produtos (Sempre que tiverem conhecimento de) - Art. 10, § 3º
Periculosidade de produtos cujo conhecimento seja posterior à sua colocação no mercado (ou) - Art. 64
Periculosidade de produtos (Omitir dizeres ou sinais ostensivos sobre a nocividade ou) - Art. 63
Periculosidade de produtos, nas embalagens, nos invólucros, recipientes ou publicidade: - Art. 63
Periculosidade do serviço a ser prestado (sobre a) - Art. 63, § 1º
Periculosidade que apresentem (no mercado de consumo, tiver conhecimento da) - Art. 10, § 1º
Periculosidade (a respeito da sua nocividade ou) - Art. 9º
Periculosidade (Executar serviço de alto grau de) - Art. 65
Periculosidade, contrariando determinação de autoridade competente (alto grau de) - Art. 65
Perigosa (induzir o consumidor a se comportar de forma prejudicial ou) - Art. 37, § 2º
Perigosa à sua saúde ou segurança (de forma prejudicial ou) - Art. 37, § 2º
Perigosa a sua saúde ou segurança (a se comportar de forma prejudicial ou) - Art. 68
Perigoso (cujo uso ou consumo regular se revele nocivo ou) - Art. 102
Perigoso à saúde pública e à incolumidade pessoal (nocivo ou) - Art. 102
Perigosos à saúde (O fornecedor de produtos e serviços potencialmente nocivos ou) - Art. 9º
Perigosos à saúde ou segurança deverá informar, de maneira ostensiva e adequada, - Art. 9º
Perigosos ou nocivos (fornecimento de produtos e serviços considerados) - Art. 6º, I
Perigosos ou, ainda (corrompidos, fraudados, nocivos à vida ou à saúde,) - Art. 18, § 6º, II
Perigosos, na forma deste artigo (os produtos nocivos ou) - Art. 64, p.ú
Periodicidade das prestações (número e) - Art. 52, IV
Período razoável de tempo, na forma da lei (a oferta deverá ser mantida por) - Art. 32, p.ú
Período superior a cinco anos (não podendo conter informações negativas referentes a) - Art. 43, § 1º

Permanente sobre seus direitos e garantias (prestar aos consumidores orientação) - Art. 106, III
Permanentes para elaboração, revisão e atualização das normas (manterão comissões) - Art. 55, § 3º
Permissão de uso (de cassação do registro do produto e revogação da concessão ou) - Art. 58
Permissão de uso (revogação de concessão ou) - Art. 56, VIII
Permissionárias ou sob qualquer outra forma de empreendimento, - Art. 22
Permitam ao fornecedor, direta ou indiretamente, variação do preço de maneira unilateral; - Art. 51, X
Permitindo sua imediata e fácil compreensão (deverão ser redigidas com destaque,) - Art. 54, § 4º
Permitir ou por qualquer modo aprovar o fornecimento, oferta, exposição à venda - Art. 75
Personalidade for, de alguma forma (desconsiderada a pessoa jurídica sempre que sua) - Art. 28, § 5º
Personalidade Jurídica (Da Desconsideração da) - Art. 28
Personalidade jurídica da sociedade quando (O juiz poderá desconsiderar a) - Art. 28
Personalidade jurídica, especificamente destinados à defesa dos interesses (ainda que sem) - Art. 82, III
Pertence (ofende os princípios fundamentais do sistema jurídico a que) - Art. 51, § 1º, I
Pesagem ou a medição (O fornecedor imediato será responsável quando fizer a) - Art. 19, § 2º
Peso ou medida (complementação do) - Art. 19, II
Pessoa cuja condição econômico-social (por servidor público, ou por) - Art. 76, IV, a
Pessoa física ou jurídica que adquire ou utiliza produto ou serviço (Consumidor é toda) - Art. 2º
Pessoa física ou jurídica, pública ou privada, nacional ou estrangeira (Fornecedor é toda) - Art. 3º
Pessoa Jurídica - CNPJ do fornecedor do produto (ou no Cadastro Nacional de) - Art. 42-A
Pessoa jurídica (estado de insolvência, encerramento ou inatividade da) - Art. 28
Pessoa jurídica (Também poderá ser desconsiderada a) - Art. 28, § 5º
Pessoa jurídica provocados por má administração (encerramento ou inatividade da) - Art. 28
Pessoa jurídica que promover (bem como o diretor, administrador ou gerente da) - Art. 75
Pessoa jurídica sempre que sua personalidade for, de alguma forma (desconsiderada a) - Art. 28, § 5º
Pessoa jurídica (entre o fornecedor e o consumidor) - Art. 51, I
Pessoais (terá acesso às informações existentes em cadastros, fichas, registros e dados) - Art. 43
Pessoais e de consumo (A abertura de cadastro, ficha, registro e dados) - Art. 43, § 2º
Pessoal dos profissionais liberais (A responsabilidade) - Art. 14, § 4º
Pessoal (nocivo ou perigoso à saúde pública e à incolumidade) - Art. 102
Pessoalmente sofridos (não prejudicarão as ações de indenização por danos) - Art. 103, § 3º
Pessoas (natureza indivisível de que seja titular grupo, categoria ou classe de) - Art. 81, p.ú., II
Pessoas determináveis ou não (equiparam-se aos consumidores todas as) - Art. 29
Pessoas determináveis ou não, expostas às práticas nele previstas (todas as) - Art. 29
Pessoas Físicas - CPF (número de inscrição no Cadastro de) - Art. 42-A
Pessoas indeterminadas (de que sejam titulares) - Art. 81, p.ú., I
Pessoas indeterminadas e ligadas por circunstâncias de fato; - Art. 81, p.ú., I
Pessoas jurídicas compelidas a cumpri-las (obrigações referidas neste artigo, serão as) - Art. 22, p.ú

Pessoas jurídicas de direito público ou privado (por entidades representativas ou) - Art. 106, II
Pessoas ligadas entre si ou com a parte contrária (classe de) - Art. 81, p.ú., II
Pessoas portadoras de deficiência mental (ou maior de sessenta anos ou de) - Art. 76, IV, b
Pessoas portadoras de deficiência mental interditadas ou não (ou de) - Art. 76, IV, b
Pessoas, ainda que indetermináveis (Equipara-se a consumidor a coletividade de) - Art. 2°, p.ú
Pessoas, desfazimento de obra (tais como busca e apreensão, remoção de coisas e) - Art. 84, § 5°
Planejar, elaborar, propor, coordenar e executar a política nacional - Art. 106, I
Pleitear a resolução do contrato e a retomada do produto alienado. - Art. 53
Pleno direito (bem como nas alienações fiduciárias em garantia, consideram-se nulas de) - Art. 53
Pleno direito as cláusulas que estabeleçam a perda total das prestações pagas (nulas de) - Art. 53
Pleno direito, entre outras (São nulas de) - Art. 51
Pode desistir do contrato, no prazo de 7 dias a contar de sua assinatura (O consumidor) - Art. 49
Pode esperar, levando-se em consideração (a segurança que o consumidor dele) - Art. 14, § 1°
Pode o consumidor exigir, alternativamente e à sua escolha: - Art. 18, § 1°
Pode ser alterado (o orçamento obriga os contraentes e somente) - Art. 40, § 2°
Pode ser alterado mediante livre negociação das partes (e somente) - Art. 40, § 2°
Pode ser dispensado pelo juiz (O requisito da pré-constituição) - Art. 82, § 1°
Pode ser exercitada e os ônus a cargo do consumidor (o prazo e o lugar em que) - Art. 50, p.ú
Pode ser proposta no domicílio do autor (a ação) - Art. 101, I
Podem regular, por convenção escrita (ou sindicatos de categoria econômica) - Art. 107
Podem ser impostas (Além das penas privativas de liberdade e de multa,) - Art. 78
Podendo conter informações negativas referentes a período superior a cinco anos (não) - Art. 43, § 1°
Podendo o consumidor exigir à sua escolha, o desfazimento do negócio, - Art. 41
Podendo o consumidor exigir a substituição das partes viciadas. - Art. 18
Podendo o consumidor exigir (constantes da oferta ou mensagem publicitária,) - Art. 20
Podendo o consumidor exigir, alternativamente e à sua escolha: - Art. 19
Podendo o consumidor exigir, alternativamente e à sua escolha: - Art. 20
Podendo ser aplicadas cumulativamente (no âmbito de sua atribuição,) - Art. 56, p.ú
Podendo ser inferior a sete (ampliação do prazo previsto no parágrafo anterior, não) - Art. 18, § 2°
Podendo ser inferir a sete nem superior a cento e oitenta dias (não) - Art. 18, § 2°
Poder público com os seguintes instrumentos, entre outros (contará o) - Art. 5°
Poder Público competente a proibir (propor ação visando compelir o) - Art. 102
Poder, infração da lei (em detrimento do consumidor, houver abuso de direito, excesso de) - Art. 28
Poder, para informação dos legítimos interessados (manterá, em seu) - Art. 36, p.ú
Poderá chamar ao processo o segurador, - Art. 101, II
Poderá colocar no mercado de consumo produto ou serviço (O fornecedor não) - Art. 10
Poderá desconsiderar a personalidade jurídica da sociedade quando (O juiz) - Art. 28
Poderá exercer o direito de regresso (Aquele que efetivar o pagamento ao prejudicado) - Art. 13, p.ú
Poderá exigir sua imediata correção, devendo o arquivista, - Art. 43, § 3°

Poderá fazer uso imediato das alternativas do § 1º deste artigo (O consumidor) - Art. 18, § 3º
Poderá haver substituição por outro de espécie, marca ou modelo diversos, - Art. 18, § 4º
Poderá intentar outra ação (hipótese em que qualquer legitimado) - Art. 103, I
Poderá o juiz determinar as medidas necessárias, - Art. 84, § 5º
Poderá ser ajuizada em processo autônomo (a ação de regresso) - Art. 88
Poderá ser coletiva, sendo promovida pelos legitimados de que trata o art. 82 (A execução) - Art. 98
Poderá ser confiada a terceiros (A reexecução dos serviços) - Art. 20, § 1º
Poderá ser desconsiderada a pessoa jurídica (Também) - Art. 28, § 5º
Poderá ser dispensado pelo juiz (§ 4º O requisito da pré-constituição) - Art. 113
Poderá ser exercida em juízo individualmente, ou a título coletivo. - Art. 81
Poderá ser limitada, em situações justificáveis (a indenização) - Art. 51, I
Poderá ser (Se assim recomendar a situação econômica do indiciado ou réu, a fiança) - Art. 79, p.ú
Poderá solicitar o concurso de órgãos e entidades de notória especialização técnico-científica. - Art. 106, p.ú
Poderá, alternativamente e à sua livre escolha (apresentação ou publicidade, o consumidor) - Art. 35
Poderá, na hipótese do § 3º ou na sentença (O juiz) - Art. 84, § 4º
Poderão as partes convencionar a redução ou ampliação do prazo - Art. 18, § 2º
Poderão expedir notificações aos fornecedores (Os órgãos oficiais) - Art. 55, § 4º
Poderão intervir, como assistentes do Ministério Público, - Art. 80
Poderão os legitimados do art. 82 (com a gravidade do dano,) - Art. 100
Poderão proceder à liquidação e à execução, nos termos dos arts. 96 a 99 (que) - Art. 103, § 3º
Poderão propor ação (Os legitimados a agir na forma deste código) - Art. 102
Poderão propor ação de indenização a título individual (como litisconsortes) - Art. 103, § 2º
Poderão propor (Os legitimados de que trata o art. 82) - Art. 91
Poderão ser promovidas pela vítima (A liquidação e a execução de sentença) - Art. 97
Poderão ser superiores a dois por cento do valor da prestação (não) - Art. 52, § 1º
Poderão tomar dos interessados (§ 6º Os órgãos públicos legitimados) - Art. 113
Polícia especializadas no atendimento (criação de delegacias de) - Art. 5º, III
Polícia judiciária a instauração de inquérito policial (solicitar à) - Art. 106, V
Policial (solicitar à polícia judiciária a instauração de inquérito) - Art. 106, V
Policial para a apreciação de delito contra os consumidores (inquérito) - Art. 106, V
Policial (impedimento de atividade nociva, além de requisição de força) - Art. 84, § 5º
Política (ou órgão federal que venha substituí-lo é organismo de coordenação da) - Art. 106
Política do Sistema Nacional de Defesa do Consumidor, cabendo-lhe (coordenação da) - Art. 106
Política nacional (planejar, elaborar, propor, coordenar e executar a) - Art. 106, I
Política Nacional das Relações de Consumo tem por objetivo (A) - Art. 4º
Política Nacional das Relações de Consumo (Para a execução da) - Art. 5º
Política nacional de proteção ao consumidor (coordenar e executar a) - Art. 106, I
Política Nacional de Relações de Consumo (Da) - Art. 4º
População (a formação de entidades de defesa do consumidor pela) - Art. 106, IX
População e pelos órgãos públicos (entidades de defesa do consumidor pela) - Art. 106, IX
População e pelos órgãos públicos estaduais e municipais (defesa do consumidor pela) - Art. 106, IX
Portadoras de deficiência mental (ou maior de sessenta anos ou de pessoas) - Art. 76, IV, b
Portadoras de deficiência mental interditadas ou não (ou de pessoas) - Art. 76, IV, b
Portuguesa (informações corretas, claras, precisas, ostensivas e em língua) - Art. 31

Possa discutir ou modificar substancialmente seu conteúdo (sem que o consumidor) - Art. 54
Possam causar prejuízos aos consumidores (e signos distintivos, que) - Art. 4º, VI
Possam impedir ou dificultar novo acesso (quaisquer informações que) - Art. 43, § 5º
Possam intervir no processo como litisconsortes (a fim de que os interessados) - Art. 94
Possibilidade de prosseguir-se nos mesmos autos, vedada a denunciação da lide (faculta-da a) - Art. 88
Possibilitem a renúncia do direito de indenização por benfeitorias necessárias. - Art. 51, XVI
Possibilitem a violação de normas ambientais (infrinjam ou) - Art. 51, XIV
Possível a substituição do bem (e não sendo) - Art. 18, § 4º
Postal (Em caso de oferta ou venda por telefone ou reembolso) - Art. 33
Posterior à sua colocação no mercado (ou periculosidade de produtos cujo conhecimento seja) - Art. 64
Posterior ao registro do instrumento (o fornecedor que se desligar da entidade em data) - Art. 107, § 3º
Posteriormente à sua introdução (O fornecedor de produtos e serviços que,) - Art. 10, § 1º
Potencialmente nocivos ou perigosos à saúde (O fornecedor de produtos e serviços) - Art. 9º
Prática das infrações (assegurada ampla defesa, quando o fornecedor reincidir na) - Art. 59
Prática de publicidade enganosa ou abusiva (quando o fornecedor incorrer na) - Art. 60
Praticado pelo consumidor (repassar informação depreciativa, referente a ato) - Art. 39, VII
Praticado pelo consumidor no exercício de seus direitos (referente a ato) - Art. 39, VII
Praticados em operações que envolvam alimentos, medicamentos (serem) - Art. 76, V
Praticados no mercado de consumo (coibição e repressão eficientes de todos os abusos) - Art. 4º, VI
Práticas Abusivas (Das) - Art. 39
Práticas abusivas (É vedado ao fornecedor de produtos ou serviços, dentre outras) - Art. 39
Práticas anteriores entre as partes (ressalvadas as decorrentes de) - Art. 39, VI
Práticas Comerciais (Das) - Art. 29
Práticas e cláusulas abusivas ou impostas (bem como contra) - Art. 6º, IV
Práticas nele previstas (todas as pessoas determináveis ou não, expostas às) - Art. 29
Práticas no fornecimento de produtos (riscos provocados por) - Art. 6º, I
Prático correspondente (ou se impossível a tutela específica ou a obtenção do resultado) - Art. 84, § 1º
Prático equivalente ao do adimplemento (determinará providências que assegurem o resultado) - Art. 84
Prático equivalente (Para a tutela específica ou para a obtenção do resultado) - Art. 84, § 5º
Prazo (Poderão as partes convencionar a redução ou ampliação do) - Art. 18, § 2º
Prazo a partir do conhecimento do dano e de sua autoria (iniciando-se a contagem do) - Art. 27
Prazo de 7 dias a contar de sua assinatura (O consumidor pode desistir do contrato, no) - Art. 49
Prazo de cinco dias úteis, comunicar a alteração (no) - Art. 43, § 3º
Prazo de dez dias, contado de seu recebimento pelo consumidor (terá validade pelo) - Art. 40, § 1º
Prazo de reflexão, serão devolvidos, de imediato, monetariamente atualizados (durante o) - Art. 49, p.ú
Prazo de trinta dias (se não for requerida sua suspensão no) - Art. 104
Prazo de um ano sem habilitação de interessados em número compatível (Decorrido o) - Art. 100
Prazo decadencial a partir da entrega efetiva do produto (Inicia-se a contagem do) - Art. 26, § 1º

Prazo decadencial inicia-se no momento (Tratando-se de vício oculto, o) - Art. 26, § 3º
Prazo decadencial inicia-se no momento em que ficar evidenciado o defeito (o) - Art. 26, § 3º
Prazo deverá ser convencionada em separado (Nos contratos de adesão, a cláusula de) - Art. 18, § 2º
Prazo e o lugar em que pode ser exercitada e os ônus a cargo do consumidor (o) - Art. 50, p.ú
Prazo legal (se a denúncia não for oferecida no) - Art. 80
Prazo máximo de trinta dias (Não sendo o vício sanado no) - Art. 18, § 1º
Prazo para o cumprimento de sua obrigação (deixar de estipular) - Art. 39, XII
Prazo previsto no parágrafo anterior, não podendo ser inferior a sete (ampliação do) - Art. 18, § 2º
Prazo razoável para o cumprimento do preceito (fixando) - Art. 84, § 4º
Prazos de validade e origem, entre outros dados (preço, garantia,) - Art. 31
Prazos de validade estejam vencidos (os produtos cujos) - Art. 18, § 6º, I
Preceito (fixando prazo razoável para o cumprimento do) - Art. 84, § 4º
Precisa (Toda informação ou publicidade, suficientemente) - Art. 30
Precisas, ostensivas e em língua portuguesa (informações corretas, claras,) - Art. 31
Preço de maneira unilateral (permitam ao fornecedor, direta ou indiretamente, variação do) - Art. 51, X
Preço de produtos ou serviços (elevar sem justa causa o) - Art. 39, X
Preço do produto ou serviço em moeda corrente nacional; - Art. 52, I
Preço e quaisquer outros dados sobre produtos e serviços (origem,) - Art. 37, § 1º
Preço ou garantia de produtos ou serviços (segurança, desempenho, durabilidade,) - Art. 66
Preço (mediante complementação ou restituição de eventual diferença de) - Art. 18, § 4º
Preço (relações de consumo que tenham por objeto estabelecer condições relativas ao) - Art. 107
Preço, à qualidade, à quantidade, à garantia (relativas ao) - Art. 107
Preço, bem como sobre os riscos que apresentem (composição, qualidade e) - Art. 6º, III
Preço, garantia (sobre suas características, qualidades, quantidade, composição,) - Art. 31
Preço, garantia, prazos de validade e origem, entre outros dados, - Art. 31
Preço (o abatimento proporcional do) - Art. 18, § 1º, III
Preço (o abatimento proporcional do) - Art. 20, III
Preço (o abatimento proporcional do) - Art. 19, I
Pré-constituição pode ser dispensado pelo juiz (O requisito da) - Art. 82, § 1º
Pré-constituição poderá ser dispensado pelo juiz (§ 4º O requisito da) - Art. 113
Pré-contratos (As declarações de vontade constantes de escritos particulares, recibos e) - Art. 48
Preços, abastecimento (bem como auxiliar a fiscalização de) - Art. 106, VIII
Preços, abastecimento, quantidade e segurança de bens e serviços (fiscalização de) - Art. 106, VIII
Preços, os fornecedores deverão respeitar (ao regime de controle ou de tabelamento de) - Art. 41
Preenchido (Deixar de entregar ao consumidor o termo de garantia adequadamente) - Art. 74
Preenchido e com especificação clara de seu conteúdo (adequadamente) - Art. 74
Preenchido pelo fornecedor (devendo ser-lhe entregue, devidamente) - Art. 50, p.ú
Preferência no pagamento (resultantes do mesmo evento danoso, estas terão) - Art. 99
Preferencialmente no mesmo veículo, local, espaço e horário (e,) - Art. 60, § 1º
Prejudicado poderá exercer o direito de regresso (Aquele que efetivar o pagamento ao) - Art. 13, p.ú
Prejudicarão as ações de indenização por danos pessoalmente sofridos (não) - Art. 103, § 3º

Prejudicarão interesses e direitos individuais dos integrantes da coletividade (não) - Art. 103, § 1º
Prejudicial ou perigosa (induzir o consumidor a se comportar de forma) - Art. 37, § 2º
Prejudicial ou perigosa à sua saúde ou segurança (de forma) - Art. 37, § 2º
Prejudicial ou perigosa a sua saúde ou segurança (a se comportar de forma) - Art. 68
Prejuízo da adoção de outras medidas cabíveis em cada caso concreto (sem) - Art. 9º
Prejuízo da multa (A indenização por perdas e danos se fará sem) - Art. 84, § 2º
Prejuízo da responsabilidade por perdas e danos (sem) - Art. 115
Prejuízo da responsabilidade por perdas e danos (sem) - Art. 87, p.ú
Prejuízo das correspondentes à lesão corporal e à morte (sem) - Art. 65, p.ú
Prejuízo das de natureza civil, penal e das definidas em normas específicas (sem) - Art. 56
Prejuízo de ampla divulgação pelos meios de comunicação social (sem) - Art. 94
Prejuízo de eventuais perdas e danos (sem) - Art. 19, IV
Prejuízo de eventuais perdas e danos (sem) - Art. 20, II
Prejuízo de eventuais perdas e danos (sem) - Art. 18, § 1º, II
Prejuízo de outras sanções cabíveis (o desfazimento do negócio, sem) - Art. 41
Prejuízo do ajuizamento de outras execuções (sem) - Art. 98
Prejuízo do consumidor (estabeleçam inversão do ônus da prova em) - Art. 51, VI
Prejuízo do disposto no art. 86 (O consumidor, sem) - Art. 43
Prejuízo do disposto no Código Penal e leis especiais (sem) - Art. 61
Prejuízo do disposto nos Capítulos I e II deste título (sem) - Art. 101
Prejuízo do disposto nos incisos II e III do § 1º deste artigo (sem) - Art. 18, § 4º
Prejuízos aos consumidores (e signos distintivos, que possam causar) - Art. 4º, VI
Prejuízos causados aos consumidores (obstáculo ao ressarcimento de) - Art. 28, § 5º
Prejuízos individuais resultantes do mesmo evento danoso (e de indenizações pelos) - Art. 99
Prejuízos que o desistente (vantagem econômica auferida com a fruição, os) - Art. 53, § 2º
Prejuízos que o desistente ou inadimplente causar ao grupo (os) - Art. 53, § 2º
Prepostos ou representantes autônomos (solidariamente responsável pelos atos de seus) - Art. 34
Prescreve em cinco anos a pretensão à reparação pelos danos causados por fato do produto - Art. 27
Prescrição (Da Decadência e da) - Art. 26
Prescrição relativa à cobrança de débitos do consumidor (Consumada a) - Art. 43, § 5º
Presença do Estado no mercado de consumo (pela) - Art. 4º, II, c
Presente código estabelece normas de proteção e defesa do consumidor (O) - Art. 1º
Preservação da vida, da saúde, da segurança, da informação (no interesse da) - Art. 55, § 1º
Presidente DA REPÚBLICA, faço saber que o Congresso Nacional decreta e eu sanciono a seguinte lei (O) - Abertura
Presidir o inquérito (será fixado pelo juiz, ou pela autoridade que) - Art. 79
Prestabilidade (bem como aqueles que não atendam as normas regulamentares de) - Art. 20, § 2º
Prestação de serviço equivalente (aceitar outro produto ou) - Art. 35, II
Prestação de serviços (ou manutenção em depósito de produtos ou a oferta e) - Art. 75
Prestação de serviços à comunidade (a) - Art. 78, III
Prestação de serviços nas condições por ele proibidas (e) - Art. 75
Prestação de serviços (recusar a venda de bens ou a) - Art. 39, IX
Prestação de serviços (exportação, distribuição ou comercialização de produtos ou) - Art. 3º
Prestação desproporcionais ou sua revisão em razão de fatos supervenientes - Art. 6º, V
Prestação dos serviços públicos em geral (a adequada e eficaz) - Art. 6º, X

Prestação dos serviços (danos causados aos consumidores por defeitos relativos à) - Art. 14
Prestação (não poderão ser superiores a dois por cento do valor da) - Art. 52, § 1º
Prestações desproporcionais (a modificação das cláusulas contratuais que estabeleçam) - Art. 6º, V
Prestações pagas (nulas de pleno direito as cláusulas que estabeleçam a perda total das) - Art. 53
Prestações (Nos contratos de compra e venda de móveis ou imóveis mediante pagamento em) - Art. 53
Prestações (número e periodicidade das) - Art. 52, IV
Prestado o serviço, o defeito inexiste (que, tendo) - Art. 14, § 3º, I
Prestado (sobre a periculosidade do serviço a ser) - Art. 63, § 1º
Prestados e os produtos remetidos ou entregues ao consumidor (Os serviços) - Art. 39, p.ú
Prestar aos consumidores orientação permanente sobre seus direitos e garantias; - Art. 106, III
Prestar as informações a que se refere este artigo (ao fabricante cabe) - Art. 8º, p.ú
Prestem informações sobre questões de interesse (para que, sob pena de desobediência,) - Art. 55, § 4º
Presume-se exagerada, entre outros casos, a vontade que: - Art. 51, § 1º
Pretensão à reparação pelos danos causados por fato do produto (Prescreve em cinco anos a) - Art. 27
Prevalecer-se da fraqueza ou ignorância do consumidor, - Art. 39, IV
Prevenção e da Reparação dos Danos (Da Qualidade de Produtos e Serviços, da) - Art. 8º
Prevenção e reparação de danos patrimoniais e morais (a efetiva) - Art. 6º, VI
Prevenção ou reparação de danos patrimoniais e morais (com vistas à) - Art. 6º, VII
Prévia e adequadamente sobre (o fornecedor deverá, entre outros requisitos, informá-lo) - Art. 52
Prévia elaboração de orçamento (executar serviços sem a) - Art. 39, VI
Prévia (enviar ou entregar ao consumidor, sem solicitação) - Art. 39, III
Prévia, citado o réu (tutela liminarmente ou após justificação) - Art. 84, § 3º
Prévia, qualquer produto, ou fornecer qualquer serviço (sem solicitação) - Art. 39, III
Prévio de seu conteúdo (se não lhes for dada a oportunidade de tomar conhecimento) - Art. 46
Prévio discriminando (O fornecedor de serviço será obrigado a entregar ao consumidor orçamento) - Art. 40
Prévio (contratação de serviços de terceiros não previstos no orçamento) - Art. 40, § 3º
Previsíveis em decorrência de sua natureza e fruição (considerados normais e) - Art. 8º
Prevista na Lei n.º 7.347 (Em caso de concurso de créditos decorrentes de condenação) - Art. 99
Prevista na Lei nº 7.347, de 24 de julho de 1985 (condenação) - Art. 99
Prevista na Seção II deste Capítulo (causados por fato do produto ou do serviço) - Art. 27
Prevista nesta e nas seções anteriores (exonere ou atenue a obrigação de indenizar) - Art. 25
Prevista nesta e nas seções anteriores (todos responderão solidariamente pela reparação) - Art. 25, § 1º
Prevista nesta Seção será fixada em dias-multa (A pena pecuniária) - Art. 77
Prevista neste código (propostas individualmente ou na forma) - Art. 103, § 3º
Prevista neste código (cumpri-las e a reparar os danos causados, na forma) - Art. 22, p.ú
Prevista no inciso II do parágrafo único do art. 81 (quando se tratar da hipótese) - Art. 103, II
Prevista no inciso III, em caso de improcedência do pedido (Na hipótese) - Art. 103, § 2º
Prevista no inciso III, equiparam-se às amostras grátis (na hipótese) - Art. 39, p.ú

Previstas neste artigo serão aplicadas pela autoridade administrativa (As sanções) - Art. 56, p.ú
Previstas neste código e na legislação de consumo (infrações de maior gravidade) - Art. 59
Previstas neste código (Constituem crimes contra as relações de consumo) - Art. 61
Previstas neste título as normas do Código de Processo Civil (Aplicam-se às ações) - Art. 90
Previstas nos arts. 91 e seguintes (nas ações) - Art. 82, § 1°
Previstas nos incisos I e II e do parágrafo único do art. 81 (As ações coletivas,) - Art. 104
Previstas (todas as pessoas determináveis ou não, expostas às práticas nele) - Art. 29
Previsto neste artigo (Se o consumidor exercitar o direito de arrependimento) - Art. 49, p.ú
Previsto no parágrafo anterior, não podendo ser inferior a sete (ampliação do prazo) - Art. 18, § 2°
Previstos nas normas de consumo (todos responderão solidariamente pela reparação dos danos) - Art. 7°, p.ú
Previstos neste código não excluem outros decorrentes de tratados (Os direitos) - Art. 7°
Previstos neste código (No processo penal atinente aos crimes) - Art. 80
Previstos neste código (reembolso da quantia já paga, nos casos) - Art. 51, II
Previstos no orçamento prévio (contratação de serviços de terceiros não) - Art. 40, § 3°
Previstos nos incisos I e II (Os efeitos da coisa julgada) - Art. 103, § 1°
Previstos (acréscimos legalmente) - Art. 52, III
Princípios fundamentais do sistema jurídico a que pertence (ofende os) - Art. 51, § 1°, I
Princípios gerais do direito, analogia, costumes e eqüidade (bem como dos que derivem dos) - Art. 7°
Princípios nos quais se funda a ordem econômica (de modo a viabilizar os) - Art. 4°, III
Princípios (e harmonia das relações de consumo, atendidos os seguintes) - Art. 4°
Privada, nacional ou estrangeira (Fornecedor é toda pessoa física ou jurídica, pública ou) - Art. 3°
Privadas de defesa do consumidor (do Distrito Federal e municipais e as entidades) - Art. 105
Privado (por entidades representativas ou pessoas jurídicas de direito público ou) - Art. 106, II
Privativa da liberdade cominada ao crime (duração da pena) - Art. 77
Privativas de liberdade e de multa, podem ser impostas (Além das penas) - Art. 78
Procedência do pedido (erga omnes, apenas no caso de) - Art. 103, III
Procedência do pedido, a condenação será genérica (Em caso de) - Art. 95
Procedente o pedido condenará o réu (Nesta hipótese, a sentença que julgar) - Art. 101, II
Procedente o pedido, beneficiarão as vítimas e seus sucessores (mas, se) - Art. 103, § 3°
Proceder à liquidação e à execução, nos termos dos arts. 96 a 99 (que poderão) - Art. 103, § 3°
Procedimento (afirmações falsas incorretas ou enganosas ou de qualquer outro) - Art. 71
Procedimento administrativo (bem como a de intervenção administrativa, serão aplicadas mediante) - Art. 59
Procedimento administrativo (serão aplicadas pela administração, mediante) - Art. 58
Procedimento administrativo, revertendo para o Fundo (será aplicada mediante) - Art. 57
Procedimento administrativo (inclusive por medida cautelar, antecedente ou incidente de) - Art. 56, p.ú
Procedimento que exponha o consumidor, injustificadamente, a ridículo (qualquer outro) - Art. 71
Procedimento (dissimular-se a natureza ilícita do) - Art. 76, III
Processo autônomo (a ação de regresso poderá ser ajuizada em) - Art. 88
Processo Civil (Aplicam-se às ações previstas neste título as normas do Código de) - Art. 90
Processo Civil aos casos de competência concorrente (aplicando-se as regras do Código de) - Art. 93, II

Processo civil, quando, a critério do juiz (no) - Art. 6°, VIII
Processo Civil (art. 287, do Código de) - Art. 84, § 2°
Processo Civil (nos termos do art. 80 do Código de) - Art. 101, II
Processo como litisconsortes (os interessados que não tiverem intervindo no) - Art. 103, § 2°
Processo como litisconsortes (a fim de que os interessados possam intervir no) - Art. 94
Processo o segurador (poderá chamar ao) - Art. 101, II
Processo penal atinente aos crimes previstos neste código (No) - Art. 80
Processuais (representar ao Ministério Público competente para fins de adoção de medidas) - Art. 106, VI
Processuais (em honorários de advogado, custas e despesas) - Art. 116
Processuais no âmbito de suas atribuições (para fins de adoção de medidas) - Art. 106, VI
Processuais (em honorários de advogados, custas e despesas) - Art. 87
Produção ou importação (Cessadas a) - Art. 32, p.ú
Produção (bem como os entes despersonalizados, que desenvolvem atividade de) - Art. 3°
Produção, divulgação distribuição ou venda (em todo o território nacional, a) - Art. 102
Produção, industrialização, distribuição e consumo (baixarão normas relativas à) - Art. 55
Produção, industrialização, distribuição e consumo de produtos e serviços. - Art. 55
Produção, industrialização, distribuição, a publicidade (fiscalizarão e controlarão a) - Art. 55, § 1°
Produção, montagem, criação, construção, transformação, importação (atividade de) - Art. 3°
Produto (condicionar o fornecimento de produto ou de serviço ao fornecimento de outro) - Art. 39, I
Produto (Inicia-se a contagem do prazo decadencial a partir da entrega efetiva do) - Art. 26, § 1°
Produto (No fornecimento de serviços que tenham por objetivo a reparação de qualquer) - Art. 21
Produto (Os fornecedores respondem solidariamente pelos vícios de quantidade do) - Art. 19
Produto (ou no Cadastro Nacional de Pessoa Jurídica - CNPJ do fornecedor do) - Art. 42-A
Produto (Prescreve em cinco anos a pretensão à reparação pelos danos causados por fato do) - Art. 27
Produto (Sendo o dano causado por componente ou peça incorporada ao) - Art. 25, § 2°
Produto alienado (pleitear a resolução do contrato e a retomada do) - Art. 53
Produto da indenização devida reverterá para o fundo criado (O) - Art. 100, p.ú
Produto é defeituoso quando não oferece a segurança (O) - Art. 12, § 1°
Produto e do Serviço (Da Responsabilidade pelo Fato do) - Art. 12
Produto e do Serviço (Da Responsabilidade por Vício do) - Art. 18
Produto é qualquer bem, móvel ou imóvel, material ou imaterial. - Art. 3°, § 1°
Produto e revogação da concessão ou permissão de uso (de cassação do registro do) - Art. 58
Produto em linguagem didática, com ilustrações (manual de instrução, de instalação e uso do) - Art. 50, p.ú
Produto essencial (diminuindo-lhe o valor ou se tratar de) - Art. 18, § 3°
Produto for fornecido sem identificação clara do seu fabricante (o) - Art. 13, II
Produto industrial (Em se tratando de) - Art. 8°, p.ú
Produto junto ao órgão competente (cassação do registro do) - Art. 56, IV
Produto não é considerado defeituoso pelo fato de outro de melhor qualidade (O) - Art. 12, § 2°
Produto no mercado, o defeito inexiste (que, embora haja colocado o) - Art. 12, § 3°, II

Produto no mercado (que não colocou o) - Art. 12, § 3º, I
Produto ou de serviço ao fornecimento de outro produto (condicionar o fornecimento de) - Art. 39, I
Produto ou do serviço prevista na Seção II deste Capítulo (causados por fato do) - Art. 27
Produto ou do término da execução dos serviços (a partir da entrega efetiva do) - Art. 26, § 1º
Produto ou prestação de serviço equivalente (aceitar outro) - Art. 35, II
Produto ou serviço (Consumidor é toda pessoa física ou jurídica que adquire ou utiliza) - Art. 2º
Produto ou serviço (O fornecedor não poderá colocar no mercado de consumo) - Art. 10
Produto ou serviço como destinatário final (que adquire ou utiliza) - Art. 2º
Produto ou serviço correspondente (CNPJ do fornecedor do) - Art. 42-A
Produto ou serviço é solidariamente responsável (O fornecedor do) - Art. 34
Produto ou serviço em desacordo (colocar, no mercado de consumo, qualquer) - Art. 39, VIII
Produto ou serviço em moeda corrente nacional (preço do) - Art. 52, I
Produto ou serviço independe de termo expresso (A garantia legal de adequação do) - Art. 24
Produto ou serviço que sabe ou deveria saber apresentar alto grau de nocividade - Art. 10
Produto ou serviço (de proibição de fabricação de produtos, de suspensão do fornecimento de) - Art. 58
Produto ou serviço, bem como, sem justa causa, a limites quantitativos (de outro) - Art. 39, I
Produto ou serviço, são responsáveis solidários seu fabricante (incorporada ao) - Art. 25, § 2º
Produto ou serviço, sempre que a contratação de fornecimento (ou do ato de recebimento do) - Art. 49
Produto ou serviço (às expensas do fornecedor do) - Art. 10, § 2º
Produto ou serviço (quando deixar de informar sobre dado essencial do) - Art. 37, § 3º
Produto ou serviço (vícios de quantidade ou de qualidade por inadequação ou insegurança do) - Art. 58
Produto por outro da mesma espécie (a substituição do) - Art. 18, § 1º, I
Produto por outro da mesma espécie, marca ou modelo (a substituição do) - Art. 19, III
Produto (ou a determinar a alteração na composição, estrutura, fórmula ou acondicionamento de) - Art. 102
Produto, diminuir-lhe o valor (comprometer a qualidade ou características do) - Art. 18, § 3º
Produto, ou fornecer qualquer serviço (sem solicitação prévia, qualquer) - Art. 39, III
Produto (através de impressos apropriados que devam acompanhar o) - Art. 8º, p.ú
Produto (enquanto não cessar a fabricação ou importação do) - Art. 32
Produto (apreensão do) - Art. 56, II
Produto (inutilização do) - Art. 56, III
Produto (proibição de fabricação do) - Art. 56, V
Produtor ou importador (O fabricante, o construtor, o) - Art. 12, § 3º
Produtor ou importador só não será responsabilizado quando provar (o) - Art. 12, § 3º
Produtor ou o importador não puderem ser identificados (o fabricante, o construtor, o) - Art. 13, I
Produtor, construtor ou importador (identificação clara do seu fabricante,) - Art. 13, II
Produtor, o construtor, nacional ou estrangeiro (O fabricante, o) - Art. 12
Produtor (o fornecedor imediato, exceto quando identificado claramente seu) - Art. 18, § 5º
Produtos (riscos provocados por práticas no fornecimento de) - Art. 6º, I
Produtos (Sempre que tiverem conhecimento de periculosidade de) - Art. 10, § 3º
Produtos cujo conhecimento seja posterior à sua colocação no mercado (ou periculosidade de) - Art. 64

Produtos cujos prazos de validade estejam vencidos (os) - Art. 18, § 6º, I
Produtos de consumo duráveis ou não duráveis (Os fornecedores de) - Art. 18
Produtos deteriorados, alterados, adulterados, avariados, falsificados (os) - Art. 18, § 6º, II
Produtos duráveis (Nos contratos do sistema de consórcio de) - Art. 53, § 2º
Produtos duráveis (noventa dias, tratando-se de fornecimento de serviço e de) - Art. 26, II
Produtos e Serviços (Das Ações de Responsabilidade do Fornecedor de) - Art. 101
Produtos e serviços (veiculada por qualquer forma ou meio de comunicação com relação a) - Art. 30
Produtos e serviços até a resposta negativa (pelo consumidor perante o fornecedor de) - Art. 26, § 2º, I
Produtos e serviços colocados no mercado de consumo não acarretarão riscos (Os) - Art. 8º
Produtos e serviços com padrões adequados de qualidade (pela garantia dos) - Art. 4º, II, d
Produtos e serviços considerados perigosos ou nocivos (fornecimento de) - Art. 6º, I
Produtos e serviços e o mercado de consumo (a publicidade de) - Art. 55, § 1º
Produtos e serviços não o exime de responsabilidade (por inadequação dos) - Art. 23
Produtos e serviços ocorrer fora do estabelecimento comercial (fornecimento de) - Art. 49
Produtos e serviços oferecidos ou apresentados, obriga o fornecedor que a fizer veicular - Art. 30
Produtos e serviços ou impliquem renúncia (por vícios de qualquer natureza dos) - Art. 51, I
Produtos e serviços potencialmente nocivos ou perigosos à saúde (O fornecedor de) - Art. 9º
Produtos e serviços que, posteriormente à sua introdução (O fornecedor de) - Art. 10, § 1º
Produtos e serviços que (as cláusulas contratuais relativas ao fornecimento de) - Art. 51
Produtos e serviços (a educação e divulgação sobre o consumo adequado dos) - Art. 6º, II
Produtos e serviços (à garantia e características de) - Art. 107
Produtos e serviços (a informação adequada e clara sobre os diferentes) - Art. 6º, III
Produtos e serviços (cadastros atualizados de reclamações fundamentadas contra fornecedores de) - Art. 44
Produtos e serviços (meios eficientes de controle de qualidade e segurança de) - Art. 4º, V
Produtos e serviços (Na ação de responsabilidade civil do fornecedor de) - Art. 101
Produtos e Serviços, da Prevenção e da Reparação dos Danos (Da Qualidade de) - Art. 8º
Produtos e serviços, devendo divulgá-lo pública e anualmente (contra fornecedores de) - Art. 44
Produtos e serviços (origem, preço e quaisquer outros dados sobre) - Art. 37, § 1º
Produtos e serviços (produção, industrialização, distribuição e consumo de) - Art. 55
Produtos e serviços (cláusulas abusivas ou impostas no fornecimento de) - Art. 6º, IV
Produtos in natura (No caso de fornecimento de) - Art. 18, § 5º
Produtos não duráveis (trinta dias, tratando-se de fornecimento de serviço e de) - Art. 26, I
Produtos nocivos ou perigosos, na forma deste artigo (os) - Art. 64, p.ú
Produtos ou a oferta e prestação de serviços (ou manutenção em depósito de) - Art. 75
Produtos ou de serviços sujeitos ao regime de controle (No caso de fornecimento de) - Art. 41
Produtos ou prestação de serviços (exportação, distribuição ou comercialização de) - Art. 3º
Produtos ou serviço (suspensão de fornecimento de) - Art. 56, VI
Produtos ou serviços devem assegurar informações corretas (A oferta e apresentação de) - Art. 31
Produtos ou serviços essenciais (ou quaisquer outros) - Art. 76, V
Produtos ou serviços que envolva outorga de crédito (No fornecimento de) - Art. 52
Produtos ou serviços recusar cumprimento à oferta (Se o fornecedor de) - Art. 35
Produtos ou serviços (O fornecedor, na publicidade de seus) - Art. 36, p.ú

Produtos ou serviços (ou estabelecidas unilateralmente pelo fornecedor de) - Art. 54
Produtos ou serviços, dentre outras práticas abusivas (É vedado ao fornecedor de) - Art. 39
Produtos ou serviços (elevar sem justa causa o preço de) - Art. 39, X
Produtos ou serviços (segurança, desempenho, durabilidade, preço ou garantia de) - Art. 66
Produtos ou serviços (conhecimento ou condição social para impingir-lhe seus) - Art. 39, IV
Produtos perecíveis (não conservar adequadamente os) - Art. 13, III
Produtos que, por qualquer motivo (os) - Art. 18, § 6º, III
Produtos refrigerados oferecidos ao consumidor serão gravadas de forma indelével (nos) - Art. 31, p.ú
Produtos refrigerados oferecidos ao consumidor (As informações de que trata este artigo, nos) - Art. 31, p.ú
Produtos remetidos ou entregues ao consumidor (Os serviços prestados e os) - Art. 39, p.ú
Produtos (As penas de apreensão, de inutilização de) - Art. 58
Produtos (manipulação, apresentação ou acondicionamento de seus) - Art. 12
Produtos (Omitir dizeres ou sinais ostensivos sobre a nocividade ou periculosidade de) - Art. 63
Produtos, de suspensão do fornecimento de produto ou serviço (de proibição de fabricação de) - Art. 58
Produtos, nas embalagens, nos invólucros, recipientes ou publicidade (periculosidade de) - Art. 63
Produtos, peça ou componentes de reposição usados (Empregar na reparação de) - Art. 70
Profissionais liberais (A responsabilidade pessoal dos) - Art. 14, § 4º
Programas especiais (incentivar, inclusive com recursos financeiros e outros) - Art. 106, IX
Proibição de fabricação de produtos, de suspensão do fornecimento de produto ou serviço (de) - Art. 58
Proibição de fabricação do produto; - Art. 56, V
Proibida a publicidade de bens e serviços por telefone (É) - Art. 33, p.ú
Proibida toda publicidade enganosa ou abusiva (É) - Art. 37
Proibidas (e prestação de serviços nas condições por ele) - Art. 75
Proibir (propor ação visando compelir o Poder Público competente a) - Art. 102
Projeto (pela reparação dos danos causados aos consumidores por defeitos decorrentes de) - Art. 12
Promotorias de Justiça de Defesa do Consumidor (instituição de) - Art. 5º, II
Promova a execução (sem que a associação autora lhe) - Art. 114
Promover a liquidação e execução da indenização devida. - Art. 100
Promover publicidade que sabe ou deveria saber ser capaz de induzir o consumidor (Fazer ou) - Art. 68
Promover publicidade que sabe ou deveria saber ser enganosa ou abusiva (Fazer ou) - Art. 67
Promover (bem como o diretor, administrador ou gerente da pessoa jurídica que) - Art. 75
Promovida pelos legitimados de que trata o art. 82 (A execução poderá ser coletiva, sendo) - Art. 98
Promovidas pela vítima (A liquidação e a execução de sentença poderão ser) - Art. 97
Pronto pagamento (diretamente a quem se disponha a adquiri-los mediante) - Art. 39, IX
Propiciar sua adequada e efetiva tutela (são admissíveis todas as espécies de ações capazes de) - Art. 83
Propor ação (Os legitimados a agir na forma deste código poderão) - Art. 102
Propor ação de indenização a título individual (como litisconsortes poderão) - Art. 103, § 2º
Propor ação penal subsidiária (aos quais também é facultado) - Art. 80
Propor ação visando compelir o Poder Público competente a proibir, - Art. 102

Propor (Ôs legitimados de que trata o art. 82 poderão) - Art. 91
Propor, coordenar e executar a política nacional (planejar, elaborar,) - Art. 106, I
Proporcional do preço (o abatimento) - Art. 18, § 1º, III
Proporcional do preço (o abatimento) - Art. 20, III
Proporcional do preço (o abatimento) - Art. 19, I
Proporcional dos juros e demais acréscimos (total ou parcialmente, mediante redução) - Art. 52, § 2º
Propositura da ação (a associação autora e os diretores responsáveis pela) - Art. 115
Propositura da ação serão solidariamente condenados (e os diretores responsáveis pela) - Art. 87, p.ú
Proposta a ação, será publicado edital no órgão oficial, - Art. 94
Proposta no domicílio do autor (a ação pode ser) - Art. 101, I
Propostas individualmente ou na forma prevista neste código, - Art. 103, § 3º
Propriedades (a respeito da natureza, características, qualidade, quantidade,) - Art. 37, § 1º
Próprio e no interesse das vítimas ou seus sucessores (em nome) - Art. 91
Prosseguir-se nos mesmos autos, vedada a denunciação da lide (facultada a possibilidade de) - Art. 88
Proteção à Saúde e Segurança (Da) - Art. 8º
Proteção ao consumidor nos demais casos (Fundos estaduais ou municipais de) - Art. 57
Proteção ao consumidor (coordenar e executar a política nacional de) - Art. 106, I
Proteção ao consumidor (estejam em desacordo com o sistema de) - Art. 51, XV
Proteção ao crédito e congêneres (os serviços de) - Art. 43, § 4º
Proteção ao Crédito (não serão fornecidas, pelos respectivos Sistemas de) - Art. 43, § 5º
Proteção ao meio ambiente (II inclua, entre suas finalidades institucionais, a) - Art. 111
Proteção contra a publicidade enganosa e abusiva (a) - Art. 6º, IV
Proteção Contratual (Da) - Art. 46
Proteção da vida, saúde e segurança contra os riscos provocados (a) - Art. 6º, I
Proteção de seus interesses econômicos a melhoria da sua qualidade de vida (a) - Art. 4º
Proteção de seus interesses econômicos (saúde e segurança, a) - Art. 4º
Proteção do consumidor com a necessidade (e compatibilização da) - Art. 4º, III
Proteção do consumidor e dá outras providências (Dispõe sobre a) - Abertura
Proteção e defesa do consumidor (O presente código estabelece normas de) - Art. 1º
Proteção Jurídica administrativa e técnica aos necessitados (assegurada a) - Art. 6º, VII
Proteção Jurídica (individuais, coletivos ou difusos, assegurada a) - Art. 6º, VII
Proteger efetivamente o consumidor (ação governamental no sentido de) - Art. 4º, II
Protegido (dimensão ou característica do dano, ou pela relevância do bem jurídico a ser) - Art. 82, § 1º
Protegido (pela dimensão ou característica do dano, ou pela relevância do bem jurídico a ser) - Art. 113
Protegidos por este código (Para a defesa dos direitos e interesses) - Art. 83
Protegidos por este código (a defesa dos interesses e direitos) - Art. 82, IV
Protegidos por este código (destinados à defesa dos interesses e direitos) - Art. 82, III
Prova da veracidade e correção da informação ou comunicação (O ônus da) - Art. 38
Prova em prejuízo do consumidor (estabeleçam inversão do ônus da) - Art. 51, VI
Prova (com idêntico fundamento valendo-se de nova) - Art. 103, I
Prova, a seu favor (inclusive com a inversão do ônus da) - Art. 6º, VIII
Provar (O fornecedor de serviços só não será responsabilizado quando) - Art. 14, § 3º
Provar (o produtor ou importador só não será responsabilizado quando) - Art. 12, § 3º
Provas (erga omnes, exceto se o pedido for julgado improcedente por insuficiência de) - Art. 103, I

Provas, nos termos do inciso anterior (salvo improcedência por insuficiência de) - Art. 103, II
Providências (o juiz concederá a tutela específica da obrigação ou determinará) - Art. 84
Providências que assegurem o resultado prático equivalente ao do adimplemento (determinará) - Art. 84
Providências (Dispõe sobre a proteção do consumidor e dá outras) - Abertura
Provimento final (e havendo justificado receio de ineficácia do) - Art. 84, § 3º
Provocados (a proteção da vida, saúde e segurança contra os riscos) - Art. 6º, I
Provocados por má administração (encerramento ou inatividade da pessoa jurídica) - Art. 28
Provocados por práticas no fornecimento de produtos (riscos) - Art. 6º, I
Pública e à incolumidade pessoal (nocivo ou perigoso à saúde) - Art. 102
Pública e anualmente (contra fornecedores de produtos e serviços, devendo divulgá-lo) - Art. 44
Pública e interesse social, nos termos dos arts. 5º, inciso XXXII (de ordem) - Art. 1º
Pública ou privada, nacional ou estrangeira (Fornecedor é toda pessoa física ou jurídica,) - Art. 3º
Pública, direta ou indireta (as entidades e órgãos da Administração) - Art. 82, III
Publicação em órgãos de comunicação de grande circulação ou audiência (a) - Art. 78, II
Publicação (Este código entrará em vigor dentro de cento e oitenta dias a contar de sua) - Art. 118
Publicado edital no órgão oficial (Proposta a ação, será) - Art. 94
Publicado no D.O.U. de 12.9.1990 - Retificado no DOU de 10.1.2007 (Este texto não substitui o) - Final
Publicidade (Da) - Art. 36
Publicidade (deve constar o nome do fabricante e endereço na embalagem,) - Art. 33
Publicidade (fiscalizarão e controlarão a produção, industrialização, distribuição, a) - Art. 55, § 1º
Publicidade de bens e serviços por telefone (É proibida a) - Art. 33, p.ú
Publicidade de produtos e serviços e o mercado de consumo (a) - Art. 55, § 1º
Publicidade de seus produtos ou serviços (O fornecedor, na) - Art. 36, p.ú
Publicidade deve ser veiculada de tal forma que o consumidor (A) - Art. 36
Publicidade discriminatória de qualquer natureza (É abusiva, dentre outras a) - Art. 37, § 2º
Publicidade e em todos os impressos utilizados na transação comercial (na embalagem,) - Art. 33
Publicidade é enganosa por omissão (Para os efeitos deste código, a) - Art. 37, § 3º
Publicidade enganosa e abusiva (a proteção contra a) - Art. 6º, IV
Publicidade enganosa e abusiva, métodos comerciais coercitivos ou desleais, - Art. 6º, IV
Publicidade enganosa ou abusiva (quando o fornecedor incorrer na prática de) - Art. 60
Publicidade enganosa ou abusiva (de forma capaz de desfazer o malefício que) - Art. 60, § 1º
Publicidade enganosa ou abusiva (É proibida toda) - Art. 37
Publicidade que sabe ou deveria saber ser capaz de induzir o consumidor (Fazer ou promover) - Art. 68
Publicidade que sabe ou deveria saber ser enganosa ou abusiva (Fazer ou promover) - Art. 67
Publicidade, o consumidor poderá, alternativamente e à sua livre escolha (apresentação ou) - Art. 35
Publicidade, suficientemente precisa (Toda informação ou) - Art. 30
Publicidade (Deixar de organizar dados fáticos, técnicos e científicos que dão base à) - Art. 69
Publicidade (periculosidade de produtos, nas embalagens, nos invólucros, recipientes ou) - Art. 63

Publicidade (exigir o cumprimento forçado da obrigação, nos termos da oferta, apresentação ou) - Art. 35, I
Publicitária cabe a quem as patrocina (correção da informação ou comunicação) - Art. 38
Publicitária (da embalagem, rotulagem ou de mensagem) - Art. 19
Publicitária, podendo o consumidor exigir (constantes da oferta ou mensagem) - Art. 20
Publicitária, respeitadas as variações decorrentes de sua natureza (rotulagem ou mensagem) - Art. 18
Publicitário (É enganosa qualquer modalidade de informação ou comunicação de caráter) - Art. 37, § 1º
Publicitários a que se refere o parágrafo anterior (Os anúncios) - Art. 10, § 2º
Publicitários (o fato imediatamente às autoridades competentes e aos consumidores, mediante anúncios) - Art. 10, § 1º
Público com os seguintes instrumentos, entre outros (contará o poder) - Art. 5º
Público competente a proibir (propor ação visando compelir o Poder) - Art. 102
Público competente para fins de adoção de medidas processuais (representar ao Ministério) - Art. 106, VI
Público ou outro legitimado assumirá a titularidade ativa (o Ministério) - Art. 112
Público ou privado (por entidades representativas ou pessoas jurídicas de direito) - Art. 106, II
Público que ajuíze a competente ação (requerer ao Ministério) - Art. 51, § 4º
Público (A pena de cassação da concessão será aplicada à concessionária de serviço) - Art. 59, § 1º
Público (o Ministério) - Art. 82, I
Público (poderão intervir, como assistentes do Ministério) - Art. 80
Público, facultada igual iniciativa aos demais legitimados (deverá fazê-lo o Ministério) - Art. 114
Público, ou por pessoa cuja condição econômico-social (por servidor) - Art. 76, IV, a
Público, se não ajuizar a ação, atuará sempre como fiscal da lei (O Ministério) - Art. 92
Público (são considerados entidades de caráter) - Art. 43, § 4º
Público (Defesa do Consumidor no âmbito do Ministério) - Art. 5º, II
Públicos (entidades de defesa do consumidor pela população e pelos órgãos) - Art. 106, IX
Públicos da União (§ 5º Admitir-se-á o litisconsórcio facultativo entre os Ministérios) - Art. 113
Públicos da União, do Distrito Federal e dos Estados (Ministérios) - Art. 113
Públicos de defesa do consumidor manterão cadastros atualizados (Os órgãos) - Art. 44
Públicos em geral (a adequada e eficaz prestação dos serviços) - Art. 6º, X
Públicos estaduais e municipais (defesa do consumidor pela população e pelos órgãos) - Art. 106, IX
Públicos legitimados poderão tomar dos interessados (§ 6º Os órgãos) - Art. 113
Públicos, por si ou suas empresas, concessionárias (Os órgãos) - Art. 22
Públicos (racionalização e melhoria dos serviços) - Art. 4º, VII
Puder comprometer a qualidade (a substituição das partes viciadas) - Art. 18, § 3º
Puderem ser identificados (o fabricante, o construtor, o produtor ou o importador não) - Art. 13, I

Q

Quais se funda a ordem econômica (de modo a viabilizar os princípios nos) - Art. 4º, III
Quais também é facultado propor ação penal subsidiária (aos) - Art. 80

Quais (levando-se em consideração as circunstâncias relevantes, entre as) - Art. 12, § 1º
Quais (levando-se em consideração as circunstâncias relevantes, entre as) - Art. 14, § 1º
Quaisquer informações que possam impedir ou dificultar novo acesso - Art. 43, § 5º
Quaisquer ônus ou acréscimos decorrentes (O consumidor não responde por) - Art. 40, § 3º
Quaisquer outras despesas (emolumentos, honorários periciais e) - Art. 87
Quaisquer outras despesas (emolumentos, honorários periciais e) - Art. 116
Quaisquer outros dados sobre produtos e serviços (origem, preço e) - Art. 37, § 1º
Quaisquer outros produtos ou serviços essenciais (ou) - Art. 76, V
Qual deverá constar a ocorrência ou não do trânsito em julgado (da) - Art. 98, § 1º
Qual se discuta a imposição de penalidade administrativa (Pendendo ação judicial na) - Art. 59, § 3º
Qualidade (a substituição das partes viciadas puder comprometer a) - Art. 18, § 3º
Qualidade (O fornecedor de serviços responde pelos vícios de) - Art. 20
Qualidade (O produto não é considerado defeituoso pelo fato de outro de melhor) - Art. 12, § 2º
Qualidade de Produtos e Serviços, da Prevenção e da Reparação dos Danos (Da) - Art. 8º
Qualidade de vida (a proteção de seus interesses econômicos a melhoria da sua) - Art. 4º
Qualidade do contrato, após sua celebração (o conteúdo ou a) - Art. 51, XIII
Qualidade e preço, bem como sobre os riscos que apresentem (composição,) - Art. 6º, III
Qualidade e segurança de produtos e serviços (meios eficientes de controle de) - Art. 4º, V
Qualidade Industrial (Conmetro) (Conselho Nacional de Metrologia, Normalização e) - Art. 39, VIII
Qualidade ou características do produto, diminuir-lhe o valor (comprometer a) - Art. 18, § 3º
Qualidade ou quantidade (respondem solidariamente pelos vícios de) - Art. 18
Qualidade ou quantidade que os tornem impróprios ou inadequados ao consumo a que se destinam - Art. 18
Qualidade por inadequação (A ignorância do fornecedor sobre os vícios de) - Art. 23
Qualidade por inadequação ou insegurança do produto ou serviço (vícios de quantidade ou de) - Art. 58
Qualidade que os tornem impróprios ao consumo ou lhes diminuam o valor (vícios de) - Art. 20
Qualidade ter sido colocado no mercado (pelo fato de outro de melhor) - Art. 12, § 2º
Qualidade (pela garantia dos produtos e serviços com padrões adequados de) - Art. 4º, II, d
Qualidade, à quantidade, à garantia (relativas ao preço, à) - Art. 107
Qualidade, quantidade (informação relevante sobre a natureza, característica,) - Art. 66
Qualidade, quantidade, propriedades (a respeito da natureza, características,) - Art. 37, § 1º
Qualidade, segurança, durabilidade e desempenho (com padrões adequados de) - Art. 4º, II, d
Qualidades, quantidade, composição, preço, garantia (sobre suas características,) - Art. 31
Qualquer atividade fornecida no mercado de consumo (Serviço é) - Art. 3º, § 2º
Qualquer bem, móvel ou imóvel, material ou imaterial (Produto é) - Art. 3º, § 1º
Qualquer consumidor ou entidade que o represente (É facultado a) - Art. 51, § 4º
Qualquer das partes (apesar dos esforços de integração, decorrer ônus excessivo a) - Art. 51, § 2º
Qualquer forma não assegure o justo equilíbrio (ou de) - Art. 51, § 4º
Qualquer forma ou meio de comunicação com relação a produtos e serviços (veiculada por) - Art. 30
Qualquer forma, concorrer para os crimes referidos neste código (Quem, de) - Art. 75
Qualquer hipótese (obrigando-se os fornecedores, em) - Art. 8º

Qualquer interessado (para orientação e consulta por) - Art. 44, § 1º
Qualquer legitimado poderá intentar outra ação (hipótese em que) - Art. 103, I
Qualquer modalidade de informação ou comunicação de caráter publicitário (É enganosa) - Art. 37, § 1º
Qualquer modo aprovar o fornecimento, oferta, exposição à venda (permitir ou por) - Art. 75
Qualquer motivo (os produtos que, por) - Art. 18, § 6º, III
Qualquer natureza dos produtos e serviços ou impliquem renúncia (por vícios de) - Art. 51, I
Qualquer natureza (É abusiva, dentre outras a publicidade discriminatória de) - Art. 37, § 2º
Qualquer outra forma de empreendimento (permissionárias ou sob) - Art. 22
Qualquer outro interesse difuso ou coletivo (II turístico e paisagístico, ou a) - Art. 111
Qualquer outro interesse difuso ou coletivo (IV - a) - Art. 110
Qualquer outro modo, mesmo por omissão (inteira ou parcialmente falsa, ou, por) - Art. 37, § 1º
Qualquer outro procedimento (afirmações falsas incorretas ou enganosas ou de) - Art. 71
Qualquer outro procedimento que exponha o consumidor, injustificadamente, a ridículo - Art. 71
Qualquer produto (No fornecimento de serviços que tenham por objetivo a reparação de) - Art. 21
Qualquer produto ou serviço em desacordo (colocar, no mercado de consumo,) - Art. 39, VIII
Qualquer produto, ou fornecer qualquer serviço (sem solicitação prévia,) - Art. 39, III
Qualquer serviço (sem solicitação prévia, qualquer produto, ou fornecer) - Art. 39, III
Qualquer tipo de constrangimento ou ameaça (nem será submetido a) - Art. 42
Qualquer título (os valores eventualmente pagos, a) - Art. 49, p.ú
Quando a chamada for onerosa ao consumidor que a origina. - Art. 33, p.ú
Quando cabível (a reexecução dos serviços, sem custo adicional e) - Art. 20, I
Quando coletiva a execução (da ação condenatória,) - Art. 98, § 2ºII
Quando cometidos: - Art. 76, IV
Quando da conversão na Lei nº 9.870, de 23.11.1999 (transformado em inciso XIII,) - Art. 39, XI
Quando de âmbito local (no foro do lugar onde ocorreu ou deva ocorrer o dano,) - Art. 93, I
Quando de sua ausência, apesar dos esforços de integração (exceto) - Art. 51, § 2º
Quando deixar de informar sobre dado essencial do produto ou serviço. - Art. 37, § 3º
Quando determinado pela autoridade competente (imediatamente) - Art. 64, p.ú
Quando fizer a pesagem ou a medição (O fornecedor imediato será responsável) - Art. 19, § 2º
Quando for ele hipossuficiente (for verossímil a alegação ou) - Art. 6º, VIII
Quando for ele hipossuficiente, segundo as regras ordinárias de experiências; - Art. 6º, VIII
Quando forem constatados vícios de quantidade (assegurada ampla defesa,) - Art. 58
Quando haja manifesto interesse social evidenciado pela dimensão ou característica - Art. 82, § 1º
Quando haja manifesto interesse social evidenciado pela dimensão ou característica do dano, - Art. 113
Quando houver falência (A desconsideração também será efetivada) - Art. 28
Quando identificado claramente seu produtor (o fornecedor imediato, exceto) - Art. 18, § 5º
Quando não fornece a segurança (O serviço é defeituoso) - Art. 14, § 1º
Quando não oferece a segurança (O produto é defeituoso) - Art. 12, § 1º
Quando não solicitada por ele (deverá ser comunicada por escrito ao consumidor,) - Art. 43, § 2º

Quando o fornecedor (A imposição de contrapropaganda será cominada) - Art. 60
Quando o fornecedor incorrer na prática de publicidade enganosa ou abusiva, - Art. 60
Quando o fornecedor reincidir na prática das infrações (assegurada ampla defesa,) - Art. 59
Quando provar (O fornecedor de serviços só não será responsabilizado) - Art. 14, § 3°
Quando provar (o produtor ou importador só não será responsabilizado) - Art. 12, § 3°
Quando se tratar da hipótese prevista no inciso II do parágrafo único do art. 81; - Art. 103, II
Quando se tratar de (A defesa coletiva será exercida) - Art. 81, p.ú
Quando violar obrigação legal ou contratual. - Art. 59, § 1°
Quando (O juiz poderá desconsiderar a personalidade jurídica da sociedade) - Art. 28
Quando, a critério do juiz (no processo civil,) - Art. 6°, VIII
Quando (O comerciante é igualmente responsável, nos termos do artigo anterior,) - Art. 13
Quantia eventualmente antecipada (rescindir o contrato, com direito à restituição de) - Art. 35, III
Quantia eventualmente antecipada, monetariamente atualizada, e a perdas e danos (de) - Art. 35, III
Quantia indevida tem direito à repetição do indébito (O consumidor cobrado em) - Art. 42, p.ú
Quantia já paga (subtraiam ao consumidor a opção de reembolso da) - Art. 51, II
Quantia já paga, nos casos previstos neste código (reembolso da) - Art. 51, II
Quantia paga, monetariamente atualizada (a restituição imediata da) - Art. 19, IV
Quantia paga, monetariamente atualizada (a restituição imediata da) - Art. 20, II
Quantia paga, monetariamente atualizada (a restituição imediata da) - Art. 18, § 1°, II
Quantia recebida em excesso, monetariamente atualizada (responderem pela restituição da) - Art. 41
Quantidade (assegurada ampla defesa, quando forem constatados vícios de) - Art. 58
Quantidade (respondem solidariamente pelos vícios de qualidade ou) - Art. 18
Quantidade do produto (Os fornecedores respondem solidariamente pelos vícios de) - Art. 19
Quantidade e segurança de bens e serviços (fiscalização de preços, abastecimento,) - Art. 106, VIII
Quantidade ou de qualidade por inadequação ou insegurança do produto ou serviço (vícios de) - Art. 58
Quantidade que os tornem impróprios ou inadequados ao consumo a que se destinam (qualidade ou) - Art. 18
Quantidade (informação relevante sobre a natureza, característica, qualidade,) - Art. 66
Quantidade, à garantia (relativas ao preço, à qualidade, à) - Art. 107
Quantidade, características, composição (com especificação correta de) - Art. 6°, III
Quantidade, composição, preço, garantia (sobre suas características, qualidades,) - Art. 31
Quantidade, propriedades (a respeito da natureza, características, qualidade,) - Art. 37, § 1°
Quantitativos (de outro produto ou serviço, bem como, sem justa causa, a limites) - Art. 39, I
Quanto a estes últimos, autorização em contrário do consumidor (salvo,) - Art. 21
Quanto aos essenciais, contínuos (eficientes, seguros e,) - Art. 22
Quanto aos seus direitos e deveres, com vistas à melhoria do mercado de consumo; - Art. 4°, IV
Quem as patrocina (correção da informação ou comunicação publicitária cabe a) - Art. 38
Quem deixar de alertar (Incorrerá nas mesmas penas) - Art. 63, § 1°
Quem deixar de retirar do mercado (Incorrerá nas mesmas penas) - Art. 64, p.ú
Quem patrocinar a oferta (Incorrerá nas mesmas penas) - Art. 66, § 1°
Quem se disponha a adquiri-los mediante pronto pagamento (diretamente a) - Art. 39, IX

Quem, de qualquer forma, concorrer para os crimes referidos neste código, - Art. 75
Questões de interesse (para que, sob pena de desobediência, prestem informações sobre) - Art. 55, § 4º
Questões de interesse do consumidor, resguardado o segredo industrial (sobre) - Art. 55, § 4º
Quitadas (a compensação ou a restituição das parcelas) - Art. 53, § 2º

R

Racionalização e melhoria dos serviços públicos; - Art. 4º, VII
Rádio e televisão, às expensas do fornecedor (serão veiculados na imprensa,) - Art. 10, § 2º
Razão da extensão do vício (§ 1º deste artigo, sempre que, em) - Art. 18, § 3º
Razão de fatos supervenientes (prestação desproporcionais ou sua revisão em) - Art. 6º, V
Razão de fatos supervenientes que as tornem excessivamente onerosas (revisão em) - Art. 6º, V
Razão do inadimplemento (em benefício do credor que, em) - Art. 53
Razoável de tempo, na forma da lei (a oferta deverá ser mantida por período) - Art. 32, p.ú
Razoável para o cumprimento do preceito (fixando prazo) - Art. 84, § 4º
Razoavelmente dele se esperam (o resultado e os riscos que) - Art. 14, § 1º, II
Razoavelmente dele se esperam (o uso e os riscos que) - Art. 12, § 1º, II
Razoavelmente deles se esperam (para os fins que) - Art. 20, § 2º
Reajuste diverso do legal ou contratualmente estabelecido (aplicar fórmula ou índice de) - Art. 39, XIII
Realizar outro negócio jurídico pelo consumidor (imponham representante para concluir ou) - Art. 51, VIII
Realizou a incorporação (seu fabricante, construtor ou importador e o que) - Art. 25, § 2º
Receber, analisar, avaliar e encaminhar consultas, denúncias ou sugestões - Art. 106, II
Recebida em excesso, monetariamente atualizada (responderem pela restituição da quantia) - Art. 41
Recebimento do produto ou serviço, sempre que a contratação de fornecimento (ou do ato de) - Art. 49
Recebimento pelo consumidor (terá validade pelo prazo de dez dias, contado de seu) - Art. 40, § 1º
Receio de ineficácia do provimento final (e havendo justificado) - Art. 84, § 3º
Recibos e pré-contratos (As declarações de vontade constantes de escritos particulares,) - Art. 48
Recipiente (seu conteúdo líquido for inferior às indicações constantes do) - Art. 19
Recipiente, da embalagem, rotulagem (com a indicações constantes do) - Art. 18
Recipientes ou publicidade (periculosidade de produtos, nas embalagens, nos invólucros,) - Art. 63
Reclamação comprovadamente formulada pelo consumidor perante o fornecedor (a) - Art. 26, § 2º, I
Reclamação e composição do conflito de consumo (bem como à) - Art. 107
Reclamação foi atendida ou não pelo fornecedor (A divulgação indicará se a) - Art. 44
Reclamações fundamentadas contra fornecedores de produtos e serviços (cadastros atualizados de) - Art. 44
Reclamar pelos vícios aparentes ou de fácil constatação caduca em (O direito de) - Art. 26
Recolhida ao fundo criado pela Lei nº 7.347 (a destinação da importância) - Art. 99, p.ú
Recomendações escritas ostensivas (mediante) - Art. 63, § 1º

Recomendar a situação econômica do indiciado ou réu, a fiança poderá ser (Se assim) - Art. 79, p.ú
Reconhecimento da vulnerabilidade do consumidor no mercado de consumo; - Art. 4º, I
Recursos financeiros e outros programas especiais (incentivar, inclusive com) - Art. 106, IX
Recusar a venda de bens ou a prestação de serviços, - Art. 39, IX
Recusar atendimento às demandas dos consumidores, - Art. 39, II
Recusar cumprimento à oferta (Se o fornecedor de produtos ou serviços) - Art. 35
Redação ao art. 18 da Lei nº 7.347, de 24 de julho de 1985 (Dê-se a seguinte) - Art. 116
Redação (O § 3º passa a ter a seguinte) - Art. 112
Redação (O art. 15 da Lei nº 7.347, de 24 de julho de 1985, passa a ter a seguinte) - Art. 114
Redação (passa a ter a seguinte) - Art. 111
Redação (passando o parágrafo único a constituir o caput, com a seguinte) - Art. 115
Redigidas com destaque, permitindo sua imediata e fácil compreensão (deverão ser) - Art. 54, § 4º
Redigidos de modo a dificultar (ou se os respectivos instrumentos forem) - Art. 46
Redigidos em termos claros (Os contratos de adesão escritos serão) - Art. 54, § 3º
Redução ou ampliação do prazo (Poderão as partes convencionar a) - Art. 18, § 2º
Redução proporcional dos juros e demais acréscimos (total ou parcialmente, mediante) - Art. 52, § 2º
Reduzida até a metade do seu valor mínimo; - Art. 79, p.ú., a
Reembolso da quantia já paga (subtraiam ao consumidor a opção de) - Art. 51, II
Reembolso da quantia já paga, nos casos previstos neste código; - Art. 51, II
Reembolso postal (Em caso de oferta ou venda por telefone ou) - Art. 33
Reexecução dos serviços poderá ser confiada a terceiros (A) - Art. 20, § 1º
Reexecução dos serviços, sem custo adicional e quando cabível (a) - Art. 20, I
Refere este artigo (ao fabricante cabe prestar as informações a que se) - Art. 8º, p.ú
Refere o parágrafo anterior (Os anúncios publicitários a que se) - Art. 10, § 2º
Referência (e não superior a três milhões de vezes o valor da Unidade Fiscal de) - Art. 57, p.ú
Referência (Ufir), ou índice equivalente que venha a substituí-lo (valor da Unidade Fiscal de) - Art. 57, p.ú
Referente a ato praticado pelo consumidor (repassar informação depreciativa,) - Art. 39, VII
Referente a ato praticado pelo consumidor no exercício de seus direitos; - Art. 39, VII
Referentes a período superior a cinco anos (não podendo conter informações negativas) - Art. 43, § 1º
Referidas (Nos casos de descumprimento, total ou parcial, das obrigações) - Art. 22, p.ú
Referidas neste artigo, serão as pessoas jurídicas compelidas a cumpri-las (obrigações) - Art. 22, p.ú
Referidas no § 1º, sendo obrigatória a participação dos consumidores e fornecedores (normas) - Art. 55, § 3º
Referidos neste código (Quem, de qualquer forma, concorrer para os crimes) - Art. 75
Reflexão, serão devolvidos, de imediato, monetariamente atualizados (durante o prazo de) - Art. 49, p.ú
Refrigerados oferecidos ao consumidor serão gravadas de forma indelével (nos produtos) - Art. 31, p.ú
Refrigerados oferecidos ao consumidor (As informações de que trata este artigo, nos produtos) - Art. 31, p.ú
Regime de controle (No caso de fornecimento de produtos ou de serviços sujeitos ao) - Art. 41
Regime de controle ou de tabelamento de preços, os fornecedores deverão respeitar (ao) - Art. 41

Regional (para os danos de âmbito nacional ou) - Art. 93, II
Registro (A convenção tornar-se-á obrigatória a partir do) - Art. 107, § 1º
Registro do instrumento no cartório de títulos e documentos (a partir do) - Art. 107, § 1º
Registro do instrumento (o fornecedor que se desligar da entidade em data posterior ao) - Art. 107, § 3º
Registro do produto e revogação da concessão ou permissão de uso (de cassação do) - Art. 58
Registro do produto junto ao órgão competente (cassação do) - Art. 56, IV
Registro e dados pessoais e de consumo (A abertura de cadastro, ficha,) - Art. 43, § 2º
Registros e dados pessoais (terá acesso às informações existentes em cadastros, fichas,) - Art. 43
Registros que sabe ou deveria saber ser inexata (banco de dados, fichas ou) - Art. 73
Registros (que sobre ele constem em cadastros, banco de dados, fichas e) - Art. 72
Regras do Código de Processo Civil aos casos de competência concorrente (aplicando-se as) - Art. 93, II
Regras enunciadas (Aplicam-se a este artigo, no que couber, as mesmas) - Art. 44, § 2º
Regras enunciadas no artigo anterior e as do parágrafo único (as mesmas) - Art. 44, § 2º
Regras ordinárias de experiências (quando for ele hipossuficiente, segundo as) - Art. 6º, VIII
Regresso (Aquele que efetivar o pagamento ao prejudicado poderá exercer o direito de) - Art. 13, p.ú
Regresso contra os demais responsáveis (exercer o direito de) - Art. 13, p.ú
Regresso poderá ser ajuizada em processo autônomo (a ação de) - Art. 88
Regulados em leis especiais (ressalvados os casos de intermediação) - Art. 39, IX
Regulam as relações de consumo não obrigarão os consumidores (Os contratos que) - Art. 46
Regulamentares (ou, ainda, aqueles em desacordo com as normas) - Art. 18, § 6º, II
Regulamentares de fabricação, distribuição ou apresentação (desacordo com as normas) - Art. 18, § 6º, II
Regulamentares de prestabilidade (bem como aqueles que não atendam as normas) - Art. 20, § 2º
Regulamentos expedidos (da legislação interna ordinária, de) - Art. 7º
Regulamentos expedidos pelas autoridades administrativas competentes, - Art. 7º
Regular se revele nocivo ou perigoso (cujo uso ou consumo) - Art. 102
Regular, por convenção escrita (ou sindicatos de categoria econômica podem) - Art. 107
Reincidência até o trânsito em julgado da sentença (não haverá) - Art. 59, § 3º
Reincidir na prática das infrações (assegurada ampla defesa, quando o fornecedor) - Art. 59
Relação a produtos e serviços (veiculada por qualquer forma ou meio de comunicação com) - Art. 30
Relação jurídica base (entre si ou com a parte contrária por uma) - Art. 81, p.ú., II
Relações de caráter trabalhista (de crédito e securitária, salvo as decorrentes das) - Art. 3º, § 2º
Relações de Consumo (Da Política Nacional de) - Art. 4º
Relações de consumo (harmonização dos interesses dos participantes das) - Art. 4º, III
Relações de consumo entre o fornecedor (impliquem renúncia ou disposição de direitos. Nas) - Art. 51, I
Relações de consumo não obrigarão os consumidores (Os contratos que regulam as) - Art. 46
Relações de consumo previstas neste código (Constituem crimes contra as) - Art. 61
Relações de consumo que tenham por objeto estabelecer condições relativas ao preço, - Art. 107
Relações de Consumo tem por objetivo (A Política Nacional das) - Art. 4º
Relações de consumo vinculam o fornecedor (relativos às) - Art. 48

Relações de consumo (bem como a outros crimes e contravenções que envolvam) - Art. 80
Relações de consumo (bem como a transparência e harmonia das) - Art. 4º
Relações de Consumo (Para a execução da Política Nacional das) - Art. 5º
Relações de consumo, atendidos os seguintes princípios (e harmonia das) - Art. 4º
Relações de consumo (ainda que indetermináveis, que haja intervindo nas) - Art. 2º, p.ú
Relações entre consumidores e fornecedores (sempre com base na boa-fé e equilíbrio nas) - Art. 4º, III
Relativa à cobrança de débitos do consumidor (Consumada a prescrição) - Art. 43, § 5º
Relativas à produção, industrialização, distribuição e consumo (baixarão normas) - Art. 55
Relativas ao fornecimento de produtos e serviços que (as cláusulas contratuais) - Art. 51
Relativas ao preço (relações de consumo que tenham por objeto estabelecer condições) - Art. 107
Relativas ao preço, à qualidade, à quantidade, à garantia - Art. 107
Relativos (pela reparação dos danos causados aos consumidores por defeitos) - Art. 14
Relativos a consumidores (Os bancos de dados e cadastros) - Art. 43, § 4º
Relativos à prestação dos serviços (danos causados aos consumidores por defeitos) - Art. 14
Relativos às relações de consumo vinculam o fornecedor, - Art. 48
Relevância do bem jurídico a ser protegido (dimensão ou característica do dano, ou pela) - Art. 82, § 1º
Relevância do bem jurídico a ser protegido (pela dimensão ou característica do dano, ou pela) - Art. 113
Relevante (Fazer afirmação falsa ou enganosa, ou omitir informação) - Art. 66
Relevante o fundamento da demanda (Sendo) - Art. 84, § 3º
Relevante sobre a natureza, característica, qualidade, quantidade (informação) - Art. 66
Relevantes, entre as quais (levando-se em consideração as circunstâncias) - Art. 12, § 1º
Relevantes, entre as quais (levando-se em consideração as circunstâncias) - Art. 14, § 1º
Remetidos ou entregues ao consumidor (Os serviços prestados e os produtos) - Art. 39, p.ú
Remoção de coisas e pessoas, desfazimento de obra (tais como busca e apreensão,) - Art. 84, § 5º
Remuneração, inclusive as de natureza bancária, financeira (mediante) - Art. 3º, § 2º
Renumerando-se os seguintes (o seguinte dispositivo,) - Art. 117
Renúncia (por vícios de qualquer natureza dos produtos e serviços ou impliquem) - Art. 51, I
Renúncia do direito de indenização por benfeitorias necessárias (possibilitem a) - Art. 51, XVI
Renúncia ou disposição de direitos. Nas relações de consumo entre o fornecedor (impliquem) - Art. 51, I
Reparação de danos patrimoniais e morais (a efetiva prevenção e) - Art. 6º, VI
Reparação de danos patrimoniais e morais (com vistas à prevenção ou) - Art. 6º, VII
Reparação de danos patrimoniais e morais, individuais, coletivos e difusos; - Art. 6º, VI
Reparação de produtos, peça ou componentes de reposição usados (Empregar na) - Art. 70
Reparação de qualquer produto (No fornecimento de serviços que tenham por objetivo a) - Art. 21
Reparação dos Danos (Da Qualidade de Produtos e Serviços, da Prevenção e da) - Art. 8º
Reparação dos danos causados aos consumidores por defeitos decorrentes de projeto (pela) - Art. 12
Reparação dos danos causados aos consumidores por defeitos relativos (pela) - Art. 14
Reparação dos danos previstos nas normas de consumo (todos responderão solidariamente pela) - Art. 7º, p.ú
Reparação pelos danos causados por fato do produto (Prescreve em cinco anos a pretensão à) - Art. 27

Reparação prevista nesta e nas seções anteriores (todos responderão solidariamente pela) - Art. 25, § 1º
Reparar os danos causados, na forma prevista neste código (cumpri-las e a) - Art. 22, p.ú
Repassar informação depreciativa, referente a ato praticado pelo consumidor - Art. 39, VII
Repetição do indébito (O consumidor cobrado em quantia indevida tem direito à) - Art. 42, p.ú
Reposição (considerar-se-á implícita a obrigação do fornecedor de empregar componentes de) - Art. 21⁻
Reposição enquanto não cessar a fabricação (oferta de componentes e peças de) - Art. 32
Reposição originais adequados e novos (empregar componentes de) - Art. 21
Reposição usados (Empregar na reparação de produtos, peça ou componentes de) - Art. 70
Representante para concluir ou realizar outro negócio jurídico pelo consumidor (imponham) - Art. 51, VIII
Representantes autônomos (solidariamente responsável pelos atos de seus prepostos ou) - Art. 34
Representar ao Ministério Público competente para fins de adoção de medidas processuais - Art. 106, VI
Representativas (denúncias ou sugestões apresentadas por entidades) - Art. 106, II
Representativas ou pessoas jurídicas de direito público ou privado (por entidades) - Art. 106, II
Representativas (por incentivos à criação e desenvolvimento de associações) - Art. 4º, II, b
Represente (É facultado a qualquer consumidor ou entidade que o) - Art. 51, § 4º
Repressão eficientes de todos os abusos praticados no mercado de consumo (coibição e) - Art. 4º, VI
REPÚBLICA, faço saber que o Congresso Nacional decreta e eu sanciono a seguinte lei (O PRESIDENTE DA) - Abertura
República (Brasília, 11 de setembro de 1990; 169º da Independência e 102º da) - Final
Requerer ao Ministério Público que ajuíze a competente ação - Art. 51, § 4º
Requerida sua suspensão no prazo de trinta dias (se não for) - Art. 104
Requisição de força policial (impedimento de atividade nociva, além de) - Art. 84, § 5º
Requisito da pré-constituição pode ser dispensado pelo juiz (O) - Art. 82, § 1º
Requisito da pré-constituição poderá ser dispensado pelo juiz (§ 4º O) - Art. 113
Requisitos, informá-lo prévia e adequadamente sobre (o fornecedor deverá, entre outros) - Art. 52
Rescindir o contrato, com direito à restituição de quantia eventualmente antecipada, - Art. 35, III
Resguardado o segredo industrial (sobre questões de interesse do consumidor,) - Art. 55, § 4º
Resolução do contrato e a retomada do produto alienado (pleitear a) - Art. 53
Resolutória (Nos contratos de adesão admite-se cláusula) - Art. 54, § 2º
Respectivas áreas de atuação administrativa (e nas suas) - Art. 55
Respectivas fontes (e de consumo arquivados sobre ele, bem como sobre as suas) - Art. 43
Respectivos instrumentos forem redigidos de modo a dificultar (ou se os) - Art. 46
Respectivos Sistemas de Proteção ao Crédito (não serão fornecidas, pelos) - Art. 43, § 5º
Respeita ao inquérito civil, naquilo que não contrariar suas disposições (inclusive no que) - Art. 90
Respeitadas as variações decorrentes de sua natureza (rotulagem ou mensagem publicitária,) - Art. 18
Respeitadas as variações decorrentes de sua natureza (sempre que,) - Art. 19
Respeitar (ao regime de controle ou de tabelamento de preços, os fornecedores deverão) - Art. 41

Respeitar os limites oficiais sob pena de não o fazendo (deverão) - Art. 41
Respeito à sua dignidade (o atendimento das necessidades dos consumidores, o) - Art. 4º
Respeito da natureza (capaz de induzir em erro o consumidor a) - Art. 37, § 1º
Respeito da natureza, características, qualidade, quantidade, propriedades (a) - Art. 37, § 1º
Respeito da sua nocividade ou periculosidade (a) - Art. 9º
Respeito (a dar as informações necessárias e adequadas a seu) - Art. 8º
Respeito (e os Municípios deverão informá-los a) - Art. 10, § 3º
Responde pelos vícios de qualidade (O fornecedor de serviços) - Art. 20
Responde por quaisquer ônus ou acréscimos decorrentes (O consumidor não) - Art. 40, § 3º
Responde, independentemente da existência de culpa (O fornecedor de serviços) - Art. 14
Respondem solidariamente pelos vícios de qualidade ou quantidade - Art. 18
Respondem solidariamente pelos vícios de quantidade do produto (Os fornecedores) - Art. 19
Respondem, independentemente da existência de culpa (e o importador) - Art. 12
Responder pela integralidade das dívidas (ser manifestamente suficiente para) - Art. 99, p.ú
Responderão por culpa (As sociedades coligadas só) - Art. 28, § 4º
Responderão solidariamente pela reparação dos danos previstos nas normas de consumo (todos) - Art. 7º, p.ú
Responderão solidariamente pela reparação prevista nesta e nas seções anteriores (todos) - Art. 25, § 1º
Responderem pela restituição da quantia recebida em excesso, monetariamente atualizada, - Art. 41
Responsabilidade (o réu que houver contratado seguro de) - Art. 101, II
Responsabilidade civil do fornecedor de produtos e serviços (Na ação de) - Art. 101
Responsabilidade do Fornecedor de Produtos e Serviços (Das Ações de) - Art. 101
Responsabilidade do fornecedor por vícios (impossibilitem, exonerem ou atenuem a) - Art. 51, I
Responsabilidade do réu pelos danos causados (fixando a) - Art. 95
Responsabilidade pelo Fato do Produto e do Serviço (Da) - Art. 12
Responsabilidade pelos danos individualmente sofridos (ação civil coletiva de) - Art. 91
Responsabilidade pessoal dos profissionais liberais (A) - Art. 14, § 4º
Responsabilidade por perdas e danos (sem prejuízo da) - Art. 115
Responsabilidade por perdas e danos (sem prejuízo da) - Art. 87, p.ú
Responsabilidade por Vício do Produto e do Serviço (Da) - Art. 18
Responsabilidade (o síndico será intimado a informar a existência de seguro de) - Art. 101, II
Responsabilidade (por inadequação dos produtos e serviços não o exime de) - Art. 23
Responsabilidades a terceiros (transfiram) - Art. 51, III
Responsabilizado quando provar (O fornecedor de serviços só não será) - Art. 14, § 3º
Responsabilizado quando provar (o produtor ou importador só não será) - Art. 12, § 3º
Responsáveis pela propositura da ação (a associação autora e os diretores) - Art. 115
Responsáveis pela propositura da ação serão solidariamente condenados (e os diretores) - Art. 87, p.ú
Responsáveis pelas obrigações (As sociedades consorciadas são solidariamente) - Art. 28, § 3º
Responsáveis pelas obrigações decorrentes deste código (são solidariamente) - Art. 28, § 3º
Responsáveis pelas obrigações decorrentes deste código (são subsidiariamente) - Art. 28, § 2º
Responsáveis segundo sua participação na causação do evento danoso (contra os demais) - Art. 13, p.ú
Responsáveis solidários seu fabricante (incorporada ao produto ou serviço, são) - Art. 25, § 2º
Responsáveis (exercer o direito de regresso contra os demais) - Art. 13, p.ú

Responsável (O fornecedor do produto ou serviço é solidariamente) - Art. 34
Responsável da mesma forma (A contrapropaganda será divulgada pelo) - Art. 60, § 1º
Responsável da mesma forma, freqüência e dimensão (será divulgada pelo) - Art. 60, § 1º
Responsável pela causação do dano (Havendo mais de um) - Art. 25, § 1º
Responsável pelos atos de seus prepostos ou representantes autônomos (solidariamente) - Art. 34
Responsável perante o consumidor o fornecedor imediato (será) - Art. 18, § 5º
Responsável quando fizer a pesagem ou a medição (O fornecedor imediato será) - Art. 19, § 2º
Responsável, nos termos do artigo anterior, quando (O comerciante é igualmente) - Art. 13
Resposta negativa (pelo consumidor perante o fornecedor de produtos e serviços até a) - Art. 26, § 2º, I
Resposta negativa correspondente, que deve ser transmitida de forma inequívoca (até a) - Art. 26, § 2º, I
Ressalvada a competência da Justiça Federal, é competente para a causa a justiça local: - Art. 93
Ressalvadas as decorrentes de práticas anteriores entre as partes; - Art. 39, VI
Ressalvados os casos de intermediação regulados em leis especiais; - Art. 39, IX
Ressalvando-se o disposto no § 2º do artigo anterior. - Art. 54, § 2º
Ressarcimento de prejuízos causados aos consumidores (obstáculo ao) - Art. 28, § 5º
Ressarcir os custos de cobrança de sua obrigação (obriguem o consumidor a) - Art. 51, XII
Resseguros do Brasil (vedada a denunciação da lide ao Instituto de) - Art. 101, II
Resseguros do Brasil (vedada a integração do contraditório pelo Instituto de) - Art. 101, II
Restituição da quantia recebida em excesso, monetariamente atualizada (responderem pela) - Art. 41
Restituição das parcelas quitadas (a compensação ou a) - Art. 53, § 2º
Restituição de eventual diferença de preço (mediante complementação ou) - Art. 18, § 4º
Restituição de quantia eventualmente antecipada (rescindir o contrato, com direito à) - Art. 35, III
Restituição imediata da quantia paga, monetariamente atualizada (a) - Art. 19, IV
Restituição imediata da quantia paga, monetariamente atualizada (a) - Art. 20, II
Restituição imediata da quantia paga, monetariamente atualizada (a) - Art. 18, § 1º, II
Restringe direitos ou obrigações fundamentais inerentes à natureza do contrato, - Art. 51, § 1º, II
Resultado e os riscos que razoavelmente dele se esperam (o) - Art. 14, § 1º, II
Resultado prático correspondente (ou se impossível a tutela específica ou a obtenção do) - Art. 84, § 1º
Resultado prático equivalente ao do adimplemento (determinará providências que assegurem o) - Art. 84
Resultado prático equivalente (Para a tutela específica ou para a obtenção do) - Art. 84, § 5º
Resultantes do mesmo evento danoso (e de indenizações pelos prejuízos individuais) - Art. 99
Resultantes do mesmo evento danoso, estas terão preferência no pagamento. - Art. 99
Retificado no DOU de 10.1.2007 (Este texto não substitui o publicado no D.O.U. de 12.9.1990 -) - Final
Retirar do mercado (Incorrerá nas mesmas penas quem deixar de) - Art. 64, p.ú
Retomada do produto alienado (pleitear a resolução do contrato e a) - Art. 53
Réu (Nesta hipótese, a sentença que julgar procedente o pedido condenará o) - Art. 101, II
Réu houver sido declarado falido (Se o) - Art. 101, II
Réu pelos danos causados (fixando a responsabilidade do) - Art. 95

Réu que houver contratado seguro de responsabilidade (o) - Art. 101, II
Réu, a fiança poderá ser (Se assim recomendar a situação econômica do indiciado ou) - Art. 79, p.ú
Réu, independentemente de pedido do autor (impor multa diária ao) - Art. 84, § 4º
Réu (tutela liminarmente ou após justificação prévia, citado o) - Art. 84, § 3º
Revele nocivo ou perigoso (cujo uso ou consumo regular se) - Art. 102
Revelem inadequados ao fim a que se destinam (se) - Art. 18, § 6º, III
Revertendo para o Fundo (será aplicada mediante procedimento administrativo,) - Art. 57
Revertendo para o Fundo de que trata a Lei nº 7.347, de 24 de julho de 1985, - Art. 57
Reverterá para o fundo criado (O produto da indenização devida) - Art. 100, p.ú
Reverterá para o fundo criado pela Lei n.º 7.347, de 24 de julho de 1985 - Art. 100, p.ú
Revisão e atualização das normas (manterão comissões permanentes para elaboração,) - Art. 55, § 3º
Revisão em razão de fatos supervenientes (prestação desproporcionais ou sua) - Art. 6º, V
Revisão em razão de fatos supervenientes que as tornem excessivamente onerosas; - Art. 6º, V
Revogação da concessão ou permissão de uso (de cassação do registro do produto e) - Art. 58
Revogação de concessão ou permissão de uso; - Art. 56, VIII
Revogam-se as disposições em contrário. - Art. 119
Ridículo (qualquer outro procedimento que exponha o consumidor, injustificadamente, a) - Art. 71
Ridículo (Na cobrança de débitos, o consumidor inadimplente não será exposto a) - Art. 42
Risco do fornecedor (confiada a terceiros devidamente capacitados, por conta e) - Art. 20, § 1º
Riscos (Os produtos e serviços colocados no mercado de consumo não acarretarão) - Art. 8º
Riscos à saúde ou segurança dos consumidores, exceto os considerados normais - Art. 8º
Riscos provocados (a proteção da vida, saúde e segurança contra os) - Art. 6º, I
Riscos provocados por práticas no fornecimento de produtos - Art. 6º, I
Riscos que apresentam à saúde e segurança dos consumidores (bem como sobre os) - Art. 31
Riscos que apresentem (composição, qualidade e preço, bem como sobre os) - Art. 6º, III
Riscos que razoavelmente dele se esperam (o resultado e os) - Art. 14, § 1º, II
Riscos que razoavelmente dele se esperam (o uso e os) - Art. 12, § 1º, II
Riscos (bem como por informações insuficientes ou inadequadas sobre sua fruição e) - Art. 14
Riscos (bem como por informações insuficientes ou inadequadas sobre sua utilização e) - Art. 12
Rotulagem (com a indicações constantes do recipiente, da embalagem,) - Art. 18
Rotulagem ou de mensagem publicitária (da embalagem,) - Art. 19
Rotulagem ou mensagem publicitária, respeitadas as variações decorrentes de sua natureza, - Art. 18
Rurícola; de menor de dezoito (em detrimento de operário ou) - Art. 76, IV, b

S

Sabe ou deveria saber apresentar alto grau de nocividade (produto ou serviço que) - Art. 10
Sabe ou deveria saber ser capaz de induzir o consumidor (Fazer ou promover publicidade que) - Art. 68

Sabe ou deveria saber ser enganosa ou abusiva (Fazer ou promover publicidade que) - Art. 67
Sabe ou deveria saber ser inexata (banco de dados, fichas ou registros que) - Art. 73
Saber apresentar alto grau de nocividade (produto ou serviço que sabe ou deveria) - Art. 10
Saber que o Congresso Nacional decreta e eu sanciono a seguinte lei (O PRESIDENTE DA REPÚBLICA, faço) - Abertura
Saber ser capaz de induzir o consumidor (Fazer ou promover publicidade que sabe ou deveria) - Art. 68
Saber ser enganosa ou abusiva (Fazer ou promover publicidade que sabe ou deveria) - Art. 67
Saber ser inexata (banco de dados, fichas ou registros que sabe ou deveria) - Art. 73
Salvo as decorrentes das relações de caráter trabalhista (de crédito e securitária,) - Art. 3º, § 2º
Salvo comprovada má-fé (nem condenação da associação autora,) - Art. 87
Salvo comprovada má-fé (nem condenação da associação autora,) - Art. 116
Salvo estipulação em contrário, o valor orçado terá validade - Art. 40, § 1º
Salvo hipótese de engano justificável (acrescido de correção monetária e juros legais,) - Art. 42, p.ú
Salvo improcedência por insuficiência de provas, nos termos do inciso anterior, - Art. 103, II
Salvo na hipótese de o patrimônio do devedor ser manifestamente suficiente - Art. 99, p.ú
Salvo, quanto a estes últimos, autorização em contrário do consumidor. - Art. 21
Sanado no prazo máximo de trinta dias (Não sendo o vício) - Art. 18, § 1º
Sanciono a seguinte lei (O PRESIDENTE DA REPÚBLICA, faço saber que o Congresso Nacional decreta e eu) - Abertura
Sanções Administrativas (Das) - Art. 55
Sanções administrativas (ficam sujeitas, conforme o caso, às seguintes) - Art. 56
Sanções cabíveis (o desfazimento do negócio, sem prejuízo de outras) - Art. 41
Sanções previstas neste artigo serão aplicadas pela autoridade administrativa (As) - Art. 56, p.ú
Saúde (O fornecedor de produtos e serviços potencialmente nocivos ou perigosos à) - Art. 9º
Saúde e Segurança (Da Proteção à) - Art. 8º
Saúde e segurança contra os riscos provocados (a proteção da vida,) - Art. 6º, I
Saúde e segurança dos consumidores (bem como sobre os riscos que apresentam à) - Art. 31
Saúde e segurança, a proteção de seus interesses econômicos, - Art. 4º
Saúde ou segurança deverá informar, de maneira ostensiva e adequada (perigosos à) - Art. 9º
Saúde ou segurança dos consumidores (ou serviços à) - Art. 10, § 3º
Saúde ou segurança dos consumidores, exceto os considerados normais (riscos à) - Art. 8º
Saúde ou segurança (alto grau de nocividade ou periculosidade à) - Art. 10
Saúde ou segurança (de forma prejudicial ou perigosa à sua) - Art. 37, § 2º
Saúde ou segurança (a se comportar de forma prejudicial ou perigosa a sua) - Art. 68
Saúde pública e à incolumidade pessoal (nocivo ou perigoso à) - Art. 102
Saúde, conhecimento ou condição social (tendo em vista sua idade,) - Art. 39, IV
Saúde, da segurança, da informação (no interesse da preservação da vida, da) - Art. 55, § 1º
Saúde, da segurança, da informação e do bem-estar do consumidor (da vida, da) - Art. 55, § 1º
Saúde, perigosos ou, ainda (corrompidos, fraudados, nocivos à vida ou à) - Art. 18, § 6º, II
Seções anteriores (exonere ou atenue a obrigação de indenizar prevista nesta e nas) - Art. 25
Seções anteriores (todos responderão solidariamente pela reparação prevista nesta e nas) - Art. 25, § 1º

Secretaria Nacional de Direito Econômico (MJ), ou órgão federal que venha substituí-lo (da) - Art. 106
Securitária, salvo as decorrentes das relações de caráter trabalhista (de crédito e) - Art. 3º, § 2º
Segredo industrial (sobre questões de interesse do consumidor, resguardado o) - Art. 55, § 4º
Segundo as regras ordinárias de experiências (quando for ele hipossuficiente,) - Art. 6º, VIII
Segundo grau (ficará sustada enquanto pendentes de decisão de) - Art. 99, p.ú
Segundo os padrões oficiais (e o instrumento utilizado não estiver aferido) - Art. 19, § 2º
Segundo sua participação na causação do evento danoso (contra os demais responsáveis) - Art. 13, p.ú
Segurador (o ajuizamento de ação de indenização diretamente contra o) - Art. 101, II
Segurador (poderá chamar ao processo o) - Art. 101, II
Segurança (Da Proteção à Saúde e) - Art. 8º
Segurança (O produto é defeituoso quando não oferece a) - Art. 12, § 1º
Segurança (O serviço é defeituoso quando não fornece a) - Art. 14, § 1º
Segurança contra os riscos provocados (a proteção da vida, saúde e) - Art. 6º, I
Segurança de bens e serviços (fiscalização de preços, abastecimento, quantidade e) - Art. 106, VIII
Segurança de produtos e serviços (meios eficientes de controle de qualidade e) - Art. 4º, V
Segurança deverá informar, de maneira ostensiva e adequada (perigosos à saúde ou) - Art. 9º
Segurança dos consumidores (ou serviços à saúde ou) - Art. 10, § 3º
Segurança dos consumidores, exceto os considerados normais (riscos à saúde ou) - Art. 8º
Segurança dos consumidores (bem como sobre os riscos que apresentam à saúde e) - Art. 31
Segurança que dele legitimamente se espera (não oferece a) - Art. 12, § 1º
Segurança que o consumidor dele pode esperar, levando-se em consideração (a) - Art. 14, § 1º
Segurança, a proteção de seus interesses econômicos (saúde e) - Art. 4º
Segurança, da informação (no interesse da preservação da vida, da saúde, da) - Art. 55, § 1º
Segurança, da informação e do bem-estar do consumidor (da vida, da saúde, da) - Art. 55, § 1º
Segurança, desempenho, durabilidade, preço ou garantia de produtos ou serviços: - Art. 66
Segurança, durabilidade e desempenho (com padrões adequados de qualidade,) - Art. 4º, II, d
Segurança (alto grau de nocividade ou periculosidade à saúde ou) - Art. 10
Segurança (de forma prejudicial ou perigosa à sua saúde ou) - Art. 37, § 2º
Segurança (a se comportar de forma prejudicial ou perigosa a sua saúde ou) - Art. 68
Seguro de responsabilidade (o réu que houver contratado) - Art. 101, II
Seguro de responsabilidade (o síndico será intimado a informar a existência de) - Art. 101, II
Seguros (são obrigados a fornecer serviços adequados, eficientes,) - Art. 22
Seguros e, quanto aos essenciais, contínuos (eficientes,) - Art. 22
Seis meses a dois anos e multa (Detenção de) - Art. 64, Pena
Seis meses a dois anos e multa (Pena Detenção de) - Art. 63
Seis meses a dois anos e multa (Pena Detenção de) - Art. 65
Seis meses a dois anos e multa (Pena - Detenção de) - Art. 68
Seis meses a um ano ou multa (Pena Detenção de) - Art. 72
Seis meses ou multa (Pena Detenção de um a) - Art. 63, § 2º
Seis meses ou multa (Pena Detenção de um a) - Art. 66, § 2º

Seis meses ou multa (Pena Detenção de um a) - Art. 69
Seis meses ou multa (Pena Detenção de um a) - Art. 73
Seis meses ou multa (Pena Detenção de um a) - Art. 74
Seja capaz de induzir o consumidor (desrespeita valores ambientais, ou que) - Art. 37, § 2°
Seja conferido ao consumidor (cancelar o contrato unilateralmente, sem que igual direito) - Art. 51, XI
Seja conferido contra o fornecedor (sem que igual direito lhe) - Art. 51, XII
Seja manifestamente superior à da vítima (cuja condição econômico-social) - Art. 76, IV, a
Seja posterior à sua colocação no mercado (ou periculosidade de produtos cujo conhecimento) - Art. 64
Seja signatário (decorrentes de tratados ou convenções internacionais de que o Brasil) - Art. 7°
Seja titular grupo, categoria ou classe de pessoas (natureza indivisível de que) - Art. 81, p.ú., II
Sejam incompatíveis com a boa-fé ou a eqüidade (em desvantagem exagerada, ou) - Art. 51, IV
Sejam titulares pessoas indeterminadas (de que) - Art. 81, p.ú., I
Sempre (A pena de intervenção administrativa será aplicada) - Art. 59, § 2°
Sempre às expensas do infrator (nos termos do art. 36 e seus parágrafos,) - Art. 60
Sempre com base na boa-fé e equilíbrio nas relações entre consumidores e fornecedores; - Art. 4°, III
Sempre como fiscal da lei (O Ministério Público, se não ajuizar a ação, atuará) - Art. 92
Sempre que a contratação de fornecimento (ou do ato de recebimento do produto ou serviço,) - Art. 49
Sempre que as circunstâncias de fato desaconselharem a cassação de licença, - Art. 59, § 2°
Sempre que encontrar inexatidão nos seus dados e cadastros (O consumidor,) - Art. 43, § 3°
Sempre que sua personalidade for, de alguma forma (desconsiderada a pessoa jurídica) - Art. 28, § 5°
Sempre que tiverem conhecimento de periculosidade de produtos - Art. 10, § 3°
Sempre que, em razão da extensão do vício (§ 1° deste artigo,) - Art. 18, § 3°
Sempre que, respeitadas as variações decorrentes de sua natureza, - Art. 19
Sendo o dano causado por componente ou peça incorporada ao produto - Art. 25, § 2°
Sendo o vício sanado no prazo máximo de trinta dias (Não) - Art. 18, § 1°
Sendo obrigatória a participação dos consumidores e fornecedores (normas referidas no § 1°,) - Art. 55, § 3°
Sendo possível a substituição do bem (e não) - Art. 18, § 4°
Sendo promovida pelos legitimados de que trata o art. 82 (A execução poderá ser coletiva,) - Art. 98
Sendo relevante o fundamento da demanda - Art. 84, § 3°
Sentença condenatória (Art. 15. Decorridos sessenta dias do trânsito em julgado da) - Art. 114
Sentença de liquidação (abrangendo as vítimas cujas indenizações já tiveram sido fixadas em) - Art. 98
Sentença fará coisa julgada (Nas ações coletivas de que trata este código, a) - Art. 103
Sentença ou da ação condenatória, no caso de execução individual (da liquidação da) - Art. 98, § 2°, I
Sentença penal condenatória (Aplica-se o disposto no parágrafo anterior à) - Art. 103, § 4°
Sentença poderão ser promovidas pela vítima (A liquidação e a execução de) - Art. 97
Sentença que julgar procedente o pedido condenará o réu (Nesta hipótese, a) - Art. 101, II
Sentença (O juiz poderá, na hipótese do § 3° ou na) - Art. 84, § 4°
Sentença (não haverá reincidência até o trânsito em julgado da) - Art. 59, § 3°

Sentenças de liquidação (A execução coletiva far-se-á com base em certidão das) - Art. 98, § 1º
Sentido de proteger efetivamente o consumidor (ação governamental no) - Art. 4º, II
Sentido e alcance (de modo a dificultar a compreensão de seu) - Art. 46
Separado (Nos contratos de adesão, a cláusula de prazo deverá ser convencionada em) - Art. 18, § 2º
Separado, por meio de manifestação expressa do consumidor (deverá ser convencionada em) - Art. 18, § 2º
Será admissível (A conversão da obrigação em perdas e danos somente) - Art. 84, § 1º
Será admissível se por elas optar o autor - Art. 84, § 1º
Será aplicada à concessionária de serviço público (A pena de cassação da concessão) - Art. 59, § 1º
Será aplicada mediante procedimento administrativo, revertendo para o Fundo - Art. 57
Será aplicada sempre (A pena de intervenção administrativa) - Art. 59, § 2º
Será apurada mediante a verificação de culpa. - Art. 14, § 4º
Será cominada quando o fornecedor (A imposição de contrapropaganda) - Art. 60
Será conferida mediante termo escrito (A garantia contratual é complementar à legal e) - Art. 50
Será divulgada pelo responsável da mesma forma (A contrapropaganda) - Art. 60, § 1º
Será divulgada pelo responsável da mesma forma, freqüência e dimensão - Art. 60, § 1º
Será efetivada quando houver falência (A desconsideração também) - Art. 28
Será em montante não inferior a duzentas (A multa) - Art. 57, p.ú
Será exercida quando se tratar de (A defesa coletiva) - Art. 81, p.ú
Será exposto a ridículo (Na cobrança de débitos, o consumidor inadimplente não) - Art. 42
Será fixada em dias-multa (A pena pecuniária prevista nesta Seção) - Art. 77
Será fixado pelo juiz, ou pela autoridade que presidir o inquérito, - Art. 79
Será genérica (Em caso de procedência do pedido, a condenação) - Art. 95
Será inferior (e com caracteres ostensivos e legíveis, cujo tamanho da fonte não) - Art. 54, § 3º
Será inferior ao corpo doze, de modo a facilitar sua compreensão pelo consumidor (não) - Art. 54, § 3º
Será intimado a informar a existência de seguro de responsabilidade (o síndico) - Art. 101, II
Será obrigado a entregar ao consumidor orçamento prévio discriminando (O fornecedor de serviço) - Art. 40
Será publicado edital no órgão oficial (Proposta a ação,) - Art. 94
Será responsabilizado quando provar (O fornecedor de serviços só não) - Art. 14, § 3º
Será responsabilizado quando provar (o produtor ou importador só não) - Art. 12, § 3º
Será responsável perante o consumidor o fornecedor imediato, - Art. 18, § 5º
Será responsável quando fizer a pesagem ou a medição (O fornecedor imediato) - Art. 19, § 2º
Será submetido a qualquer tipo de constrangimento ou ameaça (nem) - Art. 42
Serão aplicadas mediante procedimento administrativo (bem como a de intervenção administrativa,) - Art. 59
Serão aplicadas pela administração, mediante procedimento administrativo, - Art. 58
Serão aplicadas pela autoridade administrativa (As sanções previstas neste artigo) - Art. 56, p.ú
Serão as pessoas jurídicas compelidas a cumpri-las (obrigações referidas neste artigo,) - Art. 22, p.ú
Serão devolvidos, de imediato, monetariamente atualizados (durante o prazo de reflexão,) - Art. 49, p.ú

Serão expressos em moeda corrente nacional. - Art. 53, § 3º
Serão fornecidas, pelos respectivos Sistemas de Proteção ao Crédito (não) - Art. 43, § 5º
Serão gravadas de forma indelével (nos produtos refrigerados oferecidos ao consumidor) - Art. 31, p.ú
Serão interpretadas de maneira mais favorável ao consumidor (As cláusulas contratuais) - Art. 47
Serão observadas as seguintes normas: - Art. 101
Serão redigidos em termos claros (Os contratos de adesão escritos) - Art. 54, § 3º
Serão solidariamente condenados (e os diretores responsáveis pela propositura da ação) - Art. 87, p.ú
Serão solidariamente condenados em honorários advocatícios e ao décuplo das custas, - Art. 115
Serão veiculados na imprensa, rádio e televisão, às expensas do fornecedor - Art. 10, § 2º
Serem cometidos em época de grave crise econômica ou por ocasião de calamidade; - Art. 76, I
Serem empregados (o valor da mão-de-obra, dos materiais e equipamentos a) - Art. 40
Serem praticados em operações que envolvam alimentos, medicamentos - Art. 76, V
Ser-lhe entregue, devidamente preenchido pelo fornecedor (devendo) - Art. 50, p.ú
Serviço (Consumidor é toda pessoa física ou jurídica que adquire ou utiliza produto ou) - Art. 2º
Serviço (Da Responsabilidade pelo Fato do Produto e do) - Art. 12
Serviço (Da Responsabilidade por Vício do Produto e do) - Art. 18
Serviço (O fornecedor não poderá colocar no mercado de consumo produto ou) - Art. 10
Serviço a ser prestado (sobre a periculosidade do) - Art. 63, § 1º
Serviço ao fornecimento de outro produto (condicionar o fornecimento de produto ou de) - Art. 39, I
Serviço como destinatário final (que adquire ou utiliza produto ou) - Art. 2º
Serviço correspondente (CNPJ do fornecedor do produto ou) - Art. 42-A
Serviço de alto grau de periculosidade (Executar) - Art. 65
Serviço e de produtos duráveis (noventa dias, tratando-se de fornecimento de) - Art. 26, II
Serviço e de produtos não duráveis (trinta dias, tratando-se de fornecimento de) - Art. 26, I
Serviço é defeituoso quando não fornece a segurança (O) - Art. 14, § 1º
Serviço é qualquer atividade fornecida no mercado de consumo, - Art. 3º, § 2º
Serviço é solidariamente responsável (O fornecedor do produto ou) - Art. 34
Serviço em desacordo (colocar, no mercado de consumo, qualquer produto ou) - Art. 39, VIII
Serviço em moeda corrente nacional (preço do produto ou) - Art. 52, I
Serviço equivalente (aceitar outro produto ou prestação de) - Art. 35, II
Serviço independe de termo expresso (A garantia legal de adequação do produto ou) - Art. 24
Serviço não é considerado defeituoso pela adoção de novas técnicas (O) - Art. 14, § 2º
Serviço prevista na Seção II deste Capítulo (causados por fato do produto ou do) - Art. 27
Serviço público (A pena de cassação da concessão será aplicada à concessionária de) - Art. 59, § 1º
Serviço que sabe ou deveria saber apresentar alto grau de nocividade (produto ou) - Art. 10
Serviço será obrigado a entregar ao consumidor orçamento prévio discriminando (O fornecedor de) - Art. 40
Serviço (de proibição de fabricação de produtos, de suspensão do fornecimento de produto ou) - Art. 58
Serviço, bem como, sem justa causa, a limites quantitativos (de outro produto ou) - Art. 39, I

Serviço, o defeito inexiste (que, tendo prestado o) - Art. 14, § 3º, I
Serviço, são responsáveis solidários seu fabricante (incorporada ao produto ou) - Art. 25, § 2º
Serviço, sempre que a contratação de fornecimento (ou do ato de recebimento do produto ou) - Art. 49
Serviço (às expensas do fornecedor do produto ou) - Art. 10, § 2º
Serviço (quando deixar de informar sobre dado essencial do produto ou) - Art. 37, § 3º
Serviço (vícios de quantidade ou de qualidade por inadequação ou insegurança do produto ou) - Art. 58
Serviço (sem solicitação prévia, qualquer produto, ou fornecer qualquer) - Art. 39, III
Serviço (suspensão de fornecimento de produtos ou) - Art. 56, VI
Serviços (Das Ações de Responsabilidade do Fornecedor de Produtos e) - Art. 101
Serviços (ou manutenção em depósito de produtos ou a oferta e prestação de) - Art. 75
Serviços (veiculada por qualquer forma ou meio de comunicação com relação a produtos e) - Art. 30
Serviços à comunidade (a prestação de) - Art. 78, III
Serviços à saúde ou segurança dos consumidores (ou) - Art. 10, § 3º
Serviços adequados, eficientes, seguros (são obrigados a fornecer) - Art. 22
Serviços até a resposta negativa (pelo consumidor perante o fornecedor de produtos e) - Art. 26, § 2º, I
Serviços colocados no mercado de consumo não acarretarão riscos (Os produtos e) - Art. 8º
Serviços com padrões adequados de qualidade (pela garantia dos produtos e) - Art. 4º, II, d
Serviços considerados perigosos ou nocivos (fornecimento de produtos e) - Art. 6º, I
Serviços de proteção ao crédito e congêneres (os) - Art. 43, § 4º
Serviços de terceiros (acréscimos decorrentes da contratação de) - Art. 40, § 3º
Serviços de terceiros não previstos no orçamento prévio (contratação de) - Art. 40, § 3º
Serviços devem assegurar informações corretas (A oferta e apresentação de produtos ou) - Art. 31
Serviços e o mercado de consumo (a publicidade de produtos e) - Art. 55, § 1º
Serviços essenciais (ou quaisquer outros produtos ou) - Art. 76, V
Serviços não o exime de responsabilidade (por inadequação dos produtos e) - Art. 23
Serviços nas condições por ele proibidas (e prestação de) - Art. 75
Serviços ocorrer fora do estabelecimento comercial (fornecimento de produtos e) - Art. 49
Serviços oferecidos ou apresentados, obriga o fornecedor que a fizer veicular (produtos e) - Art. 30
Serviços ou impliquem renúncia (por vícios de qualquer natureza dos produtos e) - Art. 51, I
Serviços poderá ser confiada a terceiros (A reexecução dos) - Art. 20, § 1º
Serviços por telefone (É proibida a publicidade de bens e) - Art. 33, p.ú
Serviços potencialmente nocivos ou perigosos à saúde (O fornecedor de produtos e) - Art. 9º
Serviços prestados e os produtos remetidos ou entregues ao consumidor (Os) - Art. 39, p.ú
Serviços públicos em geral (a adequada e eficaz prestação dos) - Art. 6º, X
Serviços públicos (racionalização e melhoria dos) - Art. 4º, VII
Serviços que envolva outorga de crédito (No fornecimento de produtos ou) - Art. 52
Serviços que se mostrem inadequados para os fins (São impróprios os) - Art. 20, § 2º
Serviços que tenham por objetivo a reparação de qualquer produto (No fornecimento de) - Art. 21
Serviços que, posteriormente à sua introdução (O fornecedor de produtos e) - Art. 10, § 1º
Serviços que (as cláusulas contratuais relativas ao fornecimento de produtos e) - Art. 51
Serviços recusar cumprimento à oferta (Se o fornecedor de produtos ou) - Art. 35
Serviços responde pelos vícios de qualidade (O fornecedor de) - Art. 20

Serviços responde, independentemente da existência de culpa (O fornecedor de) - Art. 14
Serviços sem a prévia elaboração de orçamento (executar) - Art. 39, VI
Serviços só não será responsabilizado quando provar (O fornecedor de) - Art. 14, § 3º
Serviços sujeitos ao regime de controle (No caso de fornecimento de produtos ou de) - Art. 41
Serviços (a educação e divulgação sobre o consumo adequado dos produtos e) - Art. 6º, II
Serviços (à garantia e características de produtos e) - Art. 107
Serviços (a informação adequada e clara sobre os diferentes produtos e) - Art. 6º, III
Serviços (cadastros atualizados de reclamações fundamentadas contra fornecedores de produtos e) - Art. 44
Serviços (danos causados aos consumidores por defeitos relativos à prestação dos) - Art. 14
Serviços (meios eficientes de controle de qualidade e segurança de produtos e) - Art. 4º, V
Serviços (Na ação de responsabilidade civil do fornecedor de produtos e) - Art. 101
Serviços (O fornecedor, na publicidade de seus produtos ou) - Art. 36, p.ú
Serviços (ou estabelecidas unilateralmente pelo fornecedor de produtos ou) - Art. 54
Serviços (recusar a venda de bens ou a prestação de) - Art. 39, IX
Serviços, da Prevenção e da Reparação dos Danos (Da Qualidade de Produtos e) - Art. 8º
Serviços, dentre outras práticas abusivas (É vedado ao fornecedor de produtos ou) - Art. 39
Serviços, devendo divulgá-lo pública e anualmente (contra fornecedores de produtos e) - Art. 44
Serviços, sem custo adicional e quando cabível (a reexecução dos) - Art. 20, I
Serviços (a partir da entrega efetiva do produto ou do término da execução dos) - Art. 26, § 1º
Serviços (as condições de pagamento, bem como as datas de início e término dos) - Art. 40
Serviços (elevar sem justa causa o preço de produtos ou) - Art. 39, X
Serviços (exportação, distribuição ou comercialização de produtos ou prestação de) - Art. 3º
Serviços (origem, preço e quaisquer outros dados sobre produtos e) - Art. 37, § 1º
Serviços (produção, industrialização, distribuição e consumo de produtos e) - Art. 55
Serviços (segurança, desempenho, durabilidade, preço ou garantia de produtos ou) - Art. 66
Serviços (cláusulas abusivas ou impostas no fornecimento de produtos e) - Art. 6º, IV
Serviços (conhecimento ou condição social para impingir-lhe seus produtos ou) - Art. 39, IV
Serviços (fiscalização de preços, abastecimento, quantidade e segurança de bens e) - Art. 106, VIII
Servidor público, ou por pessoa cuja condição econômico-social (por) - Art. 76, IV, a
Sessenta anos ou de pessoas portadoras de deficiência mental (ou maior de) - Art. 76, IV, b
Sessenta dias do trânsito em julgado da sentença condenatória (Art. 15. Decorridos) - Art. 114
Sete (ampliação do prazo previsto no parágrafo anterior, não podendo ser inferior a) - Art. 18, § 2º
Sete nem superior a cento e oitenta dias (não podendo ser inferir a) - Art. 18, § 2º
Si ou com a parte contrária (classe de pessoas ligadas entre) - Art. 81, p.ú., II
Si ou com a parte contrária por uma relação jurídica base (entre) - Art. 81, p.ú., II
Si ou suas empresas, concessionárias (Os órgãos públicos, por) - Art. 22
Sido aprovadas pela autoridade competente (Contrato de adesão é aquele cujas cláusulas tenham) - Art. 54
Sido colocado no mercado (pelo fato de outro de melhor qualidade ter) - Art. 12, § 2º
Sido declarado falido (Se o réu houver) - Art. 101, II
Sido fixadas em sentença de liquidação (abrangendo as vítimas cujas indenizações já tiveram) - Art. 98
Signatárias (A convenção somente obrigará os filiados às entidades) - Art. 107, § 2º

Signatário (decorrentes de tratados ou convenções internacionais de que o Brasil seja) - Art. 7º
Signos distintivos, que possam causar prejuízos aos consumidores (e) - Art. 4º, VI
Sinais ostensivos sobre a nocividade ou periculosidade de produtos (Omitir dizeres ou) - Art. 63
Sindicatos de categoria econômica podem regular, por convenção escrita (ou) - Art. 107
Síndico será intimado a informar a existência de seguro de responsabilidade (o) - Art. 101, II
Sistema de consórcio de produtos duráveis (Nos contratos do) - Art. 53, § 2º
Sistema de proteção ao consumidor (estejam em desacordo com o) - Art. 51, XV
Sistema jurídico a que pertence (ofende os princípios fundamentais do) - Art. 51, § 1º, I
Sistema Nacional de Defesa do Consumidor (Do) - Art. 105
Sistema Nacional de Defesa do Consumidor (SNDC) (Integram o) - Art. 105
Sistema Nacional de Defesa do Consumidor, cabendo-lhe (coordenação da política do) - Art. 106
Sistemas de Proteção ao Crédito (não serão fornecidas, pelos respectivos) - Art. 43, § 5º
Situação econômica do indiciado ou réu, a fiança poderá ser (Se assim recomendar a) - Art. 79, p.ú
Situações justificáveis (a indenização poderá ser limitada, em) - Art. 51, I
SNDC (Integram o Sistema Nacional de Defesa do Consumidor) - Art. 105
Só não será responsabilizado quando provar (O fornecedor de serviços) - Art. 14, § 3º
Só não será responsabilizado quando provar (o produtor ou importador) - Art. 12, § 3º
Só responderão por culpa (As sociedades coligadas) - Art. 28, § 4º
Sob pena de desobediência, prestem informações sobre questões de interesse (para que,) - Art. 55, § 4º
Sob pena de não o fazendo (deverão respeitar os limites oficiais) - Art. 41
Sob qualquer outra forma de empreendimento (permissionárias ou) - Art. 22
Sobre a natureza, característica, qualidade, quantidade (informação relevante) - Art. 66
Sobre a nocividade ou periculosidade de produtos (Omitir dizeres ou sinais ostensivos) - Art. 63
Sobre a periculosidade do serviço a ser prestado. - Art. 63, § 1º
Sobre a proteção do consumidor e dá outras providências (Dispõe) - Abertura
Sobre as suas respectivas fontes (e de consumo arquivados sobre ele, bem como) - Art. 43
Sobre consumidor constante de cadastro (Deixar de corrigir imediatamente informação) - Art. 73
Sobre dado essencial do produto ou serviço (quando deixar de informar) - Art. 37, § 3º
Sobre ele constem em cadastros, banco de dados, fichas e registros (que) - Art. 72
Sobre ele, bem como sobre as suas respectivas fontes (e de consumo arquivados) - Art. 43
Sobre o consumo adequado dos produtos e serviços (a educação e divulgação) - Art. 6º, II
Sobre os diferentes produtos e serviços (a informação adequada e clara) - Art. 6º, III
Sobre os fatos e a condenação (às expensas do condenado, de notícia) - Art. 78, II
Sobre os riscos que apresentam à saúde e segurança dos consumidores (bem como) - Art. 31
Sobre os riscos que apresentem (composição, qualidade e preço, bem como) - Art. 6º, III
Sobre os vícios de qualidade por inadequação (A ignorância do fornecedor) - Art. 23
Sobre produtos e serviços (origem, preço e quaisquer outros dados) - Art. 37, § 1º
Sobre questões de interesse (para que, sob pena de desobediência, prestem informações) - Art. 55, § 4º
Sobre questões de interesse do consumidor, resguardado o segredo industrial. - Art. 55, § 4º
Sobre seus direitos e garantias (prestar aos consumidores orientação permanente) - Art. 106, III

Sobre sua fruição e riscos (bem como por informações insuficientes ou inadequadas) - Art. 14
Sobre sua utilização e riscos (bem como por informações insuficientes ou inadequadas) - Art. 12
Sobre suas características, qualidades, quantidade, composição, preço, garantia, - Art. 31
Sobre (o fornecedor deverá, entre outros requisitos, informá-lo prévia e adequadamente) - Art. 52
Social (sem prejuízo de ampla divulgação pelos meios de comunicação) - Art. 94
Social evidenciado pela dimensão ou característica (quando haja manifesto interesse) - Art. 82, § 1º
Social evidenciado pela dimensão ou característica do dano (quando haja manifesto interesse) - Art. 113
Social para impingir-lhe seus produtos ou serviços (conhecimento ou condição) - Art. 39, IV
Social por parte dos órgãos de defesa do consumidor (pelos meios de comunicação) - Art. 94
Social (tendo em vista sua idade, saúde, conhecimento ou condição) - Art. 39, IV
Social, nos termos dos arts. 5º, inciso XXXII (de ordem pública e interesse) - Art. 1º
Social (infração da lei, fato ou ato ilícito ou violação dos estatutos ou contrato) - Art. 28
Sociedade quando (O juiz poderá desconsiderar a personalidade jurídica da) - Art. 28
Sociedades coligadas só responderão por culpa (As) - Art. 28, § 4º
Sociedades consorciadas são solidariamente responsáveis pelas obrigações (As) - Art. 28, § 3º
Sociedades controladas (As sociedades integrantes dos grupos societários e as) - Art. 28, § 2º
Sociedades integrantes dos grupos societários e as sociedades controladas (As) - Art. 28, § 2º
Societários e as sociedades controladas (As sociedades integrantes dos grupos) - Art. 28, § 2º
Sofridos (ação civil coletiva de responsabilidade pelos danos individualmente) - Art. 91
Sofridos (não prejudicarão as ações de indenização por danos pessoalmente) - Art. 103, § 3º
Solicitação prévia (enviar ou entregar ao consumidor, sem) - Art. 39, III
Solicitação prévia, qualquer produto, ou fornecer qualquer serviço (sem) - Art. 39, III
Solicitada por ele (deverá ser comunicada por escrito ao consumidor, quando não) - Art. 43, § 2º
Solicitar à polícia judiciária a instauração de inquérito policial - Art. 106, V
Solicitar o concurso de órgãos e entidades da União, Estados, - Art. 106, VIII
Solicitar o concurso de órgãos e entidades de notória especialização técnico-científica (poderá) - Art. 106, p.ú
Solidariamente condenados (e os diretores responsáveis pela propositura da ação serão) - Art. 87, p.ú
Solidariamente condenados em honorários advocatícios e ao décuplo das custas, - Art. 87, p.ú
Solidariamente condenados em honorários advocatícios e ao décuplo das custas (serão) - Art. 115
Solidariamente pela reparação dos danos previstos nas normas de consumo (todos responderão) - Art. 7º, p.ú
Solidariamente pela reparação prevista nesta e nas seções anteriores (todos responderão) - Art. 25, § 1º
Solidariamente pelos vícios de qualidade ou quantidade (respondem) - Art. 18
Solidariamente pelos vícios de quantidade do produto (Os fornecedores respondem) - Art. 19
Solidariamente responsáveis pelas obrigações (As sociedades consorciadas são) - Art. 28, § 3º
Solidariamente responsáveis pelas obrigações decorrentes deste código (são) - Art. 28, § 3º
Solidariamente responsável (O fornecedor do produto ou serviço é) - Art. 34
Solidariamente responsável pelos atos de seus prepostos ou representantes autônomos. - Art. 34

Solidários seu fabricante (incorporada ao produto ou serviço, são responsáveis) - Art. 25, § 2º
Solução de conflitos de consumo (assim como de mecanismos alternativos de) - Art. 4º, V
Solução de litígios de consumo (Varas Especializadas para a) - Art. 5º, IV
Soma total a pagar, com e sem financiamento. - Art. 52, V
Somente obrigará os filiados às entidades signatárias (A convenção) - Art. 107, § 2º
Somente pode ser alterado (o orçamento obriga os contraentes e) - Art. 40, § 2º
Somente pode ser alterado mediante livre negociação das partes (e) - Art. 40, § 2º
Somente será admissível (A conversão da obrigação em perdas e danos) - Art. 84, § 1º
Submetido a qualquer tipo de constrangimento ou ameaça (nem será) - Art. 42
Subsidiária (aos quais também é facultado propor ação penal) - Art. 80
Subsidiariamente responsáveis pelas obrigações decorrentes deste código (são) - Art. 28, § 2º
Substancialmente seu conteúdo (sem que o consumidor possa discutir ou modificar) - Art. 54
Substitui o publicado no D.O.U. de 12.9.1990 - Retificado no DOU de 10.1.2007 (Este texto não) - Final
Substituição das partes viciadas puder comprometer a qualidade (a) - Art. 18, § 3º
Substituição das partes viciadas (podendo o consumidor exigir a) - Art. 18
Substituição do bem (e não sendo possível a) - Art. 18, § 4º
Substituição do produto por outro da mesma espécie (a) - Art. 18, § 1º, I
Substituição do produto por outro da mesma espécie, marca ou modelo (a) - Art. 19, III
Substituição por outro de espécie, marca ou modelo diversos (poderá haver) - Art. 18, § 4º
Substituí-lo é organismo de coordenação da política (ou órgão federal que venha) - Art. 106
Substituí-lo (da Secretaria Nacional de Direito Econômico (MJ), ou órgão federal que venha) - Art. 106
Substituí-lo (ou índice equivalente que venha a) - Art. 79
Substituí-lo (valor da Unidade Fiscal de Referência (Ufir), ou índice equivalente que venha a) - Art. 57, p.ú
Subtraiam ao consumidor a opção de reembolso da quantia já paga, - Art. 51, II
Sucessores (em nome próprio e no interesse das vítimas ou seus) - Art. 91
Sucessores (mas, se procedente o pedido, beneficiarão as vítimas e seus) - Art. 103, § 3º
Sucessores (para beneficiar todas as vítimas e seus) - Art. 103, III
Sucessores, assim como pelos legitimados de que trata o art. 82 (e seus) - Art. 97
Suficiente (salvo na hipótese de o patrimônio do devedor ser manifestamente) - Art. 99, p.ú
Suficiente ou compatível com a obrigação (se for) - Art. 84, § 4º
Suficiente para responder pela integralidade das dívidas (ser manifestamente) - Art. 99, p.ú
Suficientemente precisa (Toda informação ou publicidade,) - Art. 30
Sugestões (receber, analisar, avaliar e encaminhar consultas, denúncias ou) - Art. 106, II
Sugestões apresentadas por entidades representativas (denúncias ou) - Art. 106, II
Sujeitas, conforme o caso (As infrações das normas de defesa do consumidor ficam) - Art. 56
Sujeitas, conforme o caso, às seguintes sanções administrativas (ficam) - Art. 56
Sujeitos ao regime de controle (No caso de fornecimento de produtos ou de serviços) - Art. 41
Superior a cento e oitenta dias (não podendo ser inferir a sete nem) - Art. 18, § 2º
Superior a cinco anos (não podendo conter informações negativas referentes a período) - Art. 43, § 1º
Superior à da vítima (cuja condição econômico-social seja manifestamente) - Art. 76, IV, a
Superior a três milhões de vezes o valor da Unidade Fiscal de Referência (e não) - Art. 57, p.ú
Superiores a dois por cento do valor da prestação (não poderão ser) - Art. 52, § 1º
Superstição (a que incite à violência, explore o medo ou a) - Art. 37, § 2º
Supervenientes (prestação desproporcionais ou sua revisão em razão de fatos) - Art. 6º, V

Supervenientes que as tornem excessivamente onerosas (revisão em razão de fatos) - Art. 6º, V
Suprima-se o caput do art. 17 da Lei nº 7.347, de 24 de julho de 1985, - Art. 115
Suspensão da atividade (desaconselharem a cassação de licença, a interdição ou) - Art. 59, § 2º
Suspensão de fornecimento de produtos ou serviço; - Art. 56, VI
Suspensão do fornecimento de produto ou serviço (de proibição de fabricação de produtos, de) - Art. 58
Suspensão no prazo de trinta dias (se não for requerida sua) - Art. 104
Suspensão temporária da atividade (de interdição e de) - Art. 59
Suspensão temporária de atividade; - Art. 56, VII
Sustada enquanto pendentes de decisão de segundo grau (ficará) - Art. 99, p.ú
Sustentação à mensagem (os dados fáticos, técnicos e científicos que dão) - Art. 36, p.ú

T

Tabelamento de preços, os fornecedores deverão respeitar (ao regime de controle ou de) - Art. 41
Tais como busca e apreensão, remoção de coisas e pessoas, desfazimento de obra, - Art. 84, § 5º
Tal forma que o consumidor (A publicidade deve ser veiculada de) - Art. 36
Tal forma que o consumidor, fácil e imediatamente, a identifique como tal (veiculada de) - Art. 36
Tal modo a ameaçar seu objeto ou equilíbrio contratual (de) - Art. 51, § 1º, II
Tal (veiculada de tal forma que o consumidor, fácil e imediatamente, a identifique como) - Art. 36
Tamanho da fonte não será inferior (e com caracteres ostensivos e legíveis, cujo) - Art. 54, § 3º
Também é facultado propor ação penal subsidiária (aos quais) - Art. 80
Também poderá ser desconsiderada a pessoa jurídica - Art. 28, § 5º
Também será efetivada quando houver falência (A desconsideração) - Art. 28
Taxa efetiva anual de juros (montante dos juros de mora e da) - Art. 52, II
Técnica aos necessitados (assegurada a proteção Jurídica administrativa e) - Art. 6º, VII
Técnicas (ou, se normas específicas, não existirem, pela Associação Brasileira de Normas) - Art. 39, VIII
Técnicas do fabricante (ou que mantenham as especificações) - Art. 21
Técnicas (O serviço não é considerado defeituoso pela adoção de novas) - Art. 14, § 2º
Técnico-científica (poderá solicitar o concurso de órgãos e entidades de notória especialização) - Art. 106, p.ú
Técnicos e científicos que dão base à publicidade (Deixar de organizar dados fáticos,) - Art. 69
Técnicos e científicos que dão sustentação à mensagem (os dados fáticos,) - Art. 36, p.ú
Tecnológico (do consumidor com a necessidade de desenvolvimento econômico e) - Art. 4º, III
Telefone ou a domicílio (estabelecimento comercial, especialmente por) - Art. 49
Telefone ou reembolso postal (Em caso de oferta ou venda por) - Art. 33
Telefone (É proibida a publicidade de bens e serviços por) - Art. 33, p.ú
Televisão, às expensas do fornecedor (serão veiculados na imprensa, rádio e) - Art. 10, § 2º

Tem direito à repetição do indébito (O consumidor cobrado em quantia indevida) - Art. 42, p.ú
Tem por objetivo (A Política Nacional das Relações de Consumo) - Art. 4º
Tempo, na forma da lei (a oferta deverá ser mantida por período razoável de) - Art. 32, p.ú
Temporária da atividade (de interdição e de suspensão) - Art. 59
Temporária de atividade (suspensão) - Art. 56, VII
Temporária de direitos (a interdição) - Art. 78, I
Tendo em vista sua idade, saúde, conhecimento ou condição social, - Art. 39, IV
Tendo mais de um autor a ofensa, - Art. 7º, p.ú
Tendo o consumidor optado pela alternativa do inciso I do § 1º deste artigo, - Art. 18, § 4º
Tendo prestado o serviço, o defeito inexiste (que,) - Art. 14, § 3º, I
Tenha por objeto o cumprimento da obrigação de fazer ou não fazer (Na ação que) - Art. 84
Tenham por objetivo a reparação de qualquer produto (No fornecimento de serviços que) - Art. 21
Tenham por objeto estabelecer condições relativas ao preço (relações de consumo que) - Art. 107
Tenham sido aprovadas pela autoridade competente (Contrato de adesão é aquele cujas cláusulas) - Art. 54
Ter a seguinte redação (O § 3º passa a) - Art. 112
Ter a seguinte redação (O art. 15 da Lei nº 7.347, de 24 de julho de 1985, passa a) - Art. 114
Ter a seguinte redação (passa a) - Art. 111
Ter sido colocado no mercado (pelo fato de outro de melhor qualidade) - Art. 12, § 2º
Terá acesso às informações existentes em cadastros, fichas, registros e dados pessoais - Art. 43
Terá descontada, além da vantagem econômica auferida (na forma deste artigo,) - Art. 53, § 2º
Terá eficácia de título executivo extrajudicial (mediante combinações, que) - Art. 113
Terá validade (Salvo estipulação em contrário, o valor orçado) - Art. 40, § 1º
Terá validade pelo prazo de dez dias, contado de seu recebimento pelo consumidor. - Art. 40, § 1º
Terão preferência no pagamento (resultantes do mesmo evento danoso, estas) - Art. 99
Terceiro (a culpa exclusiva do consumidor ou de) - Art. 12, § 3º, III
Terceiro (a culpa exclusiva do consumidor ou de) - Art. 14, § 3º, II
Terceiros (A reexecução dos serviços poderá ser confiada a) - Art. 20, § 1º
Terceiros (acréscimos decorrentes da contratação de serviços de) - Art. 40, § 3º
Terceiros devidamente capacitados, por conta e risco do fornecedor (confiada a) - Art. 20, § 1º
Terceiros não previstos no orçamento prévio (contratação de serviços de) - Art. 40, § 3º
Terceiros (transfiram responsabilidades a) - Art. 51, III
Término da execução dos serviços (a partir da entrega efetiva do produto ou do) - Art. 26, § 1º
Término dos serviços (as condições de pagamento, bem como as datas de início e) - Art. 40
Termo (As multas de mora decorrentes do inadimplemento de obrigações no seu) - Art. 52, § 1º
Termo de garantia adequadamente preenchido (Deixar de entregar ao consumidor o) - Art. 74
Termo de garantia ou equivalente deve ser padronizado e esclarecer (O) - Art. 50, p.ú
Termo escrito (A garantia contratual é complementar à legal e será conferida mediante) - Art. 50
Termo expresso (A garantia legal de adequação do produto ou serviço independe de) - Art. 24

Termo expresso, vedada a exoneração contratual do fornecedor (independe de) - Art. 24
Termo inicial a seu exclusivo critério (ou deixar a fixação de seu) - Art. 39, XII
Termos claros (Os contratos de adesão escritos serão redigidos em) - Art. 54, § 3º
Termos da legislação vigente (apreciação de delito contra os consumidores, nos) - Art. 106, V
Termos da oferta, apresentação ou publicidade (exigir o cumprimento forçado da obrigação, nos) - Art. 35, I
Termos do art. 36 e seus parágrafos, sempre às expensas do infrator (nos) - Art. 60
Termos do art. 80 do Código de Processo Civil (nos) - Art. 101, II
Termos do art. 84 e parágrafos (ensejando inclusive execução específica, nos) - Art. 48
Termos do artigo anterior, quando (O comerciante é igualmente responsável, nos) - Art. 13
Termos do inciso anterior (salvo improcedência por insuficiência de provas, nos) - Art. 103, II
Termos dos arts. 5º, inciso XXXII (de ordem pública e interesse social, nos) - Art. 1º
Termos dos arts. 96 a 99 (que poderão proceder à liquidação e à execução, nos) - Art. 103, § 3º
Território nacional, a produção, divulgação distribuição ou venda (em todo o) - Art. 102
Tesouro Nacional (BTN) (entre cem e duzentas mil vezes o valor do Bônus do) - Art. 79
Texto não substitui o publicado no D.O.U. de 12.9.1990 - Retificado no DOU de 10.1.2007 (Este) - Final
Tipificadas nos artigos seguintes (disposto no Código Penal e leis especiais, as condutas) - Art. 61
Tipificados neste código (São circunstâncias agravantes dos crimes) - Art. 76
Tipo de constrangimento ou ameaça (nem será submetido a qualquer) - Art. 42
Titular grupo, categoria ou classe de pessoas (natureza indivisível de que seja) - Art. 81, p.ú., II
Titulares pessoas indeterminadas (de que sejam) - Art. 81, p.ú., I
Titularidade ativa (o Ministério Público ou outro legitimado assumirá a) - Art. 112
Título as normas do Código de Processo Civil (Aplicam-se às ações previstas neste) - Art. 90
Título coletivo (poderá ser exercida em juízo individualmente, ou a) - Art. 81
Título executivo extrajudicial (mediante combinações, que terá eficácia de) - Art. 113
Título (os valores eventualmente pagos, a qualquer) - Art. 49, p.ú
Título (sem prejuízo do disposto nos Capítulos I e II deste) - Art. 101
Títulos e documentos (a partir do registro do instrumento no cartório de) - Art. 107, § 1º
Tiver conhecimento da periculosidade que apresentem (no mercado de consumo,) - Art. 10, § 1º
Tiveram sido fixadas em sentença de liquidação (abrangendo as vítimas cujas indenizações já) - Art. 98
Tiverem conhecimento de periculosidade de produtos (Sempre que) - Art. 10, § 3º
Tiverem intervindo no processo como litisconsortes (os interessados que não) - Art. 103, § 2º
Toda informação ou publicidade, suficientemente precisa, - Art. 30
Toda pessoa física ou jurídica que adquire ou utiliza produto ou serviço (Consumidor é) - Art. 2º
Toda pessoa física ou jurídica, pública ou privada, nacional ou estrangeira (Fornecedor é) - Art. 3º
Toda publicidade enganosa ou abusiva (É proibida) - Art. 37
Todas as espécies de ações capazes de propiciar sua adequada e efetiva tutela (são admissíveis) - Art. 83
Todas as pessoas determináveis ou não (equiparam-se aos consumidores) - Art. 29
Todas as pessoas determináveis ou não, expostas às práticas nele previstas. - Art. 29
Todas as vítimas do evento (Para os efeitos desta Seção, equiparam-se aos consumidores) - Art. 17

Todas as vítimas e seus sucessores (para beneficiar) - Art. 103, III
Todo o território nacional, a produção, divulgação distribuição ou venda (em) - Art. 102
Todos os abusos praticados no mercado de consumo (coibição e repressão eficientes de) - Art. 4º, VI
Todos os documentos de cobrança de débitos apresentados ao consumidor (Em) - Art. 42-A
Todos os impressos utilizados na transação comercial (na embalagem, publicidade e em) - Art. 33
Todos responderão solidariamente pela reparação dos danos previstos nas normas de consumo. - Art. 7º, p.ú
Todos responderão solidariamente pela reparação prevista nesta e nas seções anteriores. - Art. 25, § 1º
Tomar conhecimento prévio de seu conteúdo (se não lhes for dada a oportunidade de) - Art. 46
Tomar dos interessados (§ 6º Os órgãos públicos legitimados poderão) - Art. 113
Tomar dos interessados compromisso de ajustamento de sua conduta às exigências legais, - Art. 113
Tornar-se-á obrigatória a partir do registro (A convenção) - Art. 107, § 1º
Tornem excessivamente onerosas (revisão em razão de fatos supervenientes que as) - Art. 6º, V
Tornem impróprios ao consumo ou lhes diminuam o valor (vícios de qualidade que os) - Art. 20
Tornem impróprios ou inadequados ao consumo a que se destinam (qualidade ou quantidade que os) - Art. 18
Total a pagar, com e sem financiamento (soma) - Art. 52, V
Total das prestações pagas (nulas de pleno direito as cláusulas que estabeleçam a perda) - Art. 53
Total ou parcial, das obrigações referidas (Nos casos de descumprimento,) - Art. 22, p.ú
Total ou parcial, de estabelecimento, de obra ou de atividade (interdição,) - Art. 56, X
Total ou parcialmente (É assegurado ao consumidor a liquidação antecipada do débito,) - Art. 52, § 2º
Total ou parcialmente, mediante redução proporcional dos juros e demais acréscimos. - Art. 52, § 2º
Trabalhista (de crédito e securitária, salvo as decorrentes das relações de caráter) - Art. 3º, § 2º
Trabalho, descanso ou lazer (ou interfira com seu) - Art. 71
Transação comercial (na embalagem, publicidade e em todos os impressos utilizados na) - Art. 33
Transfiram responsabilidades a terceiros; - Art. 51, III
Transformação, importação (atividade de produção, montagem, criação, construção,) - Art. 3º
Transformado em inciso XIII, quando da conversão na Lei nº 9.870, de 23.11.1999 - Art. 39, XI
Transindividuais, de natureza indivisível (para efeitos deste código, os) - Art. 81, p.ú., II
Transindividuais, de natureza indivisível (para efeitos deste código, os) - Art. 81, p.ú., I
Trânsito em julgado da sentença condenatória (Art. 15. Decorridos sessenta dias do) - Art. 114
Trânsito em julgado da sentença (não haverá reincidência até o) - Art. 59, § 3º
Trânsito em julgado (da qual deverá constar a ocorrência ou não do) - Art. 98, § 1º
Transitórias (e art. 48 de suas Disposições) - Art. 1º
Transmitida de forma inequívoca (até a resposta negativa correspondente, que deve ser) - Art. 26, § 2º, I

Transparência e harmonia das relações de consumo (bem como a) - Art. 4º
Trata a Lei nº 7.347, de 24 de julho de 1985 (revertendo para o Fundo de que) - Art. 57
Trata esta lei, não haverá adiantamento de custas (Art. 18. Nas ações de que) - Art. 116
Trata este artigo, nos produtos refrigerados oferecidos ao consumidor (As informações de que) - Art. 31, p.ú
Trata este código não haverá adiantamento de custas (Nas ações coletivas de que) - Art. 87
Trata este código (O valor da fiança, nas infrações de que) - Art. 79
Trata este código, a sentença fará coisa julgada (Nas ações coletivas de que) - Art. 103
Trata o art. 82 poderão propor (Os legitimados de que) - Art. 91
Trata o art. 82 (A execução poderá ser coletiva, sendo promovida pelos legitimados de que) - Art. 98
Trata o art. 82 (e seus sucessores, assim como pelos legitimados de que) - Art. 97
Trata o caput deste artigo (Os contratos de que) - Art. 53, § 3º
Tratados (Os direitos previstos neste código não excluem outros decorrentes de) - Art. 7º
Tratados ou convenções internacionais de que o Brasil seja signatário (decorrentes de) - Art. 7º
Tratando de produto industrial (Em se) - Art. 8º, p.ú
Tratando-se de fornecimento de serviço e de produtos duráveis (noventa dias,) - Art. 26, II
Tratando-se de fornecimento de serviço e de produtos não duráveis (trinta dias,) - Art. 26, I
Tratando-se de vício oculto, o prazo decadencial inicia-se no momento - Art. 26, § 3º
Tratar da hipótese prevista no inciso II do parágrafo único do art. 81 (quando se) - Art. 103, II
Tratar de produto essencial (diminuindo-lhe o valor ou se) - Art. 18, § 3º
Tratar de (A defesa coletiva será exercida quando se) - Art. 81, p.ú
Três meses a um ano e multa (Pena - Detenção de) - Art. 66
Três meses a um ano e multa (Pena Detenção de) - Art. 67
Três meses a um ano e multa (Pena Detenção de) - Art. 70
Três meses a um ano e multa (Pena Detenção de) - Art. 71
Três milhões de vezes o valor da Unidade Fiscal de Referência (e não superior a) - Art. 57, p.ú
Trinta dias (Não sendo o vício sanado no prazo máximo de) - Art. 18, § 1º
Trinta dias (se não for requerida sua suspensão no prazo de) - Art. 104
Trinta dias, tratando-se de fornecimento de serviço e de produtos não duráveis; - Art. 26, I
Turístico e paisagístico, ou a qualquer outro interesse difuso ou coletivo (II) - Art. 111
Tutela específica da obrigação ou determinará providências (o juiz concederá a) - Art. 84
Tutela específica ou a obtenção do resultado prático correspondente (ou se impossível a) - Art. 84, § 1º
Tutela específica ou para a obtenção do resultado prático equivalente (Para a) - Art. 84, § 5º
Tutela liminarmente (é lícito ao juiz conceder a) - Art. 84, § 3º
Tutela liminarmente ou após justificação prévia, citado o réu. - Art. 84, § 3º
Tutela (são admissíveis todas as espécies de ações capazes de propiciar sua adequada e efetiva) - Art. 83

U

Ufir, ou índice equivalente que venha a substituí-lo (valor da Unidade Fiscal de Referência) - Art. 57, p.ú

Últimos, autorização em contrário do consumidor (salvo, quanto a estes) - Art. 21
Ultra partes (mas os efeitos da coisa julgada erga omnes ou) - Art. 104
Ultra partes, mas limitadamente ao grupo, categoria ou classe, - Art. 103, II
Um a seis meses ou multa (Pena Detenção de) - Art. 63, § 2°
Um a seis meses ou multa (Pena Detenção de) - Art. 66, § 2°
Um a seis meses ou multa (Pena Detenção de) - Art. 69
Um a seis meses ou multa (Pena Detenção de) - Art. 73
Um a seis meses ou multa (Pena Detenção de) - Art. 74
Um ano (as associações legalmente constituídas há pelo menos) - Art. 82, IV
Um ano e multa (Pena - Detenção de três meses a) - Art. 66
Um ano e multa (Pena Detenção de três meses a) - Art. 67
Um ano e multa (Pena Detenção de três meses a) - Art. 70
Um ano e multa (Pena Detenção de três meses a) - Art. 71
Um ano ou multa (Pena Detenção de seis meses a) - Art. 72
Um ano sem habilitação de interessados em número compatível (Decorrido o prazo de) - Art. 100
Um autor a ofensa (Tendo mais de) - Art. 7°, p.ú
Um responsável pela causação do dano (Havendo mais de) - Art. 25, § 1°
Uma cláusula contratual abusiva não invalida o contrato (A nulidade de) - Art. 51, § 2°
Uma relação jurídica base (entre si ou com a parte contrária por) - Art. 81, p.ú., II
Uma vez aprovado pelo consumidor, - Art. 40, § 2°
União (§ 5° Admitir-se-á o litisconsórcio facultativo entre os Ministérios Públicos da) - Art. 113
União, do Distrito Federal e dos Estados (Ministérios Públicos da) - Art. 113
União, do Distrito Federal e Municípios (entidades da) - Art. 106, VIII
União, Estados (solicitar o concurso de órgãos e entidades da) - Art. 106, VIII
União, os Estados e o Distrito Federal, em caráter concorrente (A) - Art. 55
União, os Estados, o Distrito Federal (a) - Art. 10, § 3°
União, os Estados, o Distrito Federal e os Municípios (A) - Art. 55, § 1°
União, os Estados, os Municípios e o Distrito Federal (a) - Art. 82, II
União, ou para os Fundos estaduais ou municipais (os valores cabíveis à) - Art. 57
Único (as mesmas regras enunciadas no artigo anterior e as do parágrafo) - Art. 44, § 2°
Único a constituir o caput, com a seguinte redação (passando o parágrafo) - Art. 115
Único deste código (Na hipótese do art. 13, parágrafo) - Art. 88
Único do art. 22 deste código (artigo anterior e as do parágrafo) - Art. 44, § 2°
Único do art. 81 (As ações coletivas, previstas nos incisos I e II e do parágrafo) - Art. 104
Único do art. 81 (na hipótese do inciso III do parágrafo) - Art. 103, III
Único do art. 81 (na hipótese do inciso I do parágrafo) - Art. 103, I
Único do art. 81 (quando se tratar da hipótese prevista no inciso II do parágrafo) - Art. 103, II
Único, são legitimados concorrentemente (Para os fins do art. 81, parágrafo) - Art. 82
Unidade Fiscal de Referência (e não superior a três milhões de vezes o valor da) - Art. 57, p.ú
Unidade Fiscal de Referência (Ufir), ou índice equivalente que venha a substituí-lo (valor da) - Art. 57, p.ú
Unilateral (permitam ao fornecedor, direta ou indiretamente, variação do preço de maneira) - Art. 51, X
Unilateralmente (autorizem o fornecedor a modificar) - Art. 51, XIII
Unilateralmente pelo fornecedor de produtos ou serviços (ou estabelecidas) - Art. 54
Unilateralmente (autorizem o fornecedor a cancelar o contrato) - Art. 51, XI
Unilateralmente, sem que igual direito seja conferido ao consumidor (cancelar o contrato) - Art. 51, XI

Usados (Empregar na reparação de produtos, peça ou componentes de reposição) - Art. 70
Uso (de cassação do registro do produto e revogação da concessão ou permissão de) - Art. 58
Uso do produto em linguagem didática, com ilustrações (manual de instrução, de instalação e) - Art. 50, p.ú
Uso e consumo (São impróprios ao) - Art. 18, § 6º
Uso e os riscos que razoavelmente dele se esperam (o) - Art. 12, § 1º, II
Uso imediato das alternativas do § 1º deste artigo (O consumidor poderá fazer) - Art. 18, § 3º
Uso ou consumo regular se revele nocivo ou perigoso (cujo) - Art. 102
Uso (por outro da mesma espécie, em perfeitas condições de) - Art. 18, § 1º, I
Uso (revogação de concessão ou permissão de) - Art. 56, VIII
Usos e costumes (disponibilidades de estoques, e, ainda, de conformidade com os) - Art. 39, II
Úteis, comunicar a alteração (no prazo de cinco dias) - Art. 43, § 3º
Utiliza produto ou serviço (Consumidor é toda pessoa física ou jurídica que adquire ou) - Art. 2º
Utiliza produto ou serviço como destinatário final (que adquire ou) - Art. 2º
Utilização compulsória de arbitragem (determinem a) - Art. 51, VII
Utilização e riscos (bem como por informações insuficientes ou inadequadas sobre sua) - Art. 12
Utilização indevida de inventos (inclusive a concorrência desleal e) - Art. 4º, VI
Utilizado não estiver aferido segundo os padrões oficiais (e o instrumento) - Art. 19, § 2º
Utilizados na transação comercial (na embalagem, publicidade e em todos os impressos) - Art. 33
Utilizar e integra o contrato que vier a ser celebrado (ou dela se) - Art. 30
Utilizar, na cobrança de dívidas, de ameaça, coação, constrangimento físico ou moral, - Art. 71

V

Valendo-se de nova prova (com idêntico fundamento) - Art. 103, I
Validade (Salvo estipulação em contrário, o valor orçado terá) - Art. 40, § 1º
Validade e origem, entre outros dados (preço, garantia, prazos de) - Art. 31
Validade estejam vencidos (os produtos cujos prazos de) - Art. 18, § 6º, I
Validade pelo prazo de dez dias, contado de seu recebimento pelo consumidor (terá) - Art. 40, § 1º
Valor (comprometer a qualidade ou características do produto, diminuir-lhe o) - Art. 18, § 3º
Valor da fiança, nas infrações de que trata este código (O) - Art. 79
Valor da mão-de-obra, dos materiais e equipamentos a serem empregados (o) - Art. 40
Valor da prestação (não poderão ser superiores a dois por cento do) - Art. 52, § 1º
Valor da Unidade Fiscal de Referência (e não superior a três milhões de vezes o) - Art. 57, p.ú
Valor da Unidade Fiscal de Referência (Ufir), ou índice equivalente que venha a substituí-lo. - Art. 57, p.ú
Valor do Bônus do Tesouro Nacional (BTN) (entre cem e duzentas mil vezes o) - Art. 79
Valor igual ao dobro do que pagou em excesso (por) - Art. 42, p.ú
Valor mínimo (reduzida até a metade do seu) - Art. 79, p.ú., a
Valor orçado terá validade (Salvo estipulação em contrário, o) - Art. 40, § 1º
Valor ou se tratar de produto essencial (diminuindo-lhe o) - Art. 18, § 3º

Valor (vícios de qualidade que os tornem impróprios ao consumo ou lhes diminuam o) - Art. 20
Valor, assim como por aqueles decorrentes da disparidade (ou lhes diminuam o) - Art. 18
Valores ambientais, ou que seja capaz de induzir o consumidor (desrespeita) - Art. 37, § 2º
Valores cabíveis à União, ou para os Fundos estaduais ou municipais (os) - Art. 57
Valores eventualmente pagos, a qualquer título (os) - Art. 49, p.ú
Vantagem auferida e a condição econômica do fornecedor (a) - Art. 57
Vantagem econômica auferida (na forma deste artigo, terá descontada, além da) - Art. 53, § 2º
Vantagem econômica auferida com a fruição, os prejuízos que o desistente - Art. 53, § 2º
Vantagem manifestamente excessiva (exigir do consumidor) - Art. 39, V
Varas Especializadas (criação de Juizados Especiais de Pequenas Causas e) - Art. 5º, IV
Varas Especializadas para a solução de litígios de consumo; - Art. 5º, IV
Variação do preço de maneira unilateral (permitam ao fornecedor, direta ou indiretamente,) - Art. 51, X
Variações decorrentes de sua natureza (rotulagem ou mensagem publicitária, respeitadas as) - Art. 18
Variações decorrentes de sua natureza (sempre que, respeitadas as) - Art. 19
Vedada a denunciação da lide ao Instituto de Resseguros do Brasil - Art. 101, II
Vedada a denunciação da lide (facultada a possibilidade de prosseguir-se nos mesmos autos,) - Art. 88
Vedada a estipulação contratual de cláusula que impossibilite, exonere ou atenue (É) - Art. 25
Vedada a exoneração contratual do fornecedor (independe de termo expresso,) - Art. 24
Vedada a integração do contraditório pelo Instituto de Resseguros do Brasil. - Art. 101, II
Vedado ao fornecedor de produtos ou serviços, dentre outras práticas abusivas (É) - Art. 39
Veiculada de tal forma que o consumidor (A publicidade deve ser) - Art. 36
Veiculada de tal forma que o consumidor, fácil e imediatamente, a identifique como tal. - Art. 36
Veiculada por qualquer forma ou meio de comunicação com relação a produtos e serviços - Art. 30
Veiculados na imprensa, rádio e televisão, às expensas do fornecedor (serão) - Art. 10, § 2º
Veicular (produtos e serviços oferecidos ou apresentados, obriga o fornecedor que a fizer) - Art. 30
Veículo, local, espaço e horário (e, preferencialmente no mesmo) - Art. 60, § 1º
Vencidos (os produtos cujos prazos de validade estejam) - Art. 18, § 6º, I
Venda (permitir ou por qualquer modo aprovar o fornecimento, oferta, exposição à) - Art. 75
Venda de bens ou a prestação de serviços (recusar a) - Art. 39, IX
Venda de móveis ou imóveis mediante pagamento em prestações (Nos contratos de compra e) - Art. 53
Venda por telefone ou reembolso postal (Em caso de oferta ou) - Art. 33
Venda (em todo o território nacional, a produção, divulgação distribuição ou) - Art. 102
Venha a substituí-lo (ou índice equivalente que) - Art. 79
Venha a substituí-lo (valor da Unidade Fiscal de Referência (Ufir), ou índice equivalente que) - Art. 57, p.ú
Venha substituí-lo é organismo de coordenação da política (ou órgão federal que) - Art. 106
Venha substituí-lo (da Secretaria Nacional de Direito Econômico (MJ), ou órgão federal que) - Art. 106

Veracidade e correção da informação ou comunicação (O ônus da prova da) - Art. 38
Verdadeiros e em linguagem de fácil compreensão (claros,) - Art. 43, § 1º
Verificação de culpa (será apurada mediante a) - Art. 14, § 4º
Verossímil a alegação ou quando for ele hipossuficiente (for) - Art. 6º, VIII
Vez aprovado pelo consumidor (Uma) - Art. 40, § 2º
Vezes o valor da Unidade Fiscal de Referência (e não superior a três milhões de) - Art. 57, p.ú
Vezes o valor do Bônus do Tesouro Nacional (BTN) (entre cem e duzentas mil) - Art. 79
Vezes (aumentada pelo juiz até vinte) - Art. 79, p.ú., b
Viabilizar os princípios nos quais se funda a ordem econômica (de modo a) - Art. 4º, III
Viciadas puder comprometer a qualidade (a substituição das partes) - Art. 18, § 3º
Viciadas (podendo o consumidor exigir a substituição das partes) - Art. 18
Vício do Produto e do Serviço (Da Responsabilidade por) - Art. 18
Vício oculto, o prazo decadencial inicia-se no momento (Tratando-se de) - Art. 26, § 3º
Vício sanado no prazo máximo de trinta dias (Não sendo o) - Art. 18, § 1º
Vício (§ 1º deste artigo, sempre que, em razão da extensão do) - Art. 18, § 3º
Vícios (impossibilitem, exonerem ou atenuem a responsabilidade do fornecedor por) - Art. 51, I
Vícios aparentes ou de fácil constatação caduca em (O direito de reclamar pelos) - Art. 26
Vícios de qualidade (O fornecedor de serviços responde pelos) - Art. 20
Vícios de qualidade ou quantidade (respondem solidariamente pelos) - Art. 18
Vícios de qualidade por inadequação (A ignorância do fornecedor sobre os) - Art. 23
Vícios de qualidade que os tornem impróprios ao consumo ou lhes diminuam o valor, - Art. 20
Vícios de qualquer natureza dos produtos e serviços ou impliquem renúncia (por) - Art. 51, I
Vícios de quantidade (assegurada ampla defesa, quando forem constatados) - Art. 58
Vícios de quantidade do produto (Os fornecedores respondem solidariamente pelos) - Art. 19
Vícios de quantidade ou de qualidade por inadequação ou insegurança do produto ou serviço. - Art. 58
Vícios (por outro da mesma espécie, marca ou modelo, sem os aludidos) - Art. 19, III
Vida ou à saúde, perigosos ou, ainda (corrompidos, fraudados, nocivos à) - Art. 18, § 6º, II
Vida (a proteção de seus interesses econômicos a melhoria da sua qualidade de) - Art. 4º
Vida, da saúde, da segurança, da informação (no interesse da preservação da) - Art. 55, § 1º
Vida, da saúde, da segurança, da informação e do bem-estar do consumidor (da) - Art. 55, § 1º
Vida, saúde e segurança contra os riscos provocados (a proteção da) - Art. 6º, I
Vier a ser celebrado (ou dela se utilizar e integra o contrato que) - Art. 30
Vigente (apreciação de delito contra os consumidores, nos termos da legislação) - Art. 106, V
Vigor dentro de cento e oitenta dias a contar de sua publicação (Este código entrará em) - Art. 118
Vii (CAPÍTULO) - Art. 55
Vinculam o fornecedor (relativos às relações de consumo) - Art. 48
Vinte vezes (aumentada pelo juiz até) - Art. 79, p.ú., b
Violação de normas ambientais (infrinjam ou possibilitem a) - Art. 51, XIV
Violação dos estatutos ou contrato social (infração da lei, fato ou ato ilícito ou) - Art. 28
Violar obrigação legal ou contratual (quando) - Art. 59, § 1º
Violarem os interesses difusos (infrações de ordem administrativa que) - Art. 106, VII
Violarem os interesses difusos, coletivos, ou individuais dos consumidores; - Art. 106, VII

Violência, explore o medo ou a superstição (a que incite à) - Art. 37, § 2º
Visando compelir o Poder Público competente a proibir (propor ação) - Art. 102
Vista sua idade, saúde, conhecimento ou condição social (tendo em) - Art. 39, IV
Vistas à melhoria do mercado de consumo (quanto aos seus direitos e deveres, com) - Art. 4º, IV
Vistas à prevenção ou reparação de danos patrimoniais e morais (com) - Art. 6º, VII
Vítima (A liquidação e a execução de sentença poderão ser promovidas pela) - Art. 97
Vítima (cuja condição econômico-social seja manifestamente superior à da) - Art. 76, IV, a
Vítimas (A defesa dos interesses e direitos dos consumidores e das) - Art. 81
Vítimas cujas indenizações já tiveram sido fixadas em sentença de liquidação (abrangendo as) - Art. 98
Vítimas de infrações penais de consumo (especializadas no atendimento de consumidores) - Art. 5º, III
Vítimas do evento (Para os efeitos desta Seção, equiparam-se aos consumidores todas as) - Art. 17
Vítimas e seus sucessores (mas, se procedente o pedido, beneficiarão as) - Art. 103, § 3º
Vítimas e seus sucessores (para beneficiar todas as) - Art. 103, III
Vítimas ou seus sucessores (em nome próprio e no interesse das) - Art. 91
Vontade constantes de escritos particulares, recibos e pré-contratos (As declarações de) - Art. 48
Vontade que (Presume-se exagerada, entre outros casos, a) - Art. 51, § 1º
Vulnerabilidade do consumidor no mercado de consumo (reconhecimento da) - Art. 4º, I

BIBLIOGRAFIA

GRINOVER, Ada Pellegrini. Et Al. Código Brasileiro de Defesa do Consumidor – Comentado pelos Autores do Anteprojeto. Rio de Janeiro: Forense Universitária.

MARQUES, Cláudia Lima. BENJAMIN, Antônio Herman V. MIRAGEM, Bruno. Comentários ao Código de Defesa do Consumidor. São Paulo: RT.

NERY JÚNIOR, Nelson. NERY, Rosa Maria de Andrade. Leis Civis Comentadas. São Paulo: RT.

NUNES, Rizzatto. Curso de Direito do Consumidor. São Paulo: Saraiva.

NUNES JÚNIOR, Vidal Serrano. SERRANO, Yolanda Alves Pinto. Código de Defesa do Consumidor Interpretado. São Paulo: Saraiva.

OLIVEIRA, James Eduardo. Código de Defesa do Consumidor: Anotado e Comentado – Doutrina e Jurisprudência. São Paulo: Atlas.

ZAVASCKI, Teori Albino. Processo Coletivo: Tutela de Direitos Coletivos e Tutela Coletiva de Direitos. São Paulo: RT.

LETRAS Jurídicas

Letras do Pensamento

QUEM SOMOS

Editora **LETRAS JURÍDICAS** e **LETRAS DO PENSAMENTO**, com onze anos no mercado *Editorial* e *Livreiro* do país, é especializada em publicações jurídicas e em literatura de interesse geral, destinadas aos acadêmicos, aos profissionais da área do Direito e ao público em geral. Nossas publicações são atualizadas e abordam temas atuais, polêmicos e do cotidiano, sobre as mais diversas áreas do conhecimento.

Editora **LETRAS JURÍDICAS** e **LETRAS DO PENSAMENTO** recebe e analisa, mediante supervisão de seu Conselho Editorial: *artigos, dissertações, monografias* e teses jurídicas de profissionais dos **Cursos de Graduação, Pós-Graduação, de Mestrado e de Doutorado, na área de Direito e na área técnica universitária, além de obras na área de literatura de interesse geral.**

Na qualidade de *Editora Jurídica e de Interesse Geral*, mantemos uma relação em nível nacional com os principais **Distribuidores e Livreiros do país**, para divulgarmos e para distribuirmos as nossas publicações em todo o território nacional. Temos ainda relacionamento direto com as principais **Instituições de Ensino, Bibliotecas, Órgão Públicos, Cursos Especializados de Direito** e todo o segmento do mercado.

Na qualidade de *editora prestadora de serviços*, oferecemos os seguintes serviços editoriais:

- Análise e avaliação de originais para publicação;
- Assessoria Técnica Editorial;
- Banner, criação de arte e impressão;
- Cadastro do ISBN – Fundação Biblioteca Nacional;
- Capas: Criação e montagem de Arte de capa;
- CD-ROM, Áudio Books;
- Comunicação Visual;
- Consultoria comercial e editorial;
- Criação de capas e de peças publicitárias para divulgação;
- Digitação e Diagramação de textos;
- Direitos Autorais: Consultoria e Contratos;
- Divulgação nacional da publicação;
- Elaboração de sumários, de índices e de índice remissivo;
- Ficha catalográfica - Câmara Brasileira do Livro;
- Fotografia: escaneamento de material fotográfico;
- Gráficas–Pré-Impressão, Projetos e Orçamentos;
- Ilustração: projeto e arte final;
- Multimídia;
- Orçamento do projeto gráfico;
- Organização de eventos, palestras e workshops;
- Papel: compra, venda e orientação do papel;
- Pesquisa Editorial;
- Programação Visual;
- Promoção e Propaganda - Peças Publicitárias - Cartazes, Convites de Lançamento, Folhetos e Marcadores de Página de livro e peças em geral de divulgação e de publicidade;
- Prospecção Editorial;
- Redação, Revisão, Edição e Preparação de Texto;
- Vendas nacionais da publicação.

CONFIRA!!!

Nesse período a *Editora* exerceu todas as atividades ligadas ao setor **Editorial/Livreiro** do país. É o marco inicial da profissionalização e de sua missão, visando exclusivamente ao cliente como fim maior de seus objetivos e resultados.

O EDITOR

A Editora reproduz com exclusividade todas as publicações anunciadas para empresas, entidades e/ou órgãos públicos. Entre em contato para maiores informações.

Nossos sites: www.letrasjuridicas.com.br e www.letrasdopensamento.com.br
E-mails: comercial@letrasjuridicas.com.br e comercial@letrasdopensamento.com.br
Telefone/fax: (11) 3107-6501 - 9352-5354